300 JAHRE
FRANZÖSISCHES
GYMNASIUM
BERLIN

CHRISTIAN VELDER

300 JAHRE

FRANZÖSISCHES GYMNASIUM BERLIN

300 ANS

AU COLLEGE FRANÇAIS

NICOLAI

Die französische Übersetzung stammt von
Dominique und Serge Vanhove

Redaktion und Herstellung: Gesine Asmus
Satz: MEDIA trend, Berlin (aus der Walbaum normal)
Lithos: Rembert Faesser, Berlin
Druck: Gerike GmbH, Berlin
Bindung: Lüderitz & Bauer GmbH, Berlin

ISBN 3-87584-254-5

Gefördert durch Mittel der Stiftung Preußische Seehandlung,
der Botschaft der Französischen Republik und
Seiner Kaiserlichen Hoheit Dr. Louis Ferdinand Prinz von Preußen

Inhalt

Vorwort
Schulgeschichte als Personengeschichte

Die Geschichte des Französischen Gymnasiums ist zweimal »aus den Quellen« wiedergegeben worden: Jean Pierre Erman schöpfte 1789 aus den Archiven des französischen Konsistoriums und Georg Schulze 1890 aus dem Preußischen Geheimen Staatsarchiv, beide aus dem Archiv des Französischen Gymnasiums, das 1945 in Flammen aufging.

Die übrigen Schulhistoriker begnügten sich damit, Ermans und Schulzes Jubiläumsschriften auszuwerten, Quellenstudium darüber hinaus haben sie nicht getrieben.

Drei Jahrhunderte sind seit der Gründung des Französischen Gymnasiums vergangen, und in dieser Zeit gaben die Geburtstage der Schule – 100 – 150 – 200 – 250 – 260 – den damals betroffenen Direktoren Anlaß, ihren Beitrag zur Institutionsgeschichte des Französischen Gymnasiums zu liefern – die Frage nach der Wirkung der Schule, Wirkung auf die Schüler durch hervorragende Lehrerpersönlichkeiten, Wirkung bedeutender Absolventen des Collège in der Gesellschaft ihrer Zeit blieb ungestellt.

Wenn aber Schulgeschichte heute noch Interesse finden will, dann sollte sie sich nicht losgelöst von ihrem historischen Umfeld als »Welt für sich« darstellen, sie muß sich vielmehr einbetten in die geschichtlichen Zusammenhänge der jeweiligen Epoche, sie muß sich als einen Teil des Ganzen begreifen, denn die Gesellschaft übt ihren Einfluß auf die Schule aus, und die Schule wirkt in die Gesellschaft hinein, nimmt teil an ihrer Entwicklung, gibt ihr Impulse.

Die Lehrer empfangen Einflüsse aus der Gesellschaft, in der sie ausgebildet wurden und in der sie leben, sie geben ihre Einflüsse an die Schüler weiter, bilden sie für ein Leben innerhalb der sich wandelnden Gesellschaft aus. Schulgeschichte ist ein Teil der Gesellschaftsgeschichte.

Die Schule ist ein Bildungsinstitut, Bildung aber keine tote Ware, in den jeweiligen Schulbüchern erfaßt, kein jederzeit reproduzierbares Wissen allein; Bildung und Erziehung hängen eng zusammen, so eng wie Lehren und Lernen, eine Partnerschaft wie die zwischen Schülern und Lehrern...

Schule lebt aus dem Geben und Nehmen, aus dem Annehmen und Weitergeben, lebt durch ihre Lehrer, die auf ihre Schüler einwirken, durch ihre Schüler, die von ihrer Schule geformt auf ihrem Lebensweg Einfluß nehmen auf ihre Umwelt; Schule lebt durch die Menschen, die in ihr arbeiten, durch ihre Lehrer, noch mehr aber durch ihre Schüler.

Um die Bedeutung einer Schule zu erfassen, sollte dem Einfluß ihrer Lehrer und der Wirkung ihrer Schüler nachgegangen werden. Schulgeschichte als ein Teil der Gesellschaftsgeschichte läßt sich darstellen als Personengeschichte.

Wenn man will, kann man die Entwicklung der Gesellschaft aus der Wirkung des einzelnen, der vielen einzelnen zusammensetzen, geschichtliches Leben also begreifen als ein Mosaik aus den Leben vieler einzelner, Schulgeschichte als ein Mosaik aus den Lebensgeschichten einzelner Lehrer und einzelner Schüler.

Die Geschichte des Französischen Gymnasiums, wie sie hier vorgelegt wird, soll sich zusammensetzen aus den Entwicklungsgängen und der Wirkungsgeschichte dieser einzelnen unter den Schülern und Lehrern, und zwar von der Gründergeneration bis in unsere Tage.

Die Kette der Lebensgeschichten wird Einblicke in die Geschichte des Französischen Gymnasiums einerseits gewähren und andererseits Ausblicke ermöglichen auf die umgebenden gesellschaftlichen Verhältnisse. Auf diese Weise wird die Folge der aufeinander bezogenen und ineinander greifenden Lebensgeschichten zur Darstellung der Geschichte der Schule innerhalb der gesellschaftlichen Entwicklung der drei Jahrhunderte ihres Bestehens dienen.

Bei einer Schule wie dem Französischen Gymnasium ist zu fragen, wie die aus Frankreich stammenden Traditionen weiterentwickelt worden sind, welche Einflüsse Deutschland geltend machte, wie die deutsch-französischen Beziehungen sich durch die Jahrhunderte gewandelt haben und wie es möglich wurde, heute aus deutscher Sicht von einer französischen Schule und aus französischer Sicht von einem deutschen Gymnasium zu sprechen.

Da es sich um eine französische Gründung in Berlin handelt, wird sich die Entwicklungsgeschichte des Französischen Gymnasiums abspielen vor dem Hintergrund der Wandlungen der deutsch-französischen Beziehungen. Sie wird von diesen Beziehungen Impulse empfangen und ihnen Impulse geben, wird von ihnen erhellt werden und sie beleuchten. Die Schulgeschichte als Personengeschichte wird auch Modell und Illustration einer Geschichte der französisch-brandenburgischen, französisch-preußischen und französisch-deutschen Beziehungen sein und so den deutsch-französischen Beziehungen der Gegenwart als Beispiel dienen.

* * *

Aus der Überlieferung sind schon immer einzelne Namen prominenter Schüler oder Lehrer bekannt gewesen, aber im Wechsel der Generationen gerieten sie in Vergessenheit – neue kamen auf, verblaßten wieder, jede Generation hatte ihre Heroen, hat ihre Vorbilder, wie sollte aus so vielen subjektiven Eindrücken ein objektives Bild geschaffen werden?

Wer Klarheit über die Menschen gewinnen will, die das Collège als Lehrer und Schüler getragen haben, muß zunächst versuchen, alle namentlich zu erfassen. Seit 1779 erscheinen die Jahresberichte des Französischen Gymnasiums. Sie enthalten die Namen der Lehrer, zuweilen sogar mit biographischen Angaben, und die Namen der Schüler, zumindest der Abiturienten, auch hier meist mit einigen persönlichen Daten. Das Lehrerregister ließ sich – auch mit Hilfe der in der Festschrift von 1890 abgedruckten Lehrerlisten aus den ersten zwei Jahrhunderten – ziemlich vollständig rekonstruieren. Es enthält über 400 Namen.

Die Abiturientenregister seit 1779 konnten aus den Jahresberichten – die Sammlung wurde mit Hilfe der Bestände in den Staats- und Universitätsbibliotheken in Ost und West vollständig reproduziert – herausgeschrieben werden, bis 1945 hat die Schule knapp 2000 Abiturienten hervorgebracht, deren Namen größtenteils bekannt sind.

Es ist also ein alphabetisches Lehrer- und Schülerregister mit rund 2400 Namen vorhanden, und damit die Aufgabe klar: mit Hilfe von Konversationslexika und biographischen Enzyklopädien ließ sich feststellen, wer von den 2400 namentlich bekannten Persönlichkeiten im biographischen Schrifttum eine Spur hinterlassen hat, wer berühmt genug war, daß *laudationes, vitae,* Nekrologe, daß autobiographische Berichte oder Biographien über ihn erschienen sind. Und nun kam die erste Überraschung: Das Leben von 240 Persönlichkeiten ist dokumentiert; jeder zehnte Schüler oder Lehrer ist in seiner Lebensspanne so bekannt geworden, daß andere sich mit ihm beschäftigen wollten, daß seine Vita veröffentlicht werden konnte, daß sein »Leben« Zuschauer besaß.

Der Kreis mußte abermals reduziert werden. Wer von den 240 in der Sekundärliteratur erfaßten Persönlichkeiten sollte gewählt, wer »verworfen« werden? Wer sollte hier die Entscheidung treffen? Und so kam es zu der Idee, in Kupferstichkabinetten, in graphischen Sammlungen, in Bildarchiven nach Darstellungen ehemaliger Schüler und Lehrer zu suchen. Denn wessen Portrait vervielfältigt, gedruckt, reproduziert worden ist, der besaß sein Publikum, seine Gefolgschaft, seine Gemeinde, besaß eine Öffentlichkeit, für die sein Gesicht, sein Anblick von Bedeutung war, hat bei seinen Zeitgenossen ein intensiveres Interesse gefunden als diejenigen, deren Lebenslauf »nur« deskriptive Würdigung erfahren hatte.

Übrig geblieben sind von 240 Schülern und Lehrern mit veröffentlichtem biographischen Material etwa 100 Personen, von denen es außerdem bildliche Darstellungen gibt.

Im Durchschnitt drei Persönlichkeiten pro Jahrzehnt illustrieren die drei Jahrhunderte der Schulgeschichte. Standen mehr als drei zur Auswahl – und das war in den letzten hundert Jahren der Fall –, so erhielten diejenigen Vorrang, aus deren Lebenslauf sich Aussagen über besondere Aspekte der Entwicklung des Französischen Gymnasiums machen ließen. Das ist – und das allein – der Grund, weshalb nur wenige von den vielen Aufnahme fanden, die im 20. Jahrhundert geboren wurden und nach den geschilderten Auswahlkriterien hätten aufgenommen werden müssen.

* * *

Wir begreifen die Geschichte des Französischen Gymnasiums als ein Mosaik der Lebensgeschichten von etwas mehr als hundert in ihrer Zeit und oft darüber hinaus bekannten Persönlichkeiten, Franzosen, Deutschen und Deutschfranzosen.

Ihren Wegen werden wir folgen und so erkennen, worin die Bedeutung des Französischen Gymnasiums in der Vergangenheit bestand, worin sie heute besteht, um daraus zu schließen, worin sie auch in Zukunft bestehen wird.

* * *

Ich widme das Buch dem Andenken der zahllosen Schüler, deren Hoffnungen und Gaben sich nicht entfalten konnten, weil sie in den Jahren von 1939 bis 1945 ums Leben gekommen sind: als Verfolgte des Nationalsozialismus, als Soldaten der deutschen Wehrmacht und der alliierten Armeen, als Opfer des Bombenkrieges. Obschon als einzelne meist ungenannt, bilden sie den Hintergrund dieses Buches.

17. Jahrhundert

Einleitung
Frankreich und Brandenburg im 17. Jahrhundert

Als Friedrich Wilhelm von Hohenzollern 1640 zwanzigjährig Kurfürst von Brandenburg wurde, war Ludwig von Bourbon, der drei Jahre später als Ludwig XIV. zum König von Frankreich gekrönt werden sollte, gerade zwei Jahre alt.

In Frankreich herrschte ebenso wie in Brandenburg religiöse Toleranz. Es gab die offizielle Staatsreligion, das Bekenntnis des Fürsten und seines Hofes, aber daneben wurden Andersgläubige im Staate geduldet, im katholischen Frankreich Protestanten und im Brandenburg des calvinistischen Kurfürsten Lutheraner und Katholiken.

Bei der Bedeutung, die dem religiösen Bekenntnis und damit der Rechtgläubigkeit für die Einheitlichkeit des Staates beigemessen wurde, hatten Andersgläubige es wegen der Doktrin *cuius regio – eius religio* in beiden Ländern aber nicht leicht. Die französische Krone betrachtete die Hugenotten als »Staat im Staate«, als Hindernis für die Einheit des Reiches, während in Brandenburg ein reformierter Regent über eine vorwiegend lutherische Bevölkerung herrschte. Religiöse Toleranz war für Brandenburg daher eine Selbstverständlichkeit, für Frankreich bedeutete sie jedoch eine fortwährende Infragestellung seiner Einheit.

Kardinal Mazarin wurde 1642, vierzig Jahre alt, zum Premierminister Frankreichs ernannt und handelte als Vertreter Frankreichs 1648 zu Münster und Osnabrück den Westfälischen Frieden aus. Der Friedensvertrag machte Frankreich zur Vormacht in Europa, Brandenburg aber neben Bayern und Sachsen zu einem der mächtigsten Fürstentümer auf deutschem Boden.

Das brandenburgisch-französische Verhältnis war in der zweiten Hälfte des 17. Jahrhunderts geprägt durch einen ständigen Wechsel von Perioden des gegenseitigen Vertrauens der Monarchen und Zeiten abgrundtiefen Mißtrauens. Fast unbemerkt von seinen Nachbarn hatte Ludwig XIV. sein Heer ausgebaut und modernisiert. So konnte er sich zu Anfang der siebziger Jahre Kölns und Münsters bemächtigen, konnte er 1672 die spanischen Niederlande vorübergehend in seine Gewalt bringen und 1674 neben Lothringen und Luxemburg fast das gesamte Elsaß, dessen Hauptstadt Straßburg 1681 französisch wurde.

Friedrich Wilhelm hatte sich noch 1672 mit den Generalstaaten verbündet, schloß 1673 einen Separatfrieden mit Frankreich, den er 1674 bereits widerrief. Ludwig XIV. rächte sich an Friedrich Wilhelm, indem er Schweden zum Einmarsch in die Mark veranlaßte, aber Friedrich Wilhelm konnte seinen

Gegner in der Schlacht von Fehrbellin 1675 schlagen. Trotz dieses Sieges und des damit verbundenen Prestigezuwachses in Mitteleuropa ergab der Frieden von Nimwegen 1678 für Brandenburg keine Bestätigung seiner Grenzen.

Eine neuerliche Annäherung der Monarchen Brandenburgs und Frankreichs brachten die achtziger Jahre: Friedrich Wilhelm duldete Ludwigs Reunionspolitik und ermöglichte Frankreich dadurch eine neuerliche Abrundung seines Besitzes. Im Jahre seines Todes 1688 war Friedrich Wilhelm gerade wieder im Begriff, seine Allianz mit Ludwig durch ein Bündnis gegen ihn abzulösen.

Sein Sohn, Kurfürst Friedrich III., führte diese Politik fort, schloß sich der Großen Koalition gegen Ludwig an und konnte den Franzosen im Rheinland durch die Eroberung der Stadt Bonn 1689 Einhalt gebieten.

Das Jahrhundert klang aus mit einem relativ beständigen Waffenstillstand zwischen Frankreich und Brandenburg, einem politischen Patt.

* * *

Schon seit dem 13. Jahrhundert gibt es in Paris Gymnasien. Das älteste der noch heute bestehenden ist wohl das *Collège d'Harcourt*, 1280 gegründet und später bekannt unter dem Namen *Lycée Saint-Louis*.

Berlin benötigte für seine erste Gymnasialgründung erheblich länger, nämlich bis 1574, als das lutherische Berlinische Gymnasium zum Grauen Kloster eröffnet wurde, 1607 gefolgt von dem calvinistischen Joachimsthalschen Gymnasium.

Inzwischen waren in Frankreich die Jesuitenschulen gegründet worden, zum Beispiel 1550 in Paris das *Collège de Clermont*, seit dem Tode Ludwigs XIV. bekannt unter dem Namen *Lycée Louis-le-Grand*, noch heute eines der fünf erfolgreichsten französischen Gymnasien der Welt.

Aber auch die französischen Protestanten hatten inzwischen ihre Schulen eröffnet, so zum Beispiel 1538 in Straßburg das Gymnasium Jean Sturm, das ebenfalls noch heute besteht und dem *Lycée Louis-le-Grand* in nichts nachsteht, Vorbild aller anderen evangelischen Gymnasien in Frankreich.

Wir erkennen im Frankreich des 16. und 17. Jahrhunderts einen Antagonismus zwischen den katholischen und den reformierten Gymnasien, die beide ihre religiösen Dogmen in den Mittelpunkt stellten und im übrigen klassische Bildung vermittelten auf der Grundlage der römischen und griechischen Schriftsteller.

Das Bildungsprogramm der Gymnasien, der *Collèges*, mündete in ein Hochschulwesen, das ebenfalls seine katholische und seine reformierte Ausprägung gefunden hatte. Die schon 1253 gegründete *Sorbonne* in Paris verstand sich mit ihrer theologischen Fakultät als Hochburg des Katholizismus. Alle übrigen Universitäten folgten ihrem Beispiel. Die Bezeichnung *Université* bedeutete im 16. und 17. Jahrhundert in Frankreich also »katholische Hochschule«. Die reformierten Hochschulen nannten sich *Académie*.

Im Gegensatz zur Universität, jenem Hort der Scholastik, gründeten die Humanisten 1530 in Paris das *Collège de France.* 1787 folgte das *Lycée*, beides unabhängige Lehr- und Forschungsstätten.

In der Mark fanden die französischen Hochschulen erst 1506 ihr Gegenstück, nämlich die Universität Frankfurt an der Oder, gefolgt 1694 von der Universität Halle, einer Gründung bereits unter hugenottisch-französischem Einfluß.

Schon unter Kardinal Richelieu, dem Vorgänger Kardinal Mazarins, war 1634 die *Académie Française* gegründet worden, der Jean Baptiste Colbert als Nachfolger des Kardinals Mazarin 1663 die *Académie des Inscriptions et Belles Lettres* und 1666 die *Académie des Sciences* folgen ließ.

In Brandenburg war die Gründung einer Akademie der Künste oder einer Akademie der Wissenschaften zu dieser Zeit noch ganz undenkbar, ein entsprechender Vorstoß des schwedischen Senators Benedikt Skytte von 1666 blieb erfolglos. Erst die Umschichtung Europas durch die Aufhebung des Ediktes von Nantes am 18. Oktober 1685 durch Ludwig XIV. und die Antwort Friedrich Wilhelms, des Großen Kurfürsten, durch das Edikt von Potsdam vom 29. Oktober 1685 schaffte die Voraussetzung dazu: 1696 wurde unter maßgeblicher Mitarbeit der neuen französischen evangelischen Bürger Berlins, der Hugenotten, nach französischem Vorbild die Akademie der Künste und 1700 nach Pariser Modell die Sozietät, später Akademie der Wissenschaften, gegründet, nachdem eine Berliner Französische Akademie schon 1684 ins Leben gerufen worden war, die *Académie Françoise de Berlin*, die fünf Jahre später, am 1. Dezember 1689 im *Collège François*, dem Französischen Gymnasium, aufging.

* * *

Seit Mitte des achten Jahrzehnts des siebzehnten Jahrhunderts begannen französische Protestanten um der Freiheit ihres Gottesdienstes willen Frankreich zu verlassen und in den Nachbarländern, der Schweiz, Holland und England Zuflucht zu suchen. Genf und Lausanne, Rotterdam, Leyden und London wurden zu Zentren der geistigen Auseinandersetzung der Zeit, der theologischen, philosophischen, literarischen Diskussion, nachdem im Frankreich des Absolutismus der freie Austausch kontroverser Meinungen immer stärker unterdrückt wurde und schließlich ganz abgestorben war.

Und hier beginnt nun auch die Rolle Berlins: Die erste französische Gemeinde wurde 1672 gegründet, 1682 erhielten die Hugenotten das Nutzungsrecht der Schloßkapelle für ihre Gottesdienste. Ab 1688 durften sie die Domkirche auf dem Schloßplatz und in der Vorstadt die Dorotheenstädtische Kirche mitbenutzen. Aber die Gemeinde wuchs, sie benötigte eine eigene Kirche, die sie 1700 im Reithaus auf dem Werder fand, bis schließlich 1701 der Grundstein für den späteren französischen Dom, die Friedrichstadtkirche, gelegt wurde, aber damit überschreiten wir die Schwelle zum 18. Jahrhundert. (Lit. Nr. 1–10)

Antoine Teissier
Historiker
(1632-1715)
Berlin wird Gelehrtenzentrum

Das Edikt von Potsdam vom 29. Oktober 1685, das die französischen Reformierten in die Mark Brandenburg und nach Berlin einlud, garantierte ihnen die Religionsausübung in französischer Sprache und nach den in Frankreich üblichen Regeln. Dadurch erhielt die Berliner Französische Gemeinde eine Organisationsform mit einer *Commission Ecclésiastique*, bestehend aus vier Mitgliedern, an der Spitze. So hatte die französische Kirche schon sehr schnell eine feste Struktur gefunden und konnte als Institution Partnerin des brandenburgischen Staates sein, konnte sich schnell zu einem Staat im Staate entwikkeln, selbständig ihre Verwaltung aufbauen und sogar eine eigene Gerichtsbarkeit begründen.

Die Berliner französische Kolonie wuchs, die Familien schlossen sich zusammen, feierten ihre Gottesdienste gemeinsam, wählten ihre Gemeindeältesten, hatten ihre Richter und Bürgermeister, kurz: Es entwickelte sich ein französisches Gemeinwesen innerhalb des brandenburgischen Staates, eine unabhängige französische Selbstverwaltung.

In den Gemeindesälen und später in den neu errichteten Kirchen wurde auf französisch gepredigt, die Verkehrssprache in der Kolonie war das Französische, und so war es selbstverständlich, daß die Erwachsenen untereinander, auch die Eltern mit den Kindern und die Kinder miteinander, weiter wie zuvor in Frankreich nur französisch sprachen. Sie sprachen französisch, aber Gottes Wort in französischer Sprache zu lesen vermochten nur die Erwachsenen und diejenigen jungen Leute, die in Frankreich noch zur Schule gegangen waren.

Die Hauptstadt des Kurfürstentums, die Stadt Berlin, wurde bald zu einem Hauptanziehungspunkt für die französischen Flüchtlinge vor allem vom Lande, aber auch – zu einem Viertel – aus den Städten Frankreichs, und so war der Zustrom des städtischen Bürgertums in die brandenburgische Haupt- und Residenzstadt vergleichsweise stark.

Das städtische Bürgertum Frankreichs verfügte im siebzehnten Jahrhundert in der Regel bereits über eine gründliche schulische Bildung: Mädchen und Jungen konnten lesen und schreiben, und die Jungen hatten meist auch Latein gelernt, die Bildungssprache des europäischen Bürgertums der Zeit.

So mußte sich der Mangel entsprechender Schulen schnell bemerkbar machen: denn Berlin hatte zwar bereits seine zwei Gymnasien, das Berlinische Gymnasium zum Grauen Kloster und das Joachimsthalsche Gymnasium, aber beide waren nur für Kinder zugänglich, die deutsch sprechen und schreiben konnten, und das wollten die französischen Familien gerade nicht, denn sie rechneten anfangs mit der Möglichkeit der Rückkehr in ihre Heimat und beharrten auf den durch das Edikt von Potsdam erteilten Privilegien, hielten an ihrer französischen Sprache und Kultur, ihren französischen Rechten fest.

Antoine Teissier
Anonymer Kupferstich

Antoine Teissier
(28. 1. 1632–7. 9. 1715) Historien
Berlin devient un centre d'érudits.

Lorsqu' Antoine Teissier, à l'âge de 60 ans, arriva à Berlin, le Lycée Français existait depuis déjà deux ans.

Berlin était devenu, dans les dix années suivant l'Edit de Potsdam, le pôle d'attraction principal des émigrants français, originaires principalement des villes du sud de la France. La colonie française de Berlin avait rapidement pris de l'ampleur et était bientôt devenue une communauté indépendante possédant son administration propre. Dès avril 1687 on avait posé les premiers jalons pour la construction d'un lycée de langue française. Ce projet attira entre autres dans les années qui suivirent un nombre croissant d'érudits français dans la capitale brandebourgeoise, si bien que celle-ci, dès les années 1690, devint un centre d'érudits, issus de facultés différentes et nombreuses.

Antoine Teissier est issu d'une famille du sud de la France, de tradition protestante. Il passa son enfance à Nîmes et, en plus de ses diplômes de philosophie et de théologie, obtint également ceux de droit. En 1682 il fait partie des fondateurs de l'Académie protestante de Nîmes, mais, après la Révocation de l'Edit de Nantes en 1685, il quitte la France et passe les années suivantes en Suisse, jusqu'en 1692 où il accepte une offre de l'Electeur de Brandebourg, Frédéric III, et part pour Berlin. Là il obtient le titre de Conseiller de légation, prend bientôt la succession de l'historiographe brandebourgeois Samuel von Pufendorf et est chargé durant quelques années de l'éducation du Prince héritier Frédéric-Guillaume, né en 1688.

La direction de l'Eglise Française, elle aussi, s'assure les conseils de ce professeur cultivé et le délègue en 1695 comme Inspecteur au Conseil Académique du Lycée Français, une commission qui jusque là se composait de trois membres, en comportait désormais cinq et était chargée du contrôle de cette école. Grâce à l'autorité que lui conférait son âge, Teissier put jouer le rôle de médiateur entre les théologiens du Consistoire d'une part et les philosophes du Collège d'autre part.

Au cours de ses vingt années d'inspection Teissier publia quantité d'essais sur la littérature classique. Les «Eloges des hommes sçavans», vue d'ensemble sur la littérature de l'époque de François Ier à celle d'Henri IV, passent pour être son œuvre maîtresse.

In normalen Zeiten hatten die Kinder des Bürgertums privat lesen, schreiben und rechnen gelernt, wie es in der städtischen Kultur Europas üblich war. Aber die Umschichtung durch die Flucht bewirkte, daß in der neuen Heimat nicht mehr für alle galt, was daheim die Regel gewesen war. Schnell entstand der Wunsch nach einer französischsprachigen Schule, wo die Kinder ihre Muttersprache richtig lernen, wo sie das Glaubensbekenntnis und die Psalmen aufsagen und das Neue Testament erklärt bekommen konnten. Aus den Akten des Konsistoriums der Französischen Gemeinde, die im Französischen Dom erhalten sind, geht hervor, daß dem Mangel einer französischen Schule zunächst ab Mai 1684 durch die Familienväter selbst abgeholfen werden sollte, daß ab Juni 1689 ein erster Gemeindelehrer, der *lecteur* Archimbaud, und ab Dezember 1689 ein zweiter, der Lehrer Paul Hetler, angestellt wurden, um regelrecht Schule zu halten. Der Auftrag der französischen *Discipline ecclésiastique* war ohnehin eindeutig: überall, wo Kirchen waren, sollten auch Schulen sein!

Nachdem so dem dringendsten Bedürfnis abgeholfen war, nämlich dem nach einem französischen Elementarunterricht, konnten die Überlegungen beginnen, die sich auf eine weiterführende Schule richteten. Im Zentralen Staatsarchiv, Dienststelle Merseburg, hat sich das Deckblatt einer Akte aus den Jahren 1684 bis 1687 erhalten, die von der »anrichtung der frantzösischen Academie in literatura et exercitationibus corporis« handelte. Vermutlich war dies die Ritterakademie des Hofmalers La Borie, deren – lateinlosen – Lehrplan wir in den »Acta betr. Französisches Gymnasium« von 1684 bis 1687 nachlesen können und die der Große Kurfürst am 16. Oktober 1684 privilegiert hatte. Es war eine Ritterakademie, wie sie in der zweiten Hälfte des Jahrhunderts für die Kinder des Adels zeitgemäß war, mit Fächern wie Tanzen, Fechten und Reiten als Teil des Lehrplans.

Diese Akademie ist zum Modell für die Hallenser Akademie von La Fleur geworden, deren Werdegang sich lückenlos aus den Merseburger Akten über »Die Anrichtung der Exercitien-Schule von La Fleur 1685–1699« entnehmen läßt und aus der 1694 die Universität Halle hervorgegangen ist.

Die Wünsche der Berliner Gemeinde ließen sich allerdings durch eine Ritterakademie nicht befriedigen, dafür gab es in der französischen Kolonie kaum Interessenten. Die Familien verlangten vielmehr nach einer Schule, wo ihre Söhne die in den Städten Frankreichs zur bürgerlichen Bildung zählenden Lateinkenntnisse erwerben konnten.

Dieser Wunsch ist um so verständlicher, wenn man bedenkt, daß Christian Ernst Markgraf von Brandenburg in seinem am 6. Dezember 1689 erlassenen Schutzedikt, das dem Edikt von Potsdam folgte, bereits eine Schule nach französischem Muster für die Ansiedlung in Erlangen in Aussicht stellt. Was für Erlangen recht war, mußte für Berlin billig sein.

Am 20. April 1687, also anderthalb Jahre nach dem Edikt von Potsdam, gab die kurfürstliche Verwaltung grünes Licht für die Vorbereitung einer französischen Lateinschule, eines Gymnasiums.

Die Tatsache, daß in Berlin eine französische Kolonie mit eigenen Rechten, selbständiger Verwaltung und einer Infrastruktur bestand, die sogar ein unabhängiges französisches Bildungswesen planen konnte, mußte sich bald auch in den anderen Städten herumsprechen, in denen Hugenotten Zuflucht gesucht hatten, in Leyden und Rotterdam zum Beispiel, in Genf, Bern und Zürich.

Gelehrte und Wissenschaftler, die in Holland und der Schweiz eher Fuß zu fassen geglaubt hatten, wendeten sich nach Berlin, trafen in der hiesigen französischen Kolonie auf Kollegen, die sie von Frankreich her kannten, traten nun in persönlichen Gedankenaustausch und konnten so auf die bisher übliche Korrespondenz verzichten.

Um das Jahr 1690 war Berlin bereits zum Sammelpunkt von Gelehrten vieler verschiedener Fachgebiete geworden, die wissenschaftliche Diskussion belebte sich zusehends; die jungen Professoren, die mit dem Pioniergeist der Jugend den Anfang gemacht hatten, blieben nur kurze Zeit unter sich, bald kamen auch ältere und erfahrene Kollegen hinzu und etablierten sich in der neuen Metropole.

* * *

Als Antoine Teissier nach Berlin kam, war er bereits sechzig Jahre alt und wurde schon allein dadurch zum Nestor der französischen Gelehrten der Kolonie.

Teissier war am 28. Januar 1632 geboren worden und verbrachte seine Kindheit in Nîmes. Die evangelische Tradition seiner Familie verlangte intensive Beschäftigung mit der Heiligen Schrift. Teissier begann seine Lateinstudien schon im Alter von acht Jahren, und mit zwölf Jahren studierte er das griechische Original der Bibel. Es ist überliefert, daß er als junger Mann schneller griechisch als französisch schrieb. Mit fünfzehn Jahren schloß er seine Gymnasialstudien ab und begann im Alter von sechzehn Jahren mit dem Studium der Philosophie, damals Voraussetzung für ein Theologiestudium.

Teissier lernte Hebräisch und studierte Theologie zunächst in Nîmes, dann in Saumur, an der dortigen zentralen calvinistischen Akademie. Nach Abschluß seiner Studien sehen wir ihn in Paris, später wieder in Nîmes und erneut in Paris als Rechtsanwalt. Im Alter von fünfzig Jahren kehrte er in seine Heimatstadt zurück und gehörte 1682 zu den Gründern der königlichen Akademie von Nîmes. Er war dazu prädestiniert, denn er vereinigte die Wissenschaft dreier Fakultäten: die Philosophie, die Theologie und die Jurisprudenz.

Aber schon 1682 war der freie geistige Austausch in Frankreich nicht mehr gewährleistet, und Teissier zieht daraus die Konsequenzen. Ende September 1685, noch vor der Aufhebung des Ediktes von Nantes, geht Teissier nach Lausanne, ab November hält er Kolleg in Zürich, und zwar – wie üblich in lateinischer Sprache – über ein in der damaligen Zeit vieldiskutiertes Werk, *De jure belli et pacis* von Hugo Grotius, den später einer seiner jüngeren Berliner Kollegen, Jean de Barbeyrac, wir werden von ihm hören, ins Französische übersetzen sollte.

In Bern redigierte Teissier – auf französisch – eine wissenschaftliche Zeitschrift. Er scheint der einzige unter den französischen Wissenschaftlern in der Emigration gewesen zu sein, dem Ludwig XIV. das Angebot machte, ihm seinen gesamten Besitz zurückzuerstatten, falls er nach Nîmes zurückkehren würde. Teissier lehnt jedoch das Anerbieten, mit dem eine Pension von 500 Talern verbunden sein sollte, ab und nimmt statt dessen ein Angebot des brandenburgischen Kurfürsten mit 300 Talern Gehalt an. Schon 1686 knüpft er Verbindungen zum Kurfürsten an. Später kommt er nach Berlin, um sich ein Bild von seinen Möglichkeiten in dieser immerhin damals am östlichen Rande der gelehrten Welt liegenden Stadt zu machen, kehrt in die Schweiz zurück, löst seinen Hausstand auf und siedelt 1692 nach Berlin über. Der Kurfürst verleiht ihm den Titel eines Legationsrates, und als Samuel Pufendorf, der berühmte brandenburgische Historiograph, 1694 stirbt, wird Antoine Teissier sein Nachfolger.

Er übersetzt nun Pufendorfs lateinisch geschriebene Biographie Friedrich Wilhelms, des Großen Kurfürsten, ins Französische, aber das Manuskript – vier Foliobände – wird nie gedruckt.

Antoine Teissiers Gelehrsamkeit scheint den Kurfürsten Friedrich III. beeindruckt zu haben, jedenfalls vertraut er ihm eine Zeitlang die Erziehung des 1688 geborenen Kronprinzen an, des späteren Königs Friedrich Wilhelms I.; Teissier verwendet dabei eigene Ausarbeitungen und Auszüge.

* * *

Als Antoine Teissier nach Berlin kam, bestand das Französische Gymnasium gerade zwei Jahre. Die *Compagnie du Consistoire*, die französische Kirchenleitung, sicherte sich den Rat des gelehrten Professors und ernannte ihn 1695 zum *Inspecteur* der Schule. Was es mit dieser Funktion auf sich hatte, werden wir noch hören. Teissier nutzte sie, um zum Wohle der Schule zwischen den Theologen des Konsistoriums und den Wissenschaftlern der Schule eine Vermittlerstelle einzunehmen. Teissiers Beziehungen zur orthodoxen Berliner Kirchenleitung waren ausgezeichnet, und dies trotz seiner auf eine protestantische Union gerichteten progressiven – unorthodoxen – Ideen. Das Konsistorium machte Teissier Konzessionen, die es allen anderen verweigerte.

Teissier publizierte in seinen Inspektorenjahren eine Fülle von Untersuchungen zur klassischen Literatur. Weit verbreitet war der unter pädagogisch-populärwissenschaftlichen Gesichtspunkten verfaßte *Abrégé de l'histoire des électeurs de Brandebourg par demandes et réponses*, Berlin 1705. Auch sein *Catalogus auctorum*, ein Verzeichnis der wichtigsten Werke, die eine Gelehrtenbibliothek enthalten sollte, wurde bekannt. Noch knapp hundert Jahre später schöpft Samuel Formey daraus in seinen *Conseils pour former une bibliothèque*, wir werden Formey später noch begegnen.

Teissiers Lebenswerk müssen wir in dem 1715 in vierter Auflage in Leyden erschienenen vierbändigen *Eloges des hommes sçavans* erblicken, einem Kompendium über die Literatur der Zeit zwischen Franz I. und Heinrich IV., eine der frühesten wissenschaftlichen Literaturgeschichten überhaupt.

In der Bibliothek des Französischen Gymnasiums hat sich Teissiers *Abrégé de la vie de divers princes* von 1710 erhalten, ein Geschichtswerk, das vermutlich auch zum Unterricht herangezogen wurde.

Als Teissier am 7. September 1715 hochbetagt starb, wurde vor allem sein *goût du travail* gelobt, seine Geduld, sein Fleiß und seine Belesenheit. (Lit. 13, 21–24, 30–36)

Etienne Chauvin
Professor der Philosophie
(1640–1725)
Aufbau eines »Gymnasium academicum«

In den ersten fünf Jahren bestand das Leitungsgremium des Französischen Gymnasiums aus einem Triumvirat, *Inspection*, später *Conseil académique* genannt. Durch dieses Gremium, das aus Pastoren der französischen Gemeinde und Mitgliedern der *Compagnie du Consistoire*, der französisch reformierten Kirchenleitung, bestand, sicherte sich die Kirche ihren Einfluß auf den Lehrplan der Schule.

Im Jahre 1695 wurde die Mitgliederzahl des *Conseil des Inspecteurs* durch Hinzutritt zweier Kirchenältester auf fünf erhöht. Nunmehr trat auch der in der Schulhierarchie auf oberster Stufe stehende Philosophieprofessor hinzu. Just zu dieser Zeit hatte Kurfürst Friedrich III. den berühmten Philosophen Etienne Chauvin nach Berlin eingeladen, wie es in den biographischen Quellen heißt, weil er in seiner Residenzstadt die bedeutendsten Gelehrten zusammenführen wollte.

Etienne Chauvin, acht Jahre jünger als Antoine Teissier und wie dieser aus Nîmes stammend, war bei seiner Ankunft in Berlin schon 55 Jahre alt und zählte zu den Gelehrten, die bereits über einen wissenschaftlichen Ruf verfügten.

Am 18. April 1640 geboren, widmete Chauvin sich während seiner Ausbildungsjahre der Theologie und wurde, anders als Teissier, Geistlicher. Es ist wahrscheinlich, daß Teissier und Chauvin schon in Nîmes Kontakt gehabt haben, denn sie hatten beide an der protestantischen Akademie von Nîmes studiert, hatten sich dann hier niedergelassen und dürften auch im Zusammenhang mit der von Teissier 1682 mitbegründeten königlichen Akademie in Gedankenaustausch gestanden haben.

Als Teissier sich 1685 in die Schweiz wendete, ging Chauvin nach Holland, und eine seiner ersten Unternehmungen dort war die Gründung einer Akademie, nämlich der Akademie von Rotterdam.

In Rotterdam versuchte Chauvin, bei seiner Flucht bereits 45 Jahre alt, zunächst als Schriftsteller seinen Unterhalt zu finden, aber wissenschaftliche Manuskripte unbekannter Autoren fanden in Holland keine Verleger, und so ist überliefert, daß Chauvin bei seiner Suche nach einem Verlag gefragt wurde, ob er nicht lieber *Chansons* verfassen wolle als ausgerechnet philosophische Werke.

Später lernte Chauvin in Rotterdam Pierre Bayle kennen und arbeitete eine Zeitlang mit ihm zusammen. Vermutlich wurde Chauvin durch Bayle an die Lexikon-Arbeit herangeführt, jedenfalls hat Chauvin die Theologie zugunsten der Philosophie aufgegeben und die Kanzel gegen das Katheder getauscht. Seine Lehrtätigkeit an der Seite, später auch in Vertretung Bayles in Rotterdam ergänzte Chauvin, um auch Studenten und Kollegen dieser Stadt mit seiner Lehre zu erreichen, durch die Herausgabe des *Nouveau Journal des Sçavans*, einer Zweimonatsschrift mit Kommentaren zu wissenschaftlichen Publikationen. Band 1 erschien 1694 noch in Rotterdam, drei weitere Bände in den folgenden Jahren bis 1698 in Berlin. Chauvin verstand es, unter seinen Kollegen am Französischen Gymnasium Autoren für sein Journal zu gewinnen, da die Artikel jedoch in der Regel nicht unterzeichnet wurden, läßt sich kaum feststellen, wer im einzelnen mitgearbeitet hat.

Im Zusammenhang mit dem Journal stehen Chauvins *Conférences sur la langue françoise*, ein jeden Samstag tagendes Gelehrtengremium, das mindestens bis 1698 bestanden hat und als eine Art französische Gelehrtengesellschaft anzusehen ist. Chauvins *Sabbatines* galten der Diskussion von literarischen, philosophischen und theologischen Fragen; sie sollten helfen, den Anschluß an die geistige Entwicklung im Mutterland nicht zu verlieren.

* * *

Etienne Chauvin wurde bald nach seiner Ankunft in Berlin als Nachfolger für Jean Sperlette de Montguyon auf den Lehrstuhl der Philosophie am Collège François berufen. Der Bestallungsurkunde vom 24. Juli 1695 zufolge wird er gleichzeitig in den *Conseil des Inspecteurs* aufgenommen. Seine Amtseinführung erfolgte am 11. Oktober 1695 durch den Minister Ezechiel von Spanheim. Zum Thema der Antrittsvorlesung hatte Chauvin gewählt: *de vera ratione philosophandi.* Da der bisherige Direktor Charles Ancillon 1695 Berlin für drei Jahre verließ, rückte Chauvin auch in das Amt des Direktors auf. Als solcher trug er die Verantwortung für die Schule, was auch aus der Regelung vom 31. August 1698 hervorgeht, die zur Abgrenzung der Aufgaben zwischen Chauvin und der *Inspection* entworfen wurde. Dieser Regelung zufolge mußte Chauvin eine Dienstwohnung im Schulgebäude beziehen, hatte er die Schlüsselgewalt über das Schularchiv, besaß Sitz, Stimme und turnusgemäß den Vorsitz in der *Inspection*, auch den Vorsitz beim Abschlußexamen, so wie das heute noch beim Abitur für den Direktor im Wechsel mit dem Oberschulrat üblich ist. Die *Direction* war fortan mit dem Lehrstuhl für Philosophie verbunden und ging von Chauvin 1725 an Veyssière La Croze über, von diesem 1739 an Samuel Formey, von beiden wird noch die Rede sein. Chauvin wurde 1695 also zugleich Sperlettes Nachfolger als Philosophieprofessor und Nachfolger Ancillons als Direktor. Er nutzte diese einmalige Machtkonzentration des Direktors, Inspektors und in der Hierarchie an höchster Stelle stehenden Lehrstuhlinhabers zu einer Neuorganisation der Schule; wir kommen darauf zurück.

Chauvin genoß von Anfang an das Vertrauen des Kurfürsten, der ihm die Aufgabe erteilte, den Prinzen seines Hauses, darunter der zukünftige König Friedrich Wilhelm I., Unterricht in Experimentalphysik zu geben, bei Hofe in Privatunterricht zu tun, was er am Collège in seinen öffentlichen Vorlesungen tat – die Prinzen brauchten nicht ins Kolleg zu kommen, wurden sozusagen Extraneer des Collège.

Etienne Chauvin
Kupferstich vermutlich von Martin Bernigeroth (1670–1733)

Etienne Chauvin
(18.4.1640–6.4.1725) Professeur de Philosophie
Création d'une «Grande Ecole».

Chauvin arriva en 1695 à Berlin, à l'âge de 55 ans, à l'invitation du Prince-Electeur Frédéric III. Durant son exil en Hollande il avait déjà acquis une renommée certaine de philosophe, en tant que collaborateur de Pierre Bayle à Rotterdam, et s'était fait remarquer comme auteur du «Lexicon rationale», un dictionnaire philosophique, et également comme éditeur du «Nouveau Journal des Sçavans», dont l'édition se poursuivra plus tard à Berlin.

Peu de temps après son arrivée, Chauvin fut nommé à la chaire de philosophie du «Collège François». En tant que titulaire de cette chaire, la plus élevée dans la hiérarchie de l'école, il devint en même temps Directeur et membre du «Conseil Académique».

En raison de sa structure, organisée selon le principe des chaires (Philosophie, Rhétorique, Humanités et Histoire classique), le «Collège François» était un établissement de type plus universitaire que scolaire et se distinguait en cela des deux autres lycées de Berlin. En outre, sous la direction de Chauvin, on soutint des Thèses au Collège, chose qui ne se pratiquait habituellement que dans les Universités. C'est par référence à certains lycées importants de France comportant des enseignements de type universitaire, tels qu'ils existent encore aujourd'hui dans les Grandes Ecoles, que Chauvin poursuivit le but de créer un «gymnasium academicum» indépendant, une institution possédant un statut intermédiaire entre le Lycée et l'Université.

Chez lui, Chauvin organisait avec d'autres érudits des «Sabbatines», des discussions universitaires, telles qu'il les avait connues dans son université d'origine, à Nîmes. En 1700 il fut un des membres fondateurs de la «Société», appelée plus tard Académie des Sciences, sous la présidence de Gottfried Wilhelm Leibniz.

Les années suivantes, Chauvin enrichit son dictionnaire pour en faire un Dictionnaire abrégé des Sciences de la Nature de son époque, qui parut sous le titre «Lexicon philosophicum» et fut considéré par ses contemporains comme la transposition de la Philosophie de René Descartes dans le domaine de la science du début du XVIIIeme siècle. Cette œuvre reflète l'enseignement philosophique de Chauvin au Lycée français, un enseignement qui attira beaucoup d'auditeurs étrangers vers cette école et fit connaître le «Collège François» bien au-delà de Berlin.

Chauvin war selbst Theologe und Pastor, aber als der traditionellen französischen Philosophie, der Logik und der Physik verpflichteter Lehrer mußte er in Konflikt mit der orthodoxen Berliner Kirchenleitung kommen, denn er vertrat ein naturwissenschaftlich begründetes Weltbild. Sein Ruf als Gelehrter hatte ihm großes Prestige eingebracht, und so wollte er sich der kirchlichen Aufsicht nicht unterordnen. Er bestand darauf, als Direktor der Schule seine Entscheidungen selbständig zu treffen, Anweisungen seitens der Kirche wies er zurück, den Sitzungen des *Conseil des Inspecteurs* blieb er fern; bald hörten sie ganz auf. Der Konflikt schwelte jahrelang weiter. Wo sie konnten, versuchten die Pastoren, ihrem Kollegen am Zeug zu flicken, und wenn es auch nur um Lappalien ging wie eine Schulaufführung Molières, bei der Knaben Mädchenrollen spielen mußten!

Nicht einmal Antoine Teissier, Chauvins Kollege aus den Jugendtagen an der Akademie von Nîmes, den die Pastoren als Vermittler einschalteten, konnte die Streitigkeiten schlichten. Schließlich half nur ein Machtwort des Königs: Der *Conseil des Inspecteurs* wurde 1703 auf sieben Mitglieder erweitert, unter ihnen Chauvin mit Sitz und Stimme auf Lebenszeit und dem Recht, periodisch als Präsident zu fungieren. Chauvin hat die Jahre genutzt. Sein philosophischer Lehrgang hatte sich institutionalisiert, hatte sich zum Aushängeschild der Schule entwickelt.

Das *Athenäum Fridericianum Gallicum*, wie das Collège in diesen Jahren genannt wurde, hielt in seinem Auditorium unter Sperlette und unter Chauvin *disputationes* ab, wie es sonst nur in Akademien üblich war, und hob sich dadurch von den beiden anderen Berliner Gymnasien ab, deren Hierarchie vom *Rector* über den *Conrector* zum *Subrector* und *Subconrector* reichte. Im Gegensatz dazu hatte das Collège eine Organisationsstruktur nach Lehrstühlen, an oberster Stelle den der Philosophie, danach den der Rhetorik und dann den der Humaniora, der Alten Sprachen und Klassischen Geschichte. Damit besaß das Collège in den letzten Jahren des 17. Jahrhunderts keinen Schul-, sondern einen Hochschulcharakter, und folgerichtig sagt einer der Biographen Chauvins auch: *(il) forma une école presque aussi complète que les universités de second ordre.*

Über einzelne der akademischen Disputationen aus dem ersten Jahrzehnt der Schulgeschichte sind wir unterrichtet.

1691 nahmen daran unter Vorsitz des Staatsministers Eberhard von Danckelmann die Kandidaten der Philosophie Jaques Péricord, Abraham Bocquet, Jean Schockwitz, Jaques Collin und Pierre d'Arrest teil. 1692 hatte Ezechiel von Spanheim den Vorsitz, und es wurde promoviert Jacobus Collin. Seine Thesen sind in der Staatsbibliothek Preußischer Kulturbesitz ebenso einzusehen wie die von Johannes Rossal und Jacobus Le Coq aus dem Jahre 1693 unter dem Vorsitz Friedrich Karl von Danckelmanns. Von 1694 und 1696 fehlen die Unterlagen. 1695 führte wieder Spanheim den Vorsitz, die Kandidaten sind unbekannt. 1697 hatte Minister Paul von Fuchs den Vorsitz, die Disputation wurde von Adolphus à la Costa und Petrus Mazot gehalten. 1698 und 1699 fehlen, aber 1700 promovierte Fridericus Brandt unter dem Vorsitz von Johann Kasimir Kolb Graf von Wartenberg. Die genannten Kandidaten sind die ersten bekannten Absolventen des akademischen Lehrgangs des Französischen Gymnasiums. Ihre Promotion zum *baccalaureus* entsprach der von der *Sorbonne* begründeten Tradition und kann verglichen werden mit dem heute üblichen *baccalauréat* am Ende der *classe terminale*, bis vor kurzem noch *classe de philosophie* genannt.

In Frankreich gab es im 17. Jahrhundert an bestimmten bedeutenden Gymnasien bereits hochschulartige Lehrgänge, Vorläufer der heutigen *Grandes Ecoles*, und Chauvin mag an diese Beispiele gedacht haben, als er sich dem Einfluß der Kirche zu entziehen und ein unabhängiges *gymnasium academicum* aufzubauen versuchte, eine Institution, die einen Status zwischen Gymnasium und Akademie besaß und Magister, wenn nicht sogar Doktoren der Philosophie auszubilden zum Ziel hatte.

Damit war Chauvins *Athenaeum Gallicum* ein Institut geworden, das in seinem Unterbau dem protestantischen Collège, im Oberbau aber der Akademie seiner Heimatstadt Nîmes entsprach.

Im Collège wurde Latein und Griechisch gelehrt, darauf wird noch einzugehen sein. An der daran anschließenden Akademie gab es Lehrstühle für Griechisch und Hebräisch, für Rhetorik, Philosophie und Mathematik, für Jurisprudenz und Theologie, einzig die Medizin fehlte an der protestantischen Akademie.

Dabei ist es vielleicht nicht uninteressant, die protestantische Akademie mit ihrer Vorläuferin, der alten Universität, zu vergleichen. Dort gab es zunächst die Freien Künste, woraus die Philosophische Fakultät entstanden ist. Grammatik und Rhetorik, Mathematik und Musik waren der Kern, später erweitert auf sieben Fächer, nämlich Grammatik, Rhetorik und Dialektik einerseits, Arithmetik, Geometrie, Astronomie und Musik andererseits. Das Studium der Grammatik, Rhetorik, Dialektik und Mathematik wurde mit dem Baccalaureus-Examen abgeschlossen. Nach dem Studium der Logik, Physik, Metaphysik und Ethik, dem der Politik, Geometrie und Astronomie kam das Magister-Examen. Der Unterricht war eingeteilt in Lektionen, Vorlesungen, und Disputationen, Übungen.

Chauvin hatte am Französischen Gymnasium die Fächer Griechisch, Rhetorik, Philosophie und Mathematik vorgefunden. Von den alten Freien Künsten waren also vertreten die Grammatik, die Rhetorik – vermutlich die Dialektik einschließend –, die Mathematik dürfte Arithmetik, Geometrie und Astronomie einbezogen haben, es fehlte offenkundig nur die siebente der Freien Künste, die Musik. Wer die alten Fächer wiederherstellen wollte, mußte nur noch nach einem Professor für Musik Ausschau halten. Chauvin tat es, hatte allerdings erst 1705 Erfolg, als er dem Musikprofessor Isaac Voigny zur Anstellung verhalf.

Von den Lehrstühlen der protestantischen Akademie fehlten nur die für Hebräisch, für Jurisprudenz und für Theologie. Beim Ausbau der Schule zur

Hochschule mußte versucht werden, diese Lehrstühle der Reihe nach einzuführen, und gerade an diese Aufgabe machte sich Chauvin mit Konsequenz und Beharrlichkeit. 1696 zieht er den Juristen Jean de Barbeyrac, auf den wir zurückkommen müssen, und 1704 den Professor für Hebräisch Olivier Favin an sein Institut – jetzt fehlt nur noch die Theologie.

Es fehlt ebenfalls die Medizin, wenn man sich an dem Fakultätenschema der alten Universität orientiert, und auch hier findet Chauvin einen Interessenten, den Arzt Daniel Duncan, dem er 1699 zur *venia legendi* verhilft. Noch 1725 ist die Rede davon, einen Mediziner ans Collège zu holen, eine Idee, die sogar 1739 noch nicht aufgegeben ist: Barthélémi Pascal – und das, obgleich es seit 1685 in Berlin ein *Collège de Médecine* gibt.

Aber der Höhepunkt von Chauvins Macht ist überschritten, bevor er das einzige fehlende Glied in die Kette seiner Hochschule einfügen kann, die Theologie. Das Mißtrauen der Geistlichen des Konsistoriums Chauvin gegenüber ist so fest verwurzelt, daß sie es für eine Zumutung halten müssen, ihrem Pastor-Kollegen einen theologischen Lehrstuhl für sein *Athenaeum Gallicum* zuzugestehen. Das jahrelange Pochen auf seine Ordination, die immer wieder gestellte Forderung, ihn als Prediger zuzulassen, erhalten Sinn, wenn man darin die Taktik Chauvins erkennt, sich an seiner Akademie einen Lehrstuhl für Theologie zu sichern.

Jedoch die Pastoren behalten die Oberhand, bestärkt durch die Entscheidung des Königs von 1703. Den Predigernachwuchs wollen sie selbst ausbilden, in Privatunterricht, wenn es sein muß, aber durchaus nicht an Chauvins Institut. Energisch gebieten sie Chauvin Einhalt. Den Boden, den er gewinnen konnte, muß er aufgeben. Der Lehrstuhl für Medizin geht schnell wieder ein, auch die Professuren für Hebräisch und Musik werden zurückgezogen, und Barbeyrac wird auf Altphilologie beschränkt. Der Traum von der universitätsartigen Hochschule ist ausgeträumt. Es bleibt beim *Gymnasium academicum*. Seine Kanzel aber, die Philosophie, vermag Chauvin abzusichern und auszubauen. Hier stimmten seine Interessen mit denen des Konsistoriums überein: durch den Lehrstuhl für Philosophie ließ sich auch für die Kirche selbst Prestige gewinnen!

In den *Registres du Consistoire* läßt sich der beharrliche Kampf im Interesse der Philosophie am Collège in allen seinen Stadien ablesen. Die Entscheidung für die Philosophie wurde immer wieder in Frage gestellt und immer neu bekräftigt. Wir lesen im Jahre von Chauvins Ernennung: *La Compagnie considérant de quelle importance est la conservation de la Chaire de Philosophie ... dont la perte seroit tres préjudiciable au public, y ayant peu de chefs de famille parmy les Refugiez qui pourront estre en état d'envoyer leurs enfants dans les Universitez pour y faire leur Philosophie.*

* * *

Etienne Chauvin hatte sich bereits 1692 in Rotterdam durch sein *Lexicon rationale* profiliert, ein philosophisches Nachschlagewerk, das die Ergebnisse der Wissenschaft, und zwar hauptsächlich der Naturwissenschaft, zusammenfaßte.

Dieses Lexikon hatte gegenüber Pierre Bayles *Dictionnaire historique et critique* den Vorzug der Kürze – und den der allgemein verständlichen lateinischen Sprache, die das Buch Wissenschaftlern von London bis Moskau und Rom unmittelbar zugänglich werden ließ. Ein Exemplar von Chauvins Lexikon befindet sich in der Bibliothek des Französischen Gymnasiums.

Von Berlin aus setzte Chauvin seinen Gedankenaustausch mit Pierre Bayle fort und trat in einen engen wissenschaftlichen Kontakt mit Gottfried Wilhelm Leibniz. Er gehörte zu der Gruppe von Gelehrten, die dem Kurfürsten die Gründung einer Akademie der Wissenschaften vorschlugen, und zählte zu den ersten Mitgliedern dieser Sozietät in ihrem Gründungsjahr 1700. Nun konnte er seine philosophische Lehrtätigkeit am Collège mit dem philosophischen Gedankenaustausch an der Akademie verbinden und seine Forschungen in größerem Rahmen fortführen. In dem Jahrzehnt seit 1700 erweiterte er sein Lexikon zu einem Kompendium der Naturwissenschaften der Zeit. Als es 1713 unter dem Titel *Lexicon philosophicum* erschienen war, wurde es schnell zur Grundlage der neuen Strömung in der Wissenschaft des 18. Jahrhunderts, die an die Stelle der alten scholastischen Begriffe, an die Stelle theologischer die naturwissenschaftlich–physikalischen Fragestellungen setzte und der Experimentalphysik neben der philosophischen Spekulation einen großen Raum gab. Mit Recht haben Zeitgenossen in Chauvins Lexikon die Übertragung der Philosophie des René Descartes auf die Wissenschaft des beginnenden 18. Jahrhunderts gesehen. Das Werk läßt sich wegen seiner Einfachheit, Klarheit und Kürze (719 Seiten) als Schullexikon begreifen, und wir werden annehmen können, daß es die philosophische Lehre Chauvins am Französischen Gymnasium widerspiegelt. Jedenfalls deuten darauf u. a. die vielen verdeutlichenden Zeichnungen, die Chauvin seinem Werk beigibt, um seine Gedanken plastisch zu erläutern.

Chauvins Lehrplan der Philosophie zog viele auswärtige Hörer an die Schule, und sein Ruf machte das Collège François über Berlin hinaus bekannt.

Chauvin starb am 6. April 1725 im Alter von 85 Jahren. (Lit. Nr. 11, 12, 19, 21, 23, 37–50)

Philippe Naudé
Mathematiker
(1654–1729)
Mathematik – Synthese aller Wissenschaften

Während das Archiv des Französischen Gymnasiums bei Kriegsende mit der Schule verbrannt ist, waren die Akten des Geheimen Staatsarchivs rechtzeitig aus Berlin »verlagert« worden. Sie blieben in einem Salzbergwerk bei Halle vom Kriege unberührt und sind heute wieder zugänglich in der Dienststelle Merseburg des Zentralen Staatsarchivs der Deutschen Demokratischen Republik.

In den Merseburger Beständen befinden sich alle Unterlagen aus der Kurfürstlichen Kanzlei, also die Entwürfe der amtlichen Schreiben an die französische Kirchenleitung, die *Compagnie du Consistoire*, sowie die Antwortschreiben der Kirche an die Kanzlei des Kurfürsten.

Die »Acta betreffend das Französische Gymnasium« beginnen fünf Jahre vor der Gründung der Schule, und zwar mit einer zweisprachigen Schrift *La nouvelle Academie de Berlin* und dem dazugehörigen Briefwechsel. Im Jahre 1689 sind dokumentiert die Bestallungsurkunden der ersten Lehrer der Schule, und zwar jeweils zunächst als Entwurf in deutscher Sprache, dann in französischer Fassung und schließlich – mit Unterschrift des Kurfürsten Friedrichs III. und Gegenzeichnung seines Ministers Eberhard Christoph von Danckelmanns – die Reinschrift in deutscher Sprache. Die Entwürfe stammen sämtlich vom 30. Dezember 1689, die Reinschriften wurden vordatiert auf den 1. Dezember, und die Gehaltszahlungen erfolgten rückwirkend ab 1. Oktober 1689, der Gründungsbeschluß war am 12. Oktober 1689 im Staatsrat gefällt worden.

Zwei Professoren sollten hundert Taler jährlich Gehalt bekommen, außer dem Philosophen Jean Sperlette, *professor primae classae*, auch der Mathematiker Philippe Naudé, *professor secundae classae.*

In dem Dokument für Naudé lesen wir: *Frideric III etc Ayant résolu d'accorder de grace à nos Sujets françois habitans de notre ville capitale de Berlin un Collège, dans lequel ils puissent faire instruire leur Jeunesse à la maniere françoise et à nos Dépens, non seulement des principes de la Religion reformée, et de ceux de la langue latine, mais aussi de l'Eloquence et de la philosophie, et des mathematiques, Et le Savoir, la Conduite, et Les bonnes mœurs de Philippe Naudé nous ayant été recommandes, nous L'établissons benignement par ces presentes Lecteur en mathematiques, et Regent de la Seconde Classe, lui enjoignons d'en faire les fonctions conformément aux loix, et au Reglemens de la ditte Academie … donne a Cologne sur La Sprée, et Scellé de notre Seau de grace…*

* * *

Am 28. Dezember 1654 in Metz geboren, war Philippe Naudé 1666 als Page an den Hof von Sachsen-Eisenach gekommen, wo er vier Jahre blieb. In der Folgezeit, wieder in Metz, lernte er als Autodidakt Latein und Griechisch, beschäftigte sich im Selbststudium mit Theologie und entwickelte – ohne Lehrer – besondere Kenntnisse in Mathematik. Am 18. Oktober 1685, als die evangelische Kirche in Metz geschlossen wurde, verließ er seine Heimatstadt und ging nach Saarbrücken, später nach Hanau.

Die Geschichte der Flucht schildert er in einem handschriftlichen Lebenslauf. Darin lesen wir:

»Im Oktober 1685 ... wurde eines Sonnabends Abends Seitens des Consistorii von Haus zu Haus angesagt, daß, da das Edict von Nantes soeben widerrufen worden, der fernere Gottesdienst den Hugenotten untersagt sey ... Obwohl ... kein bedeutender Geldvorrat im Hause war ... so wurden doch die Eheleute, nach einer schlaflos zugebrachten Nacht, in dem Entschlusse einig, unverzüglich, so lange es noch thunlich sey, ihr Vaterland ... zu verlaßen ... Indem ... verließen sie am folgenden Tage Mittags ein Uhr Metz – die Dienstmagd einen Korb, in dem das Kind, einige Sachen von Werth und Bedürfnissen zur Reise sich befanden, voraufgehend ... und die Eheleute auf etwa 50 Schritte zu Fuß nachfolgend. Als sie solchergestalt, ohne Verdacht zu erwecken, die Stadt verlaßen ... wurde die Magd nach Metz zurückgesandt, und Naudé, nun selbst den Tragkorb auf den Rücken nehmend, trat mit seiner Frau die weitere Fußreise an ...«

Von Hanau ging die Familie Naudé weiter nach Berlin, wo sie 1687 eintraf. Die Metzer Hugenotten bildeten in Berlin zu diesem Zeitpunkt bereits die stärkste Landsmannschaft und stellten ein Gegengewicht zu den Südfranzosen dar.

In Berlin lernte Naudé den Hofmathematiker Rutger von Langerfeld kennen, der als Lehrer der kurfürstlichen Pagen fungierte und Philippe Naudé Privatschüler zuführte, ihn wohl auch gelegentlich Schule halten ließ. Da Philippe Naudé aus seinen Pagenjahren in Eisenach gut deutsch sprach, im übrigen auch gut Latein konnte, wurde er schon 1687 als Mathematiker ans Joachimsthalsche Gymnasium berufen, eine Stellung, die er sein ganzes Leben beibehielt und an seinen Sohn vererbte.

Phlippe Naudé hatte sich als Mathematiker in Berlin bereits etabliert, als das Collège François gegründet wurde, und so ist es nicht verwunderlich, daß ihm der Lehrstuhl für Mathematik übertragen wurde.

Die Biographie Naudés weist aus, daß er ab 1690 den Titel des *Secrétaire Interprête* führte, vermutlich eine Art amtlichen Dolmetschers in der französischen Gemeinde.

Viel länger als das erste Schuljahr hindurch kann Philippe Naudé am Französischen Gymnasium jedoch nicht unterrichtet haben. Zu seinem Nachfolger wurde noch 1690 Jean Audouy ernannt, der im Jahre der Neuorganisation der Schule durch Etienne Chauvin, 1695, auch das Amt des Prinzipals übernehmen sollte, darauf muß noch eingegangen werden.

PHILIP NAUDÉ

der Vater

1687 Professor der Mathematick bey dem Ioachimsthl: Gymn.
1696 Hoff Mathematicus u. Professor bey der Academie
der künste u. Mechanischen Wissenschaften 1701 Milglid
der Königl: Societaet der Wissenschaften 1704 Professor
der Mathem: bey der Fürsten u. Ritter Academie
geb: zu Metz 1654 gest: zu Berlin 1729

Philippe Naudé d. Ä.
Kupferstich von Meno Haas (1752–1833)

Philippe Naudé
(28.12. 1654–7.3. 1729) Mathématicien
Les Mathématiques – Synthèse de toutes les Sciences.

Philippe Naudé vint pour la première fois en Allemagne à l'âge de huit ans, précisément à la cour du Grand-Duc de Saxe-Weimar-Eisenach, où il passa quatre ans comme page. Ensuite il retourna dans sa ville natale de Metz et, en autodidacte, étudia le latin et le grec, la théologie et les mathématiques.

Lorsque, en octobre 1685, l'église protestante fut fermée, Naudé retourna en Allemagne. En 1687 il arriva à Berlin. Là, il fit la connaissance du mathématicien de la Cour et instructeur des pages de l'Electeur, Rütger von Langerfeld, qui lui adressa des élèves pour des cours particuliers. La même année, Naudé, qui depuis ses années de page à Eisenach parlait bien allemand, fut appelé comme professeur de mathématiques au Lycée de Joachimsthal. Il conserva cet emploi toute sa vie et finalement le légua à son fils.

Lorsque le Lycée Français fut fondé en 1689, Naudé y obtint la chaire de mathématiques. Les mathématiques, au XVIIeme siècle, englobaient encore tout le domaine de la Mathésis, de la connaissance, de tout ce qui possédait rang scientifique, de tout ce que l'on pouvait apprendre sur le monde environnant; les mathématiques étaient la synthèse de toutes les sciences.

Cependant Naudé n'exerça ses fonctions de mathématicien que peu de temps. Après la mort de Langerfeld, en 1696, il assuma les fonctions de celui-ci. En 1704 il passa à l'Académie des Princes, nouvellement fondée, qui devint plus tard l'Académie des Chevaliers. La même année parut sous forme de livre son cours de mathématiques, en langue allemande. Par ailleurs, Naudé a presque exclusivement publié des écrits théologiques. En tant que théologien, il fut un dogmatique farouche qui prit parti pour les traditionalistes de la théologie orthodoxe. Bien que par cela il s'opposât à Leibniz, celui-ci l'accueillit en 1700, comme mathématicien, parmi les membres fondateurs de sa «Société des Sciences». Un an plus tôt, déjà, Naudé était devenu membre de l'Académie des Arts et des Sciences mécaniques.

Das Gründungskollegium der Schule umfaßte den Philosophen Jean Sperlette de Montguyon als Leiter der obersten (ersten) Klasse, Naudé als Mathematiker und Leiter der zweiten Klasse, ferner Jacques Collin als Leiter der dritten Klasse, Jean Marion als Schreib- und Rechenlehrer und Paul Hetler als Religionslehrer, wir sind ihm bereits als Schulmeister der Gemeindeschule begegnet.

Dem Gründungskonzept zufolge sollten Marion und Hetler sich um die Unterstufe der Schule kümmern, Collin und Naudé um die Mittelstufe und Sperlette um die Oberstufe, wobei jede Klasse sich alsbald in zwei Stufen gliederte, die erste Klasse also in »Ober-« und »Unterprima«, die zweite in »Ober-« und »Untersecunda«, die dritte in »Ober-« und »Untertertia« usw., darauf wird zurückzukommen sein.

Der Mathematiker hatte die Aufgabe, die Schüler auf den Philosophie-Unterricht vorzubereiten. Mathematik, *Mathesis*, war dabei der Sammelbegriff für alle empirischen Wissenschaften, diese wiederum auf dem Fundament der *Humaniora*, der klassischen Wissenschaften der griechischen und römischen Antike ruhend. Insofern erfüllte der Mathematikunterricht eine Gelenkfunktion zwischen den klassischen Sprach- und Literaturstudien und der Philosophie.

* * *

Beim Tode des Hofmathematikers Rutger von Langerfeld 1696 übernahm Philippe Naudé dessen Aufgaben, auch die des Pagenerziehers. Als 1704 die *Académie des Princes*, die Ritterakademie, gegründet wurde und vermutlich die Pagen übernahm, wechselte auch Naudé an dieses neue Institut über. Ab 1704 sind wir über die Bildungsanstalten Berlins und ihre Lehrerkollegien sehr genau unterrichtet, weil die vier Jahre zuvor gegründete *Société des Sciences*, die spätere Akademie der Wissenschaften, von diesem Jahr an Stadtadreßbücher in Kalenderform erscheinen ließ und darin jedem Berliner Bildungsinstitut etwa eine Seite widmete. Philippe Naudé arbeitete an der Ritterakademie neben zwei Ingenieuren (einem deutschen und einem französischen), zwei französischen Sprachmeistern, von denen einer als Professor bezeichnet ist, einem »Tantzmeister« und zwei Fechtmeistern (wiederum einem französischen und einem deutschen).

Naudés mathematischer Lehrgang ist 1704 im Druck erschienen, und zwar in deutscher Sprache. Sein Programm dürfte 1690 am Collège nicht viel anders ausgesehen haben als 1704 an der *Académie des Princes*. Leider ist dieser Druck nicht mehr aufzutreiben gewesen.

Erwähnenswert ist, daß Naudé eine Zeitlang für die gerade gegründete Berliner wissenschaftliche Zeitschrift, das »Organ« der Berliner Akademie-Mitglieder, für das auch Etienne Chauvin arbeitete, nämlich die *Miscellanea Berolinensia* geschrieben hat, und zwar in lateinischer Sprache über mathematische Themen. Das Französische hatte das Latein um 1700 als *Lingua franca* noch nicht abgelöst.

Im übrigen hat Naudé fast ausschließlich theologische Schriften verfaßt, die Reihe seiner Werke ist lang, es gibt französische und deutsche Titel. Allen gemeinsam ist der streng dogmatische Standpunkt ihres Verfassers, der keinerlei Konzessionen an die Ansprüche moderner Glaubenstoleranz machte und sich in Gegensatz zu den philosophischen Gedankengängen der Theologen seiner Zeit brachte, ein erbitterter Feind der Aufklärung und vor allem Pierre Bayles, den er überall bekämpfte, wo dies nur möglich war. Sein Biograph Samuel Formey spart deshalb auch nicht an Kritik: *Son zèle l'emportoit au-delà des bornes établies ... par les bienséances: il ne savoit ce que c'étoit que ménagemens et adoucissemens dans les Controverses.*

Philippe Naudé war als Theologe ein starrer Dogmatiker. In der Auseinandersetzung mit der Philosophie der Zeit ergriff er Partei für die orthodoxen theologischen Traditionalisten. Das brachte ihn auch in Gegensatz zu Gottfried Wilhelm Leibniz – für diesen aber kein Hinderungsgrund, Philippe Naudé als Mathematiker 1700 in das Gründungskollegium der *Societé des Sciences* aufzunehmen, nachdem er schon zuvor, nämlich 1696, Professor an der Akademie der Künste und mechanischen Wissenschaften geworden war.

Naudé war ein begehrter Gast in den Salons der Gelehrten um die Jahrhundertwende. Er gehörte zu den Mitgliedern der »Spanheimgesellschaft«, die sich ab 1690 regelmäßig donnerstags im Hause Ezechiel von Spanheims trafen oder in der kurfürstlichen Bibliothek, die er leitete, einer Vorstufe der »Sozietät« von 1700. Auch an Chauvins Sabbatinen wird er teilgenommen haben, wie er später der *Société Anonyme* angehörte, die im Hause von Jacques Lenfant tagte.

Philippe Naudé war ein Vorläufer derjenigen Hugenotten, die sich im deutschen Umfeld integrieren wollten und wenig Wert legten auf ein abgeschlossenes Kolonieleben. Vielleicht kamen ihm dabei seine Kindheitserfahrungen im deutschsprachigen Metz und seine Jugenderfahrungen aus Eisenach zugute. Naudé hatte offenbar früher als viele seiner hugenottischen Zeitgenossen erkannt, daß es keine Rückkehr nach Frankreich geben könne, und so setzte er ganz auf die deutsche Karte, die Einbürgerung in Deutschland!

Philippe Naudé starb fünfundsiebzigjährig am 7. März 1729. (Lit. Nr. 13, 20–24, 51–57)

Isaac de Beausobre
Theologe
(1659–1738)
Die theologische Schulaufsicht

Vous trouverez peut-être des endroits dans cette ode qui ne vous paraîtront pas conformes à la confession d'Augsbourg: mais j'espère bien, monsieur, que vous croirez que l'on n'a pas besoin de Luther et de Calvin pour aimer Dieu.

Dies sind die Worte des Kronprinzen Friedrich, des späteren Königs Friedrichs des Großen, in einem Brief an Isaac de Beausobre vom Januar 1737. Der Kronprinz hatte dem Prediger der Französischen Kirche eine von ihm verfaßte Ode geschickt und um Beausobres Meinung gebeten, ganz so, wie er es rund ein Jahrzehnt später auch mit Voltaire zu tun pflegte.

Friedrich hatte im März 1736 an einer Sonntagspredigt in der französischen Kirche auf dem Werder teilgenommen und war von der Predigt so beeindruckt, daß er den Geistlichen persönlich kennenlernen wollte; es war Isaac de Beausobre.

Wenn Friedrich in Berlin war, wohnte er Unter den Linden, im Palast Wartensleben, dem späteren Kronprinzenpalais, an dessen Garten an der Niederlagewallstraße, später Niederlagstraße, das Französische Gymnasium angrenzte. Er war damit Nachbar der Schule und des Philosophie-Professors, der in der Schule seine Dienstwohnung hatte. In den Dreißiger Jahren des achtzehnten Jahrhunderts war Mathurin Veyssière de La Croze – wir müssen auf ihn zurückkommen – als Nachfolger von Etienne Chauvin Inhaber des Lehrstuhls für Philosophie und als Nachbar dem Kronprinzen bekannt; bei ihm ließ sich ein Treffen Friedrichs mit Isaac de Beausobre arrangieren.

Beausobre beeindruckte Friedrich stark, und in der Folgezeit entwickelte sich ein reger Umgang des Predigers mit dem Kronprinzen. Adolf von Menzel hat eines der Gespräche im Kronprinzenpalais in einem Holzstich festgehalten. *Je me range du côté de ses admirateurs*, hatte Friedrich seinem Freund, dem Grafen von Manteuffel, geschrieben, und als Beausobre gestorben war, trauerte Friedrich um ihn und sagte: *... nous avons perdu en lui le plus grand homme de Berlin en fait de finesse d'esprit, d'érudition et de politesse...*, und Voltaire gegenüber hatte Friedrich den Pastor *la meilleure plume de Berlin* genannt.

Isaac de Beausobre war ein Vertreter der konservativen, der orthodoxen Richtung in der französischen Gemeinde, und schon allein dadurch für Friedrich ein interessanter Gesprächspartner, denn die freigeistigen Neigungen des Kronprinzen sind bekannt, die Diskussionen zwischen Beausobre und Friedrich dürften deshalb lebhaft gewesen sein!

* * *

Isaac de Beausobre war am 8. März 1659 in Niort in der Provence geboren worden. Seine Familie bestimmte ihn zum Studium der Jurisprudenz, aber Beausobre wollte Theologie studieren und setzte sich den Eltern gegenüber durch. Er ging an die Akademie von Saumur, wie ein Menschenalter zuvor auch Teissier.

Kaum war er zum Pastor ordiniert worden, kam die erste Bewährungsprobe für Beausobre: Als der evangelische Gottesdienst durch das Edikt von Fontainebleau verboten wurde, hielt Beausobre seine Andachten in seiner Wohnung ab; er soll auch die königlichen Siegel an der verschlossenen Kirche entfernt haben; kurz: noch im Oktober 1685 hat er Frankreich verlassen. Er wandte sich nach Holland, denn er wollte nach England gehen. Aber in Rotterdam, wohin sich zunächst auch Chauvin gewandt hatte, fand er Zugang zum Hause Oranien, gewann in der Königin, einer Urenkelin des Admirals Coligny, eine Gönnerin, und wurde von ihr als Prediger an den Hof von Anhalt-Dessau vermittelt, der mit dem Hause Oranien verschwägert war. Von Dessau ging Isaac de Beausobre 1694 nach Berlin, als Seelsorger für die Königin Sophie Charlotte, ebenfalls aus dem Hause Oranien stammend und Urenkelin des Admirals.

Die Berliner Hugenottengemeinde wählte ihn zu einem ihrer Prediger, und das Predigeramt behielt Beausobre bis zu seinem Tode bei. *A la ville, à la Cour, en tous lieux adoré, Doux, poli, généreux, savant dans l'art de plaire…*, wie die Verse von Modestinus Eccardt auf seinem Kupferstich sagen, war Beausobre schon bald zu einer wichtigen Persönlichkeit in der Berliner französischen Kirchenleitung geworden.

Bereits 1695, im Jahre nach seiner Ankunft in Berlin, wird er in die *Inspection*, die Schulaufsicht des Collège François, berufen, wo er als Sechsunddreißigjähriger zu den Jüngsten gehört – Teissier und Chauvin sind fast doppelt so alt wie er. Aber Teissier als Historiker und Chauvin als Philosoph gehörten nicht zu der orthodoxen Partei in der Kirche, und so dürfte Beausobre gewiß eher als sie den Standpunkt der konservativen Kirchenleitung im Leitungsgremium des Collège zu vertreten gehabt haben, und dies, obgleich er als junger Pastor heterodoxer Meinungen verdächtigt worden war, nicht anders als Teissier und Chauvin.

Beausobre war zunächst das fünfte Mitglied des *Conseil des Inspecteurs*, ab 1711 rückte er an die vierte, 1716 die dritte, 1726 die zweite und 1735 die erste Stelle auf, wie aus den Berliner Adreßkalendern ersichtlich ist. Die Beschlüsse im *Conseil* wurden immer mehrheitlich gefällt, und der Vorsitz wechselte reihum. Der *Conseil* war ein demokratisches Aufsichtsgremium.

Die Französische Kirche war im Berlin des ausgehenden 17. Jahrhunderts in Gestalt ihrer Inspektoren die oberste Schulbehörde des Collège François. Sie übte die Funktion des Schulträgers aus durch ihre *Compagnie du Consistoire*. Die Schulaufsicht war delegiert an den *Conseil des Inspecteurs*, der darüber zu wachen hatte, daß sich die Lehre am Französischen Gymnasium nicht von den Regeln und Vorschriften, den Dogmen der Kirche Johannes Calvins, entfernte.

Isaac de Beausobre mit Kronprinz Friedrich
Holzstich von Adolf von Menzel (1815–1905)

Isaac de Beausobre
(8. 3. 1659–5. 6. 1738) Théologien
L'Inspection théologique du Collège.

Frédéric le Grand appelait Beausobre «la meilleure plume de Berlin». Le point de départ de la connaissance que firent les deux hommes l'un de l'autre, fut un prêche du dimanche que Beausobre tint à l'Eglise française sur le Werder et qui avait profondément impressionné celui qui à l'époque était Prince héritier. Par la suite le Prince héritier, connu pour sa liberté d'esprit, trouva souvent en Beausobre, ce représentant de la tendance conservatrice-orthodoxe de la communauté française, un interlocuteur interessé et intéressant.

C'est comme directeur de conscience de la Reine Sophie-Charlotte que Beausobre était venu à Berlin, après avoir auparavant exercé comme prédicateur à la cour des Orange à Rotterdam et à la cour de Anhalt-Dessau. La communauté huguenote de Berlin fit de Beausobre l'un de ses prédicateurs et il exerça cet office jusqu'à sa mort. Dès 1695 il est nommé à l' «Inspection» du «Collège François», l'autorité de tutelle théologique du Lycée.

En 1705 Beausobre préside la cérémonie religieuse d'inauguration solennelle de la nouvelle église de Friedrichswerder. Parmi ses auditeurs se trouvent souvent le Roi Frédéric Ier et sa famille.

En 1707 Beausobre est appelé par le Roi à siéger au Consistoire supérieur, l'organe de direction de l'Eglise Française. Lors des négociations avec Louis XIV concernant la libération des Huguenots bannis sur les galères après 1685, Frédéric Ier a recours aux services de Beausobre comme ambassadeur extraordinaire.

A la fin de sa vie Beausobre est inspecteur de toutes les églises françaises de la Marche de Brandebourg, élevé de facto au rang d'évêque. Cette ascension se justifiait par quantité d'œuvres théologiques que Beausobre écrivit, certaines avec son ami Jacques Lenfant. Ses traductions du Nouveau Testament et ses commentaires de la Bible dépassèrent les frontières de l'Allemagne. De plus, à partir de 1720, Beausobre édita la «Bibliothèque germanique» dans laquelle furent publiés, en langue française, des résumés et des critiques des publications scientifiques parues en Europe du nord.

Auf religiöser Seite war das Collège also eingebunden in feste Strukturen, denjenigen der protestantischen *Collèges* und *Académies* in Frankreich nachgebildet.

* * *

Beausobres Aufstieg als Geistlicher zeigt Durchsetzungsvermögen und Beharrlichkeit: 1705 ist er es, der den Festgottesdienst zur Einweihung der Friedrichswerderschen Kirche hält, jener Kirche, die in der ersten Hälfte des achtzehnten Jahrhunderts neben der französischen Friedrichstadtkirche als bedeutendstes französisches Gotteshaus Berlins bezeichnet werden kann. Unter seinen Zuhörern befinden sich oft auch König Friedrich I. und sein Gefolge. Die Königin Sophie Dorothea, Gattin Friedrich Wilhelms I. und Mutter Friedrichs des Großen, ließ Beausobre, Lenfant und Veyssière La Croze für ihre Galerie sogar malen. Das Gemälde von Beausobre scheint verschollen, aber die anderen beiden sind erhalten; sie stammen vom Hofmaler Antoine Pesne, ihre Reproduktionen befinden sich im Französischen Gymnasium.

1707 wird Beausobre vom König in die französische Kolonieverwaltung der Mark, das Oberkonsistorium, berufen. Der König bedient sich Beausobres als seines Sonderbotschafters 1704 und 1712 bei den Verhandlungen mit Ludwig XIV. wegen der Freilassung der Hugenotten, die nach 1685 auf die Galeeren geschickt worden waren. Ob Beausobres Mission erfolgreich war, ist allerdings nicht überliefert.

Am Ende seines Lebens ist Beausobre Inspektor aller französischen Kirchen der Mark Brandenburg, bekleidet also Bischofsrang. Dieser Aufstieg war begründet durch eine Fülle theologischer Werke, die Beausobre teils allein, teils mit seinem Freund Jacques Lenfant, von dem gleich zu sprechen sein wird, verfaßte. Über Deutschland hinaus und in die französischen Gemeinden Europas hinein wirken seine Übersetzungen des Neuen Testaments und seine Bibelkommentare, vielbändige Werke, die noch heute in der Bibliothek des Französischen Gymnasiums verwahrt werden und die Beausobre vermutlich der Schule persönlich gestiftet hat.

Auch seine *Histoire de la Réformation 1517–1530* findet sich in der Schulbibliothek, allerdings gingen der erste und der vierte Band im Zweiten Weltkrieg verloren. Nach dem Kriege konnten zwei Bände seiner vierbändigen Predigtsammlung wiederbeschafft werden, außerdem in einem Neudruck von 1970 die berühmte *Histoire de Manichée* mit der bekannten Biographie von Samuel Formey, aus der alle späteren Biographen Beausobres geschöpft haben.

Aber Beausobre war nicht nur Theologe und theologischer Schriftssteller, er ist auch hervorgetreten durch die *Bibliothèque Germanique*, die er von 1720 an herausgab.

Die *Bibliothèque Germanique* trat die Nachfolge von Chauvins *Nouveau Journal des Sçavans* an, sie veröffentlichte Zusammenfassungen und Kritiken der in Nordeuropa erscheinenden wissenschaftlichen Publikationen und trug dadurch nicht wenig zur Verbreitung ihres Gedankengutes in Frankreich und den anderen Ländern Europas bei: Denn die *Bibliothèque Germanique* benutzte die französische Sprache und war dadurch in ganz Europa lesbar – anders als die volkssprachlichen Primärpublikationen, anders auch als das Latein, das den Leserkreis der betreffenden Werke auf die Gelehrten beschränkte.

In den Annalen der Kolonie wird Beausobre die »Seele der Französischen Gemeinde« genannt. Da er über vierzig Jahre an der Leitung und Aufsicht des Collège beteiligt war, sollte seine geistige Einwirkung nicht unterschätzt werden. Sein Biograph Christian Bartholmèss schreibt: *Au Collège ... Beausobre dirigeait en ami, inspirait en modèle, toute une phalange de maîtres éprouvés, dont plusieurs ont gardé une réputation légitime dans les fastes de la religion ou de la science ...*

Am Ende seines Lebens beurteilte Beausobre die Auswanderung, zu der er als junger Pastor gezwungen worden war, als günstiges Schicksal. Er sagt: *J'étois né dans les conjonctures les plus favorables pour m'élever dans le Monde,* – ein erstes weltbürgerliches Bekenntnis, wie wir noch viele im Umkreis des Französischen Gymnasiums kennenlernen werden.

Isaac de Beausobre starb am 5. Juni 1738 im achtzigsten Lebensjahr. Der Kupferstecher Modestinus Eccardt unterzeichnet das Portrait Beausobres mit den Worten: *L'amour de la vérité m'a été plus cher que les richesses et la patrie.* (Lit. Nr. 11, 13, 20–23, 25, 46, 58–69)

Charles Ancillon
Der erste Direktor
(1659–1715)
Gründung und Leitung der Schule

Nachdem die französische Gemeinde in den achtziger Jahren des 17. Jahrhunderts ihren Elementarunterricht gefestigt hatte, konnten die Schulplaner sich an die Vorbereitung eines weiterführenden Schulwesens begeben. Als der Gedanke an eine Ritterakademie verworfen war, wurde zunächst eine Schule anvisiert, die allgemeinbildende Fächer mit denen einer Ritterakademie verbinden sollte: Die *Réglemens* für diese »Frantzösische Academie« wurden am 20. August 1687 vorgelegt. Die zwanzig Lehrfächer sollten sein (in der Reihenfolge der Urkunde): Französisch, Italienisch, Deutsch, Latein, Philosophie und Geschichte neben »Tantzen, Fechten, Fahnenschwingen und mit der Picque und Musquete exerciren…« Als weitere Fächer werden genannt Vokalmusik, Instrumentalmusik, Malerkunst, Perspektive, Fortifikation, Geographie, Rechenkunst sowie als letztes »Höflichkeit und gute Sitten«.

In diesen *Réglemens* wird den Lehrern (*gouverneurs et précepteurs*) ein Direktor übergeordnet, der sie beaufsichtigen soll und für die Schulordnung verantwortlich ist. Er hat die Lehrergehälter auszuzahlen, die Schüler zu prüfen und die Eltern zu beraten. Bei Meinungsverschiedenheiten hat er zu entscheiden, Beschwerdeführer haben sich an den Direktor als ihren Richter zu wenden.

In den begleitenden Urkunden vom 20. August 1687 wird Charles Ancillon als *Inspecteur* der Akademie benannt. Aber dieses Institut hat niemals seine Arbeit aufgenommen.

Statt dessen plant Ancillon eine ganz andere Schule, keine Ritterakademie mit Sprachunterricht und Philosophie mehr, sondern eine Gelehrtenakademie nach französischem Vorbild. Seine Bestallungsurkunde ist auf den 1. Dezember 1689 datiert und enthält auch eine Zusammenfassung der Erziehungsziele der neuen Schule, in nachstehender Reihenfolge aufgeführt: *Crainte de Dieu, Bonnes Moeurs, Langue Latine, Eloquence, Philosophie, Mathématiques.*

Hier wird deutlich, wie sich der Fächerkanon gegenüber den Plänen von 1684 und 1687 gewandelt hat, wird klar, daß Ancillon eine Gelehrtenschule vorschwebte, ein akademisches Gymnasium.

Die kurfürstliche Urkunde fährt fort: *»Nous declarons par ces presentes, que Nous avons établi et établissons ledit Ancillon en qualité de Directeur dudit College pour avoir inspection tant sur icelui, que sur les Regens … afin de prendre soigneusement garde, si lesdits Regens sont capables de se bien acquitter de leurs charges, s'ils instruisent la Jeunesse avec l'attachement et l'application qui y sont requis et si leur conduite repond aux devoirs de leur Employ; Pour avoir aussi egard que les Ecoliers dudit College rendent auxdits Regens le respect, qu'ils leur doivent; qu'ils leur obeissent avec soumission, qu'ils vivent d'une maniere sage et bien reglée; qu'ils fassent des progrez dans la pieté et dans la connoissance des* *choses, qui leur seront enseignées, afin qu'ils puissent un jour estre utiles au bien public; et au surplus pour veiller et avoir soin que tout s'y fasse en bon ordre...«*

Diesem Dokument zufolge hatte Charles Ancillon die Disziplinargewalt über Lehrer und Schüler, war er Direktor und Inspektor in einer Person, besaß er auch die oberste pädagogische und wissenschaftliche Kompetenz an der Schule.

* * *

Wer war Charles Ancillon, wie kam er zu dem außerordentlichen Vertrauen beim Kurfürsten, das die Voraussetzung seiner Ernennung zum Direktor des Französischen Gymnasiums gewesen sein muß?

Ancillon war am 28. Juli 1659 geboren, wie Philippe Naudé in Metz. Er wurde, wie Naudé, von seinen Eltern schon früh nach Deutschland geschickt und besuchte die Schule in Hanau, die Universität in Marburg, später in Genf und Paris. Im deutschsprachigen Milieu in Metz aufgewachsen und in Hanau und Marburg erzogen, hatte Ancillon so wenig wie Naudé an seinem späteren Zufluchtsort Berlin eine Sprachbarriere zu überwinden. Zunächst aber wollte Ancillon, als er als Zwanzigjähriger 1679 in Paris sein juristisches Examen abgelegt hatte, durchaus in Frankreich bleiben. Anders als Naudé verstand er die Zeichen der Zeit nicht: Nach der Aufhebung des Edikts von Nantes ließ er sich, gerade frisch als Rechtsanwalt niedergelassen, bei Ludwig XIV. melden, um das Verbleiben der Metzer Protestanten in Frankreich zu erwirken. Der kaum sechsundzwanzigjährige Ancillon drang auch bis zu dem für die Zwangsmaßnahmen gegen die Evangelischen zuständigen Minister François Michel Louvois vor, erreichte aber nichts, im Gegenteil: Er hatte sich kompromittiert und mußte Frankreich schleunigst verlassen. Die Antwort von Louvois ist überliefert. Sie hatte gelautet: *Quoi, monsieur, ils n'ont qu'un pas à faire pour sortir du royaume et ils n'en sont point encore dehors!*

Noch 1685 erschien in Köln Ancillons Schrift *La persécution des reformés est contre les véritables intérêts de la France.* Ancillon spricht darin aus, was in der Folgezeit auch in Frankreich anerkannt worden ist, daß die Verfolgung der Hugenotten ein schwerer politischer und ökonomischer Fehler war. Die Fortdauer der Rechtswirksamkeit des Ediktes von Nantes weist Ancillon 1688 in seiner Schrift *L'irrévocabilité de l'édit de Nantes* nach.

Und schließlich zeugt eine dritte Schrift Ancillons, *La France intéressée à rétablir l'édit de Nantes,* erschienen 1690, von seiner Hoffnung, Frankreich werde seinen Irrweg aufgeben.

Die Argumentation Ancillons ist also zunächst derjenigen von Philippe Naudé genau entgegengesetzt: Während dieser von Anfang an für ein Verbleiben in Deutschland optiert hat, hoffte Ancillon auf die Heimkehr nach Frankreich.

Im Jahre 1686 kam Charles Ancillon nach Berlin, und schon im Jahre darauf, 1687, zeigte sich der Große Kurfürst dem jungen französischen Juristen so

Charles Ancillon
Wachsrelief von Charles Claude Dubut (1657–1742)

Charles Ancillon
(28. 7. 1659–5. 7. 1715) Le premier Directeur
Fondation et direction du Collège.

Charles Ancillon fut le premier Directeur du Lycée Fançais. Comme Philippe Naudé il était né à Metz et, dès sa jeunesse, avait passé plusieurs années en Allemagne. Plus tard il accomplit une partie de ses études de droit à Marbourg. A l'inverse de Naudé, Ancillon voulut rester en France après la Révocation de l'Edit de Nantes et entreprit, par l'intermédiaire du ministre François Michel Louvois et l'intervention de celui-ci auprès de Louis XIV, d'obtenir que restent à Metz les protestants. Son projet échoua et il fut obligé de quitter la France. Ancillon arriva en 1686 à Berlin.

Dès l'année suivante il fut nommé par le Prince-Electeur Frédéric-Guillaume «Juge et Directeur de la Colonie de Berlin» et chargé d'organiser la fondation d'un lycée pour la colonie française. Sous sa direction, le «Collège François» commença à dispenser son enseignement en décembre 1689. Ancillon conserva encore un certain temps la haute main sur l'Ecole, mais il céda la direction de fait en 1691 au «Principal». Celui-ci avait pour tâche de contrôler les professeurs et les élèves dans leurs travaux quotidiens, mais devait en rendre compte au Directeur.

En 1690 Ancillon fit paraître l'«Histoire de l'établissement des François Réfugiez dans les Etats de Son Altesse Electorale de Brandebourg», œuvre de référence dans laquelle puiseront encore, près de cent ans plus tard, les historiens de la colonie française Jean Pierre Erman et Frédéric Reclam. Le livre d'Ancillon devint en fait une publicité pour la colonie française de Berlin et pour le Lycée Français.

Ancillon, lui aussi, entra en relation avec Pierre Bayle et Leibniz. Avec Chauvin il se prononça, comme tous ses collègues, de Teissier à Beausobre, pour la fondation de l'Académie Prussienne des Sciences, mais n'y entra qu'en 1707.

gewogen, daß er ihn zum *Juge et Directeur de la Colonie de Berlin* ernannte und, wie wir gesehen haben, am 20. August 1687 beauftragte, die Vorbereitungen zur Gründung eines Gymnasiums für die französische Kolonie zu treffen. Diese Vorbereitungen kamen zu Lebzeiten Friedrich Wilhelms allerdings nicht mehr zum Abschluß, so daß die Gründungsurkunde unter Kurfürst Friedrich III. ausgefertigt wurde.

Die am 5. Februar 1690 vom Kurfürsten genehmigte Schulordnung hat sich zusammen mit dem Lehrplan in der Staatsbibliothek Preußischer Kulturbesitz erhalten. Sie ist lateinisch geschrieben und stimmt in weiten Teilen wörtlich überein mit dem *Reglement* des *Collège* von Sedan aus dem Jahre 1630. Von den 40 Paragraphen beziehen sich 12 auf die Schulorganisation (Schulstunden von 8–10 und von 14–16 Uhr, Gebete zu Beginn und am Ende, Aufnahmeprüfung und Anwesenheitskontrolle, Latein als Schulsprache), 14 auf das Verhalten der Schüler in der Schule (Gehorsam, Aufmerksamkeit, Fleiß, gesittetes Benehmen) und weitere 14 auf das Verhalten in der Öffentlichkeit (Verbot von Bettelei und Tauschhandel, Verbot des Waffentragens, von Müßiggang und nächtlichen Ausschweifungen, Meiden verrufener Örtlichkeiten).

In der gleichen Broschüre, die jeder Schüler bei der Einschulung überreicht bekam, ist auch der Lehrplan abgedruckt. Aufgenommen wurde demnach nur, wer fließend französisch lesen und sprechen konnte. Die Sexta führte ins Latein ein, in der Quinta wurden bereits die Distichen Catos behandelt. In Quarta begann der Lehrgang des Griechischen, in Tertia wurden Cicero, Ovid und Aesop gelesen, in Secunda kam Vergil hinzu und das Neue Testament auf Griechisch, in Prima Sallust und Horaz sowie Xenophon, Demosthenes und Homer.

In die *Philosophia* wurde nur aufgenommen, wer die lateinischen und griechischen Autoren fließend zu übersetzen und sich in Wort und Schrift gewandt lateinisch auszudrücken vermochte. Der Professor der Phiolosophie sollte vor- und nachmittags je einstündige Vorlesungen und zweimal im Jahr öffentliche Disputationen abhalten.

Am Donnerstag wurde in allen Klassen der Katechismus erläutert, der Samstag galt der Wiederholung des Wochenpensums. Schon von Quinta ab mußte vom Französischen ins Lateinische übersetzt werden, in Prima sowohl in Prosa als auch in Versen, auch vom Latein ins Griechische und vom Griechischen ins Latein. –

Ancillon behielt die Oberaufsicht über das Collège François bis zu seinem Tode bei, und zwar in späteren Jahren als *Inspecteur*. Die eigentliche Leitung der Schule aber trat er 1691 an den Prinzipal Jean Sperlette ab, der einst Schüler in Sedan gewesen war und vermutlich die *Disciplina seu leges* des dortigen *Collège* nach Berlin mitgebracht hatte. Als Ancillon von 1695 bis 1699 vom Kurfürsten in die Schweiz geschickt wurde, ging sein Direktortitel an Etienne Chauvin über. Nach seiner Rückkehr nahm Ancillon seinen Platz in der *Inspection* wieder ein und behielt ihn bis zu seinem Lebensende. Er wirkte also jetzt nicht mehr als Direktor, sondern als Mitglied der Schulaufsicht.

Worin aber bestand der Unterschied zwischen dem Dienstposten des Direktors und dem des Prinzipals?

Wir lesen in einer Urkunde vom 30. April 1691, daß Ancillon beim Kurfürsten vorstellig wurde: »... *il seroit trouvé necessaire et suivant ce qu'il a pratique en de pareils Etablissemens, qu'il y eut un Principal etabli et ordinaire dudit College, qui pust vaquer à l'inspection journaliere et requise à l'égard du maintien de l'ordre, de la Discipline et de la conduite requise tant des Regens que des Ecoliers, à l'introduction de ces derniers dans les Classes, suivant leur portée et leur examen; ou du remede au besoin a apporter aux abus, qui s'y pourroient glisser...*«

Der Prinzipal blieb dem Direktor Rechenschaft schuldig, aber er erhielt die Aufgabe, Lehrer und Schüler in ihren täglichen Arbeiten zu beaufsichtigen. Neben der kirchlichen Instanz und der weltlichen Direktion hatte sich eine pädagogische Leitung etabliert, an deren Spitze der Prinzipal stand, Vorgesetzter der Lehrer unterhalb des Lehrstuhls der Philosophie, vom Mathematiker über die Humanisten bis zum Katecheten und zu Schreib- und Rechenlehrer. Der Professor für Rhetorik, in der Hierarchie hinter dem Philosophen angeordnet, hatte diesen als *Principal* zu unterstützen. Der erste Prinzipal war Sperlette, 1695 folgte ihm Audouy, der also zunächst Chauvin, später La Croze zu unterstützen hatte. Als Audouy 1737 starb, übernahm Formey für zwei Jahre seine Funktion, bis dieser selbst in die Philosophieprofessur aufrückte und Jean Rossal, später David Naudé Platz machte. Die Aufteilung der Verantwortung auf Direktor und Prinzipal hatte erst mit Jean Pierre Ermans Ernennung 1766 ein Ende, wir kommen darauf zurück.

* * *

Neben seiner Aufgabe als Direktor des Französischen Gymnasiums setzte Ancillon seine Publikationstätigkeit auch in Berlin fort. Schon 1690 erschien seine *Histoire de l'Etablissement des François Refugiez dans les Etats de Son Altesse Electorale de Brandebourg*, ein Standardwerk, aus dem noch knapp hundert Jahre später die Historiker der Kolonie Jean Pierre Erman und Frédéric Reclam schöpfen werden.

In diesem Buch, insgesamt 400 Seiten stark, beschreibt Ancillon im ersten Teil die Aufnahme der Gelehrten und Schriftsteller, der Pastoren, Richter und Ärzte in sechs Kapiteln auf rund 150 Seiten, von denen er ein Kapitel von zwanzig Seiten der Gründung des Französischen Gymnasiums vorbehält. Auf den folgenden rund fünfzig Seiten beschreibt Ancillon im zweiten Teil die Aufnahme der Offiziere und Soldaten, 75 Seiten reserviert er im dritten Teil den Kaufleuten und Handwerkern und noch einmal 75 Seiten im vierten den Berufs- und Besitzlosen.

Hier ist von der Gründung eines Arbeitsamtes, von der Einrichtung einer Armenkasse – ihr stand Ancillon jahrelang vor –, von der Eröffnung eines Altersheimes und der Inbetriebnahme eines Krankenhauses die Rede, sozialen

Einrichtungen, durch die die Hugenotten in Deutschland richtungweisend wurden.

Im ganzen ist das Buch die Darstellung jenes Werkes der Nächstenliebe, in dem der Große Kurfürst die Ideen seines Aufnahmeedikts von Potsdam vom 29. Oktober 1685 in die Tat umsetzte, eine Propagandaschrift, die um weitere Einwanderer nach Brandenburg wirbt.

Die Sammlung von Ancillons biographischen und literaturkritischen Werken, in der Regel in Holland oder der Schweiz erschienen, kann in Berlin noch heute in der Staatsbibliothek Preußischer Kulturbesitz oder der Universitätsbibliothek der Freien Universität eingesehen werden. Am Französischen Gymnasium haben sich leider keine Schriften Ancillons erhalten.

1699 ernannte Kurfürst Friedrich III. Ancillon zum Gesandtschaftsrat und Historiographen und stellte ihn damit dem sieben Jahre zuvor in diese Ämter berufenen Antoine Teissier zur Seite.

Auch Ancillon knüpfte zu dieser Zeit Verbindungen zu Pierre Bayle und zu Leibniz an, wie alle seine Kollegen von Teissier bis Beausobre. Ancillon war einer der Motoren, die Berlin zur französischen Gelehrtenmetropole machten. Er hatte teil an Chauvins Sabbatinen sowie an der Spanheimgesellschaft und setzte sich mit Chauvin und Naudé zusammen für die Gründung der Sozietät der Wissenschaften ein, trat ihr aber erst 1707 bei.

Andreas Schlüters Reiterstandbild des Großen Kurfürsten, von dem ein Nachguß des Hauptes in der Eingangshalle des Französischen Gymnasiums ausgestellt ist, fand bei seiner Enthüllung 1703 in Ancillon den ersten Bewunderer, wie ein *Discours* aus seiner Feder bezeugt.

Ancillon starb am 5. Juli 1715, erst 56 Jahre alt. Sein Wirken hatte über ein Vierteljahrhundert wesentlich zur Stabilisierung des Französischen Gymnasiums beigetragen. (Lit. Nr. 11–13, 19–25, 66, 70–77)

Jacques Lenfant
Theologe
(1661–1728)
Überwachung der Rechtgläubigkeit der Lehrer

Die Lehrer des Französischen Gymnasiums erhielten seit Oktober 1689 ihr Gehalt ausgezahlt, die Bestallungen waren im Dezember ausgefertigt worden, aber der Unterricht konnte zunächst noch nicht beginnen.

In der *Discipline ecclésiastique des Eglises Réformées de France* war festgelegt, daß die Städte keine Schulmeister anstellen durften, bevor das Konsistorium zugestimmt hatte. Das Edikt von Potsdam gestattete den französischen Flüchtlingen die Religionsausübung, wie sie in Frankreich üblich gewesen war – und daraus folgerte die *Compagnie du Consistoire,* daß die traditionelle *Discipline ecclésiastique* auch in Berlin angewandt werden mußte. Die Pastoren bestellten also eine Kommission zur Überprüfung der Rechtgläubigkeit der Lehrer. Der Kommission gehörten an die Pastoren Jean Charles, François Bancelin, der ab 1686 der französischen Gemeinde vorstand, Senior der Gemeinde, und der noch nicht dreißigjährige Pastor Jacques Lenfant. Wir lesen in den Akten des Konsistoriums der Französischen Kirche, die aus dem Brand des Französischen Doms am 7. Mai 1944 gerettet wurden und heute wieder zugänglich sind: *»Mrs. Bancellein Charles, et L'Enfant Pasteurs et commres. nommés pour Examiner les Regens du nouveau College que sa ser. Elect. à eu la bonté de donner pour les françois, ont raporté Qu'ayant examiné les Srs. Sperlet Philosophe, Nodé, et Colin humanistes, et Etler Catechiste nommés pour Enseigner la Jeunesse dans led. College, ils les ont jugés capables des fonctions aux quelles ils sont destinés.«* Dieser Bericht trägt das Datum vom 12. Februar 1690, dies dürfte also der eigentliche Startschuß für die Schule gewesen sein.

Das Konsistorium hatte sich seinen Einfluß gegenüber der staatlichen Behörde gesichert. Drei Geistliche hatten Gewalt über das Collège und standen dem vom Kurfürsten ernannten Direktor gleich.

In dem Jahrzehnt von 1690 bis 1700 ging das Ringen um Macht und Kompetenz zwischen Staat und Kirche weiter. Mit dem Umzug der Schule zur Niederlagewallstraße 1701 war ein räumliches Zusammenrücken von Schule und Kirchenbehörde verbunden, aber auch eine Neuordnung der Leitungsstruktur. In den Statuten vom 14. Mai 1703 wird als oberste Instanz der König genannt, vertreten durch seine Staatsminister. Direkte Aufsicht über die Schule sollten die Inspektoren führen, aber jeder einzelne mußte erst vom König ausgewählt werden, und zwar aus einer vom Konsistorium vorgelegten Liste dreier Kandidaten. Damit war zwar der Einfluß der Kirche gesichert, das letzte Wort aber behielt der König.

Das Statut von 1703 enthält achtzehn Paragraphen zur Organisation der *Inspection* und sechs zu den pädagogischen Aufgaben der *Inspecteurs:* Sie sollen den Unterricht überwachen und dafür sorgen, daß die Lehrer nicht zu streng oder zu nachgiebig seien, ferner sollen sie die Stundenzahlen je Fach festlegen,

Jacques Lenfant
Kupferstich von Etienne Desrochers (1668–1741)

Jacques Lenfant
(13. 4. 1661–7. 8. 1728) Théologien
Contrôle de la croyance orthodoxe des professeurs.

Jacques Lenfant avait commencé ses études de théologie à l'Université de Saumur, puis les avait poursuivies à Genève et à Heidelberg. Quand Louis XIV envahit le Palatinat en 1688, Lenfant dut s'enfuir car l'une de ses premières publications était dirigée contre les Jésuites.

Lenfant vint à Berlin et y fut nommé par le Grand Electeur prédicateur de la communauté huguenote. En 1689 Lenfant célébra le service religieux de Pâques en l'église de Friedrichswerder et fut remarqué par le jeune Prince-Electeur Frédéric III qui, quelques mois auparavant, avait succédé à Frédéric-Guillaume. La Princesse-Electrice Sophie-Charlotte nomma Lenfant prédicateur de la Cour et il exerça cette charge durant presque 40 ans, jusqu'à sa mort.

Lorsque la «Compagnie du Consistoire», en 1690, chargea Lenfant d'être «Commissaire» du contrôle de la croyance orthodoxe des professeurs, l'Ecole se vit attribuer un conseiller qui respecta la vie propre du Collège. Dans le conflit qui opposa l'Eglise et l'Ecole au sujet de la chaire de philosophie, Lenfant défendit avec succès la cause de l'enseignement philosophique de haut niveau qui justifiait le statut particulier du Lycée.

En 1711 Lenfant fut appelé à faire partie du Consistoire Supérieur français. En 1724 il devint membre de l'Académie des Sciences.

A l'inverse du Directeur Ancillon, Lenfant tenait pour définitive l'émigration des Huguenots en Allemagne et considérait que leur fonction culturelle principale était d'ouvrir l'Allemagne à l'Esprit français et à la langue française qui, au XVIIIeme siècle, et en particulier sous le règne de Frédéric le Grand, devait supplanter la langue universelle des scientifiques: le latin. Lenfant caressait l'espoir que le français pourrait, en Brandebourg et en Prusse, s'imposer comme langue de la Cour, de la noblesse et de la bourgeoisie cultivée, par opposition à la langue du peuple.

die zu behandelnden Autoren auswählen und die Aufgaben bei den Examen und Versetzungsprüfungen stellen.

Erst am 30. April 1840 wurde das Schulstatut von 1703 durch ein neues *Réglement* abgelöst. Das Französische Gymnasium wurde nunmehr ausdrücklich dem Provinzial-Schulkollegium unterstellt. Der *Conseil académique* sollte als Zwischenbehörde fungieren. Seine Mitgliederzahl wurde reduziert auf einen Theologen, einen Kirchenältesten, einen Juristen aus der Gemeinde, den Direktor und den Verwaltungsleiter. Der Vorsitz sollte turnusgemäß wechseln, im Laufe der Zeit bürgerte es sich aber ein, daß der ständige Vorsitz an den Direktor fiel. Die Mitglieder erhielten das Recht, bei der Prämienerteilung mitzuwirken und an den Prüfungen teilzunehmen. Bei Vakanz der Stelle des Direktors sollte der *Conseil académique* dem Schulkollegium den Nachfolger vorschlagen. Auf Einhaltung dieser letztgenannten Klausel hat der *Conseil* in den folgenden hundert Jahren des öfteren pochen müssen.

In Jacques Lenfant hatte die *Compagnie du Consistoire* einen für sie vertrauenswürdigen, glaubenstreuen Inspektor gefunden, die Schule aber einen Schulrat, der durch den geistigen Austausch mit den führenden Philosophen, Wissenschaftlern und Schriftstellern der Zeit liberal genug war, das Eigenleben der Schule zu respektieren.

* * *

Jacques Lenfant war zwei Jahre jünger als Isaac de Beausobre. Am 13. April 1661 geboren, war er ebenfalls an der Akademie von Saumur ausgebildet worden, wo schon sein Vater Theologie studiert hatte. Lenfant hatte seine Studien in Genf fortgesetzt, wo er mit der Lehre der Sozinianer bekannt wurde, die ein dogmenfreies Christentum propagierten und die Trinität durch ein unitarisches Gottesbild ersetzten. 1684 wurde Lenfant, dreiundzwanzig Jahre alt, in Heidelberg ordiniert, nachdem er sich dem reformierten Heidelberger Katechismus wieder voll zugewandt hatte.

Als die Truppen Ludwigs XIV. im Jahre 1688 in die Pfalz einmarschierten, mußte Lenfant fliehen, denn eine seiner frühesten Publikationen war gegen die Jesuiten gerichtet gewesen. Sie wurde erneut abgedruckt in dem 1723 erschienenen Sammelband *Préservatif contre la reunion avec le Siège de Rome,* ou *Apologie de notre separation d'avec ce siège,* Lenfants anti-ökumenisches Bekenntnis.

Trotz dieses Beweises protestantischer Konfessionstreue wurde auch Lenfant gegenüber der Häresie-Vorwurf laut. Nichts konnte bei den Ultra-Konservativen der Berliner französischen Kirche schlimmer sein als der Vorwurf, ein Geistlicher vertrete die Lehre von Claude Pajon, also eine flexiblere Haltung gegenüber dem calvinistischen Prädestinationsdogma. Aber Lenfant kann sich in der Verhandlung vom 24. März 1689 vor der *Compagnie du Consistoire* reinigen und gilt fortan als rechtgläubig genug, um die Orthodoxie-Überprüfungen durchzuführen.

Lenfant kam nach Berlin, wurde vom Großen Kurfürsten empfangen und zum Prediger der Hugenottengemeinde ernannt. Er leitete den Ostergottesdienst 1689 und gewann die Zuneigung des jungen Kurfürsten Friedrich, der Friedrich Wilhelm einige Monate zuvor auf den Kurfürstenstuhl gefolgt war. Die Kurfürstin Sophie Charlotte, die schon Beausobre gefördert hatte, machte Lenfant zum Hofprediger, und dieses Amt versah er bis zu seinem Tode fast vierzig Jahre lang.

In der Bibliothek des Französischen Gymnasiums haben sich die drei historischen Hauptwerke Lenfants erhalten, die sich mit der Thematik der drei großen reformatorischen Konzilien befassen: Die *Histoire du Concile de Pise* beginnt 1378 und endet 1409. Es fügt sich an die *Histoire du Concile de Constance,* welche die Zeit von 1410 bis 1418 deckt. Die Reihe schließt mit der *Histoire… du Concile de Bâle,* die 1443 endet. Diese Werke, insgesamt sieben Folianten, hatten alle ein einziges Ziel: die Notwendigkeit der Reformation historisch zu beweisen.

Seine wissenschaftlichen Werke hat Lenfant aufgrund intensiver Quellenstudien verfaßt, die er in den Archiven und Bibliotheken von Rotterdam (1707), London (1707), Helmstedt (1711), Leipzig (1715) und Breslau (1725) vornahm.

In der Bibelübersetzung, die er zusammen mit Beausobre herausgab, stammten die Evangelien und die Apostelgeschichte aus seiner Feder, während Beausobre die Briefe übersetzt hat.

Für die Bibliothek des Französischen Gymnasiums konnte kürzlich in einer Versteigerung auch Lenfants Predigtensammlung – wie diejenige von Beausobre – wiederbeschafft werden. Die Ausgabe des *Concile de Pise* in der Schulbibliothek enthält eine handschriftliche Widmung des Verfassers an seine Frau, die Ausgabe des *Concile de Basle* die gedruckte Widmung von seiner Frau an den Kronprinzen, den späteren König Friedrich II.

In der Geschichte des Konzils von Pisa ist der bekannte Kupferstich von Modestinus Eccardt enthalten, der auch Beausobre abgebildet hat. Dieser Stich folgt – seitenverkehrt – dem berühmten Gemälde des friderizianischen Hofmalers Antoine Pesne, das heute im Kurpfälzischen Museum Heidelberg hängt, wo Lenfant seine Predigerlaufbahn begonnen hatte. Zwei im Format etwas größere Kopien dieses Gemäldes werden im Hugenottenmuseum Berlin-Mitte verwahrt. Die eine zeigt Lenfant im Medaillon und ähnelt dem Stich von Eccardt, während die andere dem Pesne-Gemälde einen Hintergrund hinzufügt.

Lenfant wurde 1711, vier Jahre nach Beausobre, in das französische Oberkonsistorium berufen, 1715 wurde er Hauptprediger an der Werderschen Kirche, 1724 Mitglied der Sozietät der Wissenschaften, wie vor ihm Chauvin, Naudé und Ancillon.

Anders als Ancillon glaubte Lenfant nicht an die Möglichkeit einer Rückkehr nach Frankreich. Er hielt die Übersiedlung der Hugenotten nach Deutschland für endgültig und sah sie als Kulturmittler in einer wichtigen neuen Funktion: Die Hugenotten öffneten Deutschland dem französischen Geist und nicht zuletzt der französischen Sprache, die im achtzehnten Jahrhundert und insbesondere unter Friedrich dem Großen in Deutschland die wissenschaftliche Universalsprache Latein ablösen sollte.

Lenfant scharte gleichgesinnte Freunde um sich in der *Société anonyme*, die sich jeden Montag in seiner Wohnung versammelte und aus deren Diskussionen und Kolloquien die *Bibliothèque Germanique* hervorgegangen ist.

Die Mitarbeiter fand Lenfant – wie zuvor Chauvin – im Umkreis des Französischen Gymnasiums. Sein Freund Beausobre gehörte dazu, aber auch Formey und La Croze, von dem nun die Rede sein wird.

Jacques Lenfant starb am 7. August 1728. (Lit. Nr. 13, 20–24, 59, 62, 67, 78–82)

Mathurin Veyssière La Croze
Die wandelnde Bibliothek
(1661–1739)
Die Nouvelle Méthode von Port-Royal

Etienne Chauvin, der erste berühmte Inhaber des Lehrstuhls für Philosophie am Französischen Gymnasium, war 84 Jahre alt, als er sich ins Privatleben zurückzog. Fast dreißig Jahre hatte er sein Amt wahrgenommen, in den letzten Jahren unterstützt von einem Assistenten namens Bartélémi Pascal, einem Doktor der Medizin, der sich Hoffnung machte, Chauvins Nachfolger zu werden, auch entsprechende Zusagen erhalten zu haben scheint. Aber 1724 war Pascal erst 37 Jahre alt. Jacques Lenfant als der für die Überprüfung und Anstellung der Lehrer zuständige Inspektor zog ihm den dreiundsechzigjährigen Altphilologen und Orientalisten Mathurin Veyssière La Croze vor, zumal dieser in der Königin Sophie Charlotte eine mächtige Fürsprecherin besessen hatte und eine Empfehlung König Friedrich Wilhelms vorweisen konnte.

Durch seinen Schüler und Nachfolger Samuel Formey sind wir über den Unterricht gut informiert, den La Croze gab: Sein hervorragendes Gedächtnis erlaubte es ihm, die Geschichte der Philosophie lückenlos darzustellen und seine Interpretation durch Quellenzitate zu belegen. Seine Gabe, den Lehrstoff durch Anekdoten zu illustrieren und durch *Bonmots* aufzulockern, muß ihn zu einem faszinierenden Lehrer gemacht haben. Dabei scheint er die schauspielerische Begabung besessen zu haben, seine Leibesfülle im Unterricht in Szene zu setzen. Sein Schüler Formey berichtet: *Sa manière de conter étoit d'autant plus plaisante, qu'il entrecoupoit ses récits de profonds soupirs et de sanglots douloureux: ... il faisoit une pause pour gémir ou crier, et reprenoit ensuite son conte...*

Auch ein anderer seiner Schüler, Charles Etienne Jordan, hat von La Croze berichtet. Nach seinem Tod kaufte Friedrich der Große die Bibliothek von La Croze und schenkte sie Jordan. Als dieser in den Büchern seines Lehrers blättert, stellt er fest: *Il n'y a aucun livre de sa Bibliothèque ... dans lequel on ne trouve des observations écrites de sa main. Un Recueil de ces Observations feroit un Ouvrage, que le Public verroit... avec beaucoup de plaisir.*

La Croze war ein Polyhistor und Universalgelehrter, in allen Schulfächern bewandert und deshalb als Privatgelehrter hochgeschätzt in der Berliner französischen Kolonie. Den Lehrplan der Schule beherrschte er vollständig. In jeder einzelnen Klasse und in jedem Fach hätte er unterrichten können. Da viele Schüler des Französischen Gymnasiums zu ihm in die Schule gegangen sind, sollten wir einen Blick auf diesen Lehrplan werfen!

Im Mittelpunkt des Unterrichts stand die *Nouvelle Méthode* von Port-Royal. Dies waren Kompendien zur lateinischen und griechischen Grammatik, wie sie von den Jansenisten in Port-Royal entwickelt worden waren als Reaktion auf die an den Jesuitenschulen noch immer gültigen scholastischen Lehrbücher.

Mathurin Veyssière La Croze
Kupferstich vermutlich von Martin Bernigeroth (1670–1733)

Mathurin Veyssière La Croze
(4. 12. 1661–21. 5. 1739) Professeur de Philosophie
La «Nouvelle Méthode de Port-Royal».

Après presque trente années consacrées à l'enseignement, le premier titulaire célèbre de la chaire de Philosophie au Lycée Français, Etienne Chauvin, se retira en 1724 à l'âge de 84 ans. Son successeur fut le philologue spécialiste des langues anciennes et orientaliste Mathurin Veyssière La Croze.

La Croze était issu d'une famille catholique et étudia à Paris, après son ordination, l'histoire et les langues. Il pratiquait toutes les langues européennes d'importance et même quelques langues orientales. A la suite d'un différend avec son Supérieur il s'enfuit en 1696 à Bâle et se convertit au protestantisme.

En 1697 le Prince-Electeur Frédéric III nomma La Croze bibliothécaire de la Cour. Cette charge honorifique était cependant si mal payée que, durant les vingt années qui suivirent, La Croze dut subvenir à ses besoins grâce principalement à des cours particuliers et à son activité de professeur remplaçant au «Collège François» en histoire et langues anciennes, jusqu'à ce que, finalement, il puisse en 1725 devenir titulaire de la chaire de Philosophie.

La Croze pratiquait la «Nouvelle Méthode de Port-Royal», méthode d'enseignement, célèbre et appréciée à l'époque, des Jansénistes. Leurs livres scolaires de latin et de grec furent adoptés au Lycée Français, et La Croze dispensa son enseignement d'après ces œuvres.

Sous la direction de Chauvin et de La Croze, la «Classe de Philosophie» devint un cours d'une durée de deux ans, de niveau universitaire, grâce auquel les élèves du Collège, après avoir terminé leur scolarité normale au Lycée en classe de «Rhétorique», pouvaient passer leur diplôme de philosophie.

La Croze fit partie des fondateurs de l'Académie des Sciences à Berlin. Il collabora à de nombreuses revues scientifiques en Europe et écrivit grand nombre de publications personnelles. Son «Histoire du Christianisme des Indes» est considérée comme son œuvre maîtresse. La Croze fut un des enseignants qui ont marqué le premier siècle du «Collège François» et il est l'un des maîtres d'œuvre de la renommée scientifique de cette école.

Ein Exemplar der lateinischen Grammatik von Port-Royal hat sich in der Bibliothek des Französischen Gymnasiums erhalten, sonst gibt es von der einstmals weit verbreiteten Grammatik in Berliner Bibliotheken keine Spur mehr.

Die Grammatik von Port-Royal gliedert den Sprachstoff in Formenlehre und Syntax. Der Aufbau beginnt mit den Verben und Nomen. Die Paradigmen wurden in Rotdruck vom Schwarzdruck der Texte abgehoben. Jede Regel wird in achtsilbigen französischen Versen geboten. Ausnahmen werden in die Fußnoten verbannt.

Die Grammatiker von Port-Royal, Claude Lancelot und Antoine Arnault, hatten von der Mitte des 17. Jahrhunderts an ihre älteren Lehrbücher ersetzt durch eine Reihe von Büchern, die alle den Titel trugen: *Nouvelle Méthode pour apprendre facilement et en peu de temps...*, und zwar Latein (1644), Griechisch (1655), Italienisch (1659), Spanisch (1660). Diese Lehrbücher hatten die alten Unterrichtsmethoden revolutioniert, Sprachen wurden jetzt »leicht« und »in kurzer Zeit« lehrbar. Der Siegeszug dieser modernen Lehrbücher rief die Reaktion der Jesuiten auf den Plan, die Ludwig XIV. dazu veranlaßten, die Abtei von Port-Royal 1705 zu schließen, und als das auch nichts half, 1710 abreißen zu lassen.

Der Lehrplan von 1690, an den sich La Croze zu halten hatte, stellt dar, welche Teile *Novae Methodi* in den einzelnen Klassen zu lernen waren: In Sexta lesen wir u. a.: *discent regulas de generibus nominum*, in Quinta: *reliquae grammaticae Novae Methodi pars*, in Quarta: *reliquae syntaxeos Novae Methodi pars*. In Tertia war der lateinische Lehrgang beendet, nun ging es ums Griechische.

Auch der Lehrplan von 1703 stellt den *Abrégé de la Nouvelle Méthode de Port-Royal* in den Mittelpunkt, und zwar in Sexta die Formenlehre, in Quinta die Syntax, von der auch in Quarta noch die Rede ist. Gegenüber 1690 hatte sich, was die Verwendung der Lehrbücher von Port-Royal betrifft, noch nichts geändert.

Beim Unterricht in den Alten Sprachen hatte La Croze also die *Nouvelle Méthode* anzuwenden. Hier war ihm die Wahl seiner Methode nicht freigestellt, wie dies in der Philosophie der Fall gewesen ist.

La Croze hatte bald nach seiner Ernennung zum Professor der Philosophie für dieses Fach seinen eigenen Lehrplan entworfen. Dieser Lehrplan wurde bei seinem Tode unter seinen Manuskripten gefunden, heute ist er leider verschollen.

Samuel Formey stand dem Philosophen La Croze, seinem Vorgänger, kritisch gegenüber und hat ihn – möglicherweise um sich selbst als Anhänger des Aufklärers Christian Wolff deutlicher von seinem Lehrer abheben zu können – nachträglich zum Scholastiker gestempelt.

Aber La Croze war wie sein Vorgänger Chauvin Cartesianer. Er hatte, wie aus der dreibändigen Ausgabe seiner Briefe hervorgeht, jahrzehntelang in Kontakt mit den führenden Philosophen der Aufklärung gestanden, mit Pierre

Bayle, Gottfried Wilhelm Leibniz, ja sogar mit Christian Wolff, so daß sich der Vorwurf der Scholastik kaum halten ließ. Aber La Croze war in einer katholischen Klosterschule erzogen worden, und da war es leicht, ihn als Scholastiker zu verketzern.

* * *

Mathurin Veyssière La Croze war am 4. Dezember 1661 geboren worden und ist damit nur wenige Monate jünger als Lenfant. Er stammte aus katholischer Familie und trat mit sechzehn Jahren als Novize in den Orden von Saint Maur in Saumur ein. Im Benediktinerkloster Saint Germain des Prés in Paris erhielt La Croze die Weihen, und hier war es auch, wo er den Grundstock zu seiner umfassenden Bildung legte. Er studierte Geschichte und Sprachwissenschaften, er beherrschte alle wichtigen europäischen Sprachen, er betrieb klassische Philologie und erlernte sogar eine Anzahl orientalischer Sprachen alter und neuer Zeit, vom Ägyptischen über Dialekte Indiens zum Chinesischen.

Im Jahre 1696, also fünfunddreißig Jahre alt, überwarf er sich mit seinem Prior. In seiner Zelle war ein Aufsatz gegen die katholische Lehre der Transsubstantiation gefunden worden, Hauptthema der Auseinandersetzung zwischen der katholischen Kirche und den Protestanten. La Croze mußte aus dem Kloster fliehen und ging nach Basel, wo er zum reformierten Bekenntnis übertrat. In Basel ließ er sich an der Universität immatrikulieren, aber schon Ende 1696 treffen wir La Croze in Berlin, wo er sich zunächst durch Privatunterricht ernähren muß. 1697 wird er vom Kurfürsten zum Hofbibliothekar ernannt, eine ehrenvolle und arbeitsintensive Aufgabe, für die kein geeigneterer Gelehrter hätte gefunden werden können. Als Pierre Bayle davon erfährt, schreibt er an La Croze: *Vous étiez faits l'un pour l'autre, vous et cette belle Bibliothèque, je vous félicite de cet Employ.* Aber die neue Stellung, so ehrenvoll sie war, konnte La Croze nicht ernähren, und so lebt er vom Privatunterricht, seit 1704 auch aushilfsweise und nebenamtlich innerhalb des Collège. Als er schließlich die *venia legendi* erhält, wird ihm sofort das Gehalt als Bibliothekar gestrichen.

La Croze scheint zwanzig Jahre lang Geschichte und Alte Sprachen unterrichtet zu haben, bevor er 1725 den Lehrstuhl für Philosophie übernehmen konnte. Er gehörte mit den um viele Jahre älteren Gelehrten Chauvin und Naudé zu den Gründern der Sozietät der Wissenschaften und hatte, wie auch Ancillon, in Leibniz einen Förderer. Von Leibniz stammt ein Gutachten über La Croze von 1709, in dem für Leibniz typischen deutsch-lateinischen Sprachstil verfaßt. Es lautet: »Hr. la Crose ist ein gelehrter Franzos … und … titulum Consiliarii et Bibliothecarii Regii hat, auch inter membra Societatis Regiae gezehlet wird. Er … (hat) … in … Monasterio S. Germani zu Paris … an den editionibus Patrum Graecorum et Latinorum und … historicis laboribus gearbeitet und … in Graeca et Latina literatura, Historia sacra et civile, auch in manuscriptibus und diplomatibus … Er hat nicht nur in Historia et linguis erudition, sondern auch in philosophia et rudimentibus mathematicis ... und ist nicht nur der gelehrten und selbst der orientalischen, sondern auch der heutigen (Sprachen) wohl kundig, also daß er Italienisch, Spanisch und Englisch verstehet...«

Ein Zeitgenosse hat ihn »eine wandelnde Bibliothek« genannt, ein anderer sagt: »Man kann diesem Manne zum Ruhme nachsagen, daß er vom gantzen Königlichen Hause gar sehr geliebet worden, wegen seiner Gelehrsamkeit...«

Antoine Pesnes Gemälde von La Croze hängt im Münzkabinett Berlin-Mitte, einer der Wirkungsstätten des königlichen Antiquars, der seit 1717 als Numismatiker auch Leiter der königlichen Münzsammlungen gewesen ist.

Der ein Jahr vor seinem Tode geschaffene Kupferstich von Johann Georg Wolffgang nennt La Croze *Conseiller, Bibliothecaire et Antiquaire du Roi, Professeur et Directeur du Collège François à Berlin.*

La Croze starb am 21. Mai 1739 im Alter von 77 Jahren, betrauert von der wissenschaftlichen Welt, zumal vom Kronprinzen. Friedrich schreibt Ende Mai 1739 an Voltaire: *Nous venons de perdre l'homme le plus savant de Berlin, le répertoire de tous les savants d'Allemagne, un vrai magazin de sciences ... avec une vingtaine de langues différentes, la quintessence de toute l'histoire ... l'interrogeant sur quelque objet qu'on voulût, il était présent et vous citoit les éditions et les pages où vous trouviez tout ce que vous souhaitiez d'apprendre ... il a fait amas de trésors d'érudition ... avec une connoissance parfaite de tous les systèmes philosophiques ... Plaignez-nous, mon cher Voltaire; nous perdons de grands hommes ...* Alle Zeitgenossen hoben das enzyklopädische Wissen von La Croze hervor, die Tatsache, daß es keine Frage gegeben habe, auf die er eine Antwort hätte schuldig bleiben müssen.

Seine Werke sind so zahlreich, er arbeitete an so vielen wissenschaftlichen Zeitschriften in Europa mit, daß schon die Zeitgenossen keine vollständige Literaturliste seiner Publikationen aufstellen konnten.

Als sein Hauptwerk gilt die *Histoire du Christianisme des Indes,* in Halle 1724 erschienen. Fünfzehn Jahre später ließ La Croze ihr eine *Histoire du Christianisme de l'Ethiopie et de l'Arménie* folgen. Beide Bücher galten zu ihrer Zeit als Standardwerke und wurden alsbald ins Deutsche übersetzt.

Interessant sind die Wörterbücher von La Croze, von denen einige erst postum veröffentlicht worden sind: *Lexicon aegyptiaco – latinum, Dictionnaire slavon – latin, Dictionnaire arménien – latin, Dictionnaire syriaque.* Die erste Bibliographie chinesischer Texte in Deutschland stammt ebenfalls von La Croze: *De libris sinensibus Bibliothecae Berolinensis.*

La Croze ist mit seinen umfassenden Kenntnissen und seiner gediegenen Bildung einer der Begründer des wissenschaftlichen Ansehens des Französischen Gymnasiums. Er gehörte mit Chauvin, dessen Nachfolger er wurde, und mit Barbeyrac, dessen Kollege er fünfzehn Jahre lang war und von dem jetzt die Rede sein wird, zu den bedeutenden Lehrerpersönlichkeiten der »ersten Stunde«. (Lit. Nr. 11, 13, 20, 22, 24, 44, 53, 62, 66, 77, 83–91)

Jean de Barbeyrac
Altphilologe
(1674–1744)
Die alten Sprachen als Kernfächer

Aus den Lehrplänen von 1690 und 1703 war zu entnehmen, daß das Collège wie alle Gymnasien auf einen humanistischen Lehrgang von Sexta bis Prima angelegt war. Beiden Lehrplänen zufolge wurden Reden von Cicero schon in der Secunda bearbeitet, beide führen für die Prima ausdrücklich Rhetorische Übungen an, das Studium der Rhetorik.

Aus dieser Tradition ist erklärlich, daß die Prima bald als *Classe de Rhétorique* bezeichnet und der Selecta, der *Classe de Philosophie*, gegenübergestellt wird. Insofern sind die Verhältnisse des Gründungsjahres, wie sie sich in den Bestallungsurkunden niedergeschlagen haben, schnell von der Realität überholt worden, denn 1689 wurde die »Erste Klasse« mit dem Philosophen Sperlette besetzt und die »Andere Klasse« mit dem Mathematiker Naudé, was barockem Sprachgebrauch entsprechend »Zweite Klasse« bedeutete. Als Naudé sich zurückgezogen hatte, trat der Lektor »Audoin« ins Kollegium ein; jetzt wurde Sperlette als Professor der Philosophie zum Prinzipal ernannt, und als er 1695 die Schule verließ, rückte »Odevij« zum Prinzipal auf, aber den philosophischen Unterricht übernahm der neue Direktor Etienne Chauvin.

1695 war die Umschichtung der Oberklassen abgeschlossen: Der Philosophie-Lehrgang hatte sich verselbständigt und wurde vom Direktor als *ordinarius* betreut, die »Erste Klasse« der Gründungsperiode wurde zur Abschlußklasse des Gymnasiums, zur Prima, geleitet vom Prinzipal, und die »Andere Klasse« zur Secunda.

Als Ordinarius der Prima fungierte Jean Audouy, identisch mit »Audoin« und »Odevij«, aber durch sein Aufrücken verlor die Secunda ihren Klassenlehrer.

Philippe Naudé war als *Régent de la Seconde classe* angestellt worden. Als er ausschied, scheint seine Klasse, die Secunda also, eine Zeitlang ohne Klassenleiter geblieben zu sein, der Schulhistoriker Jean Pierre Erman jedenfalls sagt: *Il y a ici, depuis 1690, jusqu'en 1696 une lacune que nous n'avons pu remplir. Peut-être il se fit dans le Collège, alors peu nombreux, quelque combinaison de classes, qui permit de ne pas remplacer d'abord Mr. Naudé.*

Ein neuer *Régent de la seconde classe* wurde jedenfalls erst am 24. Dezember 1696 ernannt, und zwar in Gestalt des Altphilologen Jean de Barbeyrac. In den Berliner Stadtadreßkalendern tritt Barbeyrac als dritter in der Hierarchie auf, nach Etienne Chauvin, dem *Professor Philosophiae* und Direktor, nach Jean Audouy, dem *Professor Eloquentiae* und Prinzipal, als Professor der Anderen Classe bezeichnet.

Wie in Frankreich heute noch üblich, erfolgt der Aufstieg durch die Oberstufe von der *Seconde* über die *Première* zur *Classe de Philosophie.* Das Collège hatte schon am Anfang des 18. Jahrhunderts die Bezeichnung aus der Grün-

Jean de Barbeyrac
Kupferstich von Gilles Petit (1694–1760)

Jean de Barbeyrac
(15. 3. 1674–3. 3. 1744) Philologue des langues anciennes
Les langues anciennes deviennent matières de base.

En 1686, à l'âge de 12 ans, Jean de Barbeyrac suivit ses parents sur le chemin de l'aventure qui les conduisit à Lausanne, leur refuge après la Révocation de l'Edit de Nantes. A Lausanne il fréquenta le Collège, puis l'Université. De suite après il commença à étudier la théologie à Genève. En 1694 il obtint l'une des bourses mises à la disposition des étudiants français par Frédéric III pour poursuivre ses études à l'Université de Francfort-sur-l'Oder.

En 1697 Barbeyrac arriva à Berlin et postula un emploi de prédicateur auprès de la communauté française. Mais les membres du Consistoire, en majorité de tendance orthodoxe et traditionaliste, refusèrent la requête de cet unitarien. Sur recommandation du Prince-Electeur, Barbeyrac obtint d'exercer comme professeur de langues anciennes au Lycée Français, sans cependant être titulaire de la chaire et sans avoir le droit de dispenser l'enseignement religieux. Mais comme Lenfant, inspecteur, et Chauvin, directeur, étaient de son côté, durant les quinze années où il enseigna, Barbeyrac put dispenser son enseignement sans être inquiété et put élargir sa palette de compétences: en plus des matières relevant purement de la philologie ancienne, il enseigna la «littérature», l'«histoire» et les «belles lettres». Le grec et le latin restèrent les matières essentielles pour Barbeyrac, matières de base de l'école, qui s'était imposée comme lycée humaniste.

Parallèlement à son activité d'enseignant au Lycée Français, Barbeyrac continua, sur le plan personnel, les études de droit qu'il avait entamées lors de ses années d'étudiant à Francfort. En 1711 il obtint la chaire de Droit à l'Université de Lausanne et en 1714 fut nommé Recteur de cette Université. Il avait été accueilli en 1713 par l'Académie des Sciences de Berlin en tant que membre associé.

Pour le Lycée Français, Barbeyrac fut le dernier professeur marquant, né en France et formé en Suisse ou en Hollande. Désormais l'école passa progressivement aux mains des Français nés à Berlin.

dungsurkunde, wo die Prima der *Classe de Philosophie* entsprach, zugunsten des heute noch gültigen Sprachgebrauchs aufgegeben.

Barbeyracs Biograph Philippe Meylan läßt ihn sogar an die zweite Stelle der Hierarchie aufrücken, *au premier poste après le gymnasiarque*, was dann zutrifft, wenn man den Philosophen nicht mehr zu den Schullehrern rechnet und den lateinischen Titel *gymnasiarcha* nicht mit Direktor, sondern mit Prinzipal gleichsetzt. Barbeyracs Jahresgehalt betrug 150 Taler gegenüber 200, die Chauvin erhielt, auch unter diesem Gesichtspunkt hat Meylan recht. Denn Audouy erhielt zunächst nur 100 Taler Gehalt, seine Zulage von 50 Talern wird ausdrücklich damit begründet, daß er Barbeyrac gleichgestellt werden sollte.

Da die *Première* zur *Classe de Rhétorique* geworden war, mußte das Studium des Lateinischen und Griechischen bereits in der *Seconde* zur Perfektion gebracht werden. Der Klassenleiter der Secunda bekam als Altphilologe eine Schlüsselstellung; versagte er, so konnten seine Schüler den Gymnasiallehrgang nicht abschließen, war er erfolgreich, so rückten sie schnell in die Prima und alsbald in die Selecta auf. Der altphilologische Kursus der Secunda bildete also das Fundament zur Rhetorik als Mittelbau und zur Philosophie als Überbau des Oberstufen- und Hochschullehrganges unterhalb der Theologie.

* * *

Barbeyrac war ein mitreißender Lehrer, besaß als Zweiundzwanzigjähriger das Feuer der Jugend, seine Schüler bewunderten ihn, sein Einfluß war groß und motivierte sie zu Höchstleistungen.

Jean de Barbeyrac war am 15. März 1674 geboren worden. Seine Vorfahren waren schon seit dem 16. Jahrhundert reformiert, so daß seine Eltern sich durch die Aufhebung des Ediktes von Nantes für besonders gefährdet hielten und noch im Oktober 1685 – unter Zurücklassung ihrer Kinder bei Verwandten in der Provence – flohen.

Ihr Sohn Jean folgte ihnen, zwölf Jahre alt, auf abenteuerlichen Wegen und ganz auf sich selbst gestellt. Er erreichte über Montpellier und Lyon tatsächlich Ende 1686 Lausanne, wo sich seine Eltern niedergelassen hatten und inzwischen auch seine älteren Schwestern eingetroffen waren.

Barbeyrac studierte bis 1693 zunächst am *Collège*, dann an der *Académie* in Lausanne, danach in Genf Theologie. 1694 ging er über Berlin an die Universität Frankfurt an der Oder. Im Jahre 1697, mit dreiundzwanzig Jahren, hatte Barbeyrac seine Studien abgeschlossen und kehrte nach Berlin zurück. Hier bemühte er sich um ein Predigeramt in der französisch-reformierten Gemeinde.

Die geistliche Prüfungskommission bestand damals aus fünf Pastoren, unter ihnen Lenfant, der gleichzeitig, das hatten wir gesehen, auch für die Überprüfung der Lehrer des Collège zuständig war.

Die Mehrheit der Kommission bestand aus höchst konservativen Pastoren, Barbeyrac konnte sie nicht für sich gewinnen, denn er war in Genf, wie vor ihm Lenfant, mit der sozinianischen Lehre bekannt geworden und verstand sich als

Unitarier. Trinität, Inkarnation und Sakramentsglauben lehnte er als freier Christ ab und mußte daher in Konflikt mit der orthodoxen und traditionalistischen Mehrheit im Konsistorium geraten. Der Streit um seine Ordination drohte die Berliner französische Kolonie in den letzten Jahren des siebzehnten Jahrhunderts zu spalten.

Jedenfalls setzte sich nur Lenfant in der Kommission für den jungen Kollegen ein, die Mehrheit lehnte Barbeyracs Ordination ab. In Samuel Formeys Biographie heißt es dazu lakonisch: *On lui fit des difficultés sur l'orthodoxie*, während Barbeyrac in seiner Autobiographie feststellt: *On avoit généralement reconnu qu'il n'y avoit point de soupçon à former contre moy sur le fond du dogme.*

Chauvin, der ebenfalls mit dem Konsistorium in Streit lag, trat für den jungen Kollegen ein, aber ohne Erfolg: Er war gar nicht erst in die Kommission berufen worden!

Der Hauptvorwurf der Pastoren bestand darin, daß Barbeyrac in seiner Klasse einen nicht einwandfreien Katechismus diktiert hatte.

Schließlich wurde die Affäre durch den Kurfürsten beigelegt: Er entschied, daß Barbeyrac das altphilologische Professorat am Französischen Gymnasium übernehmen sollte, aber ohne Religionsunterricht zu erteilen und ohne ordiniert zu sein.

Barbeyrac mußte wie alle Lehrer zuvor in Frankreich und jetzt auch in Deutschland das französische Glaubensbekenntnis und die *Discipline ecclésiastique* unterschreiben.

Die Voraussetzungen für Barbeyracs Arbeit am Französischen Gymnasium waren trotz seines Scheiterns als Theologe gut. Jacques Lenfant als *Inspecteur* war auf seiner Seite und Etienne Chauvin als *Directeur* ebenfalls, und so war gewährleistet, daß er trotz seiner freien christlichen Überzeugungen in seiner Lehre unbehelligt blieb. Barbeyrac scheint in den 15 Jahren seiner Lehrtätigkeit seinen Fächerkanon schrittweise erweitert zu haben. Seine Biographen zählen *littérature* und *histoire* auf, sowie die *belles lettres*, also nicht nur die rein altphilologischen Fächer.

Barbeyrac als Klassenleiter der *Classe de Seconde* und Chauvin als Leiter der *Classe de Philosophie* arbeiteten eng zusammen, und es knüpften sich bald freundschaftliche Bande zwischen dem Altmeister und seinem jungen Kollegen.

Fünf Jahre nach seiner Ankunft in Berlin und der Aufnahme seiner Lehrtätigkeit am Collège heiratete Barbeyrac Chauvins Tochter Hélène.

Schon in seinem Frankfurter Studienjahr hatte sich Barbeyrac mit juristischen Fragen beschäftigt, nun wandte er sich in seiner Freizeit immer stärker der Jurisprudenz zu. Er befaßte sich mit dem damals an allen Akademien Europas höchst aktuellen Naturrecht und übersetzte die einschlägigen juristischen Werke des Vorkämpfers des Naturrechts Samuel Pufendorf vom Lateinischen ins Französische, gab also eine Art Pufendorf-Lehrbuch für Schüler und Studenten heraus. Er stellte diese juristische Übersetzung neben die historische von Teissier. Und noch eine weitere Beziehung verknüpfte Barbeyrac mit Teissier: Dieser hatte über das Standardwerk von Hugo Grotius *De jure belli et pacis* Vorlesungen gehalten, Barbeyrac lieferte – in französischer Sprache – nun den Kommentar dazu und publizierte die erste französische Übersetzung des Werkes, ein Prunkstück in der Bibliothek des Französischen Gymnasiums, das hier sowohl in der Basler, als auch in der Leidener Ausgabe vorhanden ist.

Bis in die zweite Hälfte des zwanzigsten Jahrhunderts hinein haben sich Historiker mit Barbeyrac immer wieder beschäftigt; er ist derjenige der Lehrer des Collège der Gründerzeit, über den die meisten modernen Monographien erschienen sind.

Barbeyrac gehörte mit Teissier zu jenen französischsprachigen Wissenschaftlern in Deutschland, die mithalfen, das Französische anstatt des Lateins zur Sprache des Bildungsbürgertums zu machen. Der Historiker Frédéric Hartweg zählt ihn deshalb auch zu den »Propagandisten« der französischen Sprache.

Hier hatte das Collège François seine besondere Funktion beim Übergang zum achtzehnten Jahrhundert. Seine Lehrer trugen dazu bei, daß die französische Sprache ihre Vormachtstellung festigen konnte und verhalfen damit der Schule zu weiterer Anziehungskraft: Gegen Ende des siebzehnten Jahrhunderts sehen wir die ersten Schüler deutscher Eltern in den Matrikellisten, das Französische Gymnasium beginnt, durch seine Unterrichtssprache für Deutsche interessant zu werden und damit eine neue Zielbestimmung als französischsprachige Schule in Deutschland zu finden, ein Ziel, das sich auch am Ende des zwanzigsten Jahrhunderts noch nicht geändert hat.

Die erste Schülerbilanz stammt aus dem Jahr vor Barbeyracs Eintritt in die Schule. 1695 gab es 48 Kinder hugenottischer Eltern am Französischen Gymnasium, dazu zwei deutsche und zwei englische Schüler. 1696 war ein Jahr des Umschwungs. Von nun an nahm die Zahl der deutschen Schüler ständig zu, in den ersten fünf Jahren von Barbeyracs Tätigkeit wurden 42 Schüler aus französischen Familien angemeldet gegenüber 30 aus deutschen und 5 aus nicht-französischen und nicht-deutschen Familien. In Prozentzahlen sind das 55% Franzosen gegenüber 38% Deutschen und 7% Angehörigen von Drittländern, eine Bilanz, die der heutigen Lage entspricht, wenn man die deutschen und die französischen Zahlen tauscht.

Barbeyrac profiliert sich als Rechtsgelehrter durch seine juristischen Privatstudien, die er neben seiner Lehrtätigkeit am Französischen Gymnasium systematisch vorantreibt. 1710 erreicht ihn eine Berufung auf den juristischen Lehrstuhl von Lausanne, der Stadt seiner Anfänge, den er 1711 annimmt. Das Jahr 1714 bringt Barbeyracs Wahl zum Rektor der Akademie Lausanne. 1717 geht er aus der Schweiz nach Holland. Er wählt den direkten Weg über Frankreich und sogar Paris, wo er ein paar Tage bleibt. In Groningen wird er alsbald zum Rektor der Universität gewählt.

Barbeyrac gehörte zu den Wegbereitern der Berliner Sozietät der Wissenschaften. Nach Meinung Frédéric Hartwegs war er »das bedeutendste Mitglied der Sozietät aus der französischen Kolonie«, die im ersten Jahrzehnt etwa ein Drittel der anwesenden Mitglieder der Sozietät stellte, ein Beweis für die Schlüsselrolle der französischen Gelehrten bei der geistigen Entwicklungspolitik in Berlin.

Barbeyrac starb siebzigjährig am 3. März 1744. Für das Französische Gymnasium war er der letzte der bedeutenden Lehrer gewesen, die noch in Frankreich geboren und in der Schweiz oder in Holland ausgebildet worden waren. Nun ging die Schule allmählich über an die schon in Berlin geborenen Franzosen. (Lit. Nr. 11, 13, 19, 21–25, 77, 92–98)

Philippe Naudé d. J.
Mathematiker
(1684–1745)
Mathematik und Philosophie als Privatstudium

Als Philippe Naudé d. Ä., der zum Gründungskollegium des Französischen Gymnasiums gehört hatte, seine Vaterstadt Metz im Oktober 1685 verließ, war sein Sohn gerade 10 Monate alt. Wir hatten gehört, wie die Eltern den Säugling im Gemüsekorb aus der Stadt hinausgeschmuggelt haben. Philippe Naudé d. J. wurde seinem Biographen Samuel Formey zufolge am 18. Dezember 1684 in Metz geboren (Französische Quellen datieren seinen Geburtstag auf den 18. Oktober 1684).

Mit seinen Eltern kam Philippe Naudé zunächst nach Hanau, bevor sich die Familie 1687 in Berlin niederließ. Anfangs erhielt er von seinem Vater Privatunterricht, dann wurde er am Joachimsthalschen Gymnasium eingeschult, wo er den sogenannten humanistischen Lehrgang absolvierte, also Latein und Griechisch, auch Hebräisch lernte. Er verließ das Joachimsthalsche Gymnasium nach Abschluß des Lehrgangs mit der Hochschulreife, gerade 16 Jahre alt. Aber er ging nicht an eine Universität, um dort den Lehrgang in Philosophie zu absolvieren. Sein Vater brachte ihn vielmehr zu Mathurin Veyssière La Croze, der als Privatlehrer bekannt und geschätzt war, noch bevor er am Collège den Philosophieunterricht übernahm.

Philippe Naudé erhielt zwei Jahre lang Unterricht bei La Croze, und zwei Jahre entsprachen damals der Dauer des normalen Durchgangs durch die *Classe de Philosophie* des Collège, und diese zwei Jahre stimmten genau überein mit der viersemestrigen Dauer des Philosophiekursus der Universität.

Für den Sohn einer Theologenfamilie kam nach Abschluß der Philosophie normalerweise nur die Theologie in Frage. Auch für Philippe Naudé schloß sich ein Theologiestudium an. Er nahm es 1702 auf, achtzehn Jahre alt. Sein wichtigster Lehrer soll sein Vater gewesen sein, den wir bereits als belesenen und beredten Theologen kennengelernt haben. Die an den Universitäten sonst gelehrte evangelische Theologie entsprach dem Augsburger, nicht dem Heidelberger Katechismus; weder Frankfurt noch Halle waren für das Theologiestudium eines Reformierten geeignet.

Vater Naudé gab sich große Mühe in der theologischen Unterweisung seines Sohnes, aber dessen geheime Neigungen galten längst der Mathematik! Und so wird sein Vater wohl allmählich dem Sohn auch Privatunterricht in Mathematik gegeben haben, kurz, Philippe Naudé gab sein Theologiestudium auf und wendete sich ganz der Mathematik zu.

Die Bildungsgeschichte Philippe Naudés d. J. wirft ein interessantes Licht auf die Unterrichtsverhältnisse in der französischen Kolonie um die Jahrhundertwende.

Aus den Akten des Konsistoriums wissen wir, daß sich die Familienväter in den Jahren zwischen 1695 und 1701 laufend darüber beschwerten, daß die

Schule in ihrem Domizil am Stralauer Tor, also im äußersten Osten der Stadt, zu weit entfernt war von der Wohngegend der französischen Familien in den westlichen Vorstädten südlich und nördlich der Lindenallee, heute Straße Unter den Linden. Dies war nämlich die Gegend, in der die meisten Franzosen lebten, hier lagen auch die Wohnungen der Lehrer, und hier konnten diese ihre *privatissima* abhalten, wie damals der in der Privatwohnung durchgeführte Einzelunterricht genannt wurde. Die Gegend um das Stralauer Tor war dagegen kaum bewohnt von Franzosen, es war eine »deutsche« Wohngegend. Der Rückgang der Schülerzahlen auf französischer und der Zugang auf deutscher Seite erhält so eine weitere Erklärung.

Kinder aus bescheideneren Verhältnissen hatten sich mit der Elementarbildung von Gemeinde-Schulmeistern zu begnügen. Kinder aus gebildeten Häusern fanden ihre Lehrmeister in der Familie selbst, und Söhne wohlhabender Eltern lernten ohnehin bei ihren Hofmeistern im Einzelunterricht.

Philippe Naudé gehörte zu der zweiten Gruppe, sein Vater war Lehrer und konnte sich selbst um seinen Sohn kümmern, brauchte ihn also nicht viermal am Tag auf die beschwerliche Wanderung quer durch die Stadt zu schicken. Den Elementarunterricht fand Naudé zu Hause, für die *humanités* nahm ihn sein Vater mit an seine eigene Schule, das Joachimsthalsche Gymnasium. Danach schickte er ihn zu La Croze, und schließlich übernahm er die letzte Phase der Bildung seines Sohnes selbst. Der Privatunterricht bei Gelehrten aus dem Umkreis des Französischen Gymnasiums bildete in diesen Jahren eine Alternative zum Schulunterricht. Erst mit dem Umzug der Schule zur Niederlagewallstraße und in den Mittelpunkt der Französischen Kolonie trat diese Alternative wieder zurück.

* * *

Es heißt in Naudés Biographie, er sei zum Prediger zu ängstlich gewesen, auch habe ihm das Gedächtnis für Bibelzitate gefehlt. Seine Fortschritte in den mathematischen Wissenschaften waren dagegen so spektakulär, daß er von König Friedrich I. schon 1707, also im Alter von 23 Jahren, zum Nachfolger seines schwerhörig, ja taub gewordenen Vaters auf den Lehrstuhl an der Kunstakademie und ein Jahr später am Joachimsthalschen Gymnasium berufen wurde. Er kam dieser ehrenvollen Berufung sofort nach und unterließ sogar die geplante Bildungsreise über Paris nach London, wo er die berühmtesten Mathematiker der Zeit persönlich kennenlernen wollte. Als Lehrer des Joachimsthalschen Gymnasiums machte Naudé auch die Bekanntschaft des Kronprinzen Friedrich, und dieser bat den jungen *Mathematicus*, ihm »das Rechnen beizubringen«. Wir lesen: »In der Folge dessen arbeitete Naudé, von der richtigen Ansicht ausgehend, daß es sehr schwierig sein würde, diese trockene Wissenschaft auf eine faßliche und gefällige Weise vorzutragen, schriftlich einen kurzen Leitfaden aus und überreichte ihn dem Prinzen.« Nach seinem Regierungsantritt hat Friedrich der Große ihm dafür eine Pension von 200 Talern verliehen.

Philippe Naudé d.J.
Kupferstich von Meno Haas (1752–1833)

Philippe Naudé fils
(18.12.1684–17.1.1745) Mathématicien
Les Mathématiques et la Philosophie, enseignement privé.

Lorsque Philippe Naudé père, qui fut au nombre des professeurs fondateurs du Lycée Français, quitta en octobre 1685 sa ville natale de Metz avec sa famille, son fils Philippe avait exactement dix mois. En 1687 la famille s'établit à Berlin. Là Philippe fréquenta le Lycée de Joachimsthal où il poursuivit une scolarité dite humaniste, c'est-à-dire étudia le latin, le grec et l'hébreu. A seize ans il obtint le baccalauréat.

De suite après, il entreprit des études de philosophie, toutefois pas dans une Université, mais en prenant des cours particuliers auprès de La Croze. Après l'obtention de son diplôme de philosophie il n'était question pour lui, fils d'une famille de théologiens, que d'étudier la théologie. Au cours de ces études son père fut son professeur le plus important, car pour la théologie réformée française il n'y avait pas d'Université, à l'époque, à Berlin. Mais comme les penchants secrets du fils – qui en cela suivait radicalement l'exemple de son père – allaient aux mathématiques, il abandonna bientôt l'étude de la théologie au profit de celle des mathématiques. Ses progrès en ce domaine furent si spectaculaires que dès 1707, donc à l'âge de 23 ans, il fut nommé par le Roi Frédéric Ier successeur de son père à la chaire de Mathématiques à l'Académie des Arts et un an plus tard au Lycée de Joachimsthal.

La renommée de Naudé est due à ses conférences, en latin, sur les mathématiques. Lorsque, en 1711, il fut nommé à l'Académie des Sciences, il n'avait pas encore 27 ans. Dans les annuaires de l'Académie, les «Miscellanea Berolinensia», il publia une série d'articles sur des problèmes de géométrie et d'algèbre. Mais sa véritable œuvre maîtresse fut un commentaire du calcul infinitésimal de Newton, pour lequel cependant il ne trouva pas d'éditeur, si bien qu'il ne put le faire circuler que sous forme de manuscrit. En 1738 il fut accueilli, pour sa contribution méritoire à la diffusion de l'enseignement de Newton, à la «Royal Society» de Londres.

Philippe Naudé vermochte, heißt es im zeitgenössischen Gelehrten-Lexikon von Johann Heinrich Zedler, »die allerschwersten Erfindungen der größten Mathematik-Verständigen unserer Zeit ... auf den Grund einzusehen und aufzulösen«. Die schwierigsten mathematischen Aufgaben soll Philippe Naudé mit Leichtigkeit gelöst und die Lösung einfach und verständlich erklärt haben können.

Seine in lateinischer Sprache gehaltenen Vorträge über Mathematik begründeten seinen Ruhm. Philippe Naudé war noch nicht 27 Jahre alt, als er 1711 an die Sozietät der Wissenschaften berufen wurde. In den Jahrbüchern der Akademie, den *Miscellanea Berolinensia*, publizierte er eine Reihe von Aufsätzen über geometrische und algebraische Probleme. In dem bereits zitierten Gelehrtenlexikon heißt es: »So wird jetzo fast kein Theil von besagten Miscellanea gedrucket, daß er nicht ersuchet würde, ein oder das andere Stück von seiner mathematischen Arbeit dazu zu liefern.« Sieben Bände der *Miscellanea* sind erschienen, und in jedem steht ein Aufsatz von Naudé, der sich – etwas unzeitgemäß – für das Lateinische als Publikationssprache entschieden hatte. Einer der Bände der *Miscellanea* befindet sich sogar in der Bibliothek des Französischen Gymnasiums.

Naudés eigentliches Lebenswerk aber war ein Kommentar zu Isaac Newtons Infinitesimalrechnung, an dem er jahrelang gearbeitet hatte, für den er aber keinen Verleger fand, so daß er das Werk in Reinschrift – *en trés-menu caractère* – als Manuskript hat binden und zirkulieren lassen. Im Jahre 1738 wurde er wegen seiner Verdienste um die Verbreitung der Newtonschen Lehre in die Londoner *Royal Society* aufgenommen.

Aber Philippe Naudé hatte seine Kräfte früh verzehrt. Schon als Kind zart und schmächtig, war er kränklich und früh vom Alter gebeugt. Am 17. Januar 1745, gerade 60 Jahre alt, ist er nach kurzer und heftiger Krankheit verstorben. Er hinterließ ein dreibändiges Werk mit Ansichten zu den wichtigsten mathematischen Problemen seiner Zeit. (Lit. 12, 13, 20, 22, 99, 100)

Charles Egide Duhan de Jandun
Lehrer und Diplomat
(1685–1746)
Der Lehrplan von 1703

Charles Egide Duhan wurde in Jandun in der Champagne am 14. März 1685 geboren, ein halbes Jahr vor der Aufkündigung des Ediktes von Nantes. Sein Vater, Philippe Duhan de Jandun, hat Frankreich 1687 verlassen und sich in Berlin niedergelassen, bevor er Frau und Kind nachkommen ließ. Vater Philippe hatte in seiner Jugend eine gründliche humanistische Ausbildung erfahren, und so hat er die geistige Erziehung seines Sohnes selbst übernommen. Die humanistischen Grundlagen seiner Bildung erhielt Charles Egide – er wird in einzelnen Quellen auch Jacques Egide genannt – also im Privatunterricht durch seinen Vater.

Als im Jahre 1703 die Inspektion des Französischen Gymnasiums reorganisiert und die Zahl der Inspektoren neu festgelegt wurde, trat Philippe Duhan in diese Körperschaft ein und wurde mit Isaac de Beausobre zusammen beauftragt, einen humanistischen Lehrplan für die Schule zu entwerfen, den die *Inspection* am 13. September 1703 annahm. Dieser Lehrplan hat sich erhalten, begonnen wurde er von Philippe Duhan, als sein Sohn gerade zehn Jahre alt geworden war, und abgeschlossen, als er 18 Jahre alt wurde. Wir dürfen wohl annehmen, daß es dieser Lehrplan war, nach dem er seinen Sohn unterrichtet hat und den er nun, nachdem Charles Egide seinen Lehrgang erfolgreich abgeschlossen hatte, zum Modell für den Lehrplan des Collège François machte.

Nach wie vor waren die Lehrbücher der *Nouvelle Méthode de Port-Royal* eingeführt. In Sexta wurden sie ergänzt durch das *Atrium latinitatis* der Genfer Protestanten. In Quinta wurde außer den Distichen Catos jetzt die Übersetzung des Neuen Testaments von Théodore de Bèze durchgearbeitet. Dabei wechselten sich Hin- und Herübersetzung ab. Zum Lateinischen trat das Französische als Unterrichtsgegenstand, Französisch freilich nicht mit literarischen, sondern mit theologischen Quellen.

In Quarta wurde nach wie vor Phädrus eingeführt, hinzu kamen Schriften von Erasmus und Comenius, der klassische Lehrgang von Sedan fand nunmehr eine humanistische Weiterentwicklung. In Tertia trat zu Caesar und Cicero, zu Vergil, Cornelius Nepos und Terenz die *Grammaire grecque de Bâle* und das Neue Testament in griechischer Sprache. In Secunda begann jetzt die Rednerschule an Hand des *Candidatus Rhetoricus* von François Antoine Pomey. Horaz, Ovid und Cicero blieben aber nach wie vor auf dem Plan, auch Epiktet und Homer. In Prima wurde die Rhetorik von Gerhard Johann Voß (Vossius) durchgenommen, und zwar im ersten Semester Buch 1 und 2, im zweiten Halbjahr 3, 4 und 5. Es blieb bei Cicero, Vergil, Tacitus und Homer, aber der *Abrégé de Géographie* von Christoph Cellarius kam dazu. Die Schule öffnete sich allmählich den Ansprüchen des Jahrhunderts der Aufklärung.

Die Hausarbeiten wurden ebenfalls festgelegt: in allen Klassen täglich ein

Charles Egide Duhan de Jandun
Anonymer Kupferstich

Charles Egide Duhan de Jandun
(14. 3. 1685–3. 1. 1746) Professeur et Diplomate
Le programme d'enseignement de 1703.

Charles Duhan arriva, enfant, avec ses parents à Berlin. Là il reçut les bases humanistes de son éducation grâce à des cours particuliers dispensés par son père, Philippe Duhan, qui, devenu en 1703 membre de l'Inspection du Lycée Français, avait élaboré avec Isaac de Beausobre le premier programme d'enseignement humaniste de cette école. Charles prit des cours privés de mathématiques et de philosophie auprès de Philippe Naudé père et de Mathurin Veyssière La Croze.

Depuis longtemps déjà en France, il était de bon ton dans la noblesse et les familles bourgeoises aisées de ne pas envoyer les enfants dans les écoles publiques, mais au domicile privé des professeurs de ces écoles pour des leçons particulières. Ni Philippe Naudé le jeune ni Charles Duhan ne furent directement des élèves du Lycée Français. C'étaient des élèves qui suivaient les cours particuliers d'érudits enseignant à cette école et ils doivent être définis, pour cette raison, comme «élèves extérieurs» du Collège.

Après qu'en 1715 Charles Duhan se fut distingué comme officier lors du siège de Stralsund, le Roi Frédéric-Guillaume Ier lui confia l'éducation du Prince héritier Frédéric. Ce faisant Duhan entrait dans la tradition, établie par Teissier, des éducateurs de Princes qui ont tous été soit élèves soit professeurs au Lycée Français.

Duhan utilisait pour ses cours ce même programme que son père avait établi pour lui et qui était devenu en 1703 le programme officiel du «Collège François».

Duhan sut éveiller les penchants précoces à la philosophie de Frédéric, mais tomba en disgrâce auprès de son père; Frédéric-Guillaume Ier bannit finalement Duhan dans la région la plus excentrée de son royaume, Memel, pour lui ôter l'influence exercée sur son fils. Mais le Prince héritier, durant les vingt années qui suivirent, resta fidèle à son professeur. Son père était mort depuis quatre jours qu'il rappelait aussitôt Duhan à Berlin et le nommait son Conseiller secret aux Affaires Etrangères. Ainsi Duhan est le premier d'une lignée d'anciens élèves du Lycée Français qui ont fait carrière au Ministère des Affaires Etrangères.

lateinisches *Exercitium* und eine Übersetzung, und das bei einer täglichen Unterrichtszeit, die erst um 16 Uhr endete.

Der Lehrplan enthält auch Angaben zur Didaktik. Was am Vormittag gelernt worden war, wurde am Nachmittag wiederholt und am Abend in Gestalt von Hausarbeiten niedergeschrieben. Die Schüler wurden montags nach dem Ergebnis der Hausarbeiten vom *Primus* abwärts in der Reihenfolge ihrer Leistungen »gesetzt«. Auf der Mittelstufe wurde das Übersetzen in beiden Richtungen *(version* und *thème)* geübt, auf der Oberstufe erfolgten die Übersetzungen in Prosa und Versform. In Prima mußten die Schüler wöchentlich eine Chrië abliefern, eine nach den rhetorischen Regeln bearbeitete Sentenz, und einen lateinisch verfaßten Brief.

Der Samstag war nach wie vor *jour de répétition* in allen Klassen, an diesem Tag kamen mit Vorliebe die Inspektoren, um nach dem Rechten zu sehen.

Duhans Lehrplan beschränkt sich auf die humanistischen Fächer, so lautete vermutlich sein Auftrag, und hier war er durch Erfahrung auch kompetent.

Aber am Collège gab es auch Philosophie und Mathematik. Duhan selbst konnte seinem Sohn hier offenbar nichts beibringen, und so verwundert es nicht, daß er ihn für diese Fächer bei Philippe Naudé und Mathurin Veyssière La Croze in die Schule gibt, wie Friedrich der Große in seiner Lebensbeschreibung von Charles Egide Duhan sagt. Wie Philippe Naudé d.J. hat also auch Duhan seine akademischen Studien *privatim* absolviert. Wenn Friedrich der Große von Duhans Erfolgen in der Interpretation der klassischen Literatur, in Rhetorik und in der Philosophie spricht, so erkennen wir darin das glückliche Zusammenwirken häuslicher Erziehung und schulischer Bildung, ein Ideal, das auch heute noch – unter geänderten Verhältnissen – gültig ist.

* * *

Charles Egide Duhan de Jandun schloß sich 1715, 30 Jahre alt, dem Heer Friedrich Wilhelms I. an und zeichnete sich bei der Belagerung von Stralsund aus. Der König ließ Erkundigungen über den jungen Offizier einholen und vertraute ihm die Erziehung des Kronprinzen an. Duhan wurde damit nach Teissier und Chauvin der dritte in einer Reihe von Prinzenerziehern, die am Französischen Gymnasium Schüler oder Lehrer gewesen waren. Wir werden ihnen noch begegnen.

Der Kronprinz schloß sich eng an seinen jungen Lehrer an. Duhan weckte die frühen philosophischen und literarischen Neigungen Friedrichs und hatte großen Anteil an der Bildung des *Roi philosophe,* als der Friedrich der Große in die Geschichte einging.

Wir wissen, wie argwöhnisch Friedrich Wilhelm I. den Umgang seines Sohnes mit Philosophie und Literatur betrachtete; es sind Zeugnisse überliefert von dem zähen Ringen Duhans mit seinem König, einem Ringen um jenen humanistischen Lehrplan, nach dem Charles Egide Duhan selbst unterrichtet worden war und dem er nun beim Unterricht des Kronprinzen ebenfalls folgen will.

Der König verbietet Duhan, römische und griechische Autoren mit seinem Schüler zu lesen. Duhan führt daraufhin französische Schriftsteller in seinen Lehrplan ein und gibt Friedrich alsbald die antiken Schriftsteller in französischen Übersetzungen zu lesen.

Friedrich liest viel, möchte immer mehr Bücher kennenlernen, und so beginnt Duhan, für seinen Schüler Bücher zu kaufen, richtet ihm in seiner kleinen Wohnung in der Nähe des Schlosses eine Bibliothek ein; bald sind dreitausend Bände vorhanden, sorgfältig in Schränken verschlossen, deren Schlüssel Duhan für den Kronprinzen verwahrt; Descartes, Fénelon, Bayle, Voltaire werden Friedrichs täglicher Umgang.

Durch Duhan waren indirekt drei weitere hugenottische Professoren der Berliner Gelehrtenrepublik an Friedrichs geistiger Bildung beteiligt, wie sein Biograph Ernest Lavisse bemerkt, nämlich Duhan d. Ä., La Croze und Naudé.

Das Mißtrauen des Königs gegen Duhan wächst. Einmal erhebt er den Rohrstock gegen den inzwischen dreiundvierzigjährigen Professor, aber Duhan läßt nicht ab von seinem literarischen und philosophischen Lehrplan – da verliert der König die Geduld, und er verbannt Duhan an das äußerste Ende seines Reiches nach Memel. Auf diese Weise will er den geistigen Verkehr zwischen seinem Sohn und Duhan unterbinden. Und zur Abschreckung läßt er sogar den Vater, Philippe Duhan, aus seinen Ämtern entfernen und der Familie alle Einkünfte streichen.

Wir besitzen ein Billet Friedrichs, am 20. Juni 1727, wenige Tage nach der Verbannung seines Lehrers geschrieben. Der fünfzehnjährige Kronprinz sagt: *Mon cher Duhan, je vous promais que quand j'aurez mon propre argent en main, je vous donnerez annuellement 2400 ecu par an, et je vous aimerais toujour encor un peu plus qu'asteure, s'il me l'est possible,* wohl eines der ergreifendsten Zeugnisse der Verehrung eines Schülers für seinen Lehrer. Sechs Jahre später, Friedrich ist gerade volljährig geworden, kündigt er Duhan an: ... *dans trois semaines pour le plus vous sortirez de votre prison...* Und tatsächlich, Duhan wird aus der Festung Memel entlassen und erhält auf Friedrichs Fürsprache eine Stellung beim Herzog von Braunschweig.

Am 3. Juni 1740, am vierten Tag nach dem Tode Friedrich Wilhelms I., schickt der Thronfolger seinem Lehrer ein kurzes Handschreiben, das folgendermaßen lautet: *Mon sort a changé, mon cher. Je vous attends avec impatience; ne me faites pas languir.* Es ist das einzige Schreiben Friedrichs des Großen an Duhan, das die Unterschrift *Votre affectionné roi* trägt, sonst unterzeichnet der König stets mit *Votre fidèle ami* oder *Votre fidèle élève.*

Duhan wird zum Geheimrat im Auswärtigen Amt ernannt, der erste in einer ganzen Kette ehemaliger Schüler des Französischen Gymnasiums, die im diplomatischen Dienst Karriere gemacht haben.

Während des Feldzuges 1741 begleitet Duhan seinen König, und hier zieht er sich eine Krankheit zu, die sich in der Folgezeit laufend verschlimmert und schließlich zum Tode führt. Während des Schlesischen Krieges redet Duhan seinem einstigen Schüler unablässig ins Gewissen, den Boden der religiösen Pflichten seinen Mitmenschen gegenüber, den der Moral und Humanität nicht zu verlassen. In einem letzten Brief Duhans an den König, geschrieben am 22. November 1745, wenige Wochen vor seinem Tod, beschwört der Sterbende seinen einstigen Schüler, Friedrich möge alles tun, was den Frieden wiederherstellen könne, und Gott bitten, ihm seine kriegerischen Verirrungen zu vergeben.

Als Friedrich der Große am 28. Dezember 1745 nach dem Friedensschluß von Dresden ins Berliner Stadtschloß einzieht, vermißt er Duhan unter den Gratulanten, läßt anspannen und sucht ihn in seinem Hause auf. Duhan ist schon vom Tode gezeichnet, aber noch einmal lebt er auf in Freude und Stolz. Adolf Menzel hat diese Szene in einem seiner Holzstiche festgehalten. Historisch verbürgt ist sie nicht.

Duhan stirbt am 3. Januar 1746. Der König schließt seinen Nachruf, den er in der Akademie hat verlesen lassen, mit den Worten: ... *Jamais Roi n'a eu un sujet ni plus zélé ni plus fidèle. Les regrets que ce grand prince a donnés à sa perte, pourraient seuls former son éloge.* (Lit. Nr. 19, 21–23, 101–106)

Simon Pelloutier
Theologe und Historiker
(1694–1757)
Mittler zwischen Schule und Kirche

Das Französische Gymnasium war als Schule der Hugenottengemeinde der französischen Kirchenleitung unterstellt. Sie achtete in den ersten Jahren auf die Orthodoxie der Lehrer. Aber die Schule konnte sich im Laufe der Zeit eine gewisse Unabhängigkeit von der Kirche erkämpfen und schließlich sogar aus dem *Conseil des Inspecteurs* eine Vertretung schulischer Interessen gegenüber der Kirchenleitung machen, indem sie den *Conseil* gleichsam »umdrehte«.

Die Inspektoren, die gegen Ende des Jahrhunderts geboren wurden, zeigen diesen neuen liberaleren Geist, Theologen, die ihr Amt als Inspektoren dazu nutzten, Interessen der Schule vor ihrem Konsistorium zu vertreten.

Einer von ihnen ist Simon Pelloutier. Seine Eltern hatten der Gemeinde der Waldenser angehört und mußten schon in der Jugend aus ihrer Heimat Piémont fliehen. Sie wendeten sich nach Lyon, wo sie sich als Kaufleute niederließen. 1685 wurden sie zum zweiten Male heimatlos. Sie begaben sich nach Leipzig, und hier wurde ihr Sohn Simon am 27. Oktober 1694 geboren.

Seine Kindheit verbrachte er in Leipzig, wo ihn seine Mutter privat unterrichtete, weil die Familie nach dem Tod des Vaters in bescheidenen Verhältnissen leben mußte. Immerhin konnte Simon aber doch das Gymnasium besuchen, und zwar schon ab 1701. Scin Philosophielehrer war dort der später berühmte Christian Thomasius, der ihn 1710 nach Berlin empfahl. Hier gehörte Pelloutier zu den Schülern von La Croze und Lenfant. 1712 sehen wir Pelloutier als Theologiestudenten in Genf, aber ab 1714 ist er wieder in Berlin.

Der neunzehnjährige Theologiestudent schließt sich eng an seinen Lehrer Jacques Lenfant an und wird eine Art Musterschüler des gelehrten Theologen, findet in ihm seinen Mentor. Lenfant führt Pelloutier 1715 in sein Amt in Französisch-Buchholz bei Bernau ein. Pelloutier hat einen glücklichen Start, er erringt das Wohlwollen der Gemeindeväter und bleibt vier Jahre dort. Anschließend wird er als Pastor nach Magdeburg versetzt, bis er 1725 wieder nach Berlin zurückgerufen wird, um an der Seite von Lenfant die Friedrichswerdersche Gemeinde zu betreuen. Pelloutier wächst in die Ämter des alternden Freundes hinein, und als Lenfant 1728 stirbt, wird Pelloutier sein Nachfolger auch im *Conseil Académique* des Collège, wie das Inspektorengremium sich ab 1702 nennt. Die Akten im Zentralen Staatsarchiv in Merseburg geben einen Einblick in Pelloutiers Amtsführung. Wo immer möglich, setzt er sich für die Lehrer ein, dient ihnen als Fürsprecher gegenüber dem Konsistorium, also der obersten Dienstbehörde, der er als Inspektor doch selbst angehört.

Seit 1728 ist Pelloutier Mitglied des *Conseil Académique*, zehn Jahre später, 44 Jahre alt, ist er an die Spitze dieses Leitungsgremiums der Schule aufgerückt, und nun verdichten sich seine Eingaben, intensiviert sich sein Einsatz für die Schule.

Simon Pelloutier
Schabkunstblatt von Johann Jacob Haid (1704–1767)

Simon Pelloutier
(27.10.1694–2.10.1757) **Théologien et Historien**
Médiateur entre le Collège et l'Eglise.

Pelloutier passa son enfance dans sa ville natale, Leipzig, où après la mort de son père, sa mère se chargea de l'instruire, avant qu'il n'y fréquentât le lycée à partir de 1701.

En 1710, sur la recommandation de son professeur de philosophie, Christian Thomasius, il arrive, jeune homme de seize ans, à Berlin et y devient élève de La Croze et de Lenfant. Etudiant en théologie, il sera un disciple convaincu de ce dernier. En 1715 il prend en charge la communauté pastorale de Buchholz et obtient, quatre ans plus tard, une nomination de pasteur à Magdebourg. A partir de 1725 il est chargé, aux côtés de son mentor Lenfant, de la communauté de Friedrichswerder.

Lorsqu'en 1728 Lenfant meurt, Pelloutier lui succède également au «Conseil Académique du Collège», le comité de surveillance religieux, où il représente les professeurs face au Consistoire. Après dix ans de participation, Pelloutier est appelé à la tête de ce comité de direction de l'École et s'affirme alors comme médiateur entre l'Eglise et le Lycée.

C'est à cette époque que commence dans la colonie française la polémique au sujet de l'emploi de la langue maternelle française, alors que presque tous ses membres sont nés en Allemagne et ont grandi en milieu allemand. Pelloutier, qui lui-même n'écrit plus le français sans fautes, fait partie des farouches défenseurs du français et s'indigne de l'attitude d'un maître de chapelle qui, au lieu de «mieux» et «dieu», chante «mio» et «dio».

Pelloutier publie quantité de recherches historiques qui, pour la plus grande part, furent éditées par la «Bibliothèque Germanique» de son mentor Jacques Lenfant, son œuvre maîtresse reste l'«Histoire des Celtes».

En 1744 Pelloutier est nommé par Frédéric le Grand à l'Académie des Sciences de Berlin. Dans les années qui suivent, il écrit aussi pour les «Mémoires de l'Académie».

Es ist die Zeit, in der die Koloniefranzosen über den Gebrauch ihrer französischen Muttersprache zu diskutieren beginnen, denn sie sind fast alle schon in Deutschland geboren und unter Deutschen aufgewachsen. Aber Pelloutier gehört zu den in der Geschichte des Französischen Gymnasiums auch in den kommenden Jahrhunderten stets sich vor ihren Gegnern behauptenden Verfechtern des Französischen. Obgleich er selbst nicht mehr fehlerfrei Französisch schreibt, macht er einem Kantor einen schweren Vorwurf daraus, daß er statt »dieu« und »mieux« »dio« und »mio« singe!

Die verschiedenen beruflichen Aufgaben ließen Pelloutier wenig Freizeit für sein Hobby, die Geschichtsforschung. Ein zeitgenössischer Beobachter schreibt: *Pelloutier prit du goût pour l'histoire profane des peuples anciens, particulièrement de ceux qu'il regardoit comme les ancêtres des nations auxquelles il appartenoit, c'est-à-dire les François et les Allemands.*

Pelloutiers Hauptwerk war die *Histoire des Celtes.* Der erste Band erschien 1740 im Haag, der zweite Band folgte 1750, aber der dritte und vierte konnten erst nach seinem Tode erscheinen. Die Pariser Ausgabe von 1771 gliedert das Werk in acht Teile, von denen der sechste in der Bibliothek des Französischen Gymnasiums vorhanden ist. Das Werk wurde auch ins Deutsche übertragen. Die deutsche Fassung erschien 1774 in Frankfurt, da war Pelloutier schon 20 Jahre tot.

Der am Französischen Gymnasium vorhandene Band der *Histoire des Celtes* enthält als Anfang Pelloutiers *Remarques sur les Tems sacrés des anciens Gaulois et des Germains,* zuvor abgedruckt in der *Nouvelle Bibliothèque Germanique.* Interessant ist an diesen *Remarques,* daß Pelloutier sich darin bemüht, die Geistesverwandtschaft der Gallier und Germanen nachzuweisen, und zwar mit Hilfe einer Fülle von Zitaten aus den klassischen griechischen und römischen Quellen! Die Abhandlung charakterisiert Pelloutier als Repräsentanten einer neuen Zeit, in der stärker das Verbindende als das Trennende zwischen Frankreich und Deutschland gesehen wird, als Repräsentanten des achtzehnten und nicht mehr des siebzehnten Jahrhunderts.

In den Jahren seiner Tätigkeit am Französischen Gymnasium publizierte Pelloutier eine Fülle von historischen Untersuchungen, zumeist in der *Bibliothèque Germanique.* Pelloutier wirkt hier an der Lösung der Aufgabe mit, die sich die *Bibliothèque* gesetzt hatte: die in Frankreich zurückgebliebenen Gelehrten auf die Entwicklung der frankophonen Wissenschaften außerhalb Frankreichs aufmerksam zu machen.

Im Jahre 1742 gewinnt Pelloutier den Preis der französischen *Académie des Inscriptions* mit einer Abhandlung über die Galater, die er als Vorfahren der Gallier identifiziert. 1744 beruft ihn Friedrich der Große in die Berliner Akademie und ein Jahr später wird er zum Bibliothekar der Akademie gewählt.

Simon Pelloutier starb am 2. Oktober 1757 im Alter von 63 Jahren, »an einem langwierigen Fieber«, wie wir in der Vossischen Zeitung vom 4. Oktober 1757 nachlesen können. Der Nachruf im Pariser *Journal des Savants* rühmt Pelloutiers *vaste érudition.* (Lit. Nr. 11, 21–23, 107–110)

Antoine Achard
Prediger und Philosoph
(1696–1772)
Zusatzunterricht für Schüler des Collège

Zwei Jahre jünger als Pelloutier ist Antoine Achard, geboren am 21. Dezember 1696. Sein Vater hatte sich nach Genf geflüchtet und hier eine einheimische Pastorentochter geheiratet, so daß der Sohn als Schweizer Bürger geboren wurde.

Der junge Achard studierte Philosophie in Genf und schloß seine Studien schon 1712, also sechzehn Jahre alt, mit einer Dissertation *Sur le bonheur* ab. Anschließend studierte Achard Theologie. Er unterbrach dieses Studium, weil er hoffte, Frankreich werde nach dem Tode Ludwigs XIV. (1715) allmählich zu einer liberaleren Haltung gegenüber den Calvinisten übergehen. Achard begleitete einen wohlhabenden Genfer Studenten als Privatlehrer zunächst nach Lyon und dann nach Paris. Hier besuchte er Bibliotheken und knüpfte Verbindungen zu Gelehrten an, bevor er 1721 über Lyon wieder in seine Geburtsstadt Genf zurückkehrte. Er schloß in Genf sein Theologiestudium ab und erhielt die Predigerweihe. Aber schon im Jahr darauf sehen wir ihn wieder in Paris, wo er sein Selbststudium fortsetzt, um mit den gewonnenen zusätzlichen Kenntnissen um so sicherer ein Predigeramt in Genf zu erhalten oder vielleicht sogar einen Ruf an die Akademie. Im Jahre 1723 erfolgte dann auch die ersehnte Berufung, und zwar nach Berlin.

Achard erreichte die Stadt Anfang Januar 1724, wurde als Nachfolger Jacques Lenfants Prediger auf dem Werder und leitete im gleichen Jahr bereits den Ostergottesdienst, an dem traditionsgemäß auch die königliche Familie teilzunehmen pflegte: Sein Biograph Formey lobt Achards Rednertalent und seinen philosophisch anregenden Predigtstil.

Antoine Achard verband philosophisch-rationalistische Neigungen mit seinen theologischen Aufgaben und muß in den gebildeten Kreisen Berlins sehr anregend gewirkt haben. Es ist überliefert, daß Achard gern und oft mit Jüngeren diskutierte. Samuel Formey spricht von seiner *disposition à ouvrir l'esprit des jeunes gens par des entretiens philosophiques.* Er selbst habe von 1728 bis 1730 von Achard philosophischen Unterricht erhalten. *Je puis assurer avec vérité que c'est ce que j'ai entendu de meilleur dans toutes mes études.*

In den Studienjahren Formeys war Antoine Achard Prediger der Friedrichswerderschen Kirche, wenige Schritte von der *Mairie Françoise,* in unmittelbarer Nachbarschaft des Französischen Gymnasiums, das zugleich Sitz der französischen Kirchenbehörde, des *Consistoire Supérieur* gewesen ist. Hier, wo 1770 das *Séminaire de Théologie* der Hugenottenkirche gegründet werden sollte, müssen wir uns vorstellen, wird der Unterricht der Gelehrten und Theologen stattgefunden haben, hier werden die Pastoren Lenfant und Naudé gelehrt haben, hier – also im Gebäudekomplex des Französischen Gymnasiums – fand vermutlich auch Achards Philosophiekursus statt.

Viele gebildete Koloniefranzosen unterrichteten entweder ihre Söhne

Antoine Achard
Anonymes Ölgemälde

Antoine Achard
(21. 12. 1696–2. 5. 1772) Prédicateur et Philosophe
Enseignement complémentaire pour les élèves du Collège.

Antoine Achard arriva en 1723 à Berlin, à la suite de sa nomination comme prédicateur à l'église de Friedrichswerder, succédant à Jacques Lenfant.

Achard était né et avait grandi à Genève. A seize ans il termina sa scolarité avec un mémoire «sur le bonheur» puis étudia la théologie à Genève. Il a un certain temps donné des cours particuliers à Paris et à Lyon.

Ses contemporains ont loué son talent d'orateur, son style de philosophe rationaliste en chaire, son élégance naturelle et son ouverture d'esprit, aussi bien que son comportement sympathique. Ainsi Achard fait rapidement partie des hôtes les plus recherchés des salons de la noblesse et de la bourgeoisie cultivée.

En 1738 il fut nommé par le Roi Frédéric-Guillaume Ier au «Grand Directoire», la plus haute instance de la colonie française. Au sein du «Consistoire Supérieur», le comité directeur de la colonie française, Achard occupa la place laissée libre par la mort d'Isaac de Beausobre. Depuis 1724 déjà, Achard donnait aux élèves du Lycée Français, suivant en cela les traces de La Croze, des cours particuliers de philosophie. En 1740 il fut appelé à faire partie de l'Inspection du Collège.

Une intense amitié intellectuelle s'était établie au fil des années entre le Prince héritier Frédéric et Achard. Même après l'arrivée de Frédéric au pouvoir, Achard usa de ses prêches pour influencer politiquement le jeune Roi. A la veille de la Guerre de Sept Ans, on raconte que Frédéric, hors de lui, quitta l'église et s'écria: «De quoi se mêle Achard? Et lui appartient-il de traiter de ces matières?». Achard avait choisi comme sujet de son prêche: «La folie des conquérants»!

A partir de 1744 Achard fut aussi membre de l'Académie des Sciences de Berlin. Son activité n'eut que peu de support écrit, si bien qu'il ne nous reste de lui aucune œuvre philosophique ou théologique, seulement quelques articles.

selbst, wie Naudé d.Ä. und Philippe Duhan, oder gaben sie dann, wenn sie wohlhabend genug waren, zu Professoren in die Schule. Gelehrte wie La Croze, Isaac de Beausobre, Lenfant oder Achard haben Schüler und Studenten aus Familien der Kolonie unterrichtet, denen der Schulunterricht am Französischen Gymnasium nicht hinreichend erschien oder die ihre Söhne nicht in den normalen Schulklassen-Kursus des Collège schicken wollten. Jedenfalls gab es einen vom Collège unabhängigen philosophischen und theologischen Unterricht. Die Lehrer und Professoren waren ehemalige Lehrer wie Philippe Naudé d.Ä. oder zukünftige wie Veyssière La Croze, waren Inspektoren des Collège wie Isaac de Beausobre und Jacques Lenfant oder sollten, wie Antoine Achard, in die *Inspection* aufgenommen werden.

Als La Croze 1725 auf den Lehrstuhl der Philosophie am Collège berufen worden war und sich nun zum ersten Mal in seinem Leben ohne Privatstunden ernähren konnte, hat offenbar Achard die Rolle von La Croze übernommen. Von nun an ist Achard der philosophische Repetitor der Kolonie, zu dem man ging, wenn man Examina vorbereitete bzw. sein Wissen erweitern wollte.

Wir hatten Achard 1724 auf dem Werder vor der Königsfamilie predigen sehen. Seine sympathische Erscheinung, seine Rednergabe und sein moderner rationaler Stil, sein vornehmes und weltgewandtes Auftreten fanden beim König Beifall, und so gehörte Achard bald zu den begehrtesten Gästen in den Salons des Adels und des Bildungsbürgertums der Stadt. Eine Zeitlang pendelte er noch zwischen Genf und Berlin hin und her, bis er 1738 von König Friedrich Wilhelm I. in das *Grand Directoire* berufen wurde, die höchste Instanz der Kolonie. Er erhielt im *Consistoire Supérieur* die Stelle des verstorbenen Isaac de Beausobre: »Achard soll's haben«, sagte der König und bereitete den Querelen um die Nachfolge ein Ende, noch ehe sie richtig beginnen konnten.

* * *

1724 war Achard nach Berlin gekommen, damals war der Kronprinz Friedrich zwölf Jahre alt. Im Laufe der Jahre entwickelte sich eine intensive geistige Beziehung zwischen Achard und Friedrich. Zwei Briefe des Kronprinzen an Achard haben sich erhalten, sie stammen von 1736, Friedrich war 24 Jahre alt und Achard gerade vierzig geworden. Es geht darin um den philosophischen Beweis für die Unsterblichkeit der Seele, den Achard in seinen Predigten zu führen versucht hatte. *Je crois que la sagesse du Créateur*, schreibt Friedrich an Achard, *nous a donné une raison pour nous en servir dans les différentes circonstances de la vie.* Offensichtlich benutzte Friedrich den Begriff der *raison* an der Stelle, an der Achard in seinen Predigten von *âme* gesprochen hatte, und so wurde diese philosophisch-theologische Korrespondenz ausgelöst, in deren Verlauf der zukünftige *Roi philosophe* bekennt: *j'ai le malheur d'avoir la foi très-faible, et il me la faut étayer souvent par de bonnes raisons et des arguments solides … pour prouver l'existence et l'immortalité de l'âme.*

Als Friedrich vier Jahre später zum König gekrönt ist, fährt er fort, Achards Predigten in der Kirche auf dem Werder zu hören. Und Achard nutzt seine Predigten, um den jungen König auch politisch zu beeinflussen, etwa wenn er vom Kriege handelt, von dem Unglück, das er über die Völker bringe, und von dem Wahnsinn der Eroberer ... Einmal verläßt Friedrich zornig die Kirche, es ist der Vorabend des Siebenjährigen Krieges, und ruft aus: *De quoi se mêle Achard? Et lui appartient-il de traiter ces matières?*

Noch im Jahre des Regierungsantritts Friedrichs des Großen, 1740, wird Achard in die *Inspection* des Französischen Gymnasiums berufen. Er ist 44 Jahre alt. Sein Leben ist nun unmittelbar mit der Schule verbunden, in deren Umkreis Achard schon seit 1724 seinen philosophischen Privatunterricht abgehalten hatte.

Bei der Reorganisation der Akademie durch Friedrich 1744 wird Achard – zusammen mit Pelloutier – in die philosophische Klasse berufen. Gelegentlich gehaltene Vorträge sind in den *Mémoires de l'Académie* abgedruckt, wo auch schon Pelloutiers Arbeiten erschienen waren. Im *Mémoire* von 1747 können wir Achards Skizze einer neuen Metaphysik nachlesen, aber umfangreichere Untersuchungen oder gar philosophische oder theologische Werke gibt es von Achard nicht. Befragt, weshalb er so gut wie nie zur Feder gegriffen habe, antwortete er: *J'aurois voulu produire quelque chose de neuf, et je ne trouvois rien qui n'eut été déjà dit.* Und so blieb Achard bei seinen philosophischen Disputationen und bei seinen Predigten, die er sorgfältig zu Papier brachte und immer wieder überarbeitete und von denen eine Auswahl drei Jahre nach seinem Tode 1775 in Leipzig in zwei Bänden in deutscher Sprache erschien.

Eine Zeitlang vertrat Achard den Gedanken, die reformierte und die lutherische Kirche zu vereinigen. Der König ließ sich dafür gewinnen, wenn man Samuel Formey Glauben schenken kann, und übertrug ihm die Aufgabe, das zu dieser Frage erschienene kirchliche Schrifttum zu übersetzen. Achard lehnte jedoch ab, sein Deutsch sei dafür nicht gut genug, und so zerschlug sich das Vorhaben.

Zeitgenossen bewunderten die geistige Konzentration und klare Organisation seiner Arbeit, und dies sind vermutlich auch die wichtigsten Merkmale seines philosophischen Wirkens an der Akademie und im Bereich des Französischen Gymnasiums.

Interessant ist, daß Achard sich für seine Arbeiten unter den Schülern des Französischen Gymnasiums einen Assistenten wählte: Jean Pierre Erman, der später Direktor der Schule wurde und von dem noch zu reden sein wird.

Antoine Achard starb am 2. Mai 1772 im Alter von 75 Jahren in Berlin nach langer Krankheit, die ihn seines Gedächtnisses und seines Gehörs beraubt hatte. (Lit. Nr. 11, 21–23, 111–116)

Schluß
Das Französische Gymnasium im 17. Jahrhundert

Die hugenottischen Familien, die in die Mark Brandenburg und nach Berlin kamen, hatten meistens Kinder. Für sie mußte im Einklang mit der *Discipline ecclésiastique* zuallererst Elementarunterricht organisiert werden. Dadurch entstand ganz selbstverständlich der Wunsch nach einer weiterführenden Schule, einer Lateinschule, wie es die protestantischen *Collèges* in den Städten Frankreichs gewesen waren.

Unter den Einwanderern befanden sich viele, die zu Hause bereits höhere Schulen besucht hatten und sich in Berlin nicht zufriedengeben wollten mit einem *Collège* allein, sie forderten eine regelrechte Hochschule, vergleichbar den protestantischen Akademien in Sedan, Saumur und Nîmes, die einige der Familienväter selbst besucht hatten. Woran sie nicht interessiert waren, ist die Ritterakademie gewesen, die der Kurfürst ab 1684 planen ließ und die bald in Berlin auch wieder eingegangen ist. Der Inspektor dieser Ritterakademie, Charles Ancillon, verschob die Gewichte in seiner Schulplanung in Richtung auf eine Lateinschule mit zunächst drei, sehr bald sechs Klassen und einem weiterführenden philosophischen Kursus. Aus dem Gymnasium wurde dadurch ein *gymnasium academicum*.

Als die Schule 1690 mit dem Unterricht begann, ähnelte sie *de facto* mehr einem hochschulartigen Institut mit gymnasialem Unterbau als einem Gymnasium, wie es sie in Berlin bereits an zwei Stellen gab.

Mit der Ankunft des bekannten Philosophen Etienne Chauvin im Jahre 1695 nahm die Schule großen Aufschwung, Chauvin zog viele Hörer von außerhalb herbei, und seine Disputationen sicherten seinem *Athenaeum Fridericianum gallicum* ihren bereits erworbenen wissenschaftlichen Ruf.

In gelehrten Gesellschaften trafen sich die französischen Professoren und diskutierten die philosophischen, juristischen und theologischen Themen, die schon in den protestantischen Metropolen in Frankreich ihre Gesprächsthemen gewesen waren, ab 1690 donnerstags bei Ezechiel von Spanheim in der kurfürstlichen Bibliothek, ab 1696 jeden Samstag bei Etienne Chauvin zu seinen *Conférences sur la langue françoise*, aus denen die erste wissenschaftliche Zeitschrift Berlins hervorgegangen ist, das *Nouveau Journal des Sçavans*, und schließlich in der *Société Anonyme* montags bei Jacques Lenfant.

Zu den Redakteuren des *Journal des Sçavans* und später der *Bibliothèque Germanique* gehörten in erster Linie die Lehrer des Französischen Gymnasiums, und so fand die Schule schon in dieser frühen Zeit Anschluß an die geistige Entwicklung Westeuropas.

Die Blickrichtung der Gelehrten am Collège François war nach Westen orientiert, nach Frankreich, und das, obgleich sie Ludwig XIV. natürlich gram waren wegen seiner rigorosen Religionspolitik. In Opposition zu Frankreich standen sie nicht, höchstens vielleicht zu den Jesuiten und ihrem Schulsystem, sie wandten die Pädagogik der Jansenisten von Port-Royal an und natürlich die ihrer eigenen protestantischen *Collèges* und *Académies*. Sie hielten fest an ihren in Frankreich entwickelten Traditionen, fest an der Verwendung ihrer französischen Muttersprache, hofften sie doch zunächst und bis zum Frieden von Rijswijk 1697 auf Rückkehr. Als sich diese Hoffnung zerschlagen hatte, erhielten die französischen und frankophonen Traditionen eine neue Sinngebung. Jetzt wurden die französischen Gelehrten zu Lehrmeistern nicht nur ihrer eigenen Jugend, sondern auch der an französischer Bildung interessierten Deutschen und Ausländer in Berlin. Mit ihrer Lehre in der Schule und mit ihren Gesellschaften, ab 1701 auch der *Société Royale des Sciences*, mit ihrer Korrespondenz und ihren wissenschaftlichen Veröffentlichungen, ihren Publikationsorganen hielten sie Kontakt zu der geistigen Entwicklung außerhalb Deutschlands, Verbindung zu Frankreich.

Diese Beziehungen wurden immer wieder durch Reisen gefestigt, Reisen nach Holland und in die Schweiz, nach England, aber Reisen auch nach Frankreich, nach Paris, trotz der dort reformierten Rückkehrern angedrohten drakonischen Strafen.

Die hugenottischen Gelehrten aus dem Umkreis des Französischen Gymnasiums trugen dazu bei, daß die Weltsprache Latein abgelöst wurde durch die neue *lingua franca*, das Französische. Sie wurden zu Propagandisten der französischen Sprache und damit der französischen Literatur und der frankophonen Wissenschaft.

Teissier hatte damit begonnen, wissenschaftliche Publikationen aus dem Lateinischen ins Französische zu übersetzen, Barbeyrac folgte seinem Beispiel. Nun konnte, wer wollte, Pufendorf und Grotius auf französisch lesen.

Beausobre und Lenfant schrieben ihre Bücher gleich in französischer Sprache nieder, auch Ancillon publizierte auf französisch. Es war die günstigste Konstellation für eine französische Auslandsschule, die sich denken läßt, in einer »fremd«-sprachigen Bevölkerung Anklang zu finden und sich zu etablieren.

Ein Umstand kam hinzu, nämlich das Wohlwollen des reformierten Herrscherhauses. Die meisten der Gelehrten aus dem Französischen Gymnasium hatten auf die eine oder andere Weise zur Erziehung der Prinzen des Kurfürsten- und Königshofes beigetragen, Teissier, Chauvin und Naudé, auch Beausobre und La Croze, vor allen diesen aber Duhan, der den Lehrplan des Französischen Gymnasiums zum Unterrichtsplan »seines« Prinzen, des zukünftigen *Roi philosophe*, Friedrichs II., machte.

Aber damit sind wir bereits bei der Wirkung des Collège im 18. Jahrhundert angekommen.

18. Jahrhundert

Einleitung
Frankreich und Preußen im 18. Jahrhundert

Als Kurfürst Friedrich III. im Jahre 1701, 44 Jahre alt, in Königsberg zu Preußens erstem König wurde, regierte Ludwig XIV. in Frankreich bereits seit 39 Jahren. Im Jahre 1700 hatte Ludwig durch Einsetzung seines Enkels, des Bourbonen Philipp von Anjou, zum König von Spanien ungewollt das Signal zum spanischen Erbfolgekrieg gegeben, hatte er in der Großen Allianz England, Holland und Österreich gegen Frankreich mobilisiert und den kaisertreuen brandenburgischen König zu seinem Gegner gemacht.

Für Frankreich begann das neue Jahrhundert mit den Vorboten eines Niedergangs, der schließlich in der Revolution von 1789 der französischen Monarchie das Ende brachte. Zwar konnte Frankreich im Frieden von Utrecht 1713 seine Grenzen wahren und mit den europäischen Mächten zu einem *modus vivendi* kommen, aber Ludwig XIV. hinterließ bei seinem Tode 1715 den Nachfolgern einen zerrütteten Staatshaushalt und einen in seinem Anspruchsdenken schwer zu zügelnden Adel, in der Außenpolitik ein labiles Gleichgewicht bei schweren innenpolitischen Problemen.

1713 war Friedrich Wilhelm I. seinem Vater auf dem preußischen Thron gefolgt, 1715 wurde der fünfjährige Ludwig XV. zum König gekrönt, neue Männer betraten die politische Bühne Europas. In Ludwigs Erzieher und späterem Außenminister, dem Kardinal André Hercule de Fleury, hatte Frankreich einen fähigen Staatsmann in seine Regierung berufen, aber den Zerfall der Monarchie konnte er nicht aufhalten. Friedrich Wilhelm suchte zunächst die Verbindung zu Frankreich und England, wendete sich dann aber Österreich und Rußland zu. Von der Außenwelt kaum bemerkt, schuf er mit seiner Armee und seinem Beamtentum moderne außen- und innenpolitische Machtinstrumente, mit denen Europa noch zu rechnen haben sollte.

Friedrich II. trat 1740 die Regierung an, ein Jahr nach Abschluß des Geheimvertrages zwischen seinem Vater und dem Kardinal de Fleury, der Frankreich und Preußen zu Alliierten machte. Friedrich zog, Frankreich auf seiner Seite, in den Krieg gegen das Österreich Maria Theresias. Der Geheimvertrag wurde abgelöst durch einen offiziellen Bündnisvertrag, noch mit Kardinal de Fleury geschlossen und von Ludwig XV. nach dem Tode des Kardinals 1744 erneuert. Dieses Bündnis bestimmte die ersten 15 Jahre von Friedrichs Regierung und hielt Preußen in der Auseinandersetzung mit Österreich den Rücken frei. Aber Friedrich beging im Vorfeld des Siebenjährigen Krieges einen folgenschweren Fehler. Er unterschätzte die Differenzen zwischen Frankreich und England. Indem er England durch die Konvention von Westminster 1755 neutralisierte, machte er sich Frankreich zum Gegner: Mit 100 000 Mann trat Ludwig XV. bei Ausbruch des Siebenjährigen Krieges auf die Seite Österreichs, und nur durch taktisches Geschick und vor allem Glück konnte Friedrich bei Roßbach und Leuthen jene Siege erringen, die Preußen den Besitz Schlesiens sicherten. Er konnte seine Stellung gegen die drei Großmächte Österreich, Frankreich und Rußland behaupten.

Der König mit dem Beinamen *le bien aimé*, Ludwig XV., hatte durch seine Maitressenwirtschaft inzwischen bei seinem eigenen Volke seinen ganzen Kredit verloren; in Frankreich erscholl allenthalben das Lob des Siegers, wurde für den eigenen König nur Verachtung kundgetan. Frankreich setzte nach dem Ende des Siebenjährigen Krieges sein Bündnis mit Österreich fort, Friedrich aber wendete sich Rußland zu, eine Entscheidung, die für Mitteleuropa Folgen haben sollte.

Im Jahre 1774 wurde Ludwig XV. von seinem zwanzigjährigen Enkel abgelöst. Ludwig XVI. übernahm ein zerbröckelndes Staatswesen, ruinierte Staatsfinanzen, eine disziplinlose Armee und einen selbstgefälligen Adel, kurz: Frankreich war in den knapp 60 Königsjahren Ludwigs XV. fast unregierbar geworden.

Ganz anders Preußen. Der König hatte sich als erster Diener des Staates verstanden, hatte das Staatsinteresse allen anderen Interessen übergeordnet und dabei sittliche Verpflichtungen nie aus dem Auge verloren. Als er 1786 starb, fand sein Neffe Friedrich Wilhelm II. geordnete Staatsfinanzen, eine disziplinierte Armee und ein pflichttreues Beamtentum vor, einen dem König ergebenen Adel, ein selbstbewußtes Bürgertum und eine freie Bauernschaft, in einem Wort: ein modernes und vorbildliches Staatswesen.

Angesichts der Revolution von 1789 verbündeten sich die preußische und die österreichische Monarchie gegen Frankreich. Im Feldzug von 1792 traten zum ersten Male alliierte deutsche Truppen auf dem Schlachtfeld der französischen republikanischen Armee gegenüber, aber es gab keine Sieger, keine Besiegten, das republikanische Frankreich konnte sich behaupten, und die monarchistischen Angreifer zogen sich zurück. Das Jahrhundert ging zu Ende, wie es begonnen hatte: Am Ende des Jahrhunderts befindet sich Preußen Frankreich gegenüber in einer zwiespältigen Position der Neutralität. Frankreich war mit einem Schlag zum fortschrittlichsten Land Europas geworden und hatte das bis dahin so modern erscheinende Preußen überholt.

* * *

Das 17. Jahrhundert, *le grand siècle*, war das Jahrhundert Ludwigs XIV. gewesen – das 18., *le siècle des lumières*, ist dasjenige Friedrichs des Großen.

Ein erstes Manifest der Aufklärung ist das *Dictionnaire historique et critique* des protestantischen Philosophen Pierre Bayle. Bestimmt wurde die französische Aufklärung durch Montesquieu (geboren 1689) und Voltaire (1694), aber die Ideen Pierre Bayles, Montesquieus und Voltaires blieben im Frankreich Ludwigs XIV., Ludwigs XV. und Ludwigs XVI. ohne Einfluß auf die politische Praxis.

Anders in Preußen. Zwar hatte Friedrich Wilhelm I. keinerlei philosophische Neigungen, zwar gab sich Friedrich Wilhelm II. als Gegner der Aufklärung zu erkennen (Zensuredikt von 1788), aber zwischen ihnen regierte eben Friedrich II., der *roi philosophe*, der sich der Aufklärung verschrieben hatte. Friedrich II. verwirklicht – unabhängig von seinem Großmachtstreben nach außen – Ideale der Aufklärung im Innern des Landes: Toleranz, Justiz- und Rechtsreform, teilweise Bauernbefreiung, Förderung der Künste und Wissenschaften.

Trotz Lessing, trotz Thomasius, trotz Leibniz und Kant prägten Franzosen das intellektuelle Leben in Preußen. Im Widerstand gegen diesen Einfluß entwickelten sich Selbstbewußtsein und Originalität deutscher Literatur.

So eigenständig die Schöpfungen der deutschen Dichter auch erscheinen mögen, Lessing sowohl wie Goethe und Schiller hatten ihre Laufbahn als Übersetzer begonnen, schöpften u. a. aus französischen Quellen, blieben der französischen literarischen Überlieferung verbunden.

Während das 17. Jahrhundert in der europäischen Geistesgeschichte noch als lateinisches Jahrhundert gelten kann, ist das 18. das französische Jahrhundert. Friedrich Wilhelm I. hatte 1716 gesagt: »Ich *stabiliere* die *souveraineté* wie einen *rocher de bronce*«, und die 33 Bände der Werke Friedrichs des Großen sind in französischer Sprache geschrieben; das Französische hatte das Latein als Bildungssprache abgelöst.

Für eine frankophone Schule in Deutschland sind die Voraussetzungen des 18. Jahrhunderts ausgesprochen günstig. In dem vor uns liegenden Jahrhundert wird das Französische Gymnasium zum Kristallisationspunkt französischer Bildung in Berlin werden. (Lit. Nr. 117–119)

Charles Etienne Jordan
Schriftsteller und Gelehrter
(1700–1745)
Philosophie und Literatur privatim et publice

Charles Etienne Jordan wurde am 27. August 1700 in Berlin geboren. Sein Vater hatte die älteren Söhne dazu bestimmt, Kaufleute zu werden. Sein Jüngster, Charles Etienne, sollte Theologe werden.

Er gab ihn zu einem seiner Brüder, der in Magdeburg Prediger war, in Pension und schickte ihn nach Abschluß des Gymnasiums 1718 nach Genf, wo er Rhetorik und Philosophie belegte, Grundlage des geplanten Theologiestudiums. In der Matrikel unterschrieb er als *Carolus Stephanus Jordan Berolinensis ... philos. studiosus.* Später setzte er sein Studium in Lausanne fort, aber schon 1721 sehen wir ihn wieder in Berlin.

Er wird Schüler des berühmten Privatgelehrten Mathurin Veyssière La Croze, bei dem schon Philippe Naudé d. J., Duhan und Pelloutier in die Schule gegangen waren und der vier Jahre später den Lehrstuhl für Philosophie am Collège François übernehmen sollte.

Aus der Biographie Jordans, die Friedrich der Große als Nachruf für die Akademie der Wissenschaften verfaßt hatte, können wir entnehmen, daß Charles Etienne Jordan von La Croze zunächst in die Sprach- und Literaturwissenschaften eingeführt wurde, bevor er sich mit philosophischen Schriften befaßte. Jordan absolvierte bei La Croze eben jenen Lehrgang, den dieser kurze Zeit darauf am Französischen Gymnasium abhielt, und zwar dann nicht mehr *privatim*, sondern *publice*, als öffentliche Vorlesung.

La Croze hatte in Charles Etienne Jordan eine Art Musterschüler gefunden. Jordan verehrte den gelehrten Meister, er pflegte die Verbindung auch weiterhin und besuchte La Croze noch oft, als dieser bereits die Dienstwohnung des Philosophieprofessors am Französischen Gymnasium bezogen hatte, »hinter meinem Hause«, wie Friedrich der Große einmal sagte. La Croze war es auch, der Jordan dem Kronprinzen vorstellte, vermutlich bei einem der Besuche Friedrichs in der Wohnung des Philosophen.

Nachdem Jordan den Lehrgang bei La Croze abgeschlossen hatte, setzte er – nun auf tragfähiger Basis – das abgebrochene Theologiestudium in Berlin fort, vermutlich wie Simon Pelloutier bei Jacques Lenfant und Isaac de Beausobre. Er wurde 1725 zum Prediger ordiniert. Seine erste Pfarre lag im Dorf Potzlow in der Uckermark, aber schon 1727 ist er Pastor in Prenzlau, eine Aufgabe, vergleichbar der Arbeit eines spanischen Reitpferdes vor einem Ackerpflug, wie Friedrich der Große in seinem *»Eloge de Jordan«* schreibt. Von Samuel Formey, dem anderen Biographen Jordans, wissen wir, wie schwer diesem sein Predigeramt geworden ist. Formey sagt: *Il auroit voulu rayer le samedi du nombre des jours de la semaine parce qu'il falloit l'employer à apprendre son sermon.*

Fünf Jahre hielt Charles Etienne Jordan es in Prenzlau aus. Als seine junge

Charles Etienne Jordan
Anonymer Kupferstich

Charles Etienne Jordan
(27. 8. 1700–24. 5. 1745) Ecrivain et Erudit
Philosophie et Littérature: domaines privé et public.

Selon les voeux de son père, Charles Etienne Jordan devait devenir théologien. Pour se préparer aux études de théologie, il fréquenta le cours de philosophie de La Croze. Ce cours était conçu comme une initiation aux sciences de la philologie et de la littérature ainsi qu'aux écrits philosophiques et était dispensé par La Croze à titre privé. Plus tard, lorsque celui-ci fut titulaire de la chaire de Philosophie, il en fit un cours magistral au Lycée Français. Après en avoir terminé avec cet enseignement, Jordan céda aux vœux de son père et passa sa thèse de théologie. En 1725 il devint prédicateur. Dans son «Eloge de Jordan» Frédéric le Grand compare son travail de pasteur à celui d'un cheval de selle attelé à une charrue.

Jordan supporta tant bien que mal ses fonctions de pasteur à Prenzlau durant cinq ans, ensuite il rentra à Berlin et se consacra uniquement à son activité favorite, les études littéraires. Au cours des années il rassembla une bibliothèque de 3000 volumes, qu'il compléta en 1739 par l'achat des livres de La Croze, de sorte qu'elle englobait ainsi pratiquement toutes les œuvres publiées de l'époque.

Au cours de ses voyages à Paris, Amsterdam et Londres, Jordan put se livrer à un échange d'idées avec les principaux philosophes et écrivains de son temps.

Lorsque Frédéric le Grand partit pour Rheinsberg, Jordan le suivit en tant que secrétaire et bibliothécaire. Jordan avait fait, par l'entremise de La Croze, la connaissance de Frédéric alors que celui-ci était Prince héritier. Dans les années qui suivirent, une amitié profonde se développa entre Frédéric II et Jordan. Son influence fut particulièrement importante dans les premières années du règne de Frédéric. Comme Conseiller de la Cour il se distingua par une quantité de propositions qui ont fait date et auxquelles remontent entre autres l'hébergement et l'occupation des chômeurs dans des maisons de travail ainsi que les débuts des fiacres à Berlin. C'est aussi à une initiative de Jordan que l'on doit la réorganisation de l'Académie des Sciences en 1743 et le remplacement du latin par le français comme langue universitaire en 1744. En remerciement, Frédéric le Grand nomma Jordan Vice-Président de l'Académie.

Frau starb, bemächtigte sich seiner eine schwere Melancholie, die ihn aufs Krankenbett warf. 32 Jahre ist Jordan alt, als zum ersten Male die Symptome der Schwindsucht bei ihm auftreten, an der er schließlich sterben sollte. Er hustet Blut, seine Ärzte verordnen ihm einen Klimawechsel, und so nimmt er in Prenzlau seinen Abschied und kehrt nach Berlin heim.

Nun zieht er sich in seine Bibliothek zurück, widmet sich literarischen Studien, seiner Lieblingsbeschäftigung. Er sammelt im Laufe der Jahre eine Bibliothek von 3000 Bänden, eine Art öffentlicher Privatbibliothek, die er stolz auf sein Exlibris als Besitz *C. S. Jordani et amicorum* präsentiert. Aus dieser Bibliothek sollte Friedrich – so wie in seiner Jugend aus der Duhans – in späteren Jahren noch oft schöpfen. Sie wurde 1739 durch die Bücher La Crozes ergänzt und enthielt dann fast das gesamte wissenschaftliche Schrifttum der Zeit. Adolf von Menzel hat auf einem seiner Holzstiche die Gelehrten abgebildet, die sich in Jordans Bibliothek zu wissenschaftlichen Disputationen versammelten: Homer, Vergil, Horaz, Lukian, Ovid, Erasmus, die Kirchenväter, auch Boileau, Bayle ... kurz, alles, was in eine wissenschaftliche Bibliothek des 18. Jahrhunderts gehörte, säuberlich eingehüllt in die wertvollen Einbände der Zeit.

Aber der geistige Verkehr mit den Toten genügte Jordan nach Friedrichs des Großen Einschätzung nicht. Er mußte mit den führenden Gelehrten des Europas der Gegenwart in Gedankenaustausch treten, und so verließ er Berlin, ging nach Paris, Amsterdam und London, um seinen Verstand im Gespräch mit den Philosophen und Schriftstellern der Zeit zu messen. 1735 erschien sein Reisebericht unter dem Titel *Histoire d'un voyage littéraire*. Diesem Buch ist zu entnehmen, daß Jordan sich im Paris Ludwigs XV. fremd fühlte. Die Distanz zu Frankreich war für manche Koloniefranzosen schon zu groß geworden, zumal ein Protestant seine Konfession nach wie vor verheimlichen mußte.

* * *

Der Reisebericht, zu dem La Croze ein Vorwort geschrieben hatte, fand auch in dem dreiundzwanzigjährigen Kronprinzen einen Leser, und so mag er auch Gesprächsthema zwischen Friedrich und Jordan gewesen sein, als sie sich bei La Croze kennenlernten. Da Jordan in Paris auch Voltaire getroffen hatte, ist denkbar, daß Friedrich sich durch Jordan ein Bild von dem französischen Schriftsteller entwerfen ließ, lange bevor er ihn zu sich nach Potsdam rief.

Im Jahre 1736 zieht Friedrich nach Rheinsberg, und nun beruft er ihn – Charles Etienne Jordan ist gerade 36 Jahre alt geworden – an seinen Rheinsberger Hof. Jordan wird hier sein Sekretär und Bibliothekar, sein Vertrauter. So beginnt die Freundschaft, die Friedrich und Jordan immer enger verbindet, so daß dieser allmählich an die Stelle des verbannten Duhan zu rücken beginnt.

Friedrich gibt Jordan seine Verse zur Korrektur (*Tiens, je t'abandonne mes vers; corrige, efface, ajoute, lime...*) und bleibt mit ihm in einem ständigen Gedankenaustausch; die Korrespondenz zwischen Jordan und Friedrich dem Großen umfaßt 194 Briefe. Charles Etienne Jordan scheint als einziger der Vertrauten des Königs von diesem mit dem freundschaftlichen »du« angesprochen worden zu sein. Schon die Briefanreden allein belegen die enge freundschaftliche Beziehung: *doctissime Jordane, doctissime sapientissime Jordane, trés-savant, trés-docte, trés-profond Jordan, trés-galant, trés-aimable et trés-jovial Jordan*, nennt ihn Friedrich und bringt immer wieder seine Bewunderung für die Gelehrsamkeit und den Ideenreichtum des Freundes zum Ausdruck.

Auch Jordan – wie Duhan – wird unmittelbar nach der Krönung Friedrichs zum Geheimrat ernannt, und als Hofrat zeichnet sich Jordan durch eine Reihe epochemachender Vorschläge aus. Diese Vorschläge haben zur Folge, daß Arbeitslose, die bisher die Straßen der Hauptstadt bevölkerten, einer geregelten Tätigkeit zugeführt werden und daß Bettler in einem Arbeitshaus am Halleschen Tor Unterkunft und Beschäftigung finden. Das Polizeiwesen wird durch Jordan reformiert: Er ist der Begründer des Revierdienstes, aus dem unsere heutigen polizeilichen Kontaktbereiche hervorgegangen sind. Das Droschkenwesen – Vorläufer des heutigen Taxidienstes – geht auf eine Anregung Jordans zurück.

Jordans Einfluß war in Friedrichs ersten Regierungsjahren groß. *Mon inspecteur des hôpitaux* und *Trés-respectable inspecteur des pauvres, invalides, orphelins, fous et des petites-maisons* nennt ihn der König, umreißt damit aber nur einen Teil der Aufgaben seines Hofrats. Als *Inspecteur* der preußischen Universitäten und Schulen leitet Jordan bedeutende Reformen ein. An den Schulen und Hochschulen hatten sich untüchtige Lehrer breitgemacht, die den Staat viel Geld kosteten, aber mangelhafte Arbeit leisteten. Friedrich der Große schreibt Jordan das Verdienst zu, daß diese Versager unter den Lehrern durch *professeurs habiles et savants* ersetzt werden konnten. Und als 1743 die Akademie der Wissenschaften durch Friedrich den Großen reorganisiert wurde, geschah dies wiederum aufgrund der Ratschläge Jordans, der zum Dank dafür vom König zum Vizepräsidenten ernannt wurde: Auf Jordans Initiative geht die nunmehr auch offizielle Ersetzung des Lateinischen durch das Französische als Akademiesprache im Jahre 1744 zurück.

Als Friedrich 1740 in den ersten Schlesischen Krieg zieht, bleibt Jordan in Berlin zurück; er schickt dem König regelmäßig seine Berichte aus der Hauptstadt. Seine wichtigste Arbeit in dieser Zeit ist die Lebensgeschichte des 1739 verstorbenen La Croze, ein Buch von 238 Seiten, was Voltaire mit dem Bonmot kommentierte, La Crozes Leben sei umfangreicher gewesen als das Leben Alexanders des Großen…

Im Jahre 1741 folgte Jordan – wie auch Duhan – Friedrich auf den Kriegsschauplatz. Jordan folgt Friedrich in den Krieg, aber er mahnt zum Frieden. »Wenn ich den Frieden beschleunigen könnte«, schreibt er, »dadurch, daß ich meine ganze Bibliothek opferte, ich würde mit Freuden … Feuer daran legen.«

Jordans Krankheit kommt im feuchten Klima Schlesiens erneut zum Ausbruch. Er muß nach Berlin zurückkehren, aber seine Kräfte schwinden. Wenige Tage vor seinem Tode schreibt er in einem letzten Brief an den König: *Je sens bien … la nécessité d'une religion éclairée et réfléchie … j'ai combattu la superstition avec acharnement, j'ai toujours soutenu les intérêts de la religion chrétienne, quoique fort éloigné des idées des théologiens … je crois que chaque honnête homme a sa religion formée suivant les lumières de son esprit.* Der König ist tief betroffen. Er antwortet: *Mon cher Jordan, ne me chagrine pas par ta maladie. Tu me rends mélancholique, car je t'aime de tout mon coeur… Adieu; aime-moi un peu, et guéris-toi, s'il y a moyen, pour ma consolation.*

Aber die Freunde sehen sich nicht wieder. Jordan stirbt am 24. Mai 1745, kurz vor dem Ende des zweiten Schlesischen Krieges. Duhan, selbst todkrank, teilt dem König die Nachricht mit. Friedrich antwortet mit einer Totenklage, die er an Duhan richtet und in der er seiner Freundschaft zu Jordan und Duhan selbst in Versform Ausdruck verleiht. Duhan erhält den Auftrag, dem König ein paar Bücher aus Jordans Bibliothek ins Feld zu schicken, und als er sie in Händen hält, bricht erneut die Klage über das Schicksal *de mon pauvre défunt Jordan* aus ihm hervor: *cela m'a fait une véritable peine de penser que cet homme que j'ai tant aimé n'est plus. Je crains Berlin pour cette raison.*

Aus dem Abstand eines Jahres sagt Friedrich der Große dann in seinem Nachruf in der Akademie: *Le Roi et tous ceux qui le connurent l'honorèrent de leurs regrets sincères. Telle est la récompense du vrai mérite, d'être estimé pendant la vie, et de servir d'exemple après la mort.*

Friedrich der Große ließ auf dem Marmorsarkophag Jordans die Worte einmeißeln: *Ci gît Jordan l'ami des Muses et du Roi.* Und auf dem Sockel von Christian Rauchs Reiterstandbild Friedrichs des Großen Unter den Linden finden wir unter den Gelehrten im Gefolge des Königs auch Etienne Jordan.

Gelehrsamkeit hatte Jordan mit politischem Wirken verbunden. Dadurch hat er den »modernen« Charakter Preußens mitgestaltet. (Lit. Nr. 14, 15, 22, 120–126)

Jean Henri Samuel Formey
Akademiesekretär und Philosophieprofessor
(1711–1797)
Collège und Akademie der Wissenschaften

Von den bereits in Deutschland gebürtigen Hugenotten, die uns bisher begegnet sind, war Jordan der erste, der in Berlin geboren war. Berliner ist auch Jean Henri Samuel Formey, geboren am 31. Mai 1711.

Samuel Formey besuchte von 1720 bis 1727 das Collège François, und sein Biograph Jean Bernard Mérian schreibt, daß er die anderen Schüler überflügelte *et leur enleva tous les premiers prix.* »Zur Aufmunterung der studierenden Jugend werden jährlich in diesem Gymnasio Praemia ausgetheilet, dazu die Zinsen von einem Fond à 300 Thaler genommen werden.« So steht es in Johann Christoph Müllers Folianten »Altes und Neues Berlin« von 1737. Die Preisverleihungen unterschieden die Schule offenbar schon in ihrer Anfangszeit von anderen Berliner Schulen. Sie spielten schon bald nach Gründung der Schule eine Rolle, denn zu den Gehaltskosten von 540 Talern jährlich wies der Kurfürst ab 5. Oktober 1697 auch 20 Taler für Prämien an.

Wir besitzen einen autobiographischen Bericht Formeys über seine Schulzeit. Darin beginnt er mit einem historischen Überblick über die Schule und nennt Persönlichkeiten, die in den ersten fünfzig Jahren der Schulgeschichte eine Rolle gespielt haben, nämlich – an erster Stelle – Jean de Barbeyrac, dann Jean Sperlette de Montguyon und Etienne Chauvin, den er besonders herausstellt, sowie Mathurin Veyssière La Croze.

La Croze war Formeys Philosophielehrer und sein Vorgänger auf dem Lehrstuhl der Philosophie. Wir haben bereits gesehen, wie distanziert er ihn beurteilt hat. Nicht viel günstiger kommt Jean Audouy davon, Professor der Rhetorik, auch er Formeys Vorgänger. Formey charakterisiert Audouy so: *Vieillard aveugle ..., homme d'esprit, qui faisoit sa Classe avec beaucoup de négligence, soit parce que l'âge avoit diminué ses forces, soit plutôt, parce qu'aïant toujours aimé le plaisir, il en conservoit l'habitude ... Mais, quoi qu'il n'enseignât qu'à bâtons rompus ... rien ne m'a plus agréablement affecté que de passer quelques heures tête à tête avec lui à expliquer les Comédies de Terence ... et je crois que ces parcelles, qui toutes réunies ensemble n'ont peut-être pas fait une douzaine d'heures par an, m'ont ... ouvert l'esprit et dévelopé le goût.*

Ähnlich distanziert beurteilt Formey Annibal Vigut: *le plus franc Pédant qu'aucun Collège ait renfermé dans sa sombre enceinte ... Cependant ... je me hâte à déclarer que je lui dois tout le peu d'acquis que je puis avoir; que c'est lui qui ... m'a fait prendre la plus précieuse de toutes les habitudes, celle du travail.* Vigut war Formeys Klassenlehrer in seinen ersten beiden Gymnasialjahren. Später hat er auch weiterhin von ihm Privatunterricht erhalten, und zwar bis zum Abitur. Er sagt: *si, dis-je, dans tout le cours de ces années-là, il ne m'avoit tenu continuellement en haleine, comme il l'a fait, et ne m'avoit animé d'une partie de cette verve grammaticale dont il étoit possédé, mes progrès auroient été*

Samuel Formey
Anonymer Kupferstich

Jean Henri Samuel Formey (31. 5. 1711–8. 3. 1797) Secrétaire de l'Académie et Professeur Collège et Académie des Sciences.

On peut définir la deuxième moitié du premier siècle de l'histoire du Lycée Français comme l'époque de Formey, car il occupa la chaire de Philosophie de 1739 à 1790 et dispensa son enseignement aux élèves passant le baccalauréat durant un demi-siècle. Personne, à part lui et Jean Pierre Erman, n'a formé autant d'élèves durant une période aussi longue.

De 1720 à 1727 Formey fut lui-même élève du Lycée Français. Au cours des études de théologie qu'il entreprit par la suite, il assista aux cours d'Achard et de Pelloutier, puis plus tard des anciens maîtres Lenfant et Beausobre. Au début des années 30 Formey devint prédicateur de la colonie française. Mais comme ses aspirations philosophiques et humanistes correspondaient davantage au métier d'enseignant et de chercheur, il prit en 1737, dix ans après son baccalauréat, la suite de son ancien professeur de rhétorique Jean Audouy. Deux ans plus tard il devint titulaire de la chaire de Philosophie et fut ainsi le successeur de son ancien professeur de philosophie, La Croze.

Formey était un «philosophe éclairé», avec une conception du monde théocentrique. Il n'était pas d'accord avec Voltaire. Il était beaucoup plus proche de Christian Wolff, dont il traduisit les œuvres en français et dont il commenta la philosophie dans son œuvre personnelle: «La belle Wolfienne».

Parallèlement à son professorat au Lycée Français, Formey collabora à la «Bibliothèque Germanique» et publia son propre Journal, le «Journal littéraire d'Allemagne» qui eut une audience très large en Allemagne et assura sa renommée scientifique.

En 1746 Formey fut nommé Secrétaire de la classe de philosophie et en 1748 Secrétaire perpétuel de l'Académie. Il exerça cette charge durant près de cinquante ans, jusqu'à ce que, finalement, après la mort de Frédéric II qui en son temps avait nourri quelques préjugés défavorables à son égard, il fut nommé sous le règne de Frédéric-Guillaume II Président de l'Académie. Grâce à Formey le Lycée Français fut encore plus directement lié aux Sciences de l'époque que du temps de Chauvin.

beaucoup moins rapides ... Voila donc le premier secours, et sans comparaison le plus efficace, qui ait influé sur le succès de mes études.

In seiner Übersicht über die Schulgeschichte nennt Formey noch Jean Rossal, seinen Nachfolger auf dem Lehrstuhl der Rhetorik, und dessen Nachfolger David Naudé sowie Jean Pierre Erman, dem er eine glänzende Karriere voraussagt und der als einziger der Kollegen von Formey eindeutig positiv beurteilt wird, Direktor des Französischen Gymnasiums in der zweiten Hälfte des achtzehnten Jahrhunderts.

Formey hat also den humanistischen Lehrgang des Collège in fünf Jahren durchlaufen, blieb die üblichen vier Semester in der *Classe de Philosophie*, die er als *Proposant*, also zur Theologie bestimmter Abiturient, verließ. Im Jahre 1726 hat Formey die lateinische Rede zum Geburtstag des Königs gehalten, wozu jedes Jahr der *Primus* der Abschlußklasse ausersehen war.

Während seiner zweijährigen theologischen Studien, die in der ersten Hälfte des 18. Jahrhunderts noch *privatim* betrieben werden mußten, hörte Formey bei Achard und Pelloutier, später bei den Altmeistern Lenfant und Beausobre, die in Berlin und in der wissenschaftlichen Welt als Autoritäten auf dem Gebiet der reformierten Kirchenlehre galten. Anfang der dreißiger Jahre wurde Formey Prediger an der französischen Gemeinde, aber seinen philosophisch-humanistischen Neigungen entsprachen sicher mehr der Lehrberuf und die Forschertätigkeit. Und so bewarb er sich nach dem Ausscheiden Jean Audouys um die Stelle des Rhetorik-Professors am Französischen Gymnasium. Im Jahre 1737, zehn Jahre nach seinem Abitur, kehrte er an seine alte Schule zurück. Er übernahm sämtliche Pflichten Jean Audouys, der als Rhetoriklehrer gleichzeitig Prinzipal der Schule gewesen war. Zu diesem Zeitpunkt war Formey 26 Jahre alt.

Im zentralen Staatsarchiv in Merseburg haben sich mehrere Schriftstücke erhalten, die sich auf Formeys Amtsantritt am Collège beziehen. Am 24. September 1737 teilen die Inspektoren dem König mit, daß ihre Wahl auf Formey als Nachfolger Audouys als *Professeur en Eloquence et Principal du Collège* gefallen sei. Der König werde gebeten, die Anstellungsurkunde auszufertigen.

Zwei Jahre war Formey Prinzipal, dann rückte er zum Professor der Philosophie auf; die am Ende des 17. Jahrhunderts gefundene Schulstruktur war ein halbes Jahrhundert später noch ebenso gültig: der Inhaber des Lehrstuhls der Philosophie stand über dem Prinzipal.

Am 21. Mai 1739 richtet Formey selbst ein Schreiben an den König und bittet, von seinen Pflichten als Prediger entbunden zu werden. In diesem Schriftstück heißt es weiter: *il lui seroit beaucoup plus convenable de remplir le poste, qui vient de vaquer par la mort du Professeur en Philosophie La Croze.* Im Archiv des Französischen Gymnasiums wird ein Brief Formeys vom 6. Juni 1739 aufbewahrt, auf einer Auktion erworben, der sich auf diese Bewerbung bezieht.

Am 9. Juli 1739 reichen die Inspektoren dem König ihren Prüfungsbericht ein. Sie hätten Formey, schreiben sie, zwei Themen vorgelegt, eines aus der

Logik und Metaphysik und das andere aus der Physik. Formey habe seine philosophische Stellungnahme sofort, ohne Vorbereitung und ohne jede Hilfe vorzutragen gehabt und dem Prüfungskollegium den Eindruck vermittelt, *de remplir la chaire de Philosophie avec Succez.*

Formey gehörte als Philosophie-Professor neben dem Prinzipal David Naudé auch zum *Conseil académique.* Er nahm dort den Sitz ein, der seit Chauvin dem Direktor zustand. Allerdings war das Stimmrecht den Nachfolgern Chauvins nicht mehr zugestanden worden, und so mußte Formey ebenso darauf verzichten wie seit eh und je der Prinzipal.

Mit 28 Jahren übernahm Formey den Lehrstuhl für Philosophie, und erst im Alter von achtzig Jahren trat er in den Ruhestand. Ein halbes Jahrhundert lang unterrichtete er die Abiturienten in Philosophie. Außer Jean Pierre Erman hat niemand unter den Gelehrten des Französischen Gymnasiums so lange Zeit so viele Schüler unterrichtet. Seine Schüler haben ihm bei seinem fünfzigjährigen Professorenjubiläum 1789, das mit der Hundertjahrfeier des Collège zusammenfiel, besondere Ehrungen zuteil werden lassen, wie wir dem Jahresbericht von 1790 entnehmen können. Nun gab Formey seine Lehrtätigkeit am Französischen Gymnasium auf. Zunächst übernahm Jean Pierre Erman den philosophischen Lehrstuhl, aber schon 1792 geht er an seinen Sohn und Assistenten Paul Erman über, wir werden von ihm hören.

* * *

Formey hatte die Schularbeit Zeit seines Lebens nicht genügt. Seine wissenschaftlichen Veröffentlichungen trugen ihm schon 1744 die Mitgliedschaft in der Akademie der Wissenschaften ein. 1746 wird er zum Sekretär der philosophischen Klasse und 1748 zum Beständigen Sekretär der Akademie ernannt, ein Amt, das er fast fünfzig Jahre ausübte und das endlich auch die Präsidentschaft der Akademie einschloß. Die Liste seiner Publikationen umfaßte 1755 bereits 52 Bände, wie wir aus seinem Buch *Conseils pour former une bibliothèque* entnehmen können. Im Laufe der Jahre wuchs die Anzahl seiner Werke, und so konnte Formey am Ende seines Lebens auf eine ganze Bibliothek selbstverfaßter Bücher blicken, von denen viele ins Deutsche, Englische, Italienische und Holländische übersetzt worden sind. Formeys Bibliographie verzeichnet 600 Bände, die er in 60 Jahren geschrieben hat, außer rund 40 000 Briefen seiner wissenschaftlichen Korrespondenz, von der ein erheblicher Teil in der Deutschen Staatsbibliothek eingesehen werden kann – neben 42 Kästen mit Briefen an Formey. Mit großer Regelmäßigkeit soll Formey jeden Vormittag einen Bogen (also 32 Seiten) zu Papier gebracht haben. Auf einen Taler soll sich seine Tageseinnahme für diese schriftstellerische Tätigkeit belaufen haben, gegenüber zwei Talern Salär von der Akademie und einem Taler vom Französischen Gymnasium!

Die Staatsbibliothek Preußischer Kulturbesitz verfügt noch heute über eine große Zahl von Formeys Werken, und einige von Formeys Schriften haben sogar in den letzten Jahren Neudrucke erlebt. In der Bibliothek des Französischen Gymnasiums befinden sich leider nur Band 1 und Band 8 seines Philosophischen Lehrbuchs. Das Gesuch um Zulassung seiner Bücher als Lehrwerke am Französischen Gymnasium hat sich in den Merseburger Akten erhalten.

Bekannt ist Formeys *Anti-Emile* von 1763 und sein *Emile chrétien* von 1764, Bücher eines Aufklärers, den die Irrationalität eines Schriftstellers wie Rousseau ratlos ließ. Die Pädagogik Rousseaus war die seine nicht. Als Theologe blieb Formey auch vor der »gottlosen« Philosophie des 18. Jahrhunderts, vor Werken wie Diderots *Pensées Philosophiques*, verständnislos, er setzte sich zur Wehr mit seinen *Pensées raisonnables* und seinem *Philosophe chrétien*, einem Vorläufer des siebenbändigen Kompendiums *Abrégé de toutes les sciences*, in dem Formey Gott in den Mittelpunkt aller Wissenschaft rückt. Trotz seiner Abneigung gegen Diderot hat Formey an dessen Encyclopädie mitgearbeitet. 81 Artikel stammen aus Formeys Feder, sein Manuskript umfaßte 1800 Seiten.

Auch mit Voltaire fand Formey keine Übereinstimmung. Er hat den großen Franzosen in dessen Potsdamer Jahren so gut es ging gemieden. Formey war Aufklärer, aber ein Aufklärer mit einem theozentrischen Weltbild. Er stand Christian Wolff nahe, dessen Naturrecht er ins Französische übersetzte und dessen Philosophie er in einem selbständigen Werk *La belle Wolfienne* kommentierte.

Formeys ganze Schaffensperiode deckt sich mit der Regierungszeit Friedrichs des Großen, und vielfältig, auch widersprüchlich, waren ihre Beziehungen. Noch als Kronprinz wurde Friedrich auf Formey aufmerksam gemacht, und zwar durch Charles Etienne Jordan. Kurz nach seiner Thronbesteigung 1740 entsendet der König Jordan zu Formey mit dem Vorschlag, eine neue Zeitschrift in Berlin zu gründen, ein *Journal littéraire et politique*, das sich der König als sein Sprachrohr vorstellte, das aber schon 1741 wieder einging – die versprochenen Beiträge des Königs blieben aus. Formey hat selbst zunächst an der *Bibliothèque Germanique* von Lenfant und Beausobre mitgearbeitet, später eigene Zeitschriften herausgegeben, das *Journal littéraire d'Allemagne*, die *Bibliothèque impartiale*, die *Bibliothèque critique*, die *Abeille du Parnasse*, die *Annales typographiques germaniques*, die in Europa weite Verbreitung fanden und Formeys wissenschaftlichen Ruf begründeten.

Als Friedrich der Große 1744 die Akademie reorganisierte, wurde Formey zu ihrem Historiographen berufen, und er sorgte zusammen mit Jordan dafür, daß das Lateinische als Publikationssprache vom Französischen abgelöst wurde. Latein und Französisch sprach und schrieb er mit gleicher Geläufigkeit, aber es ist bekannt, daß Formey, Sohn einer deutschen Mutter, niemals richtig Deutsch gelernt hat. Zeit seines Lebens schrieb er nur französisch.

Die lateinischen *Miscellanea Berolinensia* als Organ der Akademie stellten 1743 ihr Erscheinen ein; ab 1745 erschienen sie unter dem Titel *Histoire de l'Académie Royale des Sciences*, ab 1770 als *Nouveaux Mémoires de l'Académie Royale des Sciences et Belles Lettres*. Formey brachte jedes Jahr einen Band heraus, insgesamt 52 Bände, acht davon haben sich in der Bibliothek des Französischen Gymnasiums erhalten. Im alphabetischen Register der *Mémoires* sind 140 Titel erhalten, deren Autor Formey war, viele davon *Eloges*, Nachrufe für Akademiemitglieder von Etienne Chauvin, Naudé und Isaac de Beausobre über La Croze, Barbeyrac, Duhan bis zu Jordan, von achtzehn Gelehrten insgesamt zwölf, die im ersten Jahrhundert der Geschichte des Französischen Gymnasiums eine Rolle gespielt haben.

Formey hat mehrmals versucht, Friedrich den Großen für sich einzunehmen, etwa durch seinen *Panégyrique du Roi* von 1746, oder eine *Dédicace au Roi* von 1750. Er versprach sich wohl eine Zeitlang, von Friedrich zum Präsidenten der Akademie befördert zu werden. Der König hatte aber Bedenken gegen den philosophierenden Pastor. Dreimal mußte er Formey – und es lagen jeweils Jahre dazwischen – bitten, bis dieser schließlich im Jahre 1780, also rund dreißig Jahre nach seinem Amtsantritt in der Akademie, einer Einladung nach Sanssouci nachkam, auch er voller Reserven gegenüber dem König. *Jamais prêtre sera philosophe et jamais philosophe ne peut être prêtre*, soll er von Formey gesagt haben. Fest steht, daß Formey bis zu Friedrichs Tode Akademiesekretär blieb und erst unter Friedrich Wilhelm II. zum Präsidenten der Akademie ernannt wurde. Lange Zeit mußte sich Formey damit trösten, daß auch der berühmte Bernard de Fontenelle »nur Sekretär« der *Académie Française* gewesen ist.

Inzwischen war Formey längst am Ende seiner wissenschaftlichen Laufbahn angelangt. *Le mérite général*, sagte Mérian von Formeys Schriften, *c'est la clarté, la précision, un style léger et coulant qui en rend l'intelligence facile*. Wir haben in Formey einen Lehrer zu sehen, der Wissenschaft allgemeinverständlich, ja populär darzustellen vermochte, und können ermessen, welche Lücke er an der Schule hinterließ, als er sich 54 Jahre nach seinem Eintritt in das Kollegium in den Ruhestand zurückzog. Die zweite Hälfte des ersten Jahrhunderts der Schulgeschichte kann als Epoche Formeys bezeichnet werden.

In Formey besaß die Schule auf ihrem höchsten Lehrstuhl eine internationale Berühmtheit, einen Mann, dessen Wort in der wissenschaftlichen Welt Gewicht hatte. Seine Stellung in der Akademie und die Unterstützung durch seine Kollegen machte Berlin in der Polemik mit den französischen Aufklärern zu einem Brennpunkt der intellektuellen Diskussion im 18. Jahrhundert, ließ den geistigen Spannungsbogen Berlin – Paris zum ersten Mal augenfällig in Erscheinung treten.

Samuel Formey starb im Alter von 86 Jahren am 8. März 1797. Die Berliner Zeitungen widmeten ihm ausführliche Nachrufe. Auf dem Höhepunkt seiner Schaffensperiode, in den siebziger Jahren, gehörte Formey zu den am häufigsten auf Kupferstichen abgebildeten Gelehrten Berlins, und so besitzen wir von ihm vier verschiedene Portraits, davon eines sogar nach einer Vorlage von Daniel Chodowiecki. (Lit. Nr. 14, 19, 77, 127–141)

Jean Bernard Mérian
Universalgelehrter
(1723–1807)
Wissenschaftliche Fachaufsicht über das Collège

Die enge Beziehung zwischen der protestantischen Schweiz und Berlin belegt auch das Leben von Jean Bernard Mérian. Am 28. September 1723 als Sohn eines calvinistischen Pastors in Liechstall bei Basel geboren, hat er nach Privatunterricht bei seinem Vater schon 1737, im Alter von 14 Jahren, die Universität bezogen.

Mérian studierte an der Baseler Universität Philosophie und Altphilologie und wurde 1740, siebzehn Jahre alt, zum Doktor der Philosophie promoviert. In den Folgejahren bewarb er sich – vergebens – nacheinander viermal um philosophische und philologische Lehrstühle in Basel, die zwischen 1740 und 1744 ausgeschrieben worden waren. Nach diesem Mißerfolg wendete er sich der Theologie zu, sah aber auch hier seine Zukunft nicht. Er ging eine Zeitlang nach Lausanne, um sich in der französischen Sprache zu vervollkommnen, und fand schließlich eine Stelle als Privatlehrer, die ihn nach Holland an die Universität Leyden führte. Er lernte den Mathematiker Daniel Bernoulli kennen, der mit dem Berliner Akademiker Leonard Euler befreundet war und den die mathematischen Fähigkeiten Mérians beeindruckten. Bernoulli empfahl dem Präsidenten der Berliner Akademie Pierre Louis de Maupertuis die Aufnahme Mérians. So wurde er mit 26 Jahren Akademiemitglied. Ihm wurde das Amt des Bibliothekars übertragen.

Seine Berufung verdankt Mérian zweifellos seiner mathematischen Begabung, aber auch der Tatsache, daß er seit seinem Aufenthalt in Lausanne leicht und gut französisch schrieb und sprach, die Verkehrssprache der Berliner Akademie in ihrer friderizianischen Epoche beherrschte. Zugute kam ihm dabei auch die Tatsache, daß Friedrich II. ab 1744 ausländische Gelehrte an seine Akademie ziehen wollte, um diese zu einem kosmopolitischen Institut zu entwickeln.

Mérians Muttersprache war deutsch gewesen, aber seine Zweitsprache war das Französische. Im Laufe seines Lebens hat er wieder und wieder bekundet, »daß die französische Sprache sich zur Universalsprache aller Gelehrten am besten schicke«. Konsequent hat er seine Überzeugung vertreten. In den zahllosen Publikationen Mérians gibt es kein deutsches Wort!

Für ein relativ bescheidenes Gehalt arbeitete Mérian nun an wissenschaftlichen Vorträgen und Veröffentlichungen innerhalb der Akademie. *Frédéric aimoit sa simplicité helvétique*, sagt Jean Pierre Frédéric Ancillon, sein Biograph. Im Laufe der Jahre schloß sich Mérian mehr und mehr an Maupertuis an. Ancillon sagt: *Maupertuis étoit l'auteur de son existence littéraire, de sa fortune, et la reconnoissance le lia intimement à lui.*

Maupertuis hatte Mérian in die philosophische Klasse berufen, der er zwanzig Jahre lang angehörte. Mérian hatte zunächst eine französische Übersetzung

David Humes verfaßt, die in Europa weitere Verbreitung fand als das Original, trat dann aber durch eigene philosophische Werke hervor, in denen er sich als Gegner der Wolffschen Philosophie und als Kritiker von Leibniz profilierte. Sein Ziel scheint gewesen zu sein, das philosophische System Kants mit den Systemen seiner Vorgänger in Einklang zu bringen.

Mérian hatte Englisch und Italienisch gelernt und beherrschte damit außer Deutsch und Französisch – abgesehen von den alten Sprachen – auch die wichtigsten modernen Fremdsprachen des 18. Jahrhunderts. So begann er, in seinen wissenschaftlichen Arbeiten Sprachen und Literaturen zu vergleichen, wurde zum Komparatisten. 47 Publikationen von ihm sind in den Schriften der Akademie erschienen. Seine *Histoire de la Poésie* gab schließlich den Ausschlag: Diesem Werk verdankt Mérian seine Berufung zum Direktor der literarischen Klasse der Akademie im Jahre 1770.

Dieudonné Thiébault sagt von ihm: *c'est aujourd'hui et depuis long-temps un des plus savans littérateurs de l'Europe.* Auch Mérian arbeitete – wie Formey – nach einem festen Tagesplan. Am Vormittag schrieb er, mittags speiste er regelmäßig in Gesellschaft, und er war ein begehrter Gast, der Nachmittag war verschiedenen Arbeiten vorbehalten, gelegentlich auch dem geliebten Boule-Spiel. Die *Soirées* im Hause Mérian boten den Gelehrten und Schriftstellern Berlins Gelegenheit zum Gedankenaustausch. Wenn die Gäste gegangen waren, brach die schönste Stunde für Mérian an: *des promenades solitaires et recueillies terminoient sa journée.*

* * *

Vierundvierzig Jahre war Jean Bernard Mérian alt, als ihm zu seiner rein wissenschaftlich-theoretischen Tätigkeit ein praktisch-pädagogisches Amt übertragen wurde: Das Konsistorium der Hugenottenkirche schlug ihn 1767 zum *Inspecteur* des Collège François vor. Niemand war für dieses Amt geeigneter als Mérian, war er doch Mathematiker, Humanist und Philosoph, und dazu noch Sprachwissenschaftler und Literarhistoriker!

Der König hatte in Mérian zum ersten Mal aus der Vorschlagsliste einen Gelehrten und Wissenschaftler ausgewählt, der nicht auch Theologe war. Ein knappes Jahrhundert nach der Gründung der Schule war eine neue Zeit auch für den *Conseil académique* angebrochen. Die Schulaufsicht war zwar noch immer von einer Mehrheit von Geistlichen bestimmt, aber die Aufklärung forderte jetzt auch ihren Tribut. Nun sollte die Arbeit am Collège als wissenschaftlichem Institut allmählich auch von Wissenschaftlern, von Gelehrten kontrolliert werden. Mérians Dienstzeit markierte den Übergang von der theologischen zur wissenschaftlichen Fachaufsicht, wie sie sich dann im 19. Jahrhundert durchgesetzt hat. Zu seinen ersten Amtshandlungen gehörte die Überprüfung des von dem neuen Direktor Jean Pierre Erman 1767 eingereichten Lehrplans. Diese Überprüfung nahm Mérian zusammen mit seinem Inspektor-Kollegen Bitaubé vor, dem anderen Gelehrten im *Conseil.*

Jean Bernard Mérian
Bronzemedaille von Jacob Abraham (1723–1800)

Jean Bernard Mérian
(28. 9. 1723–12. 2. 1807) Erudit universel
Inspection du Collège dans le domaine des Sciences.

Mérian était originaire de Bâle et y étudia à l'Université la philosophie et la philologie des langues anciennes. Comme professeur particulier à l'Université de Leyde il fit la connaissance du mathématicien Daniel Bernoulli qui, impressionné par ses dons mathématiques, intervint en sa faveur auprès du Président de l'Académie de Berlin, Louis Pierre de Maupertuis, de sorte qu'il put y occuper en 1749 le poste de bibliothécaire.

Dans les années qui suivirent, Mérian écrivit quantité de publications scientifiques. Bien que sa langue maternelle fût l'allemand, on ne trouve dans ses écrits pas un seul mot d'allemand, car Mérian était convaincu «que la langue françoise est celle qui convient le mieux comme langue universelle de tous les érudits». En outre, ayant appris l'anglais et l'italien, il devint rapidement comparatiste, l'un des premiers dans ses travaux scientifiques à comparer les langues et les littératures. Mérian s'imposa également par des travaux philosophiques, dans lesquels il s'affirma comme ennemi de la philosophie de Wolff et critique de Leibniz. En 1770 il fut nommé directeur de la classe littéraire à l'Académie.

Lorsqu'en 1767 le Consistoire de l'Eglise huguenote le nomma Inspecteur au Collège, il se trouva chargé, à 44 ans, à côté de son travail purement scientifique et théorique, d'une fonction pratique et pédagogique. En tant que mathématicien, humaniste et philosophe, mais aussi linguiste et spécialiste de littérature, Mérian était tout particulièrement désigné pour ces fonctions; il les exerça durant trente ans avec le plus grand sérieux et un succès jamais démenti. Il fut le premier des Inspecteurs du Collège pour les matières scientifiques.

Lorsqu'en 1797 Samuel Formey mourut, Mérian prit sa succession comme Secrétaire perpétuel de l'Académie. Les dix dernières années de sa vie ont été marquées par la publication de nombreux travaux littéraires. Toute la philosophie de cet érudit, mûrie au fil des ans, se trouve résumée dans son œuvre: «Le système du Monde».

Mit großem Ernst und nachhaltigem Erfolg übte Mérian über dreißig Jahre lang die wichtige Funktion des *Inspecteur* aus. Ancillon charakterisierte Mérian in seiner Amtsführung als Gegner von Revolutionen, ohne Gegner von Reformen zu sein. Und Reformen führte Mérian allmählich am Französischen Gymnasium in Zusammenarbeit mit dem Direktor Jean Pierre Erman, mit dem er befreundet war, ebenso durch wie am Joachimsthalschen Gymnasium. Denn wegen seines offenkundigen Erfolges am Collège wurde er fünf Jahre später auch hier zum »Visitator« ernannt, und auch hier arbeitete er mit dem Direktor, dem berühmten Johann Heinrich Ludwig Meierotto, auf das engste zusammen. Ancillon sagt: *Il a fait dans ces deux Collèges ... beaucoup de bien sans faire beaucoup de bruit.*

Es war Mérians Überzeugung, daß pädagogischer Erfolg weniger von der Unterrichtsmethode der Lehrer abhänge als von ihrem Willen, ihrem Enthusiasmus, ihrem Geist, ja ihrem Genie. Er wirkte darauf hin, daß an der Schule nur der Tüchtige als Lehrer Anstellung fand, das Mittelmaß aber nicht. Es ging ihm darum, die Lehrer zu besonderer Leistung anzuregen, sie in ihrer Individualität zu bestärken, sie im Gebrauch ihrer Lehrfreiheit zu ermutigen.

Es muß für den Pädagogen aus Überzeugung, den begeisterten Lehrer eine Freude gewesen sein, unter der Anleitung von Jean Bernard Mérian zu arbeiten, denn er verkehrte als Vorgesetzter mit den Lehrern von gleich zu gleich und mit Offenheit, so wie er den Schülern als väterlicher Freund gegenübertrat: *Chéri des égaux, respecté de ses inférieurs ... il étoit craint et adoré des jeunes gens,* wie Ancillon sich ausdrückt.

Die Leistungen der Schüler in den Examen gaben ihm recht, und so ist der Erfolg Jean Pierre Ermans als Direktor sicher auch das Ergebnis dieses selten glücklichen Zusammenwirkens mit Jean Bernard Mérian als Schulrat.

Neben seiner Tätigkeit als *Inspecteur* erfüllte Mérian weiterhin seine Aufgaben in der Akademie der Wissenschaften, verkehrte bei Hofe, und hier lernte er Charles Etienne Jordan kennen, dessen Tochter er 1770 heiratete und die seine weiteren literarisch-philosophischen Werke mit ihrem kritischen Rat begleitete.

Als Samuel Formey 1797 gestorben war, wurde Mérian sein Nachfolger im Amt des Ständigen Sekretärs der Akademie. In dieser Stellung hat Mérian den geistigen Austausch mit dem *Institut de France* weiter ausgebaut. Zwei Autographen im Archiv des Französischen Gymnasiums legen davon Zeugnis ab. Mérians letztes Lebensjahrzehnt war angefüllt mit schriftstellerischen Arbeiten. Die Lebensernte des Gelehrten hat sich in seinem Werk *Le système du monde* niedergeschlagen.

Mérian ist ein typischer Vertreter der Gelehrten des 18. Jahrhunderts. Ihre Interessen galten mehreren Forschungsgebieten auf einmal. Ihre Begabung war es, sich in die unterschiedlichsten Problemkreise einarbeiten zu können.

Jean Bernard Mérian hat die Besetzung Berlins durch Napoleon noch miterlebt. Er starb am 12. Februar 1807. 84 Jahre alt ist er geworden. (Lit. Nr. 14, 21, 23, 137, 142, 143)

Guillaume de Moulines
Übersetzer klassischer Literatur
(1728–1802)
Das Fortwirken humanistischer Bildung

Jean Bernard Mérian hatte Friedrich dem Großen im Jahre 1784 für seinen vierzehnjährigen Großneffen, den Sohn des Prinzen von Preußen Friedrich Wilhelm, einen Philosophielehrer suchen sollen. Er stellte dem König zunächst den zwanzigjährigen Paul Erman vor, der zu dieser Zeit bereits Lehrer am Französischen Gymnasium war. Friedrich der Große lehnte den allzu jungen Bewerber jedoch ab, wir werden davon noch zu sprechen haben. Mérian empfahl einen anderen Lehrer, dieser trat jedoch kurze Zeit später von seinem Amte zurück, und so machte Mérian den dritten Versuch und hatte nun Erfolg. Der neue Lehrer des Prinzen hieß Guillaume Moulines und war dem König bereits lange Jahre als führendes Mitglied der Philosophischen Klasse der Akademie der Wissenschaften bekannt.

Guillaume Moulines stammte aus einer Berliner Réfugiéfamilie und war am 30. April 1728 geboren worden. Zunächst besuchte er die von seiner Mutter begründete Vorschule und kam dann zum Collège, wie es in seiner Biographie heißt: *il y fit ses humanités.* Es war dies die Zeit, in der das Collège gerade 50 Jahre alt geworden war und als humanistisches Gymnasium nach wie vor eine Lateinschule, ein Gymnasium für die Alten Sprachen war, in dessen Lehrplan noch kaum andere Fächer eine Rolle spielten. Guillaume Moulines absolvierte das Gymnasium einschließlich des Rhetorik- und Philosophiekurses und ging dem Wunsche seiner Mutter gehorchend zur Theologie über. Zu Anfang der fünfziger Jahre des 18. Jahrhunderts legte er sein theologisches Examen ab.

Im Jahre 1752 sehen wir Guillaume Moulines als Prediger der französischen Gemeinde in Bernau, aber sieben Jahre später erhält er eine Berufung an die französische Kirche in der Berliner Dorotheenstadt. Und nun beginnt sein Aufstieg.

In seinen Studienjahren lernt er Voltaire kennen, der das antiquierte Hugenottenfranzösisch von Guillaume Moulines unermüdlich korrigiert, bis dieser einen so geschliffenen Stil spricht und schreibt, daß es von ihm heißt, er beherrsche das Französische am besten von allen Franzosen deutscher Nation. Heinrich von Sybel schreibt, daß Moulines umgekehrt Voltaire bei der Abfassung seiner zahlreichen Prozeßschriften half. Unter den Berliner Franzosen war Moulines jedenfalls einer der wenigen, mit denen Voltaire Umgang pflegte, wohl der einzige, den er mit seinem Spott verschonte.

Der Großkanzler Philippe Joseph Pandin de Jarriges hört Moulines predigen und stellt ihn dem König vor.

Moulines war 36 Jahre alt, als sich König Friedrich zum ersten Mal seiner bediente. Er bat Moulines, die französische Fassung einer Abhandlung zu formulieren, mit der Friedrich klarstellen wollte, daß es zwecklos sei, sich mit Bittschriften an ihn zu wenden. Die Gerichte seien souverän, und er werde sich

Guillaume de Moulines
Tuschzeichnung von Friedrich Wilhelm Senewaldt 1775

Guillaume de Moulines
(30. 4. 1728–14. 3. 1802) Traducteur de la littérature ancienne
La continuité de l'éducation humaniste.

Moulines était issu d'une famille berlinoise de réfugiés et avait été élève du «Collège François» avant d'étudier, selon le désir de sa mère, la théologie. Après avoir été sept ans durant prédicateur de la communauté française à Bernau, il fut nommé vicaire de l'Eglise française de Berlin, dans le quartier de Dorotheenstadt.

Au nombre des auditeurs de ses prêches du dimanche comptait le Grand Chancelier Pandin de Jarriges. Il présenta Moulines au Roi, grâce à qui il fit la connaissance de Voltaire. Non seulement Moulines fut un des rares Français berlinois à avoir des relations avec Voltaire, mais en plus il jouit d'un privilège particulier: Voltaire corrigea inlassablement son français vieilli, datant des Huguenots, jusqu'à ce qu'il écrivit et parla en un style si parfait que l'on disait de lui qu'il était, de tous les Français de nationalité allemande, celui qui maîtrisait le mieux la langue française.

Cette réputation eut pour conséquence que Frédéric II le chargea à maintes reprises de l'aider dans la rédaction française de ses écrits. Lorsque Moulines, à cette occasion, s'aperçut que Frédéric n'arrivait qu'avec peine à lire dans le texte les auteurs classiques romains, il commença à transposer en français les œuvres qui jusque là n'avaient jamais été traduites. La formation éminemment humaniste du Collège l'y destinait. Ses traductions lui ouvrirent en 1775 les portes de l'Académie où il devint directeur de la classe de philosophie.

En 1784 Frédéric II confia à Moulines l'éducation de son petit-neveu, le fils du Prince héritier Frédéric-Guillaume.

La correspondance échangée entre Frédéric le Grand et Moulines témoigne d'une grande reconnaissance du Roi à l'égard de son traducteur personnel et du précepteur de son petit-neveu. Après la mort de Frédéric, Frédéric-Guillaume II anoblit Moulines et le nomma en 1788 Directeur du Consistoire suprême de la Colonie française.

in ihre Rechtsprechung nicht einmischen. Zehn Jahre später half Moulines seinem König ein zweites Mal, nämlich durch eine Streitschrift, mit der die Angriffe des Abbé Guillaume Raynal gegen Friedrichs Finanzpolitik abgewehrt werden sollten. Beide Male war Friedrichs Ziel, mit den geschliffenen Schriftsätzen von Moulines die ausländische Kritik an seiner Innenpolitik zurückzuweisen, ein Ziel, das er offenbar erreicht hat.

Der Schwerpunkt der Beziehungen zwischen Moulines und Friedrich dem Großen lag aber auf einem anderen Gebiet. Da Friedrich der Große die klassischen römischen Schriftsteller nur mit Mühe im Original zu lesen vermochte, machte Moulines sich daran, diejenigen Werke ins Französische zu übertragen, die bisher unübersetzt geblieben waren.

Die Korrespondenz zwischen Friedrich und Moulines zeugt von der Dankbarkeit des Königs, seine Briefe enthalten immer wieder nur ein Lob: *Je ne puis qu'applaudir aux soins que vous avez pris de faire connoître … un ouvrage de ce mérite.* Um seinen Leibübersetzer zu ermutigen, viele Nachtwachen mehr an weitere Übertragungen zu wenden, wirft er ihm eine Pension von 500 Talern aus, damals ein stattliches Gehalt. Die Briefe des Königs, die größtenteils erhalten sind, schließen jeweils mit dem Satz: *Je prie Dieu qu'il vous ait en sa sainte garde,* der uralten Hugenottenformel, die sich auch auf den Abgangszeugnissen des Französischen Gymnasiums befand und bis heute erhalten hat. Sie steht ebenso unter einem Brief vom 11. Dezember 1783, in dem Friedrich ein Gesuch von Moulines um Befreiung von der Stempelgebühr ablehnt, eine Steuer auf alle dienstliche Korrespondenz: *vos Collégues au Consistoire … ayant tous payé ces mêmes droits, vous sentirés bien vous même, que Je ne saurois vous accorder l'exception.*

Die Liste der Übersetzungen von Guillaume Moulines ist lang. Sie sind es, die ihm schließlich im Jahre 1775 die Pforten der Akademie öffnen.

* * *

Aber seine Kräfte sind nicht unerschöpflich. 55 Jahre ist er alt, als er seine Stelle als Pastor der Dorotheenstädtischen Gemeinde aufgibt, um eine weniger belastende Aufgabe zu übernehmen. Mit Genehmigung des Königs wird ihm das Amt des Braunschweiger Gesandten am Potsdamer Hof übertragen. Und hier wird er von Friedrich dem Großen zum Lehrer für Dialektik und Logik bei seinem Großneffen, dem späteren König Friedrich Wilhelm III., eben als Philosophielehrer, berufen.

Der Lehrplan von Moulines hat sich erhalten, ist publiziert und dürfte in großen Zügen dem Programm entsprechen, das am Collège eingeführt war: von dem System von Leibniz und Locke ist darin die Rede, Cicero und Demosthenes spielen eine Rolle, Rhetorik und Philosophie als eine Einheit, wie das auch am Collège der Fall gewesen war. So ist klar, daß Moulines bei der theoretischen Philosophie nicht stehenblieb, sich auch mit physikalischen Forschungen beschäftigte. Er hat in der Akademie Erfindungen vorgestellt, die das traditionsreiche Gebiet der Mechanik mit dem gerade neu entdeckten der Elektrizität verbanden, so zum Beispiel ein von ihm konstruiertes Gerät, das durch elektrische Kräfte eine kreisende Bewegung erzeugen konnte, eine Art elektrisches *perpetuum mobile*, wohl einer der ersten Vorläufer des Elektromotors des 19. Jahrhunderts.

Friedrich stellt nach Abschluß des Philosophiekurses seines Großneffen mit großer Zufriedenheit den Erfolg dieses Unterrichts fest und verspricht seinem getreuen Moulines »immerwährende Dankbarkeit«. Allein zu einem Zeichen des Dankes reicht die Zeit nicht. Friedrich stirbt. Aber gleich nach seiner Thronbesteigung 1786 hat Friedrich Wilhelm II. Moulines in den Adelsstand erhoben und 1788 zum Direktor des Oberkonsistoriums der Französischen Kolonie ernannt: Dankbarkeit des Vaters für den erfolgreichen Lehrer seines Sohnes.

Guillaume de Moulines war inzwischen sechzig Jahre alt. Er hatte seit einiger Zeit zu kränkeln begonnen und erlitt 1789 einen ersten Anfall von Trübsinn. Danach verfiel seine geistige und körperliche Kraft rasch. Die letzten Jahre seines Lebens verbrachte er unter ständigen Schmerzen und in völliger Umnachtung.

Er starb am 14. März 1802. Der Obduktionsbefund zeigte eine von Geburt an gequetschte Leber und daraus folgend einen fast vollständigen Verfall seiner inneren Organe. (Lit. Nr. 13, 21–23, 144–149)

Louis de Beausobre
Schriftsteller
(1730–1783)
Friedrich der Große und das Collège

Als der große Theologe Isaac de Beausobre im Greisenalter noch einmal heiratete, hätte niemand mit neuem Kindersegen gerechnet. Siebzig Jahre war er alt, als ihm sein Sohn Louis geschenkt wurde, geboren am 22. August 1730.

Wir hatten gesehen, wie die Beziehung zwischen dem Kronprinzen Friedrich und *le grand Beausobre* im Jahre 1736 entstanden war. Friedrich hatte Beausobre predigen hören und bei Mathurin Veyssière La Croze, der damals in der Dienstwohnung im hinteren Teil des Schulhofs des Collège wohnte, seine persönliche Bekanntschaft gemacht. Es folgten weitere Unterredungen, Beausobre suchte Friedrich auch in Rheinsberg auf, kurz, der Prinz und der Theologe faßten Vertrauen zueinander.

Als Isaac de Beausobre zwei Jahre später stirbt, wirft Friedrich Louis de Beausobre ein Stipendium von 500 Talern jährlich aus und läßt den achtjährigen Knaben am Collège François einschreiben. Die Beziehungen Friedrichs zu den Gelehrten aus dem Umkreis des Collège waren bereits zu dieser frühen Zeit intensiv und vielfältig: La Croze besuchte er regelmäßig zu philosophischen Kolloquien, Duhan war sein Lehrer gewesen. Friedrichs Verhältnis zum Französischen Gymnasium war von Respekt und Wohlwollen geprägt, und so war es für ihn klar: Sein Versprechen Isaac de Beausobre gegenüber ließ sich am besten einlösen, indem er seinen Sohn, *mon petit Beausobre*, den Lehrern des Collège anvertraute.

Diese positive Einstellung Friedrichs dem Collège gegenüber hat sich im Laufe seiner Regierungszeit eher noch verstärkt. Über die Vertrauensstellung, die Jordan und Mérian beim König hatten, wurde bereits gesprochen. Die Entwicklung des Collège unter Jean Pierre Erman verfolgte der König mit Interesse. Aus dem Jahre 1781 stammt eine handschriftliche Notiz des Königs an den *Conseil académique* des *Collège Royal François*, die folgenden Wortlaut hat: *Vous n'avez rien à appréhender de ma part: Si je puis vous rendre service, oui; mais vous nuire, jamais.*

Louis de Beausobre *fit ses humanités* am Französischen Gymnasium. Er hat das Collège bis 1749 besucht. Samuel Formey war dort sein Lehrer und hat ihn, wie er sagt, von 1738 bis 1749 aus nächster Nähe beobachtet. Als er 16 Jahre alt war, wurde Louis de Beausobre ausersehen, am Geburtstag des Königs die traditionelle *laudatio* zu halten. Die Namen der Redner von 1703 an sind uns fast lückenlos überliefert. Es waren anfangs stets Schüler der Oberklassen, die Sprache war das Latein, später wechselten sich Schüler und Lehrer ab und neben das Latein trat das Französische als Sprache der Reden. Im Jahre 1915 war es der Direktor, der zum Lobe des Herrschers das Wort ergriff, danach schweigen sich die Annalen aus. Die letzte Rede dürfte im Januar 1918 gehalten worden sein. Diese *laudationes* waren anfangs eine Eigenart der Hugenottenschule und Ausdruck der Dankbarkeit dem Hause Hohenzollern gegenüber. Später gerieten sie in das Fahrwasser des preußisch-deutschen Nationalismus, darauf muß noch eingegangen werden.

Louis de Beausobre durchlief den philosophischen Kursus unter Samuel Formey in den Jahren 1747 und 1748. *Il s'applica*, sagt Formey, *toujours avec beaucoup d'ardeur, et fit tous les progrès que permettoit la mesure de son génie.* Nach dem Abschlußexamen ging Louis de Beausobre, immer noch auf Kosten der Krone, nach Frankfurt an der Oder, um dort Jura zu studieren. 1752 kam er – am Ende der üblichen sechs Semester bereits promoviert – nach Berlin zurück. Nun schickte ihn Friedrich der Große auf zwei Jahre nach Paris, wo er im Verkehr mit bedeutenden Gelehrten seinen Horizont weiten sollte.

1754 nach Berlin zurückgekehrt, suchte er den Umgang mit den französischen Gelehrten Berlins, mit Maupertuis zum Beispiel und dem Marquis d'Argens, durch dessen Vermittlung er auch in die Akademie der Wissenschaften aufgenommen wurde, nach Jean Bernard Mérian einer der jüngsten Akademiker, 1755 gerade 25 Jahre alt geworden.

Friedrich der Große berief ihn ins französische Oberkonsistorium, ernannte ihn zum Geheimrat und bediente sich seiner als Berater in den »französischen Angelegenheiten«. Diese gesellschaftlichen und politischen Funktionen übte Louis de Beausobre mit großer Hingabe aus, aber es blieb ihm genügend Freizeit, um sich schriftstellerisch zu betätigen. Die Reihe seiner Werke ist lang. Er beschäftigte sich vorzugsweise mit psychologischen Themen, publizierte ein Buch über den Wahnsinn, ein anderes über Träume, ein drittes über Vorahnungen, schrieb über den Enthusiasmus, den Triumph der Freundschaft, lieferte einen Essay über das Glück. Alle diese Titel waren schon zu seinen Lebzeiten vergessen. Überlebt hat ihn nur ein Werk, nämlich seine *Introduction générale à l'étude de la politique, des finances et du commerce.* Dieses Buch erschien zunächst auf französisch und in einem Band, wurde dann ins Deutsche übersetzt und von Auflage zu Auflage erweitert. Die letzte Ausgabe erschien 1793 in drei Bänden in Amsterdam, dreißig Jahre nach der Erstauflage und zehn Jahre nach dem Tode des Autors.

Louis de Beausobre hatte die Sitzung der Akademie vom April 1782 noch besucht, da ereilte ihn ein Schlaganfall. Mit 52 Jahren war er rechtsseitig gelähmt, lernte aber noch einmal schreiben, und zwar links, soll aber nur noch der Schatten seiner selbst gewesen sein. Am 4. Dezember 1783 ist er gestorben. Sein Biograph Samuel Formey sagte von ihm: *A force d'embrasser trop d'objets, il avoit été obligé de travailler plus en surface qu'en profondeur ... ses intentions m'ont paru bonnes et droites ... il savoit se faire des amis.*

Nach Myriam Yardeni gehörte Louis de Beausobre zu den ersten Philosemiten der Zeit. Als Samuel Formey 1771 Moses Mendelssohn zum Akademiemitglied vorschlug, stimmte Louis de Beausobre ihm ebenso bei wie Paul Jérémie Bitaubé, dem wir uns nun zuwenden wollen. Friedrich der Große allerdings ließ das Aufnahmegesuch für Mendelssohn unbeantwortet ... (Lit. Nr. 11, 21–23, 150–154)

Louis de Beausobre
Kupferstich von Daniel Berger (1744–1824)

Louis de Beausobre
(22.8. 1730–4.12. 1783) Ecrivain
Frédéric le Grand et le Collège.

A l'âge de 70 ans Isaac de Beausobre eut un nouvel enfant de son second mariage: son fils Louis avait exactement 40 ans de moins que son fils Charles-Louis.

Lorsqu'il n'était encore que Prince héritier, Frédéric avait promis à son ami âgé de s'occuper de l'éducation de son plus jeune fils. Lorsqu'Isaac de Beausobre mourut en 1738, Frédéric dota le garçon de huit ans d'une bourse et le fit inscrire au «Collège François», une des multiples preuves de l'opinion positive qu'avait Frédéric de la mission culturelle de l'Ecole. Louis fréquenta le Collège jusqu'en 1749. Là dessus il étudia, toujours aux frais de la Couronne, le Droit à Francfort-sur-l'Oder et termina ces études, au bout des six semestres traditionnels, par une thèse de doctorat. Après deux années d'étude à Paris il revint en 1754 à Berlin. Là, il prit rapidement contact avec les érudits français et, sur l'intervention du Marquis d'Argens, fut accueilli en 1755 à l'Académie des Sciences. A cette époque Louis avait tout juste 25 ans et était ainsi l'un des plus jeunes membres de l'Académie.

Frédéric le Grand nomma Louis de Beausobre au Consistoire Français, l'éleva au rang de Conseiller secret et usa de ses services comme Conseiller «pour les affaires françaises».

Les écrits de Beausobre traitent, pour la majorité, de thèmes psychologiques. Mais la plupart de ses œuvres sont tombées dans l'oubli, déjà de son vivant.

Louis de Beausobre fut l'un des premiers protecteurs des Juifs de son temps. Lorsqu'en 1771 Moses Mendelssohn fut proposé par Samuel Formey au titre de membre de l'Académie, Louis de Beausobre et Paul Jérémie Bitaubé soutinrent cette candidature. Mais Frédéric le Grand laissa leur requête sans réponse.

Paul Jérémie Bitaubé
Schriftsteller und Übersetzer
(1732–1808)
Ein Deutscher wird zum Franzosen

Als Paul Jérémie Bitaubé am 24. November 1732 geboren wurde, war die erste Generation der nicht mehr in Frankreich, sondern in Deutschland aufgewachsenen Hugenotten bereits abgelöst worden von einer zweiten, nun schon »deutschen« Generation. Für diese Jungen war Frankreich nicht mehr das feindliche Vaterland, das sie zum Leben in der Fremde gezwungen hatte. Für sie war Deutschland die Heimat. Frankreich gegenüber waren sie aufgeschlossen, sie betrachteten es mit Interesse, oft mit unbefangener Neugier, jedenfalls nicht mehr ablehnend, eher neutral bis positiv. Der Lebensweg Bitaubés kann das illustrieren.

Bitaubé war in Königsberg aufgewachsen. Als Abiturient kam er nach Berlin. Jean Pierre Erman soll den um zwei Jahre Älteren durch Privatstunden auf die Universität vorbereitet haben. Wie manch anderer Bürgersohn zog Bitaubé zum Studium nach Frankfurt an der Oder, belegte nach Abschluß der philosophischen Studien juristische Vorlesungen und schloß, auf diese traditionelle Weise durch die Fakultäten aufsteigend, das Studium mit der Theologie ab.

Als er das Examen abgelegt hatte, widmete er sich intensiven Homer-Studien, die er zunächst noch mit seinem Predigeramt zu verbinden trachtete. Aber dann begann er mit der Übersetzung der Ilias, und diese Tätigkeit nahm ihn so in Anspruch, daß er sein Predigeramt in Französisch-Buchholz bei Bernau aufgab, um sich ganz seiner literarischen Übersetzertätigkeit zu widmen. Sein Biograph Bon-Joseph Dacier schreibt: *le théologien céda peu à peu la place au littérateur.*

Um die Mitte des 18. Jahrhunderts konnten die Gebildeten noch ohne Schwierigkeiten die klassisch-lateinischen Autoren lesen, aber Griechisch lasen nur noch die wenigsten, hier waren selbst schon manche Gelehrte auf Übersetzungen angewiesen. Bitaubé erkannte den aus dieser Entwicklung entstehenden Bedarf früher als andere. Er publizierte 1760 einen Essay zur Problematik einer Homer-Übersetzung ins Französische. Er stellt fest, daß ein solches Unternehmen nur in Frankreich selbst auszuführen ist, und so reist er nach Paris, *pour... se faire adopter par la grande famille des gens de lettres.*

Er knüpft Verbindungen an zum literarischen Frankreich der Aufklärung, Verbindungen, die er später erweitern und vertiefen sollte. Jean d'Alembert, der Mitbegründer der *Encyclopédie,* dem er sich anschließt, äußert sich wohlwollend über die zweibändige Ilias-Übersetzung, die Bitaubé 1764 in Paris erscheinen läßt. D'Alembert, seit langem mit Friedrich dem Großen bekannt, gibt Bitaubé ein Empfehlungsschreiben an den König.

Bitaubé kehrt nach Berlin zurück und wird von Friedrich am 29. Mai 1766 in die Philosophische Klasse der Akademie berufen. In der Staatsbibliothek Preußischer Kulturbesitz hat sich der Text seiner Antrittsvorlesung vom 5. Juni

1766 erhalten. Er spricht darin voller Bewunderung von den wissenschaftlichen Werken seiner neuen Kollegen, nicht ohne – dem Stil der Zeit entsprechend – schmeichelhafte Worte für Friedrich den Großen zu finden, durch dessen Förderung die Akademie zu einem der führenden wissenschaftlichen Institute Europas geworden sei: *La vraie manière de reconnoître l'honneur que je reçois, c'est de me rendre plus digne.* – Die Antwortrede des Akademiesekretärs Samuel Formey ist ebenfalls überliefert: Der vierunddreißigjährige Bitaubé habe die Gelehrten der Akademie durch seine Leistung überzeugt, sie wünschen ihm, der die Musen liebe und von ihnen geliebt werde, eine lange und glückliche Laufbahn als Schriftsteller und Gelehrter.

1765, noch vor Bitaubés Berufung in die Akademie, war der erste Teil seiner Homer-Übersetzung erschienen. Moses Mendelssohn hatte sie 1765 in der Allgemeinen Deutschen Bibliothek besprochen und ihren Autor mit freundlichen Worten bedacht. Bitaubé mag sich dieser positiven Bewertung seiner Arbeit erinnert haben, als er 1771 – vergeblich – mit Beausobre zusammen für die Aufnahme des jüdischen Philosophen in die Berliner Akademie der Wissenschaften stimmte, wir sprachen davon.

Bitaubés Aufenthalt in Berlin ist nur von kurzer Dauer. Schon bald bittet er den König um Erlaubnis, nach Paris zurückzukehren, um seine Arbeiten an der Ilias abzuschließen. Friedrich willigt ein, und Bitaubé verläßt Berlin zum zweiten Mal, und diesmal wird er so schnell nicht nach Berlin zurückkommen. Die vollständige Übersetzung der 24 Gesänge der Ilias – später ergänzt durch seine Übertragung der Odyssee – erscheint 1780 und macht ihren Autor berühmt.

Noch einmal kehrt er Paris den Rücken, und wir sehen Bitaubé 1781 wieder in Berlin. Das Konsistorium der französisch-reformierten Kirche benennt Bitaubé dem König als Kandidaten für die *Inspection*, und von 1781 bis 1793 wird er als Inspektor des Collège geführt, von 1782 bis 1785 auch als Professor am *Séminaire de Théologie*. Bitaubé mußte dem Konsistorium als besonders geeignet für die Aufgaben des *Inspecteurs* erscheinen, war er doch von seiner Herkunft Theologe, gleichzeitig aber durch seine Ilias-Übersetzung ausgewiesen als führender Altphilologe der Zeit, in Deutschland und in Frankreich in gleicher Weise anerkannt.

Bitaubé hat zwölf Jahre lang mit Mérian im *Conseil académique* zusammengearbeitet. Die wissenschaftliche Fachaufsicht, die mit Mérian zu wirken begann, konnte er verstärken. In Mérian und Bitaubé als Schulräten hatten die Professoren Partner gefunden, die sich durch ihre Veröffentlichungen selbst wissenschaftlich qualifiziert hatten. Dadurch genossen sie bei Lehrern und Schülern eine natürliche Autorität, die der Schule gewiß sehr zuträglich war.

* * *

Paul Jérémie Bitaubé
Kupferstich von Augustin de Saint-Aubin 1786

Paul Jérémie Bitaubé
(24. 11. 1732–22. 11. 1808) Ecrivain et traducteur
Un Allemand devient Français.

Bitaubé appartenait déjà à la deuxième génération des Huguenots nés en Allemagne, pour lesquels la France n'était plus la patrie ennemie qui les avait contraints à l'exil à l'étranger, mais un pays auquel ils s'intéressaient avec une grande ouverture d'esprit.

Bitaubé passa à peine la moitié de sa vie en Allemagne, la seconde moitié en France, et souffrit sans cesse de ce dilemme: de naissance il était certes Prussien, mais se sentait Français et, dans les deux pays, passait pour étranger.

Bitaubé passa son enfance à Königsberg. Il étudia la philosophie, le droit et la théologie à Francfort-sur-l'Oder. A l'issue de ses études il exerça, durant peu de temps, les fonctions de prédicateur à «Französisch-Buchholz», avant de se consacrer uniquement à ses recherches sur Homère et de partir pour Paris, pour y commencer une traduction des œuvres de ce dernier en français.

Lorsqu'en 1766 il revient à Berlin, il est nommé professeur dans la classe de philosophie de l'Académie des Sciences. Et pourtant Bitaubé retourne bientôt à Paris pour y terminer la traduction des 24 Chants de l'Iliade. Au début des années 80 nous le retrouvons à Berlin: il y est Inspecteur du «Collège François» et professeur au Séminaire de théologie. Bien que Bitaubé passât, en France, pour être Allemand et que des critiques lui eussent reproché la lourdeur de son style, il se considérait en Allemagne comme Français et ne put se réadapter à ce pays. Cela explique pourquoi, en 1784, il refusa de devenir précepteur du Prince héritier et retourna à Paris.

Son enthousiasme pour les idéaux de la Révolution française lui vaut d'être exclu en 1792 de l'Académie des Sciences de Berlin. Et pourtant à Paris, il reste prisonnier durant plusieurs mois à la tristement célèbre prison du Luxembourg. Bien qu'en 1795 on annule son exclusion de l'Académie de Berlin, Bitaubé reste à Paris après sa libération. Il poursuit son œuvre littéraire en français, s'assure cependant que ses œuvres majeures soient traduites en allemand, trouvant ainsi en France comme en Allemagne un large auditoire.

Napoléon lui a décerné la Légion d'Honneur.

Bitaubé war Preuße, aber er fühlte sich in Preußen bereits als Franzose. Dacier sagt: *Prussien de naissance, mais François d'origine, M. Bitaubé étoit toujours François par le cœur et par l'usage habituel d'une langue que Frédéric et tous les hommes instruits du royaume préféroient à la leur.* Wenn Bitaubé zunächst in Frankreich noch als Deutscher gegolten hatte, wenn französische Kritiker ihm die Schwerfälligkeit eines Stils *qui fourmille de défauts* vorwarfen, der ihn als Ausländer brandmarkte, hier in Berlin konnte er sich nur mit Mühe wieder einleben. Er wollte und konnte hier nicht seßhaft werden. So ist auch zu erklären, weshalb Bitaubé das Angebot Friedrichs abgelehnt hat, Erzieher des Kronprinzen zu werden, wie es sich der König einem Brief vom 9. März 1784 an Jean Bernard Mérian zufolge gewünscht hatte.

Als ihn das *Institut de France* 1786 zu seinem korrespondierenden Mitglied wählt, ist das für Bitaubé ein Signal. Er sehnte sich die ganze Zeit nach Paris zurück, nun bricht er auf. Er erlebt die Revolution in Paris und begeistert sich für ihre Ideale. Der Kriegsausbruch läßt ihn ratlos: Der Geburt nach ist er Preuße, aber er fühlt sich als Franzose. Der von der Preußischen Akademie der Wissenschaften 1792 verkündete Ausschluß trifft ihn hart. Ein wirklicher Schock aber ist für ihn die Verhaftung Anfang Januar 1794. Er hatte 1789 die Freiheit enthusiastisch begrüßt. Nun bringt ihm sein Eintreten für die Menschenrechte den Kerker im berüchtigten Luxembourg-Gefängnis. Nur Robespierres Sturz rettet Bitaubé vor der Guillotine. Im August 1794 ist er wieder frei, und 1795 wird sein Ausschluß von der Berliner Akademie rückgängig gemacht. Dennoch kehrt er nicht nach Berlin zurück. Er bleibt in Paris und fährt mit seinen literarischen Arbeiten fort. Er übersetzt Goethes »Hermann und Dorothea«, um das Werk in Frankreich bekannt zu machen, und veröffentlicht umgekehrt Übersetzungen von Molière, Corneille, La Bruyère und Rousseau in Deutschland.

Bitaubé war der erste unter den Gelehrten im Umkreis des Französischen Gymnasiums, der seine Rolle als die eines Vermittlers zwischen Frankreich und Deutschland auffaßte. So sehen wir Bitaubé auf dem »deutschen« Kupferstich von Hubert Lefèvre im preußischen Rock und auf dem »französischen« Stich von Auguste de Saint Aubin in der Tracht des Pariser Bürgertums des revolutionären Jahrzehnts. Die Unterschrift weist auf Bitaubés Mitgliedschaft in wissenschaftlichen Instituten von Berlin und Paris hin. Seine Werke, 1804 in neun Bänden in Paris erschienen, stellen ihn uns als Altphilologen und Übersetzer aus dem griechischen und lateinischen Schrifttum, als Kenner der deutschen und französischen Klassiker und als Schriftsteller vor. Den Gewohnheiten seiner Zeit entsprechend, schrieb er in französischer Sprache, sorgte aber auch dafür, daß seine Hauptwerke ins Deutsche übersetzt wurden, und gewann dadurch in Frankreich und Deutschland eine große Lesergemeinde.

Bis zu seiner endgültigen Übersiedlung nach Paris pendelte Bitaubé zwischen Paris und Berlin hin und her. Knapp die Hälfte seines Lebens verbrachte er in Deutschland, die andere Hälfte in Frankreich. Bitaubés Leben ist ein Beispiel einer neuen Einstellung zu Frankreich, eines partnerschaftlichen Verhältnisses im Geben und Nehmen. Er ist dadurch zum Vorläufer einer neuen Zeit geworden.

Napoleon belohnte den Wahl-Franzosen. Er nahm ihn an ihrem Stiftungstage in die *Légion d'honneur* auf und gewährte ihm eine Pension von 6000 Franken. Als geachtetes Mitglied der Pariser Gesellschaft verbrachte er seine alten Tage. Nur noch einmal erfuhr sein Geschick eine Trübung, als 1806 Preußen und Frankreich in den Krieg eintraten und Napoleon die Armeen seines alten Heimatlandes schlug. Aber die Großmut des Siegers ließ Bitaubé schnell wieder seine Ruhe finden.

Er starb am 22. November 1808, wenige Tage nach seiner Frau, die fünfzig Jahre lang nicht von seiner Seite gewichen war und sogar das Gefängnis mit ihm geteilt hatte. (Lit. Nr. 11, 19, 21–23, 155–167)

Jean Pierre Erman
Der sechste Direktor
(1735 – 1814)
Schule zwischen Tradition und Fortschritt

In Samuel Formey hatten wir den ersten Vertreter jener Hugenotten des achtzehnten Jahrhunderts kennengelernt, die ihre Schulbildung bereits am Französischen Gymnasium erhalten hatten. Zu dieser Gruppe zählt auch Jean Pierre Erman, der am 1. März 1735 in Berlin geboren wurde und von seinem sechsten Lebensjahr an Schüler des Collège François war.

Die jungen Zöglinge traten ins Collège ein, sobald sie lesen und schreiben konnten, und wurden schon in der Sexta in die lateinische Sprache eingeführt. In der Regel dauerte jede Klasse zwei Jahre, man konnte in Ausnahmefällen aber auch schneller »aufsteigen«. Der *cours des humanités* war in fünf Klassen eingeteilt, dauerte also maximal zehn Jahre. Dann wurden aus den *écoliers* richtige *étudiants*. Zwei Jahre dauerte der anschließende Lehrgang der Rhetorik und Philosophie, den Erman schon 1752, also im Alter von knapp 17 Jahren, mit der Abschlußprüfung beendete.

Seinen Direktoren, Jean Rossal und David Naudé, bescheinigte Erman später Unfähigkeit: Sie hätten die Schule durch Nachlässigkeit und Führungsschwäche verfallen lassen. Günstiger beurteilte er seine Lehrer auf der Mittelstufe, besonders Benjamin Breton, bei dem die Schüler zu arbeiten gelernt hätten. Den *cours de philosophie* durchlief Erman bei Samuel Formey, den er verehrte und auf dessen Initiative Erman gleich nach dem Abitur als Hilfslehrer ins Kollegium des Französischen Gymnasiums eintrat. Erman war damit der erste einer langen Reihe von Collegianern, die alle nach der Reifeprüfung unmittelbar Lehrer am Collège wurden.

Erman wollte Prediger werden, was damals nur im Selbststudium möglich war. Mit Paul Jérémie Bitaubé zusammen bereitete er sich auf das Theologiestudium vor, blieb aber in Berlin, als jener an die Universität Frankfurt überging. Erman hörte theologische Vorlesungen bei den beiden hugenottischen Professoren Antoine Achard und Simon Pelloutier, wie zwanzig Jahre zuvor auch Samuel Formey.

Schon im Alter von neunzehn Jahren hatte Erman die theologischen Studien abgeschlossen und wurde von Samuel Formey in der Werderschen Kirche zum Prediger geweiht. Formey tat dies mit den Worten: *Jamais nous n'avions eu de sujet qui nous ait donné de plus grandes espérances.*

Die Hoffnung seiner Lehrer hat Erman in reichem Maße erfüllt. Als er 21 Jahre alt war, machte ihn Antoine Achard zu seinem Assistenten und konnte sich so allmählich auf das Altenteil zurückziehen. Als Pelloutier 1757 im Alter von 63 Jahren starb, ernannte das Konsistorium der französisch-reformierten Kirche den zweiundzwanzigjährigen Erman zu seinem Amtsnachfolger.

Erman versah das Predigeramt sein ganzes Leben lang, widmete sich aber mit gleicher Energie der Schule und rückte 1766, als der Professor der Rhetorik, David Naudé, starb, auf dessen Stelle nach. Er war damit im Alter von 31 Jahren Prinzipal des Collège, ein Amt, das er knapp fünfzig Jahre lang beibehielt. Zur Antrittsvorlesung wählte Erman sich das programmatische Thema: *publicam utilitatem posse promoveri.*

Als Erman Direktor wurde, hatte die Schule nur noch 35 Schüler, denn seit Formey 1739, zwei Jahre vor Ermans Eintritt in die Sexta, das Amt des Rhetoriklehrers und Prinzipals abgegeben hatte, war die Disziplin mehr und mehr verfallen. Was schlimmer war: Der Lehrplan von 1703, noch nach französischem Muster konzipiert, war allmählich in Vergessenheit geraten, so daß in der Schule kaum noch Griechisch und gar kein Hebräisch mehr gelehrt wurde und die Mathematik ein Schattendasein führte.

Erman reformierte noch 1766 den altsprachlichen Unterricht, indem er in der *Classe de rhétorique* sechs Wochenstunden Latein und zwei Wochenstunden Griechisch zur Pflicht machte. Auf diese Weise erreichte er, daß auf der Mittelstufe gründlicher gearbeitet werden mußte und die Schule als altsprachliches Gymnasium wieder konkurrenzfähig wurde.

Und von da an ging er seiner Devise getreu – *une chose après l'autre* – Schritt für Schritt vorwärts. Er sagt:

> *Gymnasii Rector opportet sit fortis ut Hector,*
> *Utque Hiob patiens, utque Sybilla sciens!*

Erman konnte seine Meinung im *Conseil académique* ebenso durchsetzen wie im Lehrerkollegium, bei Schülern und Eltern. Er besaß die natürliche Autorität des von seiner Mission überzeugten Idealisten.

In den Akten im Zentralen Staatsarchiv in Merseburg hat sich eine Eingabe Ermans vom Jahre 1772 erhalten, von Jean Bernard Mérian als Inspektor unterstützt, in der fünf Forderungen erhoben werden:

1. Der Unterricht in Hebräisch wird wieder aufgenommen.
2. Die Mathematik wird wieder Hauptfach am Collège.
3. Regulärer Rechenunterricht bereitet die Schüler darauf vor.
4. Ein Deutschlehrer wird angestellt mit den gleichen Aufgaben wie an den deutschen Gymnasien die Französischlehrer.
5. Juristische Vorlesungen werden für zukünftige Richter an den Gerichtshöfen der Kolonie eingeführt.

Alle fünf Forderungen ließen sich nicht auf einmal verwirklichen. Die fünfte wurde sogleich verworfen, die Jurisprudenz sollte den Hochschulen vorbehalten bleiben – wie die Medizin, die in den Gründungsjahren ebenfalls eine Zeitlang als Lehrfach des Collège im Gespräch gewesen war. Die Forderung nach einem Deutschlehrer wurde zurückgestellt. Das 19. Jahrhundert sollte anbrechen, bevor sie verwirklicht werden konnte. Aber die ersten drei Punkte der Eingabe fanden Erfüllung, und so konnte Erman den Ruf des Französischen Gymnasiums Schritt für Schritt wiederherstellen.

Jean Pierre Erman
Zeichnung von Carl Christian Vogel von Vogelstein 1812

Jean Pierre Erman
(1.3.1735–11.8.1814) Le sixième Directeur
Le Collège entre Tradition et Progrès.

Erman dirigea le Lycée Français durant 47 ans et est resté dans les annales du Collège comme le «second fondateur». Sous sa direction l'Ecole connut une longue période d'épanouissement qui fut l'une des bases de la renommée du Lycée Français au XIXeme siècle.

Dès l'âge de six ans Erman avait été élève du Collège et, dès l'obtention de son baccalauréat, il devint, comme bien d'autres anciens élèves du Lycée par la suite, professeur auxiliaire au Collège. Parallèlement à cette activité, il passa sa thèse en théologie et fut nommé à 19 ans prédicateur.

Lorsqu'en 1766 Erman devint Directeur du Lycée Français, l'école n'avait que 35 élèves. Grâce à une série de réformes de grande portée il réussit à en rétablir le prestige et à la faire entrer dans une ère nouvelle. En réinscrivant au programme l'hébreu et en déclarant le latin et le grec matières obligatoires, il rendit le Collège, en tant que Lycée classique, à nouveau concurrentiel. D'un autre côté, les mathématiques elles aussi devinrent matière principale et partie intégrante obligatoire du programme. En 1789 la physique fut introduite comme matière à part entière au Lycée Français, chose presque unique à l'époque dans les écoles de Prusse.

Après qu'Erman eut ajouté au Collège un cycle d'enseignement de la théologie, un cadre institutionnel était enfin trouvé à l'enseignement de cette discipline, la théologie réformée française.

Bien qu'il eût introduit à l'Ecole en 1779 un baccalauréat public (examen de fin d'études), Erman ne put empêcher qu'en 1812, dans le cadre de la sécularisation du système éducatif, la nouvelle loi concernant les examens s'étendît également au Lycée Français, le plaçant ainsi sous le contrôle de l'Etat.

La bibliothèque de l'Ecole, fondée par Erman, comptait à sa mort plus de 5000 volumes. Environ la moitié a échappé aux bouleversements de la guerre et se trouvent aujourd'hui au Lycée Français, qui possède ainsi la plus riche bibliothèque scolaire du XVIIIeme siècle dans la partie occidentale de Berlin.

Erman blieb hier nicht stehen. Das achtzehnte Jahrhundert hatte die Naturwissenschaft als Lehrfach entdeckt, die Physik. Erman fand sie innerhalb des philosophischen Lehrgangs vor und etablierte sie 1789 als selbständiges Lehrfach, lange bevor das sonst an preußischen Schulen üblich wurde.

Ermans Verdienste um die Schule erschöpften sich in der Reform des Lehrplans nicht. *De officiorum multitudine et varietate* hatte er in seiner Antrittsrede 1766 gesprochen – jetzt bewältigte er diese vielfältigen Aufgaben – eine nach der anderen.

Er ging daran, neue Schulbücher einzuführen, Schulbücher, die er zum Teil selbst verfaßte, z.B. das *Rudiment latin* oder die *Nouvelle méthode latine*, das *Rudiment grec*, das *Vocabulaire latin-françois*, den *Abrégé de mythologie*, das *Geographiae antiquae compendium*, den *Recueil instructif pour la jeunesse* und die *Variétés instructives*, Bücher, die die *Méthode de Port-Royal* allmählich ablösten, von denen aber schon 1889 nicht ein einziges mehr in der Schulbibliothek greifbar war.

Aus dem Jahresbericht von 1780 entnehmen wir, wie stark sich Erman für die französische Literatur engagierte. Hier eine Auswahl der von ihm auf der Oberstufe eingeführten Texte: Fénelon, *Télémaque;* Boileau; Charles Rollin, *Traité des études;* Charles Batteux, *Cours de Belles-Lettres*. Zehn Jahre später (Jahresbericht von 1789) treten hinzu: Corneille, Racine, Crébillon, La Bruyère, Bossuet, Voltaire, Montesquieu, d'Alembert, Buffon, Rousseau. Im Jahre 1792 stellt Erman den ganzen Lehrplan für das Fach Französisch auf eine neue Basis. Sieben Seiten lang ist im Jahresbericht von 1793 sein *Réglement pour l'enseignement de la langue françoise au Collège François*. Wir konnen ihm entnehmen, daß nun in Sexta erst das grammatikalische Fundament gelegt wurde *(prononciation, orthographe)*, bevor in Quinta und Quarta Flexionslehre und Syntax erarbeitet wurden. In der Tertia standen dann *Prosodie* und *Versification* auf dem Lehrplan und in Secunda ganz allgemein Stilkunde, stets begleitet von passenden Texten. Auch in der *Classe de Rhétorique* und dem *Auditoire de Philosophie* wurde weiter Französischunterricht erteilt, jetzt werden Versepen auswendig gelernt und Dramen einstudiert, der literarische Lehrgang ist neben dem humanistischen und dem philosophischen voll entfaltet.

Der Jahresbericht wird von nun an eingeteilt in die Kapitel Latein – Griechisch – Französisch – Hebräisch sowie Geographie und Geschichte und erhält einen Abschnitt für die Mathematik. Ermans besonderes Interesse bleibt aber dem Französischen zugewandt, und er erklärt stolz (1795): *Le succès a répondu à notre attente et nous voyons avec la plus grande satisfaction des enfants, qui en entrant au Collège savoient à peine articuler quelques mots françois, parvenir rapidement à l'usage de cette langue.*

Diesen Erfolg verdankt die Schule u.a. Ermans Bemühungen um die Hebung der französischen Ausdrucksfähigkeit seiner Lehrer. Er führt sie wöchentlich einmal zusammen zur Arbeit an den einschlägigen sprachlichen Enzyklopädien und achtet darauf, daß in den Diskussionen Aussprache und Wortwahl akademischen Ansprüchen genügen.

Im Jahre 1770 fügt Erman der Schule einen theologischen Lehrgang an, das *Séminaire de Théologie.* Nun konnte ein zukünftiger französisch-reformierter Theologe im Hause des Collège den humanistischen Kurs, den philosophischen und anschließend auch noch den theologischen absolvieren. Nachdem die Eröffnung einer medizinischen und einer juristischen Fakultät gescheitert war, gab es nun neben der alten philosophischen immerhin auch eine theologische. Die französische Kolonie hatte endlich in aller Stille in ihrem Collège eine Schule mit einer Hochschule vereinigt.

Das Jahrzehnt war noch nicht zu Ende, als Erman schon wieder mit einer neuen Institution Aufsehen erregte, der *Pépinière.* Seit er in den fünfziger Jahren – zusammen mit Formey – in der *Ecole de Charité,* der bedeutendsten französischen Grundschule, Unterricht gegeben hatte, war ihm bewußt, daß ohne eine angemessene französische Lehrerbildung bald auch die französische Grundschulerziehung aufgegeben werden müßte. Durch die *Pépinière,* sein Lehrerseminar, wollte er dieser Entwicklung zuvorkommen.

Sobald Erman sicher sein konnte, daß die Absolventen des Französischen Gymnasiums nicht schlechter abschneiden würden als die der anderen Berliner Gymnasien, führte er öffentliche Versetzungsprüfungen und eine öffentliche Reifeprüfung ein. Die Einladungen dazu verschickte er seit 1779 in Gestalt einer regelrechten Programmschrift, die schnell von zehn auf zwanzig und dreißig Seiten anwuchs, gleichzeitig eine Art Schulchronik war und breiten Raum der Beschreibung des Lehrstoffes je Klasse widmete, ein Jahresbericht, wie er auch heute noch jedes Jahr herauskommt.

Erman nutzte das hundertjährige Schuljubiläum 1789, um für weitere Neuerungen zu werben. Um den Französischunterricht zu verbessern, will er Romanisten aus Frankreich kommen lassen – eine Idee, die an der historischen Konstellation zwischen Revolution und Napoleon scheiterte und erst im 20. Jahrhundert verwirklicht werden konnte. Für auswärtige Schüler möchte er dem Französischen Gymnasium ein Internat angliedern – auch dies ein Gedanke, der bis in unsere Tage immer wieder einmal aufgenommen und jedesmal verworfen wurde. Er will dem Gymnasium zwei »Realklassen« angliedern, für Schüler bestimmt, die nach der Mittelstufe ins aktive Leben überzutreten beabsichtigen. Auf diese Weise möchte er die Gymnasialklassen von weniger bildungsfähigen Schülern entlasten, auch dies ein Projekt, das unausgeführt blieb, aber in den sechziger Jahren des 20. Jahrhunderts wieder erwogen wurde.

Im Gegensatz zu diesen drei Vorhaben ließ sich eine andere Idee Ermans realisieren. Ermans Ruf nach Legaten, wie er ihn in der Festschrift 1789 erhebt, ist nicht ungehört verhallt: beredtes Zeugnis von diesem nachhaltigen Erfolg Ermans sind die Stiftungen von Jean Louis Jordan, Johann Carl Eduard Oelrichs und Alphonse Monod.

Im Jahre 1792 begründete Erman die Schulbibliothek, für die er durch jährlich erscheinende *Avertissements* um Unterstützung in Geld oder Bücherspenden warb. In den Akten im Zentralen Staatsarchiv Merseburg hat sich die Reaktion des Prinzen Heinrich, des Bruders Friedrichs des Großen, erhalten: Unter dem 4. November 1792 antwortet er auf Ermans erstes *Avertissement*, indem er dem Französischen Gymnasium die Doubletten seiner Bibliothek in Rheinsberg vermacht. Als Prinz Heinrich 1802 stirbt, mahnt Erman die Bücher beim König an, der die gesamte Rheinsberger Bibliothek in die Königliche Bibliothek, die heutige Staatsbibliothek, vereinnahmt hatte. Der König antwortet am 16. Mai 1803, daß er diejenigen Doubletten abgeben wolle, die dort nicht benötigt würden. Erman protestiert, aber es dauert bis 1810, ehe der König die Forderung Ermans anerkennt, bis 1817, bevor endlich die Bücher des Prinzen Heinrich, deren Einbände mit Krone und Szepter geprägt sind, seinem ein Vierteljahrhundert zuvor geäußerten Willen gemäß, am Französischen Gymnasium eintreffen. Inzwischen war die Schulbibliothek bereits auf über 5000 Bände angewachsen. Von der Schulbibliothek Ermans hat etwa die Hälfte die Kriegswirren des Zweiten Weltkrieges überstanden. Sie werden in unserer Schatzkammer verwahrt und können noch heute einen Eindruck vermitteln von einer Gymnasialbibliothek des 18. Jahrhunderts. In Berlin (West) ist dies die einzige erhaltene Gymnasialbibliothek aus so früher Zeit – eine andere ist die des Grauen Klosters, heute Teil der Stadtbibliothek in Berlin (Ost).

* * *

Erman vertrat kompromißlos das Prinzip der französischen Unterrichtssprache und gewann gerade dadurch das Interesse der deutschen Bürgerfamilien Berlins. Eine paradoxe Situation: als das weltbürgerliche 18. Jahrhundert zur Neige ging und das sich national gerierende 19. vorbereitete, hielt das Berliner Bürgertum beharrlich fest an seinem Streben nach frankophoner Bildung, an französischer Erziehung!

Nicht genug damit. Die Schule der Reformierten, die schon früher Lutheraner akzeptiert hatte, beginnt, sich nun auch katholischen Familien zu öffnen. Erman erweist sich als Vertreter der Aufklärung, der religiösen Toleranz.

Niemanden wird es verwundern, daß Erman in Friedrich dem Großen einen Förderer und Gönner fand, an den er sich wenden konnte, wenn er Probleme für die Schule zu erkennen glaubte. Mit Friedrich Wilhelm II. konnte Erman ebenfalls sehr gut zusammenarbeiten, weniger gut mit Friedrich Wilhelm III.

Als zwei Jahre nach Friedrichs Tod in Preußen das Abiturienten-Examen eingeführt wurde, konnte Erman darauf hinweisen, daß am Französischen Gymnasium schon seit zehn Jahren öffentliche Reifeprüfungen üblich waren. Dennoch bestand das Ministerium darauf, die traditionelle öffentliche Prüfung durch ein Abitur vor einer staatlichen Prüfungskommission abzulösen. Die 1809 eingeleitete Säkularisierung des Erziehungswesens machte nicht halt vor dem Collège. Erman wehrte sich vergeblich. Die neue staatliche Prüfungsordnung wurde – mit dreijähriger Verspätung – am 25. Juni 1812 auch am Französischen Gymnasium eingeführt und die Schule damit der staatlichen

Kontrolle unterstellt. Inzwischen war – 1810 – die Berliner Universität gegründet worden, und Schüler des Französischen Gymnasiums hätten ohne staatliche Reifeprüfung nicht zum Studium zugelassen werden können; sie mußten eine Aufnahmeprüfung ablegen.

Erman hatte seit Beginn des neuen Jahrhunderts das Erstarken nationalen Gedankengutes in Deutschland beobachten müssen, die allmähliche Entwicklung des immer schon vorhandenen kulturellen Deutschtums zu einem politischen, zuerst noch mit kosmopolitischen Aspekten, aber auch schon vereinzelt mit nationalistischer Intoleranz.

Die Stein-Hardenbergschen Reformen machten Schluß mit den Privilegien der französischen Kolonie. Wer nicht einverstanden damit war, dem sollte freier Abzug nach Frankreich gewährt werden. Für Erman war das keine Alternative, er fühlte sich als Deutscher französischer Herkunft und war als solcher auch von der Geistlichkeit Berlins als Fürsprecher bei Kaiser Napoleon ausgewählt worden, als dieser am 27. Oktober 1806 in Berlin eingezogen war.

In der Audienz, die Napoleon dem Siebzigjährigen und seinen Amtsbrüdern am Tage darauf gewährte, schloß Erman seine Begrüßungsworte mit der Formel *domine salvos fac reges*, was Napoleon – zutreffend – als eine Ergebenheitsbekundung Friedrich Wilhelm III. gegenüber verstand. Am Ende der einstündigen Unterredung, die hauptsächlich von Religionsfragen handelte, berührte Erman des Kaisers Arm und sagte: *Sire, ce bras est victorieux, il doit être bienfaisant*.

Friedrich Wilhelm III. dankte dem mutigen Greis, indem er ihn bei seiner Rückkehr in den Roten Adlerorden aufnahm.

Die nationale Welle in Preußen hatte 1813 ihren Höhepunkt erreicht, Erman mußte einsehen, daß eine neue Zeit angebrochen, daß seine Epoche abgelaufen war. Die letzten Schriftstücke hatte er – vermutlich aus Selbstschutz – mit Ermann unterschrieben. Die Reformen Steins und Hardenbergs lehnte Erman, soweit sie sich auf das Unterrichtswesen auswirkten, ab. Aber alle seine Eingaben an den König, dem Französischen Gymnasium seinen Sonderstatus zu belassen, fruchteten nichts. Sätze wie: *Ah, Sire, laissez, retenez sous l'ombre de vos ailes l'ancien principal et son collège* (Mai 1809) oder *Non, Sire, vous ne permettrez pas, que je survive à ce qui a fait pendant plus d'un demi-siècle l'occupation, le bonheur de ma vie* (August 1809) verhallten ungehört.

Friedrich Wilhelm III. setzt schließlich den Schlußpunkt unter die unerfreuliche Korrespondenz mit dem starrsinnigen Direktor, indem er ihm gnädigst bewilligt, in den Ruhestand zu treten.

Erman wollte die historisch-wissenschaftlichen Arbeiten, die ihm 1786 einen Sitz in der Akademie und 1792 die Ernennung zum Historiographen der Mark Brandenburg gebracht hatten, wieder aufnehmen, aber zu neuen Publikationen kam es nicht mehr.

In der Bibliothek des Französischen Gymnasiums haben sich von seinen zahlreichen Schriften nur drei Bände der *Mémoires pour servir à l'histoire des réfugiés françois* erhalten, eines Werkes, das er mit seinem Schüler und Freund

Pierre Chrétien Frédéric Reclam ab 1782 verfaßt hatte. Von den übrigen Werken, den 17 Akademievorträgen, den 500 Predigten, hat sich keine Spur erhalten, verloren ist auch das Tagebuch Ermans, das er seit 1755, also seit seinem zwanzigsten Lebensjahr bis zu seinem Tode geführt hat und das heute ein zeitgeschichtliches Dokument ersten Ranges wäre.

Erman starb am 11. August 1814. Ein Nachruf erschien – mit vierteljähriger Verspätung – in der Haude- und Spenerschen Zeitung vom 5. November 1814. Erman hat mehrere Biographen gefunden: zunächst seinen Schüler Henri Samuel Catel, dann seinen Akademiekollegen Philipp Buttmann und schließlich seinen Urenkel Wilhelm Erman. In allen wichtigen deutschen und französischen biographischen Lexika des 19. Jahrhunderts ist er verzeichnet, am aufschlußreichsten aber ist seine Selbstbiographie aus dem Jahre 1806, von der eine Kopie im Archiv des Französischen Gymnasiums vorhanden ist.

Von Erman stammen auch die wichtigsten Publikationen über die Schulgeschichte des ersten Jahrhunderts seit Gründung des Collège. Erhalten sind in der Schulbibliothek sein *Mémoire historique sur la fondation du Collège Royal François* im Original und sein *Sermon pour le premier jubilée centenaire de la fondation du Collège Royal François* in Kopie, beide 1789 erschienen. Von seinen Jahresberichten hat sich nur einer, der von 1795, im Original erhalten, alle weiteren konnten in west- und osteuropäischen Bibliotheken ausfindig gemacht und kopiert werden, so daß wir über schulische Einzelheiten während des Direktorats von Erman gut unterrichtet sind.

Jean Pierre Erman ist in die Schulgeschichte eingegangen als *second fondateur*; die Schule hat unter seiner Leitung eine Blütezeit erlebt, wofür schon allein die Schülerzahlen sprechen: Mit 35 Schülern hat er angefangen, 3500 Schüler haben die Schule während seiner Direktorenjahre besucht! Wenn das Französische Gymnasium im neunzehnten Jahrhundert seinen Ruf wahren konnte, so war dies nur möglich durch die solide Basis, die Erman gelegt hatte. (Lit. Nr. 162, 168–176)

Pierre Chrétien Frédéric Reclam
Historiker
(1741–1789)
Der Lehrplan in Geschichte

Pierre Chrétien Frédéric Reclam war Schüler und Freund von Erman. Geboren am 16. März 1741 in Magdeburg, kam er siebzehnjährig 1758 nach Berlin und ging ans Französische Gymnasium, wo er an den Vorlesungen auf der Oberstufe teilnahm. Beim Herbstexamen 1758 erhielt er den ersten Preis, und im Frühjahr 1759 schloß er den humanistischen Lehrgang ab. Zwei Jahre später verläßt er die Schule als Proposant.

Seine Lehrer waren Samuel Formey in Philosophie und Jean Pierre Erman in den Alten Sprachen. An Erman schloß sich Reclam immer enger an, und der junge Lehrer wurde offenbar auch sein Mentor in der theologischen Ausbildung. 1764 bestand Reclam das Kandidatenexamen, und ein Jahr später, 24 Jahre alt, erhielt er seine erste Stelle als *ministre catéchiste*. Seine Predigerlaufbahn führte ihn zunächst an die Friedrichstadtkirche, den Französischen Dom, wo er 1767 »zweiter« und 1774 »erster« Pastor wurde. Die Kirche auf dem Friedrichswerder war zu dieser Zeit immer noch die wichtigste französische Kirche Berlins, hier hatten Jacques Lenfant und Isaac de Beausobre nacheinander gepredigt, und hier erhielt Reclam 1783 die »dritte« Pfarrstelle. Seine Predigten sind in mehreren Bänden veröffentlicht worden. Wegen ihres blumenreichen Stils und des hohen Abstraktionsgrades galten sie als schwer verständlich für eine normale Kirchengemeinde.

Zwei Trauerreden Reclams sind berühmt geworden, die von 1786 auf den Tod Friedrichs des Großen und die von 1788 zum hundertjährigen Todestag Friedrich Wilhelms, des Großen Kurfürsten. Allerdings werden beide auch unter den Predigten Ermans aufgeführt, so daß es sich vermutlich um eine Gemeinschaftsarbeit handelt.

Reclam eignete sich besser zum Theologieprofessor als zum Prediger. Erman mag das erkannt haben, jedenfalls berief er ihn bald nach der 1770 erfolgten Gründung des Predigerseminars in den Lehrkörper dieses Instituts und brachte ihn 1775 ans Französische Gymnasium, wo er als »außerordentlicher Professor« auf der Oberstufe Geschichte lehrte und Erman in der *Classe de Rhétorique* in den Alten Sprachen unterstützte. In Ermans Selbstbiographie lesen wir, daß dieser den jungen Kollegen zu seinem Mitarbeiter an den *Mémoires pour servir à l'histore des réfugiés françois* machte: *Il s'associa pour ce travail monsieur Reclam, son ancien disciple et alors son collègue.* Die neunbändige Geschichte der Hugenottenkolonie in Brandenburg erschien von 1782 bis 1799. Von Reclam stammen die ersten fünf Bände. Er bearbeitete dabei das von Erman gesammelte Material. Während der Arbeit am sechsten Band mußte sich Reclam aus dem Unternehmen zurückziehen, seine Gesundheit war der dreifachen Belastung als Schriftsteller, Pastor und Lehrer nicht mehr gewachsen. Er starb am 22. Januar 1789 im Alter von 48 Jahren.

Frédéric Reclam
Kupferstich von Daniel Chodowiecki 1789

Pierre Chrétien Frédéric Reclam (16. 3. 1741–22. 1. 1789) Historien Le programme d'Histoire.

Frédéric Reclam arriva au Lycée Français à 17 ans. Ses professeurs furent Samuel Formey pour la philosophie et Jean Pierre Erman pour les langues anciennes. Reclam quitta l'Ecole en 1761 comme «postulant», c'est-à-dire futur étudiant en théologie. Sa carrière de prédicateur le conduisit d'abord à l'église de Friedrichstadt, la cathédrale française, où il devint en 1767 «deuxième» puis en 1774 «premier» pasteur. En 1783 il obtint une charge de pasteur à l'église de Friedrichswerder, à cette époque encore la plus importante église française de Berlin, où avaient déjà prêché Jacques Lenfant et Isaac de Beausobre.

Mais Reclam avait plus de dispositions pour être professeur de théologie que rester prédicateur; c'est ainsi qu'en 1770 Erman lui demanda de faire partie des enseignants du Séminaire nouvellement fondé. A partir de 1775 Reclam aida le Directeur Erman dans sa «classe de Rhétorique» pour les langues anciennes et enseigna en tant que professeur associé l'histoire dans les classes supérieures. Le programme historique du Collège commençait au royaume des légendes et conduisait, de l'histoire de l'Antiquité, en passant par l'histoire nationale des pays européens, à l'histoire universelle. C'est ainsi que l'on enseignait en 5eme la mythologie, en 4eme et en 3eme l'histoire de la Grèce et de Rome. En seconde était inscrite au programme l'histoire de l'Allemagne, de l'Angleterre et de la France. En 1ere et en terminale chaque élève devait étudier «L'Histoire générale de Millot» et faire un exposé sur l'histoire d'un pays de son choix.

Parallèlement à son activité de professeur d'histoire, Reclam aida son ancien professeur et désormais collègue Erman à la rédaction de son traité sur l'histoire de la colonie huguenote de la Marche de Brandebourg. Les six premiers volumes de cette œuvre, qui en comportera neuf, furent écrits en grande partie par Reclam. Après sa mort prématurée, à 48 ans, Erman termina l'œuvre seul.

Erman hat für ihn einen Nachruf geschrieben, der auch gedruckt worden ist, in den deutschen öffentlichen Bibliotheken aber nicht aufgefunden werden konnte. Im Jahresbericht von 1789 lesen wir eine Kurzfassung von Ermans Nekrolog: *Le Collège n'a pu que partager vivement les regrets que l'Eglise entière a si justement donnés à Monsieur le Pasteur Reclam qui depuis 1775 s'étoit chargé de quelques leçons dans la Classe de Rhétorique, dont il s'acquittoit avec le zèle et l'habililté qu'il portoit dans toutes ses fonctions. Il a laissé dans le cœur de ses Collègues et de ses disciples un souvenir qui ne s'effacera jamais.*

Reclam hat in den *Mémoires* Ermans Materialien, sagt Myriam Yardeni, den philosophischen Tiefgang gegeben. Wir sehen darin den wichtigsten Vorzug auch seines Geschichtsunterrichts am Collège, den Grund für seine Popularität als Lehrer.

Reclams historischer Lehrplan ist im Jahresbericht von 1790 abgedruckt. Demnach mußte jeder Schüler auf der Oberstufe die *Histoire générale* von Claude Millot durcharbeiten und über die Geschichte eines Landes seiner Wahl referieren. In der *Seconde* stand die Geschichte Deutschlands, Englands und Frankreichs auf dem Programm, letztere u.a. nach Voltaires *Siècle de Louis XIV*. In der *Troisième Classe* ging es um die Geschichte Griechenlands und Roms, Themen ebenfalls in der *Quatrième*. In der *Cinquième* wurde die Mythologie behandelt. Der geschichtliche Lehrgang begann also im Reich der Sage, durchlief dann die Geschichte des Altertums, um schließlich über die Nationalgeschichte der europäischen Staaten zur Universalgeschichte der modernen Zeit zu führen.

Der Kupferstecher Theophil Doepler hat Erman und Reclam auf zwei großen Schabkunstblättern dargestellt, Kleinode in der Bildnissammlung der Staatlichen Museen in Berlin (Ost). In Reclams Todesjahr 1789 wurde er auch von Daniel Chodowiecki portraitiert. Chodowiecki ist es auch gewesen, der die *Mémoires* von Erman und Reclam mit Kupferstichen illustriert hat, jener berühmten neunteiligen Serie von Darstellungen des Großen Kurfürsten mit französischen Glaubensflüchtlingen.

Kurz vor Reclams Tode gab seine Frau einen Band mit Gedichten heraus, deren an Paul Jérémie Bitaubé gerichtete Widmung mit den Versen schloß: (Lit. Nr. 21–23, 177–181)

> *»L'immortalité que j'espère*
> *est dans le cœur de mes amis.«*

Abel Burja
Mathematiker
(1752–1816)
Neuordnung des Faches Mathematik

Auch Abel Burja war, wie Erman und Reclam, zunächst Schüler und dann Lehrer am Französischen Gymnasium. Am 30. August 1752 in Kiekebusch, einem Vorort Berlins, geboren, erhielt er am Collège François bei Formey und Erman seine Schulbildung und wurde von Erman im Alter von 21 Jahren an der Schule angestellt. Er lehrte Griechisch, Latein und Geschichte auf der Mittelstufe des Gymnasiums, zunächst in Quarta und Tertia, 1775 rückte er in Secunda auf. Wie einst Chauvin spielte auch Burja mit seinen Schülern Theater. Aber auch er erregte damit Anstoß beim Konsistorium. Seine Aufführung des *Heautontimoroumenos* von Terenz mußte nach der Premiere abgesetzt werden.

Burjas besonderes Interesse galt der Mathematik. In seiner Schulzeit hatte es zunächst noch keinen Mathematikunterricht gegeben, seit Philippe Naudés Abgang ruhte er, nun war er gerade erst wieder eingeführt worden, als Burja 1770 die Reifeprüfung ablegte. Erst die unter Erman eingeleiteten Reformen hatten diesem Fach den gebührenden Platz im Lehrplan gesichert. Erman schreibt in der Festschrift von 1789: *Quoique cette science ait été, par les patentes mêmes de la fondation du Collège, mise au nombre de celles qui doivent être enseignées dans cet Institut, le défaut des moyens n'avoit pas permis d'établir un maître particulier pour cet objet. Ce ne fut qu'en 1768… que les premières leçons de Mathématiques furent introduites.*

Burjas Aufgabe war es, neben den Pflichten des Altphilologen und Klassenleiters, den Mathematikunterricht ab 1783 zunächst klassenübergreifend am Collège zu erteilen. Als er 1777 die Schule verließ, war das Fach etabliert. Zehn Jahre später – unter Burjas Nachfolger – ist der Lehrplan voll entfaltet.

Nun ist fast alles vorhanden, was auch in heutigen Lehrplänen eine Rolle spielt: Algebra, Geometrie, Gleichungen ersten, zweiten und dritten Grades, Buchstabenrechnen, Trigonometrie, Parabeln, Hyperbeln und Ellipsen, Kegelschnitte und Infinitesimalrechnung.

* * *

Nach dem Abitur hörte Burja theologische Vorlesungen, vermutlich wie die ganze Theologengeneration zuvor zunächst bis zu dessen Tode 1772 bei Achard, dann wohl auch – wie Reclam – bei Erman. Nach Abschluß seines Studiums wurde er Lehrer am Collège, aber schon 1777 ging er nach St. Petersburg, gab Mathematikunterricht und versorgte nebenbei ein Predigeramt. 1784 sehen wir ihn wieder in Berlin, wo er Pfarrer an der Friedrichstadtkirche ist, aber schon 1787 erreicht ihn ein Ruf auf den Lehrstuhl der Mathematik an der Ritterakademie. 1789 wurde Burja in die Akademie der Wissenschaften berufen, und dort publizierte er – in französischer Sprache – auch die Mehrzahl

Abel Burja
Kupferstich von Ernst Friedrich Bußler (1773–1840)

Abel Burja
(30.8. 1752–16.2. 1816) Mathématicien
Réintroduction des Mathématiques dans l'enseignement.

Abel Burja fut, comme Erman et Reclam, d'abord élève puis professeur au Lycée Français. Comme Reclam, il eut comme professeurs Formey et Erman et étudia après le baccalauréat la théologie.

En 1773 Erman engagea Burja, alors âgé de 21 ans, comme professeur de grec, de latin et d'histoire. Mais Burja manifestait un intérêt particulier pour les mathématiques, matière qui du temps de sa scolarité au Collège n'était pas enseignée et à laquelle Erman voulait maintenant donner une place nouvelle dans le programme du Lycée Français. L'initiative d'Erman fut soutenue activement par Burja qui, en plus de son travail en philologie ancienne, enseigna au Collège les mathématiques et posa les premières pierres du programme d'enseignement de cette matière. Lorsqu'en 1777 Burja quitta l'école, cette matière y était enseignée à part entière et dix ans plus tard complètement développée. Elle pouvait désormais répondre à tout ce que l'on attendait en cette fin du XVIIIeme siècle et tout ce que l'on attend encore aujourd'hui des mathématiques.

Après avoir quitté le professorat au Collège, Burja séjourna quelques années à Petersbourg et à Moscou où il enseigna les mathématiques et occupa une charge de prédicateur. En 1784 il revint à Berlin comme pasteur de l'église de Friedrichstadt et devint en 1789 membre de l'Académie des Sciences; c'est dans les annuaires de celle-ci qu'il publia la majorité de ses traités de mathématiques.

Il conserva sa charge de pasteur jusqu'en 1793. Entre temps il avait obtenu la chaire de mathématiques à l'Académie des Chevaliers, à laquelle vint s'ajouter en 1799 une nouvelle charge lorsqu'il fut nommé au «Séminaire de théologie». En plus de cela, Burja étudiait les langues et la philologie. En 1808 parut son œuvre «Pasilalie», livre destiné à l'apprentissage d'une langue artificielle «qui permettrait un échange d'idées aisé, aussi bien écrit qu'oral, entre tous les peuples», langue qui préfigurait en quelque sorte l'espéranto.

seiner mathematischen Abhandlungen. Die Korrespondenz mit Samuel Formey, seinem ehemaligen Lehrer und späteren Kollegen, füllt mehrere Aktenbündel, sowohl in der Deutschen Staatsbibliothek (Berlin/Ost) als auch in der Staatsbibliothek Preußischer Kulturbesitz (Berlin/West) einzusehen.

Sein Seelsorgeamt behielt Burja bis 1793 bei, auch die Tätigkeit an der Ritterakademie setzte er fort, und 1799 kam eine dritte Aufgabe hinzu, er wurde an das *Séminaire de Théologie* berufen, wo er bis 1805 blieb, und 1800 eine vierte, er wurde *Inspecteur* des Französischen Gymnasiums.

Burja war ein vielseitiger Mann. Schon 1772, im Alter von 20 Jahren, veröffentlichte er eine französische Übersetzung des Phädon von Moses Mendelssohn, die als einziges von Burjas Werken in der Staatsbibliothek Preußischer Kulturbesitz vorhanden ist. Seine *Linguae graecae rudimenta, à l'usage du Collège François* erschienen 1775 und waren noch Jahre als Lehrbuch beliebt.

Auch später hat sich Burja mit Sprachen und Sprachwissenschaft beschäftigt, wie sein Werk »Pasilalie« zeigt, 1808 erschienen, das Lehrbuch einer Kunstsprache »zur bequemen sowohl schriftlichen als mündlichen Mittheilung der Gedanken unter allen Völkern«, eine Art Vorläufersprache des Esperanto.

Eine Zeitlang hat Burja gezweifelt, ob er mehr zur Philologie oder zur Mathematik berufen war. Aber schließlich überwog doch seine Neigung zur Mathematik. Er bewarb sich um den mathematischen Lehrstuhl an der neuen Berliner Universität.

Im übrigen gehörte Burja im Gegensatz zu Erman und Reclam zu jener Gruppe von Nachkommen der Refugiés, die sich zu assimilieren suchten. Seine mathematischen Lehrbücher, die in schneller Folge ab 1786 erschienen und in zwanzig Jahren auf zwanzig Bände anwuchsen, sind sämtlich auf deutsch geschrieben. Eins davon, die »Geometrie der krummen Linien«, 1788 erschienen, ist auch am Collège vorhanden.

Gegen Ende seiner Laufbahn beschäftigte sich Burja mit der Entwicklung eines rein deutschen mathematischen Vokabulars mit dem Ziel, alle Fremdwörter in dieser Wissenschaft durch »deutsche« Begriffe zu ersetzen!

Interessant ist, daß Burja zunächst die lateinische Schrift bevorzugte, dann in deutscher Sprache und gotischer Schrift schrieb und gegen Ende seines Lebens mit »Bürja« signierte.

Gerade Burjas Bemühungen um das Deutsche als Fachsprache und als Konversationsmittel, um die deutsche Schrift, die Germanisierung seines Namens sind nicht zu übersehende Zeichen einer sich wandelnden Zeit. Burja hat das Leben begonnen als Weltbürger, jetzt ist er zum Deutschen geworden. Das kosmopolitische 18. weicht dem nationalen 19. Jahrhundert.

Burjas Bedeutung für das Französische Gymnasium lag darin, daß er es ermöglichte, den frankophonen Mathematikunterricht an der Schule wieder einzuführen. Als Burja anfing, das Deutsche als Sprache der Mathematik an die Stelle des Französischen zu rücken, hatte er die Schule längst verlassen.

Burja starb am 16. Februar 1816 in Berlin. (Lit. Nr. 11, 14, 182, 183, 381)

Jean Henry
Direktor der Kunstkammer
(1761–1831)
Collegianer, Seminarist und Hilfslehrer

Seit Erman das Predigerseminar gegründet hatte, konnte die Schule sich mit ihrem Lehrernachwuchs selbst versorgen. Denn nach dem Kandidatenexamen und vor der Übernahme des ersten Pfarrsprengels standen nun tüchtige junge Leute zur Verfügung, die ihre Fähigkeiten in den Dienst der Schule stellen konnten, aus der sie selbst hervorgegangen waren. Sie fuhren fort, im Seminar zu wohnen, waren dort in Kost und Logis untergebracht und konnten sich mit einem entsprechend niedrigen Anfangsgehalt zufriedengeben. Jean Henry ist der Prototyp dieses neuen Junglehrers.

Einige von ihnen übernahmen sogar schon gleich nach dem Abitur ihre Aufgabe, wenn sie nicht gar schon während ihrer Schulzeit zu Hilfslehrer-Diensten herangezogen wurden. Ungezählte begabte und einsatzfreudige junge Leute haben auf diese Weise ihre pädagogischen Fähigkeiten entdeckt und erprobt, und das bis ins 20. Jahrhundert hinein – und jedesmal zum Nutzen der Schüler und damit der Schule.

* * *

Am 27. Oktober 1761 als Sohn eines Goldschmieds geboren, besuchte Jean Henry anfangs eine deutsche private Grundschule, wo er französisch lesen und schreiben lernte. Im Alter von neun Jahren wurde er am Französischen Gymnasium eingeschult, blieb aber nur kurze Zeit, weil er von den Mitschülern wegen seiner Pockennarben derart verspottet wurde, daß er »oft in Tränen nach Hause kam«. Drei Jahre später folgte ein erneuter Versuch. Erman nahm den nun Zwölfjährigen abermals in die Untersexta auf, damals die Anfangsklasse des gymnasialen Lehrgangs.

In seiner Autobiographie schildert Henry seine Gymnasialjahre und charakterisiert Lehrer und Mitschüler in farbigen Worten. Henry wurde bald *Primus* in seiner Klasse und übersprang in der Folge in Abständen zwei Klassen, so daß er sich bald bei seinen Altersgenossen wiederfand.

Zu seiner Schulzeit galt noch immer die *Méthode de Port-Royal*, und da Henry ein gutes Gedächtnis hatte, fiel es ihm nicht schwer, ihre Merkverse auswendig zu lernen. Erman hatte des öfteren Anlaß, bei seinen wöchentlichen Unterrichtsbesuchen Henrys Eifer zu loben. »Nur einmal«, sagt dieser, »bekam ich Schläge, weil ich gelacht oder zum Lachen gereizt hatte«.

In seiner Autobiographie hebt Henry den Geschichts- und Griechischunterricht bei Burja hervor, den Lateinunterricht bei Reclam und die philosophischen Vorlesungen des alten Formey. Aber sein ganzer Enthusiasmus gehört Erman: »Was war Erman aber auch für ein Lehrer! Wie verstand er, uns für das Schöne zu begeistern und unseren Wetteifer anzuspornen!«

Jean Henry
Ölgemälde von Suzanne Chodowiecka-Henry (1763–1819)

Jean Henry
(27.10.1761–3.10.1831) Directeur du «Trésor Royal» Elève du Collège, Séminariste et Professeur auxiliaire.

Jean Henry arriva en 1770, à 9 ans, au Lycée Français après avoir appris à lire et à écrire le français dans une école privée allemande. Il n'y resta que peu de temps, car des cicatrices de petite vérole le désignaient à la risée de ses camarades. Trois ans plus tard, à 12 ans, il revint au Collège où Erman l'admit en «Untersexta» (sixième), à l'époque la première classe de la scolarité dans les Lycées. Grâce à ses résultats remarquables, Henry sauta successivement deux classes si bien qu'il se retrouva bientôt parmi les élèves de son âge. Dès qu'il fut élève de la «Classe de Rhétorique», Henry fut admis au Séminaire et, après le baccalauréat, il poursuivit et termina très rapidement ses études de théologie. En 1782 il enseignait comme professeur auxiliaire dans le premier cycle du Collège. Il était en cela le précurseur de beaucoup de futurs élèves du Collège qui furent successivement élèves, séminaristes puis professeurs auxiliaires dans l'Ecole avant de prendre leur essor professionnel. Mais lorsqu'un an plus tard il obtient sa première charge de prédicateur à l'église française réformée de Brandebourg, il abandonne cette activité d'enseignant.

En 1785 Henry épouse Suzette Chodowiecka, fille du célèbre graveur sur cuivre. Sa femme, elle-même peintre et connaisseur des musées et galeries de Berlin, convertit Henry à l'art. Dix ans plus tard, en 1795, Jean Henry est nommé Directeur du Trésor Royal et par là même fondateur des actuels Musées d'Etat de Berlin. Lors de l'entrée de Napoléon à Berlin, Henry ne peut certes pas empêcher le départ pour Paris d'une grande partie de la précieuse collection, mais après l'abdication de l'Empereur il réussit à la faire revenir presque complète à Berlin.

Au terme de sa carrière Jean Henry retourne, à 62 ans, au Lycée Français comme Inspecteur. Dans cette fonction il se distingue particulièrement par sa prise de position pour le maintien des traditions françaises à l'Ecole. Lors des débats au Consistoire sur l'utilisation du français en tant que langue des prêches, Henry combat avec véhémence les défenseurs de l'allemand et contribue à ce que le français puisse maintenir sa position jusqu'au milieu du XIXeme siècle.

Der Jahresbericht von 1779 führt Jean Henry unter den Preisträgern in Rhetorik, Mathematik und Hebräisch auf, der von 1780, seinem Abiturjahr, nochmals in Mathematik. Von 1777 bis 1783 war Henry Seminarist. Schon als Schüler der *Classe de Rhétorique* wurde er ins Seminar aufgenommen und blieb dort auch nach dem Abitur. Die theologische Ausbildung hat er mit großer Schnelligkeit absolviert. Aus dem Jahresbericht von 1782 geht hervor, daß er Ende Mai des Jahres noch als Proposant, also vor dem theologischen Abschlußexamen, als Hilfslehrer zum Collège zurückgekehrt ist. Ermans entsprechender Antrag an den König liegt als Autograph in den Schulakten in Merseburg. Er sagt darin, Henry *nous est connu comme recommandable à tous égards. Nous osons supplier Votre Majesté de vouloir bien en grace le confirmer.* Die Bestätigung erfolgt postwendend. Henry unterrichtete auf der Unterstufe. Schon im Jahr darauf, nach dem Kandidatenexamen, gibt er diese Lehrtätigkeit aber wieder auf, denn nun erhält er seine erste Predigerstelle an der französisch-reformierten Kirche in der Stadt Brandenburg.

Jean Pierre Erman begleitete Jean Henry in seinen Berliner Lehrjahren als sein Wohltäter: »Vater Erman« gewährt dem Sextaner Zugang zu seiner Bibliothek, so daß der Mangel an Büchern im Hause Henry ausgeglichen wird. Bei seines Vaters Tode verschaffte Erman ihm (er war nun in Quarta) ein Stipendium. Als Henry in Secunda angekommen war, nahm er ihn mit Kost und Logis ins Seminar auf, und als er als Hilfslehrer ans Gymnasium zurückkehrte, sorgte Erman dafür, daß Henry von seinem schmalen Gehalt nach und nach eine standesgemäße Garderobe und eine bescheidene Möblierung für seine Wohnung anschaffte. Er war es schließlich auch, der Henry seine erste Predigerstelle verschaffte.

Anschaulich schildert Henry das Leben der Seminaristen. Er nennt es »klösterlich«, und führt aus, daß es nur Sonntag nachmittag Ausgang gab, für Examenskandidaten außerdem im Laufe der Woche einmal abends von 7 bis 9 Uhr, daß gelegentlich unter Aufsicht Ausflüge in den Tiergarten unternommen wurden – abgesehen von den beliebten »Mondscheinspaziergängen« unter Ermans Führung. Henry sagt: »Man denke sich die lange Gestalt Ermans im Schlafrock, auf dem Kopfe eine weiße Mütze in Form eines Turbans, dessen Zipfel mit einem roten oder blauen Band gebunden war!« Und er fährt fort: »Um 10 Uhr kam er herunter, stellte sich an die Spitze unserer Schar und führte uns einige Male die Straße auf und ab, bis auf den Werderschen Markt und von da über den Platz in das Kastanienwäldchen.«

Willkommene Unterbrechungen waren manchmal sonntags Ausflüge aufs Land, meistens nach Buchholz, wo Erman oder einer der Kandidaten predigte. »Wir machten uns frühmorgens zu Fuß auf den Weg. Bei diesen Wallfahrten konnten die Freunde sich zusammenfinden und sich über die Zukunft unterhalten... Abends lustwandelten wir im Walde und dann kehrten wir vergnügt in unseren Kerker zurück.« Wie eine solche Wanderung ausgesehen haben mag, können wir einem Kupferstich von Daniel Chodowiecki entnehmen, den der Künstler »Wallfahrt nach Frantzösch Buchholz« nannte.

Einer von Henrys Freunden aus dem Seminar war Daniel Chodowiecki, Neffe des Kupferstechers, der Henry im Hause Chodowiecki einführte, als sie einmal Ausgang hatten. »Damit fing das Glück meines Lebens an«, sagte Henry, denn so lernte er Suzette Chodowiecka kennen, seine zukünftige Frau.

Henry ging 1783 nach Brandenburg. Lieber wäre er in Berlin geblieben, sagt er und fährt fort: »Ich hätte mich dann schließlich meinem Lieblingsstudium der Philologie gewidmet, was mir vermutlich in der Folge das Rektorat des Gymnasiums eingetragen hätte.« Das Schicksal wollte es anders. Henry heiratete Suzette 1785, als er Prediger an der französischen Kirche zu Potsdam geworden war. Seine Frau, selbst Malerin und Zeichnerin, Kennerin der Berliner Museen und Galerien, gewann ihren Mann für die Kunst: Zehn Jahre später, 1795, wurde Jean Henry zum Direktor der königlichen Kunstkammer ernannt, der Vorläuferin der heute Staatlichen Museen Berlins. Henry ist also ein indirekter Nachfolger von Mathurin Veyssière La Croze, der genau hundert Jahre zuvor das Kunstkabinett und – zeitweilig wie Henry auch – die Bibliothek geleitet hatte.

Als Museumsdirektor war Henry 1806 verantwortlich für die Evakuierung der Exponate nach Ostpreußen, als der Einmarsch Napoleons in Berlin bevorstand. Henry begleitete die wertvolle Sammlung via Stettin nach Memel, konnte aber nicht verhindern, daß sie nach dem Sieg Napoleons Richtung Paris abtransportiert wurde.

Nach der Abdankung Napoleons wurde Henry von König Friedrich Wilhelm III. nach Paris geschickt, das er von einer Reise 1803 bereits kannte, und es gelang ihm, die Sammlung fast vollständig wieder nach Berlin zurückzubringen.

Bei Henrys Amtsübernahme zählte die Münzsammlung wenige tausend Stücke. Als er 1831 starb, war sie auf 46000 Münzen angewachsen, ein eindrucksvoller Beweis für Henrys Tüchtigkeit und Spürsinn als Museumsdirektor.

62 Jahre war Jean Henry alt und am Ende seiner beruflichen Laufbahn angekommen, als er – als *Inspecteur* – zum Französischen Gymnasium zurückkehrt. Jean Michel Palmié, Ermans Nachfolger, schreibt im Jahresbericht von 1824: *Mr. le Pasteur Henry … s'est fait un devoir et un plaisir, d'accepter pour se rendre utile à une fondation au sein de laquelle il a fait ses premières études.* Palmié, sechs Jahre jünger als Henry, und der neue *Inspecteur* scheinen gut zusammengearbeitet zu haben, sie trafen sich in den auf den Vorrang des Französischen zielenden Überzeugungen. Anders als Burja trat Henry nämlich für die Bewahrung der französischen Traditionen ein. Man kann bei ihm sogar von einer gewissen Abneigung, sogar Geringschätzung deutscher Sprache und deutschen Wesens sprechen. Jedenfalls hatte er schon 1813 seinem einundzwanzigjährigen Sohn Paul Emile die Teilnahme an den Befreiungskriegen verboten und den Widerstrebenden in die Schweiz geschickt, nach Neuchâtel, wo er das Ende der Streitigkeiten in Mitteleuropa abwarten sollte. In der Auseinandersetzung im Konsistorium um die französische Predigtsprache hat Henry die

Fürsprecher des Deutschen vehement bekämpft und dazu beigetragen, daß das Französische noch bis in die Mitte des 19. Jahrhunderts seine Stellung behaupten konnte. Mit obstinater Beharrlichkeit hat Henry auf jeden deutsch vorgetragenen Angriff französisch geantwortet, das Deutsche als Kirchensprache ignorierte er bis zuletzt.

Der Sprachenstreit durchzieht wie ein roter Faden Henrys ganzes Leben. 1787 hatte er miterlebt, wie der Kirchenälteste und Koloniearzt Dr. Pelisson – vergeblich – die französische Unterrichtssprache am Collège durch das Deutsche ersetzen lassen wollte. Jetzt, 1814, entbrennt die Auseinandersetzung durch eine programmatische Schrift des Pastors Louis Théremin, eines ehemaligen Mitschülers von Jean Henry, der sich im Jahre 1814 auf deutsch an alle Gemeindemitglieder wandte und die Verwendung der deutschen Sprache im Gottesdienst propagierte. Henry konterte sofort, er ließ ebenfalls eine Broschüre drucken, natürlich auf französisch, um die Gemeinde an ihre Pflicht zur Wahrung ihrer französischen, und das heißt für Henry auch frankophonen Traditionen zu erinnern.

Henry konnte sich durchsetzen, die Mehrheit schloß sich ihm an, der Umschwung zum Deutschen erfolgte in der Gemeinde erst um die Jahrhundertmitte – am Französischen Gymnasium ist er zum Glück für die Lebensfähigkeit der Schule ganz ausgeblieben.

In seinem Manuskript-Nachlaß ist ein Brief enthalten, worin er seinem Sohn Paul schwere Vorwürfe macht, als dieser eine deutschsprachige Predigt hatte drucken lassen.

Henry hat im Laufe seines Lebens mehrere Bücher publiziert, die alle in Paris erschienen sind. Weite Verbreitung fand sein *»Germon ou Entretiens d'un père avec ses enfants sur l'histoire de la Réformation et l'histoire du Refuge«*, erschienen 1819, von Charles David Roquette 1826 ins Deutsche übersetzt. Jean Henry hat auch eine Reihe theologischer Werke veröffentlicht, alle in französischer Sprache. Erst 1829, im Alter von 68 Jahren, konnte er sich überwinden, eine Predigt in deutscher Sprache zu schreiben; es blieb die einzige.

Henry starb am 3. Oktober 1831. Im Jahr zuvor war ihm der Rote Adlerorden verliehen worden. (Lit. 22, 23, 182, 184–190)

Guillaume Mila
Geschichtsschreiber von Berlin
(1764–1833)
Frankophonie und Zweisprachigkeit

Wer die französischen Lehrbücher, die am Collège in seiner Frühzeit verwendet wurden, miteinander vergleicht, der wird überraschende Entdeckungen machen: Anfangs gab es nur Bücher zur Erlernung von Flexion und Syntax, Grammatiken mit Sprachbeispielen allenfalls, keine Übungsbücher. Diese Grammatiken waren auf französisch abgefaßt. Die nächste Generation von Lehrbüchern sind die zweisprachigen. Jetzt gibt es Interlinearversionen einfacher Texte, manchmal zweisprachige Drucke auf deutsch und französisch. Ein Schmuckstück unter diesen bilingualen Lehrbüchern ist der *orbis pictus* von Guillaume Mila, in dem jeweils ein kolorierter Kupferstich im Text erläutert wird, ein echtes Kinderbuch, motivierend, leicht verständlich, interessant.

Drei Stationen hat Mila auf seinem Weg zurückgelegt. Begonnen hat er mit einsprachig französischen Publikationen. Dann ging er über zu zweisprachigen Büchern. Und am Ende war er bei den einsprachig deutschen Veröffentlichungen angekommen.

Der Wandel des Guillaume Mila ist ein Abbild der sich wandelnden Szenerie vom 18. zum 19. Jahrhundert.

* * *

Guillaume Mila wurde am 7. Januar 1764 geboren. Die Familie wohnte in der Wallstraße, ein paar Schritte vom Collège François entfernt. Der Vater war Rentier, lebte also von Kapitaleinkünften, und so wird der Knabe zunächst von einem Hauslehrer unterrichtet worden sein.

Sehr bald schon wurde er am Collège angemeldet. Als er Quintaner war, erhielt er als Prämie Platons Phaedon, in Secunda, 1770, bekommt er als Preis die *Biblia Hebraica* und 1782 als Abiturient eine Ausgabe Suetons, ebenfalls als Preis für seine Leistungen im Hebräischen. Der Jahresbericht von 1782 meldet, Guillaume Mila habe *avec beaucoup de distinction* das *examen de Proposant* bestanden und sei zum *Auditoire de Théologie* übergegangen. Schon verhältnismäßig früh hatte Mila sich für die Theologenlaufbahn entschieden und war ins *Séminaire de Théologie* aufgenommen worden, wo er bis 1784 blieb.

Nach Jean Henry ist Guillaume Mila der zweite Abiturient des Französischen Gymnasiums, der in den gerade eingeführten Jahresberichten in der Abiturientenliste aufgeführt wird: Seit 1779 besitzen wir sämtliche Abiturientenlisten mit Ausnahme derjenigen des Kriegsjahres 1813, in dem kein Jahresbericht erschienen ist und wahrscheinlich kein Abitur stattfand.

Nach dem Abitur – bei zukünftigen Theologen *Examen de Proposant* genannt – absolvierte Mila sein Theologiestudium in vier Semestern und legte

Guillaume Mila
Anonymer Holzstich nach einem Gemälde von Paul Mila (1798–1848)

Guillaume Mila
(7.1. 1764–19.9. 1833) Ecrivain de l'Histoire de Berlin
Francophonie et bilinguisme.

En 1782 Guillaume Mila obtint son baccalauréat au «Collège François» et fut admis au Séminaire de théologie. Après avoir terminé ses études, il fut les dix années suivantes pasteur de la communauté française de Köpenick. En 1796 il revint à Berlin et y postula vainement une charge de prédicateur. Lorsque le français fut introduit à l'école allemande de Friedrichswerder, il y obtint un poste de professeur de français.

Parallèlement à son activité de professeur, Mila publia une série de livres scolaires qui, d'abord, parurent tous en français et furent particulièrement appréciés au Collège. Avec ces livres d'enseignement de langue, qui suivaient encore la vénérable «Méthode de Port-Royal», Mila fut un précurseur de Karl Ploetz et de Fritz Strohmeyer. Ces trois noms sont des bornes marquant le passage, dans l'enseignement des langues vivantes, de la langue de traduction à la langue courante, langue véhiculaire, de la compréhension du texte à la communication orale.

Dès son séjour à Köpenick, Mila avait fondé pour la bourgeoisie berlinoise de langue française la «Gazette françoise de Berlin». En 1812 et 1813 il publia, le premier, des livres bilingues allemand-français. La francophonie le couduisit ainsi au bilinguisme. Il s'y révéla plus souple et plus disposé à des compromis que Jean Henry. Mais beaucoup d'années passèrent avant qu'il commençât à publier en allemand. Alors il écrivit une série d'articles historiques et topographiques sur Berlin qui lui valurent finalement le titre d'«Ecrivain de l'Histoire de Berlin».

En 1807, après dix ans d'enseignement, Mila quitta l'école, comme dix ans plus tôt il avait délaissé son emploi au sein de l'Eglise, et s'orienta vers une troisième profession, celle de juriste.

A la fin de sa vie, un an avant sa mort, Mila revint comme Inspecteur à l'Ecole pour laquelle il avait écrit ses premières œuvres didactiques et à laquelle il devait son éducation et sa formation.

das Kandidatenexamen schon 1784 ab. Sein Kandidatenjahr verbringt er an der französischen Kirche in der Dorotheenstadt. 1786 wurde er von Jean Pierre Erman in der Werderschen Kirche ordiniert.

Mit 23 Jahren war Guillaume Mila bereits Pastor der französischen Gemeinde in Köpenick, und er blieb zehn Jahre dort. 1796 kam er nach Berlin zurück, um sich hier um eine Predigerstelle zu bewerben, hatte damit aber kein Glück, und so kam es, daß der Theologe zum Schulmeister wurde. Die deutsche Schule auf dem Friedrichswerder, in unmittelbarer Nachbarschaft des Collège, hatte das Französische in ihren Lehrplan aufgenommen, nun wurde ein Französischlehrer gesucht. Guillaume Mila stellte sich vor und erhielt die Stelle. Viel Geld konnte er damit allerdings nicht verdienen, so daß er nebenher Privatstunden erteilen mußte.

In seinen Lehrerjahren von 1797 bis 1807 nutzte Guillaume Mila jede Minute seiner Freizeit und verfaßte eine Reihe von Lehrbüchern. Die Serie beginnt mit einer Sammlung von Lektüretexten (1799) und einer französischen Literaturgeschichte (1799), es folgt ein Lehrbuch der französischen Sprache (1802) und schließlich eine Geschichte Frankreichs (1804). Alle diese Bücher sind in französischer Sprache abgefaßt. Sie kamen dadurch eher einem Bedürfnis des Collège nach, als sich an den Zielen einer deutschen Schule zu orientieren.

Milas *Nouveau cours de la langue françoise* war eine systematische Sprachlehre und zeigte noch Einflüsse der *Méthode de Port-Royal*. Im Unterricht der Neueren Fremdsprachen herrschte beim Übergang vom 18. zum 19. Jahrhundert noch immer die altsprachliche, die Übersetzungsmethode vor, die einsprachige, die »direkte« Methode blieb dem 20. Jahrhundert vorbehalten.

Milas Bücher erlebten mehrere Auflagen, und er übersetzte sie dann auch ins Deutsche, damit sie an deutschen Gymnasien verwendet werden konnten. Er wählte nun Titel wie »Neue systematische französische Sprachlehre für Deutsche« oder »Neue Sammlung ... zur Übung zum Übersetzen aus dem Deutschen ins Französische« oder auch »Praktisches Lehrbuch der französischen Sprache, besonders zum Gebrauch in Schulen und Gymnasien«.

Mila wurde mit seinen Französischbüchern zum Vorläufer von Karl Ploetz und Fritz Strohmeyer, denen wir uns später noch zuwenden werden. Diese drei Namen markieren jedenfalls den Weg, den die neusprachliche Methode vom Ende des 18. zum Beginn des 20. Jahrhunderts noch zurückzulegen hat, den Weg von der Übersetzungssprache zur Umgangs- und Verkehrssprache, von der Textrezeption zur sprachlichen Kommunikation.

Die politischen Verhältnisse in Mitteleuropa zu Beginn des 19. Jahrhunderts setzten in Preußen einen Prozeß des Umdenkens in Bewegung. Das Deutsche begann, neben dem Französischen, seinen Platz zu beanspruchen. Für Mila, der zu Hause nach wie vor französisch sprach und dessen Korrespondenz französisch blieb, bewirkten die europäischen Umwälzungen von 1806 bis 1813 keine Neuorientierung, aber er paßte sich den neuen Bedingungen an.

Als erster brachte er zweisprachige deutsch-französische Bücher heraus, wie

1812 seine *Contes jaunes ou le livre de l'enfance* und 1813 seine *Petite galerie de figures à l'usage des jeunes gens*. Die Lehr- und Sprachbücher beanspruchten aber nur einen Teil von Milas Arbeitskraft. Schon während seiner Köpenicker Zeit hatte er eine *Gazette françoise de Berlin* ins Leben gerufen, eine Zeitung für die französischen Mitbürger Berlins und jene Berliner, die eine französische sprachliche Bildung besaßen. Es folgte 1797 sein *Guide de Berlin*, eine Übertragung des berühmten Buches von Friedrich Nicolai »Berlin und Potsdam, Beschreibung der Königlichen Residenzstädte«.

Die *Nouvelle description de Berlin* schloß sich an und erschien in mehreren Fassungen bis in die Mitte des 19. Jahrhunderts hinein, übrigens jeweils auch in deutscher Übertragung unter Titeln wie »Reise durch die Preußischen Staaten« (1821) oder »Berlin ... Geschichte ... dieser Hauptstadt« (1829). Die historischen und topographischen Schriften trugen Mila schließlich den Titel »Geschichtsschreiber von Berlin« ein.

Im Jahre 1832 trat Guillaume Mila als *Inspecteur* in den *Conseil académique* des Collège François ein und diente so am Ende seines Lebens noch einmal der Schule, für die er seine frühen Lehrwerke verfaßt hatte und der er seine Bildung und Erziehung verdankte.

Guillaume Mila starb am 19. September 1833.

Jean Michel Palmié sagt in seinem Nachruf im Jahresbericht von 1834: Mila habe der Schule nützliche Dienste erwiesen, die Schule schulde ihm den Tribut der lebhaftesten Anerkennung. (Lit. Nr. 191)

Paul Erman
Physiker
(1764–1851)
Öffnung zur Physik und Chemie

Paul Ermans Verdienste um das Französische Gymnasium können kaum überschätzt werden. Durch seine Begeisterung für die Naturwissenschaften, die sich auf seine Schüler übertrug, durch seine Überzeugungskraft gelang der Schule der Anschluß an die moderne wissenschaftliche Entwicklung, und dies um Jahrzehnte früher als an anderen humanistischen Gymnasien in Deutschland. Erman hat so dazu beigetragen, daß das Französische Gymnasium seine Anziehungskraft auf Schüler aus den wissenschaftlich aufgeschlossenen Berliner Bürgerfamilien im beginnenden 19. Jahrhundert behalten, ja erweitern konnte: Alexander von Humboldt spricht in einer *laudatio* Paul Ermans von der *originalité de travaux qui ont laissé une trace dans les sciences dont ils ont étendu le domaine.*

Er wurde am 29. Februar 1764 in Berlin geboren und war Jean Pierre Ermans zweiter Sohn. Als Paul Erman zwei Jahre alt war, wurde sein Vater zum Prinzipal des Collège François ernannt, und so wuchs sein Sohn Paul in der Dienstwohnung in der Niederlagewallstraße unweit der Werderschen Kirche auf.

Natürlich erhielt auch Paul Erman seine Schulbildung am Collège. Als er in der *Classe de Rhétorique* war, im Alter von 15 Jahren, wurde Paul Erman dazu ausersehen, die lateinische Rede zum Geburtstag des Königs zu halten. Im Jahr zuvor gehörte er bei den Versetzungsprüfungen zu den *vainqueurs*, den Preisträgern.

1780 hatte Paul Erman den Philosophiekurs abgeschlossen. Auch sein Lehrer, wie der von Schülergenerationen zuvor, war Samuel Formey gewesen, dessen auf Christian Wolff beruhenden Kursus wir bereits kennen. Eine Zeitlang war Erman Schüler von Abel Burja gewesen, unter dessen Leitung er an der Aufführung des *Heautontimoroumenos* von Terenz teilnahm. Hier war auch Jean Henry unter den Mitwirkenden, in den letzten Jahren und bis zur Abschlußprüfung Ermans Klassenkamerad.

Nach dem Ende seiner Schulausbildung ging auch Paul Erman an das *Séminaire de Théologie* über. Als ihm als Thema für seine Examenspredigt das Pilatuswort »Was ist Wahrheit?« zugewiesen wurde, lehnte er ab. Er sei bereits zu sehr Philosoph und Naturwissenschaftler geworden! Den Konflikt zwischen der Wissenschaft und der Theologie löste er auf andere Weise als sein Lehrer Formey. Er versuchte gar nicht erst, das Unvereinbare zur Übereinstimmung zu bringen, er gab die Theologie auf, allerdings ohne es zum offenen Konflikt kommen zu lassen. Er blieb Kandidat der Theologie, machte aber keinen Versuch mehr, Pastor zu werden. Erst als das Konsistorium ihm und seinem Freund und Kollegen Jean Jacques Arlaud in Zusammenhang mit dem Aufgebot zu ihrer Hochzeit mit den bildhübschen und blitzgescheiten Töchtern des

Potsdamer Juden Elias Daniel Itzig trotz der Vorlage des Taufnachweises Schwierigkeiten macht, gibt er die theologische Laufbahn auf: *il renonçoit à la carrière théologique*, wie es in den *Registres du Consistoire* lapidar heißt.

Die Antwort auf die Frage »Was ist Wahrheit?» findet Paul Erman, indem er ein Leben lang seinem Wahlspruch folgt: *cognoscere causas.*

* * *

Auch Paul Erman verdient sich sein erstes Taschengeld als Hilfslehrer am Französischen Gymnasium und zwar als Gehilfe seines Bruders George in der Secunda, der letzten Klasse der Mittelstufe. Als George Erman 1783 eine Pfarre in Potsdam bekam, rückte Paul Erman in seine Stelle auf und wurde so 1783, im Alter von 19 Jahren, hauptamtlicher Lehrer am Französischen Gymnasium. Die Ernennungsurkunde vom 7. September 1783 hat sich im Zentralen Staatsarchiv Merseburg erhalten. Sein Anfangsgehalt betrug 100 Taler, wurde aber schon ein Jahr später auf 150 Taler erhöht.

Im Jahresbericht von 1783 ist Paul Ermans Lehrprogramm abgedruckt. Es umfaßt im Griechischen Anakreon, Lukian, Aesop und Theokrit. In Latein liest Erman Vergil, Ovid, Cornelius Nepos, dazu Fabeln von Phaedrus. In Französisch behandelt er Boileau, Racine, Voltaire. Weitere Fächer sind Hebräisch, Geschichte, Erdkunde, ein volles Programm für einen kaum zwanzigjährigen Junglehrer.

Zwei Jahre später, 1785, ist Erman zum Konrektor ernannt und damit zum Assistenten seines Vaters, zum Direktor-Stellvertreter geworden. Er hat an der Schule gut Fuß fassen können und gewinnt Selbständigkeit. In dem seiner Klasse vorbehaltenen Teil des Jahresberichts schreibt er, daß elementare Kenntnisse in der Physik seinen Schülern helfen sollen, den Geschmack für das Wahre und das Gefühl für das Schöne zu entwickeln. – Ein Jahr später beginnt er seinen Artikel mit den Worten: *L'intérêt de nos études a été beaucoup augmenté. Le cours de Mathématiques, désiré longtemps avec impatience par les élèves de cette classe, a commencé.*

Langsam aber sicher beginnt Paul Erman, den noch immer in erster Linie humanistischen Lehrgang des Collège durch die »Realien« zu ergänzen. Daran ändert auch seine Berufung auf den Lehrstuhl der Griechischen Sprache nichts, die Friedrich Wilhelm II. im Jahr nach seiner Thronbesteigung ausspricht.

Fünf Jahre vergehen, da tritt Samuel Formey in den Ruhestand, und Paul Erman, der ihm schon seit 1788 assistiert hatte, rückt auf den Lehrstuhl der Philosophie nach. Nun an der höchsten Stelle angelangt, die ein Lehrer am Französischen Gymnasium erreichen konnte, ist er zum Erben so bedeutender Philosophen geworden wie Etienne Chauvin, Mathurin Veyssière La Croze, Samuel Formey. Er ist jetzt dreißig Jahre alt.

Schritt für Schritt geht er daran, den Lehrplan modernen Forderungen anzupassen. Im Jahresbericht von 1801 publiziert er sein Konzept. Der zweijäh-

Paul Erman
Zeichnung von Franz Krüger (1797–1857)

Paul Erman
(29. 2. 1764–11. 10. 1851) Physicien
L'ouverture à la Physique et à la Chimie.

Quand Jean Pierre Erman devint Directeur du «Collège François», son fils Paul avait deux ans. Naturellement Paul fut, lui aussi, élève du Collège et, en classe de Rhétorique, celui de son père.

Après le baccalauréat, tout en poursuivant ses études de théologie, Paul gagna son premier argent de poche comme professeur auxiliaire au Lycée Français. En 1783 il obtint un poste de professeur titulaire. Deux ans plus tard il était Directeur adjoint et donc représentant de son père. Lorsqu'en 1788 il obtint la chaire de Philosophie, il prit ainsi la succession de philosophes aussi prestigieux que Chauvin, La Croze et Formey.

Dès le début de sa carrière de professeur de philosophie Paul Erman commença à compléter le programme, qui était toujours resté essentiellement humaniste, du Collège, par des connaissances pratiques. Il introduisit d'abord la physique comme partie de la philosophie, mais bientôt il enseigna la physique comme matière à part entière de la seconde au baccalauréat. La chimie suivit.

En 1810 Paul Erman fut nommé titulaire de la chaire de physique à la nouvelle Université de Berlin. La concurrence qui s'engageait à l'époque entre la philosophie enseignée au Lycée et les cours magistraux de philosophie dispensés à l'Université se termina en 1815 par une ordonnance ministérielle qui supprimait la philosophie au Lycée. C'est suite à cette décision qu'Erman prit le parti de remplacer en totalité la philosophie au Lycée Français par de la physique expérimentale.

En 1820 Paul Erman abandonna son activité d'enseignant au «Collège François», après s'y être consacré 37 ans. Cependant, en tant que membre du «Conseil Académique», il resta encore 20 ans lié aux destinées de l'Ecole.

Grâce à la réforme du programme menée à bien par Paul Erman, le Lycée Français put participer au développement scientifique moderne, plusieurs décennies avant d'autres lycées classiques en Allemagne.

rige Philosophiekurs wird in ein Jahr Philosophie – nach Kant – und ein Jahr Physik gegliedert. Erman baut sein Programm in den kommenden Jahren aus: Physik gibt es nun nicht mehr nur als Teil der Philosophie, sondern als selbständiges Lehrfach von Secunda an bis zum Abitur.

Als 1810 die Berliner Universität gegründet worden war, geriet die Philosophie des Gymnasiums in Konkurrenz zu den philosophischen Vorlesungen der Hochschule. Dieser Konkurrenzkampf wurde 1815 durch die vom Ministerium verfügte Abschaffung der Gymnasial-Philosophie beigelegt. Paul Erman kam der Wechsel gelegen; er war 1806 Mitglied der mathematisch-physikalischen Klasse der preußischen Akademie geworden, hatte 1807 für seine Verdienste um die Erforschung der Elektrizität vom *Institut de France* in Paris den von Napoleon ausgesetzten Galvanischen Preis erhalten, wurde 1810 auf den Lehrstuhl für Physik an der neugegründeten Universität Berlin berufen, war im gleichen Jahr zum Sekretär der mathematisch-physikalischen Klasse der Akademie geworden und ersetzte nun auch am Französischen Gymnasium die Philosophie ganz durch Experimentalphysik.

Noch bis 1820 nahm Paul Erman seine Unterrichtsverpflichtungen am Französischen Gymnasium wahr, dann aber waren seine übrigen Aufgaben so angewachsen, daß er die Schule, nach 38 Jahren Lehrtätigkeit, verließ. Im Jahresbericht von 1821 widmet Jean Michel Palmié seinem Kollegen Paul Erman eine zwei Seiten lange Lobrede: *il suffit de son nom, auquel tiennent des souvenirs si nombreux et si chers à l'institut, pour justifier les regrets unanimes avec lesquels ses collègues et ses disciples se sont séparés de lui.*

Erman, der als Philosophie-Professor bereits Mitglied im *Conseil Académique* gewesen war, erhält nun den Titel *Inspecteur.* In dieser Funktion bleibt er dem Collège noch rund zwanzig Jahre verbunden. Als er 1839 ausscheidet, bekundet ihm der Direktor Auguste Fournier seine lebhafteste Anerkennung für die Sorgfalt, mit der er die Interessen der Schule vertreten habe.

Die Interessen der Schule hatten sich seit Ermans Schülerjahren in der zweiten Hälfte des 18. Jahrhunderts, in den rund fünfzig Jahren, in denen er Lehrer und *Inspecteur* gewesen ist, erheblich gewandelt.

Als er anfing, führte er ein neues Fach in den Lehrplan ein, die Physik. Er behandelte sie als Teilgebiet der Philosophie, aber schnell gewann die Physik Selbständigkeit und wurde durch die Chemie ergänzt, unverkennbar auch mit biologischen Fragestellungen kombiniert. Als Erman als Lehrer ausschied, sorgte er dafür, daß die Physik an die Mathematik herangerückt wurde: *Il a proposé au Consistoire royal de la province de combiner l'enseignement de la physique avec celui des mathématiques.* Sein Nachfolger wurde mit dieser Fächerkombination eingesetzt, Philippe Gruson. Mathematik und Physik sind als Fächerkombination bis heute geblieben, die Mehrzahl der Mathematiker des Französischen Gymnasiums sind auch in unseren Tagen gleichzeitig Physiklehrer, das von Erman initiierte Modell hat sich bewährt.

Paul Erman starb, vom wissenschaftlichen Berlin allgemein betrauert, am 11. Oktober 1851. (Lit. Nr. 14, 15, 19, 21–23, 163, 192–199)

Jean Louis Formey
Arzt
(1766–1823)
Anregung zur Anatomie

Als der Philosophie-Professor des Collège François Samuel Formey 55 Jahre alt war, wurde ihm zu seinen zahlreichen Töchtern ein Sohn geschenkt. Jean Louis Formey wurde am 7. Februar 1766 geboren.

Zunächst erhielt der junge Formey Privatunterricht, wurde dann am Collège angemeldet und durchlief die Schule in einer Zeit des Umbruchs.

Noch lehrte sein Vater Samuel Formey eine an Christian Wolff – und noch nicht an Immanuel Kant – orientierte Philosophie, mit Physik und Metaphysik. Jean Pierre Erman war als Professor der Rhetorik an den Schriftstellern der Antike und der klassischen französischen Literatur interessiert, die modernen Strömungen der Wissenschaften waren ihm noch fremd. Und Paul Erman, der die Öffnung zu den Naturwissenschaften vollziehen sollte, war bei Louis Formeys Abitur gerade erst im Begriff, die Klassenleitung der auf die Rhetorik und Philosophie vorbereitenden Secunda zu übernehmen.

Die Biographen von Louis Formey heben hervor, daß er am Französischen Gymnasium in die Naturwissenschaften eingeführt wurde und in seiner Schulzeit bereits Anatomie betrieb. In den Jahresberichten finden wir darüber keine Hinweise. Daß der Direktor das Bedürfnis zu einer Einführung in das physikalische Denken aber erkannt hatte, lesen wir in seinem Bericht über das Jahr 1781, Formeys Secundanerjahr. Danach gab es neben dem offiziellen mathematischen Unterricht *des leçons particulières*, vermutlich in der Form dessen, was wir heute als Arbeitsgemeinschaften bezeichnen. Er nennt dieses Unternehmen *mathématiques appliquées* und schreibt: *Je proposai donc l'exécution des principales machines de guerre des anciens, et l'idée fut saisie avec avidité. Elle prit même bientôt une plus grande étendue.* Die Schüler schlagen Paul Erman vor, bei der Versetzungsprüfung des Jahres 1781 ihre Arbeiten vorzuführen. Erman zitiert aus der Vorlage der Schüler: *Nous représenterons d'abord la ville de Syracuse en carton ... A quelque distance de la ville sera le camp des Athéniens ... On y verra les différentes machines de guerre dont se servoient les anciens.* Erman fährt fort: *Nos jeunes espèrent rendre raison de la construction et des effets prodigieux des machines de guerre anciennes dont ils pourront expliquer la force et le jeu d'après les principes de la méchanique.*

Das also waren die Anfänge, aus denen sich innerhalb der kommenden Jahre und unter Paul Ermans Führung die Naturwissenschaften am Französischen Gymnasium entwickeln sollten, Anfänge, an denen auch Louis Formey teilnahm. Wie Paul Erman seinem geisteswissenschaftlich orientierten Vater mit dem naturwissenschaftlichen Anspruch gegenübertrat, so müssen wir auch Louis Formey in Opposition zu seinem Vater sehen, der eine Philosophie vertrat, welche die Naturgesetze noch kaum zur Kenntnis nahm.

Louis Formey war ein ausgezeichneter Schüler. Sowohl 1781 als auch 1782

Dr. IOH. LUDW. FORMEY.

Jean Louis Formey
Kupferstich von Johann Friedrich Bolt 1822

Jean-Louis Formey
(7. 2. 1766–25. 6. 1823) Médecin
Eveil d'intérêt pour l'anatomie.

Jean-Louis Formey fut le premier bachelier du Lycée Français qui se distinguât dans le domaine de la médecine. Elève, déjà, il portait un intérêt tout particulier aux sciences de la nature. Mais à cette époque, elles n'en étaient, au Lycée Français, qu'à leur tout début. Son père, Samuel Formey, enseignait encore la philosophie de l'école de Christian Wolff, très éloignée de la physique, et Paul Erman, qui devait mettre en œuvre l'ouverture du Collège sur les sciences de la nature, n'était encore que professeur auxiliaire quand le jeune Formey passa son baccalauréat. Cependant, dès l'école, Formey s'intéressait à l'anatomie. Le Lycée devait, en ce domaine, se contenter d'éveiller les intérêts et les vocations.

Après le baccalauréat Jean-Louis Formey étudia la médecine à Halle et à Göttingen. Après des stages dans les principales facultés de médecine d'Europe, il devint en 1796, à l'âge de 30 ans, le médecin personnel de Frédéric-Guillaume II. En 1801 il obtint une chaire de professeur à l'Institut de Médecine, l'ancêtre de la Faculté de Médecine de l'Université de Berlin.

En 1806 Formey partit pour Paris et devint le médecin personnel de la famille de Louis Bonaparte. Mais il revint à Berlin avant la rupture entre la Prusse et la France et, finalement, fit partie de la délégation envoyée à la rencontre de Napoléon marchant sur Potsdam, laquelle le pria, avec succès, d'épargner la ville. Malgré ses bonnes relations avec la famille impériale, Formey fut déssaisi de toutes ses charges officielles à «l'époque française» car, pour les occupants, il était Prussien et patriote allemand.

Dans les années qui suivirent, la réputation scientifique de Formey s'étendit à toute l'Europe. Au vu des services rendus à la médecine, il fut décoré des plus hautes distinctions par la Prusse, la France et la Russie. Il était à la fois titulaire de la Légion d'Honneur et Chevalier de l'Ordre de l'Aigle Rouge comme, seul avant lui, Paul Jérémie Bitaubé.

Quand Formey mourut à 57 ans des suites d'une diarrhée chronique dont il souffrait depuis l'âge de 28 ans, il fit don de son corps à la médecine. L'autopsie révéla un cancer.

steht sein Name in der Liste der Preisträger, und 1782 wurde ihm außerdem die Ehre zuteil, die Rede zum Geburtstag des Königs zu halten, Aufgabe des jeweils erfolgreichsten Rhetorik-Schülers. Im Jahresbericht von 1783 lesen wir, daß Formey *après avoir fait avec distinction ses humanités* zum Studium der Medizin übergegangen sei, *avec des talens qui font attendre les plus grand succès!*

Bei seinem Abitur war Formey 18 Jahre alt. Nun ging er nach Halle und Göttingen. Im Alter von 22 Jahren wurde er 1788 promoviert. Als junger Doktor der Medizin kam er zunächst 1789 an die medizinische Fakultät von Straßburg, von dort nach Paris und wurde Augenzeuge der Revolution, wie auch sein Schulfreund Jean Pierre Frédéric Ancillon, dem wir uns gleich zuwenden werden, und wie Paul Jérémie Bitaubé, dem wir bereits begegnet sind. Als Formey ein paar Monate später in die Schweiz ausreisen wollte, wurde er verhaftet, weil er für einen adligen Emigranten gehalten wurde. Nur mit knapper Not konnte er sich retten und erreichte in Verkleidung, als Pferdeknecht eines preußischen Pferdehändlers, schließlich die Schweiz. Hier setzte er seine medizinische Informationsreise an den Universitäten Genf, Bern und Zürich fort.

Abschließend besuchte Formey die Universität von München, Regensburg und Wien und trat an allen diesen Orten mit den führenden Professoren der Medizin in Kontakt, hörte ihre Vorlesungen und führte akademische Disputationen. Im Jahre 1791 sehen wir Formey wieder in Berlin, wegen des drohenden Kriegsausbruches zwischen Österreich und Preußen hatte er Wien verlassen. Er wird Oberstabsarzt und Inspekteur des preußischen Lazarettwesens. Auf seine Initiative geht die Einrichtung der medizinischen Ambulanzen in Berlin zurück.

Fünf Jahre später ist Formey, gerade 30 Jahre alt, Leibarzt des Königs Friedrich Wilhelms II. Im Jahre 1801 wird Formey eine Professur an der Medizinischen Hochschule übertragen, Vorläuferin der Medizinischen Fakultät der Berliner Universität. Zwei Jahre darauf übernimmt er zu seinen akademischen Pflichten die Aufgabe des Armenarztes der Französischen Kolonie. Im Jahre 1806 wird Formey von Louis Bonaparte nach Paris gerufen, und zwar als Leibarzt seiner Familie. Als sich der Bruch zwischen Frankreich und Preußen ankündigt, eilt Formey nach Berlin zurück. Er gehört zu den drei von den Stadtvätern von Berlin ausgewählten Parlamentären, die Napoleon auf seinem Vormarsch in Potsdam entgegentreten, um den Kaiser um Schonung der Hauptstadt zu bitten. Napoleon bereitet der Delegation einen frostigen Empfang, erkennt aber Berlins Status als Offene Stadt an, so daß die befürchtete Einäscherung unterbleibt.

Während der Berliner »Franzosenzeit« verlor Formey trotz seiner guten persönlichen Beziehungen zur Familie Bonaparte alle seine Ämter: Für die Besatzung war er Preuße und Patriot. Trotzdem verbreitete sich Formeys wissenschaftlicher Ruhm im Laufe der Jahre über ganz Europa. Wegen seiner medizinischen Verdienste wurde er von Preußen, dem napoleonischen Frankreich und Rußland mit hohen Orden ausgezeichnet. Er war gleichzeitig Mitglied der

Ehrenlegion und Ritter des Roten Adlerordens, wie vor ihm nur Paul Jérémie Bitaubé.

Die Reihe seiner Publikationen ist lang. Einige davon, so die Krankengeschichte des Schauspielers August Wilhelm Iffland, haben sich in den Berliner wissenschaftlichen Bibliotheken erhalten. Sie sind sämtlich bereits in deutscher Sprache erschienen, Formey zeigte sich darin als Repräsentant der Assimilation.

Wir besitzen von Louis Formey eine medizinische Autobiographie, ein ergreifendes Dokument der Geschichte eines Leidens, das in jungen Jahren begann und seinen frühen Tod verursacht hat: Krebs! – Er starb am 25. Juni 1823. Testamentarisch hatte er die Obduktion verfügt.

Der Sektionsbericht ist publiziert worden und beginnt mit einer Charakteristik Formeys. Sein Gesicht sei geistreich und freundlich gewesen, heißt es da, seine Haltung ungezwungen, seine Sinne scharf. Sein Anstand sei der eines Mannes gewesen, der in der feinen Welt seine Bildung erhalten hatte. »Er war gesellig und liebte das Leben«, habe eine tiefe Kenntnis der Welt besessen, »gegen höhere Stände ... von feinem Ton, gegen niedere populär, im Ganzen bescheiden und teilnehmend, da er als Arzt ... sehr beliebt und glücklich war«.

Jean Louis Formey war der erste Schüler des Französischen Gymnasiums, der sich auf medizinischem Gebiet auszeichnete, Vorläufer einer ganzen Reihe von Collegianern, wie Albrecht von Graefe, Friedrich Loeffler und Adolph Windaus, auf die wir zurückkommen werden. (Lit. Nr. 11, 14, 23, 200–203)

Jean Guillaume Lombard
Diplomat
(1767–1812)
»Freundschaft oder wenigstens Frieden mit Frankreich«

Im preußischen Staatsdienst zu hohen Ehren gelangt ist Jean Guillaume Lombard.

Am 1. April 1767 geboren und aus einer Handwerkerfamilie stammend, sein Vater war Friseur, besuchte er zusammen mit seinem ein Jahr jüngeren Bruder Albert das Collège François und bestand im Jahre 1784 das Abitur.

In jedem der sechs Jahresberichte, die in Lombards Schulzeit erschienen, steht sein Name in der Liste der Preisträger: 1779 in Tertia, 1780 und 1781 in Secunda, 1782 und 1783 in der *Classe de Rhétorique* und 1784 schließlich in der *Classe de Philosophie.*

Der *Prix de Mathématiques* ging ebenfalls mehrmals an Lombard, das erste Mal 1782, dann 1783 und schließlich nochmals 1784. Aus Lombards Biographie wissen wir, daß er bei der Preisverleihung 1782, 15 Jahre alt, mit einem Gedicht auf einen prominenten Besucher, den Freiherrn Wilhelm von Dörnberg, hervorgetreten ist.

Im Jahresbericht von 1784 ist Lombards Abitur mit den Worten kommentiert, er habe *subi avec distinction l'examen de Proposant vers la fin du mois d'Août de cette année.*

Jean Guillaume Lombard wollte zu diesem Zeitpunkt noch Theologe werden und wird 1783 bis 1785 als Zögling des *Séminaire de Théologie* geführt. Er besuchte das Seminar mit seinen älteren Mitschülern Guillaume Mila und Paul Erman und den jüngeren Frédéric Ancillon und Jean Michel Palmié, denen wir uns anschließend zuwenden werden.

Lombard hat in seinen Jugendjahren eine Reihe poetischer Werke publiziert. Bekannt wurde sein *Epître à Mr. Bitaubé pendant son séjour à Paris* vom Juli 1785. Der Autor versetzt sich in den von ihm verehrten Lehrer und Meister hinein, der – wie wir gesehen haben – mehrfach zwischen Preußen und Frankreich hin und her gependelt war und nun erneut aufgebrochen ist, das glückliche Volk wiederzusehen, dessen feuriger Geist so sehr im Gegensatz stehe zum eisigen Preußen. Lombard war 18 Jahre alt, Bitaubé 35 Jahre älter als er, aber den Konflikt zwischen der Sehnsucht nach Frankreich und dem Pflichtgefühl, das Bitaubé in Preußen verankerte, hat Lombard deutlich gespürt und ergreifend in Worte gekleidet, Vordeutung eigenen Schicksals?

Als Lombard die *Epître* schrieb, war er im Begriff, aus dem Seminar auszuscheiden. Sein Lehrer und väterlicher Freund Jean Pierre Erman scheint erkannt zu haben, daß Lombard sich eher für den Staatsdienst eignete als für ein Kirchenamt. Jedenfalls schlug er Friedrich dem Großen am 6. März 1786 vor, Lombard die Stelle eines Schreibers und Übersetzers in seinem Kabinett anzuvertrauen. Erman sagt: *Il est d'un caractère solide, d'une conduite pure et irréprochable et son goût dominant pour l'étude ainsi que l'honnête ambition de son cœur me sont un garant qu'il ne se rendra jamais indigne des bontés du plus respectable et du meilleur de tous les maîtres.*

Lombard konnte Erman Jahre später seinen Dank dafür abstatten, daß dieser Lombards Karriere in Gang gesetzt hatte: Zu Jean Pierre Ermans Pastorenjubiläum am 11. Dezember 1804 überbrachte Lombard die Grüße des Königs, der Jahresbericht, auch die Berliner Presse, beschreibt das ausführlich.

* * *

Bevor Friedrich II. Lombard in seine Dienste nahm, bedurfte es eines weiteren Anstoßes. Er kam von dem Prinzenerzieher Guillaume Moulines, der zwei Jahre zuvor in die Stelle berufen worden war, für die Vater Erman zunächst seinen Sohn Paul vorgeschlagen hatte, jenem Moulines, der ihm einige Zeit vorher ein Drama Lombards vorgelegt hatte, um den König auf den jungen Schriftsteller aufmerksam zu machen. Die lapidare Anordnung des Königs lautete: »Er soll ihn herschicken; erst sehen, ob er was nütze ist.«

Der König ließ Lombard zur Probe ein paar Schriftsätze fertigen und schrieb auf einen der Entwürfe Lombards: *Fort bien.* So begann Lombards Laufbahn im königlichen Dienst, eine Laufbahn, die ihn auf höchste Höhen und in tiefste Abgründe führen sollte.

Guillaume Lombard diente Friedrich dem Großen nur noch wenige Monate, scheint sich aber schnell das Vertrauen des Königshauses erobert zu haben, denn wenige Wochen nach der Thronbesteigung Friedrich Wilhelms II. sieht Lombard sich zum »Geheimen Kabinettssekretär« befördert. Es war die Zeit, in der die wichtigen politischen Entscheidungen im Kabinett des Königs selbst fielen. Die engsten Mitarbeiter des Königs waren nicht seine Minister, sondern die Kabinettsräte, vielleicht, weil diese sich manchmal als tüchtiger erwiesen als die Minister selbst.

Im Jahre 1789 stellten sich Lombard die ersten diplomatischen Aufgaben. Die französische Revolution löste in Preußen Unsicherheit und damit verstärkte außenpolitische Aktivität aus, und Lombard hatte die Aufgabe, die entsprechende Korrespondenz zu formulieren. An dem Feldzug 1792 gegen Frankreichs Revolutionsheer nahm Lombard teil, geriet in Gefangenschaft und wäre beinahe von den Franzosen als vermeintlicher Deserteur fusiliert worden. Hartnäckig hielt sich das Gerücht, Lombard habe sich im Auftrage des Königs in Gefangenschaft begeben, um für Preußen die Möglichkeit zu Verhandlungen zu sondieren, und in der Tat wurde der Krieg nun auch durch Verhandlungen beendet. Interessant ist ein Schreiben Lombards vom 14. September 1792 aus Frankreich, worin der Fünfundzwanzigjährige sagt: »...die Privilegierten und die, welche von ihnen lebten, möchten die alte Ordnung der Dinge wiederherstellen. Der ganze Überrest...theilt sich aber wieder in zwei sehr verschiedene Klassen: Menschen, die eine bessere Ordnung wollen, und solche, die gar keine wollen.«

Friedrich Wilhelm II. vertraut Lombard in den Folgejahren eine Reihe

Jean Guillaume Lombard
Zeichnung vermutlich von Daniel Chodowiecki (1726–1801)

Jean Guillaume Lombard
(1.4. 1767–28.4. 1812) Diplomate
«Amitié ou, au moins, paix avec la France».

Après son baccalauréat au «Collège François», Lombard étudia au Séminaire de théologie, mais interrompit ses études au bout de deux ans.

Son ancien professeur, Jean Pierre Erman, lui procura au printemps 1786 un poste de secrétaire et de traducteur au Cabinet de Frédéric II. Frédéric-Guillaume II, qui quelques mois plus tard succéda à son oncle sur le trône de Prusse, promut Lombard Secrétaire privé du Cabinet et lui confia nombre de missions diplomatiques délicates. Frédéric-Guillaume II fut impressionné par les résultats obtenus par le jeune diplomate et l'éleva en 1800 au rang de Conseiller Secret du Cabinet, le plus haut poste dans la hiérarchie du Cabinet.

Au fil des années Lombard se révéla être un homme de conciliation. Son but était «l'amitié ou, au moins, la paix avec la France». Il se prononça pour la neutralité et le rapprochement, ce qui lui attira la haine du camp des nationalistes. En 1806 il dut faire face à une attaque en règle visant à ruiner sa réputation. On l'accusa d'entretenir des relations intimes avec la Comtesse Wilhelmine von Lichtenau, maîtresse de Frédéric-Guillaume II, et le Baron vom Stein essaya, dans un pamphlet, de le discréditer à la Cour. Mais le Roi prit son Conseiller de Cabinet sous sa protection. Le coup de grâce vint pourtant pour Lombard lorsque Napoléon se décida pour la guerre alors que lui espérait encore la paix et essayait de persuader son Roi de négocier. Lombard reconnut son erreur trop tard et se sentit toute sa vie responsable du malheur de la Prusse.

En 1803 Lombard était devenu membre de l'Académie des Sciences puis, après la mort de Bernard Mérian, son Secrétaire perpétuel. Mais, même au sein de l'Académie, les nationalistes étaient majoritaires. En 1809 Lombard ne put plus supporter les attaques incessantes faites à son honneur et à sa loyauté et se retira de la vie publique. Ses dernières années furent assombries par une maladie des poumons et le remords pesant de n'avoir pu s'affirmer comme patriote tout en défendant son idéal pacifiste. Il mourut à 45 ans sur la terre d'exil qu'il avait élue, au bord de la Méditerranée, en France.

komplizierter diplomatischer Missionen an, die ihn als einen Vermittler zwischen Frankreich und Preußen, einen Mann des Ausgleichs und des Friedens profilieren.

Als Friedrich Wilhelm III. den Thron bestieg, stand er dem jungen Diplomaten zunächst reserviert gegenüber, aber schon im Jahre 1800 hatte ihn Lombards Leistung überzeugt, und er ernannte ihn zum Geheimen Kabinettsrat, der höchsten Stufe in der Kabinettshierarchie, Lombard bekleidete faktisch die Stellung des Außenministers. Daß Preußen Frankreich gegenüber 1799 in Neutralität verharrte und sich nicht dem Bündnis gegen Frankreich anschloß, wird von dem Historiker Hermann Hüffer als Lombards Werk angesehen. Jedenfalls war es Lombard, der im Auftrage Preußens 1803 in Brüssel mit Napoleon die Freundschaftsverträge aushandelte, die Preußen eine dreijährige Waffenruhe sicherten. Daß Napoleon dennoch 1806 Preußen eroberte, hat Lombard bei der nationalen Partei in Preußen, geführt von Karl vom Stein und Karl August von Hardenberg, in Verruf gebracht. Sicher ist, daß Napoleon den jungen preußischen Diplomaten und Sonderbotschafter fasziniert hat, ohne ihn allerdings zu blenden, denn Lombard berichtet dem König von Napoleons freundschaftlicher Gesinnung gegenüber Preußen, setzt aber hinzu, man müsse bei einem solchen Manne gefaßt sein, »mit der Lage auch die Gesinnung plötzlich verändert zu sehen«.

Lombard trat für Neutralität und Freundschaft zu Frankreich ein, was ihm den Haß des nationalen Lagers eintrug, insbesondere seitens des Freiherrn vom Stein. Lombard wurde einer regelrechten Rufmord-Kampagne ausgesetzt: Er habe intime Beziehungen zu der Mätresse Friedrich Wilhelms II. unterhalten, der Gräfin Wilhelmine von Lichtenau, lautet die verleumderische Behauptung. Eine Denkschrift des Freiherrn vom Stein stellt Lombard dar als physisch und moralisch gelähmt und abgestumpft; »seine Kenntnisse schränken sich ein auf französische Schöngeisterei«, sagt der Freiherr und fährt fort: »ernsthafte Wissenschaften haben diesen frivolen Menschen nie beschäftigt... In den unreinen und schwachen Händen eines französischen Dichterlings von niederer Herkunft... ist die Leitung der diplomatischen Verhältnisse dieses Staats, in einer Periode, die in der neuesten Staatengeschichte nicht ihres Gleichen findet«.

Die Denkschrift erschien im Mai 1806, Napoleons Truppen standen in Deutschland, an den Grenzen der preußischen Kernlande, die nationalistische Partei steuerte einen politischen Kurs der Konfrontation gegen Napoleon. Sie ist zugleich diejenige, welche die Erstarrung des alten Preußen diagnostiziert und auf innere Reform drängt, die sie von Politikern wie Lombard verhindert sieht. Die »Nationalen« versuchen, den König auf ihre Seite zu ziehen. Die Denkschrift wurde der Königin Luise übergeben, denn so hofften ihr Autor und seine Gesinnungsgenossen, am ehesten zu ihrem Ziel zu gelangen. Sie erreichten freilich das Gegenteil, der König nahm seinen Kabinettsrat in Schutz, so daß die Verleumder verstummten.

Lombards Verhängnis war, daß Napoleon sich für den Krieg entschied, als

Lombard noch auf Frieden hoffte und seinen König zu Verhandlungen zu veranlassen suchte. Erst spät im Jahre 1806, Anfang Oktober, erkannte Lombard seinen Irrtum. Er formulierte das berühmte Ultimatum des Königs an Napoleon, konnte aber das Schicksal nicht mehr aufhalten. Der Brief ist später veröffentlicht worden, er enthielt ein letztes – vergebliches – Freundschaftsangebot an Napoleon. Am 9. Oktober erschien dann das von Lombard formulierte »Preußische Manifest«, die Absage an Napoleon – der Kriegsvorwand war geliefert, die Niederlage bei Jena vom 14. Oktober die unmittelbare Folge.

Lombard wurde von dem Gefühl nie wieder verlassen, für den Zusammenbruch des preußischen Staates verantwortlich zu sein. Als die Nachricht von der Niederlage in Berlin eintraf, rottete sich das Volk vor Lombards Hause zusammen – er floh nach Stettin, wo er mit der Königin zusammentraf. Sie ließ Lombard nach seinem Besuch auf dem Weg in seine Herberge verhaften. Unter den Beschimpfungen der Menge wurde er ins Gefängnis gebracht. Der König sorgte zwei Tage später, von Küstrin aus, wohin er geflohen war, für Lombards Freilassung. In Königsberg traf dieser dann Anfang 1807 mit seinem König zusammen und erbat seine Entlassung.

Die dramatischen Ereignisse der Jahre 1805 bis 1807 hat Lombard in einem Buch beschrieben, das – anonym – 1808 in französischer Sprache erschien und dessen einziger Adressat der Kaiser Napoleon gewesen ist. Die Widmung lautete zwar *Aux Prussiens*, aber es heißt dann: *Concitoyens, j'ai écrit dans une autre langue qui n'est pas la mienne, premièrement parce que ceux d'entre vous qui me liront la possèdent, mais surtout pour que l'étranger m'entende et qu'il apprenne à vous juger.*

Dieses Buch fand viele Leser und wurde auch in deutscher Sprache verbreitet. Die deutsche Fassung ist in der Bibliothek des Französischen Gymnasiums vorhanden. Es ist eine große und preußisch-patriotische Apologie der Politik der beiden Könige, denen Lombard gedient hatte, und damit seiner eigenen Politik im Wechselspiel zwischen Frankreich und Deutschland. In dem Buch tritt auch Lombard selbst auf mit einer kurzen Beschreibung seines Aufstiegs vom Kabinettssekretär Friedrichs des Großen bis zum Leiter »der auswärtigen Angelegenheiten« Preußens. Der autobiographische Teil schließt mit den bitteren Worten: »Während seines Glückes hat man viel zu seinem Lobe, nach seiner Entfernung viel zu seinem Nachteil gesagt.« Im französischen Original lautet dieser Satz: *On a dit de cet homme beaucoup trop de bien pendant sa fortune et beaucoup trop de mal après sa retraite.*

Im Jahre 1810 begegnete Lombard mit seiner Familie dem König und der Königin im Tiergarten. Sie ging auf Lombard zu und sagte: *Je vous ai fait tort, Monsieur Lombard, pardonnez-moi.* Und der Freiherr vom Stein schrieb am 16. Januar 1823: »Seicht und schwachköpfig war weder Haugwitz noch Lombard. Beide hatten viel Verstand, letzterer viel klassische Gelehrsamkeit und gründliche Kenntniß der französischen Literatur, nicht gemeines Dichtertalent.« Lombard war zu diesem Zeitpunkt schon elf Jahre tot, und der ehemalige Außenminister Christian von Haugwitz hatte sich ins Exil nach Italien zurückgezogen.

Lombard war 1803 Mitglied der Akademie der Wissenschaften geworden. Als Jean Bernard Mérian gestorben war, rückte er in die Stelle des ständigen Sekretärs der Akademie auf. Aber auch in der Akademie hatten die Nationalisten die Mehrheit. Ihre Eingabe vom September 1807 an den König, Lombards Ernennung zurückzunehmen, ist gedruckt. Friedrich Wilhelm III. hielt an Lombard fest, aber der war den ständigen Angriffen auf seine Ehre und Integrität nicht mehr gewachsen. 1809 gab er sein Amt auf und zog sich aus dem öffentlichen Leben zurück. Eine Lungenkrankheit warf ihn aufs Krankenbett.

Im Jahre 1810 begann sich das Blatt für ihn zu wenden. Die einstigen Gegner vom Stein und Hardenberg erkannten mehr und mehr, daß Lombards Ziel, mit Frankreich wenn nicht Freundschaft, so doch Frieden zu halten, unter den herrschenden Machtverhältnissen im nationalen Interesse geboten war. Aber es war zu spät. Lombards labile Gesundheit war der psychischen Belastung durch den Selbstvorwurf, als Patriot versagt zu haben, nicht gewachsen. Er starb, gerade 45 Jahre alt, am 28. April 1812 im selbstgewählten Exil in Nizza.

Vor der Nachwelt haben Vermittler wie Jean Guillaume Lombard und Jean Pierre Frédéric Ancillon, der uns nun beschäftigen soll, Deutschland einen besseren Dienst erwiesen als die Nationalen, die im 19. Jahrhundert Schritt für Schritt das Phantom des »Erbfeindes« aufbauten, ein Phantom, dem in drei Kriegen Hunderttausende von Deutschen und Franzosen ihr Leben opfern mußten. (Lit. Nr. 14, 15, 19, 212–218)

Jean Pierre Frédéric Ancillon
Politiker
(1767–1837)
Vermittlung zwischen Preußen und Frankreich

Jean Pierre Frédéric Ancillon wurde am 30. April 1767 geboren. Er war ein Urenkel von Charles Ancillon, den wir als ersten Direktor des Collège François kennengelernt hatten, und von Philippe Naudé, Mitglied des Gründungskollegiums.

Zur gleichen Zeit wie sein gleichaltriger Freund Lombard kam Jean Pierre Frédéric Ancillon zum Französischen Gymnasium, aber er ließ ihn bald hinter sich zurück. Im Jahre 1781 war er es, der die Rede zum Geburtstag des Königs hielt. Von diesem Jahr an geben die Jahresberichte auch das Thema an. Es lautete: *La jeunesse du Grand Electeur jusqu'à son avènement au thrône.* Die Rede wurde vor einer sehr zahlreichen Zuhörerschaft vorgetragen und erntete allgemeinen Beifall, wie Jean Pierre Erman schreibt. Zu diesem Zeitpunkt war Ancillon vierzehn Jahre alt, der jüngste Festredner über lange Zeit.

Ancillon durchlief die Schule mit Rekordgeschwindigkeit. 1782 hatte er die um zwei Jahre älteren Abiturienten, den Jahrgang von Guillaume Mila, eingeholt. Im Jahresbericht heißt es: *Monsieur Jean Pierre Ancillon qui ne le cédoit à aucun d'eux pour la capacité n'a pas voulu, à raison de sa jeunesse se présenter au même examen qu'il auroit soutenu avec honneur... Il suit cependant le cours des études de ceux dont il s'est séparé dans l'examen et a commencé son cours de Théologie.* Im Register des *Séminaire de Théologie* wird Ancillon von 1781 bis 1784 genannt. Vermutlich hat er also ohne reguläres Abitur sein Studium aufnehmen dürfen. Jean Pierre Erman führt in der Festschrift von 1789 Ancillon ab 1784 als Klassenleiter der Quarta und Tertia auf, Ancillon war also nach dem Kandidatenexamen mindestens fünf Jahre Lehrer am Französischen Gymnasium. Im Jubiläumsjahr der Schule, 1789, steht Ancillon in der Reihenfolge der Lehrer hinter Samuel Formey, Jean Pierre Erman und Paul Erman bereits an vierter Stelle. Der Festschrift von 1890 zufolge schied er 1790 als Lehrer aus. 25 Jahre später sollte er als *Inspecteur* an die Schule zurückkehren.

Ancillon wurde Pastor. Eine Predigt, die er im Alter von 25 Jahren in Rheinsberg hielt, veranlaßte den zufällig anwesenden Prinzen Heinrich, den Bruder Friedrichs des Großen, Ancillon zu sich einzuladen und bei Hofe einzuführen. So begann die Rolle Ancillons in der preußischen Politik, eine Rolle, die ihn zum Außenminister und Kabinettschef aufsteigen ließ.

Die im Manuskriptfundus der Staatsbibliothek Preußischer Kulturbesitz verwahrten Briefe Ancillons an seine hugenottischen Freunde und ehemaligen Schulkameraden geben ein anschauliches Bild von seinem Lebensweg.

Im Jahre 1789 sehen wir Ancillon wie den gleichaltrigen Formey in Paris, wo sie Zeugen der Revolution wurden und Verbindung zu Vertretern des neuen Frankreich anknüpften, darunter Gabriel-Honoré Mirabeau. Dieser hatte sich 1786/87 während zweier diplomatischer Missionen in Berlin und Potsdam auf-

Jean Pierre Frédéric Ancillon
Lithographie von Friedrich Jentzen (1804–1875)

Jean Pierre Frédéric Ancillon
(30. 4. 1767–19. 4. 1837) Homme politique
Médiateur entre la Prusse et la France.

Frédéric Ancillon était un arrière-petit-fils de Charles Ancillon, le premier Directeur du Collège, et de Philippe Naudé, l'un des membres fondateurs de l'Ecole. C'est en tant qu'élève du Lycée Français qu'il eut l'honneur, à 14 ans, d'être le plus jeune à être chargé du discours d'anniversaire du Roi. Au vu de ses résultats exceptionnels on l'accepta en 1781, plus tôt qu'il était d'usage et vraissemblablement sans qu'il fut titulaire du baccalauréat réglementaire, au Séminaire de théologie. Après avoir passé son examen d'admission, il fut pendant cinq ans professeur au Lycée Français.

A l'âge de 25 ans, lorsqu'il fut introduit à la Cour par le Prince Henri, frère de Frédéric le Grand, sa carrière politique commença. En 1803 il fut nommé, comme autrefois son aieul Charles Ancillon, historiographe de la Maison royale. Cinq ans plus tard Frédéric-Guillaume III lui confia l'éducation du Prince héritier, le futur Frédéric-Guillaume IV. Lors de la mise en place des réformes en Prusse, Ancillon joua un rôle non négligeable en tant que Conseiller. En 1810 il fut nommé Conseiller d'Etat. En 1825 il fut promu Chef de la Division politique et en 1835 Frédéric-Guillaume III fit de lui son Ministre des Affaires étrangères.

Dans l'exercice de cette charge Ancillon pratiqua une politique excluant tout risque. A l'égard de la France il se prononça pour une diplomatie de négociation et de conciliation. Son principal mérite fut, après la chute de Napoléon, de réussir à rétablir les relations franco-prussiennes et à leur donner de nouvelles bases.

La théorie d'Ancillon, selon laquelle les intérêts allemands et français pouvaient être conciliés, influença non seulement la politique de Frédéric-Guillaume III mais elle eut aussi des effets ultérieurement sous le règne de Frédéric-Guillaume IV, qui sut mettre en œuvre l'héritage spirituel de son ancien professeur en pratiquant une politique d'équilibre entre les intérêts de l'Allemagne et de la France.

gehalten. Seinem Interesse an Preußen entspringen zwei gewichtige Darstellungen seiner jüngeren Geschichte.

Ancillon kehrte nach Berlin zurück, aber schon 1793 und 1796 ist er wieder in Paris.

Inzwischen waren seine Beziehungen zum preußischen Königshaus bereits so intensiv geworden, daß ihn Friedrich Wilhelm II. zu den Beratungen heranzog, wie der sich anbahnende Konflikt mit Frankreich beizulegen sei.

Ancillon hatte in seiner Schulzeit die deutsch-französische Symbiose erlebt, sie ist ihm als Lehrer in seinen Klassen zur Selbstverständlichkeit eines fruchtbaren Zusammenwirkens im Nehmen und Geben geworden. Nun versucht er, diese frühe Erfahrung in politisches Wirken umzusetzen. Dabei blieb er preußischer Patriot.

Zwei Predigten vom Jahre 1793 in der französischen Kirche auf dem Werder über das Thema *L'amour de la patrie* lassen Ancillon als treuen Diener seines Königs erkennen. Friedrich Wilhelm II. beruft ihn als Historiker an die Kriegsakademie, Ancillons erste politische Wirkungsstätte.

Als Friedrich Wilhelm III. 1797 den Thron bestieg, war Ancillons Einfluß bereits groß. Er hatte inzwischen mehrere historische, literarische und philosophische Werke veröffentlicht, die ihn als Mann der Mitte und des Ausgleichs erscheinen ließen, wie z. B. seine *Mélanges de littérature et de philosophie* zeigen, die in der Bibliothek des Französischen Gymnasiums erhalten sind. Darin sagt Ancillon: *Placé entre la France et l'Allemagne, appartenant à la première par ma langue … à la seconde par ma naissance, mes études, mes principes, mes affections, et, j'ose le dire, par la couleur de ma pensée, je désirois pouvoir servir de médiateur … entre les deux nations.*

Diesen Mann also ernannte der König 1808 zum Prinzenerzieher und 1810 zum Lehrer des Kronprinzen, des späteren Königs Friedrich Wilhelms IV. In seiner Eigenschaft als Erzieher des Thronfolgers reiste Ancillon 1814 mit seinem königlichen Schützling nach Paris, wo er u. a. auch mit seinen etwas älteren Schulfreunden Jean Henry und Paul Erman zusammentraf.

Ancillon schrieb gleich flüssig in deutscher und französischer Sprache, und so sind seine Werke, von denen die Staatsbibliothek Preußischer Kulturbesitz eine stattliche Reihe aufbewahrt, teils in Paris und teils in Berlin erschienen. Sein Hauptwerk *Tableau des révolutions du système politique de l'Europe* publizierte er 1806 zunächst in Paris und wenig später in deutscher Übertragung in Berlin. Dies war ein durchaus konservatives, dem politischen Denken des 18. Jahrhunderts verpflichtetes Werk, in dem er die französische Revolution als Bedrohung des monarchischen Prinzips, des Hauses Preußen und des religiös fundierten europäischen Gleichgewichts brandmarkte. Sowohl die französische als auch die deutsche Fassung sind in der Bibliothek des Französischen Gymnasiums vorhanden.

Das *Institut de France* würdigte Ancillons europäisches Geschichtsbild, indem es ihn 1810 als Erben von Leibniz feierte. Schon 1803 war Ancillon zum Historiographen des Königshauses, wie einst sein Großvater Charles Ancillon, und gleichzeitig zum außerordentlichen Mitglied der Akademie ernannt worden; 1805 ist er bereits ihr ordentliches Mitglied, 1810 bis 1815 Sekretar der Philosophischen Klasse und ab 1832 bis zu seinem Tode »Sekretar Veteran«.

Beim Tode der Königin Luise am 19. Juli 1810 wurde Ancillon mit der Totenrede betraut, und diese Rede zeugte von einer so warmherzigen Verehrung der Königin und einem so intensiven Mitgefühl mit ihrer Familie, daß sie als Symbol der Trauer, aber auch des Lebenswillens des geschlagenen preußischen Volkes verstanden wurde. Napoleon setzte die auf Flugblättern verbreitete Rede auf den Index und ließ sorgfältig darauf achten, daß kein einziges Exemplar nach Frankreich eingeschmuggelt wurde.

Ancillons Gunst beim König bewirkte, daß auch dessen Minister, der Freiherr vom Stein und Fürst Hardenberg, Ancillon in die Durchführung der preußischen Reformen einbezogen. Ancillon wurde Ende 1810 zum Staatsrat ernannt und mit dem Schwarzen Adlerorden ausgezeichnet. Vier Jahre später beginnt Ancillons Karriere im Außenministerium, wo er eine Politik der Vermeidung politischer Risiken, der Vermittlung gegenüber Frankreich vertrat, wie sie zuvor von Jean Guillaume Lombard vertreten worden war, in der deutsch-französischen Politik Ancillons geistigem Vorgänger.

Bei den Friedensverhandlungen nach Napoleons Sturz konnte Ancillon seine Überzeugung durchsetzten, »daß der Same zu neuen fortwährenden Kriegen ausgestreut würde«, wenn Frankreich gezwungen werde, Elsaß-Lothringen abzutreten. Wie recht Ancillon hatte, erweist die europäische Geschichte nach 1870.

1825 ist Ancillon bereits zum Leiter der Politischen Abteilung des Außenministeriums aufgestiegen, und sechs Jahre darauf, im Juni 1831, ernennt Friedrich Wilhelm III. ihn zu seinem Außenminister.

Die französischen Biographen Ancillons loben sein Maß, *sa mesure honnête et convenable*, und verzeichnen, er sei immer ein Mann der Mitte, *du juste milieu*, gewesen. Sein politisches Bekenntnis liegt in dem zweibändigen Werk vor, dem er den Titel gegeben hat: »Zur Vermittlung der Extreme in den Meinungen«. Es erschien in Berlin 1828 bis 1831. Gleichzeitig publizierte Ancillon in Paris sein politisches Testament *Pensées sur l'homme, ses rapports et ses intérêts*. Das Schlußprotokoll des Wiener Kongresses vom 12. Juni 1834 trägt folgerichtig auch die Unterschrift Ancillons. Sein wichtigstes Verdienst liegt darin, daß es ihm gelang, in den schwierigen Jahren nach dem Sturz Napoleons die preußisch-französischen Beziehungen wiederzubeleben und neu aufzubauen. Sein höchstes Lob erblicken wir in Neithardt von Gneisenaus verächtlichem Wort von dem »Hofpfaffen«, der »feigsten Entschlüsse Fürsprecher« – und in den Haßtiraden der deutsch-nationalen Kritiker, die Ancillon sogar noch nach seinem Tode verfolgen. Dabei ist nicht zu vergessen, daß Ancillon ein Gegner der Liberalen war und Preußens Entwicklung zum Verfassungsstaat blokkierte. Seine Frankophilie war auch Ausdruck dieser Haltung. Er war ein typischer Vertreter der Restauration, Anhänger des monarchischen Prinzips und in vielem ein Mann des *Ancien Régime* und des – französischen – 18. Jahrhunderts, der seinen politisch engagierten, liberalen Zeitgenossen als eigentümlich unmodern, ja reaktionär erscheinen mußte. Zu Beginn des 19. Jahrhunderts erschien Vermittlung zwischen Preußen und Frankreich als politischer Anachronismus.

Ancillon hat es verstanden, frankophil zu sein und gleichzeitig preußisch-patriotisch. Er war ein Anhänger der Idee eines Bundes der Großmächte zu einem Schiedsgericht, das wenigstens in Europa Zwistigkeiten beilegen sollte, Vorläufer also des Völkerbundes und der heutigen Vereinten Nationen.

Seine politische Karriere vermochte Ancillon mit seinen Aufgaben am Französischen Gymnasium zu verbinden. 1815 kehrte er als *Inspecteur* an die Schule zurück. Wir lesen im Jahresbericht: *Mr. le Conseiller privé de légation Ancillon ... a bien voulu reprendre dans le Conseil Académique la place qu'il y avoit occupée autrefois comme représentant du département, et promettre de continuer à l'institut les services si essentiels qu'il lui a rendus en cette qualité.*.

In der Tat hatte Ancillon auch in den schwierigen Jahren vor 1815 nicht aufgehört, für die Schule zu arbeiten. Er war im Auftrage der Kirche mit Fragen der Lehreranstellung, ihrer Besoldung und überhaupt der Finanzierung der Schule befaßt, die klare und ästhetisch ansprechende Handschrift Ancillons begegnet uns in den Archiven auf Schritt und Tritt.

Als Ancillon am 19. April 1837 starb, beklagte Friedrich Wilhelm III. den unersetzlichen Verlust. Aber Ancillons Lehre von der Vereinbarkeit der deutschen und französischen Interessen wirkte weiter in der Politik Friedrich Wilhelms IV., der seines einstigen Lehrers Vermächtnis im Interesse des deutsch-französchen Interessenausgleichs zu verwirklichen verstand. Erst mit dem Tode Friedrich Wilhelms IV. ging diese von Ancillon geprägte Ära zu Ende.

Im Jahresbericht von 1837 lesen wir in Auguste Fourniers Nachruf: *Son nom européen et historique le met bien au dessus des éloges... Homme de lettres et homme d'état, philosophe et politique également distingué, il n'a pas discontinué jusqu'á la fin de sa vie de consacrer une partie de son précieux temps à un institut qu'il chérissait... le souvenir et le modèle de ses mérites éclatants se montreront bienfesants et utiles encore aux générations à venir.*

Prophetische Worte, die 150 Jahre nach ihrer Formulierung ihre Wahrheit erwiesen haben dürften: Ancillon nannte sich einen *médiateur* zwischen Frankreich und Deutschland. Diese Vermittlerrolle aber hat die Schule, haben seine Lehrer und ihre Schüler auch weiterhin gespielt, spielen sie heute und werden sie auch in Zukunft spielen.

Das Grabmal Ancillons auf dem Friedhof der Französischen Gemeinde, ein Werk Karl Friedrich Schinkels, trägt als Inschrift die Worte, die der König für seinen einstigen Lehrer einmeißeln ließ:

Frédéric Ancillon était distingué par son savoir et par son éloquence, par la profondeur de son esprit et par l'élévation de son caractère, par la grande sensibilité de son cœur et par sa sincère piété. Le souvenir des services qu'il a rendu à l'église et la patrie ne périra point. Le Roi Frédéric Guillaume IV, son élève, lui a fait ériger ce monument et bénit sa mémoire. (Lit. Nr. 14, 15, 19, 21–23, 204–211)

Jean Michel Palmié
Der siebte Direktor
(1767–1841)
Übergang der Schule in staatliche Verwaltung

Ein halbes Jahr jünger als Guillaume Lombard und Frédéric Ancillon ist Jean Michel Palmié, am 4. Oktober 1767 geboren.

Wir treffen auf seinen Namen in den Jahresberichten zum ersten Mal im Jahre 1783, als er die dem *Primus* vorbehaltene traditionelle Rede zum Geburstag des Königs hält und den Preis für Hebräisch erringt. Im Jahre darauf bekommt er ihn ein zweites Mal, 1785 ist er Preisträger in Rhetorik, 1786 erhält er den Preis für Mathematik. Im gleichen Jahr besteht er das Abitur. Schon seit 1781, seit seiner Einsegnung, wohnt er im Predigerseminar, das er erst sieben Jahre später verläßt, als er sein theologisches Examen abgelegt hat. Er ist inzwischen Freimaurer geworden.

Drei Jahre dauert seine Kandidatenzeit, bis er 1791 zum Hilfsprediger an die französische Kirche auf dem Werder berufen wird. Weitere drei Jahre später rückt Palmié in die dritte Predigerstelle auf, 1810 in die zweite und 1814 in die erste, die er von Jean Pierre Erman bei dessen Tod übernahm. Als Palmié 1815 im Alter von 48 Jahren zum Direktor des Französischen Gymnasiums berufen wurde, behielt er seine Pastorenstelle bei, wie zuvor auch Jean Pierre Erman. In beiden Stellungen wurde Palmié also Ermans Nachfolger.

Jean Michel Palmié hatte während seiner Kandidatenzeit auch Genf und Paris besucht und spezialisierte sich am Französischen Gymnasium auf Vorlesungen über französische Literatur. Er war der erste Direktor, der nicht mehr gleichzeitig mit der Professur für Rhetorik die Schule zu leiten hatte. Jetzt war das strenge Klassenlehrersystem abgelöst worden durch das dem Wissenschaftsfortschritt eher angepaßte Fachlehrersystem. Seit Gründung der Berliner Universität waren die philosophischen Studien an die Hochschule verlagert worden, die *Classe de Philosophie* hatte ihre Berechtigung verloren und damit auch der Vorbereitungskurs in der *Classe de Rhétorique*. An ihre Stelle traten die »Unterprima« und die »Oberprima«. Die einzelnen Lehrfächer wurden jetzt von Fachleuten erteilt, die ihr Fach in mehreren Klassen unterrichteten, Palmié selbst französische Literatur in Prima und Secunda.

Die Einführung des Fachlehrersystems, ein für das Niveau der Schule an sich glücklicher Gedanke, wurde leider sehr bald *ad absurdum* getrieben. Denn in manchen Klassen gab es für ein und dasselbe Fach bis zu drei Lehrer, jeder unterrichtete auf seinem Spezialgebiet, interpretierte seinen Lieblingsschriftsteller, so daß das Ganze unter dem Stückwerk leiden mußte.

Palmié war als erster Direktor nicht zuvor Lehrer am Französischen Gymnasium gewesen, dem Kollegium gegenüber und vor den Schülern gewiß ein Nachteil. Aber er besaß das Wohlwollen der Schulverwaltung und verstand es besser als Jean Pierre Erman, sich auf die Forderungen der staatlichen Schulaufsicht einzustellen. Die Akten im Zentralen Staatsarchiv in Merseburg und

Jean Michel Palmié
Bronzemedaille von Christoph Carl Pfeuffer (1801–1861)

Jean Michel Palmié
(4. 10. 1767–3. 6. 1841) Le septième Directeur
Le Collège passe sous le contrôle administratif de l'Etat.

Après son baccalauréat au «Collège François», Palmié fit ses études de théologie. A partir de 1791 il exerça comme prédicateur à l'Eglise française de Werder. En 1814 il fut promu premier prédicateur et un an plus tard fut nommé, à 48 ans, Directeur du Lycée Français. Dans ces deux fonctions Palmié était le successeur de Jean Pierre Erman; il les exerça toutes deux simultanément.

Palmié fut le premier Directeur à n'avoir pas été, avant, professeur au Lycée Français. Mais il jouit de la bienveillance du Consistoire et sut, mieux que Jean Pierre Erman, se plier aux exigences du contrôle exercé par l'Etat sur l'Ecole.

Après que, suite au transfert des études de Philosophie à l'Université, la «Classe de Philosophie» et la «Classe de Rhétorique» dispensant cet enseignement, eurent perdu leur raison d'être, on instaura à leur place la «Unterprima» (Première) et la «Oberprima» (Terminale). Les différentes disciplines furent désormais enseignées par des spécialistes, qui exerçaient dans plusieurs classes. Palmié lui-même enseignait la littérature française en Première et Seconde. Le français désormais n'était plus utilisé comme langue d'enseignement qu'à partir de la Troisième. Cela signifiait une brèche importante dans la tradition francophone de l'Ecole, mais c'était cependant, au vu du nombre croissant d'élèves allemands et de l'assimilation de la colonie française au milieu allemand, une mesure indispensable pour assurer la survie du Collège.

Par sa tolérance et sa bonté Palmié fut pour beaucoup un exemple, mais, grâce à sa magnanimité, beaucoup d'élèves furent admis, qui n'avaient pas les qualités requises pour l'enseignement scientifique, si bien que l'Ecole, sous sa direction, fut affublée, dans la bouche des Berlinois, du surnom ambigu de «Collège des Réfugiés», en fait des réfugiés d'autres écoles! En l'espace de dix ans, le nombre des élèves était passé de 118 à 277.

L'année de son 70ème anniversaire Palmié quitta ses fonctions de Directeur; il resta cependant lié, jusqu'à sa mort, à l'Ecole, comme membre du «Conseil Académique».

im Staatsarchiv Potsdam legen ein beredtes Zeugnis ab von den Schwierigkeiten, die der Übergang der Schule aus der kirchlichen in die staatliche Obhut mit sich brachte.

* * *

Durch Reskript vom 7. Dezember 1689 hatte der Kurfürst der französischen Kolonie eine selbständige Kirchenverwaltung versprochen. Am 5. Mai 1694 wurde sie in Gestalt der *Commission Ecclésiastique* gegründet, die unter der Leitung Ezechiel von Spanheims stand und am 26. Juni 1701 von König Friedrich I. in das *Consistoire Supérieur* überführt wurde, oberste geistliche Behörde aller französischen Kolonien in Preußen und mit allen Rechten und Befugnissen des deutschen Oberkonsistoriums ausgestattet. Der *Conseil des Inspecteurs* des Collège arbeitete unter der Aufsicht des *Consistoire Supérieur*, das die Schulbehörde des Collège darstellte.

Die preußische Städteordnung vom 19. November 1808, wichtigstes Projekt innerhalb der Stein-Hardenbergschen Staatsreform, postulierte gleiche Rechte für alle Bürger. Das *Consistoire Supérieur* hörte gemäß Kabinettsorder König Friedrich Wilhelms III. vom 30. Oktober 1809 zu bestehen auf. Alle Schulangelegenheiten wurden der Sektion für Cultus und öffentlichen Unterricht im preußischen Innenministerium übertragen.

Die französische Kolonie wehrte sich vehement gegen den Entzug ihrer Privilegien. Die Unterlagen des Geheimen Staatsarchivs in Merseburg belegen jeden Akt dieses Dramas:

19.11.1808	–	Städteordnung
25. 1.1809	–	Eingabe der Familienhäupter
28. 2.	–	Abschlägige Antwort
15. 3.	–	Eingabe des *Conseil académique*
22. 3.	–	Eingabe der Berliner Gemeinde
28. 3.	–	Eingabe Ermans als ältestem Pastor
8. 6.	–	Erneute abschlägige Antwort
9. 8.	–	Abermalige Intervention Ermans
5. 9.	–	Gutachten Wilhelm von Humboldts dazu
30.10.	–	Kabinettsorder über die Aufhebung des *Consistoire*
9.11.	–	Erneute Eingabe des französischen Oberkonsistoriums
15.11.	–	Publikation des Aufhebungsdekrets

Das letzte Wort war gesprochen, aber die Kolonie paßte sich nur schwer der neuen Lage an. Obgleich auch ein Mitglied der französischen Kirchenleitung, nämlich Deleuze de Lancizolle, in die Sektion berufen wurde und damit die Präsenz des ehemaligen Oberkonsistoriums gewahrt blieb, halten die Rückzugsgefechte noch Jahre an. Erst als Erman 1813 endlich die schon 1809 in Humboldts Gutachten vorgeschlagene Pensionierung angenommen hat, ist der Weg frei.

Jean Michel Palmié genießt das Vertrauen der Sektion und der Kirche, er geht unbefangen an die Gestaltung der Schule im Rahmen der neuen Strukturen heran. Er hält sich an die Anordnungen der Sektion, in der er in Gestalt Deleuze de Lancizolles einen Vertrauensmann besitzt, aber er sieht im *Conseil académique*, der seine Kompetenz als direktes Kontrollgremium bewahrt hat, seine direkten Vorgesetzten, denen er Rechenschaft schuldet. Durch sein geschicktes Verhalten kann er den *Conseil académique* stabilisieren und findet in ihm einen Transmissionsriemen gegenüber der Sektion einerseits, von der er als Direktor abhängig war, und andererseits gegenüber der Kirche, deren Pastor er blieb.

Verantwortlich fühlte sich Palmié nur dem *Conseil académique*, so daß er den Übergang der staatlichen Kompetenzen von der Sektion 1817 zum Konsistorium beim Oberpräsidenten und von dort 1825 zum Oberschulkollegium als staatlicher Schulbehörde nur sehr indirekt und gemildert zu spüren bekam.

Die Querelen, die Erman seine letzten Direktorenjahre vergällt hatten, blieben bei Palmié aus. Er konnte sich daher – wie Erman in seiner Frühzeit – ganz seinen pädagogischen Reformplänen zuwenden.

* * *

Am 30. Juli 1816, im Jahre nach seiner Ernennung zum Direktor, ist die Neukonzeption der Schule vollendet. Der Etat schnellt um 2000 Taler auf 5898 Taler hoch, der Staat läßt sich die Reform etwas kosten. Fortan gibt es vier Lehrstühle am Collège: für Physik und Mathematik, für die Alten Sprachen, für *éloquence* und für Geschichte.

Die Schüler werden auf sechs Klassen verteilt, die oberen jeweils von zweijähriger Dauer.

Eine Eingabe von Palmié schließt mit einem für die Zukunft bedeutungsvollen Abschnitt: *le conseil croit devoir consacrer en principe que dans les trois classes supérieures le françois seroit l'instrument général de l'instruction et que tous les objets d'enseignement y seroient traités exclusivement dans cette langue: tandisque dans les trois autres classes, il y seroit traité comme but principal de l'instruction, afin d'y préparer les élèves à comprendre les leçons et les maîtres qui les attendent dans les classes supérieures.* In Sexta, Quinta und Quarta sollte nunmehr erst in die Verwendung des Französischen als Unterrichtssprache eingeführt werden, ein schwerer Einbruch in die frankophone Tradition der Schule, vermutlich aber angesichts der wachsenden Zahl deutscher Schüler und in Anbetracht der Assimilation der französischen Kolonie im deutschen Milieu eine erforderliche Maßnahme, um den Fortbestand der Schule zu sichern. Palmiés Reform wurde hier richtungweisend für das ganze 19. Jahrhundert und weiter ins 20. hinein: Noch die offiziellen Stundentafeln der siebziger Jahre des 20. Jahrhunderts wiesen das Französische aus als Unterrichtssprache vom achten Schuljahr an, von Klasse 5 bis 7 also noch nicht. In der Realität allerdings war das Palmié-Modell bereits seit 1975 schrittweise verlassen worden – das Französische war als Unterrichtssprache ins siebente Schuljahr vorgedrungen und hatte in Biologie und Erdkunde bereits das sechste erreicht – Konsequenz aus dem Postulat gemeinsamen frankophonen Unterrichts mit den Kindern aus den Familien der französischen Militärregierung.

Als Palmié die Schule übernahm, hatte sie 118 Schüler. Zehn Jahre später waren es 277. Aber durch Palmiés Gutmütigkeit fanden auch Schüler Aufnahme, die für eine wissenschaftliche Laufbahn kaum geeignet waren, so daß die Schule während seines Direktorats im Berliner Volksmund den zweideutigen Titel *Collège des Réfugiés* erhielt. Als sich Palmié 18 Jahre nach Übernahme des Direktorats bewußt wurde, daß er nicht die Kraft haben würde, diesen Zustand zu beenden, erbat er seinen Abschied, der ihm aber erst fünf Jahre später, 1837, bewilligt wurde, im Jahre seines siebzigsten Geburtstages. Er war inzwischen zum Konsistorialrat der Provinz Brandenburg befördert und mit dem Roten Adlerorden ausgezeichnet worden.

Palmié ging nach seiner Pensionierung in den *Conseil Académique* über und wurde dort Nachfolger von Guillaume Mila. Er blieb der Schule bis zu seinem Tode als Mitglied in diesem Kontrollgremium verbunden.

Palmié war schriftstellerisch nicht produktiv. Nur eine Predigt wurde gedruckt, sein *Sermon prononcé le 10 juillet 1831 à la fête de la dédicace du nouveau temple du Werder.* Zu den Jahresberichten des Französischen Gymnasiums von 1815 bis 1825 steuerte er jeweils den Leitartikel bei. Die liebevolle Würdigung seines Vorgängers Jean Pierre Erman war der Gegenstand seines im Druck vierzig Seiten umfassenden *Discours d'installation* vom 16. Oktober 1815. Demgegenüber wirkt seine eigene Laudatio aus der Feder Auguste Fourniers mit sieben Seiten eher dürftig, die Ode zu seinem Abschied vergleichsweise konventionell.

Palmié setzte sich mit Erfolg für die Ausweitung des Unterrichts in französischer Literatur ein. Der Fächerkanon umfaßt nun zehn Fächer, nämlich *Religion, Hébreu, Grec, Latin, Français, Allemand, Histoire, Mathématiques, Physique, Philosophie,* die durchschnittliche Wochenstundenzahl der Schüler liegt bei 32, nicht anders, als das auch heute noch der Fall ist.

Palmié hat sich unter den Direktoren durch seine Menschlichkeit einen besonderen Platz erworben: Niemandem, ob Schüler oder Lehrer, konnte er einen Wunsch abschlagen!

Darin lag aber auch eine erhebliche Führungsschwäche. Pünktlichkeit und Pflichterfüllung von Schülern und Lehrern mußten darunter leiden.

Palmié starb am 3. Juni 1841. Seine Kräfte hatte er im Dienst des Französischen Gymnasiums verzehrt. Durch seine Toleranz und Güte war Palmié vielen ein Vorbild.

Nach seinem Tode entbrannte zum ersten Mal in der Geschichte des Französischen Gymnasiums ein Kampf um die Nachfolge, in dem auch die Frage diskutiert wurde, ob es erforderlich sei, daß der Direktor der Kolonie entstammen und die französische Sprache beherrschen müsse! (Lit. Nr. 219–221)

Jean Philippe Gruson
Mathematiker
(1768–1857)
Fortschritte in Mathematik

Die Reihe der bedeutenden Mathematik-Professoren am Collège François hatte 1689 mit Philippe Naudé begonnen und sich mit Abel Burja im 18. Jahrhundert fortgesetzt. Exponent der Mathematik in der ersten Hälfte des 19. Jahrhunderts war Jean Philippe Gruson, dem wir uns nun zuwenden wollen.

Am 2. Februar 1768 in Magdeburg geboren und der dortigen französischen Gemeinde zugehörig, fand Gruson im Alter von 19 Jahren seine erste Anstellung, und zwar an der preußischen Kriegs- und Domänenkammer seiner Vaterstadt.

Im Alter von 21 Jahren erfand Jean Philippe Gruson eine Rechenmaschine, die allen damals bekannten mechanischen Rechenhilfen überlegen war und dem jungen Professor einen Ruf nach Berlin eintrug.

Zunächst lehrte Gruson seit 1794 Mathematik an der Kadettenschule. Vier Jahre später, Gruson ist gerade dreißig Jahre alt geworden, zieht er in die Akademie der Wissenschaften ein, das entsprechende Dekret war die erste Ernennung, die König Friedrich Wilhelm III. nach seiner Krönung vornahm.

Die Berliner Bildungsinstitute bewarben sich der Reihe nach um Grusons Mitarbeit. Ab 1799 war er Lehrer an der Bauakademie und erhielt 1810 den Lehrstuhl für Mathematik an der neu gegründeten Berliner Universität, um schließlich, im Jahre 1817, auch noch den durch Paul Ermans Ausscheiden vakant gewordenen Posten des Mathematikers am Französischen Gymnasium zu übernehmen, der den Lehrauftrag für Physik in sich schloß. Im Jahresbericht von 1818 heißt es: *Malgré les nombreux devoirs que lui imposent ses places honorables, Mr. Gruson s'est prêté avec le plus vif empressement aux vœux du collège qui se félicite de le compter au nombre de ses maîtres.*

Gruson war in der mathematisch-wissenschaftlichen Öffentlichkeit Berlins zu dieser Zeit bereits eine Berühmtheit. Nach der Erfindung seiner Rechenmaschine, die er in der Folgezeit laufend verbesserte, wendete er sich anderen mechanischen Rechenhilfen zu. Er erfand mehrere Rechenstäbe, zunächst für Addition und Subtraktion, später auch für Multiplikation und Division. Dann arbeitete er an Tabellenwerken. Seine erste Rechentabelle trägt den Titel: »Tabelle, vermittels welcher man auf eine leichte Art den Preis jeder Menge von Dingen, und für jeden Werth derselben zu finden im Stande ist.« Nach der Währungsreform von 1811 veröffentlichte Gruson ein »Kleines Hand- und Hülfsbuch zur Ersparung des Ausrechnens bei dem Ein- und Verkauf nützlicher Bedürfnisse, nach der neuen … Münzsorte, den Thaler zu 30 Groschen und den Groschen zu 10 Pfennigen«. Logarithmentafeln, trigonometrische und »andere nützliche Tafeln, zum Gebrauch für Schulen« folgten bis hin zu Tafeln »über die bei Witwenkassen vorfallenden Wahrscheinlichkeitsrechnungen«.

Jean Philippe Gruson
Anonyme Lithographie

Jean Philippe Gruson
(2.2.1768–16.11.1857) Mathématicien
Progrès en mathématiques.

C'est la découverte, à l'âge de 21 ans, d'une machine à calculer qui valut à Gruson, originaire de Magdebourg, sa renommée à Berlin. Dans les années qui suivirent, tous les établissements d'enseignement de Berlin essayèrent, les uns après les autres, d'obtenir sa collaboration.

A partir de 1794 Gruson enseigna les mathématiques à l'Ecole des Cadets. Quatre ans plus tard il entra, à 30 ans exactement, à l'Académie des Sciences. A partir de 1799 Gruson fut professeur à l'Ecole d'Architecture. Après la fondation de l'Université de Berlin il y obtint la chaire de mathématiques et en 1817 il reprit en outre le poste de professeur de mathématiques au Lycée Français, laissé vacant par le départ de Paul Erman, poste qui englobait également l'enseignement de la physique.

A cette époque Gruson était déjà, dans les cercles mathématiques et scientifiques de Berlin, une célébrité. Parallèlement au perfectionnement de sa machine à calculer il s'intéressa à d'autres instruments pour faciliter les calculs. Il inventa plusieurs règles à calcul, d'abord pour l'addition et la soustraction, plus tard également pour la multiplication et la division. En outre il composa des tables de logarithmes et d'autres tables à calculer. La liste de ses publications scientifiques est longue. Il n'y a pratiquement aucun domaine des mathématiques de l'époque dont Gruson n'ait traité dans ses écrits. On lui décerna pour ses mérites dans les mathématiques «prussiennes» l'Ordre de l'Aigle Rouge.

Il dispensa l'enseignement des mathématiques au Lycée Français durant seize ans. Finalement il y renonça, ne pouvant plus obtenir la discipline dans ses classes. Il était venu à l'Ecole comme successeur de Paul Erman, en 1833 il abandonna son poste au profit du fils de celui-ci: George Adolphe Erman.

Die Reihe der wissenschaftlichen Publikationen Grusons in deutscher und französischer Sprache ist lang, und es gibt praktisch kaum ein Gebiet der damals bekannten Mathematik, über das Gruson nicht geschrieben hat. Für seine Verdienste um die »preußische Mathematik« ist Gruson der Rote Adlerorden verliehen worden.

In den Unterlagen im Staatsarchiv in Potsdam ist das Anstellungsgesuch für Gruson erhalten, von Paul Erman und Frédéric Ancillon am 20. November 1816 gegengezeichnet, sowie die Antwort des Innenministeriums vom 3. Dezember 1816, auch die Bestallungsurkunde vom 20. März 1817. Interessant ist Jean Michel Palmiés Beurteilung Grusons nach dessen erstem Unterrichtsjahr am Französischen Gymnasium. Palmié schreibt an seinen Minister: »Lehrt mit vielem Erfolg; zeigt den lobenswerthesten Diensteifer; genießt der Liebe seiner Schüler, nur mangelt es ihm oft an Strenge zur Handhabung der Disziplin während der Lehrstunden. Was er für sein Fach leistet, weiß ein jeder. Seine neuesten Werke sind...« Es folgt eine Aufzählung von fünf Titeln, Grusons Veröffentlichungen aus den Jahren 1817/18.

Die Prüfberichte der Schulaufsicht waren wenig enthusiastisch. Die Schulräte bemängelten die »grenzenlose Unordnung im Unterricht« und immer wieder den auch schon von Palmié erwähnten Mangel an Disziplin bei den Schülern.

Sein Lehrprogramm umfaßte 1818 je vier Wochenstunden Mathematik in Tertia (Buchstabenrechnen und Geometrie der Ebene), in Secunda (Gleichungen ersten und zweiten Grades, ebenso Geometrie und Stereometrie) und in Prima (Gleichungen höheren Grades, ebene und sphärische Trigonometrie, Kegelschnitte). Fünfzehn Jahre später umfaßt das Programm Stereometrie, Algebra, Trigonometrie, Logarithmik, Analytik, Gleichungen dritten und vierten Grades. Neben die vier Mathematikstunden sind zwei Physikstunden getreten.

Aber die disziplinarische Lage hat sich in Grusons Klassen nicht geändert, so daß er schließlich resigniert und seinen Abschied nimmt. Es heißt im Jahresbericht von 1833: *Mr. le Conseiller et Professeur Gruson, qui depuis 16 ans enseigne les mathématiques dans les classes supérieures, a demandé l'éméritisme. Le Conseil académique, croyant ne pouvoir se refuser à ce vœu... a proposé pour successeur un des anciens élèves du Collège, Mr. le Docteur en Philosophie Erman.*

Philippe Gruson war als Nachfolger Paul Ermans an die Schule gekommen. Nun verzichtet er zu Gunsten von dessen Sohn George Adolphe Erman, wir werden uns mit ihm noch beschäftigen.

In der Bibliothek des Französischen Gymnasiums hat sich nur eines von Grusons Werken erhalten, nämlich sein Buch über den Logarithmus, und zwar in der deutschen Fassung.

Jean Philippe Gruson starb am 16. November 1857, fast neunzig Jahre alt, in Berlin. (Lit. Nr. 14, 15, 222–225)

Theodor Heinsius
Germanist
(1770–1849)
Einführung des Faches Deutsch

Am 6. September 1770 wurde Theodor Heinsius geboren, Sohn eines lutherischen Geistlichen und für den Predigerberuf bestimmt, wie so viele seiner Kollegen, die in der Geschichte des Französischen Gymnasiums eine Rolle gespielt haben.

Heinsius hatte seine Schulbildung am Joachimsthalschen Gymnasium erhalten, wo unter dem Direktor Johann Heinrich Ludwig Meierotto bereits deutscher Sprachunterricht eingeführt war. Heinsius scheint ein Musterschüler seines Direktors und Deutschlehrers gewesen zu sein, denn Meierotto trägt 1790 auf dem Abiturientenzeugnis von Heinsius ein: *Eximiam felicemque operam dedit germanicis literis.*

Heinsius geht – auf Wunsch seines Vaters – zum Studium der Theologie nach Halle, hört dort aber auch philologische Vorlesungen. Nach dem dreijährigen Studiengang kehrt er als Kandidat nach Berlin zurück und wartet auf eine Anstellung. Zum Zeitvertreib arbeitet er an einer deutschen Sprachlehre, die 1798 erscheint und zum Standardwerk der Linguistik der ersten Hälfte des 19. Jahrhunderts geworden ist: in 13 Auflagen erschienen 75 000 Exemplare!

Im Jahre 1795, Heinsius war 25 Jahre alt, wurde er an das Friedrichswerdersche Gymnasium berufen, und von dort um die Jahrhundertwende ans Berlinische Gymnasium zum Grauen Kloster. Inzwischen hatte Heinsius den philosophischen Doktorgrad erworben. In seiner Autobiographie beschreibt er seine schriftliche Lehrerprüfung. Zunächst mußte er aus Plutarch und Ovid übersetzen, dann eine lateinische Abhandlung *de dictatoribus, de consulibus, de praetoribus* schreiben, einen deutschen Aufsatz über die »Erhebung der Vereinigten Niederlande«, geographische Fragen beantworten, die Physik des Kopernikanischen Weltsystems erklären, den Unterschied zwischen Metapher und Allegorie erläutern und schließlich zu einem sprachdidaktischen Thema Stellung nehmen; das ganze in der Zeit von 8 bis 13 Uhr »in einem Raum, welcher nichts als Stuhl und Tisch nebst Papier und Schreibfeder« enthielt.

Im Jahre 1802 wurde Heinsius zum Professor ernannt, und zwei Jahre später lud Jean Pierre Erman ihn ein, den gerade neu geschaffenen Lehrstuhl für deutsche Sprache und Literatur am Französischen Gymnasium einzunehmen. Heinsius war nun bereits ein relativ bekannter »Germanologe« in Berlin.

Zu diesem Zeitpunkt bestand das Französische Gymnasium über ein Jahrhundert. Es hatte sich als frankophones Institut in seiner deutschen Umwelt behauptet. Es war ein französisches Gymnasium geblieben, obgleich mehr und mehr deutsche Schüler hereindrängten und inzwischen sogar die Mehrheit bildeten.

Die Matrikeln des Collège sind im Mai 1945 vernichtet worden, aber wir sind dennoch über die Schülerrelation im 18. Jahrhundert recht gut informiert.

Theodor Heinsius
Lithographie von F. Meyer nach Wilhelm Streckfuss 1844

Theodor Heinsius
(6.9. 1770–18.5. 1849) Germaniste
L'introduction de l'enseignement de l'allemand.

Après sa scolarité au lycée de Joachimsthal, Theodor Heinsius poursuivit ses études de théologie à Halle. Etudiant, il fréquentait aussi les cours de philologie et après son examen professionnel, il utilisa le délai nécessaire pour obtenir un poste à la rédaction d'une méthode d'enseignement de l'allemand. Elle parut en 1797 et devint l'œuvre de référence de la première moitié du XIXeme siècle.

En 1795 Heinsius fut nommé au lycée de Friedrichswerder et, après, au début du siècle suivant, au lycée berlinois du Cloître Gris. En 1802 il fut nommé professeur titulaire. Deux ans plus tard Jean Piere Erman lui proposa la chaire, qui venait d'être créée au Lycée Français, de langue et littérature allemandes.

Au début on avait prévu deux fois deux heures de cours dans les deux classes supérieures, mais très vite Heinsius les fit précéder d'une année supplémentaire d'étude de l'allemand. Dans les deux plus petites de ces classes on enseignait uniquement la langue, tandis que la classe de terminale restait réservée à la littérature.

Heinsius fut le premier professeur d'allemand du Lycée Français. Il fut d'ailleurs le premier professeur de renom qui ne fût pas issu de la Colonie française et qui, de surcroît, selon toute vraissemblance, ne dût qu'à peine parler français. Il fut en cela représentatif d'une nouvelle orientation dans laquelle s'engageait le Collège, qui allait même, à la fin du XIXeme siècle, pousser les traditionalistes francophones dans leurs derniers retranchements. Heinsius n'a pas atteint, Dieu soit loué pour la survie du Lycée Français en tant qu'école francophone, son but véritable: mettre sur pied d'égalité au Collège l'enseignement de l'allemand et du français.

Bernhard Gaster, Direktor in den Jahren nach dem Ersten Weltkrieg, hat in einer Artikelserie in den Gemeinde-Nachrichten aus den Matrikeln referiert. Demnach wurden in dem halben Jahrhundert von 1695 bis 1749 insgesamt 662 Kinder französischer und 259 Kinder deutscher Familien eingeschrieben. Von 1750 bis 1800 waren es 775 »Franzosen« und nun schon 1263 Deutsche, das Zahlenverhältnis hatte sich umgekehrt. Nur 43 Ausländer wurden in dieser Zeit angemeldet, vorwiegend Holländer, Engländer und Italiener. Das Gesamtverhältnis »Franzosen« zu Deutschen betrug demnach in der Zeit bis etwa zur Einrichtung der germanistischen Professur 1437 : 1522. Als Heinsius an die Schule kam, war bereits ein Übergewicht der Deutschen vorhanden. So erklärt sich, daß an Elementarunterricht für Frankophone nicht gedacht wurde, sondern an einen Unterricht wie für normale deutschsprachige Gymnasiasten.

Im Jahresbericht von 1803 erläutert Erman sein germanistisches Vorhaben, *d'associer à l'étude des langues anciennes et de la langue françoise celle de la langue et de la Littérature Allemande, si utile sous tous les rapports, à ceux qui suivent la carrière des études.*

Die Schulreform Ermans hatte bereits den für die Zukunft so bedeutenden Fächern Physik und Mathematik eine neue, wichtige Rolle am Collège zugewiesen. Nun konnte die Schule sich auch nicht mehr den Ansprüchen und Erwartungen ihrer Schüler entziehen, genügend Deutsch gelernt zu haben, um den Vorlesungen an den Universitäten problemlos folgen zu können – so jedenfalls begründet Erman die Einführung des neuen Faches Deutsch.

Dabei darf man nicht verkennen, daß Erman in Zugzwang geraten war – ein weiterer Aufschub der Einführung von Deutschunterricht hätte die Existenz der Schule bedrohen können, denn hundert Jahre nach der Emigration aus Frankreich wurde auch in »reinblütigen« Hugenottenfamilien kaum noch französisch gesprochen. Die Befürworter des Deutschen hatten seit 1772 bereits immer wieder nach Deutschunterricht verlangt, und Erman gab ihnen jetzt, nach 30 Jahren, im Interesse der Schule recht.

Der Lehrplan, ebenfalls im Jahresbericht von 1803 abgedruckt, sah in den beiden Oberklassen je zwei Doppelstunden vor: *la première est consacrée aux principes théoriques de la langue allemande, la seconde à des exercices pratiques.*

Die Sprachregeln werden behandelt, Deklination und Syntax, Stilkunde *(style épistulaire, léger, narratif, descriptif)* und *les auteurs classiques de la nation.* Es sollen Leseübungen, Diktate und Schreibübungen abgehalten werden, die grammatikalische Reinheit der deutschen Sprache ist ein Lernziel, *en s'occupant beaucoup des gallicismes et germanismes.* Deutsche und französische Übersetzungen lateinischer Autoren werden verglichen, und ein literarhistorischer Lehrgang *surtout du dix-huitième siècle* schließt sich an. Aufsatzlehre umfaßt freie und historische, philosophische und moralische Themen, auch Fragen der Tagesgeschichte, aus der Welt der Politik und der *République des lettres.*

Im Jahresbericht von 1804 referiert Heinsius über die von ihm vorgenommene Gliederung des Stoffes. Im wesentlichen bleibt die höhere Klasse der Literatur und die andere der Sprachlehre vorbehalten; 1806 liest sich das so: *Pre-*

mière Classe. Histoire de la littérature allemande jusqu'à nos jours, lecture de fragmens des principaux écrivains. Seconde classe. Exercices de grammaire et de style, soit en classe, soit en particulier. Lecture accompagnée de remarques de plusieurs morceaux des classiques les plus modernes. Troisième Classe. Exercices d'orthographie et premiers élémens de la grammaire.

Heinsius hat also gegenüber Ermans Planung schnell ein weiteres Jahr Deutschunterricht vorausgeschickt. Das ist die Organisationssstruktur, die ein halbes Jahrhundert und bis zum Ausscheiden von Heinsius beibehalten wird. Im Jahresbericht von 1846, dem letzten, an dem Heinsius mitgearbeitet hat, finden wir unter *Première classe: Histoire de la littérature depuis les premiers tems jusqu'à la réformation. – Compositions; récitation de discours composés par les élèves.* Unter *Seconde classe* steht: *Cours de poétique accompagné de l'explication de morceaux choisis des meilleurs poëtes. – Compositions sur des sujets donnés et récitation de discours,* und bei *Troisième classe: Cours de rhétorique élémentaire. Compositions. Exercices de déclamation.* Der Deutschunterricht beginnt jetzt bereits in Sexta, und jedesmal geht es um *Compositions,* Aufsätze, und *Exercices,* Übungen, also offenbar um reinen Sprachunterricht.

Nach der napoleonischen Periode erweist sich das ganze Ausmaß des taktischen Geschicks Ermans bei der Einführung des Faches Deutsch: Jean Michel Palmié kann sich darauf berufen, wenn er im Jahresbericht von 1815 erklärt: *Cette mesure prouvera que le reproche fait quelquefois à l'institut de ne pas cultiver assez la langue nationale n'est pas fondé, que l'on y consacre à cet important objet tout le tems et toute l'attention qu'il mérite.*

Gewiß, das Deutsche verdiente Aufmerksamkeit in dieser Periode des erwachenden deutschen Nationalismus und fand nach Palmiés Worten alle Aufmerksamkeit, die es verdiente – nämlich nunmehr in zwei Klassen vier Wochenstunden, eine Stundenzahl, die auch heute noch vorgesehen ist, jetzt allerdings in allen Klassen vom fünften bis zum zwölften Schuljahr.

Heinsius sah seine Aufgabe darin, den deutschen Sprachunterricht als ebenbürtiges Fach am Collège neben das Französische zu stellen. Diesem Ziel diente auch sein Buch »Der Sprachgerichtshof oder die Französische und Deutsche Sprache in Deutschland vor dem Richterstuhl der Denker und Gelehrten«. Er hat sein Ziel – zum Segen für den Fortbestand des Französischen Gymnasiums als frankophoner Bildungsanstalt – nicht erreicht. Die Glückwünsche zum fünfzigjährigen Dienstjubiläum, abgedruckt im Jahresbericht von 1845, und die *laudatio* anläßlich seiner Pensionierung 1847 wurden auf französisch formuliert. Darin ist die Rede von Anerkennung und Respekt, von der Geradheit seines Charakters, von seiner Begeisterung für alles, was schön und vornehm ist...

* * *

Heinsius hat in den fünfzig Jahren seiner Schultätigkeit eine Vielzahl von Büchern veröffentlicht. 1799 erschien sein Geschichtsband »Der preußische Gesetzeslehrer«, 1800 »Reden und Predigten«, 1801 ein Lateinbuch »Neuer angehender Lateiner«, aber sein Hauptgebiet bleibt doch die deutsche Sprache und Literatur. »Der deutsche Rathgeber« erlebte acht Auflagen, die »Neue deutsche Sprachlehre« vier, die »Kleine theoretisch-praktische deutsche Sprachlehre« dreizehn, sein »Teut, oder ... Lehrbuch der ... Sprachwissenschaft« fünf.

Als Lehrbücher wählte Heinsius jeweils seine eigenen Werke, wie wir aus den Jahresberichten ersehen können, und diese Werke bildeten allmählich eine eigene Bibliothek! Das Interesse an der Nationalsprache, zunächst eine Reaktion auf die Eroberung Europas durch Napoleon, war durch die Befreiungskriege verstärkt worden, und Heinsius scheint dem Rechnung getragen zu haben, indem er Jahr für Jahr neue Handbücher und Lehrwerke erscheinen ließ, Neuauflagen bearbeitete und eine so rege publizistische Tätigkeit entfaltete, daß noch der »Germanistik-Papst« der zweiten Jahrhunderthälfte, Wilhelm Scherer, sein Werk »vollständig und angenehm zu gebrauchen« nannte. Eine Anzahl seiner Werke ist in der Bibliothek des Französischen Gymnasiums vorhanden.

Von 1806 bis 1809 gab Heinsius auch eine Zeitschrift heraus. »Der preußische Hausfreund« erschien wöchentlich zwei- bis dreimal und befaßte sich mit literarischen, philosophischen und politischen Themen. Beim Einmarsch der französischen Truppen kam Heinsius der drohenden Verhaftung wegen patriotischer Äußerungen in dieser Zeitschrift durch die Flucht zuvor, wurde bei seiner Rückkehr nach Berlin im Februar 1807 arretiert und zwei Wochen in der Hausvogtei gefangen gehalten. Auf Intervention seines Direktors Jean Pierre Erman kam er schließlich wieder frei. Der Stadtkommandant, General Pierre-Augustin Hulin, entläßt ihn mit den Worten: *Mr. le Professeur, ne mêlez vous donc pas de ces affaires.*

Heinsius war der erste Deutschlehrer am Französischen Gymnasium. Er war der erste bedeutende Lehrer, der nicht der Kolonie entstammte und vermutlich auch kaum französisch gesprochen haben dürfte. Damit war er Exponent einer neuen Richtung am Collège, die gegen Ende des neunzehnten und in der ersten Hälfte des zwanzigsten Jahrhunderts die frankophonen Traditionalisten sogar in die Defensive drängen sollte.

Theodor Heinsius starb am 18. Mai 1849. Sein Nachruf in den Haude- und Spenerschen Berlinischen Nachrichten läßt ihn als frommen »Biedermann« erscheinen, als Patrioten und Royalisten, als einen Mann des Fortschritts also kaum, viel eher als Reaktionär, der 1848 »mit schwerem Herzen doch der Menge Treiben« zugesehen hatte.

Zwei Jahre zuvor, bei seinem fünfzigjährigen Dienstjubiläum, war Heinsius für seine patriotische Gesinnung mit dem »Rothen Adlerorden« belohnt worden.

Unbekannt ist geblieben, wie er wohl die Funktion eines französischen Gymnasiums im Preußen und Deutschland seiner Epoche gesehen haben mag. (Lit. Nr. 14, 23, 98, 226–233)

Jean Louis de Jordan
Diplomat
(1773–1848)
Stiftungen für die Schule

Jean Louis Jordan wurde am 3. September 1773 als Sohn des berühmten Hofjuweliers Friedrichs des Großen geboren, eines Vetters von Charles Etienne Jordan, mit dem wir uns schon beschäftigt haben.

Jean Louis Jordan war, wie seine Brüder und Cousins aus der verzweigten Familie Jordan, Schüler am Collège François. Im Jahre 1790 hat er die Rede zum Geburtstag des Königs gehalten, sein Thema lautete: *de ingentibus Electoris Friderici Wilhelmi Magni in Reformatorum coetum meritis,* also dem Stil der Zeit entsprechend eine Lobrede auf das Herrscherhaus.

Wie die ganze Generation der zweiten Hälfte des 18. Jahrhunderts war Jordan Schüler Jean Pierre Ermans in der *Classe de Rhétorique* und Samuel Formeys in der *Classe de Philosophie.*

Im Jahr 1791 besteht Jean Louis Jordan die Abiturientenprüfung. Im Jahresbericht heißt es: *Louis Jordan … va se rendre à l'Université de Halle avec des talens distingués et le caractère le plus honnête et le plus aimable, pour y étudier la Jurisprudence.*

Jordan scheint sein Studium in einer Rekordzeit absolviert zu haben. Er ist nämlich schon 1793 als Untersuchungsrichter beim Berliner Stadtgericht angestellt und wird 1796, nach dem Assessorenexamen, an das französische Untergericht in Berlin berufen.

Aber Louis Jordan wollte nicht im Justizdienst bleiben. 26 Jahre ist er alt, als er ins Außenministerium überwechselt, zunächst als tageweise bezahlter »Journalist« ohne festes Gehalt, aber sehr bald schon in unbefristeter Anstellung.

Bereits nach drei Jahren, 1802, wird er zum Kriegsrat ernannt. In diese Zeit fällt seine Zusammenarbeit mit Jean Guillaume Lombard, dem sechs Jahre älteren ehemaligen Mitschüler am Collège, den wir als Vermittler gegenüber dem Frankreich Napoleons kennengelernt haben.

In den Jahren der napoleonischen Expansionspolitik hatte Louis Jordan eine Reihe schwieriger Aufgaben zu lösen. Er gehörte 1806 der preußischen Delegation bei den Übergabeverhandlungen in Ansbach an. Mit der Vorhut der französischen Truppen kam er nach Berlin und fungierte als preußischer Unterhändler bei den Kapitulationsverhandlungen Berlins. Seine Audienzen bei Napoleon, dem er in der preußischen Delegation als Sprecher gegenübertrat, endeten jedesmal mit einem Fiasko. Dennoch erreichte Jordan seine Ziele, denn bei aller Gefolgschaftstreue zum preußischen Herrscherhaus, insbesondere zu seinem unmittelbaren Vorgesetzten, dem Fürsten Karl August von Hardenberg, gelang es Louis Jordan, zu den französischen Generälen der Besatzung Beziehungen anzuknüpfen. Mit Pierre-Antoine Daru arbeitete er im Berliner *Comité Administratif* zusammen, dem Berliner Stadtkommandan-

Jean Louis de Jordan
Lithographie von Alexander Friedrich Werner (1827–1908)

Jean-Louis de Jordan
(3.9.1773–4.9.1848) Diplomate
Des donations pour le Collège.

Jean-Louis Jordan était le fils d'un cousin de Charles Etienne Jordan. Comme ses frères et ses cousins Jean-Louis fut élève du «Collège François».

Après son baccalauréat, il fit à Halle des études de droit. A 26 ans il passa du service de la Justice au Ministère des Affaires étrangères, où il devint en 1802, nommé entre temps Conseiller pour la guerre, le collaborateur de Jean Guillaume Lombard. Durant les années de politique expansionniste de Napoléon, Jordan dut régler nombre de missions difficiles. En 1806 il fut le négociateur officieux de la Prusse lors des tractations sur la capitulation de Berlin. Grâce à son intervention fréquente et à ses relations avec les généraux français occupants, plus d'une mesure fut adoucie, voire même écartée. Comme auparavant Lombard, et plus tard Ancillon, Jordan fut lui aussi l'objet d'accusations malveillantes, mais il réussit pour sa part à conserver la confiance du Prince de Hardenberg, son supérieur immédiat, même au-delà des années d'occupation. Ses succès lors des négociations avec les gouvernants français pendant le Blocus Continental furent récompensés par une promotion au poste de Conseiller d'Etat, en 1810.

En reconnaissance de ses mérites comme membre de la délégation prussienne au Congrès de Vienne, le Roi Frédéric-Guillaume III l'anoblit. Jusque là Jordan avait été, comme Lombard et Ancillon, l'un des rares membres de la bourgeoisie à accéder aux plus hautes fonctions de l'Etat de Prusse.

En 1819 Jordan fut chargé, en tant qu'Ambassadeur extraordinaire et Ministre plénipotentiaire, de la représentation diplomatique prussienne à Dresde.

Dans son testament Jordan légua au Lycée Français la somme de 20000 Taler (60000 Mark-or). Les intérêts de ce capital furent employés, selon les dispositions testamentaires, et jusqu'à la dévaluation qui suivit la première Guerre mondiale, à augmenter les retraites des anciens professeurs et à améliorer celles des veuves. Le «Legs Jordan» vint en complément de la «Bourse Oelrichs» et du «Prix Monod», deux donations destinées aux anciens, voire aux acutels élèves du Lycée.

ten, General Pierre-Augustin Hulin, nötigte er durch seine Haltung Vertrauen und Achtung ab. Dies kam Berlin zugute, indem manche harte Maßregel auf Jordans Vorstellung gemildert wurde oder ganz unterblieb. Dennoch, oder gerade deshalb, war Jordan wie zuvor Lombard und später Ancillon Verleumdungen und Anfeindungen ausgesetzt, wurde er als Franzosenknecht beschimpft.

Anders als Lombard gelang es Jordan jedoch, das Vertrauen des Fürsten von Hardenberg, das er durch Fleiß, Dienstbeflissenheit und Arbeitseifer gewonnen hatte, auch über die Besatzungsjahre hinaus zu bewahren.

Im Jahre 1810 wurde Jordan zum Staatsrat befördert, weil er während der Kontinentalsperre in den Verhandlungen mit den französischen Machthabern erfolgreich war. Seine Verbindungen zu den Repräsentanten Napoleons, mit denen er in Berlin zusammengearbeitet hatte, konnte er bei diplomatischen Missionen in Paris 1812, 1813 und 1815 im Interesse Preußens nutzen. Der Marschall Louis-Nicolas Davout, Verhandlungspartner Jordans, hat seine Anerkennung in die Worte gefaßt: *Vous êtes un brave homme.*

Im Jahre 1814 führte ihn eine besondere Mission nach England. Nach seiner Rückkehr wurde er zum Geheimen Legationsrat ernannt und in die preußische Delegation beim Wiener Kongreß berufen. Dort gelang es ihm, das Vertrauen des Fürsten Klemens Wenzel von Metternich zu erringen. In diese Zeit fällt auch seine Zusammenarbeit mit Jean Pierre Frédéric Ancillon. König Friedrich Wilhelm III. belohnte Louis Jordan für seine in Wien erworbenen Verdienste, indem er ihn in den Adelsstand erhob. Er gehörte bis dahin – wie Lombard und Ancillon – zu den wenigen Bürgerlichen in hohen Staatsämtern Preußens. Die hugenottischen Vorfahren bedeuteten eine Art Ersatzadel, der sie den Freiherrn, Grafen und Fürsten in der preußischen Politik ebenbürtig machte.

In den Jahren nach Napoleons Sturz entwickelte Louis de Jordan eine rege diplomatische Reisetätigkeit. Wir sehen ihn in rascher Folge in Warschau, Wien und Dresden, wohin er 1819 übersiedelte: Preußen hatte ihn zum Gesandten ernannt. Rund dreißig Jahre blieb Louis de Jordan auf diesem diplomatischen Posten in Dresden, in der Zeit der Wiederannäherung von Sachsen und Preußen. Als sichtbares Zeichen der Dankbarkeit der beiden Monarchen waren ihm der sächsische Verdienstorden und der Schwarze Adlerorden verliehen worden. In seinen »Gedanken und Erinnerungen« berichtet Otto von Bismarck von Witz und Schlagfertigkeit Louis de Jordans: »Unser Gesandter von Jordan in Dresden antwortete auf den scherzhaften Vorschlag, eine seiner vielen Dekorationen abzutreten: *Je vous les cède toutes, pourvu que vous m'en laissez une pour couvrir mes nudités diplomatiques.«* Das Portrait von Franz Krüger, der auch den wenig älteren Paul Erman gezeichnet hatte, läßt den Schalk, der Jordan im Nacken sitzt, deutlich hervortreten.

Louis de Jordan hat ein halbes Jahrhundert lang die mitteleuropäische Politik mitgestaltet. Sein Biograph Heinrich Doering sagt: »Mit seiner Zeit hatte er stets Schritt gehalten. Von dem, was in länger als 50 Jahren in Europa geschehen, war ihm wenig fremd geblieben.« Sein Ziel war es, das Unvereinbare der Übereinstimmung anzunähern, die Extreme in Einklang zu bringen, durch Toleranz Spannungen abzubauen und durch Kompromisse Gemeinsamkeiten zu schaffen. Die Brüche in den deutsch-französischen Beziehungen der ersten Jahrhunderthälfte konnten durch Männer wie Jordan, Lombard und Ancillon überbrückt werden.

Bis in sein 75. Lebensjahr bekleidete Louis de Jordan seinen Posten in Dresden, lange Jahre als Doyen des diplomatischen Corps. Er starb am 4. September 1848.

* * *

Bei der Testamentseröffnung gab es eine Überraschung: Jordan hatte dem Französischen Gymnasium die Summe von 20000 Talern (60000 Goldmark) vermacht. Direktor Gustav Kramer sagt im Jahresbericht von 1849: *Je m'empresse de payer au noble testateur le tribut d'une reconnaissance sincère, d'autant plus que de pareils actes d'une pieuse générosité deviennent de plus en plus rares.*

Die Zinsen des Kapitals wurden den testamentarischen Bestimmungen entsprechend ab 1891 zur Erhöhung der Pensionen ehemaliger Lehrer und zur Aufbesserung der Witwenrenten verwendet. Zum letzten Mal hören wir im Jahresbericht von 1915 von dem Legat. Die Stiftung Jordan hat die Geldentwertung nach dem Weltkrieg nicht überlebt. Es gäbe heute für sie keinen Bedarf mehr.

Anders die Stiftung Oelrichs. Der geheime Legationsrat Johann Karl Eduard Oelrichs hatte in seinem Testament im Jahre 1798 bestimmt, daß die Zinsen eines Kapitals von tausend Talern zu gleichen Teilen alle zwei Jahre zwei erfolgreichen Abiturienten als Studienbeihilfe ausgezahlt werden sollten. In den Jahren dazwischen sollten die Zinsen auf sechs Preisträger verteilt werden. Die Bedingung für die Studienbeihilfe und die Preise war, daß die betreffenden Schüler eine Rede in lateinischer Sprache halten bzw. einen lateinischen Aufsatz oder ein lateinisches Gedicht schreiben sollten. In der Stiftungsurkunde, veröffentlicht im Jahresbericht von 1800, heißt es: ... *on admettra sans distinction de nation tous ceux qui ont fait leurs études au Collège, et passent de là à une Université.* Das Kapital wurde bei der Preußischen Seehandlung eingezahlt und zu 5% verzinst, so daß jährlich 50 Taler zur Verfügung standen. Vom Jahre 1801 an lesen wir die Namen der Preisträger und Stipendiaten in allen Jahresberichten. Hundert Jahre danach beträgt das Stipendium je hundert Mark und die Summe für die Preise *ex fundatione Oelrichsiana* ebenfalls hundert Mark. Zum letzten Male hören wir 1922 von der Stiftung Oelrichs. Direktor Bernhard Gaster schreibt: »... aus den Zinsen der Oelrichs-Stiftung wurde mehreren Schülern ein Zuschuß ... (zum) ... Schulgelde gewährt.« Dann kam die Inflation und damit das Ende der Stiftung Oelrichs. Erst 1986 konnte sie durch Beiträge ehemaliger Schüler wieder neu begründet werden. 1987 ist sie erstmalig wieder verliehen worden. (Lit. Nr. 14, 234–236)

Guillaume Reclam
Altphilologe
(1778–1833)
Die Weiterentwicklung des Unterrichts in Latein und Griechisch

Guillaume François Reclam wurde am 5. Februar 1778 in Berlin geboren. Seinem Vater Frédéric Reclam sind wir schon begegnet: Er hatte mit Jean Pierre Erman die berühmten *Mémoires pour servir à l'histoire des Réfugiés* herausgegeben.

Guillaume Reclam hat in seiner Schulzeit viermal einen Preis errungen. Im Jahresbericht von 1796 lesen wir, Guillaume Reclam habe im Juli seinen Philosophie-Lehrgang abgeschlossen und *avec honneur* das Abiturientenexamen abgelegt.

Schon 1790, Guillaume Reclam war zwölf Jahre alt, hatten die Eltern entschieden, daß er Prediger werden sollte. Er wird ins *Séminaire de Théologie* aufgenommen und bleibt dort seine ganze Schulzeit hindurch und danach noch weitere drei Jahre, bis er das Kandidaten-Examen bestanden hat. Wie die ganze Generation seit Jean Henry und Frédéric Ancillon wird auch er von Jean Pierre Erman zum Prediger ausgebildet.

Nach dem Studium, ab 1801, arbeitet Guillaume Reclam zunächst als Katechet an den verschiedenen Schulen der Kolonie, bis er schließlich zum Französischen Gymnasium zurückkehrt. Jean Michel Palmié, sein späterer Direktor, schreibt: *Placé au Collège en 1802 sur le pié de collaborateur, il obtint en 1807 la régence de la 3me classe.* Seit der Jahrhundertwende wurden junge Lehrer zunächst als Assistenten älterer Professoren angestellt, bis sie eine eigene Stelle erhielten.

Seit 1807 ist Reclam also am Collège als *Régent* tätig, als beamteter Lehrer. Ihm fiel zunächst die Vorbereitung der Schüler auf die *Classe de Rhétorique* zu. In dieser Funktion ist er zuständig für alle philologischen Lehrfächer der Schule, einschließlich Geschichte und Erdkunde.

Nach Jean Pierre Ermans Ausscheiden rückt er hinter dem kommissarischen Direktor Jean Jaques Arlaud und dem Philosophieprofessor Paul Erman bereits auf die dritte Stelle auf. Sein Lehrprogramm erstreckt sich von der *Troisième* über die *Seconde* zur *Première.* Er ist jetzt der Inhaber des altphilologischen Lehrstuhls am Collège und verantwortlich für den Latein- und Griechischunterricht. Sein Programm beginnt mit *Extemporalia latina, … exercices de version du françois en latin, … grammaire latine, … lecture d'Ovide* in Tertia. In Secunda geht es weiter mit den *Extemporalia*, den Übersetzungsübungen *du français en latin*, der Grammatik und der Lektüre von Titus Livius.

Im Griechischen setzt Reclam in Tertia die Grammatik- und Lehrbucharbeit seiner Vorgänger fort und läßt seine Schüler vom Französischen ins Griechische übersetzen. In Prima wird Plato übertragen, im ersten Semester der Phaidon, im zweiten der Ariston, in Tertia zusammen sieben Stunden, in Secunda vier und in Prima zwei.

Zehn Jahre später sind es noch immer sieben Stunden in Tertia, nämlich zwei für Ovid und fünf für Griechisch, in Secunda sind es jetzt fünf Stunden, vier für das Fach Latein und eine für Griechisch, und in Prima zwei Stunden für Horaz und zwei für Herodot und Plato, nun die Apologie des Sokrates. Im Jahre 1825 erhält Reclam den Titel Professor und rückt ganz in Prima auf, wo nun auch Homer zu seinem Programm gehört. Hinzu kommt Religionsunterricht, dem Reclam außer dem Katechismus die Texte des Alten und Neuen Testaments zugrunde legt.

Palmiés Urteil über Reclam ist in der Conduiten-Liste von 1818 im Staatsarchiv Potsdam erhalten. Es lautet: »Die wenige Muße, die ihm seine zahlreichen Amts-Pflichten gönnen, widmet er gewissenhaft dem Studio der Philologie, und richtet sein ganzes Streben dahin, sich als öffentlicher Lehrer immer mehr zu vervollkommnen.«

Die Stundenverteilung von 1830 weist bei Reclam siebzehn Stunden aus, und zwar in Prima Horaz zwei und Homer eine Stunde, in Secunda Xenophon zwei, Homer drei, Vergil zwei und Livius zwei Stunden, dann *Extemporalia* in Latein zwei und in Griechisch eine Stunde, dazu Religion zwei Stunden, ein umfangreiches Programm also und eine erhebliche Arbeitslast, nicht unähnlich der des ersten Altphilologen am Collège Jean de Barbeyrac.

Die Stelle des Altphilologen am Französischen Gymnasium behielt Reclam bis zu seinem Tode, versorgte aber gleichzeitig seine Gemeinde an der französischen Kirche in der Luisenstadt, die ihm 1813 übertragen wurde.

* * *

Die nationale Begeisterung riß auch Reclam 1813 mit. Er zog durch die Kirchen der französischen Kolonie und warb bei den Familienvätern für die Idee der Freiheitskriege, warb um Soldaten für den König. In Guillaume Reclams Nachruf liest sich das so: »Er begeisterte durch seine zündenden Worte die Jünglinge der Gemeinden dazu, mit Freudigkeit dem Ruf ihres Königs zu folgen.« Vermutlich wird er bei vielen auch Erfolg gehabt haben, allerdings ist nur *eine* Reaktion überliefert, nämlich die schon geschilderte des Museumsdirektors Jean Henry, der seinen kampfbegeisterten Sohn kurzerhand in die Schweiz verfrachtete. – Ein Handschreiben des Königs belohnte Guillaume Reclam für seinen rhetorischen Beitrag zum preußischen Sieg.

Im Jahre 1815 ernannte Friedrich Wilhelm III. Reclam zum Lehrer des Prinzen Albrecht und der preußischen Prinzessinnen: Die französische Sprache und Literatur und die lateinischen Klassiker waren seine Lehrgegenstände. Die geplante Ernennung zum Hofprediger allerdings lehnte er ab.

Als Altphilologe am Collège dürfte Reclam den neuen Nationalismus der Jahre nach 1813 kaum propagiert haben können, aber der Partei der Gegner der Frankophonie trat er bei: Er setzte sich für die deutsche Sprache im Gottesdienst der französischen Gemeinden ein und bewirkte hier die Wende: »Man besuchte fleißig seine Vorträge, und oft konnte die Kirche, wo er sie hielt, die

Guillaume Reclam
Lithographie von W. Papin 1827

Guillaume Reclam
(5.2. 1778–19.2. 1833) Philologue des langues anciennes
Le développement de l'enseignement du latin et du grec.

Guillaume Reclam était un fils de Pierre Reclam. Dès sa douzième année Guillaume fut interne au Séminaire de Théologie. Il y fit toute sa scolarité et, à la suite, y étudia encore trois ans jusqu'à son examen de pasteur.

Après ses études, il travailla d'abord comme cathéchiste dans les différentes écoles de la Colonie française avant, finalement, de revenir en 1807 au Lycée Français comme Régent, c'est-à-dire professeur responsable d'une classe. Après le départ de Jean Pierre Erman, Guillaume Reclam reprit la chaire de philologie ancienne, devenant ainsi responsable de l'enseignement du latin et du grec. A son programme de latin, en Troisième, on trouvait: les «Extemporalia latina», des traductions de français en latin, de la grammaire et la lecture d'Ovide. Plus tard il compléta ce programme par la lecture de Titus Livius. En grec Reclam continuait le travail de grammaire et de langue de ses prédécesseurs et faisait faire à ses élèves des traductions de français en grec. Au cours des années de scolarité suivantes on traduisait dans ses cours Platon et Homère.

Reclam conserva son poste de philologue des langues anciennes au Lycée Français jusqu'à sa mort. De plus il s'occupait de sa paroisse de Luisenstadt, qui lui avait été attribuée en 1813. Là, du haut de sa chaire, il incitait à la révolte contre Napoléon. En 1815, Frédéric-Guillaume III nomma Reclam professeur du Prince Albert et des Princesses de Prusse. Reclam déclina la nomination au titre de prédicateur de la Cour qui avait été envisagée.

Comme Theodor Heinsius, Reclam faisait partie des précurseurs d'un mouvement qui devait aboutir à la remise en question du français comme langue d'enseignement, à la fin du XIXeme siècle et au début du XXeme. Dans les années qui suivirent 1813, Reclam se prononça, dans la ligne du nationalisme triomphant, pour l'usage de l'allemand lors des offices religieux de la communauté française, engageant ainsi des changements qui, heureusement, restèrent lettre morte au Collège.

Zuhörer nicht fassen.« Die Söhne und Töchter der Hugenottenfamilien sprachen zwar zu Hause und in der Kirche noch meist etwas Koloniefranzösisch, aber im täglichen Verkehr hatte das Deutsche die Sprache ihrer Vorfahren längst abgelöst, war Deutsch zu ihrer Muttersprache geworden!

Persönlichkeiten wie Theodor Heinsius und Guillaume Reclam wurden zu Vorläufern einer Bewegung, die am Ende des 19. und zu Anfang des 20. Jahrhunderts das Prinzip der französischen Unterrichtssprache am Collège in starke Bedrängnis bringen sollte.

Als Guillaume Reclam am 19. Februar 1833 im Alter von 55 Jahren starb, wurde ein Lehrer betrauert, dessen »mannigfaltiges Wissen und vielseitige Bildung« ihn vor anderen ausgezeichnet hatte. Palmié spricht in seinem Nachruf im Jahresbericht von 1833 von seiner *régularité scrupuleuse*, dem *talent distingué pour l'enseignement*, der *sagesse avec laquelle il exerçoit la discipline*, der *affection qu'il témoignoit à ses disciples.* (Lit. Nr. 237–240)

Adelbert Chamisso de Boncourt
Dichter
(1781–1838)
Ein Franzose wird zum Deutschen

Ein Franzose, ehemaliger Schüler des Französischen Gymnasiums, wird zum deutschen Dichter der Romantik und des beginnenden Realismus: Adelbert von Chamisso, dessen Peter Schlemihl noch heute immer wieder aufgelegt wird, dessen Gedichte und Lieder auch in den modernen »kritischen Lesebüchern« noch eine Rolle spielen – ein *high light* in der Kette der Franzosen, Deutschen, Deutschfranzosen, die aus dem Collège hervorgegangen sind.

Wie richtig es war, daß Französisch als Unterrichts- und Verkehrssprache am Collège François beibehalten wurde, erwies sich, als im Zuge der Französischen Revolution zum zweiten Male französische Flüchtlinge in Berlin Asyl suchten: Ihre Söhne fanden am Collège die Möglichkeit, ihre Bildung, die durch die Flucht unterbrochen worden war, fortzusetzen und zu beenden, wie das an jedem anderen *Lycée* auf französischem Boden hätte der Fall sein können.

Die Gruppe der Emigranten am Ende des 18. Jahrhunderts vertritt Charles Louis Adelaïde Chamisso de Boncourt, der unter dem Namen Adelbert von Chamisso als Dichter und als Botaniker in Deutschland später berühmt wurde. Chamisso wurde am 30. Januar 1781 in Boncourt in der Champagne geboren. Schon 1790 wurde die Familie aus Boncourt vertrieben, das Schloß zerstört. Nach einem kurzen Aufenthalt in Châlons erreichte die Familie Chamissos 1792 deutschen Boden. Sie ließ sich zunächst in Düsseldorf nieder, vor der herannahenden Revolutionsarmee aber mußte sie sich weiter zurückziehen und kam schließlich 1796 nach Berlin.

Chamisso wurde Page im Schloß und erhielt dadurch die erforderliche materielle Sicherung. Sein Dienst dürfte aber mehr nomineller Art gewesen sein, denn von 1796 bis 1798 besucht er das Französische Gymnasium, und zwar in einzelnen Fächern die *Seconde*, seiner Altersgruppe entsprechend, in einigen Stunden die *Classe de Rhétorique* und schließlich die *Classe de Philosophie*.

Die Immatrikulation eines Katholiken war hundert Jahre nach der Gründung der Schule der Hugenotten, die das katholische Frankreich aus Protest verlassen hatten, kein Problem mehr. Zwar gab es nur reformierten Religionsunterricht für die Schüler, es galt der Heidelberger Katechismus, aber wer lutherisch oder katholisch war – sogar »ungetaufte Juden« – durfte durchaus Schüler am Collège sein. Unter Chamissos Mitschülern waren z. B. ein orthodoxer Grieche und ein Anglikaner.

Die Schule sah ihr »Bildungsziel« in erster Linie in der französischen Sprache und Kultur. Wer dieses Bildungsziel teilte, war willkommen, zumal, wenn er, wie Chamisso, authentisches modernes Französisch sprach, ein Französisch ohne kolonialen Akzent, ohne antiquierte Wendungen, sprachliches Modell für Lehrer und Mitschüler!

Adelbert von Chamisso
Zeichnung von Eduard Mandel 1815

Adelbert Chamisso de Boncourt
(30. 1. 1781–21. 8. 1838) Poète
Un Français devient Allemand.

La nécessité de maintenir le français comme langue d'enseignement et de communication au Lycée Français se confirma lorsque, pour la seconde fois, du fait de la Révolution française et des guerres napoléoniennes, des Français obligés de quitter leur pays cherchèrent refuge à Berlin et que leurs enfants y trouvèrent la possibilité de continuer et de terminer dans cette Ecole leur scolarité interrompue par la fuite en exil. Parmi eux se trouvait Charles Louis Adelaïde Chamisso de Boncourt, qui devint plus tard célèbre en Allemagne comme poète et botaniste, sous le nom de Adelbert von Chamisso.

Chamisso fréquenta le Lycée Français de 1796 à 1798. En «Classe de Rhétorique» il obtint le «Prix de François» et ce, bien qu'il eût quitté la France à l'âge de neuf ans et n'eût repris sa scolarité à Berlin qu'à 15 ans.

En 1810 Chamisso partit pour Paris et y fréquenta les salons littéraires. August Wilhelm Schlegel l'introduisit finalement auprès de Germaine de Staël. En 1811 il suivit celle-ci, bannie par Napoléon, en Suisse. En 1812 il revint à Berlin. En 1813, pour échapper aux tracasseries auxquelles, comme beaucoup d'autres porteurs d'un nom français, il était exposé, il quitta Berlin et se retira à la campagne. Là, il écrivit sa première œuvre littéraire: «Peter Schlemihl», où il décrit le destin de l'Homme sans ombre, le destin de l'apatride. Chamisso trouve une solution personnelle à ce problème en entreprenant un voyage autour du monde, de 1815 à 1818, qui l'entraîne, en tant que botaniste, ethnologue mais aussi linguiste, jusqu'à l'Océan Pacifique.

Après son retour à Berlin, ayant rassemblé et décrit environ 2500 espèces de plantes, dont la majorité était alors inconnue, il obtient pour ces travaux de sciences naturelles le titre de Docteur à la nouvelle Université de Berlin et est nommé Directeur adjoint du Jardin botanique. Les années suivantes, Chamisso poursuivit ses travaux littéraires. Sa dernière œuvre marquante fut la traduction des chansons de Pierre Jean de Béranger qui introduisirent en Europe le réalisme.

Chamissos Lehrer in der *Seconde* war Jean Jacques Arlaud, und zwar in Geschichte, Erdkunde und Literaturgeschichte. In der *Classe de Rhétorique* unterrichtete Direktor Jean Pierre Erman Latein, Griechisch und Französisch, wie er sagt, *non multa sed multum.*

Chamisso hat dort nur am zweistündigen Französischunterricht teilgenommen. Wir lesen: *Nous avons eu la satisfaction de pouvoir rendre cette leçon utile à quelques jeunes gens d'élite qui d'ailleurs ne suivent pas le cours entier de nos leçons, et saisissent seulement cette occasion de se perfectionner pour le François. Messieurs James Grange, ... le Chevalier de Chamisso, ... Escalon de Constantinople, qui sont de ce nombre, nous laisseront des souvenirs qui nous seront toujours chers.*

In der Liste der Preisträger finden wir Louis de Chamisso eingetragen für den *Prix de Français* der *Classe de Rhétorique,* er muß also in diesem Fach der leistungsfähigste unter den dreizehn Schülern der Klasse gewesen sein, und dies, obgleich er Frankreich im Alter von neun Jahren verlassen hatte und erst als Fünfzehnjähriger wieder zur Schule ging.

Auch im Jahresbericht von 1798 finden wir Chamissos Namen. Jean Pierre Erman schreibt: *Mr. Louis de Chamisso, qui dans celles des leçons de Rhétorique et de Philosophie où il a assisté pendant quelques tems, s'est distingué singulièrement par les cotés les plus avantageux, est entré comme officier dans le régiment de Goetze.*

* * *

Chamisso hat über seine Schulzeit hinaus an den am Collège geknüpften Beziehungen zu seinen Lehrern Jean Pierre Erman, Jean Jacques Arlaud und Paul Erman festgehalten, er hat die Verbindung zu seinen Mitschülern niemals abreißen lassen.

Am Französischen Gymnasium wurde die Grundlage von Chamissos humanistischer Bildung gelegt, hier wurde sein weltbürgerliches Lebensideal entwickelt, und hier fand er seinen ersten Freundeskreis, fand er Zugang zu den Hugenottenfamilien Berlins, die ihm ein Stück Heimat bedeuteten.

Seine Jugend- und frühen Mannesjahre verbrachte Chamisso zwischen Deutschland und Frankreich pendelnd. Im Jahre 1801 kehrte seine Familie nach Frankreich zurück, er aber blieb in Berlin, wo er inzwischen innerhalb der französischen Kolonie verwurzelt war. Nach dem Sieg Napoleons 1806 reist er nach Frankreich, aber im Folgejahr ist er schon wieder in Berlin. 1810 erhält er einen Ruf auf den Lehrstuhl für Griechische Sprache und Literatur am *Lycée de Napoléonville (Pontivy),* kehrt nach Frankreich zurück, nimmt jedoch die Lehrtätigkeit nicht auf, sondern geht nach Paris und besucht dort literarische Salons, lernt Ludwig Uhland und August Wilhelm Schlegel kennen, die ihn mit Germaine de Staël bekanntmachen. Er folgt der von Napoleon verbannten Autorin des deutschfreundlichen und deshalb sofort nach seinem Erscheinen auf den Index gesetzten Buches *De l'Allemagne* 1811 in die Schweiz und gelangt schließlich 1812 wieder nach Berlin. Um Anfeindungen zu entgehen, zieht er sich 1813, wie viele andere Träger französischer Namen, aus Berlin aufs Land zurück, und hier entsteht sein erstes literarisches Werk, der »Peter Schlemihl«, worin er das Schicksal des Mannes ohne Schatten schildert, das Schicksal des Heimatlosen etwa, der in Deutschland als Franzose, in Frankreich aber als Deutscher angesehen wird. Peter Schlemihl findet die Lösung dieses unlösbaren Problems in den Siebenmeilenstiefeln, die ihn durch die Welt tragen; Chamisso findet *seine* Lösung in der Weltreise, die ihn als Botaniker, Ethnologen und Sprachwissenschaftler von 1815 bis 1818 in den Pazifik führt.

Als er nach Berlin zurückkommt, erhält er für seine naturwissenschaftlichen Verdienste – er sammelte und beschrieb rund 2500 Pflanzenarten, von denen zwei Drittel bisher unbekannt waren – den Doktortitel der neugegründeten Berliner Universität und wird zum stellvertretenden Direktor des Botanischen Gartens, später zum Direktor des Königlichen Herbariums ernannt. Im Jahre 1835 wird Chamisso in die Akademie der Wissenschaften aufgenommen. Inzwischen ist sein »Peter Schlemihl« in Europa zum Bestseller geworden. Eine Auflage folgt der anderen, und die romantischen Lieder und Gedichte Chamissos wie »Das Schloß Boncourt« oder »Die alte Waschfrau« sind in aller Munde; der einst Heimatlose hat in Deutschland allgemeine Anerkennung gefunden.

Auch während seiner Tätigkeit am Botanischen Garten setzt er seine literarischen Arbeiten fort. Er versteht sich als Kulturmittler. Übersetzungen aus anderen Sprachen, vielfach aus dem Französischen, lassen erkennen, worin er seine Aufgabe in der zweiten Hälfte seines Lebens sah. Sein letztes großes Werk liegt vor in der Übertragung der *Chansons* von Pierre Jean de Béranger, die er mit seinem jüngeren Freunde Franz von Gaudy, einem anderen ehemaligen Schüler am Französischen Gymnasium, wir werden von ihm hören, publizierte. Bérangers Chansons führten in Europa den Realismus ein, der die Romantik ablösen sollte. Bérangers Lyrik wurde im Französischunterricht am Collège durchgenommen. Die politische Tendenz mancher seiner Lieder fand dabei nicht immer die Billigung der vorgesetzten Behörde. Einmal ist eine Untersuchung durchgeführt worden, wie ein gegen die »Heilige Allianz« gerichtetes Gedicht in einer Schulfeier hat vorgetragen werden können. Die Behörde muß sich mit der Begründung zufriedengeben, Bérangers Verse seien bei der Auswahl als gegen Napoleon gerichtet mißverstanden worden.

Die Béranger-Übersetzung war Chamissos letzte Arbeit. Kurz nach ihrem Erscheinen erlag er einem Lungenleiden. Er starb am 21. August 1838 im Alter von 57 Jahren. (Lit. Nr. 14, 15, 19, 21, 25, 241–245)

Frédéric Girardet
Pastor und Schriftsteller
(1789–1841)
Ein Hochbegabter erliegt gesellschaftlichem Konformitätsdruck

Jean Pierre Ermans Schulpolitik war auf die Bewahrung des Französischen als Unterrichts- und Verkehrssprache auch dann noch gerichtet, als in Preußen im Zuge der Abgrenzung zum Frankreich Napoleons eine nationale Stimmung Platz griff. Diese frankophone Schulpolitik sicherte dem *Collège Royal François* den Zugang ausländischer Schüler wie Chamisso. Sie ermöglichte aber auch den an einer frankophonen Erziehung interessierten Eltern aus den Provinzstädten, ihre Kinder sozusagen in Reichweite zu behalten, wenn sie in Berlin das Collège besuchten.

Als Beispiel für diese Schülergruppe möge Frédéric Girardet gelten. Er wurde am 14. Februar 1789 in Stettin geboren und von seinen Eltern 1805 im Internat des *Séminaire de Théologie* untergebracht. Zu diesem Zeitpunkt war Girardet 16 Jahre alt. Den ersten Teil seiner humanistischen Gymnasialbildung wird er wohl noch in Stettin erhalten haben, denn am Collège wurde er gleich in die *Seconde* aufgenommen, als deren Schüler er 1806 den Preis für Mathematik erhält. Der Jahresbericht von 1807 enthält keine Preisliste, er ist nur vier Seiten lang – Preußen mußte sparen –, aber im Jahre 1808 finden wir Girardets Namen gleich dreimal; er erhielt den *Prix de Philosophie*, den *Prix de Rhétorique* und den *Prix d'Hébreu*. Wenn er 1806 in der *Seconde* war, muß er 1807/08 die *Rhétorique* und 1809/10 die *Classe de Philosophie* besucht haben. Dem Jahresbericht von 1810 zufolge verläßt Girardet in diesem Jahr die Schule als *Proposant*.

Es war dies das Jahr nach der Aufhebung der säkularen Privilegien der französischen Kolonien im Königreich Preußen. Frédéric Girardet gehörte also zu der Gruppe derjenigen Abiturienten, deren Reifeprüfung wegen der Weigerung Jean Pierre Ermans, staatliche Prüfungsvorsitzende zuzulassen, in Preußen keine Anerkennung mehr fand, zum Hochschulstudium also nicht berechtigte.

Für die zukünftigen Theologen war das belanglos, denn sie blieben im französischen Bildungsgang vom Collège durch das *Séminaire*. Aber Jean Pierre Erman muß hinnehmen, daß seine Schüler keine Chance an der Berliner Universität bekommen. Er kontert im Jahresbericht von 1811 geschickt, indem er den jungen Universitätsstudenten besondere Französischkurse am Collège anbietet, wenn sie ihr Französisch vervollkommnen möchten, wohl in der – vergeblichen – Hoffnung, daß die Universität auf diese Weise zu einer Zusammenarbeit mit dem Collège angeregt werden könnte.

Girardet blieb von diesen Querelen unbehelligt. Er hatte schon während seiner Jahre in der *Classe de Philosophie* begonnen, theologische Vorlesungen zu hören, und so benötigte er nur noch ein Jahr bis zum Kandidatenexamen. Schon 1811 wird er als Prediger nach Dresden berufen, wo er dreißig Jahre lang als Pfarrer gewirkt hat und als Kanzelredner große Beliebtheit erlangt haben soll.

Girardet gehörte zweifellos zu den Hochbegabten am Collège, denn sonst hätte er kaum *Primus* in so unterschiedlichen Fächern wie Philosophie, Mathematik und Rhetorik sein können.

* * *

Allein, seine Gaben nutzte er nicht zu einem Aufbruch an neue Ufer, entwikkelte keine fortschrittlichen und zukunftsweisenden Ideen. Girardet blieb im Fahrwasser der Tradition, ergab sich dem Konformitätsdruck der Gesellschaft, in der er lebte.

Die verstärkte nationale Agitation der Zeit der Befreiungskriege zwang auch Girardet zur Anpassung. Jedenfalls nennt er sich in seinen Publikationen nicht mehr Frédéric, sondern Friedrich Christlieb Girardet.

Sein erster Predigtband erschien 1817. Girardets Schriften gehören zur geistlichen Erbauungsliteratur, sie behandeln stets konservative Themen, wie z. B. sein »Brautgeschenk, Briefe über die Bestimmung des Weibes als Hausfrau, Gattin und Mutter« von 1830, in der Bibliothek des Französischen Gymnasiums vorhanden. Wir blättern darin und finden Sätze wie: »Das weibliche Herz fühlt immer, wenn auch zuweilen nur mehr oder weniger dunkel, das Bedürfnis, den Mann zu ehren, dem es angehöret.« Oder: »Indem Dich die Natur zu einem Weibe schuf, stattete sie Dich auch mit dem Kleinode der Sanftmut aus.« Vier Kupferstiche hat Girardet seinem Werk beigegeben, auf denen Engel und Putten Blütenkränze winden, etwa bei der »Weihe der Jungfrau zu künftiger Gattin, Hausfrau und Mutter«, beim »Traum«, wo Engelknaben der im Vollmondschein schlummernden Jungfrau einen Säugling in den Schoß legen, bei der »Weihe zu Mann und Frau«, wo das Paar in einem antiken Tempel die Blicke dem Sonnenlicht zuwendet, und bei der »Einführung ins häusliche Leben«, wo ein Engel den Jüngling mit Fackel und Räucherfaß ins Ehegemach geleitet, während die Jungfrau ihm mit geschlossenen Augen an die Schulter sinkt...

Die Gesinnung des Biedermanns spricht auch aus Girardets dreibändigen »Andachtsstunden«. Protestantischer Traditionalismus ist in seinen Streitschriften gegen die Katholiken, etwa seinen »Gewissensfragen an und über die katholischen Geistlichen« oder seinem »Evangelium der Jesuiten« zu erkennen, das wie sein »Brautgeschenk« den Geschmack seines Publikums traf und mehrere Auflagen erlebte.

Friedrich Girardet hat sich auch als Übersetzer betätigt. Aus dem Französischen hat er einen zweibändigen historischen Roman aus der Zeit der Glaubenskriege übertragen, dem er den Titel gab: »Der Galeerensklave«. Auch dieses Buch folgt uralten Clichés.

Am 14. Juni 1841 ist Friedrich Girardet in Dresden gestorben, gerade 52 Jahre alt. (Lit. Nr. 11, 22, 246, 247)

Frédéric Girardet
Kupferstich von Moritz Steinla (1791–1858)

Frédéric Girardet
(14.2.1789–14.6.1841) Pasteur et Ecrivain
Comment une personnalité hautement douée succombe à la pression conformiste de la société.

Frédéric Girardet fit la première moitié de ses études classiques au lycée de sa ville natale, Stettin. Il les termina, pour les trois dernières classes avant le baccalauréat, au Lycée Français de Berlin. En «Classe de Rhétorique» il obtint à la fois les prix de philosophie, de rhétorique et d'hébreu. En 1810 il quitta l'Ecole comme «postulant», bachelier destiné à devenir prédicateur.

Cette année fut celle qui suivit l'abolition des privilèges de la communauté huguenote. Frédéric Girardet fit aussi partie du groupe des bacheliers du Lycée Français dont le diplôme, à cause du refus de Jean Pierre Erman d'admettre des présidents nommés par l'Etat à la commission du baccalauréat, n'était plus reconnu comme tel en Prusse, donc ne permettait plus d'entamer des études universitaires.

Comme Girardet s'était décidé à étudier la théologie, ces querelles étaient pour lui sans importance. Ecolier déjà, il avait suivi des cours magistraux de théologie et une seule année d'études lui suffit pour passer son examen. En 1811 il fut nommé prédicateur à Dresde, où il exerça durant 30 ans sa fonction de pasteur et acquit, en chaire, une popularité certaine.

Girardet n'usa pas de ses dons hors du commun pour donner à l'Eglise des impulsions nouvelles. Il se soumit à la pression conformiste de la société. Son attitude paraît aujourd'hui réactionnaire.

Le premier volume des prêches de Girardet parut en 1817. Ses écrits traitent uniquement de sujets conservateurs, par exemple son «Cadeau à la mariée, lettres sur la vocation de la femme comme femme au foyer, épouse et mère». Son esprit conservateur apparaît aussi dans les trois volumes de ses «Heures de dévotion» et, au sens des traditions protestantes, également dans ses écrits polémiques contre le catholicisme.

Girardet fut un représentant typique de l'esprit huguenot allemand au cours du second siècle suivant l'Edit de Potsdam. Certes il sut vanter la Communion commune de Thérèse, personnage central de son œuvre «Le cadeau à la mariée», réformée calviniste, et de son Theobald, luthérien, mais il n'en resta pas moins complètement étranger à la pensée œcuménique.

Christian Louis Couard
Evangelischer Prediger
(1793–1865)
Der Unterricht in Hebräisch

Christian Louis Couard wurde am 11. April 1793 in Berlin geboren. Sein Vater war Tuchweber, die Mutter arbeitete in der gleichen Manufaktur, ebenfalls als Weberin. Der Arbeitslohn der Eltern war nicht groß, und in der Familie ging es ärmlich zu.

Louis Couard wird als vielseitig begabtes Kind geschildert. Sein Lehrer an der Elementarschule war es, der die Eltern veranlaßte, ihren Sohn am Französischen Gymnasium anzumelden. 1804 wurde er im Alter von elf Jahren in die Sexta aufgenommen. Damals herrschte an der Schule noch Schulgeldfreiheit für Kinder aus der französischen Kolonie. Aber für seine Schulbücher mußte Louis selbst aufkommen, und als seine Mutter 1805 starb, begann er, durch Nachhilfestunden Geld zu verdienen, um zu seinem eigenen Unterhalt beizutragen. Wöchentlich brachte er acht Groschen nach Hause.

Schon als er in Sexta war, errang er seinen ersten Preis, und danach finden wir seinen Namen jedes Jahr auf der Liste der Preisträger. Hervorzuheben sind seine Leistungen in Hebräisch: zweimal erhält er den für den *Primus* ausgesetzten Preis, nämlich in der *Classe de Rhétorique* und im *Auditoire de Philosophie.*

Im Jahre 1811 ist er der Redner zum Geburtstag des Königs. Sein Thema lautet: *de reddita dilectissimae patriae post nubilos dies feliciorum dierum luce et aurora,* ein Thema mit direktem Bezug zum Tagesgeschehen. Der Jahresbericht vermerkt ausdrücklich den Beifall der Zuhörer, unter ihnen der Stadtkommandant Berlins, der Feldmarschall Friedrich Adolf Graf von Kalckreuth, Partner Napoleons beim Friedensschluß zu Tilsit.

Noch als Schüler des Collège wurde Louis Couard ins *Séminaire de Théologie* aufgenommen, wo er bis zu seinem Abitur 1813 bleibt. Dann bezog er die Berliner Universität, um sich dort auf das Kandidatenexamen vorzubereiten, wie es sich nach 1810 allmählich einbürgerte.

Während seiner gesamten Schulzeit hatte Couard Privatunterricht geben müssen, nun wurde er Hilfslehrer am Französischen Gymnasium. Im Jahre 1814 unterrichtete er vier Wochenstunden in Tertia und drei in Quinta. Er liest Caesars *de bello gallico* und Cornelius Nepos, außerdem lehrt er Geschichte und Mythologie. 1815, nun als *Candidat et Collaborateur,* erteilt er acht Stunden in Tertia, wieder Caesar und Nepos, dazu lateinische Grammatik und Übersetzungsübungen vom Französischen ins Lateinische; er läßt seine Schüler lateinische Aufsätze anfertigen und schreibt als wöchentliches Lernquantum siebzig Vokabeln vor. Jetzt erteilt er auch Erdkundeunterricht. Im Jahre 1816 umfassen die acht Wochenstunden Couards in Tertia auch Stilkunde und Poetik. Sein Titel lautet nunmehr: *Ministre du Saint Evangile.* 1817 übernimmt Couard eine volle Lehrerstelle, gibt sechzehn Stunden, nämlich Latein ab Quinta und Hebräisch in Secunda und Prima. Der Jahresbericht vermerkt: *La langue latine a servi de véhicule à l'enseigement de l'hébreu...* Im Jahr darauf finden wir Couard als *désigné Pasteur de l'Eglise de St. George*, noch einmal mit sechzehn Wochenstunden. 1820 scheidet Couard aus dem Kollegium aus.

* * *

Der Hebräisch-Unterricht war von Jean-Pierre Erman 1775 wieder eingeführt worden. Zwar hatte Chauvin 1704 schon einmal das Fach in den Unterrichtsplan aufgenommen, aber halten konnte es sich damals nur zehn Jahre.

Im Jahresbericht von 1779 nennt Erman die Gründe, weshalb den Schülern Hebräisch angeboten wird: 1. Für zukünftige Theologen ist die Sprache erforderlich, zweitens gehört sie zur Allgemeinbildung und drittens kann sie dem zukünftigen Schriftsteller *(homme de lettres)* gute Dienste erweisen.

Der Unterricht wird in drei Klassen erteilt. In Tertia werden einfache Texte gelesen, und die dafür erforderliche Grammatik wird durchgenommen, achtzehn Psalmen werden analysiert und sieben davon auswendig gelernt. Das erste Kapitel der Genesis wird durchgearbeitet, und wöchentlich werden zwanzig Vokabeln gelernt, was für das Schuljahr etwa 800 Wörter ergibt. In der Secunda werden sechs Kapitel der Genesis erklärt und weitere Psalmen gelesen, dreizehn werden auswendig gelernt. 550 Vokabeln aus dem Wortschatz der Genesis werden gelernt. Fortgesetzt wird der Grammatik-Lehrgang, ergänzt durch Studien über die hebräischen Eigennamen. Eine Einführung in das Arabische soll den Kurs abrunden. In der Prima stehen zwanzig Kapitel der Genesis auf dem Programm. 440 Vokabeln aus den Psalmen und der Genesis werden gelernt, und 400 Eigennamen aus dem Alten Testament werden analysiert, müssen gelernt und fehlerfrei nach Diktat niedergeschrieben werden. Die unregelmäßigen Verben sollen beherrscht werden und die Lehre von Konsonant- und Vokalwechsel ebenfalls. Der Arabisch-Kurs wird fortgesetzt, sechs Seiten werden aus dem Koran abgeschrieben.

Zu Beginn des 19. Jahrhunderts lag der Schwerpunkt des Unterrichts auf der Bibel-Exegese, nun wurde die Grammatik nicht mehr kursorisch erklärt, sondern systematisch durchgenommen. Im Jahresbericht von 1814, also nach Jean Pierre Ermans Tode, lesen wird: *Cours de trois ans, deux leçons par semaine. Il n'y a que les jeunes gens qui se destinent au saint ministère qui assistent aux leçons d'hébreu.* Im ersten Semester wurde das Lesen geübt, dann kapitelweise die Grammatik von Johann Severin Vater durchgearbeitet. Im zweiten Semester wurden einfache Texte analysiert und das Studium der Grammatik von Vater fortgesetzt. Erst im zweiten Lehrjahr bearbeiteten die Schüler Bibeltexte, noch mit grammatischem Schwerpunkt. Im dritten Jahr schließlich heißt es: *A la fin du cours ils doivent être en état de comprendre à l'aide d'un dictionnaire, les livres historiques de la bible.* Unterrichtssprache in der Oberklasse war das Latein. In den zwanziger Jahren ging der Hebräischunterricht an den Religionslehrer über, jetzt gibt es nur noch zwei Gruppen, aber der Religions-

Christian Louis Couard
Lithographie von Ferdinand Berger (um 1840)

Christian Louis Couard
(11.4. 1793–23.12. 1865) Prédicateur protestant évangélique
L'enseignement de l'hébreu.

Christian Louis Couard était issu d'une famille de tisserands sans fortune. Il put à partir de 1804 fréquenter le Lycée Français, grâce à la loi existant encore à l'époque, qui dispensait les élèves de la colonie française du paiement des frais de scolarité. Dès la Sixième, puis régulièrement chaque année, le nom de Couard figurait sur la liste des Prix, en «Classe de Rhétorique» il en reçut deux et en «Classe de Philosophie» trois. Depuis que la liste des Prix était publiée, aucun élève n'avait remporté plus de succès que Couard.

Après son baccalauréat, Couard fut étudiant de théologie à l'Université de Berlin pour s'y préparer à l'examen de professeur, comme il était d'usage depuis 1810. Durant toute sa scolarité Couard, en donnant des leçons particulières, avait contribué à l'entretien de sa famille. Pendant ses études supérieures, il enseigna au Lycée Français comme professeur auxiliaire. En 1817 il y prit un poste à part entière et exerça cette activité les années qui suivirent, parallèlement à sa charge de prédicateur.

En tant qu'ecclésiastique Couard revendiqua l'appellation de prédicateur de religion évangélique, car il ne voulait compter ni au nombre des ecclésiastiques réformés ni à celui des luthériens. Postulant, il avait tenu son prêche probatoire au sein d'une communauté luthérienne et il fut ainsi sommé par le Consistoire français de s'en expliquer. Il invoqua alors la solidarité des protestants entre eux et décida de prêcher alternativement dans les églises allemandes et françaises.

En 1819, deux ans après la fondation de l'Union protestante et l'instauration de la Communion commune, Couard fut le premier pasteur issu de l'Eglise réformée que la communauté luthérienne de l'église Saint-Georges à Berlin se donnât pour prédicateur.

Couard entra à la Société biblique et à la Mission et fut, un certain temps, directeur du Comité de promotion du Christianisme auprès des Juifs.

unterricht übernimmt Hilfsfunktionen bei der Exegese des Alten Testaments. In beiden Gruppen ist das Lateinische die Unterrichtssprache. Am Ende des Lehrgangs werden lateinische Lesestücke ins Hebräische übersetzt. Couard gab in Secunda und Prima je zwei Stunden Unterricht in Grammatik, gab *Exercices* auf und las Moses und Josua mit seinen Schülern.

Seit 1779 enthalten die Jahresberichte Jahr für Jahr die Namen der Preisträger für Hebräisch. Der Preis bestand vermutlich von Anfang an, 1839 ging er über in einen allgemeinen Preis in Fremdsprachen, ab 1840 hören wir nichts mehr davon.

Obgleich der Unterricht in Hebräisch in erster Linie sich an zukünftige Theologen wandte, kann seine Existenz auch beigetragen haben zur Wahl des Collège seitens jüdischer Familien. Manch einer mag auch am Unterricht in Hebräisch teilgenommen haben, wir kommen darauf zurück.

* * *

Couard war zwanzig Jahre alt, als er begann, in der Luther-Bibel zu lesen. Ihn beeindruckte die »Köstlichkeit der Übersetzung Luthers«, und vor der Übereinstimmung der deutschen und französischen Bibeltexte verblassen für ihn die konfessionellen Unterschiede zwischen dem reformierten und dem lutherischen Kathechismus. Er verlobt sich mit einem lutherischen Mädchen, aber das Abendmahl am Tage der Verlobung kann er nicht in ihrer und sie nicht in seiner Kirche nehmen, noch war das Trennende stärker.

1816 wird Couard mit seiner jungen Frau von Jean Michel Palmié in der Werderschen Kirche nach französisch-reformiertem Ritus getraut. Noch im gleichen Jahr wird er ordiniert, ebenfalls von Palmié, in der Kirche auf dem Werder in unmittelbarer Nachbarschaft des Collège.

Seine Probepredigt als Kandidat hält er in einer lutherischen Kirche und wird deshalb vom französischen Konsistorium zur Verantwortung gezogen. Allein, er bleibt in der Auseinandersetzung fest und beruft sich auf die gemeinsame protestantische Solidarität. Er predigt nun – aushilfsweise – abwechselnd in deutschen und in französischen Kirchen, mal auf deutsch, mal auf französisch.

Stolz sagt Couard, er erhebe den Anspruch auf den Namen eines *evangelischen* Predigers, denn er könne sich weder zu den reformierten, noch zu den lutherischen Geistlichen rechnen.

Ab Weihnachten 1816 ist er Pfarrer an der französisch-reformierten Kirche in Bernau. 1819 wählt ihn die lutherische Gemeinde Sankt Georgen mit rund 500 Stimmen (von 610) zu ihrem Zweiten Prediger. Es war die erste lutherische Gemeinde, die einen Reformierten zum Pastor berief, zwei Jahre nachdem die Deutsch-Reformierten und die Lutheraner ihre protestantische Union gegründet und das gemeinsame Abendmahl eingeführt hatten. König Friedrich Wilhelm III. verlieh ihr für dieses »Zeugnis wahrer christlicher Brüderlichkeit« die große goldene Reformations-Medaille mit den Bildern von Luther und Calvin.

Couard hatte als Prediger starken Zulauf, oft war die Kirche überfüllt wenn er predigte, gelegentlich hörte auch der König seinen Kanzelreden zu; eine Zeitlang war Couard der Lieblingsprediger der Pietisten Berlins.

1824 erscheint der erste Band der Sammlung seiner Predigten, die im Laufe der Jahre auf fünf Bände wächst. Couard tritt der Bibel-Gesellschaft und der Missionsgesellschaft bei und ist eine Weile Direktor des Vereins zur Beförderung des Christentums unter den Juden. Er gehört dem Allgemeinen Berliner Predigerverein an und organisiert wissenschaftliche Fachgespräche mit seinen Pfarrerkollegen. Im Jahre 1839 wird er von der theologischen Fakultät der Berliner Universität zum Doktor h. c. promoviert.

In seiner Gemeinde war Couard so populär, daß sein Bildnis zweimal lithographiert wurde. Wir sehen ihn auf dem einen als jungen Mann, als »Zweiter Prediger an der St. Georgen Kirche zu Berlin«, auf dem anderen im vollen Mannesalter als »Doctor der Theologie und Prediger zu St. Georgen«. Diese Darstellung trägt von seiner Hand die Widmung nach dem 1. Korintherbrief Kapitel 13.8: »Die Liebe höret nimmer auf.«

Christian Louis Couard ist am 23. Dezember 1865 gestorben. Er ist 72 Jahre alt geworden. (Lit. Nr. 98, 248–250)

Charles Deleuze de Lancizolle
Archivar
(1796–1871)
Bon français et bon prussien

Guillaume Charles Auguste Deleuze de Lancizolle, am 17. Februar 1796 geboren, wuchs in einer Familie auf, die noch immer französisch sprach, jedenfalls bis zum Einmarsch Napoleons an der französischen sprachlichen Tradition festhielt. Als Achtjähriger wurde er 1804 am Collège François in die Sexta aufgenommen. Aus seiner Biographie geht hervor, daß die Schule damals sowohl in pädagogischer, als auch in disziplinarischer Hinsicht auf der Unterstufe »viel zu wünschen« übrig ließ. Bis zur Quarta soll der Rohrstock regiert haben, allerdings war Charles de Lancizolle ein so guter Schüler, daß er vermutlich keine Bekanntschaft mit diesem Erziehungsmittel machte. Erst in der Tertia soll sich der Unterricht gebessert haben. Hier war Guillaume Reclam Klassenleiter oder *Régent*, in dieser Klasse befanden sich nur noch die leistungsfähigsten unter den Schülern, die zunächst die Unterklassen bevölkert hatten, und hier machte das Lernen in einer Gruppe gleich strebsamer Jungen Spaß: Gegenüber rund sechzig Schülern in der Quinta und rund dreißig in der Quarta blieben in Tertia regelmäßig nur etwa fünfzehn Schüler übrig!

Im Jahre 1818 wurde Charles de Lancizolle dazu ausersehen, die traditionelle lateinische Ansprache zum Geburtstag des Königs zu halten. Das Thema lautete: *de grato populorum in principes animo.* Auch bei dieser Rede war der Stadtkommandant Graf Kalckreuth anwesend.

Auch Charles de Lancizolle gehörte jedes Jahr zu den Preisträgern, nämlich von der Sexta 1805 an bis 1811 in der Prima. Aus seiner Biographie geht hervor, daß er Paul Ermans Philosophiekursus mit besonderem Interesse folgte, insbesondere weil dieser Kursus eine Einführung in die Physik und Astronomie brachte.

Im Jahre 1812 verließ Lancizolle dem Jahresbericht zufolge die Schule, um zur Universität überzugehen. Kurz zuvor hatte ihn Jean Pierre Frédéric Ancillon konfirmiert, denn sonst wäre der fünfzehnjährige Primaner nicht zum Abitur zugelassen worden. Wenn man der Biographie glauben kann, ging Lancizolle vom Französischen Gymnasium nicht sofort zur Universität, sondern zunächst »zur gründlicheren Erlernung des Griechischen« zum Werderschen Gymnasium. Vermutlich hängt das mit der Weigerung Jean Pierre Ermans zusammen, deutsche staatliche Inspektoren zum Abitur des Französischen Gymnasiums zuzulassen.

Beim öffentlichen Examen 1812 soll Lancizolle eine Rede über das Thema: »Der Geist des Mittelalters« gehalten haben, die großen Beifall bei den Zuhören gefunden haben soll, unter ihnen Karl Friedrich von Savigny und Friedrich Schleiermacher. 1813 scheint er das Werdersche Gymnasium verlassen zu haben, um zur Armee zu gehen. Gekämpft hat er allerdings nicht, denn er wurde von einem Nervenfieber ergriffen und nach Neuchâtel gebracht, wohin Jean

Henry zur gleichen Zeit seinen Sohn geschickt hatte und wo die beiden jungen Preußen französischer Abstammung den Waffenstillstand abwarteten.

Aus der Biographie von Lancizolle geht hervor, daß er schon in jungen Jahren »die guten Eigenschaften beider Nationen« in sich vereinigen, sich »die geistigen Vorzüge und die idealen Güter beider« aneignen wollte. In sofern muß es als glücklicher Umstand angesehen werden, daß es ihm erspart blieb, als Preuße gegen Franzosen zu kämpfen.

Nach Kriegsende kehrte er nach Berlin zurück, soll 1814 am Werderschen Gymnasium das deutsche Abitur abgelegt haben und im gleichen Jahr an die Universität übergegangen sein. Er immatrikulierte sich an der Juristischen Fakultät und soll sich durch seine Tüchtigkeit insbesondere die Zuneigung Savignys gesichert haben. Vier Jahre lang besuchte Lancizolle die Universitäten von Berlin und Göttingen, wurde 1818 zum Doktor der Rechte promoviert, war bereits 1819 an der Berliner Universität Privatdozent, 1820 Außerordentlicher und 1823 Ordentlicher Professor, mit 27 Jahren einer der jüngsten Ordinarien der Universität.

Von 1825 bis 1830 erteilte er dem Kronprinzen, dem späteren König Friedrich Wilhelm IV., Unterricht in Jura, Lehrstunden, an denen zeitweilig auch Prinz Wilhelm, der spätere Kaiser Wilhelm I., teilnahm.

Lancizolle erfreute sich als Universitätslehrer zunächst großen Zulaufs, aber seine Hörerschaft ging bald deutlich zurück, denn er stand im »politischen wie kirchlichen Gegensatz zu der herrschenden Zeitrichtung«. Als Mitglied des preußischen Ober-Zensur-Gerichts von 1830 bis 1848 mußte er zu den Konservativen und Traditionalisten gerechnet werden, die bei der studentischen Jugend wenig Widerhall fanden. Seine Arbeiten über Ursachen, Charakter und Folgen der »Julitage« (1831) und »Über Königthum und Landstände in Preußen« (1848) charakterisieren Lancizolle als einen Mann der Restauration. Vom König und von der Regierung wird er häufig zu Rechtsgutachten herangezogen, einmal auch zu einer Schlichtung zwischen französischen und englischen Interessen, er verfaßt Denkschriften, aber aus dem akademischen Leben zieht er sich allmählich zurück.

Im Jahre 1852 wird er zum Direktor der Staatsarchive ernannt, er reorganisiert die Archivarbeit und nutzt dabei Erfahrungen, die er auf Reisen zu Archiven vor allem in Paris sammeln konnte, wo er sich mehrmals für längere Zeit aufhielt und wo er wegen seiner altmodischen Hugenottensprache von Philologen als ein lebendiger Zeitgenosse Ludwigs XIV. bezeichnet wird!

In Paris ist es auch, wo die Gelehrten von ihm als *bon français et bon prussien* sprechen, ein Ehrentitel, der seinen Stolz erregt.

Friedrich Wilhelm IV. lädt seinen alten Lehrer des öftern nach Sanssouci an seine Tafel und verleiht ihm den Roten Adlerorden mit Stern und Eichenlaub, auch ein Beweis der königlichen Anerkennung für Lancizolles königstreue Gesinnung.

1866 wird er in den Ruhestand versetzt, er ist jetzt 70 Jahre alt. Am 20. Mai 1871 ist er gestorben. (Lit. Nr. 14, 15, 251)

Charles Deleuze de Lancizolle
Lithographie von Brandt 1840

Charles Deleuze de Lancizolle
(17. 2. 1796–20. 5. 1871) Archiviste
«Bon Français et bon Prussien».

Charles Deleuze de Lancizolle entra au Collège Français, à l'âge de 8 ans, en Sixième. Il était de ceux qui recevaient presque chaque année un prix. Mais, comme à l'époque le baccalauréat du Collège Français n'était pas reconnu en Prusse, Deleuze fréquenta, aussitôt après, le lycée de Werder, où il obtint, deux ans plus tard, avec le baccalauréat allemand, le diplôme lui permettant d'étudier à l'Université. Les années suivantes, il fit des études de droit à Berlin et à Göttingen. En 1823, à 27 ans, il devint l'un des plus jeunes professeurs titulaires de l'Université de Berlin.

De 1825 à 1830 il dispensa son enseignement au Prince héritier, le futur Roi Frédéric-Guillaume IV; il lui enseignait le droit et le Prince Guillaume, le futur Empereur Guillaume Ier, prenait part occasionellement à ces cours. A de nombreuses reprises Deleuze fut appelé par le Roi et le gouvernement à donner son avis sur des questions de droit. En même temps, il rédigeait des mémoires, mais il se retira peu à peu de la vie universitaire. De 1830 à 1848 il fit partie, lui qui était conservateur convaincu, du Tribunal prussien suprême de la Censure.

En 1852 Deleuze fut nommé Directeur des Archives de l'Etat. Il réorganisa le travail d'archiviste, fort de l'expérience qu'il avait acquise lors de ses nombreux séjours aux archives de Vienne, de Bruxelles et surtout de Paris, où les philologues l'avaient classé, à cause de la langue qu'il parlait, celle – démodée – des premiers huguenots, comme contemporain vivant de Louis XIV.

Frédéric-Guillaume IV invita souvent son ancien professeur à sa table, à Sans-Souci, et lui décerna, en reconnaissance de sa parfaite loyauté envers la Couronne, l'Ordre de L'Aigle Rouge avec Etoile et Feuilles de chêne. Deleuze disait de lui-même qu'il était «bon Français et bon Prussien». Il se considérait comme Prussien, mais Prussien de nationalité française. En cela, sa pensée était davantage en accord avec celle du XVIIIeme siècle.

Schluß
Das Französische Gymnasium im 18. Jahrhundert

Das Collège hatte bald nach Beginn des 18. Jahrhunderts seine Identität gefunden. Es war ein französisches Gymnasium wie die protestantischen *Collèges* in Frankreich. Die Lehrfächer waren die gleichen, der Lehrplan stammte von der Akademie Sedan, die Methode war die von *Port-Royal*. Die Lehrer waren anfangs noch in Frankreich ausgebildet worden, später waren sie in der Regel selbst Absolventen des Französischen Gymnasiums gewesen. Die französische Sprache war das Verständigungsmittel in der Schule, Lehrer und Schüler setzten sich dadurch bewußt ab von der sie umgebenden kulturell anderen Umwelt. Das Collège blieb dadurch eine französische Schule auf deutschem Boden, ohne Verbindung zum schulischen Umfeld in Berlin. Das deutsche Gymnasium blieb ausgegrenzt, das Collège war anders, wollte es sein, bewußt, eben französisch und nicht deutsch.

Dennoch wurde es nicht zur Ghettoschule. Denn es konnte von der einzigartigen kulturpolitischen Lage im »französischen« Europa des 18. Jahrhunderts profitieren. In Preußen herrschte ein König, der selbst fließend französisch sprach und alle seine Schriften auf französisch publizierte, dessen Deutsch fehlerhaft war, der nur die Umgangssprache und überhaupt kein Schriftdeutsch beherrschte. An den europäischen Fürstenhöfen wurde französisch gesprochen, in den Salons des Bürgertums galt französische Konversation als chic, wurde französische Literatur diskutiert, machten französische Schriften die Runde: Eine französische Schule hätte für die Söhne des aufstrebenden Bürgertums in der königlichen Hauptstadt gegründet werden müssen – wenn es sie nicht schon gegeben hätte. So strömten die Schüler aus den bildungsbewußten Bürgerfamilien zum Collège, und da sie nur aufgenommen werden konnten, wenn sie schon französisch sprachen, gingen Gouvernanten und Hauslehrer aus der Kolonie bei den Berlinern ein und aus.

Durch seine Schüler wurde das Collège zur deutsch-französischen Schule, gewiß, aber die Bildungsgüter, die hier vermittelt wurden, stammten aus der Antike und nahmen eine französische sprachliche Form an, waren also französische Bildungsgüter, soweit sie es in Frankreich auch gewesen wären, jedenfalls keine deutschen. Das Collège blieb also unikulturell. Seine Schüler lernten die klassischen Schriftsteller, die europäische Philosophie, die Wissenschaft der Aufklärung mit französischen Augen sehen und wurden dadurch zu französischen Schülern, wenn sie auch im deutschen Berliner Milieu verwurzelt waren. So ergab sich eine Entfremdung von der Mehrheitskultur, nicht stärker, aber auch nicht schwächer als die des *roi philosophe*.

Die intensive Beschäftigung mit der französischen Sprache, auch das Fehlen eines jeglichen Deutschunterrichts durch das ganze Jahrhundert hindurch, hatte zur Folge, daß die Absolventen des Französischen Gymnasiums sich in Wort und Schrift oft besser auf französisch als auf deutsch ausdrücken konnten. Einzelne – wie Formey – sollen ebenso schlecht in Deutsch gewesen sein wie der König, ihr Deutsch war so hölzern wie ihr Französisch geschliffen und elegant. Andere – wie Lancizolle – behielten das Französische als Familiensprache durch das ganze Jahrhundert hindurch bei. Wieder andere publizierten in beiden Sprachen, gelegentlich sogar zugleich. Nur die allerwenigsten haben sich für das Deutsche als Verständigungsmittel eingesetzt, und nur einer, Chamisso, hat es in dieser Sprache zu schriftstellerischer Meisterschaft gebracht.

Mit zunehmender Entfernung von der Flucht, im Abstand einer, zweier Generationen wurde Frankreich für viele wieder interessant, sie begegneten der einstigen Heimat ihrer Vorfahren mit unverhohlener Neugier, reisten nach Paris, manchmal noch bevor die Bedrohung durch die Galeerenstrafe aufgehoben war, nach Charles Etienne Jordan und Louis de Beausobre, die nach Deutschland zurückfanden, Paul Jérémie Bitaubé, der in Frankreich geblieben ist, während umgekehrt der Franzose Chamisso nach mehreren vergeblichen Versuchen schließlich endgültig in Berlin seßhaft wurde.

Kultur-Mittler waren sie beide, Bitaubé für die deutsche in Frankreich, Chamisso für die französische in Deutschland, und die vielen anderen, die wie Jean Michel Palmié im Laufe ihres Lebens immer wieder einmal nach Paris fuhren und jedesmal nach Berlin zurückkehrten. Ihr Publikum war die Gesellschaft ihrer Zeit, die deutsche, die französische.

Die Schule vermittelte die Sprache, in der sie alle zu Hause waren, die Bildung, die sie zu Gesprächspartnern der gebildeten Franzosen ihrer Zeit machte, vermittelte das Interesse für Frankreich als Land ihrer Väter, vielleicht zur Frankophonie auch Frankophilie?

Persönlichkeiten wie Frédéric Ancillon, wie Jean Guillaume Lombard und Jean Louis Jordan, wie Charles de Lancizolle fühlten sich als Preußen, aber sie waren aufgeschlossen für Frankreich, standen den Franzosen neutral, ja freundschaftlich gegenüber.

Drei Hugenotten haben Friedrich dem Großen Vorhaltungen gemacht wegen seiner kriegerischen Ruhmsucht: Achard, Duhan, Charles Etienne Jordan. Hätte das Frankreich Napoleons auch solcher Mahner bedurft?

Eins ist sicher: *Bon Français et bon Prussien* sind viele Collegianer gewesen, einige haben ihre Überzeugung in die Politik eingebracht, als Außenminister, als Kabinettsrat, als Legationssekretär, andere in die Pädagogik, wie Mérian, Palmié, Reclam, ehemalige Schüler, die als Lehrer zurückgekehrt sind – und da schließt sich der Kreis: Denn was sie aus dem Collège mitgebracht haben, brachten sie ins Collège zurück und trugen dadurch weiter bei zu seiner Festigung als französische Schule im deutschen Milieu. Das »französische« 18. Jahrhundert half dem Collège bei seiner weiteren Konsolidierung. Es ging gestärkt und von seinem französischen Bildungsauftrag überzeugt ins 19. hinüber. Daran konnte ein vorübergehendes »Untertauchen« während der Befreiungskriege, ein Ausweichen aufs Land, gar in die Schweiz, daran konnte auch die zeitweise Germanisierung französischer Namen nichts ändern – aber damit sind wir schon in die Problematik des 19. Jahrhunderts vorgedrungen.

19. Jahrhundert, erste Hälfte

Einleitung
Frankreich und Preußen in der ersten Hälfte des 19. Jahrhunderts

Die Französische Revolution hatte das alte Europa des achtzehnten Jahrhunderts wachgerüttelt. Die Monarchen in Europa erkannten das neue Gedankengut, erkannten *liberté, egalité, fraternité* als Gefahr für ihre eigenen Machtpositionen. Im Februar 1792 hatten Preußen und Österreich ihr Defensivbündnis geschlossen, das bald zu einem Offensivbündnis wurde. Die Kanonade von Valmy stoppte im Herbst den Vormarsch der Verbündeten auf Paris – und als das Jahr zu Ende ging, hatten die französischen Revolutionstruppen Worms, Speyer und Mainz eingenommen, der Rhein war zu Frankreichs Grenze geworden; 1794 hatten die Franzosen das gesamte linksrheinische Gebiet besetzt.

Preußen wahrt in dem auf den Baseler Frieden von 1795 folgenden knappen Jahrzehnt – anders als die übrigen Großmächte – Frankreich gegenüber wohlwollende Neutralität. Unter preußischen Intellektuellen und hohen Beamten herrscht Sympathie für Frankreich, in dem sie das Vorbild einer von ihnen geplanten Erneuerung Preußens durch eine Revolution von oben sehen. Unter den geänderten Machtverhältnissen seit Napoleons Aufstieg Neutralität zu wahren, erweist sich freilich als illusorisch. Das kurzfristige Bündnis mit Napoleon zieht Preußen gegen dessen Willen in den Kampf gegen England und Rußland. Friedrich Wilhelm III., bestärkt durch seinen Außenminister Christian August von Haugwitz und seine Kabinettsräte, allen voran Jean Guillaume Lombard, sucht ein gutes Einvernehmen mit Frankreich. Mißverständnisse, Rücksichtslosigkeiten und Kränkungen führen im Oktober 1806 zum preußischen Ultimatum an Napoleon und in die katastrophale Niederlage von Jena und Auerstädt.

Napoleon rückt in Preußen ein, ehrt in Potsdam das Andenken Friedrichs des Großen und wird in Berlin bei seinem Einzug durch das Brandenburger Tor am 27. Oktober 1806 mit Jubel empfangen. Die preußische Bürokratie findet sich überaus schnell zur Zusammenarbeit mit den Franzosen bereit.

Im Bündnis mit Rußland setzt Friedrich Wilhelm III. in verzweifelter Lage von Ostpreußen aus den Kampf gegen Napoleon fort. Der Friede von Tilsit 1807 sichert gerade das staatliche Fortbestehen Preußens. Das Land bleibt indes unter französischer Besetzung und muß an Frankreich die ungeheure Summe von 120 Millionen Francs an Kriegsentschädigung zahlen. Die Zwänge der Besatzung und die wirtschaftliche Not, in die Preußen daraufhin geriet, erklären, warum die anfängliche Sympathie bald in Unmut, ja teilweise in Haß auf die Franzosen umschlug.

Die sozialen Reformen, die schon vor 1806 geplant waren, wurden nun von Karl vom Stein und Karl August von Hardenberg verwirklicht. Dieser Erneuerungswille war getragen vom Geiste preußischen Patriotismus, dem sich hier und da schon eine neue Inspiration beigesellte: ein deutscher Nationalismus.

Fürst von Hardenberg handelte als preußischer, Freiherr vom Stein vielmehr als deutscher Patriot. Sein Franzosenhaß und seine Impulsivität machten ihn für den vorsichtigen und friedliebenden König unhaltbar und führten zu seiner Entlassung.

1812 verbindet sich Preußen erneut mit Napoleon und stellt ein Expeditionskorps für den Feldzug gegen Rußland zur Verfügung. Nach der Zerschlagung der Großen Armee schert dieses Korps von General Ludwig von Yorck aus, und Preußen schließt sich in einem neuerlichen Bündniswechsel dem siegreichen Rußland an.

Trotz der Welle nationalen Hochgefühls, das einen Teil der deutschen Bevölkerung trägt und zur Befreiung von der Franzosenherrschaft drängt, bedurfte es erst einer neuen Mächtekonstellation, die das schwache Preußen mit Rußland und Österreich verband, um Napoleon in der »Völkerschlacht« bei Leipzig die entscheidende Niederlage beizubringen. Am 31. März 1814 zieht Gebhard Leberecht von Blücher in Paris ein.

In der deutschen Politik laufen von nun an zwei Bewegungen nebeneinander her. Auf der einen Seite entwickelt sich periodisch an- und abschwellend der nationale Gedanke, das Ideal der nationalen Einigung, der deutschen Union. Andererseits gibt es in Deutschland und in Frankreich latent, mal stärkere, mal schwächere, konvergierende Impulse einer deutsch-französischen Gemeinschaft.

Die Deutschen hatten sich wie die Spanier und Italiener gegen die Franzosen erhoben, die auf paradoxe Weise den Nationalismus der Völker Europas geweckt haben: durch das Beispiel ihrer Revolution, in der sie die Souveränität des Volkes erkämpft hatten, und andererseits durch die Unterwerfung der Völker unter Napoleons Machtwillen.

Der Wiener Kongreß von 1815, auf dem Preußen eine relativ untergeordnete Rolle spielt, schafft eine Friedensordnung, die sich unter anderem auch deshalb als dauerhaft erweist, weil das besiegte Frankreich daran gleichberechtigt teilhat. Als Garanten dieser Friedensordnung, die das vorrevolutionäre Europa annäherungsweise zu restaurieren versucht, verstehen sich die drei alten Mächte Rußland, Österreich und Preußen. Sie verbünden sich in einer christlich inspirierten »Heiligen Allianz« im Kampf gegen die liberalen Bewegungen der Zeit.

Nach rund 25 Jahren kriegerischer Unruhe findet Europa durch den Wiener Kongreß zum Frieden zurück, einem Frieden, der den Völkern ein halbes Jahrhundert des Gleichgewichts und der Sicherheit beschert.

Im Sinne einer Stärkung des alten Europas aus dem Geiste des Christentums will der preußische König aus seinem Land eine Bastion des protestantischen Glaubens machen: Er verfügt die »preußische Union«, die Vereinigung der calvinistischen und der lutherischen Kirche unter dem König als oberstem Bischof. Für die ehemals von Napoleon besetzten Länder, also auch für Preußen, bedeutet die Niederlage Frankreichs zugleich Sturz der Reformer und Sieg der Reaktion.

Aber unter der Oberfläche biedermeierlicher Ruhe rührten sich – von Zensur und polizeilicher Unterdrückung behindert, mit der Zeit jedoch immer drängender – die Kräfte der Bewegung, deren komplementäre Aspekte Liberalismus und Nationalimus sind. Die Freiheit des Bürgers hat ihre Entsprechung und Garantie in der Souveränität der Nation. Beidem galt es die rechtliche Grundlage und das Instrument zu erkämpfen, nämlich Verfassung und Parlament.

1807 hatte es Johann Gottlieb Fichtes Reden an die deutsche Nation gegeben, 1817 trafen sich patriotische Studenten zu ihrem Wartburgtreffen, proklamierten die 30000 auf dem Hambacher Fest 1832 Deutschlands Einheit, wurde 1834 der preußisch-deutsche Zollverein gegründet, wuchs das Fleckenwerk der Landkarte Deutschlands zusammen.

Und dennoch: Felix von Schwarzenberg scheiterte mit seinem Plan eines »Deutschlands der 70 Millionen«, das alle deutschsprechenden Stämme und Landschaften vereinigen sollte, ein Reich von der Maas bis an die Memel, von der Etsch bis an den Belt, wie August Heinrich Hoffmann von Fallersleben 1841 geschwärmt hatte, zu jener inzwischen überwundenen Zeit, als Max von Schenkendorf »Die Wacht am Rhein« beschwor und den »deutschen Jüngling« den »Welschen« gegenüberstellte.

Frankreich hatte trotz Niederlage und Restauration beides bewahrt: Verfassung und Parlament in einer relativ gut funktionierenden konstitutionellen Monarchie. Noch das Frankreich der Restauration blieb der modernste Staat Kontinentaleuropas und galt den Kräften des Fortschritts von neuem als Vorbild. Während die absoluten Monarchien in Rußland, Österreich und Preußen voller Mißtrauen auf Frankreich schauten, blickten manche Liberale auch in Deutschland wieder mit Sympathie und Neid über die Grenze, wo sich Bürgertum und Volk in zwei weiteren Revolutionen immer mehr Rechte und Freiheiten erkämpften.

Ludwig Börne sucht 1830 in Paris Zuflucht, ein Jahr später zieht es Heinrich Heine dorthin. Gleichwohl gibt es auch eine umgekehrte Bewegung, eine Faszination, die Franzosen nach Deutschland zieht.

In Frankreich hatte die deutsche Philosophie, Wissenschaft und Literatur in den fünfzig Jahren nach 1815 viele Bewunderer. Erstes Zeichen der Begeisterung für Deutschland war das Buch *De l'Allemagne* der Germaine de Staël. Es ist die Zeit der Romantik, die Dichter wie Victor Hugo, Gérard de Nerval oder Alphonse de Lamartine zu Pilgerfahrten ins Deutschland des Mittelalters inspiriert – nicht zuletzt ins Rheinland, das auf dem Wiener Kongreß einem eher unwilligen Preußen zugeschlagen worden war. Zugleich ist die Restauration eine Zeit beispielloser intellektueller Blüte in Deutschland. Berlin entwickelt sich mit seinem königlichen Schauspielhaus, seinen Salons und vor allem seiner Universität immer mehr zum kulturellen Mittelpunkt Deutschlands. Deutsche Wissenschaft und Gelehrsamkeit gelangen zu einzigartiger Ausstrahlungskraft, während gleichzeitig Tausende deutscher Studenten wegen revolutionärer Umtriebe eingesperrt werden. Liberale französische Gelehrte, wie Victor Cousin, Edgar Quinet und Jules Michelet, sind gleichwohl fasziniert von Forschung, Wissenschaft und Philosophie in Deutschland und unternehmen wiederholte Studienreisen an die preußischen Universitäten Berlin und Bonn.

Victor Cousins böse Erfahrungen mit dem preußischen Polizeistaat erinnerten daran, daß Frankreich und Deutschland noch immer in zwei verschiedenen politischen Welten lebten – aber in einer Art von gegenseitigem *Quivive.* Überall in Deutschland gärte es unter der Oberfläche, so daß der revolutionäre Funke 1848 mit Leichtigkeit von Paris in die deutschen Staaten übersprang. Vordergründig gesehen scheitern die Revolutionen von 1848: Die Zweite Republik unter ihrem Dichter-Präsidenten Alphonse de Lamartine bleibt Episode, und den Deutschen gelingt es nicht, einen liberalen deutschen Nationalstaat zu schaffen – nicht zuletzt, weil Österreich und Preußen sich über der nationalen Frage nach Deutschlands Zukunft entzweien. Spätestens damit löst sich die »Heilige Allianz« auf, während der Krimkrieg 1853–56 endgültig jenes Mächtesystem zerstört, das Europa seit 1815 den Frieden garantiert hat.

Beachtenswert ist, daß ungeachtet dieser Entwicklung und des in Europa allenthalben wachsenden Nationalismus insbesondere im Bildungsbürgertum das Verhältnis zwischen Franzosen und Deutschen bis weit ins 19. Jahrhundert hinein von gegenseitiger Faszination und Bewunderung geprägt bleibt.

Die Kräfte des Ausgleichs und des Friedens, der gemeinsamen Interessen Deutschlands und Frankreichs hatten in der Jahrhundertmitte noch einmal die Oberhand gewonnen. Noch waren die gegenseitigen Hoffnungen bei den Partnern diesseits und jenseits des Rheins stärker als ihre Befürchtungen. (Lit. Nr. 6, 252–255)

Franz von Gaudy
Dichter
(1800–1840)
Rebell gegen den altmodischen Unterricht am Collège

Zwanzig Jahre jünger als Adelbert von Chamisso war sein Freund und Dichterkollege Franz von Gaudy, dem wir bereits als Mitautor der Béranger-Übertragung Chamissos begegnet sind.

François Bernard Louis de Gaudy wurde am 19. April 1800 in Frankfurt an der Oder geboren. Sein Vater war preußischer Offizier und seit 1809 Gouverneur des Kronprinzen und damit Erzieher-Kollege von Frédéric Ancillon. Als François zehn Jahre alt geworden war, gab ihn sein Vater bei dem Altphilologen Guillaume Reclam »in Pension«, und Reclam nahm den Jungen mit zum Französischen Gymnasium.

In dieser Zeit sprach und schrieb François das Französische schon mit Geläufigkeit, während er das Deutsche nur lesen und einigermaßen fehlerfrei schreiben, kaum aber sprechen konnte. Denn die Familie hatte das Französische als Familiensprache beibehalten, und zwar die ganze napoleonische Zeit hindurch; die Biographie erklärt so Gaudys »Vorliebe für fast alles, was französisch war«.

Gaudy kam als vierzigster Schüler in die *Septième Classe*, deren Lehrplan zu Beginn des 19. Jahrhunderts nur zwei Fächer kannte, nämlich Latein und Französisch. Wir lesen im Jahresbericht von 1811: *Les écoliers de cette classe élémentaire ont appris par cœur les déclinaisons des noms, des pronoms et la conjugaison du verbe »sum«. On leur a aussi fait apprendre les 18 premières pages du Vocabulaire latin-françois-allemand... On leur a expliqué quelques fables de Florian et de La Fontaine qu'ils ont apprises par cœur. On n'a pas négligé de leur faire apprendre les verbes auxiliaires »avoir« et »être« et beaucop de mots.*

Noch herrschte am Französischen Gymnasium die Methode des 18. Jahrhunderts, die Methode des Auswendiglernens, herrschte der Paukunterricht. Er war es, der Gaudy die ganze Schule verleidete, der ihm eine tiefe Abneigung einflößte. Pauken, pauken und immer wieder pauken, so wurden in der Sexta die regelmäßigen und die unregelmäßigen lateinischen Verben eingeübt, und zwar im Chor, bei 40 Schülern die einzige Möglichkeit. Sechs Seiten Substantive, zehn Seiten Adjektive und sieben Seiten Verben mußten auswendig gelernt werden.

Drei weitere Schulfächer traten nun hinzu. In Geschichte wurden Tabellen auswendig gelernt, in Erdkunde wurde ein Auszug über Europa, Asien, Afrika, Amerika und Australien angefertigt und im Schönschrift-Unterricht (vier Stunden pro Woche) mußte das Lehrbuch des Schreiblehrers Jean David Marthe, Schmuckstück in der Bibliothek des Französischen Gymnasiums heute, kopiert werden.

1813 war Gaudy in Quinta. In diesem Jahr gab es keinen Jahresbericht, das Programm entnehmen wir dem Bericht des Vorjahres. In Latein mußten die ersten hundert Paragraphen der Grammatik auswendig gelernt werden, in Griechisch 75 und in Französisch 25. In Quarta, die Gaudy 1814 besuchte, begann endlich in allen drei sprachlichen Fächern der Lektüreunterricht.

Im Jahre 1815 war Gaudy in Tertia angekommen. Jetzt stand in Latein Ovid auf dem Lehrplan. Aus dem Französischen wurde ins Griechische übersetzt. Voltaires *Henriade* und Bossuets *Histoire Universelle* wurden gelesen, hinzu kamen Stilkunde, Grammatik, Deklamation.

Gaudy soll, seiner Biographie zufolge, ein leistungsfähiger Schüler gewesen sein. Aber es heißt auch: »... obgleich er seine sämtlichen Lehrer, durch seine wenige Aufmerksamkeit auf ihre Weisheit, durch seine Opposition gegen ihre oft übertriebene Strenge, gegen sich aufgebracht hatte, konnten diese ihm dennoch, bei den öffentlichen Prüfungen, ihre Zufriedenheit über seine erworbenen Kenntnisse nicht versagen.«

Mit den Jahren stellte sich bei Gaudy eine Abneigung gegen die Schule ein: »Die Spannung zwischen ihm und seinen Lehrern, die den oft höchst ausgelassenen, dann wieder stillen träumerischen Knaben wenig zu behandeln verstanden, wurde immer größer. Einmal machte ihm einer der Lehrer öffentlich in der Klasse den Vorwurf, daß er faul sei und keine Lust zu ernsten Arbeiten zeige, worauf er sich gegen den Überraschten im reinsten Italienisch verteidigte, welche Sprache er sich heimlich, und ohne Lehrer, angeeignet hatte.«

Reclam wurde mit dem störrischen Jungen nicht fertig. Einmal kletterte dieser beim Stubenarrest aus dem Fenster der im zweiten Stock gelegenen Wohnung und konnte von Reclam gerade noch rechtzeitig ins Zimmer zurückgezogen werden. Die Lage von François de Gaudy am Collège wurde 1815 unhaltbar, der Vater war der Klagen der Lehrer überdrüssig und schickte seinen Sohn nach Schulpforta ins Internat. In Schulpforta wurde er zunächst in Quarta eingeschult, scheint aber bald wieder nach Tertia aufgerückt zu sein und durchlief die beiden restlichen Schuljahre ohne Probleme, so daß er die »Pforte« 1818 mit dem Abitur verlassen konnte.

Er wollte Jura studieren, aber sein Vater war über die liberalen Tendenzen an den Universitäten entsetzt, von dem Treffen auf der Wartburg 1817 geradezu schockiert und verbot dem Sohn das Studium.

Statt dessen mußte Franz von Gaudy, wie er sich jetzt nannte, die Offizierslaufbahn einschlagen; und 15 Jahre lang blieb er Soldat. Erst 1833 nahm der König sein immer wieder erneuertes Demissionsgesuch an, und Gaudy war frei. Er nutzte die neue Freiheit zu einer Reise nach Italien und begann nach seiner Rückkehr nach Berlin 1835 mit der Publikation poetischer Arbeiten. 1835 erschienen seine Kaiserlieder, ein Zyklus über bedeutende Ereignisse im Leben des von Gaudy und vielen seiner deutschen Zeitgenossen verehrten Kaisers Napoleon. Gaudys Schaffenskraft schien unendlich, aber seine Gesundheit war seit der Choleraepidemie 1832 zerrüttet. Am 5. Februar 1840 ist Gaudy, knapp vierzig Jahre alt, in Berlin gestorben. (Lit. Nr. 14, 15, 19, 21, 23, 256–257)

Franz von Gaudy
Radierung von Eduard Eichens 1840

Franz von Gaudy
(19. 4. 1800–5. 2. 1840) Poète
Un rebelle réfractaire à l'éducation démodée du Collège.

A l'âge de dix ans François de Gaudy fut le 40ème élève de la Septième classe du Lycée Français. Au début du XIXème siècle on n'enseignait dans cette classe que le latin et le français. En Sixième s'ajoutaient trois autres matières: l'Histoire universelle, la Géographie générale et la Calligraphie. En Cinquième les élèves étudiaient en troisième langue le grec et recevaient une initiation à la mythologie antique. Ce n'est qu'en Quatrième, où Gaudy entra en 1814, que l'on abordait les lectures; jusqu'à cette classe l'enseignement des langues étrangères était purement grammatical et était dispensé selon la méthode du «par cœur».

Gaudy était un élève doué, mais au fil des années il manifesta un désintérêt croissant pour l'école. Il se rebella contre l'enseignement désuet du Collège et eut bientôt tous les professeurs contre lui. En 1815 son père, las des plaintes des professeurs, le mit interne à Schulpforta. Là, trois ans plus tard, Gaudy obtint son baccalauréat. Son père lui interdit de poursuivre ses études à l'Université, où régnait aux alentours de 1817 un fort vent de libéralisme. A la place il dut embrasser la carrière d'officier. Il resta quinze ans à l'armée. Ce n'est qu'en 1833 que le Roi accepta d'accéder à la requête de démission qu'il renouvelait sans arrêt.

Gaudy mit à profit sa nouvelle liberté pour entreprendre des voyages en Italie et publier des ouvrages poétiques. En 1835 parurent ses «Hymnes à l'Empereur Napoléon», vénéré par Gaudy et maints de ses contemporains allemands. Les historiens de la littérature rattachent Franz von Gaudy à la «deuxième» école romantique et constatent dans son œuvre l'influence profonde de Heinrich Heine, mais aussi de Adelbert von Chamisso, dont il était l'ami et qu'il aida pour la publication de sa traduction de Béranger.

Charles Louis Michelet
Professor der Philosophie
(1801–1893)
Schwierigkeiten eines progressiven Lehrers

Charles Louis Michelet wurde am 4. Dezember 1801 geboren. Sein Vater war der Seidenhändler Guillaume Michelet. Charles Louis besuchte zunächst die sechs unteren Klassen einer Privatschule und kam erst mit 13 Jahren 1814 zum Französischen Gymnasium, und zwar in die Quarta. Schon im Jahre danach erringt er seinen ersten Preis, und dann ist er jedesmal unter den Preisträgern.

Im Jahr 1818 hatte Jean Michel Palmié an der Schule patriotische Gedenktage eingeführt. Am 31. März 1819, fünf Jahre nach Blüchers Einzug in Paris, hielt Charles Louis Michelet die Gedenkrede und wählte sich das Thema *Les avantages de la paix*.

Das Abitur legte er im Herbst 1819 ab, und zwar mit dem *Témoignage No I*, also mit Auszeichnung. Nach dem Abitur bewarb er sich um das Stipendium der Stiftung Oelrichs und erhielt es für eine lateinische Rede mit dem Thema *La comparaison de la description de la peste dans Lucrèce avec celle qui se trouve dans Thucydide*. Michelet hat als alter Mann seine Autobiographie geschrieben. Darin notiert er voller Stolz, daß er die Schule verließ »beschenkt mit vielen Bücherpreisen, deren Inhalt theils Werke des klassischen Altertums, theils Schriften der neueren Weltweisen waren«. Seine lateinische Preisarbeit über Lukrez und Thukydides wollte er noch 1891 in Band 26 seiner auf dreißig Bände geplanten Gesammelten Werke aufnehmen, wie auch seine im Jahresbericht von 1830 zuerst publizierte Untersuchung *de Sophoclei ingenii principio*.

Auch der Aufsatz über die Sixtinische Madonna, im Jahresbericht von 1837 zuerst erschienen, sollte in die Gesammelten Werke aufgenommen werden. Es ist einer der ersten wissenschaftlichen Aufsätze in den Jahresberichten, der nicht in lateinischer oder französischer Sprache, sondern auf deutsch vorgelegt wurde. Der gerade neu ernannte Direktor Auguste Fournier bittet die Leser um Entschuldigung für die Wahl der deutschen Sprache und fährt fort: *Cette publication pourra servir de preuve que l'allemand n'est pas moins cultivé dans notre institut que la langue française; mais c'est cette dernière que nous continuerons toujours à regarder comme notre langue maternelle.*

Michelet hat regelmäßig in französischer Sprache publiziert, und zwar in französischen philosophischen Zeitschriften. Er stand seit seiner Parisreise 1828 in reger wissenschaftlicher Korrespondenz mit französischen Kollegen und war befreundet mit Victor Cousin. 1835 hat er sich an einem *Concours* der Pariser *Académie des Sciences Morales* beteiligt und den ausgesetzten Preis mit seiner Arbeit *Examen critique du livre d'Aristote intitulé Métaphysique* gewonnen. Seine *Esquisse de Logique* erschien ebenfalls in Paris, seine übrigen philosophischen Werke hat er jedoch in Berlin veröffentlicht, und zwar auf deutsch.

Charles Louis Michelet hatte zunächst Jura studiert, Frédéric Ancillon wollte ihn für die Ministeriallaufbahn werben, Michelet aber wollte Lehrer werden und setzte sich durch. 1826 hielt er als Privatdozent der Philosophie an der Berliner Universität seine Antrittsvorlesung, und im gleichen Jahre trat er ins Kollegium des Französischen Gymnasiums ein. Zunächst gab er Latein- und Griechischunterricht, bald aber lehrte er auch Philosophie. Michelet war Hegelianer und vertrat am Collège die »vierte« Schule, nach Chauvin, dem Cartesianer, nach Formey, dem Wolffianer, und nach Paul Erman, der Kantianer war. Im Jahresbericht von 1825 begrüßt Jean Michel Palmié seinen ehemaligen Schüler und neuen Kollegen mit warmen Worten: *Je ne saurois mieux lui exprimer ma satisfaction qu'en formant le vœu de le voir conservé à l'institut.*

Vorschußlorbeeren? Jedenfalls hatte Michelet im Laufe seiner Karriere zunehmend mit Schwierigkeiten zu kämpfen. 1828 hatte er noch ein Reisestipendium des Erziehungsministeriums für eine Studienreise nach Paris erhalten. In Paris hatte er Kontakt zu jungen kritischen Intellektuellen, die auf eine revolutionäre Veränderung hinarbeiteten. Nach seiner Rückkehr nach Berlin und nach der Julirevolution bekundete Michelet offen seine Sympathie für die französischen Reformer. Er sah sich dank seiner Abstammung als Mittler zwischen beiden Ländern, davon wird noch die Rede sein.

Wenig später begannen die Schikanen des preußischen Staates, die Michelet schließlich in die Resignation trieben. Die Akten im Staatsarchiv Potsdam verdeutlichen Michelets Probleme. Immer wieder muß er um Gehaltszulage bitten, der Staat will das Anfangsgehalt beibehalten. Als sein Protektor, Direktor Palmié, in den Ruhestand getreten ist, wird die Gehaltsüberweisung ganz gestoppt, nur mit Mühe gelingt es Michelet, wieder auf die Gehaltsliste zu kommen. Der normale Aufstieg bleibt Michelet versagt, jüngere Kollegen ziehen an ihm vorbei, er protestiert, vergeblich. Im Krisenjahr 1840 wird ihm erneut der Amtseid abverlangt. Allmählich wird Michelet amtsmüde, spricht von Rücktrittsplänen. Direktor Gustav Kramer berichtet am 7. Januar 1851 dem Ministerium:

»Einen (Wunsch) kann ich nicht unterlassen auszusprechen, den nämlich, daß sich eine Möglichkeit finden möchte, das Verhältnis des p. Michelet zum Gymnasium zu lösen. Ich will hier die Stellung, die er den öffentlichen Angelegenheiten gegenüber seit Jahren, besonders aber in der letzten Zeit, eingenommen hat, unberührt lassen, obwohl ich nicht verhehlen darf, daß dieselbe natürlich nicht ohne manchen, wenigstens indirekten, ungünstigen Einfluß auf seine Stellung zur Anstalt geblieben ist; ich erkenne ferner gerne an, daß er die ihm übertragenen Stunden mit Pünktlichkeit ertheilt, allein darauf beschränkt sich auch seine ganze Beziehung zur Anstalt: er ist ihr als solcher, als einem Ganzen, einem Organismus, und bis zu einem gewissen Grade auch den Lehrern und den Schülern fremd.« Kramer fährt fort, Michelets Interessen lägen außerhalb der Schule, er sei nur sehr eingeschränkt für den Unterricht brauchbar, der Kreis der möglichen Lehrgegenstände Michelets sei äußerst eng gezogen.

Was war geschehen? Die Antwort finden wir in Michelets Autobiographie:

Charles Louis Michelet
Lithographie von Paul Rohrbach (1817–1862)

Charles Louis Michelet
(4. 12. 1801–15. 12. 1893) Professeur de Philosophie
Des difficultés rencontrées par un enseignant progressiste.

Charles Louis Michelet fut élève d'une école privée les six premières années de sa scolarité, avant de venir au Lycée Français en 1814, à l'âge de 13 ans. Dès la Troisième il fit partie chaque année des élèves recevant un prix et en 1819 il obtint le baccalauréat avec le «Témoignage No 1», c'est-à-dire avec mention. Titulaire d'une bourse du Lycée Français, la bourse Oelrichs, Michelet étudia d'abord le droit, mais se décida par la suite à devenir professeur.

En 1826, maître de conférences, il donna à l'Université de Berlin son premier cours magistral. La même année il fut intégré au corps professoral du Lycée Français et y enseigna le latin, le grec et la philosophie.

Michelet était adepte de la philosophie de Hegel et représenta au Collège la «quatrième» école, après Chauvin, le cartésien, Formey, disciple de Wolff, et Paul Erman, le kantien. En tant que disciple de Hegel, Michelet garda une distance critique vis-à-vis de l'idéologie au pouvoir, et comme en plus il ne fit pas mystère, après la Révolution de Juillet, de sa sympathie pour les réformateurs français, il dut, au cours de ses 25 années d'enseignement, affronter de plus en plus de difficultés. La promotion normale lui fut refusée et, à plusieurs reprises, il dut demander une augmentation de son traitement; après le départ de son protecteur, le Directeur Palmié, il fut même pour un temps purement et simplement rayé des états des salaires. En 1851 Michelet finit par capituler et présenta sa démission.

Après son départ du corps professoral du Lycée Français il se consacra totalement à son activité d'enseignant à l'Université de Berlin, où il avait obtenu en 1829 un poste de professeur sans chaire. Professeur sans chaire il devait rester et c'est à ce titre qu'il prit finalement sa retraite. Il dut attendre son quatre-vingt-dixième anniversaire pour recevoir enfin la distinction tant convoitée, la «venia legendi».

Er war wegen »freisinniger« Äußerungen vor Gericht gestellt, ein Disziplinarverfahren war geführt worden, kurz, die herrschende Meinung war gegen ihn, er war ein »Radikaler«, war zu liberal, stand zu weit links.

Michelet schied aus dem Kollegium des Französischen Gymnasiums aus.

* * *

An der Berliner Universität hatte Michelet 1829 seine erste Vorlesung als außerordentlicher Professor gehalten, und als außerordentlicher Professor wurde er schließlich pensioniert. Erst zu seinem 90. Geburtstag erhielt er endlich die ersehnte *venia legendi*, *pro forma*, versteht sich.

Michelet hat sich auch in der zweiten Hälfte des 19. Jahrhunderts an den gesellschaftlichen Auseinandersetzungen beteiligt. Als Hegel-Schüler stand er in kritischer Distanz zur herrschenden Staatsideologie. In seinem Wohnbezirk in Tiergarten kandidierte er für den »freisinnigen Bezirksverein« und geriet dadurch in Opposition zu der von Otto von Bismarck vertretenen Politik. Neue Prozesse wurden gegen ihn geführt, zum Beispiel, weil er das preußische Herrenhaus »eine Ruine des Mittelalters« genannt oder Bismarcks Sozialistengesetze als das Werk der »frevelnden Hand eines Elenden« bezeichnet hatte.

In seiner Autobiographie schreibt er, daß er 1806 schon als Knabe den Einmarsch der Franzosen in Berlin »freudig bewundert«, daß er »Europa zum Aufschwung der Freiheit sich erheben sehen«, daß er die Junirevolution von 1830 in Paris begrüßt und in die »Frühlingsumwälzungen des Jahres 1848« große Hoffnungen gesetzt habe. Der Kriegsausbruch 1870/71 bedeutet für Michelet eine schwere Enttäuschung. Aber er hielt an der Hoffnung fest. Der »Traum vom ewigen Frieden wird zur That werden ... besonders sobald wir den ungeheuren Aufwand stehender Heere werden entbehren zu können gelernt haben.«

Mit diesen Worten schließt der greise Philosoph seine Autobiographie. In dem Jahrhundert, das seitdem vergangen ist, haben Michelets Worte noch zweimal in grausamer Weise Aktualität erlangt, nämlich in den beiden Weltkriegen, die Deutschland und Frankreich zum zweiten und dritten Male als Feinde gegenüberstellten. Michelet hatte seine Lebensaufgabe darin gesehen, »zwischen deutschem und französischem Wesen zu vermitteln.« In diesem Sinne war er am Französischen Gymnasium erzogen worden, in diesem Sinne erzog er seine eigenen Schüler am Collège, aber die Politik der Konfrontation in der zweiten Hälfte des 19. Jahrhunderts konnte er nicht verhindern.

Michelet starb, 92 Jahre alt, am 15. Dezember 1893. Das Kaiserreich hatte seinen Frieden mit Michelet geschlossen und ihm den Roten Adlerorden – vierter Klasse – verliehen.

Die Vorurteile der Konservativen hatten für Theodor Fontane keine Gültigkeit. Er läßt Michelet demonstrativ in seinem Hugenottengedicht von 1885 mit Naudé, Erman, Reclam, Jordan und Lancizolle »als Zierde unsrer neuen Heimath« auftreten. (Lit. Nr. 14, 19, 21, 258–264)

Rodolphe Palmié
Pastor und Religionslehrer
(1802–1857)
Religionsunterricht am Französischen Gymnasium

Das Direktorat Jean Michel Palmiés begann 1815 und endete 1837. Es fiel zusammen mit der Schüler- und Lehrerzeit seines Sohnes Rodolphe Palmié.

Dieser war am 11. November 1802 in Berlin geboren worden und besuchte das Collège François vermutlich ab 1812. Im Jahre 1817 war Rodolphe Palmié Schüler der Tertia. Von diesem Jahre an wird sein Name regelmäßig in den Jahresberichten unter den Preisträgern genannt.

1823 wurde Rodolphe Palmié das Studienstipendium aus dem Legat Oelrichs zugesprochen, wie zwei Jahre zuvor Michelet.

Palmié wollte Theologe werden. Im Jahre 1828 wurde er ordiniert und erhielt seine erste Pfarre in Ganzow in der Mark, wo er bis 1833 blieb. Als Prediger an die französische Kirche in der Dorotheenstadt versetzt, bewarb sich Rodolphe Palmié um einen Lehrauftrag am Collège. 1834 wurde er Religionslehrer auf der Unterstufe des Gymnasiums und mit dem Anfängerunterricht in Latein betraut. Diese Aufgabe erfüllte er bis 1840, dem Jahr seiner Versetzung nach Stettin.

Der Nachfolger Jean Michel Palmiés, Direktor Auguste Fournier, findet in den Jahresberichten von 1839 und 1840 freundliche Worte für das pädagogische Wirken des jungen Kollegen, Fournier schreibt: *Le vif intérêt que, dans ses leçons de religion en particulier, il a su inspirer à ses élèves pour l'écriture sainte et les vérités salutaires du christianisme, leur a fait un bien infini.*

Religionsunterricht am Gymnasium der Reformierten? Die Schule war als humanistisches Gymnasium gegründet worden; Latein, Griechisch und später Hebräisch waren die wichtigsten Lehrgegenstände im 18. Jahrhundert gewesen, Vorbereitung auf den Kursus der Rhetorik und der Philosophie. In der zweiten Hälfte des 18. Jahrhunderts, seit Gründung des *Séminaire de Théologie,* schloß sich ein Lehrgang der Theologie für diejenigen an, die Prediger werden wollten. Religionsunterricht an der Schule hatte es zuvor nicht gegeben.

Der erste Religionslehrer der Schule war 1689 der Katechet Paul Hetler gewesen, aber einen Nachfolger im Amt gab es für ihn nicht. Den Religionsunterricht übernahmen die Pastoren der französischen Gemeinde in ihren Kirchen, die Schule blieb intellektuelles Lehrinstitut. Solange die Schüler alle der französischen Gemeinde angehörten, war das genug. Aber als immer mehr Lutheraner hereinkamen, entstand eine neue Lage. Jetzt mußte die reformierte Kirche ihre Andersartigkeit herausstellen, mußte für sich werben, die Lutheraner vielleicht sogar missionieren; kurz: Religionsunterricht wurde zu einem neuen Bildungsziel.

Aber die Gründer der Schule waren Pastoren, das französisch-reformierte Konsistorium war ihre Schulbehörde, die Inspektoren waren lange Zeit aus-

Rodolphe Palmié
Lithographie von Gustav Heinrich Gottlob Feckert (1820–1899)

Rodolphe Palmié
(11. 11. 1802–1. 5. 1857) Pasteur et professeur d'enseignement religieux L'enseignement de la religion au Collège Français.

Jean Michel Palmié fut Directeur du Lycée de 1815 à 1837. Dans le même temps son fils, Rodolphe Palmié, y fut élève et professeur. Il fréquenta le Lycée vraisemblablement à partir de 1812. De 1817 à 1822, donc de la Troisième à la Première, on trouve régulièrement son nom sur les listes des élèves récompensés par un prix. Après le baccalauréat, Rodolphe Palmié obtint une bourse Oelrichs et étudia la théologie.

En 1833 il fut nommé prédicateur à l'Eglise française de Dorotheenstadt. Un an plus tard il accepta, de plus, un poste de professeur au Lycée Français, pour y enseigner le latin et la religion dans le premier cycle.

En 1818 l'enseignement religieux avait été introduit au Collège en tant que matière à part entière, d'abord en Sixième et en Cinquième, puis à partir de 1825, dans toutes les classes à raison de deux heures hebdomadaires. L'enseignement religieux était dispensé, à l'époque, par les professeurs principaux, presque tous formés en théologie. La mission de Palmié fut de promouvoir un programme d'enseignement de la religion. Il en répartit le contenu comme suit: en Sixième il faisait une initiation à l'Ancien Testament, en Cinquième au Nouveau Testament, et en Troisième seulement il abordait le dogme de la Religion réformée. L'année suivante il complétait son programme par l'histoire de l'Eglise jusqu'à Constantin et, une année plus tard encore, par la «Géographie de la Palestine» et l'«Archéologie Sainte», puis, en suivant, il continuait l'histoire de l'Eglise jusqu'à la Réforme.

Lorsqu'en 1840 Rodolphe Palmié est muté pasteur à Stettin, il quitte le corps enseignant du Lycée Français. Mais son programme d'enseignement fut repris par ses successeurs et s'est maintenu, sous sa forme originale ou presque, tout au long du XIXeme siècle.

nahmslos Pastoren, der *Conseil académique* war als geistlicher Beirat zu bezeichnen. Das Unterrichtsprinzip an der Schule war ein religiöses, war ein evangelisches, war ein reformiertes. Dem 19. Jahrhundert blieb die Einführung des Schulfaches Religion vorbehalten. Es tritt erstmalig im Jahresbericht von 1818 auf, der Religionslehrer war der uns schon bekannte Christian Louis Couard, kurz zuvor als junger Pastor im Wartestand ins Kollegium des Französischen Gymnasiums eingetreten. Offenbar wurde das neue Schulfach zunächst nur in Sexta und Quinta erteilt. Couard gab zwei Wochenstunden, und zwar *Histoires du V. et du N. T., Lecture de la bible. Explication et récitation de passages choisis.* Couards Nachfolger Auguste Desmarets ließ ab 1819 in Sexta und Quinta die Johannes- und Matthäus-Evangelien lesen, später die Briefe Johannes' und Paulus', dann auch Lukas und die Apostelgeschichte.

Ab 1825 ist Religion als besonderes Schulfach mit zwei Wochenstunden in allen Klassen eingeführt. Die jeweiligen Klassenleiter sind dafür zuständig und konnten es auch sein, denn sie waren ja fast alle nach wie vor Theologen. In der Septima, einer Vorklasse, die zur Einführung ins Französische gebildet worden war, geht es um die Zehn Gebote und die Religionsgeschichte bis Christi Geburt. In Sexta und Quinta beginnt die systematische Bibellektüre. Die Schüler lesen sie abschnittsweise vor, und der Lehrer interpretiert das Gelesene *tant sous le rapport des antiquités ... que sous celui de la foi.*

In Quinta und Tertia übernimmt Jean Michel Palmié, der Direktor, den Religionsunterricht, weil der Klassenlehrer nicht Theologe ist. Nun tritt die Dogmatik neben das Quellenstudium: *Histoire de la bible; l'existence de Dieu, ses perfections, sa providence.*

In Secunda und Prima lauten die Themen: *Introduction historique sur les divers livres de la Bible. Cours de religion, 1re partie, la doctrine...* – und im Jahr darauf *Cours de morale chrétienne...*

Als Rodolphe Palmié 1834 ins Kollegium eintritt, weist sein Vater auf die Bedeutung des Faches Religion hin und gibt der Hoffnung Ausdruck, daß der junge Religionslehrer alles tun möge, um das Vertrauen seiner Vorgesetzten zu rechtfertigen. Rodolphe Palmié teilt den Stoff folgendermaßen ein: In Sexta führt er ins Alte, in Quinta ins Neue Testament ein, und in Tertia beginnt er mit der reformierten Dogmatik: *La doctrine du Royaume de Dieu... les dogmes de la création, de l'image divine, du péché, de la loi et de la prophétie.* Im Folgejahr ergänzt er den Lehrgang durch die Kirchengeschichte bis Konstantin, noch ein Jahr weiter durch *Géographie de la Paléstine*, dann durch *Archéologie sainte*, durch eine Fortsetzung der Kirchengeschichte bis zur Reformation.

1840 scheidet Rodolphe Palmié wieder aus, aber der Lehrgang wird von seinen Nachfolgern fortgesetzt und hat sich in dieser oder ähnlicher Form durch das ganze 19. Jahrhundert hindurch erhalten.

Palmié starb in Stettin am 1. Mai 1857, noch nicht 55 Jahre alt. (Lit. Nr. 265)

George Adolphe Erman
Geograph
(1806–1877)
Der Prix Monod.

Als Paul Erman 1783 ins Kollegium des Französischen Gymnasiums eintrat, wurde er Erman *fils* genannt, während sein Vater, der Direktor ab 1766, als Erman *père* bezeichnet wurde. Bis 1839 gehörte Paul Erman der *Inspection* des Collège an, und nun war er Erman *père* geworden, denn seit 1834 zählte sein Sohn George Adolphe zum Kollegium, die dritte Generation der Ermans hielt ihren Einzug am Collège.

Adolphe Erman war am 16. Mai 1806 geboren worden. Vermutlich wird er 1816 am Französischen Gymnasium eingeschult worden sein, drei Jahre nachdem sein Großvater Jean Pierre Erman als Direktor in den Ruhestand getreten war, und vier Jahre bevor sein Vater Paul Erman die Professur für Philosophie und Physik am Collège aufgab, um sich ganz seinem Lehrstuhl an der Berliner Universität widmen zu können.

Auch Adolphe Erman war ein guter Schüler, und sein Name kehrt Jahr für Jahr unter den Preisträgern im Jahresbericht wieder. Jedes Jahr war er *Primus* in Mathematik, und sein Lehrer Jean Philippe Gruson soll sich zeitweilig im Unterricht nur mit Erman beschäftigt haben. Aber auch in »Philologie« und Physik erhielt er Preise, und im Jahr seines Abiturs hielt er die lateinische Preisrede, nachdem er im Jahr zuvor den Prix Monod errungen hatte.

Die zweite Stiftung nach dem Legat Oelrichs war die *legs Alphonse Monod* vom 12. Dezember 1807. Sie sollte Fortschritte bei der Erlernung der französischen Sprache belohnen. Zum ersten Male wurde der *Prix Monod* im Jahre 1820 verliehen. Wir lesen im Jahresbericht: *Dans le cours de l'année est rentré dans la caisse du Collège un legs de feu Mr. Monod, dont les rentes suivant la volonté du défunt doivent servir à fournir aux élèves des prix d'encouragements.* Das schließlich bei der Schule eingezahlte Kapital war geringer als aus dem Testament hervorgegangen war, so daß nicht vier, sondern vorerst nur zwei Preise erteilt werden konnten: *L'un sera accordé à l'écolier qui aura fourni la meilleure pièce de poésie, et l'autre à celui qui se sera le plus distingué par son application et sa conduite.*

Bald danach standen 50 Taler zur Verfügung, gleichmäßig verteilt auf je einen Schüler der vier oberen Klassen, dazu eine Bourse von 25 Talern für einen Abiturienten als Studienbeihilfe.

Aus diesen Anfängen entwickelte sich durch Spenden im Laufe des ersten Jahrhunderts seit der Stiftung ein ansehnlicher Preis. Ein hervorragender Schüler erhält, lesen wir im Jahresbericht von 1915, 100 Mark als »Stipendium«. Vier weitere Preisträger erhalten gestaffelt nach Klassen von der Oberprima bis zur Untersecunda 60 – 45 – 30 und 15 Mark.

Nach dem Ersten Weltkrieg, als das Kapital durch die Geldentwertung zusammengeschmolzen war, wurde der *Prix Monod* durch Stiftungen ehemali-

George Adolphe Erman
Zeichnung von Johann Heinrich Schramm 1852

Georg Adolphe Erman
(16. 5. 1806–12. 7. 1877) Géographe
La géographie est enseignée au Collège.

Avec Adolphe Erman, la troisième génération des Erman fit son entrée au Collège. Il fut scolarisé en 1816, trois ans après que son grand-père Jean Pierre Erman eut pris sa retraite de Directeur et quatre ans avant que son père Paul Erman abandonnât son poste de professeur de philosophie et de physique au Collège en faveur d'une chaire à l'Université de Berlin. A 17 ans Adolphe Erman obtint le baccalauréat et étudia ensuite, titulaire d'une bourse Oelrichs, les sciences naturelles.

De 1828 à 1830 il entreprit un voyage d'étude autour du monde, le menant de Königsberg au Pacifique sud et de Sibérie en Californie, afin de recueillir des données sur les phénomènes magnétiques terrestres. Après avoir consigné les résultats de ses recherches dans une œuvre de six volumes, il entra comme professeur de mathématiques et de physique au Lycée Français.

Mais la passion d'Erman allait à la géographie, que l'on considérait au XVIIIeme siècle au Lycée Français, au même titre que l'histoire, comme une matière annexe de la philologie des langues anciennes. Ce n'est qu'à partir de 1825 que, au profit de la réforme scolaire de Jean Michel Palmié, on enseigna la géographie comme matière à part entière de la Septième à la Quatrième, dans les classes suivantes elle continuait à n'être qu'une matière dépendant des langues anciennes. Parallèlement aux thèmes traités par les philologues des langues anciennes, Adolphe Erman instaura, dans les deux classes supérieures, son enseignement de la géographie sur des bases de sciences mathématiques et physiques.

Pour Adolphe Erman, non plus, les douze années où il enseigna au Lycée Français ne furent pas faciles. Comme Michelet il demanda plusieurs fois, sans succès, une augmentation de son traitement. Lui aussi était un libéral, beaucoup le tenaient pour un radical. Lorsqu'à l'été 1845 il entreprit, sans autorisation, un voyage de vacances en Angleterre, on lui signifia son renvoi, suite à quoi il remit sa démission.

Comme Michelet, il se consacra à son activité de maître de conférences à l'Université de Berlin. Cependant, parce que membre du Parti Démocratique Allemand, il n'obtint, pas plus que Michelet, un poste de professeur titulaire, témoin de la réalité allemande à l'époque de la Restauration.

ger Preisträger zu neuem Leben erweckt. 1927 wurde er zum erstenmal wieder in alter Form verliehen. Das Stipendium mußte wegfallen, ebenso der Preis für einen Schüler der Untersecunda, aber die traditionellen 60 – 45 – 30 Mark konnten wieder an je einen Schüler der Oberprima, der Unterprima und der Obersecunda verliehen werden. So blieb es bis zum Zweiten Weltkrieg. Danach war das Kapital des *Prix Monod* zum zweitenmal verloren. Aber wiederum brachte ein Spendenaufruf an die ehemaligen Preisträger eine genügend große Summe zusammen, um nunmehr auch mehrere Preisträger je Klasse von der *Première* (12. Schuljahr) bis hinab zur *Troisième* (9. Schuljahr) durch Buchpreise für ihre Leistungen in Französisch zu belohnen. Im Jahre 1985 kam durch die testamentarische Verfügung eines nach Amerika emigrierten Collegianers eine *Bourse de voyage Monod* hinzu. Sie soll jedes Jahr dem im Fach Französisch erfolgreichsten Abiturienten bei der Entlassungsfeier verliehen werden und ihm eine Studienreise nach Frankreich ermöglichen. Die *Bourse Monod* erbringt jedes Jahr tausend Mark.

* * *

Im Alter von siebzehn Jahren legte Erman 1823 das Abitur ab und wechselte an die Berliner Universität über, wo er Naturwissenschaften studierte. Nach der Promotion in seinem zwanzigsten Lebensjahr ging er zu dem Astronomen Friedrich Wilhelm Bessel nach Königsberg, und hier begann 1828 seine zweijährige Forschungsreise um die Welt, auf der er von Königsberg bis in die Südsee und von Sibirien bis Kalifornien erdmagnetische Daten sammelte. Diese Unterlagen haben sich im Manuskriptfundus der Staatsbibliothek Preußischer Kulturbesitz erhalten. Nach seiner Rückkehr 1830 wertete er seine Beobachtungen aus und schrieb ein sechsbändiges Werk »Reise um die Welt« (drei Bände historische, zwei Bände physikalische Geographie, ein Kartenband), das ihn in der Wissenschaft berühmt gemacht hat und von dem das Collège ebenfalls ein Exemplar besitzt.

Als diese wissenschaftliche Arbeit abgeschlossen war, trat Erman ins Kollegium des Französischen Gymnasiums ein. Im Jahre 1834 hielt er seine Antrittsvorlesung am Collège über das Thema *Hérodote et la Sibérie*, abgedruckt im Jahresbericht. Er war als Mathematik- und Physiklehrer angestellt worden. Es liegt ein Prüfbericht der Schulaufsicht von 1836 vor, worin seine guten Kenntnisse in Mathematik und Physik hervorgehoben werden, gleichzeitig aber bemängelt wird, ihm fehle es an Methode und Autorität. Er gebe keine Arbeiten auf, weil sie doch nicht gemacht würden, auch rüge er Schulversäumnisse nicht.

Ermans ganze Liebe galt der Erdkunde. Wo es nur möglich war, ergänzte er seinen Unterricht durch Erörterung von Problemen aus der Geographie.

Wie die Geschichte war die Erdkunde im achtzehnten Jahrhundert am Französischen Gymnasium als eine Randwissenschaft der Altphilologie aufgefaßt worden. Biblische Erdkunde, Geographie des Vorderen Orients, Griechenlands, des Römischen Reiches kamen seit 1720 nach Maßgabe der durchzunehmenden Texte vor, als besonderes Unterrichtsfach spielten sie keine Rolle. Das Wort *géographie* tritt in den Jahresberichten zum erstenmal 1783 auf, und zwar in der Sexta, gegen Ende des Jahrhunderts auch in der Quinta, in den übrigen Klassen aber nicht.

Um die Jahrhundertwende zum 19. Jahrhundert und im Gefolge von Jean Pierre Ermans Schulreform wurde das anders. Aber erst der Jahresbericht von 1825, zwei Jahre nach Adolphe Ermans Abitur, tritt Geographie als gesondertes Lehrfach in der Unter- und Mittelstufe auf, erteilt durch den Biologielehrer.

In den Jahren nach Adolphe Ermans Eintritt in das Kollegium wird die physikalische und mathematische Grundlage der Erdkunde schon in den beiden Unterklassen deutlich herausgearbeitet. Auf der Mittelstufe bleibt alles beim alten, aber in den beiden Oberklassen stellt Adolphe Erman seine mathematisch-physikalische Geographie neben die von den Altphilologen im Rahmen ihres Unterrichts behandelten Themen der Erdkunde der Alten Welt.

Adolphe Erman hatte es in den zwölf Jahren am Französischen Gymnasium nicht leicht. Erman gelang es nicht, in seinen Klassen Disziplin zu halten. Wie Michelet mußte er mehrfach Anträge auf Gehaltserhöhung einreichen – vergeblich. Er war ein Liberaler; manche hielten ihn für einen Radikalen, und als er sich im Sommer 1845 ohne Genehmigung auf eine Ferienreise nach England begibt, ist das Maß voll. Die Schulbehörde wirft ihn am 5. September hinaus – nur mit großer Mühe gelingt es Direktor Kramer, Erman zu einem Abschiedsgesuch zu veranlassen, wie er es ein paar Jahre später auch mit Michelet getan hat.

Ermans Bitte um Entlassung wird von der Schulbehörde sofort akzeptiert – im Jahresbericht von 1846 lesen wir, daß Erman aus Gesundheitsgründen die Schule verlassen habe. Immerhin fügt Kramer hinzu: *Ainsi le Collège a vu disparaître, à son grand regret, parmi ses maîtres un nom, auquel se rattache une renommée européenne et le souvenir des plus grands services, rendus à ce gymnase pendant plusieurs générations.*

Erman schied am Französischen Gymnasium aus, konnte seine Dozentur an der Berliner Universität aber beibehalten. Am 27. März 1848 trat er in einer Versammlung der Professoren für ein freies Wahlrecht ein, und am 20. April 1848 ist er unter den Führern einer Wahldemonstration. Er schloß sich der Deutschen Demokratischen Partei an.

Erman setzte seine Linie während der Restauration unbeirrt fort, gegen die um sich greifende Deutschtümelei und gegen die im Vorfeld des Krieges 1870/71 aufkommende Franzosenfresserei, die er kräftig verspottete.

Niemanden kann es wundern, daß Erman ebensowenig eine ordentliche Professur erreichte wie Michelet. Zum Ausgleich knüpfte er Verbindungen zur internationalen Gelehrtenwelt an. Von Rußland bis England arbeitete er als korrespondierendes Mitglied in wissenschaftlichen Gesellschaften mit, wie etwa der *British Association* oder der *Royal Society*.

Er starb am 12. Juli 1877. (Lit. Nr. 14, 19, 21, 266–271)

Franz Commer
Musiklehrer
(1813–1887)
Gesangunterricht als Musikerziehung

In Köln am 23. Januar 1813 geboren, besuchte Franz Aloys Theodor Commer das dortige Jesuitengymnasium. Schon mit fünfzehn Jahren war er Organist an der Kölner Karmeliten-Kirche. Nach dem Abitur ging Commer 1832 zum Studium nach Berlin. Während seiner Studienjahre trat er als Wiederentdekker und wissenschaftlicher Herausgeber von Werken des 16. bis 18. Jahrhunderts hervor. Ausgedehnte Studienreisen führten ihn in alle Länder Europas. Er war 31 Jahre alt, als er zum königlichen Musikdirektor ernannt wurde. 1845 übernahm Franz Commer die Leitung des Kirchenchors der Hedwigskirche. Im gleichen Jahr wurde er in die Akademie der Künste aufgenommen. Seine pädagogischen Neigungen ließen ihn nach einer Stellung als Schulmusiker Ausschau halten. Er kam 1852 als Musiklehrer zum Französischen Gymnasium. Seine katholische Konfession war dabei kein Hindernis mehr. Dreißig Jahre früher wäre es noch nicht möglich gewesen, einen katholischen Lehrer am Französischen Gymnasium anzustellen. Eine Korrespondenz zwischen Direktor Palmié und dem Konsistorium von 1826 gibt Auskunft über das Dilemma. Damals hatte sich ein Französischlehrer aus Malmédy beworben, Palmié versprach sich viel von der Mitarbeit eines »echten« Franzosen am Collège, auch das Ministerium war dafür, aber das Konsistorium lehnte ab. Der Bewerber hatte das falsche Gesangbuch.

Jetzt waren derartige Skrupel überwunden. Die Schule hatte sich emanzipiert. Während mehr als dreier Jahrzehnte war Commer Lehrer am Collège und hat in dieser Zeit ungezählte Schüler im Gesang ausgebildet. Direktor Gustav Kramer schreibt 1852: *Au commencement de cette année Mr. le directeur de musique Commer fut chargé des leçons de chant dans toutes les classes... Ainsi l'enseignement du chant, borné jusqu'alors aux trois classes inférieures, reçut enfin le développement nécessaire et tant désiré depuis longtemps.*

In diesen frühen Jahren und durch das 19. Jahrhundert bis ins 20. hinein war Musikunterricht an Schulen in erster Linie Gesangunterricht. Musiktheorie und Musikgeschichte wurden nur soweit gelehrt, wie es für den Gesangunterricht erforderlich war. Konsequent heißt das Fach in den Jahresberichten auch *Chant* und nicht *Musique*.

Den ersten Versuch zur Einführung des Faches Musik hatte es 1704 während des Direktorats von Etienne Chauvin gegeben. Der Musiklehrer Isaac Voigny hat aber nur ein Jahr am Collège unterrichtet. Ein neuerlicher Versuch ist 1730 gescheitert. Bis es endlich soweit war, sollte noch ein ganzes Jahrhundert vergehen.

Im Jahr 1830 war der Gesangunterricht am Französischen Gymnasium eingeführt worden. Zweimal in der Woche wurden dazu die Schüler der Sexta und Quinta zusammengeführt. Den Unterricht übernahm der Klassenleiter der

Sexta, Jean Frédéric La Pierre, die Unterrichtssprache war zweifellos französisch, aber auch deutsche Lieder wurden eingeübt. Ab 1831 tritt der Chor bei Schulfeiern in Erscheinung, gesungen wurden französische Lieder, deutsche Choräle und, beim Geburtstag des Königs, die lateinische Hymne *Domine salvum fac regem.* Von 1832 an wurde der Gesangunterricht in zwei Klassen geteilt; die Unterstufe bis zur Tertia übte in vier Untergruppen Volksweisen und Kirchenlieder, die Secunda in zwei Gruppen Choräle, die Prima war dispensiert.

Im Laufe der Jahre ging die Sangesfreude der Schüler zurück, La Pierre hatte zum Schluß nur noch zwei Klassen, die Sexta mit einem Teil der Quinta und den Rest der Quinta mit der Quarta, beides zweistündig.

Commer faßte die Oberstufe bis hinab zur Quarta zusammen zum »großen« und die Sexta und Quinta zum »kleinen« Chor. Aber auch er konnte ein langsames Abbröckeln der Sängerschaft auf die Dauer nicht verhindern. Direktor Julius Schnatter, der ab 1868 im Amt war, versuchte zunächst, den Gesangunterricht wieder obligatorisch zu machen. Noch im Jahresbericht von 1884 schreibt er: *Les leçons de chant et de gymnastique sont obligatoires. Les élèves ne peuvent être dispensés que pour raison de santé.* Aber schon im Jahr darauf mußte er kapitulieren. Zu viele Schüler reichten Entschuldigungen und Atteste ein. Um zu verhindern, daß sie sich unbeaufsichtigt in dem neuen weitläufigen Schulgebäude herumtrieben, das 1873 bezogen worden war, legte er im Stundenplan synchron zum Gesang verschiedene Arbeitsgemeinschaften, für jede Klasse eine andere. Wir lesen im Jahresbericht von 1884, daß die Prima als Alternative Schiller, Goethe und Ovid angeboten bekam, während die Tertia Arithmetik, Geometrie oder Mythologie treiben konnte.

Schnatters Alternative zum Chorsingen war attraktiv genug, für Franz Commer eine Herausforderung, der er nicht gewachsen war. 1886 resignierte er. Schnatter sagt anläßlich von Commers Ausscheiden: *Nous désirons qu'il jouisse encore pendant longtemps de la force nécessaire pour mener à bonne fin certains travaux que peu de personnes seraient capables de faire comme lui.* Commers »68 Choralmelodien zum Berliner Gesangbuch« blieben noch lange das Lehrbuch des Französischen Gymnasiums.

Die Schultätigkeit war Commers Hauptberuf, aber den überwiegenden Teil seiner Zeit wendete er an seine wissenschaftlichen Forschungen und an eigene Kompositionen. Berühmt geworden ist seine Sammlung *Musica sacra,* die es auf 28 Bände brachte. Für die Edition früher holländischer Musik verliehen ihm der König der Niederlande, für die Vertonung der »Frösche« von Aristophanes und der »Elektra« von Sophokles der griechische König hohe Auszeichnungen, und König Friedrich Wilhelm IV. stand mit dem Roten Adlerorden nicht zurück.

Commers Werke wurden von der Kritik zum »Berliner Akademismus« gerechnet, der bald in Vergessenheit geriet. Nur am Französischen Gymnasium wurden Kompositionen von Commer noch von Zeit zu Zeit aufgeführt. Dann wurde es still um ihn. Er starb am 17. August 1887. (Lit. Nr. 14, 15, 19, 272–278)

Franz Commer
Zeichnung von Paul Labowsky
nach einer zeitgenössischen Photographie

Franz Commer
(23. 1. 1813–17. 8. 1887) Professeur de musique
De l'enseignement du chant comme éducation musicale.

Franz Aloys Theodor Commer était né à Cologne et y fréquenta le lycée des Jésuites. Après le baccalauréat il commença à Berlin des études musicales. A 31 ans il fut accueilli à l'Académie des Arts. En 1852 il entra au Lycée Français comme professeur de musique. Le fait qu'il fût catholique n'était plus à cette époque un problème, même pour un professeur à l'Ecole des Huguenots. Pendant trente ans Commer fut professeur au Collège et y a, durant cette période, formé à l'étude du chant d'innombrables élèves.

Tout au long du XIXeme siècle et jusqu'au XXeme compris, l'éducation musicale dans les écoles était en premier lieu l'enseignement du chant. Il est donc logique que la matière ne se nommât point «musique» mais «chant». On avait introduit l'enseignement du chant au Lycée Français en 1830, d'abord uniquement en Sixième et Cinquième, à partir de 1832 dans toutes les classes, hormis la Première et la Terminale.

Au fil des années l'intérêt des élèves pour le chant s'était nettement amoindri. Lorsque Commer prit ses fonctions, on n'enseignait plus le chant que dans deux classes. Le Chœur fondé par Commer fut de toutes les manifestations de l'Ecole, dans la Aula, et sa popularité fut bénéfique à l'enseignement du chant. Mais la tentative di Directeur Julius Schnatter de rendre l'enseignement du chant obligatoire, fut un échec. Finalement Schnatter proposa aux élèves, parallèlement au chant et aux mêmes heures, divers groupes de travail. Ces choix étaient tellement attrayants que Franz Commer ne se sentit pas de taille à lutter contre une telle provocation et remit sa démission en 1886. Il était alors âgé de 73 ans.

L'enseignement était la profession principale de Commer, mais il employait le plus clair de son temps à ses recherches scientifiques et à ses compositions personnelles. Sa collection «musica sacra» est restée célèbre, mais ses œuvres ne sont pas passées à la postérité. Elles furent rattachées à l'académisme berlinois, qui tomba rapidement dans l'oubli.

Emile du Bois-Reymond
Naturwissenschaftler
(1818–1896)
Unterricht in Naturkunde

Nach Paul Erman war Emile Henri du Bois-Reymond der zweite Naturwissenschaftler und Physiker unter den ehemaligen Schülern des Collège, die bekannt geworden sind.

Emile du Bois-Reymond, am 7. November 1818 in Berlin geboren, hat die Schule von 1828 bis 1837 besucht. Besonders hervorgetreten ist er als Schüler nicht. Der Jahresbericht von 1837 erwähnt nur kurz, daß Emile du Bois nach dem Abitur Philosophie studieren wolle. Das Reifezeugnis, mit allen übrigen Papieren der Familie du Bois-Reymond in der Staatsbibliothek Preußischer Kulturbesitz erhalten, charakterisiert die Leistungen in den einzelnen Fächern, wie damals üblich, in zusammenfassenden Würdigungen. Charles Louis Michelet stellt fest: »Er hat einen guten Grund zum weiteren Studium der philosophischen Wissenschaften gelegt.« Adolphe Erman, sein Physiklehrer, sagt: »Er bewies stets regen Eifer und Geschmack für die Naturwissenschaften und hat sich Kenntnisse und Ansichten erworben, welche weiter ausgebildet zu werden verdienen.«

Der Weg Emile du Bois' zum Naturwissenschaftler scheint nach Adolphe Erman vorgezeichnet. Vier Jahre vor seinem Eintritt ins Collège war hier der Unterricht in Naturkunde eingeführt worden. Du Bois konnte also anders als Jean Louis Formey die Grundlagen der Naturkunde bereits in der Schule kennenlernen. 1823 war Ferdinand Kohlheim ins Kollegium eingetreten. Er wurde als Elementarlehrer angestellt, leitete die Sexta, aber schon 1824 gibt er von Sexta bis Quarta Naturgeschichte.

Kohlheim war auch der erste Biologielehrer von Emile du Bois-Reymond. Dem Lehrplan entsprechend lernte er in seinem ersten Jahr, also in der Septima, den Unterschied zwischen organischen und anorganischen Stoffen, durchgenommen wurden die »nützlichsten Säugetiere«, dazu wurde wiederholt das Zoologische Museum aufgesucht.

Im nächsten Jahr, in Sexta, wurden die sechs ersten Familien des Tierreichs durchgesprochen. In Quinta wurde die Einteilung des Tierreichs nach Klassen und Familien behandelt, wurden die Amphibien vorgestellt. In Quarta schließlich, 1831, wurde der ganze Lehrgang zusammengefaßt: organische und anorganische Stoffe, systematische Einteilung des Tierreichs, Merkmale der sechs Klassen des Tierreichs und insbesondere der Säugetiere. Hinzu kam das Pflanzenreich nach Karl von Linné. Von Tertia an blieb der Biologieunterricht, wie auch teilweise die Erdkunde, dem Physiklehrer überlassen, und Emile du Bois-Reymond dürfte in Adolphe Erman hier einen kompetenten Mentor gehabt haben.

Sein Biograph Heinrich Boruttau stellt fest: »Emile du Bois-Reymond hatte durch den Besuch des französischen Gymnasiums die humanistische Bildung in der dort heimischen gediegenen Gründlichkeit zugleich mit der dort traditionellen, die häusliche Gewohnheit ergänzenden Pflege des Französischen und mit einer die sonstige Gepflogenheit der Gymnasien weit überragenden mathematischen Vorbildung verbunden.«

* * *

An der Universität ist du Bois sehr bald von der Philosophie zur Naturwissenschaft und weiter zur Medizin übergegangen. Er spezialisierte sich auf dem Gebiet der Physiologie und bearbeitete hier insbesondere die Phänomene der elektrischen Körperströme. Mit 25 Jahren reicht er seine Dissertation ... *de piscibus electricis* ... ein und mit 28 Jahren seine Habilitationsschrift, ebenfalls über ein Thema der Elektrophysiologie. Und damit ist seine selbst gestellte Lebensaufgabe genannt. Entgegen der überkommenen Ansicht, tote und lebendige Materie unterscheide sich lediglich durch die fehlende bzw. vorhandene »Lebenskraft«, beweist Emile du Bois-Reymond das Vorhandensein einer körpereigenen Elektrizität und eines körpereigenen chemischen Stoffwechsels als Merkmale des lebenden Organismus gegenüber der toten Materie. In der Auseinandersetzung zwischen der Naturphilosophie und der Naturwissenschaft nahm er Partei für die Naturforschung und gegen die Spekulation. Seine Gegner setzte er dem Spott der Studenten aus, indem er sagte, daß ihr »Colleg mit den Metallen anfing und mit dem Abendmahl endigte«.

Aber bei allem Selbstbewußtsein des Wissenschaftlers blieb du Bois sich der Grenze der Naturerkenntnis bewußt. Sein Ausspruch *Ignoramus – ignorabimus* wirkt auf das Bewußtsein einer ganzen Generation von Naturwissenschaftlern. Er hat bis heute seine Gültigkeit bewahrt und dürfte auch in Zukunft kaum widerlegt werden.

Das Lebenswerk von du Bois erschien in immer vollständigerer Form von 1848 bis 1884 und trägt den Titel »Untersuchungen über die thierische Elektricität«. Es brachte ihm 1851 die Berufung in die Akademie der Wissenschaften, deren »beständiger Sekretär« er 1867 wurde, brachte ihm im Alter von 37 Jahren die außerordentliche Professur, im Alter von 40 Jahren das Ordinariat und zweimal (1869 und 1882) das Rektorat der Berliner Universität, schließlich die Aufnahme in den Orden *Pour le Mérite* (1877).

Emile du Bois-Reymond war in der zweiten Hälfte des 19. Jahrhunderts einer der in Berlin populärsten Universitätsprofessoren. Die Gegenstände, über die er schrieb und sprach, waren äußerst vielfältig. Wir haben von ihm Würdigungen des Physikers Paul Erman und des Naturforschers Adelbert von Chamisso, auch eine umfangreiche Untersuchung mit dem Titel »Die Berliner Französische Colonie in der Akademie der Wissenschaften«. Hier setzt Emile du Bois-Reymond seinen Kollegen ein Denkmal, die auch in der Geschichte des Collège François ihre Rolle gespielt haben.

Emile Henri du Bois-Reymond starb am 26. Dezember 1896 im Alter von 78 Jahren. (Lit. Nr. 14, 15, 19, 279–286)

Emile du Bois-Reymond
Zeichnung von Louise Henry (1798–1839)

Emile du Bois-Reymond (7. 11. 1818–26. 12. 1896) Naturaliste L'enseignement des sciences de la nature.

Emile du Bois-Reymond était le fils de Félix Henri du Bois-Reymond, ancien élève et professeur du Lycée Français. Emile fréquenta l'Ecole de 1828 à 1837.

L'enseignement des sciences de la nature avait été introduit au Collège peu avant qu'Emile n'y entrât. Dans les quatre dernières classes, il consistait en une heure de cours hebdomadaire. En Septième les élèves étudiaient la différence entre les matières organiques et anorganiques, on traitait en outre des mammifères «utiles». En Sixième étaient au programme les six premières familles du monde animal. Le programme de Cinquième traitait de la classification du monde animal en classes et familles, ainsi que des batraciens. En Quatrième on faisait une récapitulation de tout l'enseignement et en plus, on étudiait le monde des plantes selon les théories de Linné.

Après le baccalauréat, du Bois étudia d'abord la philosophie, mais passa bientôt à l'étude des sciences naturelles et de la médecine. Il se spécialisa en physiologie, et dans ce domaine, plus particulièrement dans l'étude des courants électriques du corps. A l'encontre de l'opinion transmise depuis des siècles, selon laquelle les matières mortes et vivantes se distingueraient purement et simplement par l'absence ou au contraire la présence d'une «force vitale», Emile du Bois-Reymond démontra l'existence d'une électricité et d'un métabolisme chimique propres au corps, caractéristiques d'un organisme vivant par opposition à la matière morte.

L'œuvre maîtresse de du Bois paraît en 1848 et porte le titre: «Recherches sur l'électricité animale». Elle lui valut, à l'âge de 30 ans, sa nomination à l'Académie des Sciences, dont il devint le Secrétaire perpétuel en 1867. A 40 ans il est professeur titulaire à l'Université de Berlin. En 1869 et 1882 il est Recteur de celle-ci et, enfin, en 1877 on lui décerne l'«Ordre Pour le Mérite».

Albert Friedrich Berner
Jurist
(1818–1907)
Ein »Gallizist« im deutschen Strafrecht

Als Albert Frédéric Berner 1838 das Abitur am Collège Français bestand, hatte er die Schule nur in den letzten vier Schuljahren besucht. In der ersten Hälfte des 19. Jahrhunderts war es noch möglich, dem in französischer Sprache abgehaltenen Unterricht zu folgen, auch wenn man vorher nicht am Französischen Gymnasium selbst darauf vorbereitet worden war. Vermutlich hängt das mit der frankophonen Erziehung in den Berliner Bürgerfamilien zusammen.

Albert Frédéric Berner wurde am 30. November 1818 geboren. Sein Vater war Jurist, und schon früh sah der Sohn sich für den Juristenberuf bestimmt. Am Französischen Gymnasium steht sein Name zweimal in der Liste der Preisträger. In der Secunda errang er den *Prix pour la philologie et l'histoire* und in Prima den *Prix pour l'application et le progrès dans les langues et les sciences.*

Unter den Lehrern hat einer einen nachhaltigen Einfluß auf Albert Frédéric Berner ausgeübt, nämlich Charles Louis Michelet, dem er nach dem Abitur an die Universität folgte. Auch Michelet hatte Jura studiert, war dann aber zur Philosophie übergegangen. Bei Berner war der Weg umgekehrt: Zunächst interessierte er sich stärker für rechtsphilosophische Fragestellungen, erst allmählich gewann das Strafrecht die Oberhand.

Berner wurde im Alter von 24 Jahren promoviert, mit 26 Jahren war er bereits habilitiert und mit 30 Jahren Außerordentlicher Professor für Strafrecht. Das war im Jahre 1848. Danach verzögerte sich seine Karriere. Erst dreizehn Jahre später wurde er zum *Ordinarius* ernannt.

Wie Michelet war auch Berner von der Philosophie Hegels beeindruckt, seinen Weg als Universitätsprofessor begann auch er als Hegelianer. Michelet war 1824 mit einer Untersuchung über *Dolus et culpa* promoviert worden und Berners erstes juristisches Werk beschäftigte sich 1847 ebenfalls mit den »Kontroversen über dolus und culpa«, also Täuschung und Schuld. Wie Michelet war auch Berner von der Revolution 1848 mitgerissen worden, hatte sich politisch betätigt und war durch die Restauration enttäuscht worden. Noch zehn Jahre später schlug er vor, ein Kanonenboot auf den Namen Feuerbach zu taufen. Bei dieser Parteinahme gegen das idealistisch-konservative Staatsdenken ist es eher verwunderlich, daß Berners Laufbahn – anders als die Michelets – relativ unbeeinträchtigt blieb. Aber er hatte an der Universität einflußreiche Kollegen, darunter Emile du Bois-Reymond, mit dem er schon in der Schule befreundet gewesen war.

Albert Frédéric Berner fühlte sich französischen Rechtslehrern verbunden und wurde deshalb als »Gallizist« kritisiert, mußte sich gegen den Vorwurf verteidigen, seine Rechtsvorbilder in Frankreich zu suchen, was im siebenten Jahrzehnt des 19. Jahrhunderts fast noch schlimmer war, als Anhänger der

»materialistischen« Philosophen Anselm Feuerbach und Friedrich Hegel zu sein. Berners Schüler und Biograph, der Collegianer James Goldschmidt, bezeichnete Berner als »Mittler, der durch begriffliche Synthesen gezeigt hat, daß in der Strafrechtswissenschaft, gleichwie nach Aristoteles in ihrem Mutterboden, der Ethik, das Mittlere das Richtige ist«. Berners Ziel als Strafrechtler sei es gewesen, das »Mittlere, d. i. das Gerechte« zu finden. In diesem Sinne sind auch viele von Berners politischen Vorträgen zu verstehen, in diesem Sinne seine Schrift »Judentum und Christentum und ihre Zukunft«.

Berner setzte sich als Rechtslehrer ein für die Abschaffung der Todesstrafe und für den Gedanken der Rehabilitation und war damit seiner Zeit weit voraus. Für Berner war Strafe nicht Rache, vielmehr war sie in der Notwendigkeit fundiert, der Strafzweck kaum noch Abschreckung, überhaupt nicht mehr Vergeltung. Berner arbeitete für die Vertiefung der psychologischen und ethischen Grundlagen der Strafrechtswissenschaft.

Für wie wichtig Berner den geistigen Austausch mit dem Ausland hielt, möge folgende Tatsache illustrieren:

Im Wintersemester 1906/07, fast 90 Jahre alt, stiftete Berner der Universität Berlin ein Reisestipendium von 4000 Mark, das sie einem jungen Juristen zum Studium des »Strafensystems im Auslande« zukommen lassen sollte.

Die Jahresberichte des Französischen Gymnasiums halten Jahr für Jahr Berners Stiftungen für die Schule fest, darunter auch ein Reisestipendium für Lehrer, die sich in Frankreich weiterbilden möchten. Der »Gallizist« Berner hat den Boden der juristischen Theorie längst verlassen!

Albert Friedrich Berner starb am 13. Januar 1907. Durch sein »Lehrbuch des Strafrechts«, das in Deutschland in achtzehn Auflagen erschienen und in mehrere Sprachen übersetzt worden ist, hat er Generationen von Juristen geprägt. James Goldschmidt schließt seinen Nachruf mit den Worten: »Berner war ein Charakter von geradezu idealer Vollkommenheit, zuverlässig und treu, gerecht und streng wahrhaftig. Nun ist er, wie es seine Zuversicht war, ›von Gott zu Gott‹ eingegangen, aber sein Name wird aus der Geschichte der Strafrechtswissenschaft so wenig verschwinden wie aus dem Gedächtnis derer, die das Glück gehabt haben, ihn zu kennen.« (Lit. Nr. 15, 287–289)

Albert Friedrich Berner
Lithographie von Adolf Günther (1840/1860)

Albert Friedrich Berner
(30. 11. 1818–13. 1. 1907) Juriste
Un «gallliciste» aux prises avec le droit pénal allemand.

En tant que fils de juriste, Albert Friedrich Berner se sentit très tôt une vocation pour la profession de juriste. Il fréquenta le Lycée Français de 1834 à 1838. Après le baccalauréat il suivit son professeur Michelet, qui exercera une influence durable sur lui, à l'Université, et y commença ses études. Dès 24 ans il passa sa thèse de doctorat, à 26 ans il était déjà titulaire de l'habilitation et à 30 ans professeur chargé de cours. C'était en 1848. Ensuite sa carrière stagna, et ce n'est que treize ans plus tard qu'il fut nommé professeur titulaire.

De même que Michelet, Berner commença sa carrière à l'Université comme disciple de Hegel. Comme son professeur il fut attiré par la Révolution de 1848, eut des activités politiques et fut déçu par la Restauration. Grâce aux amis influents qu'il possédait à l'Université, cela porta relativement peu atteinte à sa carrière universitaire.

Berner se sentait en accord avec les professeurs de droit français et, pour cette raison, fut traité péjorativement de «galliciste». Il dut se défendre du reproche qu'on lui faisait de rechercher ses modèles de droit en France, ce qui, sous l'Empire allemand, était presque plus grave que d'être disciple de Hegel.

En tant que professeur de droit, Berner se prononça pour l'abolition de la peine de mort et pour l'idée de la réhabilitation des prisonniers libérés, étant en cela bien en avance sur son époque. Pour Berner la peine ne devait pas être une vengeance, elle devait au contraire trouver son fondement dans la justice, le but de la peine étant tout juste, à la limite, la dissuasion, en aucun cas surtout l'exercice de représailles. Son livre, le «Manuel du droit pénal», dont furent tirées en Allemagne dix-huit éditions et qui fut traduit en de nombreuses langues, a marqué des générations de juristes.

Karl Ploetz
Romanist
(1819–1881)
Paris – die zweite Heimat

Im 18. Jahrhundert waren die Lehrer des Französischen Gymnasiums meist zuvor schon Schüler des Collège gewesen. Im 19. Jahrhundert war das nach wie vor häufig der Fall, die Regel war es nicht mehr. Der erste »schulfremde« Lehrer war der Germanist Theodor Heinsius gewesen. Im Jahre 1847 wurde er in den Ruhestand versetzt, und im gleichen Jahr trat der Romanist Karl Ploetz ins Kollegium ein, dessen Lehrbücher diejenigen von Heinsius in ihrer Auflagenhöhe und Verbreitung noch in den Schatten stellen sollten.

Karl Julius Ploetz war am 8. Juli 1819 geboren worden. Sein Vater, ein Unteroffizier, Wachtmeister, schickte den Sohn zum Joachimsthalschen Gymnasium. Der junge Karl Ploetz muß ein sehr aufgeweckter Schüler gewesen sein. Er war schwer zu bändigen und scheint seine Lehrer oft genug durch seinen Oppositionsgeist, durch Kritik herausgefordert zu haben. Seine Spottgedichte auf die Verhältnisse am Joachimsthalschen Gymnasium sollen im Lehrerzimmer gefürchtet gewesen sein. Dabei war Karl Ploetz ein sehr guter Schüler, seine Leistungen in Latein und Griechisch sowie in Geschichte sollen hervorragend gewesen sein.

Im Jahre 1839 verließ Ploetz das Joachimsthalsche Gymnasium, aber studieren konnte er nicht, Stipendien gab es noch nicht, und die Familie war nicht wohlhabend genug, um dem Sohn noch länger die Ausbildung zu ermöglichen. Schon auf der Schule hatte Ploetz sich für die französische Sprache interessiert, viel davon gelernt hat er nicht, seine Schule war ein streng humanistisch ausgerichtetes Gymnasium. Französisch wurde erst ab Quarta unterrichtet und nur zweistündig, es war reiner Grammatik- und Übersetzungsunterricht, eben Unterricht nach der altsprachlichen Methode.

Ploetz wollte Französisch richtig lernen, das aber konnte man, wie er meinte, nur im Lande tun. Es war damals durchaus noch nicht üblich, Studienreisen ins Ausland zu unternehmen, dieser Gedanke war noch relativ neu, allerdings nicht für Lehrer des Französischen Gymnasiums. Bereits 1833 hatte das Provinzial-Schulkollegium vorgeschlagen, daß alle Bewerber um eine Lehrstelle am Collège zuvor in Paris oder Genf ihre Sprachkenntnisse vervollkommnen sollten. Ploetz verkaufte die im Laufe seiner Schulzeit angesammelten Bücher, erlöste dafür zehn Taler und machte sich mit seinem Mantelsack zu Fuß auf den Weg nach Paris, der Stadt, die ihm zur zweiten Heimat werden sollte. Anfang März 1840, mit zwanzig Jahren, wanderte er los. In Leipzig fand er eine »Mitfahrgelegenheit« auf einem Fuhrwerk, das Waren zur Messe gebracht hatte, und gelangte so nach Stuttgart. Dort lernte er einen Kaufmann kennen, der ihm in seiner Kutsche einen Platz anbot, so daß er schon Ende April in Paris eintraf.

Er hatte ein Empfehlungsschreiben an den preußischen Gesandten, aber der Erfolg blieb aus. Beim Stöbern in einem Antiquariat lernte er Heinrich Heine kennen, der ihn Richard Wagner vorstellte. Dies war die Zeit der Deutschlandschwärmerei in Paris, und Ploetz fand relativ schnell ein paar wohlhabende Privatschüler, die bei ihm Deutsch lernen wollten. Als Hauslehrer hatte er ein sicheres Einkommen, aber er war ja nach Paris gekommen, um Französisch zu lernen. Also schrieb er sich als Gasthörer an der *Sorbonne* ein, lernte Alt- und Mittelfranzösisch. Seine Freizeit verbrachte er auf der Straße, in den Markthallen und im Theater. Er »studierte« das Pariser *argot* und die Bühnensprache. Er hat einmal gesagt, daß er jedes Stück des klassischen Theaterrepertoires zehn- bis zwölfmal gesehen hat, und zwar mit dem Textbuch in der Hand.

Drei Jahre blieb Karl Ploetz in Paris. 1843 machte er die Bekanntschaft eines reichen Amerikaners, der ihn als *Cicerone* nach Deutschland mitnehmen wollte. Man wurde handelseinig, aber Ploetz trennte sich schon in Köln von seinem Amerikaner und kehrte nach Berlin zurück. Hier fand er wiederum schnell Privatschüler, die bei ihm Französisch lernen wollten, darunter auch Kinder wohlhabender Eltern, Schüler, die das Französische Gymnasium besuchten und einen Hauslehrer benötigten. Nun konnte sich Ploetz das Studium an der Universität leisten, und schon 1845 schloß er es mit der Promotion ab.

Er wollte Gymnasiallehrer werden und kam für das damals vorgeschriebene Probejahr, das heutige Referendariat, ans Französische Gymnasium. Direktor Kramer betraute ihn mit Vertretungsunterricht und stellt im Jahresbericht von 1846 *un plein succès* fest. Ein Jahr später findet Ploetz seine erste Anstellung am Gymnasium von Lübeck. Kramer schreibt: *En exprimant le regret sincère que nous a causé la perte de ce maître aussi habile que zélé, je le remercie ici publiquement des services distingués qu'il a rendus au Collège.*

Während seiner fünf Lübecker Jahre hat Karl Ploetz angefangen zu publizieren. Sein erstes Werk war ein *Vocabulaire systématique*, das er im Verlag der Herbig'schen Buchhandlung herausbrachte, nachdem sechs andere Verleger das Manuskript zurückgegeben hatten. Ploetz setzte sich zum Ziel, die in Deutschland »eingeführten« Französischbücher allmählich durch eigene Publikationen zu ersetzen. Das in Paris gesprochene Hochfranzösisch sollte an die Stelle des von Germanismen durchsetzten Französisch der deutschen Lehrbücher treten, sollte das hugenottengeprägte Kolonie-Französisch der Berliner verdrängen. Was er meinte, entnehmen wir seinem Sprachführer *Voyage à Paris.* Da warnt er z. B. vor der Verwendung des Begriffes Sofa und bringt gleich vier verschiedene Ausdrücke für die Sitzgelegenheiten im Salon, nämlich *causeuse, duchesse, voltaire* und *crapaud.* Oder er führt Begriffe ein wie *store, jalousie, persienne* und fügt hinzu, *rouleau* heiße Rolle und »Gardine ist kein französisches Wort«; ebensowenig Tapete, man möge sich an das einfache *papier* gewöhnen! Der Friseur sei ein Perückenkräusler des 17. Jahrhunderts, in Paris finde man keinen einzigen mehr...

Diese Art Sprachunterricht bedeutete in Deutschland eine Revolution, und so mußte sich Ploetz auch erst gegen die Traditionalisten durchsetzen, dann

Karl Ploetz
Holzstich, 1881, signiert K. H. v. O. R.

Karl Ploetz
(8. 7. 1819–6. 2. 1881) Romaniste
Paris: la deuxième patrie.

Karl Ploetz fréquenta jusqu'à son baccalauréat en 1839 le lycée de Joachimsthal. Ensuite il passa trois ans à Paris. Auditeur à la Sorbonne, il étudia l'ancien et le moyen français, lors de ses loisirs il apprenait l'argot parisien dans la rue et la langue du spectacle au théâtre.

De retour à Berlin, il finança ses études en donnant des cours particuliers de français. Il fit son année de stage de professeur de lycée en 1845/46 au Lycée Français. Les cinq années suivantes, il fut professeur au lycée de Lübeck.

Durant son séjour à Lübeck, Ploetz commença à publier. Il s'était fixé comme objectif de remplacer le français teinté de germanismes que l'on trouvait dans les livres scolaires d'alors, par le «vrai» français parlé à Paris. Sa première œuvre fut un «vocabulaire systématique», suivi d'un livre d'enseignement de base, d'une grammaire scolaire et d'une chrestomathie (recueil de morceaux choisis classiques).

Avec sa grammaire, Ploetz révolutionna l'enseignement du français en Allemagne. Il tirait un trait sur les références à la grammaire latine, introduisait le principe de la progression, préférait les exemples aux règles, traitait la morphologie et la syntaxe comme une unité et faisait de la grammaire un livre d'exercices.

De 1852 à 1860 Karl Ploetz enseigna au Lycée Français. Puis il retourna à Paris où il écrivit d'autres livres scolaires. Il passa de la didactique de la langue à l'étude de l'Histoire. Au fil des ans il publia vingt-huit ouvrages, parmi lesquels le «Précis d'Histoire» qui le rendit célèbre. Ploetz divisait l'histoire en époques et en périodes et permettait, usant de différents caractères typographiques et de répertoires distincts, d'obtenir une vue d'ensemble à la fois verticale et horizontale. Durant cent ans, de 1880 à 1980, le livre a connu vingt-neuf éditions et est publié aujourd'hui sous de multiples présentations.

aber trat er einen Siegeszug an, der nicht mehr aufzuhalten war und ein halbes Jahrhundert andauerte. Das *Vocabulaire systématique* hatte das Französische gereinigt, und nun konnte die Aufbauarbeit beginnen. Ploetz fing mit einem Elementarbuch an, dem seine Schulgrammatik und wenig später die *Chrestomathie* folgten. In den dreißig Jahren bis zur 1880 erfolgten Gründung seines eigenen Verlages – der heute noch existiert – hat das Elementarbuch 33 Auflagen erlebt und war in über einer Million Exemplaren verbreitet. Die Schulgrammatik wurde 27mal aufgelegt, die letzte Auflage in 100 000 Exemplaren, Ploetz war zum Bestseller-Autor geworden.

Diese Schulgrammatik revolutionierte den Französischunterricht in Deutschland. Die amtlichen Lehrpläne verwendeten ihre Paragraphen bis zur Jahrhundertwende als Bezugspunkte. Ploetz machte Schluß mit den Kategorien der lateinischen Grammatik, führte den Grundsatz der Progression ein, stellte Beispiele den Regeln voran, behandelte Morphologie und Syntax als Einheit und machte die Grammatik zum Übungsbuch. Das Verdienst von Ploetz war, daß er Französisch lehrte, damit seine Schüler es sprechen und verstehen konnten, daß er sich von der in Deutschland gängigen altsprachlichen Methode trennte, deren Ziel die Übersetzung von Texten und nicht die Beherrschung der Sprache selbst war.

Karl Ploetz übertrug seine Methode auch auf die lateinische und griechische Sprache, ein Gedanke, der uns heute, hundert Jahre nach Ploetz, wieder modern erscheint. »Der Ploetz«, wie sein französisches Lehrwerk in Fachkreisen alsbald hieß, wurde auch am Französischen Gymnasium eingeführt, und namentlich Julius Schnatter, junger Kollege von Ploetz und später Direktor der Schule, hat sich für die Verwendung des Lehrgangs in der zweiten Hälfte des Jahrhunderts eingesetzt.

Die Systematiker jener Zeit attackierten Ploetz wegen seiner »Unwissenschaftlichkeit«, sein »Praxisbezug« war ihnen ein Ärgernis und eine Herausforderung zugleich, aber keiner der Wissenschaftler wie Philipp Plattner oder Maurice Grevisse konnten sich seinem Einfluß entziehen. Das 20. Jahrhundert mußte kommen, ehe das Werk von Karl Ploetz durch eine grundlegende Neukonzeption verdrängt werden konnte, die Methode von Fritz Strohmeyer, die uns noch beschäftigen wird.

* * *

Im Jahre 1852 kehrte Ploetz von Lübeck nach Berlin zurück, Direktor Kramer hatte ihm eine Stellung am Französischen Gymnasium angeboten. Kramer sagt im Jahresbericht 1852, Ploetz habe sich in schwieriger Lage entschieden, nach Paris zu gehen, um dort eine solide Kenntnis der französischen Sprache zu erwerben: *Nous nous félicitons de voir ainsi rattaché au collège français un maître dont il est en droit de se promettre les services les plus signalés.*

Auch Gustav Kramers Nachfolger Henri-Benoît Lhardy hielt große Stücke auf Ploetz. Er machte den jungen Romanisten zu seinem Stellvertreter. Denn er wollte sich von Verwaltungsaufgaben freihalten, um der Schule eine neue, eine mehr künstlerische Struktur zu geben. Hundert Jahre nach der Zusammenfassung des Direktors- und des Prinzipalamtes unter Erman, gab es nun wieder – und fortlaufend – die zweiköpfige Schulleitung mit einem pädagogischen und einem Verwaltungsleiter an der Spitze, heute dem Oberstudiendirektor und dem Studiendirektor als Ständigem Vertreter des Schulleiters, bzw. dem *directeur* und dem *proviseur* in der besonderen Struktur des Französischen Gymnasiums unserer Tage.

Lhardy ließ Ploetz im Jahre nach seinem Amtsantritt den schulpolitischen Leitartikel im Jahresbericht von 1854 schreiben. Ploetz tritt darin den Gegnern des Französischen Gymnasiums in der Zeit wachsenden Nationalgefühls entgegen. Sein Thema lautet: *Quel peut être le but d'un Collège Français en Allemagne.* Ploetz beruft sich auf die Gründungsurkunde der Schule, aus der bereits hervorgehe, daß die Schule auch für deutsche Schüler bestimmt war. Er weist nach, daß die Kenntnis der deutschen Muttersprache unter der Verwendung der französischen Unterrichtssprache nicht leidet und macht auf die Erfolge ehemaliger Schüler an den Universitäten aufmerksam. Die Methode des Französischen Gymnasiums verlange mehr Arbeit von den Schülern, wer sie nicht leisten wolle, dem stünden die übrigen Gymnasien der Stadt offen. Die Ausbildung zukünftiger Französischlehrer könne nirgends besser durchgeführt werden als am Collège, das auf diese Weise dem Staat einen zusätzlichen Dienst erweise. Ploetz schließt seine programmatischen Ausführungen mit dem Hinweis, Lehrer könne am Französischen Gymnasium nur derjenige sein, der die Ziele einer französischsprachigen Erziehung in Deutschland bejahe.

Die Rede stammt aus dem Jahre 1854. Sie hat bis heute nichts von ihrer Aktualität eingebüßt, weder in den Anforderungen an die Schüler, noch in denen an die Lehrer. Ein Schüler, der Defizite in der Beherrschung der Muttersprache fürchtet, gehört nicht ans Französische Gymnasium, ebensowenig wie ein Lehrer, der die französische Sprache nicht beherrscht oder nicht verwenden möchte. In dem zurückliegenden Jahrhundert hat es von beidem Beispiele gegeben, aber die selbstreinigende Kraft der Schule hat sich immer wieder bewährt.

Karl Ploetz rückt zusehends auf der Stufenleiter vor. Er war als »Vierter Lehrer« eingetreten, aber schnell überholte er die dienstälteren Kollegen, und 1856 ist er bereits »Erster Lehrer« und damit Stellvertreter des Direktors. Die Akten im Zentralen Staatsarchiv Merseburg und im Staatsarchiv Potsdam lassen die Karrierre von Karl Ploetz am Collège bis in alle Einzelheiten verfolgen. Wir wissen, daß er jedes Jahr in den großen Ferien nach Paris fuhr, daß er 1857/58 ein Studienjahr in Paris verbrachte und anschließend das Französische Gymnasium *de facto* leitete, weil Direktor Lhardy seinem Amt aus Gesundheitsgründen häufig auf längere Zeit fernbleiben mußte.

Die Tätigkeit von Karl Ploetz am Collège fand 1860 ein jähes Ende. Er hatte an einem heißen Sommertag den Schülern das »Hitzefrei« verweigert. Diese wendeten sich an Auguste Fournier, der die Schule vor Kramer geleitet hatte und als Pensionär weiter Religionsunterricht erteilte. Fournier, der sich gern als *Ephorus* bezeichnen ließ, gab den Schülern recht und erklärte die Schule für geschlossen. Ploetz war außer sich und rief das Provinzial-Schulkollegium an. Die Behörde stellte sich auf die Seite des Seniors, der selbst Mitglied dieses Gremiums war, und desavouierte die Entscheidung des 39jährigen Direktor-Stellvertreters, worauf dieser um seine Entlassung bat. So verlor das Französische Gymnasium einen seiner fähigsten Lehrer. Lhardy konnte den Verlust im Jahresbericht von 1860 nur noch beklagen. Während der acht Jahre seiner Arbeit am Französischen Gymnasium habe Karl Ploetz der Schule einzigartige Dienste erwiesen, sowohl durch seinen kenntnisreichen Unterricht in Französisch und Geschichte, als auch durch die Freundlichkeit und Gerechtigkeit gegenüber seinen Schülern. Die Achtung seiner Kollegen und die Liebe seiner Schüler sichere ihm ein dauerhaftes Andenken in den Annalen der Schule.

Schon 1861 kehrte Ploetz nach Paris zurück. In Paris schrieb er seine weiteren Lehrbücher. Im Laufe der Jahre wurden es 28, darunter der »Auszug aus der Geschichte«, den er zuerst als Unterrichtsbuch für seine Arbeit am Collège in französischer Sprache konzipiert und dann ins Deutsche übertragen hatte. Das Buch hat Karl Ploetz berühmt gemacht. Er teilte die Geschichte nach Epochen und Perioden übersichtlich ein, verwendete unterschiedliche Drucktypen und gestattete sowohl einen vertikalen Überblick über die historische Entwicklung, als auch einen horizontalen in der Sicht der verschiedenen Völker einer Zeit. In den hundert Jahren von 1880 bis 1980 hat das Buch 29 Auflagen erlebt, es erscheint auch heute noch unter dem Verfassernamen »Karl Ploetz, weiland Professor am Französischen Gymnasium in Berlin«. Der Verlag hat ihm inzwischen eine Anzahl weiterer historischer Werke zur Seite gestellt, etwa den »Vertrags-Ploetz«, den »Bevölkerungs-Ploetz«, den »Minister-Ploetz« oder den »China-Ploetz«. Alle diese Werke nutzten das »Ploetz-System«, nämlich die Darstellung nach Epochen und Perioden, die chronologische Übersicht mit der Datenspalte, die Aufbereitung des Stoffes in verschiedenen Drucktypen, die unterschiedlichen Register, das bewährte Koordinatensystem zur horizontalen und vertikalen Verklammerung.

Karl Ploetz blieb in Paris. Nur im Kriegsjahr 1870/71 kehrte er nach Deutschland zurück, um der Internierung zu entgehen. Abgesehen von seiner Kindheit, Jugend und Studienzeit, hat er nur die fünf Lübecker Jahre und seine acht Jahre am Französischen Gymnasium in Deutschland verbracht; 24 Jahre hat er in Frankreich gelebt, wie Paul Jérémie Bitaubé ein Deutscher, der zum Franzosen wurde.

Am 6. Februar 1881 ist er gestorben; er ist 62 Jahre alt geworden. (Lit. Nr. 14, 19, 290–296)

François Woepcke
Mathematiker und Orientalist
(1826–1864)
Vom Collège Français zum Collège de France

Franz Wöpcke war am 6. Mai 1826 geboren worden, besuchte in Dessau das Gymnasium und bestand im Alter von 16 Jahren die Reifeprüfung am Friedrichswerderschen Gymnasium, der deutschen Nachbarschule des Collège.

Franz Wöpcke studierte in Berlin Astronomie, Mathematik und Physik und wurde mit 21 Jahren zum Doktor promoviert. Seine Dissertation, wie üblich auf Latein vorgelegt, handelte von den antiken Sonnenuhren. Englische und französische Literatur hatte ebenfalls zu Wöpckes Studienfächern gehört, und seinem Biographen Hippolythe Taine zufolge hat Franz Wöpcke einige Jahre später fast alle bekannteren europäischen Sprachen in Wort und Schrift beherrscht.

Von Alexander von Humboldt wurde er veranlaßt, seine Sprachbegabung auf das Arabische zu richten. Aufgrund der Beherrschung dieser Sprache erhoffte er sich nämlich wichtige Erkenntnisse über die Geschichte der orientalischen Mathematik und Astronomie, die in der ersten Hälfte des 19. Jahrhunderts in Europa erst lückenhaft bekannt war. Franz Wöpcke ging zunächst nach Bonn, um dort Arabisch zu lernen, erhielt mit 24 Jahren das Angebot einer mathematischen Privatdozentur, ging aber bereits 1850 weiter über Leyden, wo er arabische mathematische Manuskripte kopierte, nach Paris, dem damaligen Zentrum der europäischen Arabistik.

Und in Paris ist er geblieben; in Paris hat er sich als François Woepcke naturalisieren lassen; in Paris sind seine rund fünfzig Schriften erschienen, fast alle in französischer Sprache publiziert. Daß er französisch schrieb statt deutsch, brachte ihm in Deutschland Kritik ein. In einem biographischen Artikel lesen wir: »Da die Veröffentlichungen gewöhnlich in französischen und italienischen Zeitschriften erfolgen, kann es nicht überraschen, daß sich Wöpcke dabei der französischen Sprache bediente. Aber es ist doch wenig verständlich, daß dies auch geschah, wenn der Abdruck ... in deutschen Zeitschriften stattfand.«

Daß Woepcke keine *venia legendi* von deutschen Universitäten erhielt, wird auf das Sprachproblem zurückgeführt. Offenbar war der Nationalismus im sechsten Jahrzehnt des 19. Jahrhunderts bereits stark genug, einen »Wahlfranzosen« in Deutschland zu behindern. Woepcke selbst kümmerte das allerdings nicht, er liebte Paris, den Umgang mit den dortigen Kollegen, fühlte sich mehr als Franzose denn als Deutscher. Trotzdem unternahm er noch einmal einen Versuch zur Rückkehr nach Berlin. Er bewarb sich um die vakante Stelle des Mathematikers am Collège und erhielt sie.

Französisch war nach wie vor die Unterrichtssprache auch in diesem Fach. Zwar hatte es schon 1816 bei der Suche nach Woepckes Vorgänger einen Briefwechsel mit der Schulbehörde gegeben, ob auf das Erfordernis der Französischkenntnisse verzichtet werden könne, aber noch gab es frankophone Ma-

François Woepcke
Zeichnung von Alf Trenk
nach einer zeitgenössischen Photographie

François Woepcke
(6. 5. 1826–25. 3. 1864) Mathématicien et Orientaliste
Du Collège Français au Collège de France.

A 16 ans Franz Woepcke obtint le baccalauréat au lycée de Friedrichswerder, l'Ecole allemande voisine du Collège. Ensuite il étudia l'astronomie, les mathématiques et la physique. Il étudia également les littératures anglaise et française et au bout de quelques années il maîtrisait, tant à l'oral qu'à l'écrit, bon nombre de langues européennes.

A l'instigation d'Alexander von Humboldt, Woepcke s'intéressa alors à l'arabe. Il espérait, grâce à la maîtrise de cette langue, faire des découvertes importantes sur l'histoire des mathématiques et de l'astronomie en Orient, dont on ne connaissait jusque-là en Europe que des bribes. En 1850 Woepcke partit pour Paris, à l'époque centre européen des études arabisantes. Et Paris devint sa patrie. C'est à Paris que furent publiés les quelque cinquante ouvrages qu'il écrivit, presque tous en français.

En 1857 Woepcke revint, une fois de plus, à Berlin. Il occupa le poste, alors vacant, de professeur de mathématiques au Lycée Français et dispensa dans le second cycle, de la Troisième à la Première, dans chaque classe quatre heures de mathématiques et deux heures de physique. Mais au bout de dix-huit mois seulement de cette activité, il l'abandonna. Il ne pouvait pas se réhabituer à la vie de Berlin et retourna vers son cher Paris. Là, il se mit à traduire nombre d'ouvrages mathématiques d'arabe en français et à les publier. Cela lui permit d'approfondir les relations existant entre les mathématiques de l'Inde, du monde arabe et de la Grèce au moyen-âge. Il fut nommé au Collège de France et devint membre de l'Institut.

A l'âge de 37 ans, François Woepcke succomba à une infection qu'il avait contractée lors d'un voyage d'études en Angleterre.

thematiker im Lehrerangebot. Sofern Schulbücher fehlten, war 1834 die Weisung ergangen, entsprechende Lehrwerke aus Frankreich einzuführen, die Arbeitsvoraussetzungen für Woepcke waren also günstig.

Sein Anstellungsgesuch wird vom *Conseil académique* energisch unterstützt, in dem Begleitschreiben wird Woepckes Mitarbeit wegen seiner »ungewöhnlichen geistigen Begabung« als »ein Glück für die Anstalt« bezeichnet.

Woepcke wurde laut Jahresbericht von 1857 als fünfter Lehrer in der Gymnasialhierarchie der Schule angestellt, und zwar als Professor der Mathematik auf der Oberstufe, wo er von Tertia bis Prima je vier Stunden Mathematik und zwei Stunden Physik gab. Am 23. Oktober 1856 wurde Woepcke auf den König und die Verfassung vereidigt, aber es hielt ihn in Berlin nicht, er wollte zu seinen mathematischen und orientalischen Studien zurückkehren, und so lesen wir im Jahresbericht von 1858: *A Pâques ... nous avons eu la douleur de perdre notre premier mathématicien, M. le docteur François Woepcke, qui a quitté Berlin ... il a rendu à notre Collège les services les plus signalés d'autant par sa haute capacité pédagogique, que par une rare connaissance de la langue française.*

Woepckes Entlassungsgesuch vom 30. September 1857 ist in den Potsdamer Akten erhalten. Gerichtet ist es »An den Direktor des Königlichen Französischen Gymnasiums, Ritter p.p., Herrn Professor Dr. Lhardy Wohlgeboren«, und beginnt folgendermaßen: »Wohlgeborener Herr, besonders hochgeehrter Herr Director.« Im Text heißt es weiter: »Bis jetzt unter Ew. Wohlgeboren einsichtsvoller Leitung haben arbeiten zu können, schätze ich mir zum Glück und zur Ehre, und bedarf es meinerseits nicht der Versicherung, daß nur höhere Rücksichten für mein wissenschaftliches Leben mir die schmerzliche Nöthigung auferlegen, schon so bald ein Verhältniß lösen zu müssen, welches mir das Glück gewährt hat, mich als Collegen von mir sehr hochgeachteter und verehrter Männer betrachten zu können.«... eine beamtendeutsche Stilübung des 19. Jahrhunderts!

François Woepcke kehrte in sein geliebtes Paris zurück und begann, eine Reihe mathematischer Werke aus dem Arabischen ins Französische zu übersetzen und herauszugeben. Dabei ging er insbesondere den Beziehungen nach, die zwischen der indischen, arabischen und griechischen Mathematik im Mittelalter bestanden. Er arbeitete am *Collège de France* und wurde Mitglied des *Institut*, das seine Manuskripte nach seinem Tode archivierte. Denn Woepcke erlag am 25. März 1864 mitten aus der Arbeit an wissenschaftlichen Projekten, die er nebeneinander bearbeitete und nicht mehr abschließen konnte, einer Infektion, die er sich auf einer Studienreise nach England zugezogen hatte. Er ist 37 Jahre alt geworden.

Übereinstimmend heißt es in den deutschen und französischen Nachrufen, Woepckes Arbeiten hätten Lücken in der Geschichte der orientalischen Mathematik gefüllt, die ein anderer kaum je hätte füllen können. (Lit. Nr. 14, 297–299)

Albrecht von Graefe
Augenarzt
(1828–1870)
Naturwissenschaftliche Experimente in Privatinitiative

Als einer der jüngsten Abiturienten des Collège Français ist Albert Frédéric Guillaume Erneste de Graefe in die Geschichte der Schule eingegangen. Am 22. Mai 1828 geboren und in der französisch reformierten Gemeinde getauft, hat er das Französische Gymnasium ab Quarta besucht und im Alter von fünfzehn Jahren 1844 das Abitur bestanden. Albert von Graefe (so die offizielle Namensform in der Matrikel des Collège) war ein guter Schüler. Er war seinen um zwei und drei Jahre älteren Mitschülern in den meisten Fächern überlegen. In den drei Oberklassen hat er den Preis errungen, der von 1837 bis 1843 als *Prix pour l'application et les progrès dans les langues et les sciences* vergeben wurde.

Die zum Abitur vorgelegte *vita* Albert von Graefes ist erhalten und enthält den Satz: *Agé de quatre ans je commençais à assister aux leçons de mon frère Victor.* Albert nahm also am Unterricht seines älteren Bruders teil, und so erklärt sich sein Vorsprung gegenüber den Gleichaltrigen, als er nach mehrjährigem Privatunterricht am Französischen Gymnasium angemeldet wird.

Aus dem schon zitierten Lebenslauf geht hervor, welche Lehrer er besonders geschätzt hat. Angeführt wird die Liste von Auguste Fournier, seinem ersten Direktor, der sein Religionslehrer gewesen ist. Es folgt Gustav Kramer, Nachfolger Fourniers, sein Geschichtslehrer. Charles Michelet wird als Altphilologe und Adolphe Erman als Physiker genannt, schließlich auch Theodor Heinsius, der Germanist. In den Akten des Potsdamer Staatsarchivs haben sich Graefes Prüfungsunterlagen aus dem Abitur erhalten. Die Themen der schriftlichen Arbeiten in Griechisch, Latein, Übersetzung und Aufsatz, Französisch, Deutsch, Mathematik und Englisch, also in sieben Prüfungsfächern, sind erhalten, ebenso das Protokoll des Beschlusses der Kommission, Graefe von der mündlichen Prüfung zu befreien.

Auch das Reifezeugnis ist überliefert. Dem Gebrauch der Zeit entsprechend enthält es keine Noten, sondern ausführliche verbale Beurteilungen in den einzelnen Fächern. Hier ein Auszug:

Kenntnisse – Sprachen – Latein: »Er liest die Klassiker mit Leichtigkeit und eindringendem Verständnis und schreibt die Sprache korrekt und nicht ohne Eleganz.«

In Griechisch heißt es: »Er besitzt eine wohlbegründete grammatische Kenntnis der Sprache und weiß den Geist der Schriftsteller mit Gewandtheit aufzufassen.«

Englisch: »Er liest leichtere Stücke Shakespeare's selbst unvorbereitet ohne Schwierigkeit und drückt sich schriftlich mit einiger Gewandtheit aus.«

Französisch: »Er hat sich eine übersichtliche Kenntnis der Literatur erworben und spricht und schreibt die Sprache mit Geläufigkeit...«

Albrecht von Graefe
Zeichnung von Ottilie von Graefe (ca. 1838)

Albrecht von Graefe
(22. 5. 1828–20. 7. 1870) Ophtalmologiste
Expériences dans le domaine des sciences naturelles, sur une initiative personnelle.

Albert Frédéric Guillaume Ernest de Graefe obtint son baccalauréat à 15 ans, ce qui en fit l'un des plus jeunes bacheliers du Collège Français. Il avait installé chez lui un laboratoire et fait, des années durant, des expériences de sciences naturelles, ce qui n'était pas encore possible dans le cadre des cours. Puis il étudia la médecine pendant quatre ans. A 19 ans il était Docteur et, un an plus tard, en 1848, obtenait sa spécialisation en chirurgie avec la mention «excellent». Lors de ses deux années d'étude à Paris il se spécialisa dans les opérations des yeux et compléta sa formation pratique auprès des cliniques ophtalmologiques de Prague, de Vienne et de Londres.

En 1851 Graefe ouvre à Berlin une clinique ophtalmologique, où il traite gratuitement les malades sans ressources. L'affluence est énorme et, de cette façon, Graefe peut accumuler une somme considérable d'expériences. Son habileté est vite connue dans la cité et bientôt, les malades fortunés viennent eux aussi le consulter. Ses succès obtenus dans l'ablation de la cataracte et la découverte qu'il fit de l'opération du strabisme, le rendent célèbre au-delà des frontières de Prusse. Les publications qu'il fait sur ses méthodes d'investigation et d'opération sont le point de départ, en Europe, d'un afflux sans précédent d'ophtalmologistes vers Berlin.

Albrecht von Graefe a 30 ans lorsqu'il réalise sa plus grande invention. Il découvre un scalpel spécial, que l'on utilise encore aujourd'hui, quelque peu modifié, sous le nom de scalpel de Graefe; il permet au médecin d'implanter une pupille artificielle dans l'œil rendu aveugle par la cataracte.

Ce chirurgien célèbre, connu pour ses opinions républicaines, dut attendre 1866 pour obtenir un poste de professeur titulaire. Et ce n'est qu'en 1868 qu'il put entrer à l'Hôpital de la Charité, dont il fit en deux ans le centre de l'ophtalmologie européenne. Mais la santé de Graefe ne put résister à cet énorme travail. Il mourut à 42 ans de la tuberculose.

Deutsch: »...besitzt eine vollständige Übersicht der Haupterscheinungen der Literatur.«

Nach den Sprachen folgen auf dem Zeugnis die Wissenschaften, zunächst Religionswissenschaft, dann Mathematik, Geschichte, Geographie, Physik, Naturbeschreibung und Philosophische Propädeutik. Die Lehrer stellen Graefes »erfreuliche Sicherheit und Gewandtheit« in Mathematik, seine »erfreuliche Einsicht in den Zusammenhang der einzelnen Disziplinen« der »physischen Wissenschaften« und das »selbständige Denken« in Philosophie heraus.

Während der gesamten Dauer seiner Schulzeit war Graefe besonders in Mathematik so überragend, daß er im Interesse seiner Mitschüler vom Unterricht dispensiert werden mußte. Schon während seiner Schulzeit hat er an mathematischen Wettbewerben teilgenommen, aber er zeichnete sich in seinen Leistungen auch auf naturwissenschaftlichen Gebieten aus. Für weitergehende Studien in der Physik hatte er sich schon in seiner Schulzeit zu Hause ein Laboratorium eingerichtet. Bei einer Explosion in diesem Labor zog er sich eine Kehlkopfreizung zu, die seine Stimme Zeit seines Lebens beeinträchtigt hat. Bevor neue Schulfächer eingeführt wurden, blieben sie immer eine Zeitlang der Privatinitiative interessierter Schüler überlassen. Das hatten wir bei Jean Louis Formey in der Biologie beobachtet, und das sehen wir jetzt in der Experimentalphysik bei Graefe.

Auguste Fournier mußte den fünfzehnjährigen Abiturienten erst einsegnen, bevor er an der Berliner Universität immatrikuliert werden konnte.

* * *

Zwei seiner Lehrer waren gleichzeitig Professoren an der Universität, und bei ihnen hörte Albrecht von Graefe, wie er sich jetzt nannte, seine ersten Vorlesungen. Bei Erman hörte er mathematische Physik, und Michelet führte ihn in die Logik ein, bei ihm hörte Graefe Geschichte der Philosophie und die Einführung in die neueren philosophischen Systeme. Wir erinnern uns: Sowohl Adolphe Erman als auch Charles Michelet standen dem preußischen Staat kritisch gegenüber und büßten diese Einstellung: Sie blieben jahrzehntelang auf eine Außerordentliche Professur beschränkt. Die Thesen zu Graefes Dissertation beweisen, daß er die Kritik seiner Lehrer an der preußischen Monarchie in ihrem Zustand vor 1848 teilte. Graefes Schlußthese lautet: »Die ideale Staatsform ist die Republik...« Graefes Promotion erfolgte im August 1847, er war also gerade 19 Jahre alt geworden. Mit 20 Jahren erhielt er die Approbation als Chirurg mit dem Prädikat »vorzüglich gut«.

Albrecht von Graefe begab sich nun auf eine mehrjährige Studienreise, die ihn u.a. für zwei Jahre nach Paris führte, in die Stadt, die er später als seine »zweite Vaterstadt« bezeichnet hat. Die Briefe aus Paris geben ein Bild davon, wie Graefes Wunsch, Augenarzt zu werden, hier allmählich Gestalt annimmt, wie er sich in der Chirurgie auf Augenoperationen spezialisiert und seine Professoren ihm wegen seiner Geschicklichkeit nach und nach ihren Platz abtreten und sich von ihm in schwierigen Fällen vertreten lassen. Er schreibt: »Somit bekomme ich viele Operationen zu verrichten ... wobei ich mich natürlich sehr zusammennehmen muß, da die Anwesenden beinahe alle Spezialisten sind.«

Auch Graefes Zeitplan aus den Pariser Jahren ist überliefert. Um 6 Uhr stand er auf, von 8 bis 10 Uhr besuchte er Kranke in den Hospitälern, bis 15 Uhr arbeitete er in der Universitätsklinik, wo er auch an den Vorlesungen der führenden Professoren teilnahm. Nach einer kurzen Pause begann dann am späten Nachmittag das Studium der medizinischen Literatur, das in der Regel bis in die Nacht dauerte.

Nach seinen Pariser Jahren besuchte Graefe die Augenkliniken von Prag, Wien und London und konnte auch dort neben den theoretischen seine praktischen Erfahrungen vervollständigen. Als er 1851 von London nach Berlin zurückkehrt, folgen ihm zwei junge englische Kollegen, die von der »taschenspielerischen Schnelligkeit« der Operationen Graefes fasziniert sind.

Graefe eröffnet eine Augenklinik und behandelt unbemittelte Kranke unentgeltlich. Der Andrang ist kaum zu bewältigen, und Graefe kann auf diese Weise umfangreiche Erfahrungen sammeln. Seine Geschicklichkeit spricht sich herum, und bald kommen auch wohlhabende Patienten zu ihm. Graefe bedient sich von Anfang an des von Hermann Helmholtz 1851 erfundenen Augenspiegels und macht ihn zu dem wichtigsten Hilfsmittel bei Operationen im Netzhautbereich des Augapfels.

Im Jahre 1852 habilitiert er sich, gerade 24 Jahre alt, mit einer Arbeit über die Augenmuskeln und hält als Privatdozent Vorlesungen über Augenheilkunde. Studenten zur Ausbildung in seine Klinik zu holen, wird ihm aber von der Universitätsverwaltung untersagt. Das Regime hat ihm seine »Entgleisung« bei der Promotion (»Die ideale Staatsform ist die Republik«) nicht verziehen. Erst zwei Jahre vor seinem Tode wurde ihm eine Ordentliche Professur zugestanden und damit das Recht, seinen eigenen Studenten auch das Examen abzunehmen. In der 1877 veröffentlichten Lebensbeschreibung Graefes beklagt sein Biograph Eduard Michaelis, daß weder die Universität noch die Stadt Berlin Graefes Lebenswerk weitergeführt haben – die Klinik wurde geschlossen, die Häuser verkauft, »kein Zeichen erinnert ... an das Walten und Wirken eines Albrecht von Graefe«. War das die Strafe für Graefes republikanische Gesinnung, für kritische Analysen des preußischen Staatswesens, etwa wenn er sagt: »Vor die Quelle des Fortschritts schiebt sich der Riegel einer Geheimratsbürokratie oder sonst eines monströsen Instituts«?

Graefe hatte 1848 aus Paris an einen Freund über seine politischen Überzeugungen geschrieben: »... so glaube ich ... doch ziemlich feste Grundsätze zu haben, für deren Vertretung ich zu jedem Opfer bereit bin«. Das Opfer, das Graefe bringen mußte, war der Verzicht auf die staatliche Anerkennung.

Graefe ficht das nicht an. Seine Erfolge bei der Entfernung des Grauen Stars und bei der von ihm begründeten Schieloperation machen ihn über Preußens Grenzen hinaus bekannt.

Seine Veröffentlichungen über die von ihm entwickelten Untersuchungs- und Operationsmethoden setzen eine bis dahin in Europa beispiellose Wanderung von Augenärzten nach Berlin in Gang, die alle bei Graefe lernen wollten und ihm halfen, seine private Klinik in der Karlstraße zu führen, in der er zeitweilig hundert Betten belegte. Seine Patienten kamen aus aller Herren Länder, aus Valparaiso, Havanna, aus Sibirien wie aus Ostindien und Ägypten, abgesehen von England und allen Nachbarländern Deutschlands.

Dreißig Jahre ist Albrecht von Graefe alt, als ihm seine größte Entdeckung gelingt. Er hat ein spezielles Messer entwickelt, das in Abwandlungen noch heute als Graefe-Messer verwendet wird, und das dem Arzt erlaubt, in das durch den Grünen Star erblindete Auge eine künstliche Pupille zu kerben...

Jetzt steht er auf der Höhe seines Ruhmes. Die Patienten strömen in seine Klinik. Täglich führt er Staroperationen durch, manchmal bis zu fünfzehn hintereinander. Sein Tageslauf erinnert an den seiner Pariser Jahre; Graefe schont sich nicht. Morgens erledigt er die Verwaltungsarbeit mit Hilfe eines Sekretärs. Um 10 Uhr macht er Visiste im Krankenhaus, wo er zeitweilig bis zu zweihundert Patienten betreut. Anschließend geht er in seine Klinik, wo er *privatim* die Vorlesungen hält, zu denen ihm die Universität ihr Klinikum verweigert hatte. Am Nachmittag führt er seine chirurgischen Eingriffe durch. Am Abend hält er seine Privatpraxis in der Wohnung, eine Arbeit, die selten vor 23 Uhr ihr Ende gefunden haben soll. Danach geht er regelmäßig noch einmal in die Klinik, um nach den frisch operierten Patienten zu sehen. Nur wenige Stunden bleiben für die Nachtruhe übrig.

Bis 1866 mußte Graefe warten, bevor er *Ordinarius* auf dem für ihn neu geschaffenen Lehrstuhl für Augenheilkunde wurde – bis dahin als Teilgebiet der Chirurgie betrachtet –, und erst 1868 durfte er die berühmte Charité beziehen, die er innerhalb von zwei Jahren zum europäischen Zentrum der Ophthalmologie machte.

Aber Graefes Gesundheit war dieser enormen Beanspruchung nicht gewachsen. Schon seit seinem 30. Lebensjahr litt er an Schwindsucht. Er heiratete 1862, erlebte ein paar Jahre intensiven Familienlebens, verzehrte sich aber in seiner praktischen Arbeit als Chirurg und Lehrer, in seiner theoretischen Arbeit als Wissenschaftler und Forscher; er fühlte, wie seine Kräfte abnahmen und mußte im Frühsommer 1870 das Starmesser aus der Hand legen: »Graefe operierte nach strenger Indikationsstellung, gut vorbereitet, sehr sorgfältig, aber mit leicht zitternder Hand...«, so heißt es in einem Bericht über seine letzte Operation.

Seine Briefe an Freunde geben ein ergreifendes Zeugnis von dem Ringen des Todkranken gegen sein Leiden. Wir lesen darin Sätze wie: »Beschäftigung bis zum letzten Augenblick scheint mir das Beste und hält wenigstens von unnützem Grübeln ab.« Oder: »...ich brauche noch sieben Morphium-Injektionen täglich, um auf den Beinen zu stehen und etwas zu schlafen...« Und schließlich: *Ultra posse nemo obligatur.*

Albrecht von Graefe starb, 42 Jahre alt, am Tage der Kriegserklärung von

1870/71, in der Nacht vom 19. zum 20. Juli 1870. In dem Nachruf, den ihm die Vossische Zeitung widmet, heißt es: »Die Summe seiner Patienten … übersteigt die Zahl von 100 000 bei weitem … Die Zahl der unglücklichen Blinden, denen er durch Operation das Augenlicht wiedergegeben, beläuft sich auf viele Tausende … Mitwelt und Nachwelt werden ihn ehren, so lange geschichtliche Urkunden von unserer Zeit bleiben werden.«

Berlin hat Albrecht von Graefe zwei Denkmäler errichtet, 1882 vor der Charité und 1970 an der Stelle seines im Kriege zerstörten Tiergartener Hauses »Am Finkenheerd«. Friedrich Schillers Worte sprechen zu uns am Denkmal vor der Charité: (Lit. Nr. 14, 19, 300–311)

> »Oh eine edle Himmelsgabe ist das Licht des Auges.
> Alle Wesen leben vom Lichte, jedes glückliche Geschöpf,
> Die Pflanze selbst kehrt freudig sich zum Lichte.«

Edouard Muret
Historiker der Französischen Gemeinde
(1833–1904)
Anglistik am Französischen Gymnasium

Ein paar Jahre jünger als Albrecht von Graefe war Edouard Théodore Gustave Muret, am 31. August 1833 geboren.

Zunächst besuchte er die *Ecole de Charité*, die französische Gemeindeschule, die er mit der Einsegnung im Alter von vierzehn Jahren abschloß. Edouards Vater war Buchbinder und konnte das Schulgeld nicht aufbringen, aber die Lehrer der Gemeindeschule überzeugten ihn davon, daß Edouard anschließend das Gymnasium besuchen sollte. So wurde er mit vierzehn Jahren am Französischen Gymnasium aufgenommen, kurz nachdem Albrecht von Graefe sie fünfzehnjährig und noch vor seiner Einsegnung verlassen hatte.

Muret hatte eine Freistelle, wie sie in der zweiten Hälfte des 19. Jahrhunderts und bis 1945 für tüchtige Schüler vorgesehen waren, um auf diese Weise zu gewährleisten, daß das Collège nicht zur Standesschule herabsank, daß die Leistungsfähigkeit der Schüler die einzige Voraussetzung der Aufnahme blieb.

Edouard Muret durchlief das Collège wie Graefe in sechs Jahren, und in dieser Zeit wurde ihm fünfmal der *Prix Monod pour le progrès dans l'étude de la langue française* verliehen, zuletzt im Jahre seines Abiturs 1855. Dieser Preis faßte ab 1844 die verschiedenen anderen Preise – außer dem Oelrichs-Stipendium – zusammen, die Preisträger wurden regelmäßig in den Jahresberichten aufgeführt und werden noch heute darin genannt. Fünf Jahre lang war Muret also in Französisch der *Primus* seiner Klasse.

Muret gehörte zu den ersten Schülern, die am Französischen Gymnasium Englisch lernen konnten. Das Fach war von Auguste Fournier im Rahmen der von ihm durchgeführten Reorganisation des Lehrplans im Jahre 1839 in wöchentlich zwei Stunden auf der Oberstufe eingeführt worden. Der Jahresbericht von 1840 bringt nähere Angaben. Tertianer durften am Unterricht der Secundaner und Primaner je nach Vorkenntnissen teilnehmen. In der *Seconde* standen *Exercices de lecture, thèmes et extemporalia* neben den Elementen der Etymologie auf dem Programm, und in der *Première* außer wiederum Etymologie, Übersetzungsübungen und Aufsätzen, die Lektüre einer Textsammlung.

Die Schülerzahl schwankte in den Englischkursen, aber wir können davon ausgehen, daß es jeweils etwa die Hälfte der Klassenstärke war. Im Jubiläumsjahr 1889 nahmen achtzehn und fünfzehn Schüler in der Prima und in Secunda teil.

Schüler wie Muret konnten am Französischen Gymnasium die Basis legen für ein Aufbaustudium in späterer Zeit.

Bis 1952 blieb der Umfang des Englischunterrichts in etwa der gleichen Form erhalten – heute geben wir Englisch ab Klasse 8 und auf der Oberstufe in Grund- und Leistungskursen.

Im Jahre seines Abiturs erhielt Muret die Gedenkmedaille der Reformation, wie sie ab 1839 – und bis 1945 – jeweils zum Refugefest am 29. Oktober besonders leistungsfähigen Schülern der Schule anläßlich des Festgottesdienstes im Französischen Dom verliehen wurde. Rund dreißig dieser Medaillen, einst vorgesehen für weitere Preisverleihungen, liegen noch heute im Panzerschrank der Hugenottengemeinde in Berlin-Mitte, Überschuß aus der Prägung von 1839. Sie harren einer Zukunft, die das Französische Gymnasium und seine Mutter, die französische Gemeinde, in einem geeinten Berlin wieder einander annähern mag.

* * *

Muret belegte an der Berliner Universität Altphilologie, bis er schließlich zum Studium der »Neueren Sprachen« überging und sich in Anglistik spezialisierte, damals ein ungewöhnlich »modernes« Fach. Sein Studium verdiente er sich durch Stundengeben. Dennoch konnte er schon 1860 das Doktorexamen ablegen und wurde alsbald in den Schuldienst übernommen.

Muret arbeitete an Publikationen der Hugenottengemeinde mit, veröffentlichte historische Untersuchungen, sein Erstling ist ein französisches Schullesebuch. Seine Freizeit nutzte er zu einer systematischen Erfassung des englischen Wortschatzes.

Nach zwanzig Jahren intensiver Vorbereitung hatte Edouard Muret die Vorarbeiten für sein englisch-deutsch-englisches Wörterbuch abgeschlossen, elf weitere Jahre brauchte er für die Überarbeitung, dann war sein Werk fertig. Es bestand aus vier Bänden, von denen je zwei auf knapp 2500 Seiten rund 120000 Stichwörter brachten, bis dahin die umfassendste Erhebung des englischen Wortschatzes. Das »Enzyklopädische Wörterbuch der englischen Sprache« erschien bei Langenscheidt 1891 bis 1899 und hat seither und bis heute unter dem Namen »Muret-Sanders« unzählige Auflagen erlebt. In seinem Vorwort der ersten Ausgabe nennt Muret das Ziel seiner Arbeit: *the diffusion of intelligence and the approximation of kindred nations.* In der deutschen Fassung fehlt dieser wichtige Schlußsatz – offenbar ein frühes Opfer der Flottenpolitik des Admirals Alfred von Tirpitz, die Deutschland ab 1898 in Atem hielt.

Muret aber hatte sich beim Korrekturlesen ein Augenleiden zugezogen, mußte um seine Pensionierung bitten und starb, gerade 70 Jahre alt, am 1. Juli 1904. Zu seinem 65. Geburtstag war Muret mit dem Roten Adlerorden ausgezeichnet worden.

In der französischen Gemeinde Berlins ist sein Name verknüpft mit einer anderen Jahrhundert-Arbeit, nämlich der »Geschichte der Französischen Kolonie in Brandenburg-Preußen«, die Muret zum zweihundertjährigen Jubiläum des Edikts von Potsdam 1885 in einem dickleibigen Folianten herausbrachte. Er hatte die von Jean Pierre Erman für seine *Mémoires* von den französischen Gemeinden angeforderten handschriftlichen Berichte und das gesamte Kirchenarchiv durchgearbeitet. (Lit. Nr. 19, 312, 313)

Edouard Muret
Anonyme Zeichnung

Edouard Muret
(31. 8. 1833–1. 7. 1904) Historien de la communauté française
L'enseignement de l'anglais au Collège Français.

Après avoir été élève de l'Ecole de la Charité, école relevant de la communauté française, Edouard Théodore Gustave Muret obtint une des bourses du Lycée Français, qui avaient été instaurées dans la deuxième moitié du XIXeme siècle, afin que le Collège ne devînt pas une école réservée à l'«Elite» nantie. Cinq ans de suite Edouard Muret fut le premier de sa classe en français et se vit décerner, de ce fait, cinq fois le «Prix Monod pour le progrès dans l'étude de la langue française». A partir de 1844 ce prix engloba tous les autres, à l'exception de la bourse Oelrichs.

Après le baccalauréat Muret commença des études de philologie ancienne, mais se convertit rapidement à l'étude des «langues modernes» et se spécialisa finalement dans l'étude de l'anglais, matière à l'époque d'un modernisme peu ordinaire et qui venait à peine d'être introduite au Lycée Français. Le français fut, pour Muret, la base de l'étude de la philologie des langues anciennes et de l'anglais. En 1860 il passa son doctorat, en 1861 il termina avec succès son année de stage de professeur.

Durant presque quarante ans Muret fut professeur d'anglais et de français dans différents lycées de province et à Berlin. Il mit à profit cette période pour rassembler systématiquement le vocabulaire anglais. De 1891 à 1899 parut le «Vocabulaire encyclopédique de la langue anglaise», œuvre en quatre volumes, riche de 120 000 mots-référence, qui jusqu'à nos jours, sous le nom de «Muret-Sanders», a connu un nombre incalculable d'éditions.

Au sein de la Colonie française le nom de Muret est lié à une autre œuvre faisant date dans le siècle, l'«Histoire de la Colonie française en Brandebourg-Prusse», qu'il publia à l'occasion du deux-centième anniversaire de l'Edit de Potsdam. Pour ce faire, Muret avait étudié avec le plus grand soin les exposés demandés par Jean Pierre Erman aux différentes Colonies françaises pour rédiger ses «Mémoires», ainsi que l'ensemble des archives de la cathédrale française. L'Encyclopédie huguenote de Muret devint une œuvre de référence pour les études historiques allemandes et, aujourd'hui encore, elle est une source indispensable à toute recherche dans ce domaine.

Wilhelm Dilthey
Philosoph
(1833–1911)
Elementarunterricht am Französischen Gymnasium

Im Alter von 23 Jahren war Wilhelm Christian Ludwig Dilthey Lehrer am Französischen Gymnasium. Am 19. November 1833 in Biebrich geboren, hatte er am Gymnasium in Wiesbaden 1852 das Abitur abgelegt und im gleichen Jahr die Universität Heidelberg bezogen, um Theologie zu studieren, wie es der Familientradition entsprach. Nach drei Semestern wechselte er aber nach Berlin über und studierte hier Theologie, Philosophie und Geschichte. Seinem Vater zuliebe legte er im Sommer 1856 in Wiesbaden das theologische Examen ab, darauf Anfang November in Berlin die staatliche Schulamtsprüfung, Voraussetzung für die Aufnahme in den Schuldienst. Wilhelm Dilthey schreibt in einem Brief vom Juli 1857 über diese Zeit: »Die Aufeinanderfolge von Examen, acht Tage darauf die Stelle am französischen Gymnasium..., die, bis man eingewöhnt ist, viel mehr Arbeit macht, als ich gedacht hatte, dazu meine eigenen Arbeiten, die ich um keinen Preis liegen lassen will, haben mich marode gemacht.«

Das Prüfungszeugnis vom 5. November 1856 hat sich im Staatsarchiv Potsdam erhalten. Es ist für die Dilthey-Forschung von besonderem Interesse. Da es bisher nicht veröffentlicht wurde, hier sein Wortlaut: »In der Religionswissenschaft genügte die schriftliche Arbeit des Candidaten u. der Schriftbeweis für die Gottheit Christi billigen Anforderungen. Die Probelektion über den Prolog des Evangelisten Johannis machte nach der gemüthlichen Seite einen befriedigenden Eindruck, ließ aber Schärfe und Klarheit noch vermissen, hatte wenig Spannendes und gewährte keine festen und greifbaren Resultate. Befriedigender war der Eindruck der mündlichen Prüfung in der die Antworten des Candidaten überall nicht blos von Kenntnis, sondern auch von Sinn und Verständnis zeugten. Der Candidat wird bei sorgfältiger Vorbereitung und wenn er seine Lehrgabe noch mehr geübt hat, im Stande sein den Unterricht bis in Prima zu ertheilen.

Die hebräische Arbeit des Candidaten über Psalm 51 kann als befriedigend betrachtet werden. Bei der mündlichen Prüfung zeigte sich der Candidat in der Einleitung ins Alte Testament ziemlich wohl bewandert, dagegen aber fehlte es ihm bei der grammatischen Erklärung noch sehr an der nöthigen Sicherheit. Doch wird er, wenn auch nicht gleich Anfangs im Stande sein, bei sorgfältiger Vorbereitung den Unterricht bis in Prima zu übernehmen.

Für seine philosophische Bildung ist er mit Erfolg thätig gewesen und seine Betrachtungsweise ist auf die Prinzipien gerichtet. Seine Probeschrift aus dem Gebiet der aristotelischen Ethik zeigt Verständniß und Urtheil. In logische, metaphysische und ethische Fragen ist er, namentlich im Zusammenhang mit seinem speziellen Studium mit Sinn eingegangen. In der Geschichte der Philosophie hat er sich durch nähere Beschäftigung mit älteren Philosophen, wie mit Hauptschriften des Plato und Aristoteles, als mit neueren, wie mit Kant und Schleiermacher, tiefer gefasste Kenntnisse erworben. Fragen aus der allgemeinen Grammatik behandelt er mit Einsicht, wenn auch noch nicht mit ganzer Sicherheit im Einzelnen. Über Fragen der Erziehung und über Hauptpunkte in deren Geschichte hat er nachgedacht.

Hiernach und nach der Probelektion aus dem Gebiet der deutschen Literatur, in welcher er gute Gesichtspunkte verfolgte und Anlage zu freiem Unterricht zeigte, wird er unter Voraussetzung specieller Vorbereitung den deutschen Unterricht durch alle Classen eines Gymnasiums so wie auch die philosophische Propädeutik übernehmen können.

Mit den alten Sprachen hat sich der Candidat nicht ohne Erfolg beschäftigt, wenngleich er die philologischen Studien nicht zum Mittelpunkt seiner wissenschaftlichen Beschäftigungen gemacht hat. Die Probelektion welche er über eine Stelle aus den Georgicis des Virgil in der Untersecunda des Joachimsthalschen Gymnasii hielt, war verständig angelegt und die Erklärung meistens erschöpfend. In der mündlichen Prüfung übersetzte er die aus dem Horaz und Homer ihm vorgelegten Stellen im Ganzen mit befriedigender Gewandtheit, während er in der Analyse der horazischen Versmaaße nicht überall die erforderliche Umsicht und Sicherheit an den Tag legte.

Nach diesen Ergebnissen kann ihm der philologische Unterricht in den unteren und mittleren Classen eines Gymnasii übertragen werden.

Im Französischen genügte er den allgemeinen Anforderungen; Unterricht kann er in dieser Sprache nicht ertheilen.

In der Geschichte und Geographie zeigte das Wissen des Candidaten zwar noch manche, in der alten Geschichte besonders bemerkbare Lücken; doch kann ihm (sic) Unterricht in diesen Objekten in den unteren Klassen eines Gymnasii ertheilen, zumal er die nicht allzuheufig vorkommende Gabe, die Elemente der allgemeinen Geographie methodisch und mit Erfolg zu lehren, schon in der Praxis bewährt hat.

In der Mathematik und den Naturwissenschaften hat der Candidat die Prüfung abgelehnt.

Nach obigen Ergebnissen der Prüfung ist dem Schulamtscandidaten Herrn Wilhelm Dilthey die *bedingte facultas docendi* ertheilt worden.«

* * *

Dilthey war im Mai 1856 nach Berlin gekommen, hat am Joachimsthalschen Gymnasium die Prüfung abgelegt und war von November bis Ostern 1857 am Französischen Gymnasium angestellt. Danach ging er für weitere anderthalb Jahre zum Joachimsthalschen Gymnasium zurück.

Nur ein Semester dauerte also Diltheys Tätigkeit am Französischen Gymnasium, aber es muß für seine Schüler ein interessantes Halbjahr gewesen sein, darüber besitzen wir ein Zeugnis aus der Feder seines Schülers Ernst von Wildenbruch. In der Tischrede, die Wildenbruch bei einem Festbankett zu Dil-

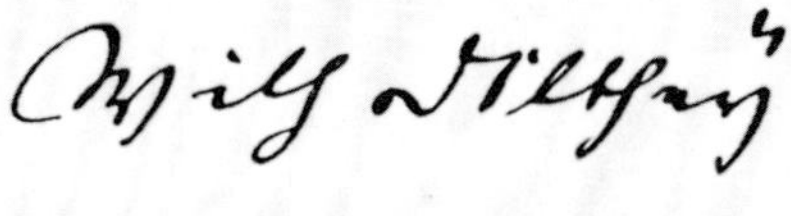

Wilhelm Dilthey
Heliogravüre

Wilhelm Dilthey
(19. 11. 1833–3. 10. 1911) Philosophe
L'enseignement dans les classes élémentaires du Collège Français.

Après avoir étudié la théologie, la philosophie et l'histoire, Wilhelm Dilthey passa à l'été 1856 l'examen de professeur stagiaire au Lycée de Joachimsthal. En novembre 1856 il devint professeur en classe de Sixième au Lycée Français.

Cette classe comptait, à l'époque, 69 élèves dont dix, au cours de l'année, abandonnèrent. Comme aujourd'hui, l'enseignement était dispensé en Sixième en langue allemande. Les élèves avaient trois heures d'enseignement religeux, sept de latin, trois d'allemand, deux de géographie, sans compter les douze heures de français. Le professeur d'enseignement religieux devait, en Sixième, traiter dans le détail de l'histoire de l'Ancien Testament et, de plus, aborder l'étude de cinq articles du Cathéchisme de Luther, de chants religieux et d'extraits de la Bible. En latin, il devait faire apprendre les conjugaisons et les déclinaisons et familiariser les élèves avec un grand nombre de vocables. Au programme d'allemand figuraient des exercices de lecture et l'apprentissage par cœur de poèmes, des rédactions et des dictées. En géographie le maître devait traiter de la topographie du globe terrestre, de la carte des mers, des îles, des montagnes et des fleuves, et en plus des principales villes des cinq continents.

Dilthey ne travailla qu'un semestre au Lycée Français. A l'été 1857 il repartit pour un an et demi au Lycée de Joachimsthal. Ensuite, il se consacra entièrement à ses travaux scientifiques. Son «Œuvre complète» comprend douze volumes. Sont devenus célèbres son recueil: «L'expérience vécue et la poésie» et son œuvre: «De la poésie et de la musique allemandes». Sa démarche dans le domaine des sciences de l'esprit a exercé une influence durable sur la pensée scientifique du début du XXeme siècle.

theys siebzigsten Geburtstag gehalten hat, erinnert er sich an seine frühen Schülerjahre. In Diltheys Unterricht habe nicht »der hektische Atem schulmeisterlicher Klassifikation« geweht, sondern »die Luft, in welcher Leben gedeiht«. Der junge Dilthey sei mit seinen Schülern hinausgegangen »in die winkende Zukunft«, sei ihnen erschienen »wie ein Geheimnis, das zur Entfaltung unserer Kräfte reizt, weil es die Sehnsucht in uns weckt«. So habe er seine Schüler gelehrt, zu »fühlen den ewig weisheitsvollen Zusammenhang aller Dinge dieser Welt«. Wildenbruch faßt seinen frühen Eindruck zusammen mit den Worten »er hat uns viel gegeben«.

Aus dem Jahresbericht von 1857 ist zu entnehmen, daß Dilthey den Unterricht eines ausgeschiedenen Lehrers übernommen hatte, der in Quarta und in Sexta unterrichtete. In dieser Klasse saßen damals 69 Schüler, zehn gingen im Laufe des Jahres ab. Die Schüler hatten drei Stunden Religion, sieben Latein, drei Deutsch, zwei Geographie, abgesehen von zwölf Französisch und sechs Arithmetik, zwei Zeichnen, drei Chor und drei Schönschrift. Der Unterricht in Sexta wurde – wie auch heute – in deutscher Sprache erteilt. Eingeführt waren folgende Lehrbücher:

Religion	–	Biblische Historien, Luthers kleiner Katechismus
Latein	–	Übungsstücke zur Einübung der lateinischen Formenlehre
Deutsch	–	Deutsches Lesebuch von Karl Oltrogge

In Französisch und Geschichte waren die Bücher von Karl Ploetz eingeführt, in Mathematik das Rechenbuch von Johann Foelsing und in Erdkunde schon in Sexta ein französischer Titel, der *Précis de géographie élémentaire* von Sigismund Schweitzer, seit 1842 Lehrer am Collège.

Der Lehrplan geht ebenfalls aus dem Jahresbericht hervor. In Religion wurde eine detaillierte Geschichte des Alten Testaments behandelt, ferner fünf Artikel des Katechismus von Luther. Kirchenlieder und Passagen aus der Bibel wurden auswendig gelernt. In Latein wurden Konjugationen und Deklinationen geübt und eine große Zahl von Vokabeln gelernt. In Deutsch standen Leseübungen und das Auswendiglernen von Gedichten auf dem Programm, Aufsätze und Diktate. In Erdkunde wurde die Topographie des Globus, die Karte der Meere, der Inseln, Gebirge und Flüsse, wurden die wichtigsten Städte auf den fünf Kontinenten durchgenommen.

Dilthey selbst hat die Schularbeit – anders offenbar als seine Schüler – als Fron aufgefaßt und sich ihrer zu entledigen gesucht. Zwar hatte er im Sommer 1856 noch geschrieben: »In der Schule geht mir's prächtig, ich habe mit den Jungen viel Vergnügen. Im Anfang waren sie ein wenig unruhig; da der vorige Gymnasiallehrer nicht im Stande gewesen war gehörig Ordnung zu halten waren sie sehr verwöhnt. Jetzt muckst aber keiner mehr und nichts ist amüsanter als ihre offnen Mäuler, wenn ich ihnen erzähle und ihre komische Art, wieder zu erzählen.«

Aber ein Jahr später, im Sommer 1857, ist die Begeisterung geschwunden. Dilthey schreibt: »Ich selbst gehe jetzt den Ferien entgegen. Wo ich sie verbringen werde, weiß ich noch nicht; jedenfalls an einem Ort, wo ich ... arbeiten kann, denn mein Amt bringt mehr Störungen als ich erwartet habe und als meine Arbeiten vertragen können.«

Dilthey hat die Schule verlassen, um sich ganz seinen wissenschaftlichen Arbeiten widmen zu können. Seine »Gesammelten Schriften« umfassen zwölf Bände. Berühmt geworden ist sein Sammelband »Das Erlebnis und die Dichtung« und sein Werk »Von deutscher Dichtung und Musik«. Seine geistesgeschichtliche Betrachtungsweise hat nachhaltigen Einfluß auf die Wissenschaft des beginnenden 20. Jahrhunderts ausgeübt.

Dilthey wurde mit seiner »Einleitung in die Geisteswissenschaften« zum Begründer der geisteswissenschaftlichen Erkenntnistheorie. Noch heute lesenswert ist u.a. seine »Weltanschauung und Analyse des Menschen seit Renaissance und Reformation«.

Im Jahre 1887 wurde Dilthey in die Berliner Akademie der Wissenschaften aufgenommen und 1908 in den Orden *Pour le Mérite* der Wissenschaften und Künste.

Wilhelm Dilthey starb am 3. Oktober 1911. (Lit. Nr. 15, 19, 314–318)

Georg von Siemens
Bankier
(1839–1901)
Friedenspolitik durch internationale Wirtschaftsverflechtung

Jean-George Siemens, geboren am 21. Oktober 1839, war der erste unter den Schülern des Französischen Gymnasiums, der sich später als Wirtschafts- und Bankfachmann einen Namen gemacht hat.

Er legte das Abitur im November 1856, im Alter von knapp 17 Jahren, ab. Für den Durchgang durch die Schule benötigte er sechseinhalb Jahre, wie der Jahresbericht von 1857 meldet. Siemens wurde im Jahr seines Abiturs zum Refugefest die Reformationsmedaille verliehen.

Als Studienziel gab Siemens die Jurisprudenz an, wie beim einzigen Sohn einer Juristenfamilie nicht anders zu erwarten. Nach Studium und Referendariat legte er 1868 das Assessor-Examen ab. Sein Vater hatte sich an der Gründung der Firma Siemens und Halske finanziell beteiligt, die von seinem Vetter Werner Siemens geleitet wurde. Für die Firma Siemens und Halske ging Georg Siemens bald nach seinem Examen nach Persien, um die Verträge für die indoeuropäische Telegraphenverbindung abzuschließen, den ersten großen Auslandsauftrag, den Werner Siemens erhielt.

Als Georg Siemens anderthalb Jahre später mit einem für Deutschland äußerst vorteilhaften Vertrag zurückkehrte, hatte die von Otto von Bismarck geführte Außenpolitik Preußen bereits so stark in Gegensatz zu Frankreich gebracht, daß der Krieg unausweichlich war. Siemens wurde als Reservist eingezogen. Das Kriegserlebnis hat eine nachhaltige Wirkung auf ihn ausgeübt. Er wollte den Kampf »mit Säbel und Gewehr« überflüssig machen durch wirtschaftliche Zusammenarbeit der Völker. Nicht mehr die Diplomatie und Generalität sollten entscheiden, die Führung sollte vielmehr »bei der großen Kapitalassoziation« liegen, ein Wunschtraum, der erst nach zwei weiteren blutigen Kriegen in Europa in Erfüllung zu gehen begann.

Siemens war gerade dreißig Jahre alt geworden, da erreichte ihn die Berufung zum Direktor der vor kurzem gegründeten Deutschen Bank, die nach Kriegsende 1871 zur Sammelstelle für die deutschen Auslandsgeschäfte werden sollte.

Georg Siemens leitete die Deutsche Bank dreißig Jahre lang. Als er sie übernahm, betrug ihr Aktienkapital 15 Millionen Mark, als er – kurz zuvor geadelt – in den Ruhestand trat, hatte sich das Kapital verzehnfacht. Den Wirtschaftsaufschwung Deutschlands begleitete eine Kette erfolgreicher Geschäftsunternehmungen der Deutschen Bank, für die Georg von Siemens die Grundlagen schuf, nämlich die Beteiligung am Bau der *Northern Pacific Railroad*, der Türkischen Eisenbahnen und der Orientalischen Eisenbahn, von der die Bagdadbahn ein Teil war, auch die Weiterentwicklung des Telegraphennetzes im Vorderen Orient, in Ostasien und in Südamerika.

Der erfolgreiche Bankkaufmann entwickelte die Deutsche Bank zur führenden Deutschen Außenhandelsbank, die über ihre Filialen in allen wichtigen Städten Deutschlands als Depositenkasse die Gelder der in den Gründerjahren erstarkten deutschen Wirtschaft verwaltete und als Kapital in den Hauptstädten der Welt für großangelegte internationale Projekte zur Verfügung hielt.

Mit seinen Ideen von der außenpolitischen Rolle des Freihandels mußte Georg von Siemens in Gegensatz zu der Politik des Protektionismus und der Schutzzölle geraten, die das Kaiserreich unter Bismarck charakterisierte, und so spielte er seine Rolle in der Opposition zur offiziellen Politik des Reiches. 1874 war er – als Parteiloser – in den Reichstag gewählt worden, dem er mit Unterbrechungen bis zu seinem Tode am 23. Oktober 1901 angehörte.

Siemens hat, was ihn als Europäer kennzeichnet, die Zusammenarbeit mit Finanzgruppen anderer Nationen angestrebt. Entsprechend kühl war sein Verhältnis zu Kaiser Wilhelm II. Sein Ziel, über die Deutsche Bank eine weltweite Wirtschaftsverflechtung herbeizuführen, hat er trotzdem erreicht. Sein Bankhaus verband London mit New York, mit Yokohama und Shanghai. Der Erfolg dieser Wirtschaftspolitik riß ihn jedoch nicht zu Größenwahn hin. In einem Brief von 1896 an seine Frau lesen wir: »Mir wird die Deutsche Bank jetzt zu groß; ich wäre ein ganz guter Kurfürst von Brandenburg geworden, aber Reichskanzler von Europa würde auch mir eine zu schwere Arbeit geworden sein.«

Das Vermächtnis Georg von Siemens' für das neue Jahrhundert erblicken wir in einem Artikel in der »Nation«, den er ein Jahr vor seinem Tode geschrieben hat. Darin führt er aus: »Mit Einführung der Goldwährung war Deutschland in den Wirtschaftsbetrieb der westlichen Kulturvölker eingetreten ... Berlin wurde daher unbestreitbar bald ein gesuchter Aufbewahrungsort für die Kapitalien dieser reicheren Nationen ... Allmählich ... wurden ... viele grundlegende Verträge mit deutschen Häusern abgeschlossen ... So wuchs Berlin allmählich an die anderen drei großen Weltbörsen London, New York, Paris heran ... Jede in fremdem Land errichtete Bank ... ist zugleich ein Pionier für die ... Herstellung dauernder Beziehungen zwischen den zwei Wirtschaftsgebieten ... Die Beziehungen der Nationen zueinander ändern sich, wenn alle Entfernungen für Transporte von Personen und Gütern auf den dritten Teil, für Nachrichten auf fast Null reduziert werden ... jede große wirtschaftliche Veränderung wirkt auf die Politik zurück ...«

Siemens verwendet in dieser seiner wirtschaftlichen Lebensbilanz das Präteritum und das Präsens. Aber in Wirklichkeit war alles, was er hier sagt, erst Zukunftsmusik. Prophetische Worte am Eingang des Jahrhunderts, in dessen zweiter Hälfte erst die Konfrontation durch Kooperation abgelöst werden konnte. Sein späterer Biograph Hans Fürstenberg, von dem noch zu reden sein wird, hat als Bankier die Grundsätze von Georg von Siemens' liberaler Finanzpolitik in den Dienst der Bundesrepublik Deutschland gestellt, und zwar in Gestalt der von ihm mitbegründeten Sozialen Marktwirtschaft. (Lit. Nr. 19, 319–326)

Georg von Siemens
Anonymer Holzstich von 1900

Georg von Siemens
(21. 10. 1839–23. 10. 1901) Banquier
Une politique de paix par les échanges économiques internationaux.

Jean-George Siemens fut le premier élève du Lycée Français à se faire, par la suite, un nom dans l'économie et dans la banque. En tant que fils unique d'une famille de juristes il étudia, tout naturellement, après son baccalauréat en 1856, le droit. Dès qu'il eut passé son examen de juge assesseur en 1868, il partit représenter en Perse la société Siemens et Halske, cofondée par son père et dirigée par son cousin Werner Siemens. En obtenant la signature des contracts concernant les liaisons télégraphiques indoeuropéennes, il ramena à la société la première grande commande passée par l'étranger.

A 30 ans Georg Siemens fut nommé Directeur de la Deutsche Bank, récemment fondée. Il dirigea cette banque pendant 30 ans. Lorsqu'il y entra, le capital était de 15 millions de marks. Lorsque – peu après avoir été anobli – il prit sa retraite, le capital avait été multiplié par dix. L'essor industriel de l'Allemagne fut accompagné d'une série d'affaires fructueuses montées par la Deutsche Bank et dont Georg Siemens était le promoteur.

Siemens était un partisan du libre-échange et donc de l'économie de marché. Il était intimement convaincu que le développement de la libre économie et des échanges internationaux à travers le monde rendrait les guerres superflues. En cela il était en avance de cent ans sur son époque. Naturellement Georg von Siemens était bien obligé de reconnaître que l'Etat militaire et fonctionnarisé de l'Empereur Guillaume II n'offrait pas les conditions idéales à l'éclosion d'une politique économique libérale. Pour cette raison il déclina l'offre qu'on lui fit de postuler aux fonctions de Ministre des finances. Il préféra, comme membre du Reichstag, de 1874 à 1901, exercer une influence indirecte sur la politique financière de l'Empire.

Ernst von Wildenbruch
Dichter
(1845–1909)
Der preußische Adel und das Französische Gymnasium

Im Schuljahr 1856, als Wilhelm Dilthey am Französischen Gymnasium tätig war, wurde ein zwölfjähriger Schüler eingeschult, Ernst von Wildenbruch, in Beirut als Sohn des preußischen Gesandten am 3. Februar 1845 geboren und in Konstantinopel aufgewachsen.

Der neue Schüler muß von seinem jungen Lehrer fasziniert gewesen sein, er hat ihn sein ganzes Leben lang verehrt, aber auch der Lehrer hat seinen Schüler nicht aus den Augen verloren: Wilhelm Dilthey hat am Sarge Ernst von Wildenbruchs die Trauerrede gehalten und darin Zeugnis über eine lebenslange Freundschaft abgelegt. Dilthey arbeitet in seinem Nekrolog die »deutsche« Komponente im Werk Wildenbruchs heraus, seine »Sehnsucht nach dem nationalen Staat«. Aber er weist auch auf Wildenbruchs soziales Engagement hin und zitiert des Dichters Worte an sein Volk:

»Nimm in eigne Hände deine Sache
Sprich du selber für dein eignes Herz!«

Dilthey übergeht nicht die Konflikte in Wildenbruchs politischem Dasein: »Harte Dinge mußten gesagt werden. Er hat niemals und niemand gegenüber je zurückgehalten.« Wir werden auf den Konfliktstoff zurückkommen.

Ernst von Wildenbruch wurde 1857 gleich in die Quarta des Französischen Gymnasiums eingeschult. Hier gab Dilthey Latein, Deutsch, Geographie und Geschichte. Von den 55 Schülern der Quarta befanden sich 28 in Diltheys Gruppe.

1857/58 war Ernst von Wildenbruch Schüler der Untertertia. Sein Klassenlehrer war hier Charles Chambeau, in der Gymnasialhierarchie der dritte Lehrer hinter Direktor Lhardy und seinem Stellvertreter Ploetz. Der Religionsunterricht lag in den Händen von Auguste Fournier.

In der Obertertia war Eberhard Marggraff Wildenbruchs Klassenlehrer. Er gab Latein. Emil Gessner gab Deutsch und Griechisch. Den Religionsunterricht setzte Fournier fort, und Französisch hatte Wildenbruch weiter bei Chambeau.

In seinen Erinnerungen kommt Wildenbruch 1908 aus dem Abstand eines halben Jahrhunderts auf die Jahre am Französischen Gymnasium zurück. »Meistens muß ich an den alten Geßner denken, unseren Lehrer im Griechischen und Deutschen ... und an seine Ratlosigkeit, wenn er meine deutschen Aufsätze korrigierte. An Marggraff denke ich, den gefürchteten Ordinarius der Ober-Tertia, den alten Chambeau ... Fournier kommt mir wieder, unser Religionslehrer ... Alle kommen sie mir wieder, die Lehrer, die Schulgenossen, die Gesichter, die ich einstmals sah ...«

In seiner Selbstbiographie von 1882, 25 Jahre nach seiner Schulzeit, lesen wir ebenfalls vom Collège. Wildenbruch schreibt in dem für die Selbstbiographie typischen abgehackten Stil: »... Weihnachten 1857 nach Berlin, um das Französische Gymnasium zu besuchen ... Geringe Fortschritte am Französischen Gymnasium; wird für sehr dumm und faul gehalten, kann namentlich keine deutschen Aufsätze machen; zeigt gar keine Neigung zum Versetztwerden. 1859 ... wird Ernst von Wildenbruch ... zum Militär bestimmt, tritt Mai 1859 ... in das Kadettenkorps zu Potsdam ein...«

Ernst von Wildenbruch gehörte zu den wenigen Söhnen adliger Familien, die im 19. Jahrhundert von ihren Eltern zum Französischen Gymnasium gebracht wurden. Der Ruf der Schule, nicht wie die anderen vollkommen zeitgemäß »deutsch« zu sein, hinderte den Adel vermutlich daran, das Collège zu wählen, und dies vor allem dann, wenn in der Familie jene deutschnationale Gesinnung gepflegt wurde, welche die Abgrenzung gegenüber Frankreich suchte, eine Gesinnung, die zunächst in der Epoche Napoleons und dann im Laufe der zweiten Hälfte des 19. Jahrhunderts als modern galt.

Im 18. Jahrhundert hatten die deutschen Adelsfamilien das Französische Gymnasium noch relativ häufig gewählt. Jean Pierre Erman hat im Jahre 1800 eine Liste adliger Schüler aus dem letzten Drittel des 18. Jahrhunderts zusammengestellt. Darin kommen neben Namen wie von Kleist, von Tauentzien und von Thadden noch vierzig andere Namen vor, und die Liste gibt nur eine Auswahl. Aber es besteht kein Zweifel, daß der Adel dem Collège nach 1800 mit mehr Zurückhaltung begegnete. Namen wie von Graefe und von Wildenbruch waren die Ausnahme. Unter Hunderten von Abiturienten im 19. Jahrhundert finden wir nur einen verschwindend kleinen Teil aus den alten preußischen Adelsfamilien, und dann in der Regel jeweils nur einen einzigen, höchstens zwei Träger des Namens, niemals ganze Dynastien und Geschlechterfolgen, wie das bei den Bürgerlichen sehr häufig der Fall war. Eine Auswahl mag das illustrieren: von Beneckendorff und von Hindenburg (ein Namensträger), von Bonin (ein), von Bülow (zwei), von Keudell (zwei), von Knobelsdorff-Brenkenhoff (zwei), von Reichenbach-Goschütz (ein), von der Schulenburg (ein), von Schwerin (ein), von Tettenborn (ein), von Tippelskirch (zwei), von Winterfeldt (zwei Namensträger).

Demgegenüber stellen die Familien von Arnim mit zwei Generationen und fünf Mitgliedern sowie die katholischen von Radziwill mit drei Generationen und neun Mitgliedern die absoluten Ausnahmen dar.

* * *

Ernst von Wildenbruch wiederholte an der Kadettenschule die Tertia, durchlief die Secunda und verließ die Schule schließlich im Jahre 1865, da war er zwanzig Jahre alt. An der Kadettenanstalt trauerte er dem Französischen Gymnasium nach. Er bedauerte vor allem, daß er in Potsdam keinen

Ernst von Wildenbruch
Heliogravüre

Ernst von Wildenbruch (3. 2. 1845–15. 1. 1909) Poète La noblesse prussienne et le Collège Français.

Ernst von Wildenbruch fut élève du Lycée Français de 1857 à 1859, en classe de Quatrième, Troisième inférieure et Troisième supérieure. Le programme de ces trois classes devait servir de base à la formation classique dispensée dans le second cycle. Dans le premier cycle, le latin, c'était avant tout de la grammaire, des traductions et des rédactions, l'ensemble complété par des textes de Népos, par les Métamorphoses d'Ovide et par la Guerre des Gaules de César. En allemand on apprenait des textes par cœur et on s'exerçait à la rédaction. La littérature commençait par l'étude de pièces dramatiques et de poésies de Schiller. En français, on faisait des traductions et des rédactions; après un cours d'étymologie on entamait l'étude de Boileau et de Scribe. L'enseignement du grec commençait par la grammaire élémentaire, l'étymologie et par des traductions simples, puis on passait à l'«Anabase» de Xénophon.

Ernst von Wildenbruch était au nombre de ces élèves issus de familles de la noblesse prussienne, qui préféraient une formation francophone ouverte sur le monde à une éducation allemande nationaliste.

Après la classe de Troisième supérieure Wildenbruch fut élève de l'Ecole des Cadets de Potsdam, mais n'obtint son baccalauréat qu'en 1867 dans un lycée de Burg, près de la ville de Magdebourg. Les années suivantes il étudia le droit à Berlin. En 1877 il obtint un poste au Ministère des Affaires étrangères. En 1889 il fut promu Conseiller de légation et en 1897 Conseiller Secret de légation. En 1900 il se retira de ses fonctions et vécut désormais en écrivain indépendant à Weimar.

Dès ses années d'école, Ernst von Wildenbruch s'était exercé à la littérature. Il nourrissait de forts préjugés à l'égard de la littérature contemporaine allemande. Il se donnait comme modèles les auteurs français modernes, en premier lieu Victorien Sardou, offrant en cela à ses contemporains allemands matière suffisante à dispute.

Par deux fois, en 1884 et en 1896, Ernst von Wildenbruch reçut le Prix Schiller. Pourtant la quasi-totalité de ses écrits est aujourd'hui tombée dans l'oubli. Mais nous restons encore émus par l'emphase du poème dithyrambique qu'il composa à la gloire du Lycée Français, pour son jubilée de 1889.

Unterricht in Griechisch erhielt, offenbar war Griechisch das einzige Schulfach am Französischen Gymnasium, das ihn wirklich interessiert hatte.

Von Potsdam geht Wildenbruch nach Burg bei Magdeburg. Am dortigen Gymnasium besteht er 1867 das Abiturientenexamen. Es schließen sich Jurastudien in Berlin an. Wildenbruch geht nach dem Studium 1871 als Referendar nach Frankfurt an der Oder, wo er schließlich, mit erheblicher Verspätung, 1876 das Assessorexamen besteht. 1877 wird er an das Stadtgericht in Berlin versetzt, er wechselt aber im gleichen Jahr ins Auswärtige Amt über. 1889 wird er zum Legationsrat befördert und seit 1897 ist er Geheimer Legationsrat. Im Jahre 1900 nahm er seinen Abschied und lebte seither als freier Schriftsteller in Weimar.

Seit seiner Schulzeit am Französischen Gymnasium hat sich Ernst von Wildenbruch schriftstellerisch betätigt. Aus seiner Schülerzeit am Collège stammt eine – verschollene – Anekdote über Friedrich den Großen. Wildenbruch wird 1870 eingezogen, bleibt aber in der Etappe und gehört zum deutschen Besatzungskontingent in Frankreich. Seine Erfahrungen in Frankreich finden ihren Niederschlag in einer Arbeit über das Verhältnis von Romanentum und Germanentum, einer mystischen Dichtung, der er den Titel gibt: »Die Söhne der Sybillen und der Nornen.« Als er das Werk 1873 öffentlich vorträgt, wird er für geisteskrank erklärt: Für ihn waren Franzosen und Deutsche Brüder, der Konflikt mit der herrschenden Meinung war da.

Sein ganzes Leben lang hält Wildenbruch an seiner frankophilen Haltung fest. Gegen Ende des Jahres 1908, wenige Wochen vor seinem Tode, faßt er seine politischen Überzeugungen zum deutsch-französischen Verhältnis noch einmal zusammen. Er gibt seinem Aufsatz den Titel »Deutschland und Frankreich, historisch-politische Meditation«. Veröffentlicht wird er postum in der Zeitschrift für nationale Politik.

Nach einer Einleitung, in der Wildenbruch die Zugehörigkeit Elsaß-Lothringens zu Deutschland verteidigt, führt er aus, in Deutschland dürfe es keinen Groll mehr geben gegen Frankreich, Deutschland und Frankreich müßten Freunde werden, sollten gemeinsam »die Vereinigten Kontinentalstaaten von Europa« schaffen. Er schrieb dies zwanzig Jahre, bevor Aristide Briand und Gustav Stresemann sich an die Verwirklichung dieser Aufgabe machten, und fünfzig Jahre, bevor sie endlich von Charles de Gaulle und Konrad Adenauer gelöst werden konnte.

Wildenbruch brachte der zeitgenössischen deutschen Literatur starke Vorbehalte entgegen; die modernen französischen Schriftsteller, allen voran Victorien Sardou, empfand er als Vorbilder. An den Franzosen bewunderte er, daß ihre Stücke »echtere Leidenschaft« als die deutschen verrieten, weil die französischen Schriftsteller »im Augenblick, wo sie schreiben, an das glauben, was sie schreiben«. Auch in diesen Worten fanden die deutschen Zeitgenossen hinreichend Konfliktstoff.

Zweimal (1884 und 1896) errang Wildenbruch den Schillerpreis, aber so gut wie alles, was er schrieb, ist heute vergessen.

Im Jahre 1889 verfaßte Wildenbruch zum Schuljubiläum ein Gedicht, dem er den Titel gab »Die Hugenottenschule – zu dem 200jährigen Bestehen des Französischen Gymnasium in Berlin«. Das Gedicht hat 22 Strophen, von denen 20 von der Auswanderung der Hugenotten aus Frankreich und ihrem Heimischwerden in Brandenburg-Preußen handeln, die zwei letzten nur beschäftigen sich mit der »Hugenottenschule«. Im Stil der Gebrauchslyrik des 19. Jahrhunderts führt Wildenbruch aus:

»Dieses Haus, das willig seine Schranken
Allen Söhnen Brandenburgs erschloß;
Kommt denn alle, laßt dem Haus uns danken,
Das uns Licht ins junge Leben goß.

Weisheit gehet aus von seinem Stuhle,
Licht und Leuchte soll's den Enkeln sein,
Alte, stolze Hugenottenschule,
Leben sollst du, blühen und gedeihn!«

Ernst von Wildenbruch ist am 15. Januar 1909 gestorben. Er wurde in Weimar beigesetzt. (Lit. Nr. 19, 327–330)

Robert Dohme
Kunsthistoriker
(1845–1893)
Kunstunterricht am Französischen Gymnasium

Obgleich das Collège Français zu den humanistischen Gymnasien Berlins gezählt wurde und sein hauptsächliches Ziel in der Vermittlung der französischen Sprache sah, sind immer wieder Schüler aus dem Französischen Gymnasium hervorgegangen, die später als Künstler oder Kunstwissenschaftler bekannt geworden sind.

Die Reformen, die unter Jean Pierre Erman am Französischen Gymnasium eingeführt wurden, hatten eines gemeinsam, sie sollten das Collège konkurrenzfähig halten, und dazu gehörte, daß die neuen Schulfächer auch am Französischen Gymnasium eingeführt wurden.

Im Jahre 1806 meldete sich bei Erman ein Zeichenlehrer, Theophil Jonas, dem er zur Anstellung als Honorarlehrer verhalf.

Das Zeichnen ist als gesondert zu bezahlender Unterricht zunächst als Nachmittags-Arbeitsgemeinschaft eingeführt worden. Durch die Verleihung eines *Prix de dessin* wurde das Fach schnell populär, so daß Jonas schon 1808 die Schüler in mehrere Klassen einteilen mußte. Ein Lehrplan ist uns nicht überliefert, aber das Fach gab es – wie *Calligraphie* – nur in den vier unteren Klassen, der Zeichenlehrer arbeitete mit dem *Maître écrivain* Jean David Marthe eng zusammen. Es ging offenbar darum, die Sicherheit der Schüler im Handzeichnen auszubilden, also nur rein handwerkliche Fähigkeiten. Dabei blieb es bis zum Ende der Tätigkeit von Theophil Jonas 1832 und durch die Schulzeit von Robert Dohme, geboren am 17. Juni 1845, hindurch. Die Schüler erhielten von der Septima an je zwei Stunden *Calligraphie* und Zeichnen, und zwar bis hinauf zur Quarta, wo der Zeichenlehrgang wöchentlich einstündig zum Abschluß kam.

Von der Tertia an gab es keinen Zeichenunterricht mehr. Jetzt wurde Kunst nur noch im Rahmen des altsprachlichen und historischen Unterrichts erteilt, etwa als Kunstgeschichte und Archäologie. Als selbständiges Fach tritt es erst im 20. Jahrhundert auf.

Ein künstlerisch begabter Schüler wie Dohme konnte am Französischen Gymnasium im Fach Zeichnen im 19. Jahrhundert nur seine Handfertigkeit üben, mehr nicht. Die Kunsttheorie fehlte vollkommen. Hier mußte das Elternhaus einspringen, und das war bei Dohme auch der Fall.

Schon sein Vater war als Kunstgelehrter hervorgetreten. Er war der Gründer des Hohenzollernmuseums, und so spielte sich Robert Dohmes Kindheit und Jugend in Galerien und Museen ab, er lebte mit den Gemälden, die sein Vater zu betreuen hatte.

Im Herbst 1864 bestand er als *Primus* seines Jahrgangs das Abitur, wie der Jahresbericht vermerkt, nach neun Jahren Schulzeit und zweijährigem Durchgang durch Prima. Im Staatsarchiv Potsdam ist in den Akten des Provinzialschulkollegiums der Provinz Brandenburg ab 1850 auch die jeweilige Charakteristik der Abiturienten vorhanden. Von Robert Dohme sagten seine Lehrer folgendes: »Bei dem redlichsten Willen ist er während des letzten Jahres durch andauernde Kränklichkeit gehemmt worden, hat aber stets nach Kräften und mit unausgesetzter Pflichttreue die in diesen Zeitraum fallenden Aufgaben zu lösen gesucht und das vorgesteckte Ziel im Allgemeinen erreicht. Die Reinheit seiner Gesinnung und die Bescheidenheit seines Betragens haben ihn seinen Lehrern sehr lieb gemacht.«

Dohme hatte beim Abitur das »Baufach« als Berufsziel angegeben. Er studierte in Göttingen und wurde nach vierjährigem Studium zum Doktor der Philosophie promoviert. Nach Studienreisen, die ihn vor allem nach Italien führten, ließ er sich 1870 in Berlin nieder und wurde schon 1871, im Alter von 26 Jahren, zum Hausbibliothekar des kurz zuvor in Versailles gekrönten Kaisers Wilhelms I. ernannt. Wie sein Vater diente Robert Dohme fortan in wechselnden Stellungen in erster Linie dem Herrscherhaus.

1875 sehen wir Dohme als Assistenten in der Direktion der Nationalgalerie. 1883 ist er Direktor der Nationalgalerie und Kustos der königlichen Kunstsammlungen, wie einst Mathurin Veyssière La Croze und Jean Henry.

Beim Regierungswechsel 1888 wurde Dohme zum Direktor des Hofmarschallamtes berufen und trat damit die Nachfolge seines Vaters in diesem Amt an. Drei Jahre später ist er ständiger Sekretär der Akademie der Künste und damit de facto ihr Direktor.

Dohmes Aufgaben bei Hofe und im öffentlichen Leben Berlins hinderten ihn nicht an der wissenschaftlichen Arbeit. Von seinem dreißigsten Lebensjahr an publizierte Dohme ein Werk nach dem anderen. Ab 1877 erschien sein Sammelwerk »Kunst und Künstler vom Mittelalter zur Neuzeit«. Es vereinigte die damals führenden Kunsthistoriker bei der Abfassung biographischer Charakteristiken der führenden Künstler in der europäischen Geschichte. Dohme hat sein Werk dem Französischen Gymnasium geschenkt, aber von den sechs Bänden haben sich nur vier erhalten, und auch diese leider nur lückenhaft, es fehlen zum Teil Anfang oder Schluß. Aber immerhin sind die berühmtesten Monographien Dohmes erhalten, nämlich die von Watteau und Chodowiecki, der Kunstkritik zufolge seine Meisterwerke.

Aber Dohmes Gesundheit war den vielseitigen Aufgaben nicht gewachsen. Denn die »andauernde Kränklichkeit«, von der schon in der Charakteristik zum Abitur die Rede war, besserte sich nicht. Dohme hat sich in »Pflichttreue« seiner Arbeit gegenüber verzehrt. Seit dem Regierungswechsel 1888 mit der davon ausgelösten erheblichen Ausweitung seiner Ämter und Aufgaben verschlechterte sich Dohmes Zustand mehr und mehr. Am 8. November 1893, erst 48 Jahre alt, erlitt er auf einer Reise in Konstanz einen Herzschlag.

Dohmes Verdienst ist es gewesen, durch die vielen Ausstellungen, die er in der Nationalgalerie organisierte, weiten Kreisen des Volkes die Kunst zu erschließen und seine Künstler nahezubringen. Insofern war Dohme ein Vorläufer der Museumsdirektoren des 20. Jahrhunderts. (Lit. Nr. 14, 331–333)

Robert Dohme
Zeichnung von Max Liebermann (1847–1935)

Robert Dohme
(17. 6. 1845–8. 11. 1893) Historien de l'Art
L'enseignement artistique au Collège Français.

Robert Dohme fut major de sa promotion lorsqu'il obtint en 1864 le baccalauréat au Lycée Français. Or, à partir de 1858 les rapports annuels du Collège publient également les sujets des épreuves écrites de cet examen. Ils indiquent que Robert Dohme eut à rédiger une dissertation en allemand, une en français et une autre en latin, et, en mathématiques, à résoudre des problèmes de géométrie sphérique, de trigonométrie, et à effectuer des calculs d'intérêts composés et des calculs différentiels. Ces devoirs supportent parfaitement la comparaison avec les actuels sujets du baccalauréat. En allemand et en français on peut imaginer la même sorte d'épreuves, en mathématiques il y aurait des problèmes plus difficiles à résoudre, mais aucun candidat au baccalauréat ne serait plus capable aujourd'hui de rédiger une dissertation en latin.

Durant la scolarité de Dohme le dessin s'était imposé comme nouvelle matière, venant compléter la calligraphie, matière scolaire traditionnelle. Il avait été introduit en même temps que la géométrie et devait compléter l'enseignement de l'histoire de l'art, solidement ancré à la philologie des langues anciennes.

Après quatre ans d'études, Dohme fut promu Docteur en Philosophie. En 1871, à 26 ans, il fut nommé Bibliothécaire de la Cour de l'Empereur Guillaume Ier. Comme son père, lui aussi spécialiste de l'Art, Dohme servit dès lors en premier lieu, occupant différents postes, la Maison Impériale. En 1875 nous le retrouvons Assistant à la direction de la Galerie Nationale. En 1883 il est Directeur de la Galerie Nationale et Conservateur des collections d'art royales, comme autrefois Veyssière La Croze et Jean Henry. A l'avènement du nouvel Empereur, en 1888, Dohme fut nommé Directeur de l'office des Maréchaux du Palais, prenant la succession de son père dans cette fonction. Trois ans plus tard il est Secrétaire perpétuel de l'Académie des Arts, donc de facto son Directeur.

Outre ces activités, Robert Dohme publia dès sa trentième année œuvre sur œuvre. A partir de 1877 parut son enyclopédie: «L'Art et les Artistes, du moyen-âge à l'époque contemporaine.» Son principal mérite a été, grâce aux nombreuses expositions qu'il organisa à la Galerie Nationale, d'ouvrir à l'Art de larges couches du peuple et de rapprocher celui-ci de ses artistes. En organisant des expositions d'art populaire, Robert Dohme fut un précurseur des directeurs de musées du XXeme siècle.

Félix Marchand
Pathologe
(1846–1928)
Die Aufsatzthemen auf der Oberstufe

Jacques Félix Marchand gehörte nach Jean Louis Formey und Albrecht von Graefe und vor Friedrich Loeffler zu den berühmten Ärzten, die aus dem Französischen Gymnasium hervorgegangen sind.

Am 22. Oktober 1846 in Halle geboren, kam er nach dem Tode seines Vaters 1857 mit seiner Mutter nach Berlin und wurde am Collège Français eingeschult.

Er besuchte das Gymnasium neun Jahre, davon die üblichen zwei Jahre die Prima, und bestand 1866 im Alter von zwanzig Jahren das Abitur. 1862 hat er den *Prix Monod pour le progrès dans l'étude de la langue française* errungen.

In seiner Autobiographie schreibt Félix Marchand über diese Zeit: »Nach einer kurzen Schulzeit in Halle besuchte ich in Berlin das Französische Gymnasium, obwohl keine näheren Beziehungen der Familie zu der französischen Kolonie bestanden. Das Gymnasium, in der Mitte der Stadt gelegen, hygienisch äußerst mangelhaft, erfreute sich eines guten Rufes, stand aber nicht mehr auf der Höhe ... Infolge ... ererbter Neigung, besonders zur Zoologie, habe ich während des Besuches der mittleren und oberen Klassen des Gymnasiums auf diese Studien oft mehr Zeit verwendet, als nach Ansicht der Lehrer erwünscht war, ich habe dies aber nicht zu bereuen gehabt, vielmehr halte ich jene Beschäftigungen, abgesehen von der Vermittlung sehr nützlicher Kenntnisse und der damit verbundenen Erhöhung des Naturgenusses, vor allem aber in Interesse einer so vielen ›Gebildeten‹ ganz fehlenden naturgemäßen Weltanschauung für eine sehr wichtige, ja unerläßliche Förderung der Beobachtungsgabe, die in dem damaligen Unterricht auf den humanistischen Gymnasien sehr vernachlässigt wurde ... Andererseits möchte ich auch auf die humanistische Ausbildung ... nicht verzichten, habe vielmehr auch später die mangelhafte humanistische Bildung bei vielen Medizinstudenten als großen Nachteil empfunden.«

Marchands medizinische Interessen hielten ihn oft von der Arbeit für die philologischen Schulfächer ab. Dafür besaß er beim Abitur aber bereits ein umfangreiches biologisches Wissen, was ihm im Studium zugute kam. Stolz berichtet er in seiner Autobiographie, daß er schon in der Gymnasialzeit »außer entomologischen und anderen Sammlungen eine ganz ansehnliche Zahl von Tierschädeln und Skeletten zusammengebracht« habe.

Die Beurteilung seiner Lehrer beim Abitur lautet: »Für die alten Sprachen ist sein Fleiß, mit Ausnahme des letzten Jahres, nicht ausreichend gewesen, was theils in seiner Kränklichkeit, theils in Nebenbeschäftigungen seinen Grund gehabt haben mag. Doch hat er in den letzten Jahren auch hierin, wie in den anderen Objecten, das Erforderliche zu leisten gesucht. Sein Betragen war gesetzmäßig.« In der Gesamtwertung ist Marchand Ostern 1866 als dritter von fünf Schülern durchs Ziel gegangen.

Die »humanistische Ausbildung« am Französischen Gymnasium von Marchands Schulzeit läßt sich ziemlich genau aus den Aufsatzthemen der Oberstufe rekonstruieren, die seit 1858 in den Jahresberichten veröffentlicht wurden.

In der Prima wurden in Deutsch acht Aufsätze geschrieben, es folgen einige ihrer Themen. Sie zeigen, daß Literaturkunde mit Gesinnungsbildung verbunden wurde.

– Welche Wahrheit liegt in den Worten des Simonides, daß die Poesie eine redende Malerei, die Malerei eine schweigende Poesie sei?
– Gang der Handlung in Shakespeares Kaufmann von Venedig.
– Welche Grundanschauungen vom menschlichen Dasein ist in Schillers »Resignation« ausgesprochen?
– Über Klopstocks Naturanschauung.
– Über die Stellung und den Charakter Rüdigers im Nibelungenlied.
– Inwiefern ist vorwiegende Beschäftigung mit den Werken der Poesie nicht ohne Gefahr für unsere Bildung?
– Die Fabel aus Lessings Miss Sara Sampson.
– *Tantum sumus quantum prosumus.*

Im lateinischen Aufsatz wurden Interpretationen und Untersuchungen zu Cicero, Horaz und Vergil verlangt, in acht Arbeiten von vierzehn, die restlichen waren freie Themen, darunter auch eines, wie sie seit Anbeginn für die Rede zum Geburtstag des Königs gewählt wurden: *Qua ingenii vi ac virtute Fridericus Guilelmus magnus ... borussiae fundamenta iecerit?*

In Französisch wurden in Prima folgende acht Themen bearbeitet:
– *Conjuration de Catilina.*
– *Analyse de Bérénice par Racine.*
– *Caractéristique d'Elisabeth reine d'Angleterre.*
– *Rapports du grand Electeur avec la Suède et la Pologne.*
– *Sur la différence de la poésie épique et dramatique.*
– *Analyse du Misanthrope par Molière.*
– *Histoire de Pépin-le-Bref.*

Unverkennbar in vielen Themen ist die Verbindung der Allgemeinbildung mit Literaturkunde, die humanistische Bildung eben, die Félix Marchand in seiner Selbstbiographie hervorhebt.

* * *

Nach dem Abitur wendet Marchand sich dem Studium der Medizin zu. Da die Familie seit dem Tode des Vaters nicht in der Lage war, den Kindern eine kostspielige Ausbildung zu geben, tritt Marchand in die Militärakademie ein. Auf

Félix Marchand

Félix Marchand
(22. 10. 1846–4. 2. 1928) Pathologiste
Les sujets de dissertation dans le second cycle.

Félix Marchand fut élève du Lycée Français durant neuf ans, y compris les deux années traditionnelles de Première, et obtint son baccalauréat en 1866. On peut imaginer ce que l'on exigeait des élèves dans les matières philologiques en lisant les sujets de dissertation proposés dans le second cycle. En allemand, les compositions incluaient également les connaissances acquises aux cours de latin et de grec. On demandait dans la dissertation de latin des commentaires et des analyses des œuvres de Cicéron, Horace et Virgile et on proposait également des sujets libres. Au vu des sujets proposés en français, il apparaît clairement combien l'histoire littéraire était liée à la culture générale et à la formation du caractère.

L'intérêt que portait Marchand à la médecine le détourna souvent du travail dans les matières philologiques. Mais il possédait déjà, en passant son baccalauréat, de solides connaissances en biologie, qui l'aidèrent dans ses études médicales. Marchand s'assura les bases matérielles pour ces études en entrant à l'Académie Militaire, ce qui l'engageait à travailler, plus tard, comme médecin militaire. Il suivit les cours magistraux d'Emile du Bois-Reymond et de Rudolf Virchow et passa en 1870 son doctorat. Après la guerre entre la France et l'Allemagne, il exerça comme médecin militaire à Neiße et à Berlin. En 1875 il obtint sa retraite de l'Armée.

En 1879 Marchand soutint sa thèse d'habilitation, trois ans plus tard il était professeur de pathologie à Leipzig. Felix Marchand a étudié beaucoup de domaines de la pathologie. En 1879 il a démontré les relations existant entre les affections scrofuleuses et la tuberculose, trois ans avant la découverte du bacille de la tuberculose par Robert Koch. Mais sa véritable spécialité était le traitement des blessures. Dans ce domaine il a été un innovateur actif dans le développement des techniques de greffes, sans lesquelles les succès que nous obtenons actuellement dans les transplantations d'organes seraient à peine imaginables.

diese Weise kann er an der Universität Medizin studieren wie jeder andere Kommilitone, allerdings mußte er sich verpflichten, später als Stabsarzt für die Truppe zu arbeiten.

Er hört Vorlesungen bei Emile du Bois-Reymond und bei Rudolf Virchow und legt 1870 sein Doktorexamen ab. Mit Kriegsausbruch wird er »mobilisiert« und kommt als Feldarzt in ein Lazarett bei Straßburg. Anschließend arbeitet er als Militärarzt zunächst in Neiße, dann in Berlin. 1875 erlangt er seinen Abschied.

Marchand will Universitätslehrer werden. Er erhält eine Assistentenstelle an der Universität Halle und kann sich 1897 habilitieren. Sein akademischer Weg führt ihn über Breslau, Gießen und Marburg nach Leipzig, wo er 1900 Ordinarius für Pathologie wird. Berufungen nach Hamburg und Berlin lehnte er ab, die gesellschaftlichen Verpflichtungen in der Großstadt würden, wie er meinte, seine Forschungen behindern. »Die sogenannten Freuden des täglichen Lebens waren für ihn nur Störungen, die dazu noch mit unwiederbringlichen Zeitverlusten erkauft werden mußten«, schreibt sein Biograph Max Versé.

Auf vielen Gebieten der Pathologie hat Marchand gearbeitet. Mit der Erforschung der Malaria hat er seine medizinische Laufbahn begonnen, er hat die Verwandtschaft von Skrofulose und Tuberkulose bereits 1879 nachgewiesen, drei Jahre vor der Entdeckung des Tuberkelbazillus durch Robert Koch. Später hat er sich mit der Erforschung der Krebsgeschwülste beschäftigt, aber sein eigentliches Gebiet war das der Wundheilung. Hier hat er bahnbrechend gewirkt für die Entwicklung einer frühen Transplantationstechnik, ohne die unsere heutigen Erfolge bei der Organverpflanzung kaum denkbar wären.

Félix Marchand starb am 4. Februar 1928 im Alter von 82 Jahren. Kurz zuvor hatte er die Feder mit den Worten aus der Hand gelegt: »Ich kann von mir nichts mehr verlangen.« (Lit. Nr. 334–337)

Wilhelm Erman
Bibliothekar
(1850–1932)
Schülertheater am Französischen Gymnasium

Wilhelm Erman ist mit seinem Bruder Adolf Erman, der uns noch beschäftigen wird, Angehöriger der vierten Generation der Erman-Dynastie am Collège.

Guillaume-Adolphe Erman wurde am 18. Juni 1850 geboren. Er besuchte ab 1861 das Französische Gymnasium und legte im Herbst 1868 das Abiturientenexamen ab. Erman verließ die Schule, wie es im Jahresbericht von 1869 heißt, um Geschichts- und Rechtswissenschaften zu studieren.

Er wird in den Jahresberichten unter den Schauspielern des Schultheaters genannt. Schultheater?

Schon Etienne Chauvin hatte am Ende des 17. Jahrhunderts mit seinen Schülern Theater gespielt, was damals auf Kritik bei der hugenottischen Kirchenleitung gestoßen war. Auch unter Jean Pierre Erman wurden Schulaufführungen gezeigt, aber erst Henri Benoît Lhardy gründete ein regelrechtes Schülertheater.

Entsinnen wir uns! Bis zur Anstellung Franz Commers 1852 hatten in der Aula der Schule nur die öffentlichen Prüfungen, die damit verbundenen Preisverleihungen und Feiern mit Ansprachen und Reden stattgefunden, von Schülern, Lehrern oder dem Direktor zu wichtigen Gedenktagen gehalten. Diese Veranstaltungen wurden mit einem Gebet eröffnet und einem Choral beschlosssen.

Nun war unter Commers Leitung ein Schulchor gegründet worden, und Feierlichkeiten erhielten eine musikalische Umrahmung.

In dem ersten Jahresbericht, den der neue Direktor Lhardy 1853 verfaßte, weist er auf einen *acte de déclamation et de récitation* hin, der am Vorabend der Sommerferien stattfand und fortan Bestandteil des Schuljahres sein sollte. Lhardy sagt: *Plusieurs élèves, choisis dans toutes les classes, récitèrent en présence de leurs maîtres et de leurs condisciples assemblés dans la grande salle, les uns des morceaux de poésie allemande, française, latine et grecque, les autres des discours allemands, français et latins composés par eux-mêmes. Les discours et les déclamations furent entremêlés de pièces de chant exécutées sous la direction de M. Commer.*

Ähnliche Eintragungen finden wir von nun an in jedem Jahresbericht; die Feierstunde fand immer Ende Juni oder Anfang Juli statt und hatte drei Schwerpunkte: Rezitation von Gedichten, Vortrag von Reden, gemeinsames Singen. Seit 1856 kam zur deutschen, französischen, lateinischen und griechischen die hebräische Dichtung hinzu.

Im Jahre 1861 wurde die Veranstaltung zweigeteilt: Die Musik- und Gesangsdarbietungen fanden weiter im Sommer statt, aber im Winter wurde Theater gespielt. Wir lesen den Text von Lhardy: *Samedi le 9 février de 6 à 8*

Wilhelm Erman

Wilhelm Erman
(18. 6. 1850–19. 5. 1932) Bibliothécaire
Les élèves font du théâtre au Collège Français.

Wilhelm Erman fait partie de la quatrième génération de la dynastie Erman au Collège. Il fréquenta l'Ecole à partir de 1861 et passa son baccalauréat en 1868. Sa scolarité correspondit à l'apogée du théâtre au Lycée Français.

Dès la fin du XVIIeme siècle, Etienne Chauvin avait déjà monté des pièces de théâtre avec ses élèves, activité qui s'était heurtée, à l'époque, à la critique de la direction de l'Eglise huguenote. Il fallut attendre le Directeur Henri Benoît Lhardy pour que soit fondé un véritable théâtre animé par les élèves. Durant la scolarité de Wilhelm Erman, chaque année, soit on jouait une pièce de théâtre, soit on présentait une soirée musicale. En 1864 il y avait au programme les «Captifs» de Plautus, en 1865 son «Trinummus» et en 1866 le «Phormio» de Térence. C'est en 1866 qu'eurent lieu les dernières représentations, ensuite le théâtre de l'Ecole fut victime de la Censure officielle. Vers la fin du siècle seulement, il fut de nouveau possible d'y jouer du théâtre.

Après le baccalauréat, Wilhelm Erman commença à étudier l'histoire et le droit, mais il employa les premiers semestres à des études générales. En 1872 il soutint sa thèse de doctorat à Leipzig. Deux ans plus tard, à 24 ans, il entra comme auxiliaire, au plus bas degré de la hiérarchie des fonctionnaires, à la Bibliothèque Royale de Berlin et, dès lors, commence une carrière de bibliothécaire sans précédent qui le mène jusqu'à la direction des trois plus importantes bibliothèques de Prusse: celles de Berlin, Breslau et Bonn.

Wilhelm Erman s'est acquis d'éminents mérites en modernisant la structure des bibliothèques. C'est à lui que l'on doit l'utilisation de normes internationales dans la classification et la mise sur fiches des œuvres, mais aussi l'idée d'un fichier central. Il donna également le coup d'envoi pour la création d'une «Bibliographie universelle».

Dans ses dernières années Wilhelm Erman publia la biographie de son arrière-grand-père Jean Pierre Erman, le célèbre Directeur du Lycée Français, et de son grand-père Paul Erman, longtemps professeur de physique et de philosophie au Collège.

heures du soir, les élèves de Première, auxquels s'étaient joints, pour l'exécution des chœurs, quelques élèves de Seconde supérieure, ont représenté dans le grand auditoire le Philoctète de Sophocle dans l'original devant leurs parents et un petit nombre de personnes invitées par le directeur. Es folgt die Liste der Rollen mit den Namen der Darsteller.

1862 führte Commer ein Oratorium von Friedrich Händel auf, 1863 den Ödipus auf Kolonos von Sophokles, die Chöre in der Partitur von Felix Mendelssohn-Bartholdy. Stolz berichtet Lhardy, daß sich Prinzen, Minister und hohe Beamte des Erziehungsministeriums unter den Zuhörern befunden haben. Während der Schulzeit Wilhelm Ermans wurde jedes Jahr entweder ein Theaterstück aufgeführt oder ein abendfüllendes musikalisches Programm dargeboten. 1864 standen die *Captivi* von Plautus auf dem Programm, 1865 sein *Trinummus*, 1866 der *Phormio* von Terenz. Unter den Schauspielern begegnen uns Namen, die wir schon kennen, Robert Dohme, Félix Marchand und nun auch Wilhelm Erman.

Die letzten Aufführungen fanden statt am 8. und 9. Dezember 1866, sie wurden umrahmt durch die Egmont-Ouvertüre und die Ouvertüre der Iphigenie, von Schülern vierhändig auf dem Klavier gespielt. Der Bericht über diese Aufführungen schließt lakonisch mit folgendem Satz: *En vertu d'un arrêté du Conseil royal de l'Instruction publique pour la province de Brandebourg, du 22 novembre 1866, les représentations scéniques des comédies de Plaute et de Térence sont interdites pour l'avenir.*

Die staatliche Zensur hatte einen neuen Beweis ihrer Macht abgelegt. Die Schulchronik, der bisher eine ganze Seite im Jahresbericht gewidmet war, schrumpft auf wenige Zeilen zusammen, jetzt erklingt bei Schulfeiern in der Regel nur noch das *Domine salvum fac regem*, von Lhardys Nachfolger Julius Schnatter nur noch in Kurzform zitiert: *Domine salvum!*

Auf lange Jahre gab es keine Schulaufführungen mehr, erst gegen die Wende zum 20. Jahrhundert wurde Theaterspielen wieder möglich. Das letzte klassische Stück wurde 1948 gezeigt... Es war die Antigone von Sophokles unter der Leitung von Gerhard Radke, damals Altphilologe am Collège, nach Kurt Levinstein und vor Paul Hartig kommissarischer Direktor.

Die sieben Jahre der Schulzeit von Wilhelm Erman fielen zusammen mit dem Höhepunkt der Darstellenden Künste am Französischen Gymnasium des 19. Jahrhunderts.

* * *

Wilhelm Erman ging zur Universität über, um Geschichte und Jura zu studieren, aber in Wirklichkeit hatte er die ersten Studienjahre zu einem *studium generale* genutzt. Er hörte Vorlesungen über Geschichte und Geographie, dazu Philologie, und nicht nur alte Sprachen und Philosophie, sondern auch Orientalistik und Sanskrit. Ermans Promotion erfolgte 1872 in Leipzig. Kurze Zeit scheint er geschwankt zu haben, ob er Gymnasiallehrer oder Universitätsprofessor werden sollte, dann ist sein Entschluß gefaßt, und er tritt mit 24 Jahren 1874 als »Hilfsarbeiter« in die Berliner Königliche Bibliothek ein, damals die Bezeichnung für einen Bibliothekar auf der untersten Stufe der Beamtenhierarchie.

Es beginnt Ermans beispiellose Karriere als Bibliothekar, die ihn bis zur Leitung der drei bedeutendsten Universitätsbibliotheken Preußens hinaufführt, nämlich nacheinander der Universitätsbibliothek Berlin, dann der Königlichen Bibliotheken von Breslau und schließlich Bonn. Seinem Biographen Fritz Milkau zufolge war Wilhelm Erman vom preußischen Kultusminister zum Direktor der Königlichen Bibliothek, später Staatsbibliothek Berlin, vorgesehen gewesen, er habe aber die Bonner Direktorenstelle bevorzugt.

Die Verwaltungsaufgaben hielten Erman nicht davon ab, weiter wissenschaftlich zu arbeiten. Aber die Bibliotheksarbeit forderte von ihm ein wachsendes Engagement, und so nehmen die geographischen Forschungen, mit denen er begonnen hatte, in dem Maße ab, wie die bibliothekswissenschaftlichen Veröffentlichungen zunehmen. *Extra bibliothecam vivere non est vivere* ist ein Ausspruch Ermans, der seinen Einsatz für seine Arbeit charakterisiert.

Wilhelm Erman hat sich um die Modernisierung des Bibliothekswesens in Preußen Verdienste erworben: Auf ihn geht die Verwendung internationaler Normen bei der Katalogisierung zurück. Ermans Arbeitsrhythmus übertrug sich auf seine Mitarbeiter und setzte Energien frei, wie sie bisher in den etwas verschlafenen preußischen Universitätsbibliotheken unbekannt waren. Das deutlichste Zeichen dafür ist die Tatsache, daß am Ende seines Wirkens die einzelnen Bibliotheken alle miteinander in Katalog und Aufstellung dasselbe Bild zeigten. Der Gedanke der Zentralkatalogisierung geht auf Erman ebenso zurück wie die »Weltbibliographie«, zu der er die ersten Impulse gab.

Wilhelm Erman publizierte auf deutsch und auf französisch, besuchte die Kongresse, die damals an der *Bibliothèque Nationale* in Paris stattfanden, und führte einen ausgedehnten Briefwechsel mit seinen französischen Kollegen. Seine Arbeit über *La Coordination des Bibliothèques* (1908) fand große Beachtung.

In seinen letzten Lebensjahren veröffentlichte Wilhelm Erman die Biographie seines Urgroßvaters Jean Pierre Erman, des berühmten Direktors des Französischen Gymnasiums, und die seines Großvaters Paul Erman, den wir als langjährigen Physik- und Philosophieprofessor des Collège kennengelernt haben. Nach dem ersten Weltkrieg trat er durch seinen Einsatz für die Farben Schwarz-Rot-Gold und die Abkehr von der Fahne Schwarz-Weiß-Rot hervor. Natürlich mußte ihn das in politischen Gegensatz zu den deutschen Nationalisten bringen. Der unvermeidlich scheinende Zusammenstoß mit der erstarkenden Hitlerpartei blieb aus: Wilhelm Erman starb ein paar Monate vor der »Machtergreifung«, am 19. Mai 1932, im Alter von 82 Jahren. (Lit. Nr. 14, 19, 338–341)

Georg Minden
Jurist
(1850–1928)
Die Integration der Juden am Französischen Gymnasium

In der zweiten Hälfte des 19. Jahrhunderts ging die Anzahl der Angehörigen des reformierten Bekenntnisses am Französischen Gymnasium immer mehr zurück. Die Lutheraner waren in der Mehrheit. Natürlich kamen die weitaus meisten Schüler aus christlichen Familien. Aber einige der evangelischen Schüler stammten nicht aus traditionell christlichen, sondern aus ehedem jüdischen Familien, die sogenannten »getauften Juden«. Sie waren Christen wie jeder andere christliche Schüler, und erst die Nationalsozialisten sollten sie – ihrer ursprünglichen Herkunft gemäß – wieder als Juden betrachten, denn für sie zählte nicht die Religion, sondern nur die Abstammung.

Schon seit der Mitte des 18. Jahrhunderts gab es jüdische Namen in den Schülerlisten des Französischen Gymnasiums, etwa den eines Benjamin Itzig, Frédéric Kohn, Nathan Liebmann, David Slawinsky. Gewiß handelte es sich zunächst um getaufte Juden, auch im Lehrerkollegium, etwa den Mathematiker Ferdinand Joachimsthal, pensioniert im Jahre 1853.

Seit 1834 führt die Abiturientenliste auch die Religionszugehörigkeit auf. Unter neun Abiturienten waren vier Lutheraner, zwei Reformierte, ein Katholik und zwei Juden, der jüdische Anteil näherte sich also bereits dem Viertel. Die Schülerstatistik des Collège bringt ab 1881 auch Angaben zur Religion. Demnach gab es 1881 unter 370 Schülern 125 Angehörige der jüdischen Religion, zwölf Katholiken, einen Mohammedaner und 232 Protestanten, der jüdische Anteil an der Gesamtschülerschaft betrug also ein Drittel. In dem Jahrhundert von 1834 bis 1933 hatte das Collège 998 Abiturienten, von denen 357 Juden waren, ebenfalls etwa ein Drittel.

Karl August von Hardenberg hatte die Juden in Preußen im Jahre 1812 emanzipiert. Etwa von dieser Zeit an haben jüdische Familien ihre Kinder auf nichtjüdische Schulen schicken können.

Am Collège lag der Zeitpunkt der Judenemanzipation wesentlich früher, nämlich in der ersten Hälfte des 18. Jahrhunderts. Juden erhielten zuerst nur Zugang zum Philosophie-Kursus, bald aber auch zum Gymnasiallehrgang. Die Matrikeln des Französischen Gymnasiums belegen für das Jahr 1749 die Aufnahme eines »Felix Judaeus et Polonus«, also eines polnischen Juden namens Felix. Die Französische Kirche tat sich da schwerer. Während der *Conseil académique* bereits 1783 die Zulassung jüdischer Schüler offiziell beschließt, wird sich die Kirche erst 1791 über die Aufnahme getaufter Juden klar und macht noch 1802 Paul Erman und Jean Jacques Arlaud Schwierigkeiten bei ihrer Eheschließung, wir haben davon gehört.

Das Französische Gymnasium war für jüdische Familien interessant, weil sie durch intensive Pflege der französischen Sprache und Kultur ihre Kinder in Europa freizügig machen konnten, was ihrer kosmopolitischen Einstellung und der internationalen Verflechtung ihrer Familien entsprach. Außerdem wurde das Französische Gymnasium von vielen Ausländerfamilien, Diplomaten, Kaufleuten gewählt, so daß neben den Nachkommen der Hugenotten und deutschen Schülern in allen Klassen auch ausländische Kinder am Unterricht teilnahmen. Die Schule hatte sich im 19. Jahrhundert vom deutschen Nationalismus weitgehend freihalten können. International eingestellte Familien, nicht-national orientierte Eltern des Berliner Bürgertums, die frankophilen Berliner, Reformierte sowie Lutheraner, Katholiken und eben auch Juden brachten ihre Kinder eher zum Französischen Gymnasium als an irgend eine andere Schule der Stadt.

Die preußische Schulstatistik legt die Fakten in der zweiten Hälfte des 19. Jahrhunderts offen. Demnach waren im Schuljahr 1859/60, als Minden zum Collège kam, an den Gymnasien von 37 746 Schülern 2114 jüdischen Bekenntnisses. Das entspricht einem Prozentsatz von 5,6%. In Georg Mindens Abiturjahr bestanden am Collège sieben Schüler die Reifeprüfung, vier evangelische, ein katholischer und zwei Juden, der Prozentsatz lag also erheblich über der preußischen Vergleichszahl.

Während von 1834 bis 1933 etwa 35% der Schüler des Collège der mosaischen Religion angehörten, waren es an allen preußischen Gymnasien zusammen im Mittelwert nur 7%!

Die christlich-jüdische Symbiose am Französischen Gymnasium war offenbar problemfrei, und das in so hohem Maße, daß antisemitische Kritik die Schule gegen Ende des 19. Jahrhunderts als »jüdisch-französisches Gymnasium« anprangerte, darauf wird zurückzukommen sein.

Die Schüler aus jüdischen Familien lassen sich in mehrere Gruppen gliedern. Die Mehrheit bildeten Kinder aus orthodoxen Familien. Die weitaus meisten von ihnen hatten sich aber von den strengen jüdischen Traditionen bereits gelöst, unterschieden sich kaum von ihrer Umwelt. Eine Minderheit hatte sich vom jüdischen Glauben bereits vollständig getrennt, gehörte nicht mehr zum Judentum, die Dissidenten. Eine andere Minderheit bildete eine Mittelgruppe zwischen den Konservativen und den Dissidenten, und das waren die Angehörigen der jüdischen Reformgemeinde. Im Jahre 1845 war sie in Berlin gegründet worden. Sie vertrat ein liberales, ein fortschrittliches Judentum: Auf die traditionelle Kopfbedeckung während des Gottesdienstes wurde verzichtet, den Sabbat verdrängte ein Sonntagsgottesdienst, das Hebräische wurde durch das Deutsche in der Synagoge fast völlig abgelöst, Predigten wurden nur noch in deutscher Sprache gehalten. Die auf die Rückkehr nach Palästina bezüglichen Textstellen wurden in den Gebeten getilgt. Für die Reformgemeinde gab es ein jüdisches Volkstum nicht. Sie wurde später eine der erbittersten Gegnerinnen des Zionismus. Die Angehörigen der Reformgemeinde verstanden sich als deutsche Staatsbürger jüdischen Glaubens, waren deutsche Patrioten und so nationalbewußt wie irgendein anderer Deutscher der Zeit.

Oder vielleicht doch nicht so ganz. Denn sowohl die Familie Samuel Holdheims, des Gründers der jüdischen Reformgemeinde, als auch die Leopold

Georg Minden

Georg Minden
(28. 8. 1850–17. 1. 1928) Juriste
L'intégration des Juifs au Collège Français.

Georg Minden faisait partie des élèves juifs dont le nombre, au XIXeme siècle, ne cessait d'augmenter au Lycée Français. Son père était un des fondateurs de la communauté réformatrice juive, qui représentait un judaïsme libéral et progressiste. Pour la communauté réformatrice, il n'existait pas de nation juive. Elle fut, plus tard, l'une des ennemies les plus farouches du sionisme. Ses membres se considéraient comme citoyens prussiens de confession juive et, patriotes allemands, montraient un sentiment particulièrement aigu de leur nationalité. Il ne fait pas de doute qu'une grande partie des élèves juifs du Lycée Français a appartenu à ce groupe.

Il y a eu des élèves juifs au Collège depuis le milieu du XVIIIeme siècle, c'est-à-dire exactement un demi-siècle plus tôt que dans les autres écoles prussiennes, où il fallut attendre les réformes de Hardenberg pour que puissent y être admis des Juifs. Jusqu'à l'époque de la scolarité de Minden, le nombre des élèves juifs augmenta sans cesse au Collège Français. Ils représentaient alors le tiers de l'ensemble des élèves et cela devait rester ainsi jusqu'en 1933.

Georg Minden fréquenta le Lycée de 1860 à 1869. Parlant de sa scolarité, il écrivit plus tard, entre autres choses, que la plus parfaite harmonie avait régné entre les élèves juifs et les élèves chrétiens.

Après ses études de droit et son doctorat, Georg Minden entra dans l'administration. En 1884 il devint syndic du Bureau des Hypothèques de Berlin, qu'il dirigera de 1905 jusqu'à sa retraite en 1921. Malgré cette lourde responsabilité il lui resta assez de temps pour se consacrer à des centres d'intérêt variés: religieux, humanitaires et scientifiques. Il entra à la Société Anthropologique, à la Société de Géographie et à l'Association d'Ethnologie. Il était suffisamment fortuné pour faire de temps à autre des dons considérables à ses associations et sociétés et jouer le rôle de mécène pour des musées et des collections d'art.

Sa maison, au numéro 1 de la Kleiststraße, près de l'actuel emplacement du Lycée Français, était un des hauts lieux d'échange d'idées sur la politique, l'art et la science. Mais l'intérêt qui dominait tous les autres, chez Minden, était celui éprouvé à l'égard des choses de la religion. Pendant plus de trente-cinq ans il fut l'un des représentants élus de la communauté juive, de 1915 à 1921 son président.

Mindens, eines seiner engsten Mitarbeiter, brachten ihre Söhne zum Französischen Gymnasium!

* * *

Am 28. August 1850 geboren, wurde George Minden mit zehn Jahren 1860 am Collège eingeschult. Im Jahre 1867 war er in Obersecunda angekommen und wurde hier mit dem *Prix Monod* ausgezeichnet. Zwei Jahre später, Ostern 1869, bestand er das Abitur und verließ Berlin, um in Heidelberg Jura zu studieren.

Die Beurteilung durch seine Lehrer in der Abiturakte hat folgenden Wortlaut: »Bei seinen guten Anlagen hätte er mehr geleistet, wenn ihm nicht ein großer Hang zur Zerstreuung und eine übermäßige Beweglichkeit hinderlich in den Weg getreten wären. Doch hat er stets Eifer bewiesen, sich wissenschaftlich zu fördern, und es ist ihm gelungen, den Anforderungen im Allgemeinen zu entsprechen. Sein Betragen war anständig.« Über seine Schulzeit am Französischen Gymnasium berichtete er später u. a., zwischen den jüdischen und christlichen Schülern habe vollste Harmonie gewaltet.

Für die tolerante Atmosphäre jener Zeit ist charakteristisch, daß Georg Minden, wie er sich seit seiner Schulzeit nannte, ohne Schwierigkeiten in eine der angesehensten Heidelberger Studentenverbindungen aufgenommen wurde, das *Corps Suevia*, eine schlagende Verbindung, wie sich unschwer von Georg Mindens Gesicht ablesen läßt.

Nach dem Studium und der Promotion trat Minden in den Verwaltungsdienst seiner Stadt ein, er wurde 1884 Syndikus beim Berliner Pfandbriefamt. Dort verbrachte er sein gesamtes Berufsleben. 1905 rückte er zum Direktor des Pfandbriefamtes auf, eine Stellung, die er bis zu seiner Pensionierung 1921 innehatte.

Diese Position ließ ihm genug Zeit, sich seinen vielfältigen religiösen, humanitären und wissenschaftlichen Interessen zu widmen. Er trat der Anthropologischen Gesellschaft, der Gesellschaft für Erdkunde und dem Verein für Volkskunde bei. Er war wohlhabend genug, seinen Vereinen und Gesellschaften von Zeit zu Zeit namhafte Stiftungen zuzuwenden und sich als Mäzen von Museen und Sammlungen zu erweisen.

Auch das Französische Gymnasium hat von Georg Minden eine Schenkung erhalten. Wir lesen im Jahresbericht von 1922: »Herr Geheimrat Dr. Minden überwies der Monod-Stiftung zur Erinerung an die im Jahre 1866 an ihn, den damaligen Secundaner, erfolgte Verleihung des *Prix Monod* den Betrag von 1000 Mark, um den Zinsbetrag der Stiftung zu vermehren.«

Mindens Haus in der Kleiststraße 1 in der Nähe des heutigen Standorts des Französischen Gymnasium war ein Zentrum des Gedankenaustausches über Politik, Kunst und Wissenschaft. Im Hause Minden verkehrten Lesser Ury, Julius Bab und Rudolf Virchow. Maximilian Harden, wir werden von ihm sprechen, war sein Schwager.

Georg Minden war einer der besten Kenner Berlins, nie um eine Auskunft verlegen, ein »lebendes Konversationslexikon«, wie das »Berliner Tageblatt« einmal schrieb. Unter allen Interessen Mindens stand das religiöse oben an. Über dreieinhalb Jahrzehnte, von 1886 bis 1922, war er einer der Repräsentanten der Jüdischen Gemeinde, von 1915 bis 1921 ihr Vorsitzender. »Es ist kennzeichnend für Minden, der politisch dem entschiedenen Liberalismus nahestand, daß er dabei immer eine betont patriotische Haltung einnahm«, sagt sein Biograph Felix Hirsch und fährt fort: »Andererseits verdammte er immer wieder den Antisemitismus in den Worten des von ihm sehr bewunderten Kaisers Friedrich als ›die Schmach des Jahrhunderts‹.«

Georg Minden starb am 17. Januar 1928, fünf Jahre, bevor sich erweisen sollte, daß aller patriotischer Einsatz der Juden für ihr deutsches Vaterland sinnlos gewesen war, zehn Jahre, bevor die Andachtsstätten der Juden in Flammen aufgingen, rund fünfzehn Jahre, bevor das deutsche Judentum im Blutrausch des Nationalsozialismus sein Ende fand.

Ein gütiges Geschick bewahrte Minden davor, den 30. Janaur 1933 noch mitzuerleben. Aber seiner Frau blieb der bittere Wechsel nicht erspart. Im Jahre 1936 verkaufte sie ihr Haus Kleiststraße 1. Viele Kostbarkeiten hat sie verschenkt. Von ihrem 80. Geburtstag wollte sie keine Notiz nehmen. Die Auswanderung lehnte sie ab. Nach der »Kristallnacht« 1938 schied sie freiwillig aus dem Leben. Julius Bab hielt im engsten Familienkreis die Trauerrede. Er schloß mit dem Fontane-Zitat: (Lit. Nr. 98, 342–347)

»Der ist in tiefster Seele treu,
Wer die Heimat liebt wie du.«

Schluß
Das Französischen Gymnasium in der ersten Hälfte des 19. Jahrhunderts

Die Zeit von 1815 bis 1865, das halbe Jahrhundert nach Beendigung der Auseinandersetzungen mit dem Frankreich Napoleons, bescherte Mitteleuropa Frieden. Die deutsch-französischen Beziehungen konnten sich in Ruhe entwickeln und entfalten. Der religiöse Zwiespalt zwischen der katholischen und der evangelischen Seite existierte nicht mehr, und die Nachkommen der *Réfugiés* konnten zu einem entspannten Verhältnis zum Vaterland ihrer Vorfahren zurückfinden.

Am Französischen Gymnasium waren die französische Sprache und Kultur nach wie vor hauptsächliches Bildungsziel. Die Schule blieb eine französische Auslandsschule, aber wer sie besuchte, war inzwischen in erster Linie Preuße. Denn auch die Abkömmlinge hugenottischer Familien fühlten sich als Untertanen des preußischen Königs. Doch blieben sie offen für den Einfluß aus Frankreich, nicht selten progressiv in ihrer politischen Haltung. Für sie war die Revolution von 1789 das Signal einer neuen Zeit, in der die Monarchien durch Republiken abgelöst werden sollten. Charles Louis Michelet, George Adolphe Erman und Albrecht von Graefe verleugneten ihre republikanischen Überzeugungen nicht und mußten dafür Nachteile in Kauf nehmen.

Andere, wie Ploetz und Woepcke, hielt es in Preußen nicht, sie pendelten eine Zeitlang zwischen Paris und Berlin hin und her, bis sie endlich in Frankreich ihren endgültigen Wohnsitz fanden, nicht anders als in dem Jahrhundert zuvor Paul Jérémie Bitaubé.

Die frühe Auseinandersetzung mit der französischen Kultur bewirkte bei ehemaligen Schülern wie Michelet, Berner, Graefe, Muret, Siemens und Wildenbruch, daß sie in ihrem Leben immer wieder die Verbindung zu Frankreich suchten. Michelet und Graefe gingen nach Paris, um dort zu lernen, Berner suchte im Strafrecht die französischen Quellen, wurde zum »Gallizisten«, Siemens trat für einen deutsch-französischen Wirtschaftsverbund ein. Die Werke von Ernst von Wildenbruch durchzieht seine Frankophilie wie ein roter Faden, und in der Hugenottengeschichte von Edouard Muret findet sich kein Wort des Hasses auf das Frankreich, das seine Vorfahren einst zur Auswanderung gezwungen hatte.

Das Collège war seit dem 18. Jahrhundert ein Integrationsinstitut erster Ordnung in Berlin. Nach den Lutheranern waren es nun die Juden, die in der Hugenottenschule ihren Hafen sahen. Lange bevor Juden anderswo in preußischen Einrichtungen aufgenommen wurden, waren sie am Französischen Gymnasium willkommen. Sie halfen hier mit bei der Entwicklung der französischen zu einer kosmopolitischen Gedankenwelt. Sie trugen ihr Teil dazu bei, die Schule vor dem Absinken in nationales Denken zu bewahren, wie es sich ringsum im 19. Jahrhundert breitmachte. Durch ihre weitverzweigten Verbindungen ins Ausland, ihre Familienbeziehungen von Polen über den Balkan bis nach Holland und England, durch ihre Frankophilie unterstützten sie den Bildungsauftrag des Collège und weiteten ihn aus von der deutsch-französischen zu einer europäischen Denkweise.

Die Schule hatte sich schon im 18. Jahrhundert laufend den wechselnden Beziehungen der bildungspolitischen Landschaft Berlins angepaßt. Jetzt wurde das Tempo der Entwicklung schneller, und entsprechend mußte die Schule reagieren. Kurze Zeit nur konnte sie neue Fächer wie Experimentalwissenschaften oder Naturkunde der Privatinitiative überlassen. Über Zwischenstufen wie Arbeitsgemeinschaften in Zeichnen oder Chorsingen mußte der Kanon der Fächer erweitert werden, wenn Kritiker an der altmodischen Lehrverfassung wie Franz von Gaudy nicht recht behalten sollten. Der Stundenplan wurde durch neue Schulfächer erweitert, wie Biologie und Erdkunde durch den Geographen George Adolphe Erman, alsbald auch Religion, ein Fach zur Selbstdarstellung der Reformierten gegenüber der lutherischen Mehrheit der Schülerschaft. Richtungweisend für die Zukunft wurde die Aufnahme künstlerischer Fächer in das Unterrichtsangebot: Zeichnen zu Beginn des Jahrhunderts, dann Gesang und Chor, schließlich Theaterspiel.

Auf diese Weise vorbereitet ging das Collège in seine Bewährungsprobe im Jahrhundert der deutsch-französischen Konfrontation. Wir werden sehen, inwiefern die frankophone Basis sich auch weiterhin als tragfähig erweist, inwiefern die frankophilen und jetzt auch weltbürgerlichen Strukturen halten werden.

19. Jahrhundert, zweite Hälfte

Einleitung
Frankreich und Preußen-Deutschland in der zweiten Hälfte des 19. Jahrhunderts

Der preußische Sieg über Österreich und Sachsen am 3. Juli 1866 bei Königgrätz und Sadowa bewirkte in den deutsch-französischen Beziehungen einen Einschnitt. Bis dahin war Deutschland in Frankreich idealisiert worden, war umgekehrt Frankreich ein Magnet für viele Deutsche gewesen.

In Frankreich sahen kritische Beobachter den wachsenden Einfluß Otto von Bismarcks in der preußischen Politik als Gefahr für den Frieden. Aber noch war Bismarck eine Randfigur im Kräftespiel Europas. Napoleon III. reiste im Juni 1866 nach Baden-Baden, um dort mit König Wilhelm I. zum »Fürstentreffen« zusammenzukommen, das den deutsch-französischen Handelsvertrag zur Grundlage eines westeuropäischen Wirtschaftssystems machen sollte. Die wirtschaftliche Verflechtung Frankreichs mit dem deutschen Zollverein gewann schnell an Intensität. Deutschland lieferte an Frankreich landwirtschaftliche Produkte und Rohstoffe, Frankreich exportierte Fertigwaren, der gegenseitige Nutzen lag auf der Hand und wurde durch namhafte Investitionen Frankreichs in der deutschen Industrie, Deutschlands in französischen Unternehmungen verstärkt.

Dennoch darf die Gegenbewegung nicht übersehen werden. Die Politik Napoleons III. löste in Deutschland Befürchtungen aus. Ein politisch und militärisch starkes Frankreich unter autoritärer Führung fand in den Kleinstaaten auf deutschem Boden kein Gegengewicht, und der preußisch-österreichische Antagonismus schwächte Deutschland entscheidend. Vor Königgrätz war das Verhältnis der drei mitteleuropäischen Mächte Frankreich, Österreich und Preußen von schnell wechselnder Anziehung und Abstoßung charakterisiert, ein Dreiecksverhältnis in labilem Gleichgewicht.

Bismarck versuchte, als preußischer Gesandter in Paris 1862 mit Napoleon III. freundschaftliche Beziehungen herzustellen, er vertrat anschließend als preußischer Außenminister eine Politik der Verständigung mit Frankreich; das Hauptziel seiner Politik aber war, Preußen die Vormachtstellung in Deutschland zu verschaffen, und dieses Ziel verlor er keinen Moment aus den Augen. Die *Entente* mit Frankreich ist in diesem Zusammenhang zu sehen, sie gab Bismarck Handlungsfreiheit gegenüber Österreich, und Königgrätz ist die direkte Folge der französischen Freundschaftspolitik mit Preußen.

Der 3. Juli 1866 brachte die Wende in den freundschaftlichen Beziehungen zwischen Frankreich und Preußen. Jenseits des Rheins erhob sich eine Welle von Germanophobie, erzeugt von dem säbelrasselnden Nationalismus auf deutschem Boden. Frankreich hatte die Politik Bismarcks unterstützt, nun mußte es erkennen, daß sie sich allmählich gegen Frankreich wendete. Zwar wurden die Deutschen und an ihrer Spitze Otto von Bismarck bei der Pariser Weltausstellung 1867 noch freundlich empfangen, aber die Zurschaustellung der riesigen Krupp-Kanone, der Dicken Bertha, löste beim Pariser Publikum gemischte Gefühle aus. Raymond Poidevin sagt: »Die Gesamtheit der französischen Öffentlichkeit war nach 1866 zwar beunruhigt, blieb an der Aufrechterhaltung des Friedens jedoch weiter interessiert. Eine Reihe von Beobachtern meinte sogar, daß sie auch noch im Sommer 1870 pazifistisch eingestellt war.«

Inzwischen hatte die Eskalation längst begonnen. Unter dem Einfluß Bismarcks gewinnt der Gedanke eines »Verteidigungskrieges« gegen Frankreich in der deutschen Öffentlichkeit langsam Boden. Für Bismarck gab es jetzt nur ein Ziel, das der deutschen Einigung, und wenn Frankreich die Erreichung dieses Zieles behinderte, mußte es fallen. Im Juli 1870 war das Terrain bereitet. Nationalistische Kundgebungen in Paris und in Berlin, so harmlos sie begonnen haben mögen, lösen in ihrer Eskalation eine Psychose aus.

Nationalistische Politiker hüben und drüben schüren Angst und bauen aus der gegenseitigen Furcht der Völker vor ihrem Nachbarn ein nebelhaftes Gebilde auf, das in den heißen Julitagen 1870 von Tag zu Tag an Kontur gewinnt, das Gespenst des »Erbfeindes« ist geboren.

Am 12. Juli 1870 erklärt Preußen den Verzicht auf die Thronkandidatur in Spanien, die Frankreich elektrisiert hatte, aber die von Napoleon III. am Tage darauf erbetenen Garantien lehnt Wilhelm I. ab. Bismarck gibt dieser Ablehnung in der berüchtigten Emser Depesche durch eine den Wortlaut fälschende Manipulation einen Frankreich demütigenden Charakter. Napoleon III., der von innenpolitischen Schwierigkeiten durch Erfolge in der Außenpolitik ablenken will, läßt sich dadurch von Bismarck zur Kriegserklärung an Preußen provozieren. Die vereinigten preußisch-deutschen Truppen stoßen im August nach Frankreich vor und finden kaum Widerstand. Am 2. September 1870 führt die Eroberung der Festung Sedan zur Gefangennahme des Kaisers und zur Kapitulation seiner Truppen.

Die Regierung der Nationalen Vereinigung vermag noch einmal die versprengten Heeresteile zu sammeln, aber schon am 17. September 1870 ist Paris eingeschlossen und muß wenig später kapitulieren. Am 18. Januar 1871 läßt Bismarck im Spiegelsaal des Schlosses von Versailles den preußischen König zum deutschen Kaiser proklamieren.

Der Rest des Jahrhunderts ist auf politischem Feld bestimmt von einer mißtrauischen Distanz zwischen Frankreich und Deutschland. Der Rhein ist zu »Deutschlands Strom, nicht Deutschlands Grenze« geworden, das Elsaß und Lothringen werden von Deutschland annektiert, Frankreich hat fünf Milliarden Goldmark an Reparationen zu leisten. Ein ungeheurer wirtschaftlicher Aufschwung ist in Deutschland die Folge, die »Gründerzeit« bricht an.

Die Politik des französischen Ministerpräsidenten Adolphe Thiers ist darauf gerichtet, die Kriegsschulden gegenüber Deutschland möglichst schnell zu bezahlen, um die deutsche Besatzung zum Abzug zu bringen und an den Wiederaufbau der französischen Militärmacht zu gehen. Bismarck wirkt dem Erstarken Frankreichs entgegen, indem er die Kaiser von Deutschland, Österreich und Rußland in einem Bündnissystem miteinander verbindet: 1881 wird der Drei-Kaiser-Vertrag erneuert, der in den folgenden Jahren als »Dreibund« noch mehrfach bekräftigt wird und Frankreich in der Isolation hält. Bismarcks Politik Frankreich gegenüber verbindet die Geste der ausgestreckten Hand mit derjenigen der geballten Faust. Vertrauen läßt sich auf diese Weise nicht aufbauen, und so wenden sich Deutschland und Frankreich für den Rest des 19. Jahrhunderts voneinander ab.

Bismarcks Entlassung 1890 schien zunächst eine neue Ära der deutsch-französischen Beziehungen einzuleiten. Nach Bismarcks Sturz steuert das Deutsche Reich einen für Frankreich weniger bedrohlichen Kurs. Damit entstand ein neues Klima zwischen den Nachbarn. Wilhelm II. wollte Deutschland zur »Weltmacht« aufsteigen lassen; der Aufbau der deutschen Flotte durch Alfred von Tirpitz richtete die Aufmerksamkeit der deutschen Öffentlichkeit auf England, sie wendete sich von Frankreich ab. Umgekehrt unterstützte Deutschland die Kolonialpolitik Frankreichs, um dessen außenpolitischer Fixierung auf Deutschland entgegenzuwirken. Die innereuropäischen Beziehungen traten im Bewußtsein der Völker zurück und wurden ersetzt durch das Streben nach »Weltgeltung«.

In der Innenpolitik links und rechts des Rheins entstanden im letzten Jahrzehnt des 19. Jahrhunderts neue Polaritäten. In Frankreich sowohl wie in Deutschland geriet die nationalistisch-konservative Rechte in einen immer stärkeren Gegensatz zur internationalen und fortschrittlichen Linken. Der Konfrontationskurs der rechten Mehrheiten, der rechtsgerichteten Regierungen wurde unterlaufen von der auf internationale Verflechtungen zielenden Politik der noch minoritären, aber von Jahr zu Jahr populärer werdenden Linken. Im Deutschland und im Frankreich der Jahrhundertwende war die Linke pazifistisch und antimilitaristisch eingestellt, auf ihr ruhten die Hoffnungen der neuen Generation.

In der französischen Jugend hatte nach 1871 zunächst der Revanche-Gedanke Platz gegriffen, aber allmählich wurde er abgelöst von der Idee eines europäischen Internationalismus, dem die Republik in ihrer demokratischen Verfassung den Nährboden gab. Anders Deutschland: Hier herrschte eine nationale Begeisterung vor, die, von der autoritären kaiserlichen Staatsmacht geschürt, in der Jugend den Wunsch nach grenzüberschreitenden freundschaftlichen Beziehungen zu den Nachbarn zu ersticken suchte. Aber dieser Wunsch existierte, es gab ihn auf beiden Seiten der Grenze, und je weiter der deutsch-französische Krieg mit der Annexion der französischen Ostprovinzen in der Vergangenheit verblaßte, um so mehr Einfluß gewann die Sehnsucht nach Entspannung.

Die französischen Künstler und Intellektuellen beschäftigten sich wieder mit dem »deutschen Geist«, die Ausstrahlung Richard Wagners, die Faszination durch die neue deutsche Musik erfaßte auch Frankreich, und umgekehrt fanden die französischen Dichter des Symbolismus, die Maler des Impressionismus in Deutschland ihre Bewunderer.

Realismus und Naturalismus waren Strömungen einer europäischen »Weltliteratur«, Flaubert und Fontane markieren die Abkehr von der Romantik und die Hinwendung zur gesellschaftlichen Wirklichkeit. Zola und Gerhart Hauptmann wecken das soziale Gewissen ihrer Zeit, die sich selber nur zu gern als *belle époque* verstand.

Das Ende des Jahrhunderts brachte Deutschland und Frankreich nach einem Menschenalter der Entfremdung wieder neue konvergierende Impulse. Die Weltausstellung 1900 markiert einen neuen Anfang in den deutsch-französischen Beziehungen. Zum ersten Mal seit den sechziger Jahren kamen Tausende von Deutschen nach Paris und wurden von der Pariser Bevölkerung herzlich begrüßt. Die deutschen Aussteller gewannen 250 Grands Prix, die deutsch-französischen Wirtschaftsbeziehungen nahmen einen gewaltigen Aufschwung, das elsaß-lothringische Problem war scheinbar vom Tisch, die beiden Völker wendeten sich den gemeinsamen Zukunftsaufgaben zu. (Lit. Nr. 119, 252)

Gotthilf Weisstein
Journalist und Theaterkritiker
(1852–1907)
Die drei philologischen Abituraufsätze

Gotthilf Weisstein wurde am 6. Februar 1852 als Sohn eines wohlhabenden Kaufmanns in Berlin geboren. Für die Matrikel des Französischen Gymnasiums gab Weisstein *senior* als Beruf *Rentier* an, er lebte also von den Zinsen seiner Kapitalien, und er lebte gut davon.

Gotthilf Weisstein besuchte das Collège neuneinhalb Jahre, zweieinhalb die Unter- und Oberprima, vom Osterabitur 1870 wurde er zurückgestellt und bestand die Reifeprüfung mit einem halben Jahr Verspätung im Herbst. In den Akten des Provinzialschulkollegiums im Staatsarchiv Potsdam ist die Beurteilung Weissteins durch seinen Direktor Julius Schnatter nachzulesen. Wir sehen, daß die Lehrer Weisstein mit großem Verständnis wegen seines Sprachfehlers, er war Stotterer, von der mündlichen Prüfung ausnehmen, dafür die schriftliche entsprechend stärker ins Gewicht fallen lassen. Daß der Abiturient Philologie studieren möchte, findet die Billigung des Kollegiums, da Weisstein in seinen schriftlichen Leistungen in den philologischen Fächern besondere Fähigkeiten nachgewiesen hatte.

Drei Aufsätze mußten die Abiturienten in der zweiten Hälfte des 19. Jahrhunderts im Abitur schreiben. Hier sind die Themen von 1870, nicht allzu verschieden von denjenigen Félix Marchands.

Composition allemande: In wiefern ist die Größe der Natur für den Menschen zugleich demütigend und erhebend? *Composition latine: Enarretur bellum Jugurthinum. Composition française: Importance du règne de Frédéric Guillaume Ier pour le développement de la Prusse.*

Wir können erkennen, daß sich das Fach Deutsch bereits nicht mehr ausschließlich mit Themen der literarischen Bildung befaßte, daß in Latein nach wie vor ein Aufsatz zu schreiben war, jetzt vielleicht etwas leichter als in früheren Jahrzehnten, weil die Schüler sich an einen im Unterricht behandelten Text anlehnen konnten. In Französisch schließlich wurde nach wie vor die hugenottische Geschichte behandelt, verbunden mit der Geschichte Preußens.

Nach dem Abitur immatrikulierte Weisstein sich an der Berliner Universität bei den Altphilologen. Später wechselte er an die philosophischen Fakultäten von Tübingen und Marburg. Seine erste Publikation war eine poetische Übersetzung der Gedichte von Catull.

Gotthilf Weisstein erwählte den Beruf des Journalisten. Seine Neigung zum Theater führte ihn zur Theaterkritik. Beim »Berliner Tageblatt« arbeitete er am Feuilleton, später bei der »National-Zeitung« als Theaterkritiker. Und von der Theaterkritik kam er zur Theatergeschichte. Da er vom Vater her vermögend war und seine Freizeit gern in Antiquariaten verbrachte, begann er schon früh mit dem Sammeln von Büchern. Er baute allmählich eine theatergeschichtliche Sammlung auf, die er im Laufe der Jahre mit Glück und Beharrlichkeit so weit ergänzen konnte, daß sie zur vollständigsten Dokumentation der deutschen Theatergeschichte überhaupt wurde. Seine dreibändige Ausgabe früher Theaterzettel legt davon ein Zeugnis ab.

Gotthilf Weissteins bibliophile Leidenschaft ließ ihn mit der Zeit eine Bibliothek von Erstausgaben der deutschen Literatur zwischen dem 18. und der Mitte des 19. Jahrhunderts zusammentragen, die bald als nahezu vollständig galt. Der Katalog der Sammlung Weisstein erschien 1913, er umfaßte über neuntausend bibliographische Einheiten in 11076 Bänden. Die Bibliothek Weisstein ist im Jahre 1923 als Leihgabe in die Verwaltung der Staatsbibliothek übergegangen.

In Weissteins Biographie ist viel von seinem Humor und seiner Selbstironie die Rede. Er liebte Witz und Wortspiele, und da er stotterte, müssen seine Anekdoten einen besonderen Reiz auf die Zuhörer ausgeübt haben. Gern erzählte er die Geschichte vom Kauf seines ersten Füllfederhalters: Er geht in ein Papiergeschäft, kann aber das schwierige Wort nicht herausbringen ... »und da hab' ich dann bloß einen Gu – Gu – Gummi genommen, der lag gerade auf dem T – T – Tische.« –

Oder ein anderes Mal: Weisstein streitet sich mit einem Kollegen. Er gerät in Wut und fährt ihn an: »Sie sind ein Ka – Ka – Kaffer!« Der andere verlangt, daß Weisstein die Beleidigung zurücknimmt. Der aber sagt: »Nein, ich bin f – f – froh, daß ich es r – r – raushabe.« – Und schließlich: Weisstein wird am Bahnhof Friedrichstraße von einem eiligen Reisenden nach einem Zug gefragt. »Berlin hat soundsoviel Einwohner. Ausgerechnet mich müssen Sie fragen! Ehe ich Ihnen geantwortet habe, ist ihr Zug...« Der Rest der Rede wurde in Lallen erstickt ... – Ein Kabinettstück soll Weissteins Vortrag von 1906 in der »Gesellschaft der Bibliophilen« gewesen sein, für den der Stotterer sich das Thema »Lipogrammatische Dichtungen« ausgesucht hatte, Poesie also, deren Witz darin besteht, daß bestimmte Buchstaben oder Buchstabenfolgen ausgelassen werden!

Gotthilf Weisstein war 54 Jahre alt, als er seinen ersten Schlaganfall erlitt. Er erholte sich davon, nahm aber an Leibesfülle weiterhin zu und wurde am 21. Mai 1907 erneut vom Schlag gerührt. Er starb unmittelbar danach, in der Runde seiner Skatbrüder, wie es hieß, mit lauter Trümpfen in der sich verkrampfenden Hand ...

Gotthilf Weisstein war der einzige unter den bedeutenden ehemaligen Schülern des Französischen Gymnasiums, den man als Original, als echte Berliner Type bezeichnen kann. (Lit. Nr. 348–352)

Gotthilf Weisstein

Gotthilf Weisstein
(6. 2. 1852–21. 5. 1907) **Journaliste et critique de théâtre**
Les trois compositions littéraires au baccalauréat.

Gotthilf Weisstein commença sa scolarité au Lycée Français à l'âge de neuf ans. Il fréquenta l'Ecole durant neuf ans et demi, dont deux ans et demi en Première et Première supérieure. A l'automne 1870 il obtint son baccalauréat, avec six mois de retard. Gotthilf Weisstein bégayait depuis son enfance et ce handicap l'accompagna toute sa vie. Lorsqu'il passa son baccalauréat au Lycée Français, on fit montre de beaucoup de compréhension à son égard en le dispensant de l'examen oral. Ses résultats aux épreuves écrites des matières philologiques étaient excellents. Voici les sujets qu'il eut à traiter:

Composition allemande: Dans quelle mesure la grandeur de la nature contribue à la fois à humilier et à élever l'être humain?

Composition latine: «Enarretur bellum Jugurthinum.»

Composition française: «Importance du règne de Frédéric Guillaume Ier pour le développement de la Prusse.»

Après le baccalauréat, Gotthilf Weisstein fit des études de philologie des langues anciennes aux Universités de Berlin, Tübingen et Marburg. Ensuite il opta pour la profession de journaliste. Son goût pour le théâtre le fit s'orienter vers la critique de théâtre puis, plus tard, vers l'histoire du théâtre.

Au point de vue financier, Weisstein était indépendant. Très tôt son père l'autorisa à puiser dans la fortune familiale. Sa passion de bibliophile l'amena, petit à petit, à rassembler une bibliothèque d'œuvres originales de la littérature allemande, allant du XVIIIeme siècle au milieu du XIXeme, qui, en 1913, comptait 9000 titres représentant 11 076 volumes et qui, en certains domaines précis, était même supérieure à ce que possédait la Bibliothèque d'Etat prussienne. En 1923 cette collection devint propriété de la Bibliothèque d'Etat.

Friedrich Loeffler
Mediziner
(1852–1915)
Zusammenwirken von Begabung und Fleiß

Sechs Jahre jünger als Félix Marchand war Frédéric Auguste Jean Loeffler, ein anderer bedeutender Mediziner, der aus dem Französischen Gymnasium hervorgegangen ist.

Frédéric Loeffler wurde am 24. Juni 1852 in Frankfurt an der Oder geboren, wo sein Vater als Generalarzt tätig war. Im Jahre 1867 kam die Familie nach Berlin, und Frédéric Loeffler wurde in die Secunda des Französischen Gymnasiums aufgenommen, wo Gotthilf Weisstein sein Mitschüler war. Beim Herbstexamen am 1. Oktober 1868 hielt Loeffler die traditionelle Ansprache in lateinischer Sprache, die sich nach dem Ende der Prüfungen an die Abiturienten richtete und von einem Schüler der nachfolgenden Klasse zu halten war. Am 2. November 1869, inzwischen war Loeffler in die Oberprima aufgerückt, wurde ihm beim Reformationsfest die Luthermedaille verliehen. Im Jahre seines Abiturs, 1870, wurden Loefflers Fortschritte in der Beherrschung der französischen Sprache mit dem *Prix Monod* belohnt. Die zu seinem Abitur angefertigte Beurteilung lautet:

»Er ist von jeher an seine Studien mit ... Eifer gegangen und hat in den Lehrstunden stets die gespannteste Aufmerksamkeit bewiesen, so daß er seinen Mitschülern zum Muster dienen konnte. Man kann nicht sagen, daß er hervorragend begabt sei, aber er hat durch seinen Fleiß mächtig ersetzt, was seinen im Übrigen nicht schlechten Fähigkeiten an ... Kraft abgehen mochte, so daß er in allen Fächern das Erforderliche, in den meisten recht Befriedigendes leistet. Sein Betragen war musterhaft.«

Für einen Schüler des Französischen Gymnasiums war das Zusammenwirken von »Fähigkeiten«, von »Begabung« mit »Fleiß« damals so wichtig wie heute. Ohne Begabung und Fähigkeiten sind die hohen Anforderungen nicht zu bewältigen, aber erfolgreich kann nur der die Schule durchlaufen, der auch Fleiß aufwendet.

Loeffler bestand drei Jahre nach seiner Aufnahme bereits zu Ostern 1870 das Abitur und verließ die Schule, um in Jena Medizin zu studieren. Schon 1874 wurde Loeffler in Berlin promoviert. Er trat in den militärärztlichen Dienst ein, lernte Robert Koch kennen und widmete sich mit zunehmender Energie bakteriologischen Arbeiten, in enger freundschaftlicher Zusammenarbeit mit Robert Koch und an dessen Institut. 1882, im Jahre der großen Entdeckung Robert Kochs, gelang Loeffler die Auffindung des Erregers einer damals grassierenden Pferdeseuche, der Rotzkrankheit.

Friedrich Loefflers Ruhm jedoch begründete die Entdeckung des Diphterie-Erregers im Jahre 1884, Voraussetzung der Entwicklung des Diphterie-Impfstoffes durch Emile Roux, wodurch diese bis dahin tödliche Krankheit heilbar wurde. *C'est en fin de compte grâce à une telle coopération, surtout fran-*

co-allemande ... que la diphtérie est en voie de disparition partout dans le monde, sagt Gaston Ramon in seinem *Hommage à la mémoire de Friedrich Loeffler* anläßlich des hundertsten Geburtstages Loefflers im Jahre 1952.

Nachdem Loeffler sich 1886 habilitiert hatte, wurde er zwei Jahre später nach Greifswald berufen, an die Universität, wo er 25 Jahre forschen und lehren sollte. Hier machte er weitere bedeutende Entdeckungen auf bakteriologischem Gebiet: Er fand den Erreger des Schweinerotlaufs und den inzwischen nach ihm benannten Virus der Maul- und Klauenseuche, zweier gefährlicher Tierkrankheiten, die zu einer Bedrohung der Viehzucht und der Ernährungswirtschaft geworden waren. Bei seinen bakteriologischen Untersuchungen entdeckte Friedrich Loeffler den Erreger einer Abart des Paratyphus, der bei Mäusen auftritt. Und mit Hilfe dieses Virus wurde es möglich, der in der Landwirtschaft noch zu Beginn des zwanzigsten Jahrhunderts häufig auftretenden Mäuseplagen Herr zu werden: Friedrich Loeffler wandte als erster die künstliche Auslösung einer Tierseuche als Mittel der Schädlingsbekämpfung an.

In den späteren Greifswalder Jahren befaßte sich Loeffler immer stärker mit mikrobiologischer Forschung und wurde zum Begründer der Virusforschung. Nach dem Tode Robert Kochs wurde er zum ersten Direktor des neu gegründeten Robert-Koch-Instituts in Berlin berufen, das bis heute auf dem Gebiet der Immunwissenschaft führend geblieben ist.

Friedrich Loefflers bedeutendste Entdeckung mag die Feststellung der »keimtötenden Wirkung des Wasserdampfes« gewesen sein, eine Entdeckung, die er als blutjunger Arzt gemacht hatte und die die gesamte medizinische Praxis revolutionieren sollte.

Die Druckfassung von Friedrich Loefflers bakteriologischen Vorlesungen blieb lange Jahre das Standardlehrbuch dieses Faches an den deutschen Universitäten.

An seinem hundertsten Geburtstag veranstaltete die Universität Greifswald eine internationale Tagung für Mikrobiologie. Der französische Festredner Gaston Ramon hob dabei die Verdienste von Männern wie Louis Pasteur, Robert Koch, Friedrich Loeffler und Emile Roux hervor, die nicht im nationalen, sondern im internationalen Interesse arbeiteten: *Ils sont soumis aux loix de la santé et de la maladie, bien plus qu'aux loix de leur patrie.*

Friedrich Loeffler wurde durch seine bakteriologischen und virologischen Forschungen weltberühmt. »Aus der Welt des Kleinen schuf er seine Größe«, so lautete das Motto der Greifswalder Loeffler-Feier 1952. Die Deutsche Demokratische Republik ehrte Loeffler durch die Gründung eines Friedrich-Loeffler-Instituts und die Aufstellung einer Bronzebüste im Lehrsaal dieses Instituts, seiner einstigen Forschungsstätte auf der Insel Riems bei Greifswald.

Am 15. Mai 1961 ernannte die Greifswalder Universität Loeffler zu ihrem Ehrendoktor, die dritte Ehrendoktorwürde Loefflers nach Aberdeen und Gießen. Loeffler starb im Alter von 63 Jahren am 9. April 1915. (Lit. Nr. 15, 19, 353–356)

Friedrich Loeffler

Friedrich Loeffler
(24. 6. 1852–9. 4. 1915) Médecin
Des effets conjugués des dons et du travail.

En 1867 Friedrich Loeffler arriva à Berlin avec ses parents, venant de Francfort-sur-l'Oder; il fut admis en Seconde au Lycée Français. Loeffler se distingua, durant sa scolarité, en mathématiques: il considérait cette discipline comme nécessaire à la satisfaction de sa passion qu'étaient les sciences naturelles. A Pâques 1870 il obtint le baccalauréat et commença ses études de médecine à Jena. Dès 1874 il présenta son doctorat à Berlin. Puis il entra dans l'Armée, fit la connaissance de Robert Koch et se consacra, avec une énergie croissante, à des recherches en bactériologie.

Loeffler fait partie des brillants bacheliers du Lycée Français pour lesquels le travail permet l'épanouissement des dons naturels; il est en cela un exemple typique des lycéens du XIXeme*, mais aussi du XX*^{eme} *siècles.*

En 1882, l'année de la grande découverte faite par Robert Koch, Friedrich Loeffler réussit à isoler le virus responsable d'une épidémie qui faisait rage à l'époque chez les chevaux: la «maladie de la morve». Il doit sa renommée à la découverte du virus de la diphtérie en 1884, qui fut le point de départ du développement du vaccin anti-diphtérique par Emile Roux; c'est ainsi que cette maladie, jusque-là mortelle, fut vaincue par un travail de coopération franco-allemande.

En 1888, deux ans après avoir obtenu son habilitation, Friedrich Loeffler fut nommé à l'Université de Greifswald où il enseigna 25 ans durant et fit bien d'autres découvertes importantes dans le domaine de la bactériologie. Il trouva le virus responsable de l'érysipèle du porc et le virus, auquel on a donné depuis son nom, de l'épidémie du groin et des pattes, deux maladies animales dangereuses, qui étaient devenues une menace pour l'élevage du bétail et pour l'économie alimentaire.

Ses recherches sur les bactéries et les virus apportèrent à Loeffler une renommée mondiale. En 1952, la République Démocratique Allemande lui rendit hommage en créant un Institut Friedrich Loeffler à l'endroit même où il avait effectué ses recherches, sur l'île de Riem près de Greifswald.

Adolf Erman
Ägyptologe
(1854–1937)
»Heraus aus dieser Hölle«

Wilhelm Ermans Bruder Jean-Pierre-Adolphe, am 31. Oktober 1854 geboren, kam im Alter von zehn Jahren an die Schule, und zwar gleich in die Quinta, allerdings, wie er in seiner Autobiographie schreibt, »mit Hängen und Würgen«. Für die sieben folgenden Schuljahre brauchte Adolphe Erman zehn Jahre, bis er endlich, im Herbst 1874, das Abiturientenexamen bestanden hatte.

Über seine Schulzeit sind wir durch seine »Erinnerungen« ziemlich genau informiert. Wir erfahren, daß die Schule in den sechziger und siebziger Jahren des vorigen Jahrhunderts ihren einstigen Ruhm längst nicht mehr rechtfertigte. Die Lehrer waren, sagt Erman, mit wenigen Ausnahmen »ziemlich traurige Gestalten. Und wie sollte es auch anders sein«, fährt er fort, »denn welcher gute Lehrer mochte an ein Gymnasium gehen, wo er von Untertertia an in allen Fächern – nur Religion und Deutsch waren ausgenommen – französisch unterrichten mußte, in einer Sprache, die er selbst doch nur unvollkommen beherrschte!« An kaum einem seiner Lehrer läßt Adolphe Erman ein gutes Haar. Er läßt sie Revue passieren:

Dr. Ferdinand Küttner »war der Typus eines Berliner Philisters; sein Französisch war fürchterlich: *›donk demeng l'exameng de lateng‹* oder *›tournez vous angtjermang rum‹* höre ich ihn noch heute sagen.« Küttner gab auf der Mittelstufe Latein und Griechisch.

Dr. Eberhard Marggraff »war der Sohn eines urteutonischen Lehrers ... es war wirklich ein Verhängnis, daß dieser Sohn nun die Sprache der Welschen reden mußte.« Marggraffs Fach war die Geschichte.

Am schlechtesten beurteilte Erman Dr. Charles Chambeau. Er konnte keine Disziplin halten und war zum Spielball der Jungen geworden, die ihn in schändlicher Weise verhöhnten. Seine Stunden nahm niemand ernst, er erzählte gern Banalitäten von seiner Familie und wunderte sich dann, daß die Schüler sich über ihn lustig machten. Erman lernte bei ihm Französisch.

Auch Dr. Julius Wollenberg, Lateinlehrer auf der Unterstufe, hatte seine Not mit den Jungen. Wer nicht lernen wollte, kam in den »Hammelstall«, und Wollenberg konnte sich kaum des Blökens erwehren, wenn er den Rücken kehrte.

Der fünfte unter diesen »Pädagogen« war Dr. Rudolf Traugott Schmidt, von dem Erman allen Ernstes behauptet, er sei geisteskrank gewesen. Keinen Satz konnte er zu Ende sprechen, einer verlor sich in den anderen, als Religionslehrer neigte er zu Schwermut und Mystizismus, als Professor der Philosophie zu schwärmerischen Wahnideen, und als Germanist soll er bei seinen Schülern nur Widerwillen gegen die Literatur erzeugt haben.

Erman stellt diesen fünf pädagogischen Jammergestalten ein paar kompetente Lehrer gegenüber. Allen voran der »treffliche« Direktor, Dr. Julius

Schnatter: »Der war gewiß kein großer Gelehrter, aber er war ein geborener Pädagoge, der auf uns in der Prima wirklich Einfluß gewann.« Schnatter versetzte, laut Erman, nach seiner Amtsübernahme zu allererst Chambeau und Schmidt in den Ruhestand, so daß die unfähigsten Lehrer schnell von der Schule verschwanden.

Dr. Emil Gessner, in Ermans Zeit bereits ein alter Mann, ernst und streng, wurde wegen seiner Gerechtigkeit von allen geschätzt. »Er war ein Gelehrter, – sein eigentliches Fach war das Altspanische – und das fühlten doch auch wir.« Gessner gab Latein, Französisch und Deutsch auf der Mittelstufe.

Gustav Arendt, der Mathematiklehrer, findet ebenfalls Ermans Anerkennung: »Sein Französisch war gut, sein Unterricht gewiß nicht schlecht.« Allerdings war die Mathematik das letzte Fach, für das sich Erman hätte interessieren können.

Unter den jüngeren Lehrern ragte Dr. Oskar Weissenfels hervor, »den Schnatter trotz seiner Jugend in Prima Latein geben ließ ... ein frischer Mann, voll von Geist und Wissen, von dem wir wirklich etwas lernen konnten ... ich persönlich bin ihm Dank schuldig, denn den Horaz habe ich bei ihm schätzen gelernt.«

Aus dem Kapitel über das Französische Gymnasium erfahren wir auch einiges über die Schüler. Erman erzählt uns, daß auf der Unterstufe sechzig und mehr Schüler in den Klassen saßen, dabei wenig Bildungsbürgertum, kaum Kinder aus Diplomatenfamilien, wenige aus der französischen Kolonie. Die große Mehrzahl, sagt Erman, »gehörte der kleinen Judenschaft an – sogar die Kleiderhändler des Mühlendamms waren darunter vertreten.« Diese Gruppe verließ die Schule mit der Mittleren Reife, dem sogenannten »Einjährigen-Examen«. Danach waren die Klassen klein, und das Lernen unter Gleichgesinnten machte wieder Spaß.

Erman charakterisiert sich selbst als »faul«, aber seinen »Erinnerungen« läßt sich entnehmen, daß er dichterischen Neigungen nachging, daß er ein träumerisch veranlagtes Kind war. Er besaß eine deutliche sprachliche Begabung. Zweimal, nämlich 1870 und 1873, errang er den *Prix Monod*, aber als er die Untersecunda zum zweiten Mal durchlaufen hatte, kannte er nur noch einen Wunsch: »Heraus aus dieser Hölle!« Die Eltern hatten jedoch kein Mitleid, und so ergab Erman sich in sein Schicksal.

Beim Übergang zur Oberstufe besserten sich seine Leistungen allmählich, und nun fing er an zu arbeiten und konnte sogar noch Zeit erübrigen für ein Hobby, das ihm zum Lebensberuf wurde, die ägyptische Altertumskunde.

* * *

Erman verließ die Schule, um »Orientalische Philologie« zu studieren. Die Grundlagen, die er dafür während seiner Schulzeit am Französischen Gymnasium gelegt hatte, erwiesen sich als tragfähig. Er wandte sich der Ägyptologie zu, die damals im wesentlichen noch Papyrus- und Inschriftenkunde war.

Adolf Erman

Adolf Erman
(31. 10. 1854–26. 6. 1937) Egyptologue
«Sortons de cet enfer!»

En lisant les «Souvenirs» de Jean Pierre Adolph Erman, nous apprenons que dans les années 60 et 70 du siècle dernier, le Collège n'était plus digne depuis longtemps de sa renommée passée. Il qualifie les professeurs, à quelques exceptions près, d'«assez tristes silhouettes» et rapporte qu'il y avait dans les classes du premier cycle jusqu'à 60 élèves et plus, appartenant pour la plus grande part à la petite bourgeoisie juive. Ce n'est qu'après le départ de la majorité incapable de poursuivre des études que le travail dans le second cycle devenait relativement agréable. Durant des années, dit-il, il n'a pu avoir d'autre pensée que: «Sortons de cet enfer!»

Après le baccalauréat, Adolf Erman étudia les langues orientales et se tourna vers l'égyptologie qui, à l'époque, se réduisait encore, pour l'essentiel, au déchiffrage des papyrus et des inscriptions. A l'issue de ses études il travailla d'abord, de même que son frère Wilhelm, comme bibliothécaire. A l'âge de trente ans il fut nommé Directeur du Musée Egyptien, poste qu'il occupa durant trente ans. En même temps il était titulaire de la chaire d'égyptologie à l'Université de Berlin. En 1895 il fut élu à l'Académie des Sciences et en 1918 on lui décerna l'Ordre Pour le Mérite au titre des Sciences et des Arts.

Adolf Erman développa, partant de la philologie et de l'archéologie, l'égyptologie du XXeme siècle. Il fut le fondateur de l'«Ecole d'Egyptologie de Berlin» et le professeur de tous les égyptologues qui ont travaillé tant en Allemagne qu'à l'étranger, durant la première moitié du XXeme siècle.

En 1935 Adolf Erman, à cause de ses origines juives, fut exclu de l'Université de Berlin par les nationaux-socialistes. Il mourut en 1937. Après la guerre, les travaux scientifiques de Erman connurent une renaissance. Aujourd'hui encore il n'est pas un égyptologue qui n'ait lu les livres d'Adolf Erman.

Nach seinem Studium trat Adolf Erman, wie sein Bruder Wilhelm, zunächst in den Bibliotheksdienst ein, wurde dann Assistent im Münzkabinett, wo Jean Henry ein halbes Jahrhundert zuvor die Sammlung verwaltet hatte. Aber dies waren für Erman nur Zwischenstationen. Er strebte ans Ägyptische Museum, und tatsächlich: Zehn Jahre nach seinem Abitur und erst dreißig Jahre alt wird er zum Direktor des Museums ernannt!

Dreißig Jahre lang hat Adolf Erman das Ägyptische Museum geleitet, und in dieser Zeit konnte er die Sammlung entscheidend vergrößern. Gleichzeitig betreute er den Lehrstuhl für Ägyptologie der Berliner Universität, und zwar von 1892 bis 1923, ebenfalls dreißig Jahre lang.

Im Jahre 1895 wurde Adolf Erman in die Akademie der Wissenschaften aufgenommen, im Jahre 1918 in den Orden *Pour le Mérite* für Wissenschaften und Künste. Er war der Begründer der *Ecole de Berlin* der Ägyptologie. Erman war Lehrer aller Ägyptologen, die im In- und Ausland während der ersten Hälfte des 20. Jahrhunderts gearbeitet haben. Seine Bücher, zuletzt das »Wörterbuch der ägyptischen Sprache« und die »Ägyptische Grammatik« haben unzählige Auflagen erlebt, die letzte in der Staatsbibliothek Preußischer Kulturbesitz vorhandene stammt aus dem Jahre 1963, in der Deutschen Demokratischen Republik erschienen mehrere Nachdrucke aus Ermans Werk. Die Akademie der Wissenschaften hielt noch 1987 eine Erman-Tagung ab, zu der die führenden Ägyptologen der Welt in Berlin (Ost) zusammenkamen.

In seinen Lebenserinnerungen hatte Erman sich 1929 zu seinen jüdischen Verwandten bekannt und seinem Stolz Ausdruck verliehen, von der berühmten Judenfamilie Itzig abzustammen, der seine Großmutter, die Gattin des Physikers Paul Erman, angehört hatte. Sein Freund, der Altphilologe Ulrich von Wilamowitz-Möllendorf hatte ihm geschrieben: »Eine solche Familiengeschichte ist wahrlich seltener Vorzug, auch dadurch, daß er den Rassenschnüfflern die prächtigste Abfuhr geben kann.«

Aber es kam anders. Vier Jahre nach dem Erscheinen von Ermans Autobiographie kamen die Nationalsozialisten an die Macht, und sie haben dem Achtzigjährigen sein Bekenntnis zum Judentum nicht vergeben. Er wurde 1935 aus der Berliner Universität ausgeschlossen, jede öffentliche Tätigkeit wurde ihm untersagt. Sein Protestbrief an den Rektor der Universität ist veröffentlicht, er enthält eine bittere Klage gegen die unwürdige geistige Exilierung.

Am 26. Juni 1937 ist Adolf Erman gestorben, zwei Jahre, nachdem er von den Nationalsozialisten mundtot gemacht worden war. Seine wissenschaftliche Renaissance kam erst nach dem Kriege, sie war unaufhaltsam, und es gibt heute wohl keinen Ägyptologen, der die Bücher Adolf Ermans nicht gelesen hätte. Auch in der Bibliothek des Französischen Gymnasiums lassen sich einige Titel finden, erhalten ist auch der Dankesbrief von Ermans einstigem Mitschüler Paul Esternaux, der inzwischen Direktor geworden war und von Erman ein Bücherpaket für die Schulbibliothek zugesandt erhalten hatte. (Lit. Nr. 15, 19, 357–361)

Henri Erman
Jurist
(1857–1940)
Das neue Schulhaus

Das jüngste der zehn Kinder des Physikers George Adolphe Erman war Charles Henri Erman, geboren am 15. Januar 1857.

In der Familie Henri Ermans haben sich seine Schulzeugnisse erhalten, und so wissen wir, daß er zu Weihnachten 1865 in der Sexta des Königlichen Französischen Gymnasiums die Rangzahl 14 erhalten hat, viermal gelobt und dreimal getadelt wurde und in Latein und Französisch »mittelmäßige« Leistungen erbrachte.

Mit dem um zwei Jahre älteren Bruder Adolf stand Henri Erman in Konkurrenz, die Jahresberichte bringen beider Namen. In der Obersecunda hat Henri Erman den *Prix Monod* errungen, in Unterprima 1874 hatte er die Abiturientenrede für die ausscheidende Oberprima zu halten, das erste Mal auf deutsch!

In seiner Autobiographie spricht Henri Erman von seinem »verbissenen Pflichtgefühl« in den Gymnasialjahren, und so wundern wir uns nicht, daß er die Klassenkameraden hinter sich gelassen hatte, als er beim Abitur Ostern 1875 mit der Rangzahl 1 durchs Ziel ging.

In die Schulzeit Henri Ermans fällt der Umzug aus dem knapp zweihundert Jahre alten ehemaligen Wangenheimschen Palais in der Niederlagstraße zum Neubau in der Dorotheenstraße mit der Vorderfront zur Spree, am späteren Reichstagsufer. Adolf Erman beschreibt in seinen Erinnerungen das alte Collège, den »Stall«: »...die Beleuchtung erfolgte durch breite offene Gasflammen, die schaurig flackerten und den Augen nicht gerade angenehm waren. Die Tische waren unbequem und in dem Ganzen herrschte ein Schmutz, wie man ihn heute nirgends mehr sieht; auf dem Fußboden lag zertretenes altes Papier, in den offenen Kästen der Tische lagen vertrocknete Semmeln – vermutlich wurde nur am Sonnabend ausgekehrt, wenn nicht noch seltener.«

Welch ein Wechsel! Berlin hatte mit Hilfe der französischen Reparationen sein erstes koordiniertes Schulbauprogramm in die Wege geleitet. Überall in der Stadt schossen die drei- oder vierstöckigen Backsteinbauten der Schulen in die Höhe, einige von ihnen sind durch den Krieg gekommen und flößen dem Beschauer noch heute Ehrfurcht ein durch ihre kasernenartige Kompaktheit, die Dunkelheit ihrer langen Gänge mit Fluchten von Klassentüren links und rechts. In einen solchen Bau zog das Französische Gymnasium im Oktober 1873 um. Im Jahresbericht von 1874 ist zu lesen, daß die neue Schule besonders in hygienischer Hinsicht den modernsten Erkenntnissen entsprach, waren die Toiletten hier doch an die Kanalisation angeschlossen!

Es gab zwanzig Klassenräume, jeweils mit rund 200 Kubikmeter Luftraum, eine Belüftungsanlage mit Zu- und Abluftleitungen, die alle Räume mit frischer Luft versorgten, im Winter kombiniert mit einer Warmluft-Beheizung.

Henri Erman

Henri Erman
(15. 1. 1857–7. 5. 1940) Juriste
Les nouveaux locaux du Collège.

Charles Henri Erman était le plus jeune des dix enfants du physicien George Adolphe Erman. Il fréquenta, avec son frère Adolf, de deux ans plus âgé, le Collège et obtint, à Pâques 1875, le baccalauréat, major de sa promotion. Un an et demi plus tôt l'Ecole avait été transférée du Palais Wangenheim, vieux de 200 ans, sis dans la Niederlagstraße, dans le bâtiment neuf de la Dorotheenstraße. Le Consistoire de l'Eglise française avait participé à hauteur d'une somme de 60 000 Taler au coût total du nouveau bâtiment, évalué à 276 800 Taler. La condition liée à ce don, le maintien de la langue française comme langue d'enseignement, a, jusqu'à nos jours, été respectée et a consolidé la réputation du Lycée Français durant son troisième siècle d'existence et jusqu'à l'aube du quatrième.

Après le baccalauréat, Henri Erman étudia le droit à l'Université de Berlin. En 1883 il obtint une chaire de droit à l'Université de Lausanne et dès 1885 il y devint Professeur titulaire de la chaire de droit romain. Parallèlement il instaure un cours en langue allemande qui lui amène beaucoup d'étudiants allemands. Au cours de ces années il s'occupa de plus en plus intensément des questions ayant trait aux rapports franco-allemands, jouant le rôle de médiateur à une époque où, autant à Berlin qu'à Paris, les réticences ne manquaient pas.

En 1902 Henry Erman obtint une chaire à l'Université de Münster. En 1908 il devint Président de cette Université. En 1928 il retrouva sa chaire à Lausanne comme Professeur honoraire. Cinq ans plus tard, la prise du pouvoir par les nationaux-socialistes en Allemagne mit une fin brutale à son activité de Professeur titulaire de la chaire de langue allemande qu'il avait créée 40 ans plus tôt. Le strict contrôle des changes ne permettait plus aux étudiants allemands de poursuivre des études à l'étranger, les juristes allemands étudiaient désormais le droit allemand sur le sol allemand!

Bequeme Bankreihen, große Tafeln, die hellgrüne Farbgebung der Räume, alles sollte das Lernen und Lehren in diesem Hause zu einem Vergnügen machen.

Bei der Einweihungsfeier am 13. Oktober 1873 hielt Julius Schnatter eine Rede über das Thema *Quel est le but des gymnases en général et quel est celui du Collège français en particulier?* Er hielt die Rede auf deutsch, damit alle Gäste, auch die jüngeren Schüler, sie gut verstanden. Aber Schnatter fährt in seinem Bericht fort und sagt: *Cependant pour sauvegarder le caractère particulier du Collège, un élève de Première ... adressa en français à l'assemblée quelques paroles.*

Es war das Jahr 1873, noch nicht drei Jahre waren seit Sedan vergangen, der Zeitgeist forderte seinen Tribut, aber Schnatter war nicht der Mann, aus einer momentanen Konzession einen Brauch auf Dauer werden zu lassen. Schon sechs Jahre später enthält der Jahresbericht wieder den Abdruck eines in französischer Sprache gehaltenen Vortrags: *L'enseignement secondaire en France.* Die Sprache der Reden bei Kaisers Geburtstag war schon seit einiger Zeit das Deutsche, nur noch selten Latein, aber die Sprache der Abiturientenentlassung war das Französische geblieben und sollte sich mit Unterbrechungen durch das 20. Jahrhundert hindurch behaupten.

Die neue Aula wurde so häufig benutzt wie möglich, es war der Festsaal der Schule und der Stolz von Schülern, Lehrern und Direktor. 150000 Taler hatte das Grundstück, 126800 der Bau, insgesamt also 276800 Taler hatte die neue Schule gekostet, eine für damalige Verhältnisse enorme Summe. Mitfinanziert wurde der Neubau vom Konsistorium der Französischen Kirche, und zwar mit 60000 Talern, der Hälfte des Erlöses beim Verkauf des alten Schulgrundstücks an den Kaiser. Der entsprechende Vertrag, beim königlichen Stadtgericht am 7. Februar 1872 hinterlegt, verlangte von der Schule »daß die französische Sprache in den mittleren und höheren Klassen des jetzigen Königlichen französischen Gymnasiums, wie bisher, so auch ferner dauernd als Unterrichtsmittel beibehalten wird«. Diese Bedingung ist von der Schule bis heute erfüllt worden und hat den Ruf des Französischen Gymnasiums durch sein drittes Jahrhundert hindurch und in das vierte hinein gefestigt.

* * *

Als Henri Erman seine Reifeprüfung Ostern 1875 ablegte, war die neue Schule gerade anderthalb Jahre alt. Der Jahresbericht vermerkt, daß Erman in Leipzig Philologie studieren wollte. Diese Absicht hat er auch verwirklicht, aber schon ein Jahr später ist er wieder in Berlin und wird am 17. Mai 1876 an der juristischen Fakultät immatrikuliert. Drei Jahre danach, er ist 22 Jahre alt, besteht er das Staatsexamen, leistet seinen Wehrdienst ab und erhält 1883 während des Rektorats von Emil du Bois-Reymond den juristischen Doktorgrad. Eine Bewerbung um einen Lehrstuhl in Oxford bleibt erfolglos, doch erreicht ihn eine Berufung nach Lausanne, der er folgt und die ihm schon 1885 das Ordinariat für Römisches Recht bringt.

Seine Vorlesungen hält er auf französisch, aber 1886 richtet er daneben ein deutschsprachiges Kolleg ein, das ihm viele deutsche Studenten zuführt. Fragen des deutsch-französischen Verhältnisses beschäftigen ihn in diesen Jahren in zunehmendem Maße und finden ihren Ausdruck 1893 in der Schrift »France et Allemagne«, zu der er das Vorwort beisteuerte. In seinem autobiographischen Aufsatz von 1927 »Was mir durchs Leben geholfen« geht Erman auf dieses Vorwort ein. Er referiert: »Um der elsaß-lothringischen Frage willen stünden jetzt Deutschland und Frankreich bereit, sich und damit auch Europa zu opfern… Die Geschichte biete für Elsaß und Lothringen in ihrer tragischen Stellung zwischen zwei ihnen nächstverbundenen Völken … das erhabene Vorbild der von Romulus' Kriegern geraubten Sabinerinnen, die sich als Friedensbotinnen zwischen die Schlachtreihen der Römer und der Sabiner warfen: ›Versöhnt euch, schließt einen Bund…‹ – In einem deutsch-französischen Bunde, in einem Mitteleuropäischen Zollverein würde die Bedeutung der ›Grenze‹ schwinden, Straßburg und Nancy würden als zweisprachige Universitäten der geistigen Annäherung der beiden sich gegenseitig ergänzenden Völker und Kulturen dienen. Da … möge auch in Europa das Gemeingefühl endlich erwachen: *Soyons Européens*!« Ermans Aufruf findet in Elsaß-Lothringen Verständis und Zustimmung, in Berlin und Paris aber trifft er auf kühle Zurückhaltung. Zwei Kriege mußten noch kommen, ehe sich die Vernuft durchzusetzen vermochte.

Henri Erman ist unterdessen zum Korrespondierenden Mitglied der Universität Lyon geworden, er unterhält Beziehungen zu Neuchâtel und bekleidet eine außerordentliche Professur in Genf. Einen Ruf nach Brüssel lehnt er 1898 ab, aber als ihn 1902 die *venia legendi* der Universität Münster erreicht, greift er zu und siedelt wieder nach Deutschland über. Die Universität Lausanne, an deren *Séminaire romain* er 19 Jahre lang gewirkt hatte, ernennt ihn zum *Professeur honoraire*, eine Art akademischer Ehrenbürgerschaft, auf die er nach seiner Emeritierung in Münster zurückkommen wird.

An der Universität Münster steigt Henri Erman schnell auf. Schon 1908 – 51 Jahre alt – ist er ihr Rektor. Während seiner akademischen Laufbahn hat Henri Erman zwar keine dickleibigen wissenschaftlichen Werke verfaßt, ist aber als akademischer Lehrer und Forscher in zahllosen Schriften zur Analyse einzelner juristischer Teilprobleme hervorgetreten, diese »Miniaturmalerei« war sein eigentliches Element, schreibt sein Biograph Max Kaser.

Die Vermittlerrolle, die in der frühen Schrift *France et Allemagne* anklingt, hat Henri Erman in seinem Leben noch oft gespielt, und in seiner Autobiographie von 1927 schreibt er, er habe seinen Hörern als Vorbild stets den Mittler aus Goethes »Wahlverwandtschaften« empfohlen, die Aufgabe, »alle Streitigkeiten zu stillen und zu schlichten«. In den Jahren der politischen Zerrissenheit Deutschlands wird es ihm oft schwergefallen sein, diese Aufgabe zu erfüllen, aber er hält daran fest.

Als *Emeritus* geht Henri Erman 1928 nach Lausanne zurück. Fünf Jahre breiter akademischer Wirksamkeit auf dem von ihm vierzig Jahre zuvor gegründeten deutschsprachigen juristischen Lehrstuhl sind ihm noch vergönnt, da bereitet die »Machtergreifung« der Nationalsozialisten diesem Wirken ein jähes Ende. Die deutschen Studenten bleiben aus, die strengen Devisenbestimmungen erlauben Jungakademikern keine Auslandsstudien mehr, deutsche Juristen lernen deutsches Recht auf deutschem Boden! Henri Erman legt sein Amt nieder und kehrt nach Münster zurück.

Seine letzten Lebensjahre widmet er der Bodenreformbewegung, der er schon vor dem ersten Weltkrieg beigetreten war und die der Bodenspekulation ein soziales Bodenrecht gegenüberstellen wollte.

Der Achtzigjährige tritt 1937 mit dem Justizministerium in einen Briefwechsel um die Anrechnung seiner Auslandsjahre für seine Pension. Ob er Erfolg hatte, ist nicht bekannt.

Als Henri Erman am 7. Mai 1940 hochbetagt stirbt, bleibt sein Tod in wissenschaftlichen Kreisen fast unbemerkt. (Lit. Nr. 362–369)

Maximilian Harden
Publizist
(1861–1927)
Bildungsgrundlagen für einen Schriftsteller

Wir haben gesehen, daß es um die Mitte des 19. Jahrhunderts im jüdischen Berliner Bürgertum üblich geworden war, die Söhne zum Französischen Gymnasium zu bringen. Dies tat auch der Seidenhändler Arnold Witkowski, dessen Söhne Julian 1863, Ludwig 1866 und Richard 1876 am Collège das Abitur ablegten, während der jüngste, Felix, im Herbst 1877 aus der Obersecunda abgehen mußte. Wie war es dazu gekommen?

Felix Ernst Witkowski, der unter seinem Schriftstellernamen Maximilian Harden später als *censor germaniae* berühmt werden sollte, war am 20. Oktober 1861 geboren worden. Die Ehe seiner Eltern scheint zu diesem Zeitpunkt bereits nicht mehr sehr glücklich gewesen zu sein. Der Vater konnte offenbar seinen Jähzorn nicht bezwingen und soll zeitweilig sogar umnachtet gewesen sein. Felix wurde am Collège eingeschult und durchlief problemlos die einzelnen Klassen. Als sich seine Eltern schließlich 1877 trennten, wurde Felix seinem Vater zugesprochen, der ihn nicht leiden konnte. Er floh zur Mutter, wurde zum Vater zurückgebracht, und dieser meldete ihn zur Strafe von der Schule ab.

Was hatte Felix Witkowski am Französischen Gymnasium bis zur Obersecunda gelernt? Latein und Griechisch natürlich, aber wie stand es um seinen Französisch- und Deutschunterricht? Tragen wir die Einzelheiten zusammen!

Der Lehrgang von Felix Witkowski begann in Deutsch und in Französisch mit den Elementarkenntnissen, Rechtschreibung, Zeichensetzung, Grammatik. Großer Wert wurde gelegt auf das Auswendiglernen und das Aufsagen von Fabeln, Gedichten, Dialogen. Texte wurden hin und her übersetzt, Aufsätze wurden geübt, Vorträge gehalten, Reden, Berichte über häusliche Lektüre. Je weiter der Schüler auf der Mittelstufe vorankam, desto schwieriger wurden die literarhistorischen und dichtungstheoretischen Aufgaben. In Poetik wurden das Drama, die Epik und die Poesie durchgenommen, Schriften von Lessing und Schiller wurden ergänzt durch klassische Texte von Boileau, Corneille, Racine, Molière und Voltaire, durch moderne von François Ponsard und Louis Gabriel Michaud.

Wer hier mit wachem Geist und interessierter Aufmerksamkeit mitgearbeitet hatte, dessen Bildungsfundament war gelegt, der konnte auf dieser Grundlage weiterarbeiten, kam, wenn es sein mußte, allein voran. So kann Harry F. Young in seiner Monographie über Hardens Schulzeit am Collège sagen: *The effects of Harden's five years there can be traced throughout his whole career. As much at home in the culture of France as in his own, he drew on the learning and wisdom of France to the point of ostentation. It is understandable that a critic should later write that Harden's first cry was a French quotation.*

Der sechzehnjährige »Primus der Secunda« verließ dem Jahresbericht von

Maximilian Harden
Zeichnung von Ben Fred Dolbin 1920

Maximilian Harden
(20. 10. 1861–30. 10. 1927) Publiciste
Les bases de l'éducation d'un écrivain.

Felix Ernst Witkowski, qui se fera plus tard un nom en tant que «censor germaniae» sous son nom d'artiste Maximilian Harden, était issu d'une famille de commerçants juifs et fut élève, ainsi que ses trois frères aînés, du Collège Français. Il n'eut aucun problème au cours de sa scolarité. Il acquit, dans le premier cycle secondaire, en français et en allemand, les connaissances d'histoire littéraire et de poésie théorique sur lesquelles il bâtit plus tard sa carrière de publiciste.

A l'âge de 16 ans Felix était le «major» de la classe de Seconde. Cette même année, son père le retira de l'Ecole, à titre de punition, parce qu'il avait refusé, après le divorce de ses parents, de vivre avec lui. Sur ce, Felix se joignit à une troupe de comédiens ambulants avec lesquels il parcourut l'Allemagne pendant dix ans. Afin de brouiller les pistes il abandonna son nom patronymique pour adopter le nom d'artiste de Maximilian Harden.

A partir de 1892 et durant trente ans il fut le Directeur de publication du célèbre hebdomadaire «Le Futur» et suivit, comme rédacteur, l'évolution des intellectuels allemands, de l'Empire à la République de Weimar. Plus rapidement que d'autres il réalisa, au cours de la guerre, que l'on devait remplacer les privilèges démodés par de nouvelles libertés accordées aux citoyens. Il devint pacifiste et s'engagea pour l'abolition des privilèges et la mise en place de réformes sociales. Lorsque, après 1918, il se prononça pour une reconnaissance de la responsabilité de l'Allemagne dans la guerre, il s'attira la haine des cercles radicaux de droite. Dix jours après l'attentat qui coûta la vie à son ami Walter Rathenau, le 24 juin 1922, Maximilian Harden fut lui aussi victime d'une tentative d'assassinat. Les auteurs de celle-ci furent arrêtés, déférés à la justice et acquittés, manifestement sous la pression des nationalistes. Harden prit acte de ce jugement en abjurant solennellement son appartenance à la nation allemande, partant s'exiler en Hollande et, plus tard, en Suisse.

1878 zufolge die Schule, *pour entrer dans le commerce.* Daraus wurde aber nichts, denn Felix Witkowski lief von zu Hause fort und schloß sich einer fahrenden Schauspielertruppe an, mit der er zehn Jahre lang durch Deutschland zog. Um seine Spuren zu verwischen, legte er seinen bürgerlichen Namen ab und nahm den Künstlernamen Maximilian Harden an.

Max Reinhardt fand Gefallen an dem Talent des jungen Schauspielers und holte ihn an das gerade gegründete Deutsche Theater, machte ihn 1905 sogar zu seinem persönlichen Berater. Aber der Schauspielerberuf war für Maximilian Harden nur eine Durchgangsstation. Er hatte angefangen zu schreiben, zunächst Theaterkritiken, dann Essays und schließlich Aufsätze zu tagespolitischen Fragen. Als konservativer Monarchist bot er seine publizistischen Dienste keinem Geringeren als dem Kaiser selbst an, der aber für Maximilian Harden keine Verwendung hatte.

Von 1892 an hat Harden dreißig Jahre lang die berühmte Wochenzeitung »Die Zukunft« herausgegeben, und als Redakteur hat er hier alle Wandlungen der deutschen Intellektuellen vom Kaiserreich zur Weimarer Republik mitvollzogen. Zunächst ergriff er in einer Auseinandersetzung zwischen Wilhelm II. und Otto von Bismarck leidenschaftlich Partei für den Kanzler. Nach Bismarcks Tod entwickelte sich bei Harden der Gedanke einer parlamentarischen Beschränkung der Monarchie, aber als der Erste Weltkrieg ausbrach, ließ auch Maximilian Harden sich von der Woge der nationalen Begeisterung mitreißen.

Schneller als andere begriff er im Verlauf des Krieges, daß an die Stelle ver alteter Vorrechte neue liberale Bürgerfreiheiten treten müßten, er wurde Pazifist und setzte sich für die Abschaffung von Privilegien und für soziale Reformen ein. Den Umsturz 1918 hat er zunächst enthusiastisch begrüßt. Er spricht jetzt von der Notwendigkeit einer Einigung Europas über den Völkerbund, von Abrüstung und Weltschiedsgericht.

Zu seinem sechzigsten Geburtstag haben ihm viele bedeutende Künstler und Schriftsteller gratuliert. Ihre Analysen des Phänomens Maximilian Harden liegen gedruckt vor. Was Heinrich Mann, Stefan Zweig, Hermann Bahr, was Max Reinhardt, Alfred Döblin und Felix Salten zu sagen haben, ist noch heute lesenswert.

Harden war inzwischen zu einem radikalen Pazifisten geworden. Er trat nun ein für den völligen Bruch mit der deutschen nationalen Vergangenheit, setzte sich ein für die Anerkennung der deutschen Kriegsschuld und zog sich dadurch den Haß rechtsradikaler Kreise zu. Zehn Tage nach dem Attentat, dem sein Freund Walter Rathenau am 24. Juni 1922 zum Opfer fiel, wurde auch auf Maximilian Harden ein Mordanschlag verübt. Er hat ihn schwerverletzt überlebt. Die Attentäter wurden gefaßt, fanden aber unter offensichtlichem nationalistischen Druck ein so mildes Urteil, daß Maximilian Harden feierlich seinem Deutschtum abschwor und nach Holland und später in die Schweiz ins Exil ging.

Bekannt ist Kurt Tucholskys Prozeßkommentar in der »Weltbühne« vom

21. Dezember 1922: »Das muß man gesehen haben. Da muß man hineingetreten sein. Diese Schmach muß man drei Tage an sich haben vorbeiziehen lassen: dieses Land, diese Mörder, diese Justiz.«

Vom Exil aus publizierte Harden weiter politische Schriften und Bücher, trat er weiter für die Verständigung zwischen den Völkern ein und machte er Front gegen den Nationalismus. In seinem *Chronicon* »Von Versailles nach Versailles« stellte er 1927 die deutsche Niederlage von 1918 als direkte Folge des deutschen Sieges von 1871 dar. Er sagt: »Am 18. Januar 1871 wurde in der *à toutes les gloires de la France* geweihten Spiegelgalerie des Versailler Königsschlosses die Wiederherstellung des deutschen Kaiserreiches verkündet... Am 28. Juni 1919 mußten zwei Vertreter der Deutschen Republik in der Spiegelgalerie des Versailler Königsschlosses den Friedensvertrag unterschreiben, durch den der Spruch eines siegreichen Völkerbundes ... das am 18. Januar 1871 begründete deutsche Reich begrub.«

Wenige Wochen nach dem Erscheinen dieses Buches, das man als sein politisches Testament bezeichnen kann, ist er in der Schweiz – am 30. Oktober 1927 – gestorben. Unter der Fülle der Nachrufe ragen zwei hervor. Kurt Tucholsky schreibt: »Mit ihm ist ein Typus dahingegangen, der für die nächsten fünfzig Jahre kaum wiederkehren wird: ein Einzelgänger von Format und Einfluß ... Eine ›Zukunft‹ ist Vergangenheit geworden. Ihrem Schöpfer gebührt als einem Gulliver unter den Zwergen, die Ehre ... Wir grüßen das Andenken Maximilian Hardens.« Und Joseph Goebbels erklärt zu Hardens Tod: »Damit geht eines der gemeinsten und niederträchtigsten Individuen..., der Typ der jüdischen Literaturbestie... Wir bedauern am Tode dieses Mannes nur, daß er uns die Möglichkeit genommen hat, auf unsere Art mit Isidor Witkowski abzurechnen.« So steht es am 7. November 1927 im »Angriff«, acht Jahre vor Kurt Tucholskys Freitod und elf Jahre vor dem Auftakt des Holocaust in der »Kristallnacht« vom 9. zum 10. November 1938. (Lit. Nr. 15, 19, 370–374)

Ernst Heilborn
Schriftsteller
(1867–1942)
Die Vorschule des Französischen Gymnasiums

Frédéric Ernest Heilborn, geboren am 10. Juni 1867, war bei der Eröffnung des Neubaus des Französischen Gymnasiums in der Dorotheenstraße gerade sieben Jahre alt. Das neue Gebäude hatte mit seinen zwanzig Klassenzimmern eine Menge zusätzlicher Räume. Jetzt konnte im eigenen Gebäude sogar eine Vorschule eröffnet werden, das Gymnasium konnte sich seinen Nachwuchs nun selbst heranziehen. Die neue Vorschule sollte – im Gegensatz zur vierjährigen Volksschule – mit drei Klassen auskommen. Das war möglich, weil nur diejenigen Kinder in gymnasialen Vorschulen angemeldet wurden, denen die Eltern auch zutrauten, später am Gymnasium zu »bestehen«.

Ernst Heilborn gehörte zum ersten Schülerjahrgang, der sein ganzes Schulleben innerhalb des Collège verbringen sollte, volle zwölf Jahre nacheinander im Primar- und im Sekundarbereich. Direktor Julius Schnatter hatte die *Ecole Préparatoire* im Jahresbericht von 1873 angekündigt. Er sagt: *On y recevra les garçons dès l'âge de six ans, et on leur donnera une instruction primaire qui les mettra en état de suivre avec fruit les cours de sixième d'un gymnase ou d'une école réale.*

Im Jahresbericht von 1874 ist das Lehrprogramm abgedruckt. Es umfaßt je Klasse 24 Unterrichtsstunden, und zwar drei in Religion, neun Deutsch, sechs Rechnen, vier Schreiben und zwei Geographie.

In Religion wurden die Sechs- oder Siebenjährigen eingeführt in die Biblische Geschichte. Die zehn Gebote wurden erklärt und der Katechismus Martin Luthers vorgestellt. Kirchenlieder wurden gelernt und Abschnitte der Heiligen Schrift erläutert.

In Deutsch standen Leseübungen an erster Stelle, Orthographie, Diktate, Inhaltsangaben von Gedichten und Prosatexten schlossen sich an und schließlich Grammatik, Deklination und Konjugation, Aktiv und Passiv. Offenbar rechnete die Schule damit, daß die Kinder bereits etwas lesen konnten, sonst wäre dieses Programm kaum zu schaffen gewesen.

In *Arithmétique* wurden *Les quatres premières règles* durchgenommen, in *Ecriture* die deutschen und französischen Buchstaben, und in *Géographie* die Heimatkunde Berlins.

In der zweiten Klasse wurden diese Themen erweitert. In Deutsch kam die lateinische und die gotische Druckschrift hinzu, die Zeitformen der starken und schwachen Verben, das Gedichtaufsagen. In *Arithmétique* wurden die vier Rechenarten durchgenommen, und zwar mit Zahlen von 1 bis 1000.

In der dritten Klasse lernten die Schüler außer einer Vertiefung der Themen der vergangenen Jahre in Religion Morgen- und Abendgebete, dazu Tischgebete. Das Auswendiglernen nahm breiten Raum ein, auch in Deutsch, wo jetzt zusätzlich *Exercices d'élocution et de récitation* auftraten. Im Schreibunterricht wird die Groß- und Kleinschreibung geübt, nach heutigen Begriffen zu diesem Zeitpunkt etwas spät.

* * *

Ernst Heilborn ging 1877 in die Sexta über und bestand das Abitur im September 1886, also nach dem üblichen neunjährigen Durchgang durchs Gymnasium, wovon zwei Jahre auf die *Première* (also Unter- und Oberprima) entfielen.

Die Beurteilung Heilborns hat sich in den Akten des Provinzial-Schulkollegiums im Staatsarchiv Potsdam erhalten. Sie lautet: »Sein häuslicher Fleiß und seine Aufmerksamkeit in den Lehrstunden waren im allgemeinen befriedigend, so daß er auf allen Gebieten des Unterrichts den gesetzlichen Anforderungen entspricht und ihm die geistige und sittliche Reife zugesprochen werden kann. Sein Betragen war stets verständig und bescheiden.«

Im Anschluß an das Abitur ging Heilborn zum Studium der Philosophie nach Jena. Er setzte seine Studien in Berlin fort, wo er germanistische und historische Vorlesungen belegte und zum Doktor promoviert wurde.

Bald danach erschienen seine ersten schriftstellerischen Arbeiten. Ernst Heilborn wurde Journalist, publizierte in der »Frankfurter Zeitung« und in angesehenen Zeitschriften wie der »Nation« und dem »Literarischen Echo«. Als Redakteur gab er den deutschen Teil der dreisprachigen Revue »Cosmopolis« heraus. Um die Jahrhundertwende begann er, Romane zu schreiben, auch kulturhistorische Werke ließ er erscheinen, eine Biographie E. T. A. Hoffmanns zum Beispiel, eine Monographie über Novalis, ein Fontane-Lesebuch, sein kulturhistorisches Werk »Geist der Schinkelzeit«, im Volksverband der Bücherfreunde erschienen, wurde ein Beststeller. Sein Werk »Zwischen zwei Revolutionen« stellt einen geistigen Zusammenhang her zwischen der Revolution von 1789 und der von 1918, eine eindrucksvoll neue Periodisierung der deutschen, der mitteleuropäischen Kulturgeschichte. Die Reihe seiner Werke ist lang und zeugt von großem Fleiß und weitgespannten Interessen.

Der Einfluß Ernst Heilborns im Berliner literarischen Leben war von 1911 bis 1933 stetig gewachsen. Seit 1911 gab er nämlich das »Literarische Echo« heraus, das ab 1923 unter dem Titel »Die Literatur« erschien und das kritische Hauptorgan der deutschen Literatur in den ersten drei Jahrzehnten dieses Jahrhunderts darstellte, Heilborns eigentliches Lebenswerk, in der Bibliothek des Französischen Gymnasiums in mehreren Jahrgängen vorhanden. »Die Zeitschrift war, bei konservativer Grundhaltung, offen für alle geistigen Strömungen und bot, vor allem mit ihren Besprechungen von Büchern, Theateraufführungen, Zeitschriften, Zeitungen etc. und ihren vorzüglichen aktuellen Bibliographien der Zeitschriften- und Zeitungsaufsätze eine vollkommene Chronik des kulturellen Lebens« (Benno Reifenberg). Im April 1933 mußte die »Literatur« ihr Erscheinen einstellen.

Noch bis zum November 1936 hat Heilborn für die »Frankfurter Zeitung«

Ernst Heilborn

Ernst Heilborn
(10. 6. 1867–16. 5. 1942) Ecrivain
L'Ecole Préparatoire du Collège Français.

Après le transfert du Lycée Français dans la Dorotheenstraße, on instaura dans les nouveaux locaux une école préparatoire, qui devait former les futurs élèves du Collège. On n'y acceptait que des élèves présentant des aptitudes à l'enseignement secondaire et ainsi, cette école préparatoire, à l'inverse de l'école primaire, où la scolarité était de quatre ans, était réservée aux élèves les plus rapides qui pouvaient assimiler le contenu de l'enseignement en trois ans. Le programme de l'«Ecole Préparatoire» comportait dans chaque classe 24 heures de cours: trois d'enseignement religieux, neuf d'allemand, six de calcul, quatre d'écriture et deux de géographie.

Ernst Heilborn appartint à la première génération de lycéens qui passa douze années consécutives au Lycée, dans les classes du primaire puis du secondaire. Il obtint son baccalauréat en septembre 1886 et commença aussitôt des études de philosophie. Après son doctorat il travailla comme journaliste. Il s'occupa de l'histoire des idées en Prusse et écrivit des livres sur les poètes allemands Novalis et E. T. A. Hoffmann, sur «L'Esprit de l'époque de Schinkel» et sur «L'Esprit de l'époque de Bismarck». A partir de 1911 il fut Directeur de publication de «L'Echo littéraire», qui parut à partir de 1923 sous le titre: «La Littérature» et qui fut le principal périodique de critique littéraire allemande au cours des trente premières années de ce siècle, la véritable œuvre de Heilborn, une chronique exhaustive de la vie culturelle de la République de Weimar.

Fin 1936, Ernst Heilborn, au vu de ses ses origines juives, fut frappé d'interdiction de publier. Les journaux pour lesquels il avait travaillé cessèrent leur publication ou furent «remis dans la norme». En mai 1942 Ernst Heilborn, âgé de presque 75 ans, et sa femme furent arrêtés alors qu'ils essayaient de passer illégalement la frontière suisse. Quatre semaines plus tard il mourait en prison, d'après les rapports officiels, de dysenterie. Son épouse mit fin elle-même à ses jours, échappant ainsi volontairement à la déportation.

als ihr Berliner Korrespondent gearbeitet und hauptsächlich Theaterkritiken veröffentlicht. Seine Artikel spiegeln die Spannung, die jede Aufführung in ihm hervorrief. Er ging in seinen Besprechungen auf die Leistungen des einzelnen Schauspielers wie auf das Zusammenspiel des Ensembles voller Aufmerksamkeit ein. Er achtete das Bühnenmetier und war in seinem Urteil nie verletzend. So wurde er zum Freund vieler Künstler, und seine Ratschläge fanden Beachtung.

Ende 1936 wurde Ernst Heilborn von den Nationalsozialisten mit Schreibverbot belegt, seine Bücher verschwanden von den Regalen der Bibliotheken und Buchhandlungen, die Zeitungen, für die er gearbeitet hatte, stellten ihr Erscheinen ein oder wurden »gleichgeschaltet«. Es wurde still um Ernst Heilborn.

Er galt als »Halbjude«. Sein Vater Eduard Heilborn, ebenfalls Collegianer, war erst im Alter von sechzehn Jahren getauft worden. Für die Nationalsozialisten war die Taufe allerdings unerheblich, Eduard Heilborn war für sie ein Jude. Die Verschwägerung mit der evangelischen Superintendentenfamilie Jacobi war für die Nazis eher ein zusätzlicher Makel, denn Heilborns Neffe, der Oldenburger Bischof Gerhard Jacobi, gehörte der Bekennenden Kirche an. Ernst Heilborn war als Christ geboren und aufgewachsen, aber er hatte eine Jüdin geheiratet, ihr gemeinsamer Sohn Gerhard Heilborn war für die Nationalsozialisten Jude, die Ehe seiner Eltern galt als »nicht privilegiert«. Was das zu bedeuten hatte, sollte sich erweisen.

1937 reiste Heilborn nach Palästina, aber er kam zurück! Er war Deutscher und meinte, nur in Deutschland leben zu können. Dieses Leben bedeutete jedoch völlige Isolierung, war zunehmend von Armut bedroht. Im Mai 1942 erhielt Heilborn für sich und seine Frau ein Visum in die Schweiz, aber die deutschen Behörden verweigerten die Ausreise. Da entschloß sich der 75 Jahre alte Mann, mit seiner Frau den illegalen Grenzübertritt zu wagen. »Tatsache ist«, schreibt Gerhard Heilborn, der 1937 in Palästina geblieben war, in einem Brief, »daß meine Eltern... verhaftet wurden, und mein Vater im Gefängnis nach 4 Wochen an der Ruhr starb, bzw. verhungerte. Meine Mutter, dann in Freiheit gesetzt, beging Selbstmord als ihr die bevorstehende Evakuierung nach Polen mitgeteilt wurde.«

Julius Bab hat in New York im »Aufbau« einen Nachruf »in memoriam Ernst Heilborn« veröffentlicht, in dem wir lesen: »Es war die Haltung eines englischen Gentleman, der zugleich ein deutscher Gelehrter des großen klassischen Schlages war – es war zweifache Vornehmheit... Das bedeutendste Zeugnis... ist sein zweibändiges letztes Werk... ›Zwischen zwei Revolutionen‹: Das ist nicht mehr und nicht weniger als die Biographie Deutschlands von 1789 bis 1918. Kurz vor der Katastrophe deutscher Kultur erschienen, wird dieses Werk den Weg, der von Goethe über Bismarck zu Hitler führte, noch den späteren hell beleuchten.«

Als Todesdatum Ernst Heilborns gilt der 16. Mai 1942. (Lit. Nr. 15, 19, 344, 375–380)

Fritz Strohmeyer
Romanist
(1869–1957)
Sprechen als Ziel des Französischunterrichts

Die zweite Hälfte des 19. Jahrhunderts stand in den Wissenschaften im Zeichen des Positivismus. Auf dem Gebiet der Sprachwissenschaft bedeutete das die systematische Erfassung und Gliederung des Materials. Der Positivist hält sich an das Tatsächliche, er analysiert das Gegebene, verzichtet auf Deutung, auf subjektiv-persönliche Interpretation, weil er dazu den Boden des Gesicherten verlassen müßte und zu Annahmen und Vermutungen übergehen würde.

Karl Ploetz war in diesem Sinne Positivist. Sein Unterricht zielte auf die Beherrschung der Sprachpraxis, das haben wir gesehen. Seine Schüler sollten bei ihm französisch sprechen lernen, nicht mehr nur Texte übersetzen, als wäre das Französische eine »tote« Sprache wie Latein.

Hier folgte ihm ein anderer bedeutender Romanist nach, der am Ende des 19. Jahrhunderts am Königlichen Französischen Gymnasium lehrte und in der ersten Hälfte des 20. Jahrhunderts die »moderne« Methode des Französischunterrichts in Deutschland entwickeln half, nämlich Fritz Strohmeyer.

Am 15. April 1869 geboren und damit genau fünfzig Jahre jünger als Karl Ploetz, hat Fritz Strohmeyer Französisch, Englisch, Latein und Erdkunde studiert und wurde mit einer Dissertation über ein Thema aus dem Altfranzösischen im Jahre 1892 promoviert. Im Wintersemester 1894/95 kam Strohmeyer als *Professeur auxiliaire* ans Französische Gymnasium. In der Unterrichtsverteilung tritt er als Klassenleiter der Sexta auf, und zwar des zu Michaelis aufgenommenen »Zuges«. Seit der Eröffnung des neuen Gebäudes waren genügend Klassenzimmer vorhanden, um zu Ostern und zum Herbst Klassen aufzunehmen. Dieses System wurde durch die gesamte Mittelstufe bis einschließlich Untersecunda beibehalten. Auf diese Weise konnte das Gymnasium auch diejenigen Schüler optimal ausbilden, die nur bis zur Mittleren Reife bleiben wollten. Die Osterklassen hatten regelmäßig zwanzig bis fünfunddreißig Schüler, die Michaelis-Klassen fünfzehn bis zwanzig. Nach der Mittleren Reife blieb von diesen rund fünfzig Schülern etwa die Hälfte übrig, in der Obersecunda wurden die beiden Gruppen zusammengefaßt und gemeinsam unterrichtet. Das System war durchlässig genug, daß ein zu Michaelis aufgenommener Schüler je nach Lernfortschritt mit den Osterschülern das Abitur ablegen konnte oder mit seiner ursprünglichen Lerngruppe erst im Herbst; wenn er dann zurückgestellt wurde, auch erst zu Ostern im Jahr darauf oder, falls er »sitzenblieb«, im nächsten Herbst.

Die Hilfslehrer wurden nach Möglichkeit in den Unterklassen beschäftigt, selten einmal auch auf der Mittelstufe. Im Herbst 1894 hatte sich Direktor Georg Schulze selbst in Französisch in der Michaelis-Sexta eingesetzt. In dieser Klasse saßen fünfzehn Schüler, denen Schulze acht Stunden Französisch gab. An sechs von diesen acht Stunden nahm Fritz Strohmeyer zunächst als Hospi-

Fritz Strohmeyer

Fritz Strohmeyer
(15. 4. 1869–26. 9. 1957) Romaniste
La langue parlée, but de l'enseignement du français.

Fritz Stromeyer arriva au Lycée Français comme professeur auxiliaire au cours du semestre d'hiver de l'année scolaire 1894–95. Il enseigna en Sixième l'allemand et le français. A l'époque, comme aujourd'hui, l'enseignement de l'allemand à ce niveau comptait quatre heures et celui du français huit. En allemand on travaillait avec le «Livre de lectures allemandes», auquel s'ajoutaient des récits biographiques de l'histoire de Prusse et d'Allemagne ainsi que des exercices de lecture, des récitations de poésies et de la grammaire. En français la méthodologie, depuis Ploetz, avait encore évolué. Maintenant, dès la première année, on lisait d'autres lectures que celles du livre de base, «Premières lectures», dès le départ on amenait les élèves à travailler sur un texte, la langue des textes complétait les exercices du livre scolaire. Parler était devenu le but de l'enseignement du français, la communication orale avait supplanté la traduction.

En 1900 Fritz Strohmeyer quitta le Lycée Français. Les années suivantes il fut professeur à l'Ecole des Cadets à Lichterfelde, plus tard Directeur d'un lycée de Wilmersdorf. En 1931 il accepta un poste de Maître de conférences à l'Université de Berlin en langue et littérature françaises.

En écrivant ses œuvres de stylistique et de grammaire, Strohmeyer voulait, comme avant lui Ploetz, imposer comme modèle le français effectivement écrit et parlé en France. Le principe de Strohmeyer est l'approche psychologique de la langue. Ce sont les exemples de la langue réelle qui forment la base de cet enseignement et qui précèdent toujours les règles fondamentales, acquises par une méthode inductive, donnant ainsi une image parfaite de la langue des Français cultivés du XIXeme siècle et de la première moitié du XXeme.

Strohmeyer publia entre les deux Guerres mondiales son «Manuel d'enseignement du français» qui remplaça les livres de classe de Ploetz, même au Lycée Français, et qui devint la collection «Etudes françaises». Aujourd'hui encore, tous les élèves du Collège apprennent le français, en 5eme, 6eme et 7eme classes, dans le «Cours de base» des «Etudes françaises», se préparant ainsi à l'enseignement intégré avec leurs condisciples français en 8eme classe.

tant teil, später übernahm er auch zeitweilig Schulzes Unterricht, allerdings sicherte sich dieser ein Minimum von wöchentlich zwei Stunden durchgängig selbst. Den Deutschunterricht in dieser Klasse erteilte Fritz Strohmeyer von Anfang an in eigener Verantwortung. In seinem ersten Jahr am Französischen Gymnasium half Strohmeyer auch in der Ostergruppe der Obertertia mit. Er unterrichtete hier *Syntaxe de l'adjectif, de l'article et des pronoms d'après la grammaire de Ploetz.*

Auch 1895/96 wird Strohmeyer weiterhin als Hilfslehrer geführt. Schulze überträgt ihm nun die Michaelis-Sexta sowohl als Klassenleiter als auch als Deutsch- und Französischlehrer, und zwar zu selbständigem Unterricht. Im folgenden Jahr ist Strohmeyer Mitglied des Studienseminars des Collège, wird er als *membre ordinaire de l'Ecole normale annexée au Collège* geführt. Er wird also weiterhin von Schulze ausgebildet, seine schulpraktische Tätigkeit verlegt Strohmeyer in dieser Zeit an eine Steglitzer Schule.

Im Jahre 1898 ist er dann wieder am Französischen Gymnasium. Er wird Klassenleiter der Oster-Sexta und abermals Französischlehrer in dieser Klasse.

Die Methodik der Einführung ins Französische hatte sich seit Ploetz offenbar weiterentwickelt. Denn jetzt werden schon im ersten Lehrjahr neben dem Elementarbuch *Premières lectures* gelesen, werden die Schüler von Anfang an zur Textarbeit geführt, ergänzt die Sprache der Texte die Übung am Lehrbuch. Der *Cours de prononciation* geht allem Unterricht voraus, und das erste Jahr über werden *exercices oraux* in den Mittelpunkt gestellt. Die einsprachige Methode beginnt ihren Siegeszug. Strohmeyer hat hier die ersten Erfahrungen sammeln können, Erfahrungen, die er später in seine Publikationen einbringen sollte.

Dreimal hat er den Anfängerkursus am Französischen Gymnasium durchgeführt, dann verließ er die Schule. Im Jahresbericht von 1900 lesen wir: *Au commencement du semestre d'hiver nous avons vu partir avec regret les maîtres auxiliaires MM Menzel et Strohmeyer, tous deux appelés à d'autres écoles où ils ont l'espoir d'être nommés à titre définitif.*

* * *

Strohmeyer wird Oberlehrer an der Lichterfelder Kadettenanstalt, dann Direktor eines Wilmersdorfer Lyzeums, bis er 1931, 62 Jahre alt, aus dem Schuldienst ausscheidet. Er hat einen Ruf an die Berliner Universität erhalten, und zwar als Dozent für französische Sprache und Literatur.

Das bahnbrechende Hauptwerk Strohmeyers und bis in sein hohes Alter »sein liebstes Kind« war »Der Stil der französischen Sprache« von 1910, gefolgt 1911 von dem Buch »Französische Stilistik für die oberen Klassen der höheren Lehranstalten«. Beide »Stilistiken« hatten eine rein praktische Zielsetzung. Strohmeyer wollte damit – wie schon Ploetz – das in Frankreich tatsächlich gesprochene und geschriebene Französisch zum Modell setzen.

Das Prinzip Strohmeyers ist die psychologische Sprachbetrachtung. Seine

»Schulgrammatik« von 1916 und die »Französische Grammatik auf historisch-psychologischer Grundlage« von 1921 verschmelzen die wissenschaftlich-deskriptive mit der didaktisch-psychologischen Methode. Strohmeyer geht von der psychologischen Analyse und Interpretation aus. Seine Grundlage sind die Sprachbeispiele, die der grundsätzlichen, auf induktivem Wege gewonnenen Regel stets voranstehen. Strohmeyers Beispiele geben ein Spiegelbild der Schriftsprache des gebildeten Franzosen des 19. und der ersten Hälfte des 20. Jahrhunderts; mit Beispielen aus dem 17. und 18. Jahrhundert ist Strohmeyer äußerst zurückhaltend. Sein Ziel ist eine deskriptive, keine präskriptive Grammatik. Das Ergebnis ist ein an den praktischen Bedürfnissen orientiertes Lernwerk, eine tragfähige Grundlage für die Schule. Strohmeyers »Französische Grammatik« ist 1949 in dritter Auflage erschienen und hat noch den Französischunterricht der Nachkriegszeit mitbestimmt.

Von der Stilistik ausgehend kam Strohmeyer über die Grammatik zur Lehrbucharbeit. Zwischen den beiden Weltkriegen erschien Strohmeyers »Französisches Unterrichtswerk«, das die Lehrbücher von Ploetz ablöste und in die *Etudes Françaises* einmündete, die seit den zwanziger Jahren erscheinen und nach dem Zweiten Weltkrieg unzählige Auflagen erlebt haben. Die *Etudes Françaises* sind immer wieder neu bearbeitet worden und haben auch am Französischen Gymnasium in den fünfziger Jahren ältere Lehrwerke abgelöst. Aus dem *Cours de base* der *Etudes Françaises* lernen noch heute alle Schüler des Collège in Klasse 5 und 6 ihr Französisch, werden sie vorbereitet auf den integrierten Unterricht mit ihren französischen Kameraden ab Klasse 7.

Strohmeyer hat in späteren Jahren auch Lehrbücher für Spanisch und Italienisch verfaßt, in denen er die Übertragbarkeit der für das Französische entwickelten sprachpsychologischen Methode auf andere Sprachen beweist.

Er starb am 26. September 1957 im Alter von 88 Jahren. (Lit. Nr. 293, 382–385)

Victor Auburtin
Feuilletonist
(1870–1928)
Der zweihundertste Gründungstag des Collège

Drei Tage nach dem deutschen Sieg über Napoleon III. bei Sedan kam Victor Auburtin zur Welt, am 5. September 1870. So erklärt sich Auburtins Vorname, ein Tribut an die preußische Viktoria, deren Abbild wenige Jahre später die Siegessäule in Berlin krönen sollte.

Auburtins Familie stammt aus Metz. Sein Großvater hatte als Koch verschiedene Stellungen im Ausland angenommen und war schließlich in Berlin geblieben. Die Familie paßte sich an, wurde wie viele Hugenottenfamilien anderthalb Jahrhunderte zuvor schnell preußisch.

Aber die Gesinnung von Victor Auburtins Eltern war doch nicht *so* national, daß Victor nicht hätte am Französischen Gymnasium eingeschult werden können. Er besuchte die Schule seit 1879 und benötigte für den Durchgang elf Jahre. Unterwegs wurde er von jüngeren Schülern wie George Pouet überholt. Bei der Zulassungskonferenz zum Abitur beurteilten die Lehrer Auburtin wie folgt: »Trotz seiner guten Fähigkeiten hat dieser Schüler zwei Jahre über die normale Zeit gebraucht, um die Anstalt durchzumachen. Während seines Aufenthalts in Prima hat er mit Ernst gearbeitet und es zu Leistungen gebracht, wie man sie von seiner nicht gewöhnlichen Befähigung erwarten durfte. Sein Fleiß war befriedigend, sein Betragen gab zu keinem Tadel Veranlassung.« Im Abitur war er der fünfte von elf Schülern, er legte es zusammen mit dem um zwei Jahre jüngeren Mitschüler Martin Wolff im Herbst 1890 ab.

Das Jahr 1890 wurde am Französischen Gymnasium als Jubiläumsjahr gefeiert. Drei Jahre zuvor war Georg Schulze Direktor geworden. Wie vor hundert Jahren Jean Pierre Erman hatte Schulze die wichtige Aufgabe, die schulgeschichtliche Festschrift zu formulieren. Er konnte sich dabei der Vorarbeiten Julius Schnatters bedienen, der 1887 plötzlich und unerwartet verstorben war. Aber Schulze mußte sich in das Amt des Direktors erst einarbeiten, und so blieb ihm für seine historischen Forschungen in den Archiven wenig Zeit. Bald war klar, daß das Schuljubiläum nicht am 1. Dezember 1889, sondern erst ein Jahr später würde gefeiert werden können. Das gab der Baubehörde zusätzlich Zeit für eine Generalüberholung des Gebäudes.

Im Jahr von Victor Auburtins Abitur wurde – nachträglich – der Gründungstag der Schule gefeiert. In dem im März 1891 publizierten Jahresbericht, der auch die Eintragung über Auburtins Abitur enthält, werden die Feierlichkeiten sorgfältig dokumentiert. Es war ein Herbst der nationalen Feiertage: Am 25. Oktober wurde an allen Schulen Preußens der 90. Geburtstag Helmuth von Moltkes gefeiert. Am 29. November folgte der Gedenktag der Thronbesteigung des Großen Kurfürsten vor 250 Jahren. Die Schüler stifteten dem Collège zu diesem Tage ein gesticktes Seidenbanner. Da am 1. Dezember wegen einer Volkszählung in Preußen schulfrei gegeben worden war, konnte das

Schuljubiläum erst am 2. Dezember begangen werden. Um 11.30 Uhr wurden die Schüler in die Aula geführt, um 11.45 Uhr trafen die Ehrengäste ein, unter ihnen der Kultusminister Gustav von Goßler, und um Punkt 12 Uhr betrat Kaiser Wilhelm II. die Schule. Es war der erste offizielle Besuch eines deutschen Monarchen am Französischen Gymnasium – dreizehn Jahre nach dem Staatsbesuch des Kaisers von Brasilien.

Die Feierstunde begann mit dem Choral »Oh daß ich tausend Zungen hätte« und einem Gebet, gesprochen vom Pastor der Hugenottengemeinde. Die Begrüßungsansprache hielt der Kultusminister. Er spielte auf die Gründung der Schule im Jahre des brandenburgischen Feldzugs gegen Ludwig XIV. an mit den Worten: »Siegreich hatte der rothe Adler die Lande durchflogen...« die Ansprache endete mit der Verkündung: »Es ist verliehen der Rothe Adler-Orden vierter Klasse dem Direktor Dr. Schulze....«

Georg Schulze nutzte die Gelegenheit, in seinem Festvortrag in Gegenwart des Kaisers auf die nationale Kritik an den Bildungszielen des Französischen Gymnasiums einzugehen. Er zitierte Friedrich den Großen *(... si je peux vous être utile, oui; mais vous nuire, jamais)* und Kaiser Wilhelm I. (»Ich werde es nicht dulden, dass ein Denkmal der großherzigen Gesinnung Meiner Vorfahren vernichtet werde«) und wies dann hin auf die »nicht immer gleich freundliche Beurteilung«, die das Collège seither gefunden habe. Er hob den Wert hervor, »unter zeitweise schwierigen Verhältnissen« den Überlieferungen treu zu bleiben, und dies »in einer Zeit, in der vorlaute Schreier sich gebärden, als ob sie alles historisch Gewordene über den Haufen stürzen möchten«. Dann ging er ein auf das Ziel der Schule, nämlich die Beherrschung der französischen Sprache, und sagte: »Es giebt Schulmänner, vielleicht auch unter den hier Versammelten, welche von dieser Fertigkeit gering denken.« Die Rede schloß mit einem Appell an die »werten Herren Kollegen«, mit der frankophonen Erziehung »nicht blos einem kategorischen Imperativ zu gehorchen, sondern mit rechter Freudigkeit des Herzens...«, schloß mit der Mahnung an die Schüler, sich »durch Eifer und gesittetes Verhalten ... unserer Anstalt auch ferner in dem dritten Jahrhundert ihres Bestehens würdig zu beweisen«.

Georg Schulze war ein knappes Vierteljahrhundert Direktor des Französischen Gymnasiums, in seine Dienstzeit fällt die Aufgabe des Französischen als Unterrichtssprache in Mathematik und den Naturwissenschaften, aber im großen und ganzen konnte er die Tradition der Schule trotz mancher Widerstände, auch aus dem Kollegium, bewahren.

Er war ein mitreißender Lehrer. In den Oberklassen reservierte er sich von Anfang an den Teil des Griechisch-Unterrichts, der Homer galt, in der Unter- und Oberprima je zwei Wochenstunden. Bei Schulze lernten die Schüler die Ilias und die Odyssee so gründlich kennen, daß sie noch lange nach dem Abitur davon zehren konnten. Victor Auburtin kommt in seinen Schriften im Laufe seines Lebens immer wieder auf Homer zurück: Sein späterer Herausgeber Wilmont Haacke sagt, daß Victor Auburtin »seinen geliebten Homer« stets in der Tasche getragen habe.

Victor Auburtin
Zeichnung von Emil Orlik 1925

Victor Auburtin
(5. 9. 1870–28. 6. 1928) Feuilletoniste
Le deux-centième anniversaire du Collège.

Victor Auburtin passa le baccalauréat au Collège Français en 1890. Le 2 décembre de cette même année on célébra le deux-centième anniversaire de la fondation de l'Ecole, avec une année de retard, car auparavent Georg Schulze, successeur de Julius Schnatter, décédé subitement en 1887, confronté à sa nouvelle charge de Directeur, n'avait pu terminer à temps les recherches historiques nécessaires à la rédaction de la brochure commémorative. A l'occasion de cet anniversaire, l'Empereur Guillaume II fut le premier monarque à honorer de sa visite le Lycée Français. Georg Schulze saisit l'occasion, dans son discours solennel d'accueil, d'évoquer la critique des nationalistes à l'encontre des objectifs pédagogiques du Lycée Français et de défendre la finalité de l'Ecole: la parfaite maîtrise de la langue française.

Après son baccalauréat, Victor Auburtin étudia la germanistique, l'art et la littérature. En 1905 Theodor Wolf le fit entrer au «Berliner Tageblatt», journal réputé. En 1911 il fut envoyé comme correspondant permanent à Paris. Là, il vécut l'époque précédant la Première Guerre mondiale comme une période de paix et de sérénité. Lorsque, en juillet 1914, l'escalade commence, Auburtin en est à peine conscient; il reste à Paris, alors que les autres Allemands l'avaient quitté depuis longtemps. Le 2 août il est arrêté, soupçonné d'espionnage. Bien que la perquisition dans son appartement parisien n'ait rien révélé de suspect, il restera interné jusqu'en 1917.

Après sa libération, il reprend son activité de correspondant du «Berliner Tageblatt». Il fait des voyages à Vienne, Athènes, Madrid et Rome et, de là, envoie à la rédaction ses «feuilletons», petites histoires qui n'ont rien à voir avec la politique au jour le jour, mais qui décrivent si précisément la vie quotidienne, à travers des faits et sous des aspects qui pourraient être de tous les temps, qu'ils sont de nos jours sans cesse réédités en République Fédérale d'Allemagne et en R. D. A.

Victor Auburtins Liebe zu den griechischen Klassikern läßt sich einem nachgelassenen Text entnehmen, der den Titel trägt: »Meine acht Seligkeiten«. Darin heißt es u. a.: »Was mir wohl das Liebste war in diesem Leben? ... Am Kamin sitzen, abends, und den griechischen Plato lesen, ohne im Lexikon nachschlagen zu müssen ...«

Victor Auburtin hatte auf der Schule sechs Jahre lang Griechisch gelernt, auf der Mittelstufe sieben Stunden in der Woche, auf der Oberstufe noch sechs, und so konnte er sogar auf griechisch Konversation treiben, in den drei Jahren seiner Internierung auf Korsika seine Lieblingsbeschäftigung, denn er hatte im Lager einen Gleichgesinnten getroffen, mit dem er sich auf Altgriechisch verständigen konnte.

Auburtin verließ das Französische Gymnasium mit der *destination – histoire*, wie es im Jahresbericht von 1891 heißt. Er studierte in Bonn, Tübingen und Berlin, aber nicht Geschichte, sondern Germanistik, Kunst und Literatur. Sein Doktorexamen legte er erst relativ spät ab, weil er sein Studium unterbrochen hatte, um erst eine Zeitlang mit einer fahrenden Schauspielertruppe durch Deutschland zu ziehen, einige teils ungedruckt, teils ungespielt gebliebene Dramen mögen als Frucht dieser Periode in Victor Auburtins Leben gelten.

* * *

Schon auf der Schulbank hatte sich Auburtins literarisches Interesse gezeigt. Seine erste publizierte Arbeit war ein Schulaufsatz über die Renaissance, der eine »nicht schlechte Kritik« fand, wie sein Neffe und Biograph Victor Auburtin jun. schreibt. Bald nach der Jahrhundertwende trat Auburtin in die Redaktion der »Berliner Börsenzeitung« ein, bei der schon sein Vater gearbeitet hatte. Eine Zeitlang brachte der »Simplizissimus« Feuilletons von ihm. Im Jahre 1905 holte Theodor Wolff ihn ans angesehene »Berliner Tageblatt«. Zunächst arbeitete er einige Jahre in der Redaktion. Als Roald Amundsen am 14. Dezember 1911 den Südpol entdeckt hatte, rückte Victor Auburtin diese Nachricht auf der letzten Seite des »Tageblatts« ein, während alle anderen Zeitungen die Nachricht einer Schlagzeile für wert befanden. Auburtin versuchte, sich bei seinem Chefredakteur zu rechtfertigen, daß es ja bei den Gebildeten immer bekannt gewesen sei, daß der Südpol existieren müsse, seine endliche Auffindung und Beflaggung also nichts als eine Selbstverständlichkeit gewesen sei, nur der Punkt auf dem ohnehin bekannten ›i‹ ...

Auburtins Tätigkeit als Redakteur fand so ein jähes Ende. Er wurde als Korrespondent nach Paris versetzt. Hier erlebte er die Zeit vor dem Ersten Weltkrieg als eine Periode des Friedens und der Ruhe. Als das »Tageblatt« am 19. Juli 1914 von ihm einen Bericht über vermeintliche »Pariser Unruhen« haben wollte, fragte er am Telefon zurück: »Welche Unruhen?« Ungeduldige Antwort: »Nun, Aufzüge auf den Straßen, deutschfeindliche Manifestationen, *à Berlin* und so weiter. Sie verstehen schon ...«

Er verstand nicht.

In seinem 1918 erschienenen autobiographischen Bericht »Was ich in Frankreich erlebte«, den er zur gleichen Zeit in Paris unter dem Titel veröffentlichte *Carnet d'un boche en France* beschreibt Auburtin diese Szene. Dort heißt es weiter: »26. Juli. Der *Temps* bringt die Nachricht, daß der deutsche Botschafter heute am Quai d'Orsay gewesen ist, um eine Art von Drohung oder Warnung zu überreichen.« Victor Auburtin kann es nicht glauben, er fährt zur Botschaft, spricht mit dem Botschafter und zieht aus diesem Gespräch folgende Bilanz: »Die Beziehungen zwischen den beiden Staaten sind so normal, wie es die Umstände erlauben.«

Die Eskalation hatte begonnen, aber Auburtin hatte es nicht bemerkt. Oder hatte er es nicht merken wollen? Noch am 31. Juli notiert er: »... alles ist traulich und harmlos wie stets ...«, zu denken gebe ihm nur, daß ihm der deutsche Botschafter im Botschaftsgarten mit dem Hut auf dem Kopf begegnet sei, »verdächtig reisefertig«.

Victor Auburtin läßt den Diplomatenzug nach Deutschland abfahren, er begibt sich am 1. August zur *Gare de Lyon*, als sei nichts geschehen, fährt mit dem Zug Richtung Schweiz, übernachtet in der Festung Besançon und wird dort am Morgen des 2. August verhaftet. Ihm droht ein Spionageprozeß. Aber die Haussuchung in seiner Wohnung in Paris bringt nichts zutage als seine Sammlung römischer Münzen, seine Bibliothek, »die fast alle lateinischen Autoren in den Ausgaben des Aldus, Stephan und Elzevier enthält«, an den Wänden »nicht die Portraits von Moltke und dem Kronprinzen, sondern die der heiligen Barbara von Palma Vecchio und ... Hieronymus im Gehäuse, der Stich Dürers.«

Victor Auburtin wird interniert. Er sagt: »Die Leute, die bisher in ihren Sammlungen lebten und in alten Büchern, sollten es vermeiden, in den Wirrwarr einer politischen Katastrophe zu geraten ... Schlechtes Wetter ... für die friedfertigen Leute ... Denn es ist die Zeit, wo Farbe bekannt werden soll. Ich bin Deutscher, Sohn eines Deutschen, und meine ganze Liebe und Parteilichkeit geht zu meiner Heimat. Aber ich erlaube mir, die Sprache Montaignes zu verstehen, und ich habe mich wohl gefühlt bei diesem französischen Volke, dessen edle bürgerliche Solidität wohl nur der schätzen kann, der etwas von ihm in seinem Blut hat ... Weil ich zweien gerecht zu werden suchte, allen beiden zuredete: seid vernünftig, laßt einer den anderen gelten, deshalb sind sie alle beide über mich hergefallen. Die Deutschen nennen mich einen Französling, und diese Franzosen hier haben erkannt, daß ich ein alldeutscher Hetzer bin ... und das Schwierigste, das Beschämende ist, daß sie alle beide recht haben.«

Auburtin hatte sich in der Internierung auf Korsika in den feuchten Baracken ein Nieren- und Blasenleiden zugezogen, das sich verschlimmerte. 1917 wurde er in die Schweiz entlassen. In Genf nahm er seine Korrespondententätigkeit für das »Tageblatt« wieder auf. Nach dem Kriege kehrte er für kurze Zeit nach Berlin zurück, dann reiste er für seine Zeitung nach Wien, Athen, nach Madrid und nach Rom. Und von überall her sandte er der Redaktion seine

»Feuilletons«, kleine Geschichten, die nichts mit der Tagespolitik zu tun hatten. Walter Kiaulehn sagt: »Von anderen Journalisten unterschied ihn allerdings, daß er nur an Plätze ging, wo unter Garantie nichts los war, kein Eisenbahnunglück, kein Attentat, kein Krieg, keine Verschwörung, nichts.« Denn er meinte, »daß der Mensch gar keine anderen Pflichten auf dieser Welt habe, als den Regenbogen zu betrachten und die Milchstraße, daß Gott seinen Kindern eine einzige Magnetnadel in die Brust gesetzt habe, nach der sie sich richten sollen, und daß diese Magnetnadel immer auf die Schönheit weise.«

Auburtin konnte das Leben genießen. Er zitiert seinen Lieblingsschriftsteller Montaigne: *Nous disons: je n'ay rien faict aujourd'huy. Quoy, n'avez vous pas vescu? C'est pas seulement la fondamentale, mais la plus illustre de vos occupations. Avez vous su prendre du repos? Vous avez plus faict que celuy qui a prins des empires et des villes.*

Auburtins Pariser Aufenthalt hatte 1914 ein abruptes Ende gefunden, und nach dem Kriege hat er die Stadt nicht wiedergesehen. Aber er träumt sein ganzes Leben von ihr wie von einer fernen Geliebten. Hören wir ihn selbst: »In Gedanken spazierte ich zum Zeitvertreib über den *Pont des Arts* auf das andere Seineufer, um alte Bücher einzukaufen. Das ist in Paris das Schönste von allem. Das schönste Pariser Vergnügen ist dieses: alte Bücher einkaufen auf dem linken Seineufer, auf den Quais. Spät abends, wenn die Häuser und die Kirchen und die großen Paläste lauter Gold werden...«

Im Sommer 1928 ging Auburtins Leben zu Ende. Bei einem Bankett, an dem er in Rom teilnahm, entfernte er sich, zwischen Braten und Käse, »nur für einen Moment«, wie er sagte. Aber er kam nicht wieder. Walter Kiaulehn berichtet: »Nach einigen Tagen entdeckte man ihn im Forum des Kaisers Trajan, einer tiefgelegenen Anlage, wo man die überflüssigen Katzen aussetzt, die dort Hungers sterben, wenn man ihnen nicht Brosamen gibt. In Frack und weißer Binde saß Auburtin zwischen seinen Lieblingstieren. Sein Geist war umnachtet.«

Am 28. Juni 1928 ist Victor Auburtin gestorben. Der Obduktionsbefund lautete auf Urämie, Spätfolge seiner Gefangenschaft auf Korsika.

Blieb eine Spur von diesem Leben? In der »Brockhaus-Enzyklopädie«, im »Großen Meyer« finden wir seinen Namen, aber in Berliner Bibliotheken stehen nur die wenigsten seiner Bücher. Und doch läßt sein Werk niemanden los, der sich einmal damit eingelassen hat. Denn es drückt aus, was jeder seiner Leser so oder so ähnlich auch schon empfunden haben mag. Ein Beispiel?

»Die Regierungen da oben mögen sich ändern, wie sie wollen, das Leben ist immer gleichermaßen reich für den, der es liebt und der ihm dient.« (Lit. Nr. 15, 19, 386–395)

Georg Minde-Pouet
Germanist
(1871–1950)
Die Aufsatzthemen auf der Oberstufe

Wegen seiner schlanken, feingliedrigen Figur, seines rassigen Kopfes mit dunklen Haaren und sprühenden Augen und der Lebhaftigkeit seiner Bewegungen, seiner legeren und doch anmutigen Haltung und seiner fesselnden Beredsamkeit, auch des ungezügelten Temperaments wurde er noch als Fünfundfünfziger oft für einen Franzosen gehalten, heißt es in einer Charakteristik von Georg Minde-Pouet.

In der Sammlung der Jahresberichte des Französischen Gymnasiums befindet sich ein Band, der die Jahre 1882 bis 1892 umfaßt. Er ist geschmückt mit dem Exlibris Dr. Minde-Pouet und enthält den handschriftlichen Hinweis »Ich bin erwähnt Progr. 1890, S. 29; Progr. 1891, S. 21, 31«.

George Pouet, wie er in der Matrikel des Collège heißt, Georg Minde-Pouet, wie er sich später nannte, wurde am 5. Juni 1871 geboren. Nach neunjährigem Schulbesuch legte er Ostern 1890 das Abitur ab.

Im Jahr vor seinem Abitur hatte Pouet den *Prix Monod* gewonnen, zusammen mit Edmund Landau, von dem noch zu reden sein wird. Das Thema lautete *Charles Quint au couvent de Saint-Just*. Es mußte in Versen abgehandelt werden. Im Jahre nach seinem Abitur hat George Pouet die lateinische Festrede anläßlich des Geburtstags Kaiser Wilhelms gehalten: *fortes creantur fortibus et bonis* war das Thema, das von der Schule ehemaligen Schülern zum Wettbewerb gestellt war. Das 20 Seiten lange Manuskript ist als Nr. 1 in der 1941 veröffentlichten Bibliographie der »Schriften und Reden von Georg Minde-Pouet« genannt.

Die Beurteilung George Pouets durch seine Lehrer beim Abitur fiel nicht besonders günstig aus. Sie lautet: »Ein Schüler von mittelmäßigen Fähigkeiten, der aber stets redlich bemüht gewesen ist, den Forderungen der Schule zu genügen und dem es auf allen Gebieten gelungen ist, ein befriedigendes Wissen zu erwerben. In den freien Arbeiten trat freilich bis zuletzt eine gewisse Schwäche des Urteils hervor, die aber nicht so bedenklich ist, daß man seine Gesamtreife in Zweifel zu ziehen berechtigt wäre. – Sein Fleiß war gewissenhaft, sein Betragen von tadelloser Bescheidenheit.«

In dem am Französischen Gymnasium vorhandenen Band der Jahresberichte aus dem Besitz Minde-Pouets sind die *Sujets des compositions* jeweils mit dickem roten Stift angestrichen. Offensichtlich hat Minde-Pouet damit die von ihm als Schüler bearbeiteten Themen hervorheben wollen. Hier eine Auswahl, zunächst im Fach Französisch. Wir werden sehen, daß sich seit der Schulzeit von Félix Marchand weder bei den Aufsatzthemen noch in den Abiturarbeiten allzuviel geändert hat.

In der Obersecunda wurden Themen gestellt, die sich auf die klassische lateinische, deutsche und französische Literatur bezogen (Ovid, Sallust, Schiller,

Georg Minde-Pouet
anonyme Zeichnung 1921

Georg Minde-Pouet
(5. 6. 1871–20. 1. 1950) Germaniste
Les sujets de dissertation dans le second cycle.

George Minde-Pouet obtint à Pâques 1890 le baccalauréat au Lycée Français. A la bibliothèque de l'Ecole est conservé un exemplaire des rapports annuels de l'époque de la scolarité de Minde-Pouet, provenant de sa collection privée. Le futur germaniste y a souligné en rouge, d'un trait épais, les sujets de ses dissertations allemandes. Dans le second cycle on proposait comme sujets d'étude littéraire les œuvres «classiques»: Sophocle, Virgile, en passant par Shakespeare pour arriver à Lessing, Goethe et Schiller. Les thèmes à traiter librement en Première étaient: «Pourquoi la postérité peut-elle mieux juger les grands hommes que les contemporains?», «C'est à son langage que l'on reconnaît l'Homme», «Lequel des arts sera le plus résolument et évidemment national?». Le sujet de la dissertation du baccalauréat était: «Comment la civilisation a-t-elle, peu à peu, modifié l'image de notre planète?»

Après avoir étudié la philologie germanique et française à l'Université de Berlin et passé son doctorat en 1895, Georg Minde-Pouet entra, comme conseiller scientifique, à la Direction des Musées d'Etat de Berlin. En 1911 il fut nommé Directeur des collections municipales de la ville de Dresde. A partir de 1913 il dirigea durant dix ans la Bibliothèque Allemande de Leipzig, qui était censée posséder l'ensemble des œuvres de langue allemande, dans la mesure où devait y être déposé obligatoirement un exemplaire de chaque œuvre publiée. Ensuite il s'établit à Berlin, comme Maître de conférences.

Georg Minde-Pouet était membre de nombreux cercles scientifiques, des Sociétés Goethe, Lessing, Shakespeare et de la Société Kleist, où, en tant que président, il publia nombre de travaux ayant trait à la vie et à l'œuvre de cet écrivain, de sorte qu'il fut considéré, en définitive, comme le plus éminent spécialiste de Kleist au XXeme siècle.

Racine, Molière). In der Unterprima bezogen sich die Themen auf Corneille, La Bruyère, Boileau, Joinville und Shakespeare. In der Oberprima hatte George Pouet Themen nach Voltaire, Marivaux, Diderot, nach Homer und Caesar zu bearbeiten. Das Reifeprüfungsthema lautete: *Opérations militaires de l'année 1813 depuis l'armistice de Poischwitz jusqu'à la veille de la bataille de Leipzig.*

Auch in Latein wurden in Minde-Pouets Schulzeit nach wie vor Aufsätze geschrieben. In Obersecunda waren es vier, Caesar war die bevorzugte Quelle, in Unterprima waren es acht, meist nach Cicero, auch Cornelius Nepos, Tacitus. In der Oberprima schließlich, sieben Aufsätze außer der Abiturarbeit, standen die Themen im Zusammenhang mit Homer, Sophokles, Demosthenes, Plato, unterstützten also den Griechischunterricht. Das Abiturthema lautete: *Cicero ne in otio quidem civibus suis prodesse desiit.*

Auch die deutschen Aufsätze beschäftigten sich mit der klassischen Literatur, ergänzt durch freie Themen. Hier eine Auswahl aus der bearbeiteten Literatur von Obersecunda bis Oberprima: Nibelungenlied, Walther von der Vogelweide, Wolfram von Eschenbach, Klopstock, Lessing, Schiller, Goethe, und aus der nichtdeutschen Literatur: Sophokles, Vergil, Shakespeare. Die freien Themen der Oberprima lauteten: »Warum urteilt die Nachwelt über große Männer meist gerechter als die Mitwelt?«, »An der Sprache erkennt man den Menschen«, »Welche von den Künsten wird am entschiedensten national sein müssen?«. Der achte Aufsatz war die Abiturarbeit. Das Thema lautete: »Wie hat die Kultur allmählich das Ansehen der Erde verändert?«

Dies also waren die Themen, die gegen Ende des 19. Jahrhunderts von den Schülern bearbeitet werden mußten. Sie zeigen, daß die klassische literarische Bildung wie eh und je am Französischen Gymnasium die Hauptrolle spielte.

* * *

Nach dem Studium der germanischen und romanischen Philologie an der Berliner Universität, das er 1895 mit der Promotion abschloß, trat Minde-Pouet als wissenschaftlicher Hilfsarbeiter in die Staatlichen Museen Berlins ein. Drei Jahre später aber, als die preußische kulturelle Expansionspolitik ihre Aufmerksamkeit nach Osten lenkte, wurde er nach Posen und später nach Bromberg berufen, um dort das städtische Bibliothekswesen aufzubauen.

Vierzig Jahre war er alt, als ihm die erste große Aufgabe gestellt wurde: 1911 wurde er zum Direktor der Städtischen Sammlungen Dresdens ernannt, die außer der Stadtbibliothek und dem Stadtarchiv auch die drei städtischen Museen umfaßten. Nachdem Minde-Pouet sich in dieser Tätigkeit bewährt hatte, wurde ihm 1913 die Leitung der Deutschen Bücherei in Leipzig anvertraut, jener Bibliothek, die das deutsche Schrifttum vollständig erfassen sollte, indem ihr von jeder Publikation ein Pflichtexemplar zur Verfügung gestellt wurde.

Zehn Jahre lang leitete er die Deutsche Bücherei, dann ging er nach Berlin, wo er sich als Privatgelehrter niederließ. Die Preußische Akademie der Wissenschaften übertrug ihm die Fortführung des von Karl Goedeke begründeten Sammelwerkes »Grundriß zur Geschichte der deutschen Dichtung«, und das Kultusministerium beauftragte ihn, die von Wilhelm Erman begonnene »Bibliographie der deutschen Universitäten« fortzusetzen.

Georg Minde-Pouet gehörte einer Vielzahl von wissenschaftlichen Vereinigungen an, der Goethe-, Lessing-, Shakespeare- und der Kleist-Gesellschaft, deren Jahrbücher er herausgab, und die ihn bereits 1921 zu ihrem Präsidenten wählte.

Schon früh hatte Georg Minde-Pouet sich der Freimaurerei angeschlossen, dennoch gelang es ihm, sich auch nach 1933 zu behaupten. Seine Mitarbeit beim Institut für Auslandsbeziehungen ergänzte er durch den Beitritt zum Verein für das Deutschtum im Ausland, beides nach Hitlers »Machtergreifung« Instrumente der nationalsozialistischen Kulturpropaganda im Ausland.

Alere flammam war sein Motto, und unter diesem Titel stand die Festschrift, die ihm seine Leipziger Mitarbeiter 1921 zum fünfzigsten Geburtstag gewidmet hatten. Nun erschienen alle zehn Jahre weitere Festgaben, die Georg Minde-Pouet als den führenden Kleist-Forscher des 20. Jahrhunderts feierten. Seine wissenschaftlichen Untersuchungen zu Kleists Leben und Werk könnten ohne weiteres einen Bücherschrank füllen.

Georg Minde-Pouet hat die Verbindung zum Französischen Gymnasium nicht abreißen lassen, stand in Kontakt mit den Germanisten der Schule und gehörte zu den Unterzeichnern der an die sowjetische Militäradministration gerichteten Bittschrift, die zur Wiedereröffnung des Französischen Gymnasiums nach dem Kriege beitrug.

Am 20. Januar 1950 ist Georg Minde-Pouet in Berlin, fast 80 Jahre alt, verstorben. (Lit. Nr. 378, 396–400)

Richard Mühsam
Arzt
(1872–1938)
Festlichkeiten am Französischen Gymnasium

Das erste Mitglied der weitverzweigten Berliner Medizinerfamilie Mühsam, das am Königlichen Französischen Gymnasium zur Schule ging, war Richard Mühsam, geboren am 10. März 1872, *fils d'un conseiller de santé, de religion judaïque*, wie es im Jahresbericht von 1890 heißt.

Richard Mühsam besuchte das Gymnasium neun Jahre, davon je ein Jahr die Unter- und die Oberprima. Als er in Obersecunda war, gehörte der Sohn des französischen Botschafters Jules Herbette eine Zeitlang zu seinen Mitschülern. Das Aufnahmegesuch des Botschafters hat sich erhalten. Es enthält die folgenden Sätze: *Serait-ce trop d'ambition que de souhaiter qu'il soit admis ... sans examen préalable ...? Nos méthodes d'enseignement sont différentes, et mon fils n'est peut-être pas préparé au même degré dans toutes les facultés du programme ... C'est essentiellement pour le grec et le latin que je voudrais le voir entrer dans cette classe, et je désirerais qu'il fût autorisé à ne pas être assidu aux autres leçons qui pourraient être trop fortes pour lui ...* Ein interessantes Kompliment für das Collège und sein Unterrichtsniveau im Vergleich zu Schulen in Frankreich! – Übrigens hat Maurice Herbette *hors concours* am *Prix Monod* teilgenommen und wird unter den Preisträgern erwähnt.

Während Mühsams Schulzeit wurden die Schüler bei vielen Gelegenheiten im neuen großen Festsaal zusammengeführt. Folgen wir Richard Mühsam während seines letzten Schuljahrs zu den Schulfeiern in die Aula!

Die Osterferien hatten zwei Wochen gedauert. Am 14. April versammelten sich die Schüler zur Eröffnung des Sommerhalbjahres in der Aula zum gemeinsamen Gebet. Der Direktor erteilte den Schülern anschließend die üblichen Ermahnungen.

Am 15. Juni wurde des Todes Kaiser Friedrichs III. gedacht, der im vergangenen Jahr verstorben war. Die Gedenkrede hielt einer der jüngeren Lehrer, Eugen Grünwald. Sie wurde umrahmt von Choralgesängen und Gebeten.

Vor Beginn der Sommerferien, sie dauerten knapp sechs Wochen, kam die Schulgemeinde ebenfalls in der Aula zusammen. Der Direktor hielt seine Ansprache, mit gemeinsamen Gebeten schloß die Veranstaltung.

Der Jahrestag des preußischen Sieges bei Sedan, der 2. September, wurde 1889 nicht mit einem Wandertag, sondern durch ein Sportfest begangen.

Am 2. November wurde der Einführung der Reformation in Brandenburg und Berlin vor 350 Jahren gedacht. An diesem Tage wurde einem erfolgreichen Schüler die Erinnerungsmedaille überreicht, und der Empfänger hielt auf französisch die übliche Gedenkrede. 55 Bücherprämien wurden an besonders leistungsfähige Schüler verliehen. Mit dem Choral »Ein feste Burg« und einem Gebet, gesprochen vom Direktor, ging die Feierstunde zu Ende.

Am 8. Januar, die zweiwöchigen Weihnachtsferien waren gerade vorbei, kam die Schulgemeinde früh morgens in der Aula zusammen, um der am Vortage verstorbenen Kaiserin Augusta zu gedenken.

Der Geburtstag Kaiser Wilhelms II. wurde am 27. Januar gefeiert. Die Gedenkrede hielt Albert Gottschick, Altphilologe der Oberstufenklassen. Die Aula war zu diesem Zweck mit den Ölgemälden der Hohenzollernkönige geschmückt worden. Zwei dieser Gemälde wurden zum ersten Mal ausgestellt, nämlich das des verstorbenen und das des regierenden Kaisers. Die Feierstunde begann mit dem Chor *Salvum fac, Domine, Imperatorem* und endete nach einer kurzen die Gemälde erläuternden Ansprache des Direktors mit dem Vivat und der Nationalhymne »Heil dir im Siegerkranz«, gesungen von allen Anwesenden.

Dies also waren die Feierlichkeiten, wie sie in der Schulchronik unter der Überschrift *Solemnités scolaires; fêtes religieuses et patriotiques* aufgeführt wurden und die Schüler, unter ihnen auch Richard Mühsam, in der Aula zusammenführten.

* * *

Nach dem Abitur studierte Mühsam Medizin in Berlin und Würzburg, wo er auch sein militärisches Dienstjahr absolvierte. 1893 wurde er in Berlin zum Doktor promoviert und bestand bereits ein Jahr später das ärztliche Staatsexamen. Anschließend ging Richard Mühsam an das Senckenbergische Institut in Frankfurt und kehrte 1896 nach Berlin zurück. Er wurde zunächst Assistenzarzt an der Chirurgischen Abteilung des Krankenhauses Moabit, zehn Jahre danach wurde er Oberarzt, 1909 Dirigierender Arzt und 1915 stellvertretender Direktor des Städtischen Krankenhauses Moabit. Richard Mühsam ist jetzt 43 Jahre alt. Nach dem Kriegsdienst, den er als Stabsarzt in Serbien leistete, übernahm er im Jahre 1919 die Stelle des Dirigierenden Arztes an der Chirurgischen Abteilung des Rudolf-Virchow-Krankenhauses, dessen Ärztlicher Direktor er bereits ein Jahr später wurde.

Von Richard Mühsam stammen viele medizinische Publikationen auf dem Gebiet der Operationslehre. Er profilierte sich als Gehirn- und Nervenchirurg, arbeitete an Transplantationen, in der plastischen Chirurgie, auch an Sexualoperationen, und gehörte vor 1933 zu den bedeutendsten Chirurgen Berlins.

Neben seiner praktischen Arbeit und der wissenschaftlichen Publikationstätigkeit arbeitete er im medizinischen Normenausschuß mit. Die Normierung chirurgischer Instrumente geht auf seine Initiative zurück.

1933 wurde Mühsam seiner Ämter enthoben. Er fuhr fort, als Privat-Chirurg zu arbeiten, durfte zuletzt aber nur noch Juden behandeln. Am 21. November 1938 ist er in Berlin verstorben.

Sein Sohn Eduard Mühsam, Abiturient von 1915 und mit seinem Vater eine Zeitlang als Chirurg und Urologe am Virchow-Krankenhaus tätig, wurde zur Beerdigung seines Vaters aus der »Schutzhaft« im Konzentrationslager Sachsenhausen beurlaubt. Es gelang ihm 1939, mit seinem Sohn Gerhard, ebenfalls

Richard Mühsam
1933

Richard Mühsam
(10. 3. 1872–21. 11. 1938) Médecin
Festivités au Collège Français.

Richard Mühsam fréquenta le Lycée Français, premier d'une lignée très prolifique de médecins allemands. A l'époque de sa scolarité les occasions ne manquaient pas de réunir les élèves dans la nouvelle salle des fêtes. La dernière année de sa scolarité au Lycée, 1889–90, fut marquée par les festivités suivantes: après les vacances de Pâques et au début des vacances d'été, les élèves se rassemblèrent pour une prière commune. Le 15 juin on se recueillit à mémoire de l'Empereur Frédéric III, mort l'année précédente. L'anniversaire de la victoire prussienne de Sedan, le 2 septembre, ne fut pas marquée en 1889, comme il était d'usage, par une journée d'excursion, mais par une fête sportive. Le 2 novembre on fêta l'institution de la Réforme dans le Brandebourg et à Berlin, qui avait eu lieu 350 ans auparavent. Le 8 janvier 1890 on se recueillit en l'honneur de l'Impératrice Augusta, morte la veille, et le 27 janvier on fêta l'anniversaire de l'Empereur Guillaume II.

Après le baccalauréat, Richard Mühsam étudia la médecine à Berlin et à Würzburg. A partier de 1896 il travailla comme médecin auxiliaire, plus tard chef de clinique et enfin Directeur adjoint de l'hôpital de Moabit. En 1919 il devint Médecin en chef du service de chirurgie de l'hôpital Rudolf-Virchow et, un an plus tard, Médecin-Directeur de cet établissement.

Il fut l'auteur de nombreuses publications médicales dans le domaine opératoire. Il se fit un nom en tant que chirurgien du cerveau et neurochirurgien, étendit ses travaux aux transplantations d'organes, à la chirurgie plastique, également aux opérations des organes génitaux, et fut ainsi avant 1933, l'un des plus éminents chirurgiens de Berlin.

Juif, il fut déchargé en 1933 de toutes ses fonctions administratives. Il continua à travailler comme chirurgien privé, mais bientôt n'eut plus le droit de soigner que des Juifs. Le 21 novembre 1938 il mourut de l'éclatement d'une tumeur du duodénum. Certes il en avait perçu les symptômes à temps, mais dans les jours qui suivirent immédiatement les pogromes de la «Nuit de cristal», il ne se trouvait plus un seul hôpital berlinois qui admît les Juifs.

Collegianer und später Arzt, nach England zu entkommen. Eduard Mühsam ließ 1939 in Amerika einen Nachruf auf seinen Vater erscheinen, dem wir entnehmen, daß Richard Mühsam am Durchbruch eines Zwölffingerdarm-Geschwürs gestorben ist. Er hatte die Symptome erkannt, aber unmittelbar nach der »Kristallnacht« vom 9. zum 10. November 1938 gab es in Berliner Krankenhäusern für Juden keine Betten!

Das Rudolf-Virchow-Krankenhaus gedachte im März 1960 seines einstigen Direktors, der ohne die Hilfe seines Krankenhauses hatte sterben müssen, indem es der großen zentralen Hauptstraße im Krankenhauspark seinen Namen gab: Richard-Mühsam-Allee.

Hören wir die Würdigung Mühsams aus der Feder seiner ebenfalls noch kurz vor dem Kriegsausbruch 1939 emigrierten Tochter Gerda Breit: *My father was a good German who was deeply affected by the rise of the Nazis and the fact that, all of a sudden, he was told that he was not a German anymore. He had the chance to emigrate, but he felt not well enough to do so, and therefore stayed in Germany, but he knew that both my brother and I had to leave. However, he died before we could get out.* (Lit. Nr 202, 344, 378, 401–404)

Martin Wolff
Jurist
(1872–1953)
Das »jüdisch-französische Gymnasium«

Martin Wolff, Sohn eines jüdischen Kaufmanns, wurde geboren am 26. September 1872. Er besuchte das Königliche Französische Gymnasium ab Ostern 1881. Im Jahre vor seinem Abitur errang er den *Prix Monod*, und die Reifeprüfung bestand er – mit Victor Auburtin zusammen – im Herbst 1890 als Drittbester von elf Schülern.

Seine Beurteilung nimmt Bezug auf die außergewöhnliche Zierlichkeit seiner Gestalt, wenn es heißt: »Trotz seines verkümmerten Körpers stets frisch und eifrig, dabei verständig, klar und selbständig, hat dieser Schüler seine Fähigkeiten zu einer glücklichen Reife entwickelt. Sein Fleiß war stets zuverlässig, sein Betragen von tadelloser Bescheidenheit.«

Am Ende seines ersten Schuljahres am Collège, zu Ostern 1882, wohnte Martin Wolff mit allen übrigen Schülern in der Aula der Abiturientenentlassung bei: Er war anwesend, als Direktor Julius Schnatter zu den Abiturienten über die Schwierigkeiten sprach, die sie in der Gesellschaft vorfinden würden: *Cinq d'entre vous, par exemple, sont Israélites, et par le temps qui court il y a bien des hommes qui ne sont pas doux pour ceux qui professent la religion juive; – mais que cela ne vous décourage point, c'est tout simplement une difficulté de plus, devant laquelle vous reculerez d'autant moins que tous les honnêtes gens sont unanimes à condamner des tendances qui mettent la discorde parmi les citoyens d'un même Etat.*

Direktor Schnatter ist wegen dieser Rede von zwei Seiten angegriffen worden, zuerst vom Deutschen Tageblatt, das ihn ironisch den »koscheren Direktor« des »jüdisch-französischen Gymnasiums« nannte, dann von der Schulbehörde, dem Königlichen Provinzial-Schulkollegium. Seine Vorgesetzten teilten ihm lapidar mit, »daß es nicht angemessen erscheint, derartige Tagesfragen, deren Charakter vorwiegend ein politischer und Gegenstand leidenschaftlicher Erörterungen ist, in einer vor den Schülern gehaltenen Rede zu erörtern.«

Trotzdem reichte die Behörde wegen Beleidigung Direktor Schnatters Klage ein gegen den verantwortlichen Redakteur, der zu einer Geldstrafe verurteilt wurde. – Die Richtigkeit der Beurteilung der gesellschaftspolitischen Verhältnisse, in die Schnatters Zuhörer von der Schule entlassen wurden, sollte sich auf tragische Weise bestätigen, auch im Lebensweg seines Zuhörers Martin Wolff.

* * *

Im Jahresbericht von 1891 lesen wir, daß Wolff Jurist werden wollte. Er besuchte die Universitäten von Berlin, Freiburg und München. 1894 war er be-

Martin Wolff
Zeichnung von Paul Labowsky
nach einer zeitgenössischen Photographie

Martin Wolff
(26. 9. 1872–20. 7. 1953) Juriste
Le Lycée «franco-juif».

A Pâques 1882, à la fin de sa première année scolaire passée au Lycée Français, Martin Wolff écouta, comme tous les autres élèves, le discours d'adieu du Directeur Schnatter aux bacheliers, dans lequel celui-ci soulignait, à l'adresse des six lauréats, dont cinq étaient de confession juive, les dangers croissants de l'antisémitisme. C'est ce discours qui amena le Deutsches Tageblatt à surnommer ironiquement Julius Schnatter le «Directeur casher» du «Lycée franco-juif»; c'est lui qui lui valut aussi les réprimandes des autorités scolaires, le Conseil académique royal. Cependant la justesse de son jugement sur la situation sociale devait se trouver confirmée dans la vie de son auditeur Martin Wolff, fils d'un commerçant juif.

Après son baccalauréat en 1890, Wolff étudia le droit à Berlin, Fribourg et Munich. En 1900, titulaire d'une habilitation, il devint Maître de conférences en droit allemand. En 1903 il fut chargé de cours de droit étranger et devint finalement Professeur titulaire de droit civil international et étranger. En 1924 il devint Directeur de l'Institut de Droit étranger à Berlin. Ses publications sont nombreuses et variées. Elles traitent avant tout de droit privé international concernant les biens et la famille. Martin Wolff fut un Professeur d'Université intéressant et apprécié. Il n'était pas rare de voir 1000 à 2000 étudiants assister à ses cours magistraux.

Les lois de Nuremberg en 1935 mirent fin à sa carrière d'enseignant. Il émigra en Angleterre, patrie de sa femme, avec sa famille et y continua ses publications, sans toutefois reprendre l'enseignement. Les Universités d'Oxford et de Marbourg décernèrent à Martin Wolff, à l'occasion de son quatre-vingtième anniversaire, le titre de Docteur honoris causa, et l'Université Libre de Berlin le nomma Professeur titulaire, lui décernant par la même occasion l'honorariat, en guise de réparation morale. La même année, Martin Wolff se vit décorer de la Grand-Croix de l'Ordre du Mérite avec Etoile.

reits promoviert, 1899 wurde er Gerichtsassessor, 1900 erfolgte seine Habilitation als Privatdozent für deutsches Recht, und 1903 übernahm er, eben 30 Jahre alt geworden, eine außerordentliche Professur für ausländisches Recht. Seine weiteren Etappen als akademischer Lehrer waren Marburg und Bonn, bevor er 1921 wieder nach Berlin zurückkehrte. Hier schreibt er sein Werk »Frankreich«, veröffentlicht innerhalb der Reihe »Zivilrechtsgesetze der Gegenwart«.

1924 wurde Martin Wolff Leiter des Instituts für ausländisches Recht, später auch des Instituts für ausländisches und internationales Privatrecht in Berlin, und gab die Zeitschrift für ausländisches und internationales Privatrecht heraus. Er war ein eminenter, berühmter und beliebter akademischer Lehrer. Seine Vorlesungen fanden in der Regel im *Auditorium maximum* statt.

1933 versuchten nationalsozialistische Studenten seine Vorlesungen durch Krawalle zu unterbinden – ohne Erfolg. Erst die Nürnberger Gesetze von 1935 machten Wolffs Lehrtätigkeit ein Ende. Indirekt übte er auch weiter seinen Einfluß auf die juristische Ausbildung der deutschen Studenten aus, wie aus seiner Biographie hervorgeht: *His textbook* Sachenrecht *in the* Lehrbuch des bürgerlichen Rechts *guided generations of law students and could not be superseded by the Nazis.*

Martin Wolffs Frau stammte aus England, und so wanderte die Familie 1938 nach England aus. Die Universität Oxford hatte Wolff ein Forschungsstipendium bewilligt.

In England setzte er seine Publikationstätigkeit fort, in der Lehre war er aber nicht mehr tätig. 1945 erschien sein Werk *Private International Law* (zweite Auflage 1950). Die Universitäten von Oxford und Marburg verliehen Wolff 1952 Ehrendoktorwürden, und die Freie Universität Berlin berief den alten Herrn zum *Ordinarius* – unter gleichzeitiger Emeritierung, was einem Akt moralischer Wiedergutmachung gleichkam.

Im gleichen Jahr begab sich der damalige Staatssekretär im Auswärtigen Amt, Walter Hallstein, ein Schüler Wolffs, nach London, um seinem ehemaligen Lehrer namens des Bundespräsidenten das Große Bundesverdienstkreuz mit Stern zu überreichen.

Zu Wolffs 80. Geburtstag am 26. September 1952 erschien eine Festschrift, in deren Vorwort es heißt: »Einige seiner Schüler und Freunde, über viele Länder verstreut, aber verbunden durch die Zuneigung zu ihm, haben sich zusammengefunden, um dem Gelehrten und Lehrer mit einer wissenschaftlichen Gabe ihre Dankbarkeit und ihre Verehrung zu bezeugen.« Die Festschrift enthält auch eine Bibliographie der Veröffentlichungen Wolffs, die 50 Jahre lang jährlich bis zu einem halben Dutzend Titel aufweist. Sein letztes großes Werk war der *Traité de Droit Comparé* von 1952.

Am 20. Juli 1953 ist Martin Wolff in London verstorben. In einem Artikel aus Anlaß des 100. Geburtstags Wolffs schreibt Ernst G. Lowenthal: »Selten hat ein Rechtsgelehrter so nachhaltige Wirkung ausgeübt wie er. Er hatte europäisches Format angenommen.« (Lit. Nr. 377, 378, 405–409)

Robert René Kuczynski
Statistiker
(1876–1947)
Aus der Schulstatistik

Am 12. August 1876 als Sohn eines Bankiers geboren, war Robert René Kuczynski 9 Jahre Schüler des Collège und bestand Ostern 1894 das Abitur, unter zwölf Abiturienten der elfte, einer von sieben Schülern jüdischer Religion.

Julius Schnatter veröffentlichte seit 1884 in den Jahresberichten ausführliche Schulstatistiken. 1885 war Kuczynski einer von 72 Schülern in der Sexta, die in einer Oster- und einer Michaelisklasse unterrichtet wurden. In der Quinta Kuczynskis gab es 71 Schüler, in seiner Quarta 65. Ab Untertertia begannen sich die Reihen zu lichten. Die Untertertia hatte noch 54 Schüler, die Obertertia 43, die Untersecunda 38. Bis hierher gab es die Oster- und Herbstklassen. Am Ende der Untersecunda erwarben die Schüler die Mittlere Reife. Ungefähr die Hälfte ging ab, die andere Hälfte trat auf die Oberstufe über. 28 Schüler gab es 1891 in Kuczynskis Obersecunda, 27 in seiner Unterprima, 20 bestanden im Schuljahr 1894 das Abitur.

1894, als Kuczynski die Reifeprüfung ablegte, war die Schülerzahl etwas zurückgegangen. In den Sexten saßen 35 und 15, also 50 Schüler, in der Quinta sank die Zahl unter 50, in Untersecunda waren es nur noch 36 Schüler. In der Unterprima waren 20 Schüler, und die Abiturklasse bestand mit Kuczynski aus 12 Schülern, die zu Ostern, und 8 Schülern, die im Herbst ihre Reifeprüfung ablegten.

Seit 1881 veröffentlichte Schnatter jedes Jahr auch eine Religions- und eine Nationalitätenstatistik. Als Kuczynski 1885 in die Sexta kam, war er einer von 182 jüdischen Schülern gegenüber 249 Protestanten, 21 Katholiken und einem Mohammedaner. Von den 453 Schülern waren 436 Berliner, sieben kamen aus der Provinz, zehn aus dem Ausland. 1894 waren von 332 Schülern 291 Berliner, 26 kamen aus der Provinz, 15 aus dem Ausland. Die Zahl der jüdischen Schüler war auf 149, die der Protestanten auf 161 gefallen, Katholiken gab es 15. Der Anteil der jüdischen Schüler lag also bei 45%.

Das Jahr mit dem zahlenmäßig höchsten Anteil jüdischer Schüler in der Geschichte des Französischen Gymnasiums war das Jahr 1886, Kuczynski war zu diesem Zeitpunkt Quintaner. 1886 besuchten 191 jüdische Schüler das Collège, bei einer Gesamtzahl von 445 Schülern. Drei Jahre vor Kuczynskis Abitur war die absolute Zahl der Juden auf 187 zurückgegangen, aber bei einer Gesamtzahl von 383 Schülern bedeutete das einen Anteil von 49% jüdischer Schüler.

Das Jahr mit der höchsten Schülerzahl überhaupt war 1885, Kuczynski war damals Sextaner und einer von 453 Schülern. Übertroffen wurde diese Zahl erst 1953, als durch die Verschmelzung des Französischen Gymnasiums mit dem Collège der französischen Besatzung die Schülerzahl von 449 auf 505 kletterte.

Robert René Kuczynski
1933

Robert René Kuczynski (12. 8. 1876–25. 11. 1947) Statisticien Extrait des statistiques du Collège.

René Kuczynski obtint son baccalauréat en 1894 au Lycée Français. Si l'on se réfère aux statistiques publiées par le Directeur Schnatter à partir de 1884 dans ses rapports annuels, c'est à l'époque de la scolarité de Kuczynski que le nombre des élèves du Lycée Français atteignit son apogée. En 1886 le Collège comptait 453 élèves et ce nombre ne fut dépassé qu'en 1953, lors de la fusion du Lycée Français et du collège des occupants français, où il passa de 449 à 505. Trois ans avant que Kuczynski ne passât son baccalauréat, l'Ecole avait 181 élèves protestants, 15 catholiques et 187 juifs, Kuczynski était l'un d'entre eux. Face à 331 Berlinois on trouvait 27 élèves venus de province et 25 étrangers.

Après son baccalauréat, René Kuczynski étudia le droit à Fribourg, Strasbourg et Munich. De 1900 à 1903 il travailla à l'Office fédéral des statistiques en Amérique. De 1916 à 1921 il fut Directeur du Bureau des statistiques de Berlin-Schöneberg. Après la Première Guerre mondiale, Kuczynski s'engage de plus en plus en politique. Il prend partie pour un équilibrage des dépenses publiques en préconisant le prélèvement d'un impôt exceptionnel sur la fortune, en vertu duquel chaque Allemand devrait abandonner à l'Etat la moitié de ses biens afin d'en assainir le budget. Cette imposition sur les biens s'avérant impossible à mettre en œuvre, il soutient l'idée d'un référendum sur la dépossession sans contrepartie des princes. Après l'échec de ce projet, dû à une participation trop faible des votants, Kuczynski se retire de la vie politique active. Il exprime alors ses idées dans la Ligue des Droits de l'Homme. En Allemagne et en France il intervient lors de conférences et de manifestations publiques en faveur d'une réconciliation internationale et de la paix.

En février 1933, les nationaux-socialistes font disparaître Kuczynski de la scène politique. Il quitte, comme beaucoup d'autres, l'Allemagne et s'établit en Angleterre. Là il poursuit ses travaux statistiques de démographie mondiale, en anglais. Son œuvre considérable paraît de 1948 à 1953 sous le titre: «Demographic Survey of the British Colonial Empire».

In die Schulzeit von René Kuczynski fällt also der absolute Höhepunkt der Schülerzahl des Französischen Gymnasiums und mit 49% der Höchstanteil jüdischer Schüler überhaupt.

Ein so hoher Anteil von Juden bedeutet, daß die Mehrheit der Schüler des Collège jüdischer Abstammung war. Denn die Kinder aus gemischt jüdisch-christlichen Familien und aus Familien getaufter Juden gehören ja ebenfalls zu den Schülern jüdischer Abstammung. Die Schüler nicht-jüdischer Abstammung müssen in Kuczynskis Schulzeit in der Minderheit gewesen sein. Die tolerante Atmosphäre der Schule bewirkte, daß die Angehörigen der beiden Gruppen gut miteinander auskamen; religiöse oder politische Differenzen konnten das gute persönliche Verhältnis nicht trüben und die Integration der jüdischen Schüler, von der schon die Rede war, nicht behindern. Aus evangelischen, katholischen und jüdischen Schülern, aus Schülern jüdischer und nicht-jüdischer Abstammung entstand eine homogene Schulgemeinde, eine Gemeinschaft, die sich in den Jahren nach 1933 bewähren sollte, wir werden davon hören.

* * *

René Kuczynskis Sohn und Biograph Jürgen Kuczynski sagt: »Seine Lehrer hatten wenig Freude an ihm. In den Zeugnissen finden sich viele Klagen, und öfter gehörte er zu denen, die gerade noch versetzt wurden.« Die Beurteilung zum Abitur zeigt, daß Kuczynski diese Schwierigkeiten überwunden hat: »Ein Schüler, über den früher viel geklagt worden ist, der aber, jedenfalls im letzten Semester, sich fast allen Gegenständen des Unterrichts mit frischem Eifer und gutem Erfolg zugewendet hat. Seine Reife ist unzweifelhaft. Sein Betragen war gesetzmäßig, sein Fleiß gut.«

René Kuczynski interessierte sich für Literatur. Seine erste literarische Arbeit war die Übersetzung einer Novelle von Maupassant. Noch nicht achtzehn Jahre war er alt, als er das Abitur bestanden hatte. Das Thema seines Prüfungsaufsatzes in Deutsch lautete: »Goethes Götz, verglichen mit dem Ritterideal der Hohenstauferzeit«, und in Französisch bearbeitete er das Thema: *Mirabeau, le défenseur des principes fondamentaux de la monarchie et à la fois le champion des droits du peuple.* Auch die mathematischen Prüfungsaufgaben sind überliefert: Kubische Gleichungen, Dreiecksberechnungen und sphärische Geometrie, in französischer Sprache formuliert. Jürgen Kuczynski sagt, daß seinem Vater bis an sein Lebensende mathematische Formeln auf französisch viel geläufiger gewesen seien als auf deutsch.

Kuczynski verließ das Französische Gymnasium, um Jura zu studieren. Er ging nach Freiburg, Straßburg und München, belegte rechts- und wirtschaftswissenschaftliche Vorlesungen und erwarb im Alter von zwanzig Jahren mit »Beiträgen zu Fragen der Bevölkerungsbewegung in Stadt und Land« den Doktorgrad.

Auf die Lehrjahre folgten Wanderjahre, die René Kuczynski nach Amerika führten, wo er von 1900 bis 1903 im Statistischen Bundesamt arbeitete. Sein erstes größeres wissenschaftliches Werk über »Arbeitslohn und Arbeitszeit in Europa und Amerika« erscheint 1913. Von 1906 bis 1921 ist René Kuczynski Direktor des Statistischen Amtes in Berlin-Schöneberg. Ende 1919 gründet er die »Finanzpolitische Korrespondenz«, die monatlich die von Kuczynski errechneten Indices der Lebenshaltungskosten publiziert und in der Inflationszeit eine wichtige Berechnungsgrundlage der Arbeitslöhne abgibt.

Kuczynski engagiert sich nach dem Ersten Weltkrieg in zunehmendem Maße politisch. Er tritt für einen Lastenausgleich durch eine einmalige Vermögensabgabe ein, bei der jeder Deutsche die Hälfte seines Vermögens dem Staat zur Sanierung des Haushalts überlassen soll. Als sich diese Vermögensabgabe nicht realisieren läßt, setzt er sich für einen Volksentscheid über die entschädigungslose Enteignung der Fürsten ein. Im ganzen Reich werden sogenannte »Kuczynski-Ausschüsse« gebildet, aber der Volksentscheid findet eine zu geringe Teilnahme: Von vierzig Millionen Wahlberechtigten beteiligen sich nur fünfzehn statt der erforderlichen zwanzig, vierzehn stimmen zwar dem Gesetzentwurf Kuczynskis zu, aber es fehlen sechs Millionen Stimmen! René Kuczynski zieht sich daraufhin aus der aktiven Politik zurück.

Sein Forum wird die Liga für Menschenrechte. Er reist zwischen Deutschland und Frankreich hin und her, tritt in Vorträgen und auf Kundgebungen für Versöhnung und Frieden ein, spricht in Frankreich auf französisch, in Deutschland auf deutsch, veröffentlicht 1925 eine Monographie »Deutschland und Frankreich, ihre Wirtschaft und ihre Politik«, gibt eine »Deutsch-Französische Wirtschaftskorrespondenz« heraus, um »der Verbreitung der Wahrheit über Deutschland und Frankreich in Deutschland und Frankreich« zu dienen. Aber seine Stimme verhallt ungehört: Der Nationalismus diesseits und jenseits des Rheins läßt sogar einen Aristide Briand, einen Gustav Stresemann verstummen. Die Nationalsozialisten drängen Kuczynski im Februar 1933 in den Untergrund, er verläßt wie so viele andere Deutschland über die Tschechoslowakei und die Schweiz mit Ziel London. Hier setzt er seine bevölkerungsstatistischen Forschungen fort, er publiziert nun in englischer Sprache und wird 1938 als Demograph an die *London School of Economics* berufen. Sein umfangreichstes Werk erscheint 1948 bis 1953 unter dem Titel *Demographic Survey of the British Colonial Empire.* Als es erschien, war René Kuczynski bereits tot: Er starb am 25. November 1947 in London.

Ein Gedenken besonderer Art für René Kuczynski stellt der Preis dar, der jedes Jahr zu seinem Geburtstag von der Akademie der Wissenschaften der DDR an drei verdiente Wirtschaftswissenschaftler des In- oder Auslandes verliehen wird. (Lit. Nr. 15, 405, 410–413)

Adolf Windaus
Chemiker
(1876–1959)
Die Lehrplanreform und die Naturwissenschaften

Der Biographie von Adolf Windaus zufolge stammt er aus einer Familie von Tuchwebern. Der Jahresbericht von 1895, dem Jahr seines Abiturs, gibt als Beruf des Vaters Bankier an.

Adolf Windaus war also von der Familientradition her kaum zum Wissenschaftler bestimmt worden. Am 25. Dezember 1876 geboren, hat er das Königliche Französische Gymnasium die üblichen neun Jahre besucht, zwei davon brachte er in der Unter- und Oberprima zu, ein ganz normaler Bildungsgang.

In die Schulzeit von Windaus fällt ein Zwischenfall, der die Berliner Presse beschäftigte und ein Schlaglicht wirft auf die Verarbeitung politischer Fakten durch die Schule. In der Quarta von Windaus wurde im Februar 1887 ein lateinischer Text zur Übertragung ins Französische diktiert, der davon handelte, daß Bismarck sich im Reichstag nicht habe durchsetzen können und deshalb die Auflösung des Reichstags verlangt habe, sich über die Würde des Parlaments hinwegsetzend. Das Diktat endete, nach der Feststellung, die Franzosen seien uns wieder feindlich gesinnt, mit dem Satz: »Unter so bewandten Umständen werden die Gemüther aller durch das Kriegsgerücht geängstigt.«

Das Ministerium forderte Direktor Julius Schnatter zu einer Stellungnahme auf. Schnatter berichtet, daß er den Fachlehrer darauf hingewiesen habe, der Text sei für Quartaner unangemessen, weil zu schwer! Ferner habe er ihn darauf aufmerksam gemacht, »daß eine politische Meinungsäußerung über schwebende, die Parteileidenschaften tief erregende Tagesfragen nicht in die Schule gehört.«

Das Deutsche Tageblatt, ohnehin gegen Schnatter wegen seiner philosemitischen Einstellung voreingenommen, nennt den Vorgang »ungeheuerlich«, während sich die Vossische Zeitung eines Kommentars enthält. Wenn das Deutsche Tageblatt etwas intensiver recherchiert hätte, wäre es darauf gekommen, daß Schnatter zu allem Überfluß auch noch frankophil gewesen ist, verlebte er doch seit 1879 seine Sommerferien regelmäßig in Frankreich, nicht ohne jedesmal seinem Ministerium vorher davon »Anzeige« zu erstatten. Auch das offenbar distanzierte Verhältnis zu Bismarcks Politik, das am Collège herrschte, wäre durchaus eines Kommentars wert gewesen.

Die Beurteilung Windaus' zum Abitur hat folgenden Wortlaut: »Ein Schüler von ausreichenden Fähigkeiten, der stets allen Seiten des Unterrichts das gleiche Interesse zugewendet und demgemäß für alle Fächer teils Gutes, teils Genügendes geleistet hat. Seine Reife ist unzweifelhaft. Sein Betragen war lobenswert, sein Fleiß gut. Will Medicin studieren.«

Dieser Wunsch soll seinem Biographen Adolf Butenandt zufolge schon sehr früh entstanden sein. Zwar lernte Windaus am Französischen Gymnasium in erster Linie Sprachen und Literatur kennen, zwar hatte er »so gut wie keinen naturwissenschaftlichen Unterricht«. Aber er hörte dennoch während seiner Schulzeit von den bahnbrechenden Entdeckungen von Robert Koch und Louis Pasteur. Sein Interesse an der Medizin war geweckt, und er überzeugte seine Familie davon, ihn Arzt werden zu lassen. In einer Zeit, in der am Französischen Gymnasium in der Regel zukünftige Geisteswissenschaftler ausgebildet wurden, soll Adolf Windaus gesagt haben, die Beschäftigung mit der schönen Literatur halte er für »eine Liebhaberei«, die unmöglich ein Lebensberuf sein könne. – Demgegenüber hat Windaus in seiner Antrittsrede in der Akademie der Wissenschaften im Jahre 1937 über seine Schulzeit gesagt: »Mir ist es zum Glück ausgeschlagen, daß ich in den entscheidenden Jahren suchen durfte, was meiner Begabung gemäß war und was mir Freude machte.«

Das Französische Gymnasium muß also doch auch einem zukünftigen Naturwissenschaftler etwas zu bieten gehabt haben, wenn auch, im Vergleich zu heute, wenig.

Seit 1866 enthält der Jahresbericht einen besonderen Absatz über Ankäufe für die *Collection d'appareils de physique*. Die physikalische Sammlung, seit 1873 gab es im neuen Schulhaus dafür einen besonderen Hörsaal mit angeschlossenem Laboratorium, wuchs von Jahr zu Jahr und hat in der Schulzeit von Windaus auch bereits eine – bescheidene – chemische Abteilung gehabt.

Folgen wir nun dem naturwissenschaftlichen Unterricht von Adolf Windaus, um den Unterschied zu erkennen, der sich zugunsten dieses Faches seit Paul Erman, Jean Louis Formey, Emile du Bois-Reymond und Albrecht von Graefe ergeben hat.

In Sexta wurden *Notions élémentaires de géographie physique et de cosmographie* durchgenommen, eine Wochenstunde innerhalb des Fachs Geographie.

In Quinta tritt zum ersten Mal das Fach *Histoire Naturelle* auf. Im Sommer wurde Botanik, im Winter Zoologie betrieben, ebenfalls einstündig. Bei dieser Einteilung bleibt es auch in Quarta.

In Untertertia treten hinzu: *Squelette de l'homme. Principales fonctions. Quelques représentants des Mammifères, Oiseaux, Reptiles, Batraciens,* und in Obertertia: *Eléments de l'anatomie de l'homme.*

In der Untersecunda heißt das Fach *Sciences Naturelles.* Nun entfallen darauf zwei Wochenstunden. Im Sommer wurden *Eléments de Botanique* behandelt, und im Winter: *Quelques représentants des Singes, Lémuriens, Carnivores; Chéloniens, Sauriens, Ophidiens; Poissons; Insectes.*

Ab Obersecunda wird das Fach als Physik bezeichnet, es wird zweistündig unterrichtet. Der Lehrgang beginnt im Sommer mit *Premiers éléments de la chaleur* und im Winter *Propriétés générales; théorie physique des solides et des liquides.* In Unterprima gibt es Akustik und *Eléments de géographie mathématique*, in Oberprima schließlich *Chaleur. Magnétisme et Electricité.* Der Lehrgang ist damit abgeschlossen.

In die Schulzeit von Adolf Windaus fällt die gymnasiale Schulreform in Preußen, deren Ziel eine Entlastung der Schüler einerseits und andererseits

Adolf Windaus
1928

Adolf Windaus
(25. 12. 1876–9. 6. 1959) Chimiste
La réforme de l'enseignement et les sciences de la nature.

La scolarité d'Adolf Windaus coïncide avec l'introduction d'une réforme des lycées en Prusse, dont le but était un renforcement de l'étude de l'allemand, des mathématiques et des sciences expérimentales. En ce qui concerne le Collège, cette réforme apporta les changements suivants: en sciences physiques et naturelles il y eut désormais de la Cinquième à Troisième supérieure non plus une mais deux heures de cours hebdomadaires. Dans les trois classes du second cycle de l'Ecole on continua l'enseignement de la physique à raison de deux heures par semaine, mais on intégra désormais à cette matière des questions de chimie. De la Sixième à la Troisième le nombre d'heures d'enseignement de cet ensemble de matières passa de 12 à14.

Après le baccalauréat, Adolf Windaus entreprit des études de médecine à Fribourg, mais il se spécialisa très rapidement en biochimie. Après avoir obtenu son diplôme de sciences physiques – entre temps il était rentré à Berlin – il changea de voie. En 1900 il soutint une thèse de doctorat en chimie. Maître de conférences à Fribourg, Professeur titulaire en biochimie à Innsbruck à partir de 1913, et finalement, de 1915 à 1944, Professeur titulaire d'une chaire de chimie à Göttingen, il fit des recherches systématiques sur les stéroïdes. A l'Université de Göttingen il accomplit le pas décisif dans la découverte de la vitamine D3, grâce à laquelle le rachitisme, une des maladies infantiles les plus dangereuses de la première moitié de ce siècle, devint enfin curable. Ces travaux lui valurent, en 1928, le prix Nobel. Il était titulaire de l'Ordre «Pour le Mérite», au titre de la paix.

En 1944 Adolf Windaus demanda à être relevé de ses fonctions. Il quitta l'enseignement, mais continua ses recherches.

eine stärkere Berücksichtigung des Deutschen und der mathematisch-naturwissenschaftlichen Fächer war. Nach Abschluß der Reform war am Collège folgende Lage erreicht:

1. Der Unterricht in Naturkunde und Naturwissenschaft wurde von Quinta bis Obertertia nunmehr zwei- und nicht mehr nur einstündig erteilt.
2. In der Untersecunda wurde Griechisch eingeführt, das Fach Sciences Naturelles wurde dafür gestrichen.
3. In den drei Oberklassen der Schule blieb es bei Physik in zwei Wochenstunden. Jetzt wurden auch chemische Fragestellungen in den Lehrgang integriert. Das Stundenpensum der Fächergruppe stieg von Sexta bis Oberprima von 12 auf 14 Stunden.

In der Schulzeit von Windaus war die Unterrichtssprache noch das Französische, aber zwei Jahre später mußten Mathematik und Physik auf deutsch gegeben werden, ein frankophoner Lehrer ließ sich in Berlin nicht mehr auftreiben. Direktor Schulze hoffte zudem, daß der Rückgang der Schülerzahl durch die Reduzierung des frankophonen Unterrichts gebremst werden könnte – eine trügerische Hoffnung und eine folgenschwere Fehleinschätzung!

* * *

Nach dem Abitur ging Windaus zum Studium nach Freiburg. Er studierte zunächst Medizin, spezialisierte sich aber in zunehmendem Maße in Biochemie. 1900 wurde er promoviert. 1903 folgte die Habilitation »Über Cholesterin«. Und von dieser Zeit an hat Adolf Windaus die Sterine systematisch erforscht, als Privatdozent in Freiburg, als Ordinarius für Biochemie in Innsbruck und schließlich als Ordentlicher Professor für Chemie in Göttingen.

An der Universität Göttingen gelang ihm der entscheidende Durchbruch in der Erforschung des Vitamins D, wofür er 1928 den Nobelpreis für Chemie erhielt und in den Orden *Pour le Mérite* aufgenommen wurde. Die Krönung dieser Forschungen brachte im Jahre 1936 die Entdeckung des Vitamins D3, wodurch eine der gefährlichsten Kinderkrankheiten geheilt werden konnte, die Rachitis. Beim 65. Geburtstag von Adolf Windaus sagte der Festredner: »Wenn ich mir ein Denkmal vorstelle, das eine dankbare Menschheit einmal Windaus errichten wird, so drängen sich darauf um seine Gestalt Scharen von Kindern, die ihm Gesundheit und Heilung verdanken.«

1944 bat Adolf Windaus um seinen Abschied. Er verließ die Lehre, fuhr aber mit seiner Forschung fort. Am 9. Juni 1959 ist er in Göttingen gestorben.

»Der Ausgangspunkt meiner Arbeiten war immer eine experimentelle Beobachtung und nicht eine theoretische Deduktion.« Mit diesem Satz umreißt Windaus das, was auch heute noch den typisch »deutschen« Wissenschaftler – vielleicht im Gegensatz zum »französischen« auszumachen scheint, Positionen, die wir heute am Französischen Gymnasium zu kombinieren und damit zur gegenseitigen Ergänzung zu bringen trachten. (Lit. Nr. 19, 360, 414–420)

Edmund Landau
Mathematiker
(1877–1938)
Der Lehrplan in Mathematik

Fast gleichaltrig mit Adolf Windaus ist Edmund Landau, geboren am 14. Februar 1877. Sieben Jahre und ein Semester, heißt es im Jahresbericht von 1893, hat er die Schule besucht, er muß also im Laufe seiner Schulzeit auch in der Klasse von Adolf Windaus gesessen haben. Er hat ihn überholt und drei Jahre vor ihm das Abitur abgelegt, sechzehn Jahre alt, auf dem dritten Platz in der Rangfolge.

Als Untersecundaner wurde ihm 1890 der *Prix Monod* zugesprochen. Zu seinem Abitur charakterisierten die Lehrer Landau mit folgenden Worten: »Ein eifriger und begabter, für Mathematik sogar hervorragend begabter Schüler, der auf allen Gebieten des Unterrichts gute Kenntnisse erworben hat, wenn auch ... seinen Leistungen oft etwas noch zu Jugendliches anhaftete.«

In Edmund Landaus Schulzeit war auch in Mathematik nach wie vor das Französische die Unterrichtssprache. In diesem Fach, so wie in mehreren anderen, wurden Lehrwerke verwendet, die von Lehrern der Schule für ihre Schüler auf französisch verfaßt worden waren. Die Mathematiker Otto Baer und Gustav Arendt benutzten ihre eigenen Lehrbücher in der Klasse Landaus, der eine seine *Eléments d'Algèbre* und seine *Eléments de Géométrie plane*, der andere seine *Géométrie dans l'espace* und seine *Trigonométrie rectiligne.*

Eingeführt waren sonst noch auf französisch der *Précis de l'histoire d'Allemagne* und der *Abrégé de l'histoire ancienne* von Eberhard Marggraff, die *Syntaxe latine* von Oskar Weissenfels, und nach wie vor die Werke von Karl Ploetz *Nouvelle Grammaire française, Petit Vocabulaire français, Vocabulaire systématique,* sowie von Paul Voelkel *Premières lectures*, abgesehen von der griechischen *Grammaire abrégée* des Schweizers Adolph Kaegi, die auch noch in der zweiten Hälfte des zwanzigsten Jahrhunderts am Französischen Gymnasium in Gebrauch war.

Nur in Erdkunde, Physik und Biologie gab es keine französischen Lehrbücher, hier mußten die deutschen Lehrwerke von den Schülern mühselig ins Französische übersetzt werden, eine Praxis, die erst 1952 ihr Ende fand, als die französischen Partner ihre eigenen *manuels* zur Verfügung stellten, eine der vielen für die Entwicklung der Schule *und* die Wahrung ihrer frankophonen Tradition günstigen Folgen der Verschmelzung des Französischen Gymnasiums mit dem *Collège* der Besatzungsmacht.

Landaus Lehrgang in Mathematik begann in Quarta, vorher hieß das Fach *Arithmétique*, also Rechnen. Es waren Jahr für Jahr vier Stunden vorgesehen, nur in Untertertia waren es drei, hier wurde Griechisch eingeführt, und die Zeit für andere Fächer war deshalb knapp. Seit Burja und Gruson war der Umfang des Mathematikunterrichts erheblich gewachsen.

In Quarta wurden Dezimalbrüche durchgenommen, der Dreisatz, Zinsrech-

Edmund Landau
Zeitgenössische Photographie

Edmund Landau
(14. 2. 1877–19. 2. 1938) Mathématicien
Le programme de mathématiques.

La formation mathématique que reçut le futur mathématicien Edmund Landau au Lycée Français, correspondait pour l'essentiel aux mathématiques enseignées dans les lycées classiques allemands. En Seconde figuraient au programme, en plus de la géométrie du cercle, des problèmes de symétrie et de coïncidence, l'étude des nombres proportionnels, des puissances, des racines et des équations du premier degré. En Seconde supérieure s'y ajoutaient les logarithmes, les équations du second degré et la trigonométrie. En Première inférieure apparaissaient les nombres imaginaires, les progressions arithmétiques et géométriques. On terminait le programme de Première avec l'étude des sections coniques, des courbes et des ellipses.

Après son baccalauréat, Edmund Landau se consacra à l'étude des sciences de la nature, à Munich et à Berlin. Après avoir soutenu sa thèse de doctorat, il enseigna à Berlin comme Maître de conférences et Chargé de cours jusqu'à ce qu'il obtint, en 1909, la «venia legendi» de Professeur titulaire de mathématiques à Göttingen. Il devint célèbre grâce à ses recherches dans le domaine de la théorie des nombres. A 50 ans il était déjà membre de toutes les sociétés mathématiques importantes en Europe: d'abord à Copenhague puis à Leningrad, Moscou, Amsterdam, Milan, Rome, Palerme et finalement à Londres.

Le 10 février 1933 Edmund Landau signa, avec quinze autres Professeurs de l'Université de Göttingen, parmi lesquels son collègue Adolf Windaus, une lettre de protestation contre le renvoi dont étaient menacés des professeurs hostiles au régime. A la suite de cela, ses cours magistraux furent interrompus par les slogans que hurlaient les commandos de boycottage des nationaux-socialistes, du type: «Les étudiants aryens veulent des mathématiques aryennes».

De 1935 à 1937 Edmund Landau séjourna comme Professeur associé à Cambridge et à Bruxelles. Ensuite il revint à Berlin. Il mourut, tout juste âgé de 61 ans, le 19 février 1938. Sa dernière œuvre traitant du calcul infinitésimal parut après la guerre, en 1948 en russe, et en 1951 en anglais.

nung. In Untertertia kam Geometrie hinzu: das Dreieck, das Parallelogramm, der Kreis, *les quatre premières opérations algébraïques.*

In Obertertia ging es weiter mit der Geometrie des Kreises, mit Rechtecken, Ähnlichkeit. Die Algebra wurde fortgesetzt mit Brüchen, Quadraten, Quadratwurzeln, Gleichungen ersten Grades mit einer Unbekannten.

Die Untersecunda begann mit Ähnlichkeit, Deckungsgleichheit. Regelmäßige Vierecke wurden durchgenommen, die Geometrie des Kreises fortgesetzt. In Algebra standen Proportionalität auf dem Programm, Verhältnisgleichungen, Potenzen, Wurzeln, Gleichungen ersten Grades mit mehreren Unbekannten; einfache Gleichungen zweiten Grades schlossen den Lehrgang ab.

Nun kam die Oberstufe. In Obersecunda wurde die Geometrie der Ebene abgeschlossen, in Algebra traten zu Potenzen und Wurzeln jetzt die Logarithmen. Gelöst wurden Gleichungen zweiten Grades mit mehreren Unbekannten, Trigonometrie.

In der Unterprima folgte die Geometrie des Raumes und schloß die Trigonometrie ab. Wieder gab es Übungen mit Gleichungen des ersten und zweiten Grades. Nun traten zum ersten Male imaginäre Zahlen auf, arithmetische und geometrische Reihen, *permutations, arrangements, combinaisons.*

Die Oberprima diente im wesentlichen zur Fortsetzung und zum Abschluß der in Unterprima begonnenen Gebiete. Neu waren Kegelschnitte, Kurven, Ellipsen. Das ganze wurde gekrönt durch ein *complément de géométrie et d'algèbre,* was auch immer damit gemeint sein mochte.

Dies also war die mathematische Bildung, die Edmund Landau am Französischen Gymnasium erhalten hat, vermutlich nicht wesentlich verschieden von der gymnasialen Mathematik anderswo und jedenfalls ungefähr dem entsprechend, was auch noch in der ersten Hälfte des 20. Jahrhunderts an humanistischen Gymnasien gelernt wurde.

In der mit Direktor Georg Schulzes Ernennung beginnenden Diskussion über den zukünftigen Kurs der Schule hat Otto Baer Stellung bezogen *gegen* die Bewahrung des Französischen als Unterrichtssprache, in der Praxis hat er das Prinzip des Collège aber treu erfüllt. In der Konferenz vom 30. Oktober 1891, als Landau Baers Schüler in der Obersecunda war, erklärte er, er habe seine zwei mathematischen Lehrbücher für das Französische Gymnasium geschrieben, weil er unter den bestehenden Verhältnissen den Schülern ihre Aufgabe habe erleichtern wollen. Es liege darin also kein Widerspruch zu seinen gegen die Verwendung des Französischen als Unterrichtssprache gerichteten Überzeugungen.

Gustav Arendt, Landaus Lehrer in Prima, hat in der Konferenz die andere Seite vertreten. Er halte den Gedanken einer Änderung des Charakters der Anstalt, die ihm in ihrer Eigentümlichkeit lieb und wert sei, für zu weittragend, als daß das Kollegium darüber beraten könne. Der besondere Charakter der Schule müsse vom Kollegium als etwas Gegebenes hingenommen werden. – Die von Arendt geforderte Abstimmung erbrachte ein Stimmenverhältnis von 6:6 bei sechs Enthaltungen, die Gegner der Unterrichtssprache Französisch konnten sich aber nicht durchsetzen, die Stimme des Direktors gab den Ausschlag, und Schulze stimmte wie Arendt und nicht wie Baer.

Als Landau im Herbst 1893 das Abitur machte, war der Streit beigelegt. Ein Machtwort des Kaisers in einer Verfügung vom 6. März 1893 hatte die Diskussion beendet. Die Tradition blieb bewahrt, der Direktor hatte sich durchgesetzt.

* * *

Mit dem Ziel *Sciences naturelles* zu studieren, verließ Landau die Schule, wurde zunächst in Berlin, dann in München immatrikuliert und schloß seine Studien, wieder nach Berlin zurückgekehrt, mit der Promotion ab. Der junge Doktor war 24 Jahre alt, als er seine Habilitationsschrift einreichte. Zunächst blieb er als Privatdozent und Titularprofessor noch in Berlin, erhielt dann aber 1909 die Berufung als *Ordinarius* für Mathematik nach Göttingen, wohin ihm, wie wir gesehen haben, 1914 Adolf Windaus auf den Lehrstuhl für Chemie folgte.

Edmund Landau wurde berühmt durch seine Forschungen auf dem Gebiet der Zahlentheorie. Sein mathematischer Vorlesungsstil wurde von Kollegen so beschrieben: »Es gibt keine Fehler ... keine Zweideutigkeiten ...«

Seine Werke – er publizierte in engem Rhythmus umfangreiche Standardwerke – belegen diesen Stil, der von »Eleganz und Kürze« geprägt war. Sein Ideal war die »absolute Genauigkeit und Vollständigkeit«. Sein Assistent hatte Anweisung, sofort zu unterbrechen, falls der Professor das Geringste ausließ. Edmund Landau stand an der großen Wandtafel des Auditoriums und schrieb in Windeseile – Satz – Beweis – Satz – Beweis, während ein Gehilfe mit einem Schwamm hinterher hastete, um Geschriebenes zu löschen und für Neues Platz zu schaffen. Landau sagte kein Wort über seine Ziele, berichtet seine Biographin Constance Reid, aber er hatte sein Material so gut organisiert, daß eine »unglaubliche Klarheit« von seinen Vorlesungen ausging, obgleich er sich in der reinen Abstraktion bewegte und alles, was mit praktischer Anwendung zu tun hatte, herablassend als »Schmieröl« bezeichnete.

Edmund Landau war einer der letzten Wissenschaftler, die mit dem Roten Adlerorden ausgezeichnet wurden. Als er fünfzig Jahre alt wurde, war er bereits Mitglied aller bedeutenden Gesellschaften für Mathematik in Europa: in Kopenhagen zuerst, dann in Leningrad, in Moskau, Amsterdam, Mailand, Rom, Palermo und schließlich London.

Edmund Landau lebte bis 1933 in großem Stil und gesichertem Wohlstand. Er besaß eine Schar von Jüngern in Deutschland und auf der ganzen Welt. 250 Veröffentlichungen in deutschen und ausländischen Zeitschriften umfaßte seine Bibliographie, er hatte in Amerika, in Frankreich, in England und in Italien – jeweils in der Landessprache – publiziert und der deutschen Mathematik Geltung verschafft.

Mit fünfzehn anderen Göttinger Universitätslehrern, darunter auch sein

Kollege Adolf Windaus, unterzeichnete er am 10. Februar 1933 einen Brief, der gegen die angedrohte Relegation von regimekritischen Professoren protestierte.

Die Antwort ließ nicht lange auf sich warten. Edmund Landaus Ende als Lehrer liest sich in einem zeitgenössischen Bericht so: »Professor Landau ... wollte vorige Woche seine Vorlesung anfangen. Er fand etwa 70 Studenten, zum Teil in Sturmtruppenuniformen vor dem Hörsaal versammelt, innen aber keinen Menschen. Jeder Student, der hatte hineingehen wollen, war von dem Boykottkommando gehindert worden. Landau ging in sein Zimmer zurück, wurde alsbald von einem Sprecher der Nazistudenten aufgesucht und darüber belehrt, daß arische Studenten arische Mathematik und keine jüdische hören wollten und daher Landau um Verzicht auf die Abhaltung der Vorlesung bäten.«

Auf diese Weise wurde Edmund Landau aus Göttingen vertrieben. Höhnisch hieß es in einem Nachruf, sein »undeutscher« Stil in Forschung und Lehre sei »deutschem Empfinden unerträglich«.

Edmund Landau konnte 1935 in Cambridge und 1937 in Brüssel Gastvorlesungen halten, aber es zog ihn nach Berlin zurück. Er starb, gerade 61 Jahre alt geworden, am 19. Februar 1938. Das Signal zur »Endlösung«, die »Kristallnacht«, mit der die Tragödie der Vernichtung des europäischen Judentums begann, hat er nicht mehr erlebt.

Sein letztes Werk, die »Einführung in die Differentialrechnung und Integralrechnung« von 1934 erschien nach dem Kriege 1948 in russischer und 1951 in englischer Sprache. Eine zehnbändige Gesamtausgabe der Schriften Landaus ist zu seinem 50. Todestag 1988 in Duisburg erschienen. (Lit. Nr. 15, 19, 344, 377, 378, 421–425)

Kurt Levinstein
Der siebzehnte Direktor
(1877–1956)
Die Neubegründung des Französischen Gymnasiums

Wir wenden uns nun einer Persönlichkeit zu, die in die Geschichte des Französischen Gymnasiums mit dem Ehrentitel des *Troisième fondateur* eingegangen ist, Kurt Levinstein.

Am 10. März 1877 als Sohn eines Bankiers geboren, kam er mit sechs Jahren in die Vorschule des Collège. Nach zwölfjähriger Schulzeit bestand er im Herbst 1895 als zweiter in der Rangfolge das Abitur. Die Charasteristik Levinsteins in der Abiturakte ist kurz: »Während seiner ganzen Schulzeit von mustergültigem Fleiß und reger Aufmerksamkeit hat er in allen Lehrgegenständen gleichmäßig Genügendes, in einigen entschieden Gutes geleistet.«

Da uns das Reifezeugnis Levinsteins vorliegt, können wir einen Blick auf seine Noten werfen: Deutsch, Latein und Physik wurden mit »genügend« bewertet, Griechisch, Französisch, Englisch, Geschichte, Geographie und Mathematik mit »gut«, Gesang mit »sehr gut«. In den verbalen Beurteilungen treten die Begriffe »lobenswert«, »erfolgreich« und »sehr gut« je einmal, »erfreulich« und »genügend« je zweimal, »befriedigend« viermal und »gut« sechsmal auf.

Auch die Charakteristik Levinsteins als junger Lehrer durch Direktor Schulze hat sich erhalten. Schulze nennt ihn darin einen »hochbegabten Lehrer«, namentlich für das Fach Deutsch, der aber auch in Französisch und Latein gut einsetzbar sei.

Levinstein verließ die Schule, um Philologie zu studieren, ging zunächst nach Lausanne, dann nach Bonn, ist aber 1897 wieder in Berlin und reicht auf den Tag genau sechs Semester nach Studienbeginn seine Dissertation über »Christian Weise und Molière« ein, wird zum Doktor der Philosophie promoviert, besteht das Staatsexamen in Germanistik, Romanistik und Anglistik und tritt im Jahre 1900 in das Studienseminar am Französischen Gymnasium ein, das er die üblichen zwei Jahre besucht. Seine erste Anstellung findet er am Charlottenburger Mommsen-Gymnasium. Hier wartet er ab, bis am Französischen Gymnasium eine Stelle frei wird. Und so kehrt er 1907 an seine *alma mater* zurück. Fünf Jahre arbeitet er noch unter Georg Schulze, dem Direktor seiner Schülerzeit, der in ihm seinen Nachfolger gesehen haben mag. Überliefert ist Schulzes Ausspruch: *Maintenant à vous, mon cher Levinstein*, mit dem er bei Gedenkfeiern seinem jungen Kollegen das Wort zu erteilen pflegte, und Festansprachen wurden in der Zeit vor dem Ersten Weltkrieg viele gehalten, die Manuskripte haben sich im Nachlaß Kurt Levinsteins am Französischen Gymnasium größtenteils erhalten.

Als Georg Schulze 1912 in den Ruhestand trat, wurde im preußischen Kultusministerium die frankophone Erziehung am Collège mit Argwohn betrachtet, die Schule war frankophil, und das war im Vorfeld des Ersten Weltkrieges

Kurt Levinstein
Zeichnung, signiert T.E. 1947

Kurt Levinstein
(10. 3. 1877–27. 2. 1956) Le dix-septième Directeur
La Re-naissance du Collège Français.

Kurt Levinstein est resté dans l'histoire du Lycée Français avec le titre honorifique de «Troisième fondateur». A l'âge de six ans il entra au cours préparatoire du Collège et au bout de douze ans de scolarité y obtint en automne 1895 son baccalauréat. Après avoir terminé des études de philologie, il passa son certificat d'aptitude à l'enseignement de l'allemand, des langues romanes et de l'anglais et obtint le titre de Docteur en Philosophie. En 1900 il revint comme stagiaire, durant deux ans, et en 1907 comme professeur à son «alma mater».

Les années suivantes, Kurt Levinstein demanda par deux fois, sans succès, à prendre la succession du Directeur de l'Ecole. Il resta, en tant que professeur, Directeur adjoint et directeur de l'administration de l'Ecole. Lorsqu'en 1933, étant de religion juive, il lui fut interdit d'enseigner l'allemand, le français et l'anglais, il demanda l'autorisation de dispenser des cours de latin et de grec. Mais, en 1935, par application des «Lois de Nuremberg», on lui retira son titre et son emploi. Les années suivantes, il enseigna à l'Ecole de Goldschmidt, un lycée juif de Berlin, et après la dissolution de celle-ci, à l'école privée de la communauté juive, jusqu'à sa fermeture du fait de la déportation de ses élèves. Levinstein est l'un des 3500 Juifs qui ont pu survivre à Berlin.

Après la guerre, Kurt Levinstein réussit à convaincre l'administration militaire soviétique que le Lycée Français devait continuer à exister. Il noua les premières relations avec le Gouvernement Militaire Français, qui fit déménager l'Ecole en secteur français en 1947. Déjà septuagénaire, Levinstein commença à restructurer l'Ecole: il engagea des professeurs que, dans les premiers temps, il rémunéra en partie sur son propre salaire, trouva des salles de cours, se procura de quoi chauffer l'Ecole et se démena, avec succès, pour obtenir la «Schwedenspeisung», un repas chaud servi une fois par semaine à ses élèves. Il dirigea l'Ecole jusqu'en 1951. A 74 ans il prit sa retraite, honoré de la Croix de l'Ordre Fédéral du Mérite et entouré de l'amour de ses élèves et de ses collègues.

ein Makel. So plante das Ministerium, einen Mann zum Direktor zu ernennen, der kein Wort französisch sprach! Kurt Levinstein erfuhr davon, informierte Georg Schulze, und gemeinsam konnten sie den Plan verhindern. Sie schlugen dem Ministerium als Gegenkandidaten einen bewährten Lehrer des Collège vor, Paul Esternaux, damals sechzig Jahre alt. Als Esternaux nach dem Kriege in Pension ging, war Kurt Levinstein 44 Jahre alt, er bewarb sich um die Stelle des Direktors, aber an Kurt Levinsteins Statt wurde Bernhard Gaster ernannt, der zuvor die deutsche Schule in Antwerpen geleitet hatte, ein streng nationaler Schulmann und Verfechter des Realschulgedankens. Levinstein erhielt den Bescheid, zum Direktor sei er noch zu jung. Mit Gaster geriet Levinstein alsbald über die Ziele des Französischen Gymnasiums in Konflikt, denn auch Gaster hielt nicht viel von der französischen Unterrichtssprache, und es bedurfte großer Überzeugungskraft, ihn umzustimmen. Dies gelang Kurt Levinstein so vollständig, daß Gaster ihn bei erster Gelegenheit – 1925 – zu seinem Stellvertreter ernennen ließ. Als Gaster pensioniert wurde, machte Levinstein sich abermals Hoffnungen, Direktor zu werden, aber jetzt hieß es, er sei – mit 55 Jahren – zu alt!

Er blieb als Oberstudienrat Direktor-Stellvertreter und Leiter der Verwaltung der Schule, auch Leiter des Studienseminars am Französischen Gymnasium. Als er 1933 keinen Deutschunterricht mehr erteilen darf, nicht mehr Französisch und Englisch, erwirbt er die *Facultas* für Latein und Griechisch und wird zum Altphilologen!

In den Jahren der Weimarer Republik hatte sich bei Levinstein neben der Schule ein zweiter Interessenschwerpunkt gebildet. Er arbeitete mit an der neuen Verfassung der demokratischen Schule, den Richertschen Richtlinien von 1925. Er gehörte zu den Begründern der Berliner Gesellschaft für Erziehung und Bildung, deren Vorsitzender und geistiger Mentor er durch lange Jahre blieb. Hier sprachen und diskutierten miteinander die damals führenden Pädagogen, Philosophen und Wissenschaftler Berlins, Männer wie Eduard Spranger, Ernst Troeltsch, Eduard Wechssler und Friedrich Meinecke. In fast allen wissenschaftlichen Vereinigungen arbeitete Levinstein mit, der Gesellschaft zum Studium der Neueren Sprachen z.B., der Kant-, Goethe-, Schiller-, Kleistgesellschaft, um nur wenige zu nennen, und meistens gehörte Levinstein den Vorständen an.

Das Jahr 1933 brachte auch hier den Einschnitt. Die wissenschaftlichen Verbände wurden – wie alle übrigen gesellschaftlichen Einrichtungen – »arisiert«, Levinstein trat zurück, wurde ausgeschlossen, erklärte seinen Austritt. Im Zuge der Durchführung der Nürnberger Rassengesetze wurden ihm 1935 auch am Französischen Gymnasium Amt und Stellung entzogen.

Nun begann für die Familie Levinstein eine schwere Zeit. Kurt Levinstein wurde Lehrer an der Goldschmidtschen Schule, einem Berliner jüdischen Gymnasium, und nach ihrer Auflösung an der Privatschule der Jüdischen Gemeinde, wo er ausharrte, bis die Schule wegen der Deportation ihrer Schüler 1942 schließen mußte. Ihr Haus in Nikolassee hatten die Levinsteins längst räumen müssen, fanden Unterschlupf in einer Mietwohnung am Prenzlauer Berg, dem einzigen Sohn gelang 1938 die Flucht aus Deutschland, aber Kurt Levinstein blieb mit seiner Frau zurück. Und sie, die Christin war, hat den ganzen Krieg hindurch ihren Mann dem Zugriff der Gestapo entzogen, hat ihm mehr als einmal das Leben gerettet.

Die Tagebücher, die Kurt Levinstein seit seinen Schülertagen führte, dokumentieren sein Leben, auch jede Einzelheit der Tragödie, die in den ersten Maitagen 1945 in den Trümmern Berlins ihr Ende fand.

Kurt Levinsteins Lebenswille war ungebrochen, seine Schaffenskaft grenzenlos, und so gehörte er in Berlin zu den »Männern der ersten Stunde«. In der von ihm herausgegebenen Festschrift zum 260. Geburtstag des Französischen Gymnasiums 1949 erzählt er die dramatische Geschichte der Wiedergeburt des Collège, beschreibt er seine Bittgänge zu den Kulturoffizieren der Sowjetischen Militäradministration, zu den kommunistischen Beamten der von den Russen eingesetzten Berliner Kultusverwaltung, die unzähligen Debatten und Diskussionen.

Behilflich dabei war Levinstein der kommunistische Stadtschulrat Dr. Ernst Wildangel, Romanist, Anglist und Germanist wie er, dabei rund 15 Jahre jünger. Wildangel hatte in der französischen Résistance gekämpft, die beiden Männer trafen sich in ihrer gemeinsamen antifaschistischen Weltanschauung.

Levinstein hatte Erfolg, am 6. Oktober 1945, dem »Schicksalstag« der Schule, wird die Genehmigung zur Wiedereröffnung erteilt, das Französische Gymnasium hat überlebt.

Kurt Levinstein geht an die Arbeit, wirbt Schüler, stellt Lehrer ein, die er zum Teil zunächst von seinem eigenen Gehalt mitunterhält, macht Schulräume für seine Klassen ausfindig, sorgt für Heizmaterial, zieht die »Schwedenspeisung« einmal in der Woche an die Schule, für manche seiner Schüler eine der wenigen warmen Mahlzeiten in der Woche im Notwinter 1945/46, bringt die erste amerikanische Kleiderspende in die Klassen – und veranlaßt die inzwischen in Berlin eingetroffene französische Militärregierung, dem Collège Schulbücher zu besorgen, beschafft Bleistifte, Schreibpapier. An der Schwelle zum achten Lebensjahrzehnt ist Kurt Levinstein nicht mehr zu jung, noch nicht zu alt, er ist gerade im richtigen Alter für das Französische Gymnasium.

Und so baut er die Schule Schritt für Schritt neu auf, er holt sich geeignete Lehrer, die bereit sind, auf Französisch zu unterrichten, den Mathematiker aus Paris, wo er als deutscher Kommunist im Untergrund überlebt hat, den Biologen aus Bukarest, wo er als Auslandsdeutscher eine frankophone Erziehung hatte, als Musiklehrer einen jüdischen Künstler, der als Heranwachsender in Berlin untertauchen konnte und überlebt hat, greift auf ehemalige Schüler zurück, die gerade das Abitur bestanden haben und als Junglehrer vom Enthusiasmus ihres Direktors mitgerissen jede vorlesungsfreie Stunde ihrer Studienjahre in den Dienst des Collège stellen.

Und abermals, wie seinerzeit in der Periode der Weimarer Republik, wirkte Levinsteins Initiative über die Schule hinaus und in den Wiederaufbau des geistigen Lebens in Berlin hinein. Fest verwurzelt in den Traditionen des deutschen Idealismus arbeitet er, zunächst noch am Prenzlauer Berg, mit im Kulturbund zur demokratischen Erneuerung Deutschlands, tritt der Gesellschaft für deutsch-sowjetische Freundschaft bei, wird Dozent der Volkshochschule und Professor an der Humboldt-Universität. Nach seinem Übertritt nach West-Berlin gehört er zu den Gründern der Gesellschaft für deutsche Bildung, der Gesellschaft für christlich-jüdische Zusammenarbeit, des Germanisten- und des Neuphilologenverbandes, der Deutsch-Französischen Gesellschaft. Abermals gibt es kaum einen Verband von Wissenschaftlern oder Pädagogen, an dessen Wiederbegründung Levinstein nicht beteiligt wäre, bei dem er nicht als Vorstandsmitglied oder Vorsitzender mitarbeitete. Unvergeßlich für jeden, der dabei sein durfte, die *Soirées* im Hause Levinstein am Charlottenburger Schloßpark, Treffpunkt der Überlebenden aus der geistigen Elite Berlins mit den Jungen, mit der neuen Generation, die nun das Erbe antreten sollte.

Die Schule, die 1947 von der Französischen Militärregierung in ihren Sektor geholt wird, ist Levinsteins Schule, ist sein Werk, jene Schule, die 1952 den Rohstoff abgibt für das einzigartige Abenteuer, Deutsche und Franzosen gemeinsam zu Europäern zu erziehen.

Kurt Levinstein hat es vorgezeichnet, er hat die neue Schule noch eine Zeitlang begleitet, seit er 1951 in den Ruhestand getreten war, mit dem Bundesverdienstkreuz geehrt und begleitet von der Liebe seiner Schüler und Kollegen.

Am 27. Februar 1956, wenige Tage vor der Vollendung seines 79. Lebensjahres, ist Kurt Levinstein gestorben. Im Werk seiner Schüler lebt er fort. (Lit. Nr. 426–435)

Thilo von Wilmowsky
Industrieller
(1878–1966)
Die Lehrplanreform unter Wilhelm II.

Ein Jahr jünger als Kurt Levinstein war Thilo von Wilmowsky. Am 3. März 1878 in Hannover geboren, kam er im Alter von zehn Jahren in die Sexta des Französischen Gymnasiums. Sein Vater war ebenfalls Collegianer. Thilo von Wilmowsky besuchte das Collège acht Jahre lang. Als er in Untersecunda war, erhielt er den *Prix Monod*, das war 1892, und er war in diesem Jahr der jüngste Preisträger der Schule. Das Abitur legte Thilo von Wilmowsky 1896 ein halbes Jahr nach Kurt Levinstein ab, und wie dieser ging auch er zunächst zum Studium nach Lausanne. Er hörte dort Vorlesungen des Juristen Henri Erman, dem wir bereits begegnet sind.

Thilo von Wilmowsky beschreibt in seiner Autobiographie das Französische Gymnasium seiner Schulzeit; er spricht von dem scheußlich schmucklosen Backsteinkasten, dem trostlosen Schulhof und der spartanischen Nüchternheit der Klassenräume. Aber er verweist auch auf das hohe Ansehen des Collège, das alle Stürme der Zeit überstanden hatte, »bis 1945 auch dieses echt europäische Kulturgut zerstört wurde«.

Nun, das Schulhaus ging im Mai 1945 in Flammen auf, aber das Institut hat überlebt und erwies sich nach dem Kriege als stärker denn je. Thilo von Wilmowsky hatte die Verbindung zum Französischen Gymnasium jedoch offenbar verloren.

In seinen Erinnerungen überwiegt das farblos-nüchterne Element der Erziehung am Collège, er sagt: »Bei uns gipfelte Erziehung allein im Unterricht«, aber er betont auch, welchen »unschätzbaren Wert die humanistische Ausbildung für einen jungen Menschen hat«, und fährt fort: »Ich kam erst in reiferen Jahren zur Einsicht, daß dieses geistige Training für die Ausbildung von Verstand und Urteilskraft unübertrefflich ist... Rückblickend sage ich mir, daß ich auf einer recht guten, ja vielleicht auf einer vorzüglichen Schule gewesen bin; Gefühl und Herz sprachen jedoch in keiner Weise mit und haben niemals irgendein Empfinden der Anhänglichkeit an die Anstalt aufkommen lassen.«

Das Klima am Französischen Gymnasium während Wilmowskys Schulzeit muß alles andere als harmonisch gewesen sein. Die Öffentlichkeit war schon Ende der achtziger Jahre, als Wilmowsky in die Sexta kam, wegen der philosemitischen und frankophilen Einstellung der Schule gegen das Französische Gymnasium sensibilisiert. 1890 hatte Direktor Schulze die Tradition des Collège in seiner Festrede vor dem Kaiser verteidigen müssen. Die preußische Schulreform verlangte an allen Gymnasien den Beginn mit Latein in der Sexta und mit Französisch in Quarta. Am Französischen Gymnasium wurden beide Sprachen gleichzeitig in Sexta eingeführt, eine der beiden Sprachen sollte nun weichen, aber welche? Sollte das Collège seine Eigenart behalten, mußte Französisch in Sexta bleiben, Latein nach Quarta verlegt werden, das sogenannte

Thilo von Wilmowsky
1965

Thilo von Wilmowsky
(3. 3. 1878–28. 1. 1966) Industriel
La réforme de l'enseignement sous Guillaume II.

Thilo von Wilmowsky entra en Sixième au Lycée Français en 1888, l'«année des trois Empereurs». Ses premières années de scolarité coïncident avec la réforme scolaire liée au nom du jeune Empereur Guillaume II. Celle-ci exigeait que l'on apprît dans tous les lycées le latin en Sixième et le français en Quatrième. Afin de préserver la tradition de l'Ecole, le Directeur Georg Schulze décida d'intervertir l'ordre d'apprentissage de ces langues. Lorsque Thilo von Wilmowsky entra en Troisième, on introduisait le nouveau programme. Celui-ci compte le même nombre d'heures d'enseignement que dans les autres lycées. Le français reste la première langue étrangère enseignée au Collège et également la langue dans laquelle sont dispensés les cours. L'enseignement du latin est repoussé à l'entrée en Quatrième.

En 1896 Thilo von Wilmowsky obtint son baccalauréat. Après des études de droit à Munich, Göttingen et Halle, il entama une carrière dans les ministères et, dès avant la Première Guerre mondiale, fut nommé Préfet. Après la guerre on lui demanda de faire partie du Conseil d'Administration de la Société Krupp.

Ami de Carl Friedrich Goerdeler, il fut arrêté à la suite de l'attentat du 20 juillet 1944 contre Hitler. Le 7 mai 1945, réduit à une maigreur squelettique, il fut libéré par les troupes américaines du camp de concentration de Sachsenhausen. Plus tard il dut répondre, dans le cadre des procès de Nuremberg engagés contre les criminels de guerre, de son action en tant que Président du Conseil d'Administration de la Société Krupp. Lorsque l'hypothèque sur les biens de la famille Krupp fut levée par les Alliés, Wilmowsky réussit, en créant la fondation «Villa Hügel», à rendre accessibles au public les trésors artistiques qu'ils recélaient. Cette œuvre lui valut, pour son quatre-vingt-cinquième anniversaire, d'être décoré de la Croix du Mérite fédéral.

Altonaer System. Aber diese Meinung, die der Direktor vertrat, hatte im Kollegium keine Mehrheit. Das Deutsche Tageblatt konnte am 2. Oktober 1890 aufgrund einer Indiskretion das Konferenzergebnis melden: »Das Lehrerkollegium hatte ... diese Neuerung mit 12 gegen die Stimmen des Direktors und dreier Lehrer verworfen.«

Mit beispielhafter Geschicklichkeit und bewundernswürdiger Diplomatie gelingt es Georg Schulze, die Entscheidung dennoch zugunsten des Französischen herbeizuführen. Als die Kämpfe beendet sind und sein Lehrplan längst eingeführt und bewährt ist, sagt er in einem Bericht an die Schulbehörde über die »schweren sachlichen Kämpfe, die ich während der zwölf Jahre meiner Amtsführung ... über die Gestaltung des Lehrplans ... mit der überwiegenden Mehrheit meiner Kollegen zu führen hatte«, und über seinen endlichen Erfolg das folgende: »Allerdings glaube ich, etwas auch meinerseits zu diesem Erfolg beigetragen zu haben, indem ich auf die Erörterung prinzipieller Fragen in allgemeinen und Fachkonferenzen, auf langatmige Wortgefechte, die meist die Gegensätze nur verschärfen, nach Möglichkeit verzichtete und in Zwiegesprächen diejenigen, an deren Urteil mir etwas lag, einen nach dem anderen für meine Meinung zu gewinnen suchte.«

Den Erfolg dieser Taktik, heute so wie damals vermutlich das einzige Mittel eines Direktors, Widerstände abzubauen, können wir in Konferenzprotokollen aus Thilo von Wilmowskys Schulzeit im einzelnen verfolgen.

Am 30. Oktober 1891 – Wilmowsky war Quartaner – versuchte Schulze mit großer Überzeugungskraft für seine Idee – Französisch in Sexta, Latein in Quarta – zu werben. Er hat keinen Erfolg, die Abstimmung ergibt Stimmengleichheit. Am 6. November unternimmt er einen neuen Versuch, wieder ergebnislos. Nun wirkt er auf das Ministerium ein und erreicht am 13. Januar 1892 eine Verfügung, wonach es zunächst beim alten bleiben soll, beide Sprachen werden in Sexta begonnen. Dadurch gewinnt Schulze Zeit, und er weiß sie zu nutzen. Am 2. Februar legt er der Lehrerkonferenz einen Vorläufigen Lehrplan vor, der Französisch (im Gegensatz zu der preußischen Schulreform) in Sexta verankert und – das ist der Kompromiß – Latein in dieser Klasse reduziert. Das Protokoll, von allen Lehrern namentlich unterzeichnet, schließt mit dem Satz: »Da niemand sich zu Wort meldet, erklärt der Direktor seine Vorschläge so wie den gesamten Lehrplanentwurf für einstimmig angenommen.« Die Taktik der Einzelgespräche beginnt, ihre Früchte zu tragen.

Das Jahr 1892 vergeht mit der wechselseitigen Bearbeitung der Schulbehörde einerseits und des Kollegiums andererseits, und Ende 1892 ist die Entscheidung gefallen. Es bleibt bei der vom Kollegium einstimmig gewünschten Verankerung von Französisch in Sexta und der von der Schulbehörde verlangten Entlastung der Sextaner – Latein muß nach Quarta verlegt werden. Schulze hat seine Idee durchgesetzt.

Der neue Lehrplan weist eine Stundensumme aus wie an allen anderen Gymnasien. Französisch bleibt erste Fremdsprache und hat damit einen Vorsprung von 17 Jahreswochenstunden auf die Gesamtzeit von Sexta bis Prima gegenüber den übrigen Gymnasien – die Führungsrolle des Collège in Preußen ist gesichert! Nicht nur das: Französisch kann wegen dieses Vorsprungs ohne weiteres auch in Zukunft Unterrichtssprache sein. Dem Gewinn in Französisch steht ein Verlust in den meisten anderen Fächern gegenüber. Latein und Griechisch müssen zusammen elf Stunden opfern, Physik und Biologie je zwei, Deutsch und Geschichte je eine.

Ehe die Opposition sich wieder formieren kann, ist die Angelegenheit besiegelt. Der deutsche Kaiser und König von Preußen hat entschieden, die Anweisung an den Erziehungsminister lautet:

»Auf den Bericht vom 28ten v. Mts. ermächtige Ich Sie, den Unterricht des hiesigen Französischen Gymnasiums fortan nach den mir vorgetragenen Grundzügen zu regeln. Berlin, den 6ten März 1893, Wilhelm Rex.«

Zweieinhalb Jahre nach der spektakulären Niederlage des Direktors, wie sie das Deutsche Tageblatt am 2. Oktober 1890 gemeldet hatte (12:4), anderthalb Jahre nach dem Patt in der Lehrerkonferenz vom 30. Oktober 1891 (6:6) hatte Schulze sein Konzept durchgesetzt. Als Thilo von Wilmowsky in die Tertia kam, war der Fall abgeschlossen. Die Nachwirkungen allerdings waren noch lange zu spüren. Ein paar Lehrer waren schlechte Verlierer und konnten sich mit der neuen Lage nicht abfinden. Sie begehrten bei jeder Gelegenheit auf, auch in Gegenwart von Schülern. Schulze mußte ein paar Pensionierungen abwarten und Versetzungen, auch Beförderungen in die Wege leiten – bis er schließlich, zwölf Jahre nach seinem Dienstantritt, den Arbeitsfrieden am Französischen Gymnasium wiederhergestellt hatte. Thilo von Wilmowskys Schulzeit aber blieb überschattet von den Differenzen im Kollegium, wir spüren das aus seiner Beurteilung der Schule heraus.

* * *

Unmittelbar nach dem Abitur – Thilo von Wilmowsky wurde wegen guter Leistungen in der schriftlichen Prüfung vom mündliche Examen befreit – schickten ihn seine Eltern nach England, denn die englische Sprache konnte man damals am Französischen Gymnasium nur in einer freiwilligen Arbeitsgemeinschaft und ziemlich unzulänglich lernen.

Die Studienjahre verbrachte Wilmowsky in München, Göttingen und Halle, ging dann in die Ministerialverwaltung und war vor dem Ersten Weltkrieg bereits zum Landrat ernannt worden.

Während des Krieges war er zeitweise Leiter der Zivilkanzlei beim Generalgouverneur in Belgien. Nach dem Krieg verließ Thilo von Wilmowsky den Staatsdienst, bereiste England, Amerika, Rußland und Frankreich. Nach seiner Rückkehr wurde er in den Aufsichtsrat der Krupp AG berufen. Hier stieg er auf bis zum Vorsitzenden des Aufsichtsrates. Seine Lebensaufgabe sah er im Interessenausgleich zwischen Landwirtschaft und Industrie. 1933 verlor Thilo von Wilmowsky alle Ehrenämter. Als Freund Carl Friedrich Goerdelers wurde er nach dem Attentat vom 20. Juli 1944 verhaftet und ins Konzentrationslager Ravensbrück, später nach Sachsenhausen gebracht, wo er von den amerikanischen Truppen am 7. Mai 1945 befreit wurde. Er ging nun zurück auf sein Gut Marienthal bei Weimar, damals von den Amerikanern besetzt. Als dieser Teil Sachsens Mitte 1945 von den Amerikanern mit den Russen gegen West-Berlin getauscht worden war, wurde Thilo von Wilmowsky erneut ins Gefängnis geworfen, diesmal von den Russen und ihren deutschen kommunistischen Statthaltern; denn für diese war ein Angehöriger so alten preußischen Adels natürlich verdächtig. Die Familie Wilmowsky schloß sich nach seiner Entlassung der Völkerwanderung nach Westen an, aber auch hier fand Thilo von Wilmowsky zunächst noch keine Ruhe: Die Nürnberger Kriegsverbrecherprozesse hatten begonnen, und der Vorsitzende des Aufsichtsrates der Krupp AG wurde vom Gericht zur Rechenschaft gezogen, Thilo von Wilmowsky war inzwischen 67 Jahre alt.

Als das Krupp-Vermögen 1952 von den Alliierten freigegeben wurde, gelang es Wilmowsky durch Gründung der Stiftung Villa Hügel, die künstlerischen Werte dieses Vermögens der Öffentlichkeit zugänglich zu machen. An seinem 85. Geburtstag wurde er dafür mit dem Bundesverdienstkreuz ausgezeichnet.

Thilo von Wilmowsky starb am 28. Januar 1966. (Lit. Nr. 436–440)

Erich Kaufmann
Jurist
(1880–1972)
Die Schülerauswahl am Französischen Gymnasium

Fast ein Jahrhundert umfaßt die Lebensspanne Erich Kaufmanns, der die Entwicklung des Staatsrechts und des Völkerrechts vom Kaiserreich über die Weimarer Republik zur Bundesrepublik Deutschland beeinflußt hat. Er stammt aus einer Berliner Juristenfamilie. Am 21. September 1880 geboren, hat er das Französischen Gymnasium, wie es im Jahresbericht von 1899 heißt, neun Jahre besucht. Als Unterprimaner hat er 1898 den *Prix Monod* errungen. Als Studienwunsch gab er beim Abitur die Philosophie an, und als Wissenschaftler hat er sich später oft mit rechtsphilosophischen Fragen auseinandergesetzt.

Im Jahre seiner Aufnahme am Französischen Gymnasium hat Direktor Georg Schulze in einem Bericht an seine vorgesetzte Behörde die Schülerschaft der Schule – und damit auch Erich Kaufmann – charakterisiert. Hier ist der Wortlaut:

»Die Schüler der Anstalt gehören ihrer Geburt nach ohne Ausnahme den gebildeten Kreisen der Berliner Gesellschaft an; sie sind durchschnittlich gut, nicht wenige hervorragend begabt... Unsere Schüler bringen aus dem Elternhause, aus der ganzen Berliner Lebensluft eine gewisse Empfänglichkeit für geistige Anregung, somit auch ein Interesse für das von der Schule ihnen zuzuführende Wissen mit... Schüler solchen Schlages haben, natürlich ganz unbewußt, doch ein sehr feines Gefühl dafür, ob das Unterrichtsziel richtig gesteckt, ob der Lehrgang, welcher in dem einen oder anderen Fache mit ihnen eingeschlagen wird, dem Ziele entsprechend angelegt ist.«

In diesen drei Sätzen umreißt Schulze, was den Schüler des Collège damals so wie heute ausmacht: Herkunft aus dem Bildungsbürgertum, Empfänglichkeit für geistige Anregung sowie Urteilskraft und Kritikfähigkeit. Auch für Erich Kaufmann treffen diese Merkmale zu.

* * *

Nach dem Abitur studierte er in Berlin, Halle, Heidelberg und Erlangen. Er habilitierte sich 1908 in Kiel, von 1913 an war er in Königsberg Ordentlicher Professor und kam 1916, damals 36 Jahre alt, als Ordinarius für Öffentliches Recht nach Berlin.

Die Nationalsozialisten kündigten dem evangelischen Professor jüdischer Abstammung 1934 den Lehrauftrag. Er zog sich in seine Villa in Nikolassee zurück, wo er noch bis 1938 private Seminare abhielt, bis ihm auch diese Tätigkeit untersagt wurde. Erich Kaufmanns Nikolasseer Kreis dürfte dem deutschen Widerstand zuzurechnen sein, so jedenfalls urteilt sein Schüler, Kollege und Biograph Rudolf Smend. Es ist interessant, daß Erich Kaufmann noch im September 1934 in der von der nationalsozialistischen Reichs-Schrifttums-

Erich Kaufmann
1955

Erich Kaufmann
(21. 9. 1880–5. 11. 1972) Juriste
La sélection des élèves au Collège Français.

Erich Kaufmann, qui influença le développement du droit public et du droit international sous l'Empire, la République de Weimar et la République féderale, était issu d'une famille de juristes berlinois. Il fut élève du Lycée français durant neuf ans. L'anné de son admission, le Directeur Georg Schulze définit en ces termes les qualités qu'il attendait de l'élève de l'Ecole, qualités que l'on retrouve chez Erich Kaufmann: être issu de la bourgeoisie cultivée, être ouvert à la curiosité intellectuelle, posséder la capacité de juger et de critiquer.

Après son baccalauréat Erich Kaufmann étudia le droit à Berlin, Halle, Heidelberg et Erlangen. Il passa sa thèse d'habilitation à Kiel, à partir de 1913 il fut Professeur titulaire à Königsberg et en 1916 devint titulaire de la chaire de droit public à Berlin. Il était protestant et avait pris part à la Première Guerre mondiale comme officier. Malgré cela, les nationaux-socialistes, en 1934, dessaisirent de ses fonctions d'enseignant ce professeur qu'ils considéraient, au vu de ses origines, comme juif. Jusqu'en 1938 Erich Kaufmann continua d'organiser des séminaires privés dans sa villa de Nikolassee, ensuite il émigra en Hollande.

Les années suivant la Première Guerre mondiale il avait participé, à la demande du Gouvernement aux négociations avec les voisins orientaux. Les traités de cette époque furent élaborés sous ses conseils avisés et il s'en fallut de peu que, de nouveau, après la Seconde Guerre mondiale on fit appel à ses grandes compétences. En 1950 Konrad Adenauer le nomma Conseiller juridique à la Chancellerie fédérale. De 1951 à 1958, aux Affaires Etrangères, Erich Kaufmann eut une part active dans toutes les négociations avec les Alliés, contribuant, en rédigeant souvent lui-même les textes, à faire passer la République fédérale de son statut de pays occupé à celui d'Etat signant des traités avec ses différents partenaires. Pour ces mérites on lui décerna la Grand-Croix du Mérite Fédéral avec étoile et cordon. En 1952 on l'accueillit dans l'Ordre «Pour le Mérite» au titre des sciences et des arts; de 1959 à 1964 il fut Grand Chancelier de l'Ordre.

kammer betreuten »Deutschen Rundschau« einen Leitartikel veröffentlichen kann. Allerdings geht der Aufsatz mit der Politik des polnischen Außenministers Oberst Beck scharf ins Gericht, weil dieser den Minderheitenschutz aufgekündigt hatte. Für einen deutschnationalen Konservativen war das in Hinblick auf den Versailler Vertrag Unrecht – die Nazis gaben »Professor Dr. Erich Kaufmann« ein letztes Mal das Wort, denn er argumentierte in ihrem Sinne, wenn auch aus anderen Beweggründen! Vermutlich waren für Erich Kaufmann die nationalsozialistischen Verächter der Minderheiten die eigentlichen Adressaten dieses hochbrisanten Artikels!

Im Jahre 1935 hatte die Völkerrechtsakademie im Haag Erich Kaufmann eine Gastprofessur angeboten. Seinen Haager Vorlesungen, 1936 in Paris im Druck erschienen, gab er den Titel: *Règles générales du droit de la paix*, auch dies eine Warnung vor den Faschisten, deren Aufrüstung begonnen und deren militaristische Bestrebungen Kaufmann durchschaut hatte.

1938 wanderte er nach Holland aus, wo es ihm gelang, im Untergrund zu überleben.

In den Jahren nach dem Ersten Weltkrieg war Kaufmann von der Reichsregierung in die Verhandlungen mit den östlichen Nachbarn eingeschaltet worden. Die damaligen Verträge wurden unter seiner Beratung konzipiert, und so lag es nahe, auch nach dem Zweiten Weltkrieg auf seine große Sachkenntnis zurückzugreifen. Schon im April 1946 faßte Kaufmann den Entschluß zur Rückkehr nach Deutschland: »Ich will trotz allem wieder an die Arbeit«. Er fertigte Gutachten an, zum Beispiel 1947 über »Freilassung und Heimschaffung der Kriegsgefangenen«, und arbeitete ab 1948 an der Satzung der Vereinten Nationen.

Konrad Adenauer berief den Siebzigjährigen zum Rechtsberater ins Bundeskanzleramt, in dessen Dienststelle für Auswärtige Angelegenheiten Kaufmann 1950 eintrat. Von 1951 bis 1958 im Auswärtigen Amt, wurde er zu allen Verhandlungen mit den Alliierten hinzugezogen, den Weg der Bundesrepublik vom Besatzungsstatut zum Deutschlandvertrag hat er federführend begleitet. Dabei sind ihm Demütigungen nicht erspart geblieben, doch gelang es ihm, sich als Deutscher vor der Alliierten Hohen Kommission zu behaupten, vermutlich auch durch seine Fähigkeit, je nach der Situation auf Französisch, Englisch oder Deutsch in den Gang der Verhandlungen einzugreifen.

Den Beitritt der Bundesrepublik zum Europarat konnte Erich Kaufmann noch vorbereiten helfen, dann zog er sich – 1958 – zurück.

Seit 1952 Mitglied des Ordens *Pour le Mérite* für Wissenschaften und Künste, war er von 1959 bis 1964 Kanzler des Ordens. Für seine Verdienste um die Beendigung des Besatzungsrechts wurde ihm das Große Bundesverdienstkreuz mit Stern und Schulterband verliehen. Wohl kaum ein Jurist hat so wie er die Entwicklung des internationalen Rechts von den Nationalstaaten über den Völkerbund zu den Vereinten Nationen begleiten können.

Am 5. November 1972 ist Erich Kaufmann 92jährig gestorben. (Lit. Nr. 15, 344, 360, 441–445)

Curt Sachs
Musikwissenschaftler
(1881–1959)
Kunst- und Musikerziehung obligatorisch

Wie Erich Kaufmann stammte auch Curt Sachs aus jüdischem Hause, aus einer Kaufmannsfamilie, die schon im 16. Jahrhundert in Deutschland ansässig war.

Er wurde am 29. Juni 1881 geboren, kam mit zehn Jahren ins Französische Gymnasium, das er im Alter von zwanzig Jahren 1901 mit dem Abitur verließ, um Philosophie und Kunstgeschichte zu studieren.

Seine Beurteilung zum Abitur hat folgenden Wortlaut: »Ein gut entwickelter, aber etwas willkürlicher Schüler, trotz einiger Lücken in seinen Kenntnissen leistete er das Erforderliche, bisweilen sogar Gutes.«

Als Curt Sachs zur Schule kam, war Franz Commer, durch fast ein halbes Jahrhundert Musiklehrer am Collège, gerade ein paar Jahre pensioniert. Jüngere Lehrer hatten seine Stelle eingenommen, und das Singen, wie das Fach genannt wurde, war zum obligatorischen Schulfach geworden, konkurrierende Unterrichtsveranstaltungen, wie zur Zeit Commers, gab es nicht mehr.

Der Lehrgang begann in der Vorschule. Im zweiten und dritten Jahr waren je zwei Wochenstunden *Chant* im Stundenplan vorgesehen. In Sexta und Quinta wurde der Unterricht, ebenfalls zweistündig, fortgesetzt. Ab Quarta wurden die Schüler zu einem gemeinsamen Chor zusammengefaßt, bei voller Besetzung rund zweihundert Sänger. Dieser »Große Chor« kam wöchentlich einmal zu einer Stunde zusammen. Weitere zwei Gesangsstunden waren für die Teilnehmer vorgesehen. Diese beiden Stunden wurden aber in »Teilung« unterrichtet, mit je einer Hälfte der Gesamtzahl der Schüler, also je maximal hundert Sängern.

Dieses Organisationsmodell blieb im ersten Drittel des 20. Jahrhunderts gültig, so wie Curt Sachs wurden auch die späteren Schülergenerationen unterrichtet. Erst zwischen den Kriegen wurde das Fach allmählich weiterentwikkelt zu dem, was es heute ist, nämlich Musikkunde, verbunden mit Gesang, aber getrennt vom Chorsingen.

Das Schulorchester wurde 1924 gegründet, 1940 wurde die neue Orgel in der Aula eingeweiht, und nach dem Kriege, verstärkt seit 1952, hat es in manchem Jahr mehrmals musikalische Schulaufführungen gegeben. Aber schon Schulze hatte damit den Anfang gemacht, in den Ansprüchen bescheidener zwar, aber für einen Schüler wie Sachs ein willkommenes Betätigungsfeld.

Das Fach Zeichnen war der Musik voraus, insofern hatte sich seit der Schulzeit Robert Dohmes nichts geändert. In der Schulzeit von Curt Sachs war es obligatorisches Schulfach von der Vorschule bis zur Untertertia, und zwar mit zwei Wochenstunden. Zwei weitere Wochenstunden waren von der zweiten Vorschulklasse bis zur Quinta einschließlich vorgesehen für Schönschrift. Die fünf oberen Klassen der Schule, also Obertertia bis Oberprima, hatten eben-

Curt Sachs
1931

Curt Sachs
(29. 6. 1881–5. 2. 1959) Musicologue
L'éducation artistique et musicale obligatoire.

Lorsque Curt Sachs, à l'âge de dix ans, entra au Lycée Français, l'éducation musicale et le dessin étaient devenus des matières obligatoires. Leur enseignement commençait à l'école primaire. En deuxième et troisième années du primaire, de même qu'en Sixième et en Cinquième du Lycée, l'emploi du temps comportait deux heures hebdomadaires de «chant». A partir de la Quatrième les élèves étaient regroupés pour former une chorale générale qui comptait, au complet, 200 élèves et se réunissait une fois par semaine. Ce n'est que quelque temps après la scolarité de Curt Sachs que cette matière devint, peu à peu, un cours de musique, certes lié au chant, mais séparé du chant choral.

Curt Sachs avait, durant sa scolarité, déjà suivi des cours de théorie de la musique et de composition à la faculté. Puis, étudiant, il fit de l'histoire générale de l'art et fut reçu Docteur en Histoire de l'art en 1904. Ensuite il se spécialisa en musicologie et en 1909, âgé à peine de 28 ans, fut nommé Directeur de la collection nationale d'instruments de musique de Berlin, l'actuel Musée des instruments de musique. Après avoir soutenu sa thèse d'habilitation, il fut nommé en 1920 à l'Ecole supérieure de Musique et en 1921 Professeur d'Université. Peu de temps après il fut élu membre de l'Académie des Sciences.

La prise de pouvoir des nationaux-socialistes mit fin à sa carrière scientifique à Berlin. Bien que sa famille eût vécu depuis le XVIeme siècle en Allemagne il fut, en tant que «non-aryen», déchu de sa nationalité. Grâce à l'intervention d'amis américains, il obtint en 1933 une bourse de la Fondation Rockefeller et émigra à Paris où il prit un poste d'enseignant à la Sorbonne et travailla au Musée du Trocadéro. Des propositions des Universités de Harvard et de Columbia établirent la renommée scientifique de Curt Sachs en Amérique à la fin des années trente. Son biographe discerne la source de son originalité «dans son don unique de concevoir la totalité de la musique, en une entité morphologique et ethnologique, comme une grande synopsis.»

falls Zeichenunterricht, aber nicht mehr obligatorisch, in der Art dessen, was wir heute »Arbeitsgemeinschaft« nennen würden. Im Jahre des Abiturs von Curt Sachs machten im Sommer zwanzig, im Winter 28 Schüler von diesem Angebot Gebrauch, rund ein Sechstel der in diesen Klassen vorhandenen Schüler. Schulze versuchte, sie zur Teilnahme anzuregen, indem er von Zeit zu Zeit ihre »Werke« in Ausstellungen präsentierte. Wer sich für Musik und Kunst interessierte, konnte mit dem, was die Schule ihm bot, damals – so wie heute – kaum zufrieden sein.

* * *

Curt Sachs hatte schon während seiner Schulzeit Musiktheorie und Kompositionslehre an der Hochschule belegt. In den anschließenden Studienjahren beschäftigte er sich mit allgemeiner Kunstgeschichte und wurde 1904 auf kunsthistorischem Gebiet promoviert. Seine erste Anstellung fand er im Kunstgewerbe-Museum, wo er mit archivalischen Arbeiten betraut wurde. Allmählich profilierte sich Curt Sachs aber immer stärker auf musikwissenschaftlichem Gebiet und wurde schon 1909, gerade 28 Jahre alt, zum Direktor der Staatlichen Instrumentensammlung Berlin, dem heutigen Musikinstrumenten-Museum, ernannt. Nach seiner Habilitation wurde Curt Sachs 1920 an die Musikhochschule und 1921 zum Universitätsprofessor berufen. Wenig später wurde er in die Akademie der Wissenschaften gewählt. Bis 1933 wirkte er als Musikethnologe am Museum für Völkerkunde, wo er sich auf altägyptische und indische Instrumentenkunde spezialisierte. 1930 und 1932 arbeitete er als sachverständiger Berater für altägyptische Instrumentenkunde in Kairo, dann kam mit der »Machtergreifung« der Nationalsozialisten das Ende der wissenschaftlichen Laufbahn von Curt Sachs in Berlin.

Am 9. Mai 1933 schrieb er dem Musikologen Carleton Smith, den er im Jahr zuvor in Berlin kennengelernt hatte, den folgenden Brief: »Sehr geehrter Herr Doktor: Ich nehme mir die Freiheit, Ihnen mein neuestes Buch als Geschenk zu überreichen (Weltgeschichte des Tanzes) in lebendiger Erinnerung an den Tag, an dem Sie mir von Ihrem grossen Plan erzählten, und ich Ihnen zureden durfte, auch den Tanz in Ihr Projekt aufzunehmen. Öfter als je muss ich an diese Dinge jetzt denken, wo bei uns dergleichen nicht verwirklicht werden kann und die neue Regierung mich kaum über den Sommer hinaus im Amte lassen wird.«

Smith hat über seine erste Begegnung mit Sachs berichtet. Er sagt: *As I was walking through the Tiergarten … I saw a man in a light suit who had a somewhat oriental look. He was briskly striding along, clearly enjoying the park and obviously an intellectual and a person of delicate perception. The shock of hair, the carefully trimmed small beard and moustache, the elegance and general manner made me at once concluding: That must be the man!*

Im Sommer 1933 tritt Sachs erneut an Smith heran. Er schreibt: »Inzwischen haben sich die Verhältnisse in der Ihnen bekannten Weise verändert, und das Beamtengesetz macht trotz aller Bemühungen meiner vorgesetzten Behörde meinem Wirken an der Universität, der Musikhochschule und der Instrumentensammlung ein Ende. Ich bin also für andere Aufgaben frei. Schön wäre es, wenn ich meine Kräfte in den Dienst Ihrer großen Pläne stellen könnte. Bitte schreiben Sie mir doch möglichst umgehend.«

Smith vermittelt Sachs ein Stipendium der *Rockefeller Foundation.* Er siedelt nach Paris über, erhält einen Lehrauftrag an der *Sorbonne* und arbeitet im *Musée du Trocadéro.* Dort baut er die erste musikgeschichtlich konzipierte Schallplattensammlung Europas auf, seine *Anthologie sonore,* Nachfolgerin des noch in Deutschland erschienenen Albums »Zweitausend Jahre Musik auf Schallplatte«.

Aber auch in Frankreich kann Sachs nicht bleiben. Am 4. Juli 1936 schreibt er wiederum an Smith: »Die amerikanischen Flaggen, die heute ringsum in Paris wehen, führen die Gedanken zu Ihnen. Ich möchte Ihnen sagen, wie sehr ich mich gefreut habe, Ihnen und Ihrer lieben Frau dreimal hintereinander, in Prag, Barcelona und Paris, begegnet zu sein. Und ebenso möchte ich gern wissen, was Ihre New Yorker Pläne machen. Es ist für mich ein kritischer Augenblick. Das Rockefellerstipendium läuft ab ... das Arbeitsjahr ist vorüber – kurz ich stehe vor der Frage, wie ich meine Zukunft einrichten muss... Es ist eine sehr ungemütliche Situation.«

Carleton Smith holt Sachs 1937 nach Amerika, er verschafft ihm eine Berufung als *visiting professor* an die *Graduate School* der New York University. Sachs bleibt in den Vereinigten Staaten. Berufung an die Harvard- und die Columbia-Universität sichern seinen materiellen Lebensunterhalt und begründen seinen wissenschaftlichen Ruf in Amerika.

Er publizierte zunächst in deutscher Sprache, dann auf französisch, aber seine wichtigsten Werke liegen in englischer Sprache vor. 1940 erscheint *The History of Musical Instruments,* für die er sich noch der Formulierungshilfe einer seiner Studentinnen bedienen mußte. 1943 erscheint *The Rise of Music in the Ancient World,* 1946 *A Commonwealth of Art,* 1948 *Our Musical Heritage,* 1953 *Rhythm and Tempo* und schließlich postum 1962 *The Wellsprings of Music.* Seine »Weltgeschichte des Tanzes«, schon 1933 erschienen, wurde ins Französische, Englische, Spanische und Hebräische übersetzt. Nach Eric Werner, dem Biographen von Curt Sachs, lag seine Bedeutung »in seiner einzigartigen Gabe, die Gesamtheit der Musik morphologisch-ethnologisch in einer großen Synopsis zu erfassen«.

Curt Sachs starb im Alter von 78 Jahren am 5. Februar 1959 in New York. 1956 hatte ihn die Bundesregierung zum *Ordinarius emeritus* ernannt, und das Musikinstrumenten-Museum hat einen seiner Räume dem *Hommage à Curt Sachs* gewidmet.

Der Nachruf von Carleton Smith endet mit folgenden Worten: *Curt Sachs revealed relationships among the arts in new ways. He was a great teacher and his insight was illuminating and imaginative. He was an honor to the world of the humanities – a man admired and loved.* (Lit. Nr. 19, 344, 405, 446–448)

Leonard Nelson
Pädagoge
(1882–1927)
Körper und Geist im Ungleichgewicht

Im Jahre 1872 bestand der Kaufmannssohn Henri Nelson am Französischen Gymnasium das Abitur. Als Jude geboren, heiratete er eine Tochter aus der weitverzweigten Hugenottenfamilie Lejeune-Dirichlet, die auch mit den du Bois-Reymond verwandt war.

Am 11. Juli 1882 wurde der Sohn Leonard geboren. Eingeschult wurde er am Französischen Gymnasium im Jahre 1892. Als er 1901 die Abiturprüfung ablegte, gibt er als seine Konfession die evangelische an. Leonard Nelson gehörte also zu den christlichen Schülern jüdischer Abstammung.

Als Leonard Nelson die Obersecunda besuchte, hat er den *Prix Monod* erhalten. Nelsons Beurteilung zum Abitur hat folgenden Wortlaut: »Nicht sonderlich eifrig, aber doch auch nicht pflichtvergessen, dabei klar und über die Maßen ruhig beim Erfassen des Gebotenen, hat dieser Schüler für alle Gegenstände das Erforderliche geleistet. Seine Reife ist unzweifelhaft. Sein Betragen war lobenswert, sein Fleiß genügend. Er will Naturwissenschaften studieren.«

Nelson bestand das Abitur als siebenter in der Rangfolge von neun Schülern des Abiturjahrgangs von Ostern 1901. Der Schule überdrüssig machte er seinem Ärger in einem Brief vom 22. Juli 1901 Luft. An seiner Schulausbildung am Französischen Gymnasium ließ er kein gutes Haar. Er sprach von Zwang und Mangel wahrer geistiger und körperlicher Beschäftigung, von der Abspeisung mit mechanischem und totem Lehrstoff, von einem *dégoût*, der sich in der Obersecunda einstellte und sich nicht mehr verlor, von verknöcherten Pedanten als Schulmeistern. Diese ablehnende Haltung gegenüber der »alten Schulart« hielt sein ganzes Leben an, sie war vermutlich der Beweggrund zur Entwicklung von Nelsons eigenem pädagogischen System, wir werden davon hören.

Einem Vorwurf wollen wir nachgehen, nämlich dem des Mangels an körperlicher Betätigung. Der Sportunterricht spielte unter Kaiser Wilhelm II. an allen preußischen Schulen eine besondere Rolle. In allen Gymnasialklassen des Reiches waren wöchentlich drei Sportstunden vorgeschrieben. Am Französischen Gymnasium wurden sie verteilt auf einmal zwei und an einem anderen Tag einmal eine Stunde. Die Schüler der drei Oberklassen erhielten ihren Sportunterricht gemeinsam, die Gruppen waren etwa 50 Schüler stark. Im Sommersemester 1900 waren an der ganzen Schule 42 Schüler mit Attest befreit (14%), im Wintersemester 1900/01 waren es 48 (18%). Die Turnhalle der Schule war geräumig, auch auf dem Hof konnte Sport getrieben werden. Regelmäßige Wanderungen der Klassen wurden ebenfalls zu den sportlichen Veranstaltungen gezählt. Im Sommer wurde auch Schwimmunterricht erteilt, vermutlich in einer der Spree-Badeanstalten in Schulnähe. Der Jahresbericht von 1901 meldet, daß 27 Schüler sich in diesem Jahr freigeschwommen haben, daß 142 oder 54% schwimmen können.

Wöchentlich zweimal wurden die »Vorturner« der einzelnen Klassen zusammengefaßt. Es waren so viele, daß sie in zwei Gruppen aufgeteilt werden mußten, eine für die Prima und Secunda, die andere für Tertia und Quarta. Von Sexta bis Untertertia wurde im Turnunterricht sogar ein Lehrbuch verwendet: »Turn- und Volkslieder für deutsche Schulen«. Trotzdem wurde das Fach Turnen am Französischen Gymnasium vernachlässigt. Direktor Schulze war ein ausgesprochener Gegner der körperlichen Betätigung, er meinte, sie behindere die geistige Arbeit. Bei einer seiner letzten Abiturienten-Entlassungsfeiern hielt er eine Ansprache mit dem Thema *Les dangers du sport*. Die hohe Zahl an Sportbefreiungen auf Attest während Schulzes Direktorat spricht eine deutliche Sprache.

Gemessen an heutigen Maßstäben war das Angebot zur Zeit Nelsons ein durchaus eindrucksvolles Programm. Denn heute gibt es drei Wochenstunden nur auf der Unter- und unteren Mittelstufe, später sind es nur noch zwei Stunden. Zusätzlich können am Nachmittag Arbeitsgemeinschaften belegt werden, und davon gibt es heute eine ganze Menge mehr als nur das Turnen.

In Nelsons Schulzeit existierte noch keine Ruderriege, aber sonst hatte er sich am Französischen Gymnasium fast so intensiv körperlich betätigen können wie die heutigen Schüler. Gemessen an dem Ideal des griechischen Gymnasiums wurde und wird der Sportunterricht freilich stiefmütterlich behandelt, das Gleichgewicht der Übung von Körper und Geist fehlte und fehlt, insofern hatte Nelson recht, war seine Beschwerde begründet.

* * *

Nelson ging zum Studium nach Heidelberg, später über Berlin nach Göttingen. Er hörte Vorlesungen aus den unterschiedlichsten Forschungsgebieten, bis er sich schließlich auf dem Gebiet der Philosophie der Mathematik spezialisierte.

In Göttingen wurde er während seines ersten Semesters in einen antisemitischen Krawall mit einer Gruppe korporierter Studenten verwickelt, über den er in einem Brief an seine Familie berichtet, es sei in einem Gasthof »Juden raus« gerufen worden, die Wirtin habe für die Korporierten Partei ergriffen und die »Saujuden« hinausgewiesen. Der herbeigerufene Polizist habe schließlich die Korporierten gehen lassen und Nelson und seine Freunde auf die Wache mitgenommen.

Der Ton des Berichts ist sachlich-distanziert, Leonard Nelson verstand sich offenbar nicht als Jude, er war assimiliert, aber er war nicht korporiert, kein national-konservativer Student, er fühlte sich als Liberaler, stand dem Sozialismus nahe und suchte seine Freunde unter Gesinnungsgenossen, von denen damals viele Juden waren.

Leonard Nelson war 22 Jahre alt, als er in Göttingen mit einer philosophi-

Leonard Nelson
Zeichnung von Elisabeth Nelson-Dirichlet 1911

Leonard Nelson
(11. 7. 1882–29. 10. 1927) Pédagogue
Le corps et l'esprit en équilibre inégal.

Leonard Nelson passa le baccalauréat au Lycée Français à Pâques 1901. Plus tard il critiqua tout particulièrement, dans la formation reçue à cette école, les performances intellectuelles trop élevées exigées des élèves et le manque d'activités physiques. On peut opposer à ce reproche le fait que, justement sous Guillaume II., l'enseignement du sport jouait dans toutes les écoles de Prusse un rôle particulier. On devait dispenser dans toutes les classes des lycées de Prusse trois heures de sport hebdomadaires alors qu'aujourd'hui on ne compte également trois heures que dans les premières classes du premier cycle et qu'au delà il n'y a plus que deux heures de sport obligatoires. Nelson avait cependant raison, car l'instruction de style militaire dispensée en Prusse avant la Première Guerre mondiale étouffait complètement le jeu sportif, tel que nous l'entendons à l'heure actuelle.

Au cours de ses études Leonard Nelson se spécialisa en mathématiques. En 1909 il devint Chargé de cours à la Faculté de philosophie de l'Université de Göttingen. Au contact du pédagogue Hermann Lietz qu'il rencontra dans sa cité scolaire implantée à la campagne, Leonard Nelson conçut les prémices d'une théorie philosophico-pédagogique, qui donna naissance juste dix ans plus tard au mouvement de la Ligue Internationale de la Jeunesse, l'Ecole de Nelson, de tendance libérale de gauche, dont le projet éducatif fut approuvé, entre autres, par Albert Einstein et Käthe Kollwitz. Au début des années vingt, Nelson crée son propre internat, le «moulin de Walke» près de Kassel; ce n'est pas une «école où l'on doit apprendre» comme le Lycée Français, mais une «école où l'enfant est préparé à la vie», dans laquelle Nelson essaie de mettre en pratique ses conceptions pédagogiques qui on pour but l'épanouissement des forces individuelles des élèves, mettant l'accent sur la formation du caractère.

Leonard Nelson n'a pas pu assister au succès de ses idées. Il mourut à 45 ans d'une pneumonie. Les nationaux-socialistes fermèrent dès 1933 son école. Sa tombe, dans le jardin de l'école, fut rasée. Mais ses collaborateurs purent s'établir d'abord au Danemark, puis en Angleterre, où la pédagogie de la «Ligue» de Nelson a pu survivre à la Guerre.

schen Dissertation promoviert wurde, 24 Jahre, als er seine Habilitationsschrift vorlegte. Seine akademische Antrittsvorlesung trug den Titel: »Geschichte und Philosophie der Infinitesimalrechnung«. Schon ein Jahr später hält er in Göttingen *privatim* philosophische Übungen ab, wird 1909 außerordentlicher Professor an der philosophischen Fakultät.

Sein mathematisches Hobby behielt er allerdings bei, er nimmt 1914 am Gründungskongreß der *Société internationale de philosophie mathématique* in Paris teil und hält ein Referat über das Thema *Les fondements de la géométrie.*

Als Nelson nach Deutschland zurückkehrt, wirft der Krieg seine Schatten voraus, und als er schließlich ausgebrochen ist, versucht Nelson – mit Erfolg – dem Militärdienst zu entgehen. Er sagt: »Geistige Tätigkeit ist auch in Kriegszeiten für das Ganze wichtiger als Dienst im Landsturm. Geistige Tätigkeit kann jedoch in solchem Moment nur Hinwendung auf den künftigen Frieden sein.« Am 12. August 1914 bereits entwickelt er Vorstellungen von einem »umfassenden Staatenbund«, der in Zukunft Kriege unmöglich machen soll.

25 Jahre war Leonard Nelson alt, als er sein Schlüsselerlebnis hatte: Pfingsten 1907 besuchte er das Landschulheim Bieberstein und lernte dort den Pädagogen Hermann Lietz kennen. Er berichtet: »Es ist wundervoll hier und ich bedaure, nicht noch mal in die Schule gehen zu können... Die Jungen sind alle so groß und gesund und lustig und tätig, daß es eine Freude ist, die Gesichter und Körper zu beobachten. Alle gehen mit nackten Beinen und leben ganz in der Natur. Lehrer und Schüler ganz gleichartig. Es ist buchstäblich so in Wirklichkeit, wie ich es mir geträumt habe.«

Von nun an entwickelt Leonard Nelson sein eigenes philosophisch-pädagogisches Konzept, aus dem rund zehn Jahre später die Bewegung des Internationalen Jugendbundes wurde, die linksliberale Nelsonschule, zu deren Erziehungszielen sich auch Albert Einstein und Käthe Kollwitz bekannten.

Leonard Nelsons politischer Weg führte über die USPD der Nachkriegsjahre zu einem liberalen Sozialismus links von der SPD, deren Parteileitung 1925 folgende interne Anweisung erteilt: »Wo der Nelsonbund auftaucht, haben die Parteigenossen diesem entgegenzutreten!«

Inzwischen hat Leonard Nelson seine eigene Heimschule gegründet, die Walkemühle bei Kassel, keine »Lernschule« wie das Französische Gymnasium, sondern eine »Erziehungsschule«,wo er ein pädagogisches Konzept zu verwirklichen sucht, das die Entfaltung der individuellen Kräfte der Schüler zum Ziel hat und das Hauptgewicht auf die Bildung des Charakters legt.

Leonard Nelson konnte den Erfolg seiner Idee nicht mehr miterleben. Seine physischen Kräfte waren früh verbraucht. Er war 45 Jahre alt, als er am 29. Oktober 1927 an einer Lungenentzündung starb. Seine Schule wurde von den Nationalsozialisten 1933 sofort geschlossen, sein Grab im Schulgarten wurde eingeebnet, aber seine Mitarbeiter konnten sich zunächst nach Dänemark und dann nach England absetzen, wo die Pädagogik des Nelsonbundes den Krieg überdauert hat. (Lit. Nr. 19, 449–454)

Walter Hübner
Anglist
(1884–1970)
Vertrauensverhältnis zwischen Schulaufsicht und Schulleitung

Wir wenden uns nun einer Persönlichkeit zu, die in der Geschichte des Französischen Gymnasiums in der ersten Hälfte des 20. Jahrhunderts eine bedeutende Rolle gespielt hat, Walter Hübner.

Am 14. Januar 1884 in Bernau bei Berlin geboren, zunächst dort, später in Berlin am Realgymnasium ausgebildet, ließ er sich nach dem Abitur 1902 an der Friedrich-Wilhelms-Universität immatrikulieren. Er studierte Anglistik, Romanistik und Germanistik und schloß sein Studium 1908 mit dem Staatsexamen und gleichzeitig mit der Promotion ab.

Nachdem er kurze Zeit Vertretungslehrer am Grauen Kloster gewesen ist, kommt Hübner 1909 zum Französischen Gymnasium. Er besucht das Studienseminar, das damals von Direktor Georg Schulze geleitet wurde und aus dem schon Kurt Levinstein hervorgegangen war.

Bereits 1910, Walter Hübner hat noch nicht einmal sein pädagogisches Examen abgelegt, wird er mit der Vertretung des erkrankten Latinisten Emil Stroetzel betraut, wie der Jahresbericht von 1911 meldet, als *stagiaire et professeur auxiliaire*. Nach dem Examen wird Walter Hübner nominell in die Planstelle des inzwischen pensionierten Vorgängers berufen, er gibt Französisch, Englisch, Deutsch sowie Sport, und Georg Schulze betraut ihn mit der verantwortungsvollen Aufgabe der Klassenleitung in Sexta.

Im Jahre 1912 ist Walter Hübner an die dreizehnte Stelle in der Hierarchie des achtzehnköpfigen Kollegiums aufgerückt. Er unternimmt mit seinen Schülern eine Studienreise in den Kyffhäuser, eine Unternehmung im Geiste der damaligen Jugendbewegung, des »Wandervogels«.

Ein Jahr später nimmt Walter Hübner im Kollegium bereits die zwölfte Stelle ein, und über Jahresfrist ist er an die zehnte Stelle aufgerückt. Er steht nun direkt hinter dem sieben Jahre älteren Kurt Levinstein, eine beispiellose Karriere in kürzester Frist, Walter Hübner ist gerade dreißig Jahre alt geworden, gibt Deutsch, Französisch und Englisch in Oberprima und stellt an der Schwelle des Ersten Weltkrieges Abituraufgaben wie: *Peut-on défendre la parole de Moltke: la paix est un rêve et pas même un beau rêve?*

Im Krieg eingezogen, kehrt er 1918 ans Französische Gymnasium zurück, wird aber schon 1919 abberufen und geht ins Provinzial-Schulkollegium und damit in die Schulaufsicht über. Acht Jahre bleibt es am Französischen Gymnasium still um Walter Hübner, dann aber besucht er die Schule regelmäßig, sie ist seiner Dienstaufsicht unterstellt. Hübner nimmt an Lehrerkonferenzen teil, überwacht die Arbeit des Studienseminars und übernimmt in Abständen auch den Vorsitz der Abiturprüfungen. In der von Gaster ausgelösten Diskussion um die französische Unterrichtssprache ergreift er als Schulaufsichtsbeamter Partei für die Traditionalisten unter Levinstein. Auch Gasters Vorschlag

Walter Hübner
1948

Walter Hübner
(14. 1. 1884–1. 3. 1970) Angliciste
Rapports de confiance entre l'Inspection et la Direction.

Après des études d'anglais, des langues romanes et de l'allemand, qu'il termina en 1908 par un Certificat d'aptitude au professorat et un Doctorat, et après un bref emploi au «Lycée du Cloître Gris», Walter Hübner entra en 1909 au Lycée Français. Dès 1914 il occupait la dixième place dans la hiérarchie du corps professoral comptant dix-huit membres et enseignait l'allemand, le français et l'anglais en Terminale.

En 1919 Walter Hübner devint membre de la Conférence régionale des Ecoles et de ce fait membre de l'Inspection. En tant qu'Inspecteur régional il vint souvent au Lycée Français et prit part aux conseils de professeurs, eut regard sur les séminaires d'étude et fut, de temps à autre, président du baccalauréat. Au fil des ans se développa entre lui et les directeurs du Lycée Français un étroit sentiment de confiance, d'abord avec Bernhard Gaster, puis avec Ernst Gerstenberg et finalement avec Max Roethig. En tant que membre de la Conférence régionale des Ecoles, Walter Hübner a, à partir de 1924, participé à l'élaboration des programmes scolaires prussiens, traditionnellement appelés «les directives de Richert». Il fut plus précisément impliqué dans la réforme concernant l'anglais.

Parallèlement à son activité d'Inspecteur du secondaire, Walter Hübner exerça les fonctions de Professeur associé, de 1930 à 1945, en didactique de l'enseignement de l'anglais à l'Université Frédéric-Guillaume de Berlin. Il publia nombre d'œuvres critiques fort prisées sur la littérature anglaise ainsi qu'une quantité d'articles scientifiques sur la didactique des langues vivantes.

Lors de la création de l'Université Libre de Berlin, on confia à Walter Hübner la tâche de créer la chaire d'anglais. En 1951 – il avait alors 67 ans – il en fut le premier Professeur titulaire et assuma cette charge pendant dix ans encore.

von 1922, die alten Sprachen auf deutsch zu unterrichten, findet Hübners Zustimmung nicht.

Am 31. März 1932, als Bernhard Gaster in den Ruhestand tritt, hält Walter Hübner ihm die *laudatio*, und im Jahresbericht von 1935 heißt es unter dem 6. Februar: M. Hübner *prit part à la distribution des prix et remet l'acte de nomination définitive au nouveau proviseur.* Die Entlassung und die Amtsaufnahme des Direktors erfolgt unter Walter Hübners persönlicher Beteiligung, und die mehrmals im Jahr erfolgenden Besuche des Oberschulrats festigen die freundschaftlichen Beziehungen. Walter Hübner nimmt Anteil an allen wichtigen Ereignisen im Schulleben, er ist am 17. Dezember 1939 bei der Einweihung der neuen Schulaula zugegen, begleitet am 22. Februar 1940 den bulgarischen Erziehungsminister bei seinem Besuch am Französischen Gymnasium und kommt auch im Kriege mehrmals im Jahr zu Schulbesuchen ins Collège.

So entwickelt sich ein enges Vertrauensverhältnis zwischen Walter Hübner und den Direktoren der Schule, nach Bernhard Gaster und Ernst Gerstenberg mit Max Roethig, aber freundschaftliche Beziehungen entwickelten sich auch mit einzelnen bedeutenden Lehrern der Schule, z. B. Kurt Levinstein, mit dem er nach dem Zweiten Weltkrieg die Gesellschaft zum Studium der Neueren Sprachen wiederbegründet, die Herrig-Gesellschaft, deren Vorsitz er bis zu seinem Tode innehatte, oder mit Paul Hartig, bei dessen Assessorenprüfung Walter Hübner den Vorsitz führte.

Während seiner Tätigkeit im Provinzial-Schulkollegium hat Walter Hübner ab 1924 an der Gestaltung der Preußischen Lehrpläne, der sogenannten Richertschen Richtlinien, mitgewirkt. Maßgeblich beteiligt war er an der Ausgestaltung der Reform für das Fach Englisch. In dieser wissenschaftlich auf Wilhelm Dilthey und Eduard Spranger basierenden Aktion lag damals das Schwergewicht seines Wirkens.

In Walter Hübner besaß das Französische Gymnasium wie hundertfünfzig Jahre zuvor in Jean Bernard Mérian einen Schulrat, der selbst in der Neuphilologie führend war und im geistigen Austausch mit den Direktoren die Schule beeinflussen konnte und von ihr beeinflußt wurde – welch ein Gegensatz zu dem sonst weit verbreiteten Typus des Schulbeamten, der seine Aufgabe in der Überwachung von Formalien findet.

* * *

Neben seiner Tätigkeit als Oberschulrat hatte Walter Hübner seit 1930 und bis 1945 eine Honorarprofessur für Didaktik im Englischunterricht an der Friedrich-Wilhelms-Universität in Berlin inne, er veröffentlichte vielbeachtete Werke zur Interpretation englischer Literatur, zuletzt 1963 »Das englische Literaturwerk«, abgesehen von einer Fülle wissenschaftlicher Aufsätze zur Didaktik des neusprachlichen Unterrichts, wodurch er seine schon 1929 erschienene »Didaktik der neueren Sprachen« ergänzt, deren letzte Auflage 1965 erschienen ist. Sein bedeutendstes Werk sind die »Stimmen der Meister« von

1949, eine Einführung in die englische Literaturgeschichte durch Interpretationen. Hübner hat das Buch zweimal geschrieben: als das ursprüngliche Manuskript im Kriege verbrannt ist, hat er sich zum zweiten Mal an die Arbeit gemacht.

Von 1930 bis 1943 gibt er die Neuphilologische Monatsschrift heraus, seit 1940 ist er Vorsitzender der Herrig-Gesellschaft, und nach einer Zwangspause von 1945 bis 1948 – Walter Hübner war Mitglied der NSDAP – wird er mit dem Aufbau des Lehrstuhls für Anglistik an der Freien Universität Berlin betraut, dessen erster Ordinarius er 1951 wird, inzwischen 67 Jahre alt. Noch über zehn Jahre wirkt er als Universitätslehrer, und viele Berliner Anglisten haben von ihm die Liebe zu ihrem Fach, zu ihrem Beruf erlernt. Um zahlreiche Studenten, die von der Humboldt-Universität 1948/49 an die Freie Universität wechselten, hat er sich in fürsorglicher Weise persönlich gekümmert.

Paul Hartig schließt seine *laudatio* anläßlich des 80. Geburtstags Walter Hübners mit einem Zitat aus »Das englische Literaturwerk«: »Sein Werk aber bleibt Dienst am sinnerfüllten Wort, am Logos, also Philologie«.

Am 1. März 1970 ist Walter Hübner im Alter von 86 Jahren gestorben. (Lit. Nr. 455–459)

Gerhardt Katsch
Mediziner
(1887–1961)
Rückgang der Schülerzahlen

Am 14. Mai 1887 wurde Gerhardt Katsch in Berlin geboren. Sein Vater war Maler und Schriftsteller, die Interessen des Sohnes gingen schon früh in die wissenschaftliche Richtung. Seinen Lehrern zufolge war er »ein wohlbefähigter Schüler, dessen Leistungen fast stets gut, im Deutschen sogar sehr gut genannt werden konnten«.

Nach neunjährigem Schulbesuch bestand Gerhardt Katsch im Herbst 1905 am Königlichen Französischen Gymnasium das Abitur. Philosophie und Sprachwissenschaft gab er als Studienwunsch an.

Sein erstes Studienjahr verbrachte Katsch an der *Sorbonne* in Paris, wo er Biologie studierte. Sein wissenschaftlicher Erstling beschäftigte sich mit Charles Darwin. Bei seiner Veröffentlichung war Katsch gerade zwanzig Jahre alt. Nach Berlin zurückgekehrt, immatrikulierte er sich an der medizinischen Fakultät. Er durchlief die einzelnen Stationen seiner Ausbildung in kürzester Zeit, wie es in seiner Biographie heißt, weil seine finanziellen Mittel äußerst bescheiden waren.

Mit 24 Jahren promoviert, approbiert mit 25 Jahren, folgte die Habilitation 1917, als Gerhardt Katsch 29 Jahre alt war. 1918 war er Titularprofessor in Marburg, 1921 Außerordentlicher Professor in Frankfurt am Main und schließlich 1928 *Ordinarius* in Greifswald.

Mit der Berufung war die Leitung der Universitätsklinik verbunden, die Gerhardt Katsch rund dreißig Jahre lang innehatte. Sein Greifswalder Institut wurde in den Jahren seiner Tätigkeit als Direktor führend auf dem Gebiet der Diabetesforschung und -therapie. Das von Katsch 1930 gegründete Diabetikerzentrum Garz auf Rügen wurde »schon zu seinen Lebzeiten die bedeutendste klinische und theoretische Diabetesanstalt Europas, wenn nicht der Welt«, sagte sein Biograph Horst Zoske.

Katsch entwickelte und verfeinerte die Methoden der Gastroskopie, die große Bedeutung für die Frühdiagnose des Karzinoms erlangt hat. Seine Forschungsreisen nach Spanien, Griechenland und Italien machten ihn auch im Ausland persönlich bekannt, viele seiner Schüler haben im Ausland gearbeitet, die Publikationen der Schule von Gerhardt Katsch hatten schon zu seinem 65. Geburtstag die Zahl von 500 überschritten.

In den Jahren der nationalsozialistischen Herrschaft konnte Katsch seine Arbeiten unbehelligt fortsetzen, er war der Partei beigetreten. In einem Vortrag formulierte er am 8. November 1944 seinen »therapeutischen Imperativ«, das Gebot »dem Kranken zu helfen, ihn zu führen und vor Krankheiten zu schützen«. Aus diesem Vortrag entstand 1958 die Bekenntnisschrift: »Der therapeutische Imperativ des Arztes«.

Gerhardt Katsch unterhielt gute Beziehungen zur Sanitätsinspektion der

Wehrmacht. Als Anfang 1945 Greifswald zur »Lazarettstadt« wurde, gelang es ihm, die militärische Führung in der Stadt von der Notwendigkeit einer rechtzeitigen Kapitulation zu überzeugen. Beim Herannahen der Roten Armee diente er als Parlamentär. Die Stadt hat ihre nahezu vollständige Erhaltung seiner Überzeugungskraft in beiden Richtungen zu verdanken.

Die Deutsche Demokratische Republik verlieh ihm 1951 den Titel »Verdienter Arzt des Volkes« und ernannte ihn zu seinem 65. Geburtstag zum Nationalpreisträger. Ein Jahr später wurde er in die Deutsche Akademie der Wissenschaften aufgenommen. Von 1954 bis 1956 war er Rektor der Universität Greifswald und hatte in diesem Amt die Feierlichkeiten zum 500jährigen Bestehen der Universität vorzubereiten und durchzuführen. Anläßlich seines 70. Geburtstages ernannte die Stadt Greifswald ihn zu ihrem Ehrenbürger und die Universität zu ihrem Ehrendoktor. Katsch trug auch den Titel »Hervorragender Wissenschaftler des Volkes«. Seinem Institut in Karlsberg bei Greifswald ist nach seinem Tode der Name »Zentralinstitut für Diabetes Gerhardt Katsch« verliehen worden.

In dem am 23. März 1956 verfaßten Lebenslauf, von dem eine Kopie im Archiv des Französischen Gymnasiums verwahrt wird, zählt er die wissenschaftlichen Vereinigungen auf, denen er angehörte, und zwar in Brüssel, Paris, Fribourg, Mexico City, Bologna, Zürich und Buenos Aires.

Gerhardt Katsch arbeitete in der DDR, war von seinem Staat mit Ehren überhäuft worden, aber er verbrachte die Semesterferien regelmäßig in seinem Jagdhaus im Allgäu. Er unterhielt freundschaftliche Beziehungen zu vielen Kollegen in der Bundesrepublik Deutschland. Aufgrund dieser Beziehungen konnte er dazu beitragen, daß der berühmte historische Gobelin, der Croy-Teppich, der seiner Universität gehörte und gegen Kriegsende nach Westdeutschland verlagert worden war, nach Greifswald zurückkehrte. Beim Jubiläum der Universität konnte Katsch viele seiner Freunde und Kollegen aus Ost und West, Nord und Süd in Greifswald begrüßen. In seiner Festansprache zitierte er Goethe: »In der Zerrissenheit des deutschen Vaterlandes ersetzt die Deutsche Gesellschaft der Naturforscher und Ärzte gewissermaßen die fehlende deutsche Hauptstadt...« Und: »In der Zerissenheit unseres Vaterlandes verbleibt uns nichts, als auf kulturellem Gebiet aufs innigste zusammen zu halten.« Katsch sah sein Vaterland also noch als Einheit, war aber ein loyaler Bürger seines Staates, der Deutschen Demokratischen Republik.

Den Bau der Mauer in Berlin und die damit erfolgte Zementierung der deutschen Teilung hat er nicht mehr miterlebt. Er starb am 7. März 1961 in Greifswald und wurde auf Wunsch seiner Familie in Berlin (West) beigesetzt. Die letzten Verse eines Dankgedichtes von Gerhardt Katsch aus dem Jahre 1957 lauten: »Ich danke, daß ich dienen, helfen durfte, und ich danke vor allem meinem herrlichen Beruf«.

Nekrologe für Katsch erschienen in Ost und West. In der Deutschen Medizinischen Wochenschrift lesen wir: »Die Schulzeit am Französischen Gymnasium schuf wesentliche Grundlagen der Bildung dieses klugen, vielseitig be-

Gerhardt Katsch
1956

Gerhardt Katsch
(14. 5. 1887–7. 3. 1961) Médecin
Le nombre d'élèves diminue.

Gerhardt Katsch obtint son baccalauréat au Lycée Français, avec dix autres élèves, à l'automne 1905. Durant sa scolarité le nombre d'élèves du primaire avait diminué de moitié, celui des lycéens presque d'un tiers. Tandis que le Directeur Julius Schnatter attribuait cette évolution au haut niveau de l'Ecole et à la discipline de fer qui y régnait, son successeur Georg Schulze en rendit responsable la situation géographique peu favorable de l'établissement et proposa de transférer le Lycée à proximité de Lützowplatz ou de Nollendorfplatz, le quartier où justement en 1974 il a élu domicile. Mais la nouvelle vague du nationalisme qui, sous l'Empire de Bismarck et de Guillaume II, était dirigé, les années précédant la guerre, en premier lieu contre la France, eut, elle aussi, sa part de responsabilité dans la diminution du nombre d'élèves au Lycée Français.

Sa première année d'études supérieures, Gerhardt Katsch la passa à la Sorbonne, à Paris, où il étudia la biologie. Ensuite il entreprit des études de médecine à Berlin. A 24 ans il passa sa thèse de doctorat, à 29 ans il était déjà titulaire de l'habilitation. En 1928 on lui proposa d'être Professeur titulaire à l'Université de Greifswald et de ce fait Directeur de la Clinique universitaire. Durant les trente années où il y exerça ces fonctions, son Institut de Greifswald fut à la pointe des recherches sur le diabète et ses traitements. En outre Katsch développa et affina la technique de la gastroscopie, qui a permis d'obtenir un diagnostic précoce du cancer des organes digestifs.

Sous le national-socialisme Katsch, qui était entré au Parti (NSDAP), put continuer ses travaux. Après la guerre Katsch vécut en R. D. A., dont le gouvernement lui décerna plusieurs titres honorifiques. En même temps il entretenait des relations amicales avec de nombreux collègues de la République Fédérale. Gerhardt Katsch considérait sa patrie comme une et indivisible. Il n'a pas vécu la construction du Mur de Berlin et la consolidation du partage de l'Allemagne qu'elle entraîna. Décédeé en mars 1961 à Greifswald il fut enterré, selon le vœu de sa famille, à Berlin (Ouest).

gabten Mannes. Die hier geweckte Vorliebe für den romanischen Kulturkreis, die durch ein zeitweiliges Studium in Paris noch besonders gefördert wurde, entwickelte eine ungewöhnliche Klarheit und Logik des Denkens, eine Geschliffenheit der Sprache und Betonung der Form, die Grundzüge seines Wesens wurden ... *un chevalier sans peur et sans reproche.«*

* * *

Während der neun Jahre, die Katsch am Französischen Gymnasium verbrachte, war die Schülerzahl erheblich zurückgegangen. Beim Abitur im Herbst 1905 war er einer von elf Schülern. Drei Jahre vorher, beim Übergang zur Oberstufe 1902, hatte die Herbstklasse noch zwanzig Schüler gehabt. Weitere drei Jahre früher, 1899 waren es noch 29 gewesen. Im Laufe der Schulzeit waren also fast zwei Drittel abgegangen, ein Drittel während des Durchgangs durch die Mittelstufe und ein weiteres Drittel nach der Mittleren Reife, also beim Übergang zur Oberstufe. Schon Direktor Schnatter hatte in einem Bericht an die Schulbehörde auf die hohe Zahl von Abgängen hingewiesen. Er nannte zwei Gründe, nämlich erstens das hohe »Niveau« der Schule und zweitens die eiserne »Disciplin« in den Klassen. Er sagt: »Vielen Schülern ist ... diese Strenge bei der Versetzung so unangenehm gewesen, daß sie es vorgezogen haben, die Anstalt zu verlassen, um, wenn möglich, anderswo leichter fortzukommen.« Und weiter: »In der Handhabung der Disciplin ... haben ebenfalls nicht wenige Eltern einen Grund zur Wegnahme ihrer Söhne finden zu müssen geglaubt.« In diesem Zusammenhang treten Begriffe wie Gehorsam und Zucht auf, ohne die eine Schule ihren Zweck nicht erfüllen könne.

Der Umzug in das neue Schulgebäude in der Dorotheenstraße und die Angliederung einer Vorschule haben in den beiden Jahrzehnten vor der Schulzeit von Gerhardt Katsch zu einer Aufwärtsentwicklung der Frequenz geführt. Aber der Höhepunkt war längst überschritten, als Katsch 1897 eingeschult wurde. Direktor Schulze gibt 1901 in einem Bericht an die Schulbehörde Anzeichen von Panik zu erkennen. Er schlägt seinen Vorgesetzten allen Ernstes vor, neben den traditionellen Klassen mit Französisch als Unterrichtssprache einen deutschsprachigen Zug einzurichten. Er stellt den Antrag, »daß zu Ostern 1902 am Königlichen Französischen Gymnasium als Anfangsklasse einer neu aufzurichtenden Anstalt eine Sexta nach Normalplan der preußischen Gymnasien errichtet werde.« Glücklicherweise hat die Behörde auf diesen absurden Antrag nicht reagiert!

Als Gerhardt Katsch 1900 von der Quarta in die Tertia versetzt wurde, waren im Gymnasium nur noch 275, in der Vorschule 87 Schüler. Beim Übergang zur Oberstufe 1903 war die Schülerzahl in der Vorschule auf 52 und am Gymnasium auf 250 gefallen, schließlich lag sie beim Abitur von Katsch sogar nur noch bei 218. Die Zahl der Vorschüler war um knapp die Hälfte zurückgegangen, die Zahl der Gymnasiasten fast um ein Drittel, wahrhaft besorgniserregende Fakten! Georg Schulze findet die Gründe nicht so sehr in der von

Schnatter genannten »Strenge« und »Disciplin«, seine Analyse richtet sich auf die topographische Herkunft der Schüler, und er findet heraus, daß von 268 nur 6 aus Berlin-Mitte kommen, 93 dagegen aus den westlichen, 86 aus den nordwestlichen Bezirken, 49 aus den westlichen Vororten. Er schließt daraus, daß die Schule in den Westen verlegt werden sollte. Am 19. August 1903 schreibt Schulze an das Provinzial-Schulkollegium: »...so würde dafür nach meiner Schätzung und nach den statistischen Berechnungen nur die Nachbarschaft des Lützowplatzes oder höchstens des Nollendorfplatzes in Frage kommen können«, also exakt die Gegend, wo das Gymnasium seit 1974 liegt.

Eine Entscheidung auf Schulzes Eingabe ist niemals gefällt worden. Die Schule blieb, wo sie war, die Schülerzahlen nahmen stetig ab, zu Beginn des Ersten Weltkrieges war mit 128 Schülern der absolute Tiefstand erreicht, danach ging es langsam wieder aufwärts. Vermutlich trafen Schnatters und Schulzes Gründe mit einem weiteren zusammen, der in der politischen Rolle des Französischen Gymnasiums zu suchen ist. Denn die neue Welle des Nationalismus unter Bismarck und Wilhelm II. hatte weitere Kreise der Berliner Bevölkerung erfaßt. In den Jahren vor Ausbruch des Krieges mußte sich deutscher Nationalismus in erster Linie gegen Frankreich richten. Die Sprache des Nachbarn zu lernen bedeutet aber Zuwendung zum Nachbarn, bedeutet Freundschaft. In den Jahren vor 1914 war das in vielen deutschen Familien suspekt. Mit den Franzosen reden? Warum? Mögen sie deutsch mit uns sprechen, wenn sie unbedingt wollen! –

Die Frequenzfrage hat die Direktoren der Schule durch die Jahrhunderte wie ein roter Faden begleitet. Das Ab wurde jedesmal durch ein Auf abgelöst, und im Auf und Ab hat die Schule ihre »Eigenart« nicht geändert, sollte sie sie nicht ändern:

1. Das Französische Gymnasium muß eine Schule mit hohem Niveau bleiben, eine Schule, die Ansprüche an die Schüler stellt!
2. Am Französischen Gymnasium muß weiter Disziplin herrschen, Voraussetzung für Leistung!
3. Das Französische Gymnasium muß von allen Wohngegenden Berlins gut erreichbar sein, also im Zentrum, heute im Zentrum von West-Berlin bleiben!
4. Das Französische Gymnasium muß festhalten an der frankophonen Erziehung, an der freundschaftlichen Verbundenheit mit den französischen Nachbarn!

Eine solche Schule wird auch in Zukunft über Schülermangel nicht zu klagen haben. (Lit. Nr. 15, 460–466)

Eduard Heimann
Soziologe
(1889–1967)
Stipendien und Preise

Zu Ostern 1908 bestand Eduard Heimann das Abitur am Französischen Gymnasium.

Er war am 11. Juli 1889 geboren worden. Sein Vater war der spätere Ehrenbürger Berlins, der Reichstagsabgeordnete Hugo Heimann, ein Sozialdemokrat. Eduard Heimann hatte das Collège neun Jahre besucht. In der Unterprima gehörte er zu den Preisträgern des *Prix Monod*, in der Obersecunda hatte er eine *mention honorable* erreicht, den Preis also knapp verfehlt.

Wertvoller als der *Prix Monod* waren die Stipendien, die am Französischen Gymnasium verliehen wurden. Am höchsten dotiert war nach wie vor die *Bourse Oelrichs*. Sie wurde alle zwei Jahre im Rahmen eines Wettbewerbs für eine lateinische Rede verliehen, die ein kürzlich zur Universität übergegangener ehemaliger Schüler an Kaisers Geburtstag vor der Schulgemeinschaft zu halten hatte. In der Zeit Eduard Heimanns betrug dieses Stipendium 200 Mark. Ihr folgte mit 120 Mark die *Bourse Monod*, verliehen vom *Conseil académique* einem Primaner oder Sekundaner auf Vorschlag des Direktors mit Zustimmung des Lehrerkollegiums. Ebenfalls 120 Mark betrug die *Bourse des Collégiens*, die es seit dem Abschied von dem alten Schulgebäude in der Niederlagstraße am 27. September 1873 gab. Auch sie wurde auf Vorschlag des Direktors an einen leistungsfähigen Schüler der Oberstufe vergeben. Das vierte Stipendium der Schule belief sich auf 100 Mark. Es trug die Bezeichnung *Viatique Oelrichs* und war bestimmt für einen erfolgreichen Abiturienten *d'origine bourgeoise*. Seit 1888 gab es zusätzlich die *Bourse Schnatter*, spontan begründet nach dem Tode des beliebten Direktors von seinen persönlichen Schülern. In Heimanns Schulzeit warf das Stiftungskapital Zinsen in Höhe von 35 Mark ab. Auch dieses Stipendium wurde einem Schüler verliehen, der es nach Ansicht des Direktors verdient hatte.

Seit der zweiten Hälfte des 19. Jahrhunderts gab es unter bestimmten Umständen für bedürftige Schüler des Französischen Gymnasiums Schulgeldbefreiung. Das Schulgeld betrug zu Heimanns Zeit 35 Mark per Trimester im Gymnasium, 27,50 Mark in der Vorschule, also rund hundert Mark im Schuljahr. Bis zu 10% der Schüler konnten eine Befreiung vom Schulgeld erhalten, und zwar ab Quinta in Gestalt einer »halben« Freistelle, erst ab Secunda einer »ganzen«.

Bedürftige Schüler konnten neben der Schulgeldfreiheit eine Unterstützung beantragen. Seit 1886 gab es dafür die *Bourse Reichenheim*, deren Kapital jährlich 600 Mark abwarf, und ab 1898 die Felix-Meyer-Stiftung mit einem Kapital von 5000 Mark. Der jährlich zur Verfügung stehende Betrag wurde vom Direktor auf die Antragsteller verteilt.

Neben diesen für die Schüler bestimmten Preisen, Stipendien und Unterstützungen gab es drei Stiftungen für die Lehrer. Das Kapital des *Legs Jordan* betrug auch zu Beginn des 20. Jahrhunderts noch 60 000 Mark. Die Zinsen wurden jährlich auf die Inhaber von Planstellen prozentual zu ihrem Grundgehalt verteilt. Die Witwen- und Waisenkasse verfügte in Heimanns Abiturjahr 1908 über ein Kapital von 58 300 Mark und wurde zur Aufrundung von Witwen- und Waisenrenten verwendet. Die dritte für Lehrer bestimmte Stiftung war das »Reisestipendium«. Im Jahre vor Heimanns Abitur betrug das Kapital 24 000 Mark. Jedes Jahr erhielt davon ein vom Kollegium ausgewählter Lehrer einen Reisezuschuß für eine Studienreise nach Frankreich. Der letzte Lehrer, der das Reisestipendium in Anspruch nehmen konnte, war Max Roethig 1939. Dem Protokollbuch der Lehrerkonferenzen zufolge war die Kandidatenliste zu diesem Zeitpunkt bereits bis 1942 fortgeschrieben.

In Heimanns Geburtsjahr 1889 betrug der Gesamtbetrag der Stipendien und Preise für Schüler 1344 Mark. An Kapitalien waren vorhanden innerhalb des Legats Monod 6150 Mark, des Legats Oelrichs 5350 Mark, die Collegianerstiftung betrug 2650 Mark und die Reichenheim-Stiftung 14210 Mark, diese allein etwa so viel wie alle übrigen Stiftungskapitalien zusammen.

* * *

Kehren wir zu Eduard Heimann zurück! Seine Lehrer bezeichneten ihn als einen gut begabten Schüler, dessen Leistungen in allen Gegenständen gut, in einigen sehr gut zu nennen gewesen seien.

Sein Mitschüler Hans Jüdell schildert in einem Brief 1975, aus dem Abstand von siebzig Jahren, wie die Verleihung des *Prix Monod* an Heimann vor sich ging. »Unser langjähriger Primus, Eduard Heimann, ... war der Sohn eines der ersten sechs Sozialdemokraten, die als Abgeordnete in den Preußischen Landtag gewählt wurden... Die Sozialdemokraten hatten erhebliche Fortschritte gemacht. Aber in unserem Gymnasium waren sie tabu. So wurde Heimann, als ihm verschiedene Prämien verliehen wurden, zum Direx zitiert und ihm eröffnet, es sei der Schulleitung bekannt, daß in seiner Familie sozialdemokratische Tendenzen bestünden, und es seien Zweifel entstanden, ob er die Bücher ... auch würdigen könne. Er gab zur Antwort, daß er sie als Anerkennung seiner Leistungen schätze. Darauf durfte er mit ihnen abziehen. Übrigens waren unsere Sozialdemokraten alles andere als Bilderstürmer. Sie waren so bürgerlich wie alle anderen und entstammten wohlhabenden Häusern. Anders hätte Heimanns Vater unter dem Dreiklassen-Wahlrecht, das die Begüterten begünstigte, nicht in den Landtag gewählt werden können.« Jüdells Schilderung wirft ein Schlaglicht auf das politische Bedingungsgefüge, in dem das Französische Gymnasium um die Jahrhundertwende zu sehen ist. –

Bei der Reifeprüfung belegte Heimann den ersten Platz von 13 Abiturienten, unter denen es vier Protestanten, einen Katholiken, einen Orthodoxen und mit ihm selbst sieben Schüler jüdischen Glaubens gab. Als *carrière future* nannte Eduard Heimann beim Abitur: *Economie sociale et histoire*. In seiner

Eduard Heimann

Eduard Heimann
(11. 7. 1889–31. 5. 1967) Sociologue
Bourses et prix.

Eduard Heimann fut premier de treize bacheliers au Lycée Français, à Pâques 1908. En Première il avait été lauréat du Prix Monod et en Seconde il avait obtenu une «mention honorable». Le Prix Monod, institué en 1807, reste aujourd'hui encore le prix le plus populaire de l'Ecole; au début du XXeme siècle il était décerné à un élève de chaque classe du second cycle, et il existait en plus une «mention honorable». Le prix s'accompagnait d'une Bourse Monod, don du Conseil Académique à un excellent élève de Première ou de Seconde. Et, après comme avant, subsistait la Bourse Oelrichs, décernée pour un discours en latin à un candidat au baccalauréat d'une valeur exceptionnelle.

Eduard Heimann étudia le droit à Heidelberg, Vienne et Berlin. Après son doctorat, en 1912, il travailla quelque temps dans le secteur privé. Son temps libre, il l'employait à préparer sa thèse d'habilitation. Il la soutint en 1922 à Cologne. Trois ans plus tard, on lui offrit à Hambourg une chaire de Sciences économiques et sociales. Les nationaux-socialistes l'en destituèrent dès leur «prise de pouvoir». Grâce à sa renommée internationale il obtint la même année une chaire à l'Université des Emigrés à New-York, la «New School for Social Research».

En 1948 on l'appela de nouveau à l'Université de Hambourg. Les années qui suivirent, il se partagea entre ses deux chaires, en Allemagne et en Amérique, tenant en plus des conférences, comme Professeur invité, dans de nombreuses Universités, entre autres au Japon. En 1963, exactement trente ans après avoir été chassé d'Allemagne, Heimann y revint définitivement et passa ses dernières années à Hambourg. Dans une rétrospective de sa vie, il estima avoir été gâté par la fortune.

Autobiographie weist er auf den besonderen Einfluß von Kurt Levinstein hin, der in Heimanns Schulzeit Referendar und blutjunger Studienrat gewesen war.

Eduard Heimann studierte in Heidelberg, Wien und Berlin und promovierte im Alter von 23 Jahren. Es folgte eine Zeit in der freien Wirtschaft. 1919 wurde er als Generalsekretär in die Sozialisierungskommission berufen, damals gerade dreißig Jahre alt. In seiner Freizeit bereitete Heimann seine Habilitation vor. Sie erfolgte 1922 in Köln. Er ging bald danach an die Freiburger Universität über und erhielt schon drei Jahre später einen Ruf nach Hamburg, wo er bis 1933 als *Ordinarius* für Wirtschafts- und Sozialwissenschaften lehrte.

Die Nationalsozialisten entließen Heimann sofort nach ihrer »Machtergreifung«. Aber der vierunddreißigjährige Soziologe war inzwischen schon so bekannt, daß er bereits 1933 in Amerika einen Lehrstuhl erhielt, und zwar an der Emigrantenuniversität *New School for Social Research* in New York.

Ein Jahr nach seiner Ankunft in der Neuen Welt begann Eduard Heimann seine englischsprachige Publikationstätigkeit. Unter seinen Arbeiten sind schon ab 1934 so modern anmutende Titel wie *Planning and the Market System, The Right to Work, The Future of Free Enterprise*. Eduard Heimann hat seinen Beitrag geleistet in der Diskussion der großen politischen Fragen vor und nach dem Zweiten Weltkrieg, etwa mit *Socialism and Democracy; Communism, Fascism and Democracy; The Origin of Nazism; Freedom and Order; The West and the East*.

Ergreifend ist sein Bekenntnis von 1939 *The Refugee Speaks*. Er schreibt von den Flüchtlingen, die wie er selbst mittellos in Amerika landen: *They burst into tears ... or they fall on their knees to kiss the ground where they are permitted to walk about as free men*. Sein Bekenntnis endet mit dem Satz: *Indeed, if we can stand the strain, pass the test, and live long enough, we may hope that something will still become of us and will enable us to repay, from our purified ›European tradition‹, our debt to America.*.

Eduard Heimann blieb fünfzehn Jahre in den Vereinigten Staaten, Jahre, in denen er vom Sozialisten zum Christen wurde, von der Sozialethik zur religiösen Sozialphilosophie fand.

1948 wurde er erneut nach Hamburg berufen und erhielt die Ehrendoktorwürde der Hamburger Universität. Es folgte eine Zeit, in der Eduard Heimann zwischen seinen Lehrstühlen in Deutschland und Amerika pendelte, Gastvorlesungen an vielen Universitäten hielt, darunter an japanischen, und allmählich wieder begann, auf deutsch zu publizieren. Die Bibliothek des Französischen Gymnasiums enthält drei seiner Hauptwerke, nämlich »Freiheit und Ordnung – Lehren aus dem Kriege« von 1950, »Theologie der Geschichte« von 1966 und »Sozialismus im Wandel der modernen Gesellschaft«, eine Aufsatzsammlung, die postum 1975 publiziert wurde.

Heimann starb am 31. Mai 1967 in Hamburg. In der Rückschau über sein Leben hat er sich ein Glückskind genannt! (Lit. Nr. 19, 467–474)

Kurt Tucholsky
Schriftsteller
(1890–1935)
Frankreich und seine Literatur von Sexta bis Tertia

»Du hörst schon von weitem die Schüler schnarchen.
Da sitzen noch immer die alten Scholarchen,
die alten Pauker mit blinden Brillen,
sie bändigen und töten den Schülerwillen.
Und lesen noch immer die alte Fibel
und lehren noch immer den alten Stiebel...
und was dergleichen an Stoff und an Wissen.
Himmelherrgott! Ist die Schule beschissen!
Seelenmord und Seelenraub!
Unter die Kruste von altem Staub
drang auch kein Luftzug der neuen Zeit...«

Dies ist die Charakteristik der Schule von Kurt Tucholsky, Schüler des Französischen Gymnasiums von 1899 bis 1903! Am 9. Januar 1890 geboren, ging er nach der Tertia zum Wilhelms-Gymnasium über, das er nach der Secunda wieder verließ, um schließlich am Luisen-Gymnasium als Extraneer das Abitur abzulegen. Tucholsky gehörte also wie Harden, Wildenbruch, Gaudy und Chamisso, seine Schriftstellerkollegen, zu der Gruppe der Schüler, die nur einen Teil ihrer Schulzeit am Collège verbracht haben.

Kurt Tucholskys Vater hatte ihn zum Französischen Gymnasium gebracht, denn die Schule »galt als sowohl politisch wie pädagogisch verhältnismäßig liberal« (Karl Kleinschmidt). »Eine besondere Tradition war zum Beispiel, daß in den oberen Klassen Griechisch und Philosophie gelehrt wurde, so daß eine ganz besondere Art des Philosophierens und Diskutierens für das Gymnasium geradezu charakteristisch war« (Winfried Löschburg). Wir besitzen von Kurt Tucholsky mehrere autobiographische Skizzen, die sich mit seiner Schulzeit beschäftigen und die allesamt der Institution Schule und ihren Lehrern ein miserables Zeugnis ausstellen. Berühmt geworden ist Kurt Tucholskys Essay »Ein Kind aus meiner Klasse«. Fast alle Biographen sind sich einig, daß er hier das Französische Gymnasium meint. Kurt Tucholsky schreibt 1925, zwölf Jahre nach seinem Abgang vom Französischen Gymnasium:

»Die verlorenen Jahre... Nein, gehauen hat man uns nicht. Es war auch nicht romantisch gewesen, niemand schoß sich tot, wenn er sitzen blieb, und vom Frühlings-Erwachen war gar keine Rede ... aber um unsre Zeit haben sie uns bestohlen, das Schulgeld war verloren, die Jahre auch. Langweilige Pedanten gab es überall. Unzulänglichkeiten der Lehre, viele Fehler, wir waren auch nicht die Besten. Aber was hat man uns gelehrt – ? Was hat man uns beigebracht – ? Nichts. Nicht einmal richtig denken, nicht einmal richtig sehen, gehen, richtig arbeiten – nichts, nichts, nichts. Wir sind keine guten Humanisten

Kurt Tucholsky
als Schüler des Französischen Gymnasiums 1904

Kurt Tucholsky
(9. 1. 1890–21. 12. 1935) Ecrivain
La France et sa littérature, de la Sixième à la Troisième.

Sur ses huit années de scolarité secondaire, Kurt Tucholsky en passa quatre au Lycée Français. Après la Troisième il fréquenta le Wilhelms-Gymnaisum et obtint finalement son baccalauréat au Luisen-Gymnasium, comme externe. Cependant c'est au Lycée Français, de 1899 à 1903, que Tucholsky acquit les bases de la langue française, mais aussi les jugements qui forgèrent son image de la France par la suite. En Sixième et en Cinquième l'enseignement du français comptait, comme aujourd'hui, huit heures par semaine. En Quatrième la promotion de Tucholsky lut, avec Georg Schulze, une version française des contes de Hans-Christian Andersen et en Troisième inférieure, avec Kurt Levinstein, le «Tour du Monde en quatre-vingt jours» de Jules Verne, en plus bien sûr des morceaux choisis habituels des livres de lecture, des poésies et d'un «choix de nouvelles modernes». En Troisième supérieure, classe que quitta Tucholsky, le programme comportait, en plus des classiques, des auteurs tels Alfred Rambaud, Arthur Chuguet et Maurice d'Hérisson, qui permettaient aux élèves de découvrir le présent et le passé récent du point de vue français, et donc de se faire une image de la France dénuée de toute agressivité nationaliste allemande.

Ses relations étroites avec la France et la littérature française ont influencé toute l'œuvre de Tucholsky. Les problèmes des relations franco-allemandes occupent une place majeure dans la pensée de Tucholsky. Tel un fil rouge, le combat contre le «germanisme», le nationalisme, le chauvinisme traverse toute son œuvre, et c'est toujours la France qui en offre le contraste lumineux.

Après le baccalauréat Tucholsky étudia le droit et en 1915 obtint le titre de Docteur. C'est sur le front est qu'il fut soldat durant la guerre. Ensuite il fut écrivain indépendant. En 1924 il part à Paris comme correspondant de la «Vossische Zeitung» et de la «Weltbühne» et ne revient que comme «touriste» en Allemagne. En 1929 il émigre en Suède. La montée des nationaux-socialistes n'est pas pour lui une surprise. Le fait que ses livres fussent brûlés sur la place publique, mais aussi qu'on le déchût de sa nationalité, a profondément blessé l'homme, l'écrivain et l'Allemand qu'était Tucholsky. Le 21 décembre 1935, il se suicide, à Hindas, en Suède.

geworden und keine guten Praktiker – nichts... Unsere Schule war noch nicht so nationalistisch verhetzt wie die heutige. Unsere Lehrer waren nicht unintelligenter, fauler, fleißiger, klüger als andre Leute auch. Es war eine Schule, die etwas unter dem Durchschnitt lag, aber doch nahe am Durchschnitt... Ich denke nicht mit Haß an meine Schulzeit zurück – sie ist mir völlig gleichgültig geworden. Schultragödien haben wir nie gehabt, furchtbare Mißstände auch nicht. Aber schlechten Unterricht«.

Tucholsky reiht sich ein in die Kette der Rebellen gegen eine verknöcherte Pädagogik, reaktionäre Lehrmethoden und veraltete Unterrichtsinhalte, Rebellen wie wir sie in Franz von Gaudy und Adolf Erman kennengelernt haben, und wie sie immer wieder notwendig sind, wenn die Schule in Gefahr gerät, in Stagnation zu erstarren.

Wie der Schüler aussehen muß, der sich in dieser von Sklerose befallenen Schule wohlfühlen sollte, beschreibt Kurt Tucholsky in seinem Essay »Der Primus« von 1925. Darin zeichnet er als Gegenbild zugleich ein Selbstportrait: »Da waren aber auch andre in der Klasse, die wurden niemals Primus. Das waren Jungen mit Phantasie... Jungen, die eine fast intuitive Auffassungsgabe hatten, aber nicht seine Leistungsfähigkeit, Jungen mit ungleicher Arbeitskraft, schwankende, ewig ein wenig suspekte Gestalten. Sie verstanden ihre Dichter oder ihre Physik oder ihr Englisch viel besser als die andern, besser als der ewig gleich arbeitsame Primus und mitunter besser als der Lehrer. Aber sie brachten es zu nichts. Sie mußten froh sein, wenn man sie überhaupt versctztc.«

Nun, Kurt Tucholsky wurde versetzt. Er hatte sogar recht ordentliche Schulzeugnisse. Eines hat sich erhalten, es stammt vom Wilhelms-Gymnasium und schwankt zwischen »befriedigend« und »genügend«. Nur im Fach Französisch wurden Tucholskys mündliche und schriftliche Leistungen »sehr gut« genannt. Der Vorsprung in diesem Fach war den anderen Gymnasien gegenüber naturgemäß erheblich, und das ist auch heute so geblieben: Schüler, die das Französische Gymnasium im Verlauf der Mittelstufe verlassen, brauchen sich um ihre Noten in Französisch keine Sorgen mehr zu machen.

Wir besitzen zwei Berichte über Tucholsky als Schüler des Französischen Gymnasiums, verfaßt von zwei Mitschülern. In dem einen heißt es: »Wir bekamen von Zeit zu Zeit den Auftrag, ein Gedicht nach unserer Wahl auswendig zu lernen und aufzusagen. Tucho, wie wir ihn nannten, hatte Schillers Glocke gewählt. Er fing mit großem Elan an: ›Festgemauert in der Erde ist die Form ... ist die Form ... die Form ...‹. Er fing an zu stottern, zu zittern, und plötzlich rannen dicke Tränen über sein Gesicht. Der Lehrer bekam es mit der Angst zu tun, suchte ihn zu beruhigen, tröstete ihn, es sei doch nicht so schlimm, jedem könne das passieren, schließlich schickte er ihn nach Hause.« Der Gewährsmann nimmt dies als einen Beweis von Tucholskys Schauspielergabe.

Der andere Bericht hat folgenden Wortlaut: »Er stand ständig in Opposition zur Schule, die wir liebten und die er ... aus tiefster Seele haßte. Er war dabei ... ein fröhlicher Draufgänger, der immer die Lacher auf seiner Seite hatte, auch wenn sie nicht mit ihm einverstanden waren... Die Zwielichtigkeit unserer Schule verlockte ihn ständig zu ironischen Bemerkungen über sie. Gewiß, wir liebten sie und waren stolz auf sie, weil sie hochangesehen und ein französisches Gymnasium war. Ein königliches französisches Gymnasium freilich und Frankreich war Republik. Die Unterrichtssprache war französisch, und wir Jungen hörten beim Klange dieser Sprache stets die Marseillaise mitklingen. Der Schuldirektor namens Schulz war ein Schwager des Großadmiral von Tirpitz... Monsieur Skülz taufte ihn Kurt Tucholsky, der nicht oft genug seinen Witz an ihm üben konnte. Französisch war für uns Jungen die Sprache der großen französischen Revolution. Französisch als Unterrichtssprache machte uns das republikanische Frankreich zur zweiten Heimat und allen Preußenzorn gegen den Erbfeind und dessen ›welsches‹ Wesen verhaßt...«

* * *

Dieser Bericht belegt Tucholskys Abneigung gegen das Französische Gymnasium. Aber er gibt auch einen Blick frei hinter die von Tucholsky gegeißelte konservativ-erstarrte Kulisse, nämlich auf die französische Revolution, das republikanische Frankreich, das den Schülern zur zweiten Heimat wurde. Der Bericht zeigt, wie die Schüler gleichsam »umgedreht« wurden – vom Zorn gegen den »Erbfeind« zum Haß auf diesen Preußenzorn, von der Frankophobie zur Frankophilie – und von der Borussophilie zur Germanophobie, wie man folgern könnte. Im Werk Tucholskys jedenfalls ist beides nachweisbar, die Germanophobie ebenso wie die Frankophilie! In ihrer Monographie »Kurt Tucholskys Frankreichbild« stellt Eva Philippoff schon in seiner Frühzeit eine frankreichfreundliche Haltung fest. Seine positive Einstellung zu Frankreich ist erkennbar aus seiner Bewunderung der französischen Demokratie, der Bewältigung des Krieges durch die Franzosen, ihrem Antimilitarismus, auch aus der französischen Haltung Deutschland gegenüber. Tucholsky sieht in Frankreich den Wunsch nach einem *rapprochement*, in Deutschland aber eher das Gegenteil. Wie ein roter Faden durchzieht Tucholskys Werk seine Auseinandersetzung mit dem »Deutschtum«, mit Nationalismus, ja Chauvinismus, und stets ist Frankreich das Gegenbild – Nachwirkungen der Anregungen zur geistigen Auseinandersetzung mit Frankreich, wie er sie am Collège empfangen hat?

»Beim Verlassen der Schule als Obertertianer zu Michaelis 1903«, sagt Winfried Löschburg, »beherrschte Tucholsky die französische Sprache fast wie ein Franzose. Sein Leben lang stand er in einem ganz besonderen Verhältnis zu Frankreich und Paris, wo er später auch für Jahre seinen Wohnsitz nahm...«. Die intensive Beschäftigung mit Frankreich und der französischen Literatur, wie sie am Französischen Gymnasium gepflegt wurde, hat sich auf Tucholskys Denken ausgewirkt. Eva Philippoff weist den tiefgreifenden Einfluß Frankreichs und der französischen Literatur in Tucholskys Werk nach.

Betrachten wir den französischen Sprach- und Literaturlehrgang Tucholskys aus der Nähe! Der achtstündige Französischunterricht in Sexta und Quinta legte das sprachlich-grammatikalische Fundament. In der Quarta lasen Georg Schulzes Schüler Märchen von Hans-Christian Andersen in einer französischen Übertragung. In der Untertertia las Levinstein mit Kurt Tucholskys Jahrgang Jules Verne *Le tour du monde en 80 jours*.

In der Obertertia, Tucholskys letzter Klasse am Collège, war der Sprachlehrgang erledigt. Nun wurden die Schüler in direkten Kontakt mit den literarischen Quellen gebracht. In Tucholskys Jahrgang standen auf dem Programm die *Contes des bords du Rhin* (1862) von Emile Erckmann und Alexandre Chatrian, die *Histoire de la Civilisation en France* von Alfred Rambaud und *Récits de la Guerre de 1870–71* von Arthur Chuguet, Maurice d'Hérisson u. a. Im ganzen handelte es sich um unterhaltsame und wirklichkeitsnahe erzählende und dramatische Literatur, um historische und gegenwartsbezogene Frankreichkunde. In den dreißig Jahren seit Maximilian Harden hatte es auf der Mittelstufe eine entscheidene Veränderung gegeben, die Schule hatte sich der Moderne geöffnet, Literaturunterricht war zu Frankreichkunde geworden, die Schüler konnten die Gegenwart und die jüngste Vergangenheit aus französischer Sicht kennenlernen und so ein Frankreichbild aufbauen, frei von deutsch-nationaler Verzerrung, eben ein Bild des Nachbarvolkes, wie es Eva Philippoff im Werk von Kurt Tucholsky nachgewiesen hat.

Bei allem – berechtigten – Zorn auf die in ihren Strukturen erstarrte Schule der wilhelminischen Ära konnte Tucholsky drei Werte vom Französischen Gymnasium mitnehmen:

- die gründliche Beherrschung der französischen Sprache und damit die Fähigkeit, sich im französischen Milieu zurechtzufinden,
- die Kenntnis der französischen Literatur einschließlich der deutschlandkritischen Gegenwartsliteratur,
- die Vertrautheit mit Frankreich und der französischen Kultur.

Kurt Tucholskys Lebensweg nach seiner Schulzeit ist bekannt. Er studiert Jura und erwirbt 1915 den juristischen Doktorgrad. Den Krieg erlebt er als Soldat im Osten, danach arbeitet er als freier Schriftsteller. Im Jahre 1924 geht er für die Vossische Zeitung und die Weltbühne nach Paris, von nun an kommt er nur noch besuchsweise nach Deutschland, dessen Abgleiten in den nationalistischen Chauvinismus er mit wachsendem Abscheu beobachtet. 1929 wandert er nach Schweden aus. Die Verbrennung seiner Bücher am 10. Mai 1933 auf dem Opernplatz in Berlin und seine Ausbürgerung am 23. August kommen für ihn nicht unerwartet, sind aber doch tief verletzend für den Menschen, den Schriftsteller, den Deutschen Kurt Tucholsky. Am 21. Dezember 1935 nimmt er sich in Hindas in Schweden das Leben.

Die Nationalsozialisten haben nach Tucholskys Tod seine Familie verfolgt. Seine Mutter wurde nach Theresienstadt verschleppt, wo sie im Mai 1943, 74 Jahre alt, gestorben ist. (Lit. Nr. 19, 405, 475–484)

Hans Fürstenberg
Bankier und Bibliophile
(1890–1982)
Frankreich vom »zweiten Wohnsitz« zur Heimat

Gleichaltrig mit Kurt Tucholsky ist Hans Fürstenberg, der am 20. Januar 1890 geboren wurde. Er stammt aus einer Bankiersfamilie und wurde mit sieben Jahren am Königlichen Französischen Gymnasium eingeschult, »das im Hinblick auf meine zweisprachige Erziehung in deutsch und französisch einzig in Betracht kam«, heißt es in seinen Erinnerungen. Da er schon früh Privatunterricht erhalten hatte, absolvierte er die drei Klassen der Vorschule in zwei Jahren und kam 1899 mit Kurt Tucholsky zusammen in die Sexta.

Fürstenberg durchlief die neun Schuljahre des Gymnasiums und bestand Ostern 1908 das Abitur als vierter in der Rangfolge, »mit Auszeichnung«, wie er in seinen Erinnerungen vermerkt. Zum Kummer seiner Lehrer, die in ihm einen zukünftigen Wissenschaftler sahen, hatte Fürstenberg in den Jahresbericht *Commerce* als seine *Carrière future* einrücken lassen. Wir besitzen eine Schilderung des Französischen Gymnasiums in Fürstenbergs Schulzeit, geschrieben von seinem Freund Henry Odell in einem Brief von 1975. Odell schreibt:

»Mein gesamter Schulbesuch ... fällt in die Zeit Wilhelms des Zweiten. Das wurde bei vielen Gelegenheiten deutlich gemacht. Jeden Semesterschluß fand eine Feier statt, zu der alle Schüler unter Vorantritt ihrer Klassenlehrer in die Aula geführt wurden, wo Direktor Georg Schulze zunächst die Liste der in die höhere Klasse Versetzten vorlas. Wer nicht genannt wurde, war sitzen geblieben. Dann gab der ›Direx‹ bekannt, wer mit einer Prämie ausgezeichnet war. Die Prämien bestanden aus patriotischen Büchern ... Danach kam die Festrede an die Reihe, von denen mir eine ... im Gedächtnis geblieben ist. Der Titel lautete: ›Heinrich von Treitschke, ein deutscher Mann von echtem Schrot und Korn‹. Die Feier endete mit der stehend gesungenen Nationalhymne, ›Heil Dir im Siegerkranz‹ und einem Schlußwort des Direx: ›Ich bitte Sie, mit mir einzustimmen in den Ruf: Unser junger Heldenkaiser, der in seiner starken Hand das Steuer des Reiches hält, unser oberster Kriegsherr, Seine Majestät, unser allergnädigster Kaiser und König, Hurra, Hurra, Hurra!‹ So war es im Collège Royal Français in Berlin, der Hauptstadt Preußens und des Deutschen Reichs ...«

* * *

Aus Fürstenbergs Biographie wissen wir, daß er zunächst in Berlin und München Philosophie und Kunstgeschichte studierte. Das Militärjahr beendete dieses Studium. Danach wandte er sich der Volkswirtschaft zu und trat als Lehrling in die Berliner Handelsgesellschaft, die väterliche Bank, ein. Nach dem ersten Lehrjahr ging er nach London und Paris, wo er ein Jahr in befreundeten

Hans Fürstenberg

Jean Furstenberg
(20. 1. 1890–3. 4. 1982) Banquier et bibliophile
De «résidence secondaire», la France devient une patrie.

A sept ans, Hans Fürstenberg entra au Lycée Français. Il était issu d'une famille de banquiers juifs et devait suivre les traces de son père dans le monde de la banque. Mais l'intérêt qu'il portait à l'art fit qu'il entreprit, d'abord, des études d'histoire de l'art et de philosophie. Ensuite il se tourna vers l'économie et entra finalement comme apprenti à la Société berlinoise de Commerce, la banque paternelle.

Durant la guerre, il est sur le front de l'ouest. Ensuite il fait partie de l'Union Européenne et de la Société Franco-allemande et commence à écrire des articles sur l'économie et les finances dans des journaux allemands et étrangers.

Hans Fürstenberg peignait et écrivait, mais avant tout il se consacrait à un hobby qui, dans les cercles de spécialistes en Allemangne et en France, le fit rapidement connaître et le rendit célèbre: il collectionnait les livres. Sa passion de bibliophile était si forte qu'il y consacrait la totalité de ses revenus de banquier et rassemblait tout ce qu'il pouvait dénicher en Europe lors de ventes aux enchères ou chez les vendeurs de livres anciens. Sa bibliothèque «allemande» et la bibliothèque «française» des éditions originales anciennes passent pour complètes.

Hans Fürstenberg fut l'un des premiers à reconnaître quel danger représentaient les nationaux-socialistes pour l'Allemagne. Il obtint l'accord des autorités pour avoir une double résidence à Paris et à Berlin et commença tranquillement à évacuer sa bibliothèque à l'étranger. Lorsque son père mourut, en 1933, Hans Fürstenberg commença à préparer son émigration. La Société berlinoise de Commerce, dont il était devenu entre-temps le propriétaire, fut «aryanisée». Lors d'un voyage professionnel à Dresde, il apprit que la Gestapo le recherchait. Il prit le premier train pour Prague. De là il prit l'avion pour Amsterdam et continua son voyage vers Paris. Lors de la déclaration de guerre il offrit ses livres à la Bibliothèque Nationale, les soustrayant ainsi à la main-mise de l'occupation allemande. Les nationaux-socialistes inscrivirent en 1940 son nom sur la liste des gens recherchés, il dut sous un faux nom mener une existence factice, souvent en proie à la faim et au froid, toujours à la peur.

Après la guerre, Jean Furstenberg, tel était à présent son nom, choisit Bonn comme seconde résidence, la France étant désormais sa patrie. Il meurt, à un âge avancé, dans sa propriété de Beaumesnil en Normandie.

Bankhäusern arbeitete. Bei Kriegsausbruch mußte er Paris verlassen und kehrte über London und Brüssel nach Berlin zurück.

Im Krieg diente er in Belgien, wo er als Sachverständiger für die Kriegswirtschaft eingesetzt war. Nach Kriegsende kehrte Fürstenberg zur Berliner Handelsgesellschaft zurück und wurde ihr persönlich haftender Gesellschafter. Er trat der Europa-Union und der Deutsch-Französischen Gesellschaft bei; auch wurde er Honorarkonsul von Luxemburg.

In den zwanziger Jahren begann Fürstenbergs schriftstellerische Tätigkeit. Zunächst veröffentlichte er in in- und ausländischen Zeitschriften Aufsätze über Fragen der Weltwirtschaft und der finanziellen Situation Deutschlands. Aber sehr bald genügte ihm diese »journalistische« Tätigkeit nicht mehr, und er begann, Bücher zu schreiben. Sein erstes Werk trägt den Titel »Ein Land ohne Betriebsmittel«.

In der Inflationszeit und in den Jahren der Wirtschaftskrise begann er, sich auch künstlerisch zu betätigen: Er malte und schrieb, aber vor allem wandte er sich einem Hobby zu, das ihn schnell in Fachkreisen in Deutschland und Frankreich bekannt machte: Er sammelte Bücher. Aus bescheidenen Anfängen – einer Daumier-Sammlung – brachte er in den Jahren nach der Inflation eine stattliche Bibliothek zusammen, insbesondere deutsche und französische Erstdrucke des 18. Jahrhunderts.

Seine bibliophile Leidenschaft war so stark, daß er seine materiellen Möglichkeiten voll ausschöpfte und zusammentrug, was in Europa auf Auktionen und in Antiquariaten erreichbar war. Seine »deutsche« und die »französische« Bibliothek der Erstdrucke war schließlich vollständig genug, daß er sich anderen Sammelgebieten zuwendete, z.B. dem illustrierten Buch vom 17. bis zum 19. Jahrhundert oder seltenen Einbänden der frühen Buchkunst Europas.

1929 erschien das erste der wissenschaftlichen Standardwerke, die er bis zum Ende seines Lebens in regelmäßiger Folge erscheinen ließ. Es trug den Titel: »Das französische Buch im 18. Jahrhundert und in der Empirezeit«, heute eine bibliophile Kostbarkeit, die auf Auktionen Höchstpreise erzielt, eine Rarität in der Bibliothek des Französischen Gymnasiums. In der Einleitung zu diesem Buch legt er ein Bekenntnis im europäischen Geiste ab. Fürstenberg sagt: »Zwischen den französischen und deutschen Kulturgebieten liefen gerade im achtzehnten Jahrhundert ... zahlreiche Fäden hin und her... In geistiger Hinsicht war ja das Europa des achtzehnten Jahrhunderts eine Einheit ... das ›Weltbürgertum‹, wie sich dieses Europäertum damals nannte, trug ein französisches Gesicht... Und liegt nicht gerade hier eine der tiefsten Lehren für eine Zeit wie die unsere, deren gesamte politische Einstellung sich auf wissenschaftlich unbegründbaren Nationalitätentheorien aufbaut? – Deutschland hat im achtzehnten Jahrhundert in näheren Beziehungen zu den französischen Nachbarn gestanden, als irgendein anderes Land Europas, und mit dieser Legitimation mag ein Deutscher den Versuch machen, deutschen Lesern sein Wissen vom französischen Buch zu vermitteln... Das Buch über die geistigen und kulturellen Beziehungen, die im achtzehnten Jahrhundert Deutschland mit Frankreich verbanden, bleibt freilich noch zu schreiben.«

Im Jahre 1929 hatte die Hitlerpartei im Reichstag bereits zwölf Mandate, ein Jahr später sollte sie 107 bekommen, die nationalsozialistische Epoche warf bereits ihre Schatten voraus. Fürstenberg war einer der ersten, die erkannten, welche Gefahr für Europa heraufzog. Er erwirkte die behördliche Genehmigung, doppelten Wohnsitz zu haben, einen in Paris und einen weiteren in Berlin, und fing in aller Stille an, seine Bibliothek ins Ausland zu überführen.

Als sein Vater 1933 starb, begann Fürstenberg mit der Vorbereitung seiner Emigration. Die Berliner Handelsgesellschaft, deren Inhaber er inzwischen geworden war, wurde »arisiert«, die jüdischen Mitarbeiter traten in den Hintergrund, er selbst zog sich in den Verwaltungsrat zurück, gab allmählich seine rund fünfzig Aufsichtsratsstellen auf und befand sich mehr auf Auslandsreisen als in Deutschland. Er mietete ein Haus im Haag, wo er ein Zweiggeschäft eröffnete, und pachtete in London ein Geschäftshaus, das er zum Zentrum seiner Bankgeschäfte wählte. Seine Büchersammlung stellte er in Paris, London, Genf und Den Haag auf, die Ausfuhrgenehmigung erkaufte er sich gegen die von den Nazis eingeführte »Fluchtsteuer«. 1935/36, in den Jahren der sogenannten Nürnberger Gesetze und der Olympiade schied er stillschweigend aus dem Verwaltungsrat der Berliner Handelsgesellschaft aus. In Deutschland hielt ihn nun nichts mehr.

1937, auf einer Geschäftsreise, erfuhr er in Dresden, daß die Gestapo nach ihm fahndete. Er setzte sich in den nächsten Zug und fuhr nach Prag. Von dort flog er nach Amsterdam, mit einem Flugzeug, dessen einziger Vorteil es war, schreibt er in seiner Autobiographie, daß es in Deutschland nicht zwischenlandete.

Ein Jahr später kaufte Jean Furstenberg, wie er sich fortan nannte, das Schloß Beaumesnil in der Normandie, wo er seine Bibliothek zusammenzog. Die Sammlung der deutschen Bücher schenkte er der *Bibliothèque Nationale*, die sie über den Krieg retten konnte; heute ist dies die vollständigste Sammlung deutscher Originalausgaben außerhalb Deutschlands. Die Dankrede des Bibliotheksdirektors von 1940 ist in Buchform erschienen, sie zeigt als Titelvignette einen weinenden Engel.

Seine Fridericiana-Sammlung hatte er in Deutschland verborgen. Sie ist 1968 an die Staatsbibliothek Preußischer Kulturbesitz übergegangen.

Jean Furstenberg war nur eine kurze Atempause vergönnt. 1940 setzten ihn die Nationalsozialisten in Frankreich auf die Fahndungslisten, er mußte mit falschen Papieren ein Scheindasein führen, oft von Hunger und Kälte gequält, wie es in seinen Erinnerungen heißt. Aber er sagt auch: »Ich darf nicht klagen, denn ich wurde für Leiden und Gefahren dadurch entschädigt, daß ich mir eine geistige Reife erkämpfen durfte, die ich sonst schwerlich erlangt hätte.«

In den zehn Jahren von 1937 bis 1947 »sprach, schrieb und dachte« Jean

Furstenberg kein Wort deutsch; er verfaßte philosophische und sprachwissenschaftliche Werke in französischer Sprache, z. B. seine *Dialectique du 20ᵉ siècle* und *La Magie des Mots*.

Auf einer Deutschlandreise 1947 traf Furstenberg mit einigen seiner früheren Mitarbeiter zusammen; sie bewogen ihn, noch einmal ins Geschäftsleben zurückzukehren. Er lernte die neuen Männer der deutschen Nachkriegspolitik kennen: Konrad Adenauer, Ludwig Erhard, Clemens von Brentano, Walter Hallstein, aber er pflegte auch seine alten Beziehungen zu Hjalmar Schacht, zu Alfried Krupp von Bohlen und Halbach und traf ausländische Freunde aus der Zeit vor seiner Emigration wieder, so André François-Poncet, inzwischen Hochkommissar in Deutschland, und Roland de Margerie, jetzt Botschafter der Französischen Republik, mit denen er in einen intensiven Gedankenaustausch trat.

Furstenberg wurde Ritter der Ehrenlegion und Träger des Bundesverdienstkreuzes, aber Deutschland war zu seinem »zweiten Wohnsitz« geworden, in Frankreich war er nun zu Hause.

Noch im hohen Alter beschäftigte er sich mit Wirtschaftsfragen. Seine letzte Veröffentlichung ist eine Studie über die Finanzlage der Vereinigten Staaten beim Amtsantritt Ronald Reagans, eine Broschüre von siebzig Seiten in französischer Sprache.

Am 3. April 1982 ist Furstenberg auf seinem Schloß zu Beaumesnil gestorben. In seinem Testament vermachte er seine Bücher der *Bibliothèque Nationale* und seinen übrigen Besitz der Französischen Republik in Gestalt der *Fondation Furstenberg-Beaumesnil*, die eine Auswahl seiner Werke der Bibliothek des Französischen Gymnasiums zum Geschenk gemacht hat. Seine Erinnerungen schließen mit den Worten: »In der Arbeit blicke ich heute zurück, aber gleichzeitig auch nach vorwärts. Und im Leben scheint es mir auf dem Wege der Schönheit und Erkenntnis immer weiter nach oben zu gehen. So sehe ich denn noch immer, ja mehr denn je, ein weites Panorama vor mir ausgebreitet und bin voll Dankbarkeit für ein oft schwieriges, oft glückliches, nie aber gleichgültiges Geschick.« (Lit. Nr. 378, 405, 474, 485–491)

Ernst Lindenborn
Lehrer, Pastor und Schriftsteller
(1891–1964)
Hugenottenschicksal – Metapher für das Schicksal des deutschen Volkes

In den zwanziger Jahren arbeiteten am Französischen Gymnasium unter Direktor Bernhard Gaster vier zukünftige Direktoren des Französischen Gymnasiums, nämlich Ernst Gerstenberg, der 1932 sein Nachfolger wurde, Max Roethig, Kurt Levinstein und Paul Hartig, vier Studien- und Oberstudiendirektoren – und ein Studienrat, der ebenfalls in einer wichtigen Phase der Schulgeschichte das Collège leiten sollte, nämlich Ernst Lindenborn.

Er wird im Jahresbericht von 1925 folgendermaßen vorgestellt: *Au cours de l'année sont entrés dans le corps enseignant du Collège ... le 15 août 1924 M. le Studienassessor Ernst Lindenborn, ancien bachelier de l'Ecole Allemande d'Anvers sous la direction de M. Gaster.*

Ernst Lindenborn war am 7. Juni 1891 als Sohn eines Exportkaufmanns in Sonneberg/Thüringen geboren worden. Der Vater arbeitete eine Zeitlang in Antwerpen, und dort besuchte Ernst Lindenborn die deutsche Auslandsschule, die damals von Bernhard Gaster geleitet wurde. Er bestand 1911 die Reifeprüfung und verband ein Studium der Theologie mit dem der Philologie.

Am Ersten Weltkrieg nahm Ernst Lindenborn als Freiwilliger an der Westfront teil, er kämpfte bei Langemarck und wurde durch den Krieg zum Pazifisten. Nach dem Kriege schloß er sein Studium an der Friedrich-Wilhelms-Universität in Berlin ab. Im Jahre 1921 sehen wir ihn als Studienreferendar in Charlottenburg, zwei Jahre später als Studienassessor in Eberswalde, und von dort holt ihn Bernhard Gaster ans Französische Gymnasium. Er unterrichtet zunächst Religion und Deutsch, später gibt er auch Französisch und Latein, Lindenborn ist einer der vielseitigsten Lehrer in der Geschichte des Collège. Da er fließend französisch sprach, war er der geeignete Lehrer auch in Geschichte und Erdkunde, ja sogar in Biologie. Lindenborns Stunde schlug mit der »Machtergreifung« der Nationalsozialisten, deren erbitterter Gegner er war.

Unter dem Schutz der Fremdsprache hat er mit seinen Schülern die *maladie contagieuse* des Rassenwahns in ihren Symptomen analysiert und die Schüler gegen Ansteckung durch die Nazi-Wahnidee immun gemacht. Diesem Ziel diente neben dem Fachunterricht die nach der Entlassung des Rabbiners Dr. Israel Nobel 1934 von Lindenborn gegründete Arbeitsgemeinschaft für Hebräisch ebenso wie seine Philosophie-Arbeitsgemeinschaft und die in den Wohnungen der Eltern bestimmter Schüler abgehaltenen literarischen Kolloquien.

Zum 250. Jahrestag des Ediktes von Potsdam am 29. Oktober 1935 schrieb Lindenborn ein Festspiel, das er »Glaubenstreue« nannte und mit Schülern des Collège und Konfirmanden aus dem Französichen Dom in der Schulaula aufführte. Es schließt mit folgenden Worten, die Ernst Lindenborn dem Großen Kurfürsten in den Mund legt:

Ernst Lindenborn
Bronzemedaille von S. Morin 1947

Ernst Lindenborn
(7. 6. 1891–23. 9. 1964) Professeur, Pasteur et Ecrivain
Destin d' un Huguenot – Métaphore pour le destin du peuple allemand.

Après des études de théologie et de philologie, Ernst Lindenborn entra en août 1924 comme professeur auxiliaire au Lycée Français. Il enseigna d'abord la religion et l'allemand, plus tard également la géographie, l'histoire et même la biologie.

Ernst Lindenborn n'a pas caché son mépris, même en public, pour l'idéologie national-socialiste et son antisémitisme, lui qui était proche de l'Eglise Confessionnelle. De la même façon que, dans ses cours de biologie, sous couvert de la langue étrangère, il analysait avec ses élèves la «maladie contagieuse» de la folie raciste à travers ses symptômes, entre autres la «théorie des différentes races», il réussit, dans les autres matières également, grâce à son influence pédagogique quotidienne, à immuniser beaucoup de ses élèves contre l'idéologie national-socialiste. Il poursuivit le même but dans ses deux romans ayant pour sujet le destin des Huguenots, «Coligny» et «Résister». Ils traitent de rébellion envers la puissance de l'Etat, de résistance, de la persécution des adeptes d'une autre croyance et de l'extermination physique et psychique de ces derniers. Mais ils traitent aussi de la possibilité de surmonter la haine, de la survie de la pensée humanitaire, de la victoire de la tolérance et du triomphe de l'amour.

Ernst Lindenborn ne manqua pas d'être inquiété. Il fut interrogé à plusieurs reprises par la Gestapo, mais il sut tenir bon. Après la fin de la guerre, il fut ordonné pasteur et prêcha dans les ruines de la Cathédrale française. Dans une des salles du clocher, épargnée par les bombes, il rassembla autour de lui, avec le soutien de ses collègues Kurt Koch et Martin Heinrich, les élèves du Lycée Français qui avaient survécu à la guerre à Berlin ou qui, entre-temps, étaient rentrés de province. En 1948, Ernst Lindenborn fit ses adieux au Lycée Français. Il fut le Recteur-fondateur de l'Université Pédagogique de Berlin (ouest). En tant que président de l'Association des Anciens élèves du Collège il resta, longtemps encore, lié à l'Ecole.

»Nur der verdient sich Achtung, Freiheit, Leben,
Der seiner Überzeugung gibt Beständigkeit!«

Das Hugenottenthema wird zur gegenwartspolitischen Aussage, die Treue zum Glauben zum staatsbürgerlichen Bekenntnis.

Vier Jahre später, am 1. Dezember 1939, sollte der 250. Gründungstag des Französischen Gymnasiums gefeiert werden. Auch zu diesem Anlaß schrieb Ernst Lindenborn ein Festspiel, sein Titel »Dauer im Wechsel«. Der Text dient Lindenborn abermals zum Bekenntnis seiner politischen Überzeugung: »Wir woll'n den fremden Nachbarn an den Grenzen versteh'n und ehren, ...und mit ihm ringen um des Geistes Kranz... Nicht um blutende Wunden zu schlagen, um zu erbauen die bessere Welt, dazu als Freunde den Freunden gesellt...«. Das Stück wurde niemals aufgeführt. Als die Sommerferien 1939 zu Ende waren und die Proben beginnen sollten, war Krieg.

Die Singspiele waren für einen auf Schule und Kirche beschränkten Hörerkreis konzipiert. Eine weitere Öffentlichkeit konnte Lindenborn damit nicht erreichen. Aber er hatte bald nach 1933 mit der Arbeit an einer Romanfolge aus der Hugenottengeschichte begonnen. Die Voranzeige des ersten Romans beginnt mit dem Faksimile-Abdruck einer in Stein geritzten Inschrift: *Résister*. Darunter steht: »Dieses Wort ritzte die Hugenottin Marie Durand zur Ermutigung ihrer Glaubensschwestern in einen Stein ihrer gemeinsamen Zelle. Achtunddreißig Jahre lang wurde sie wegen ihres Glaubens in dem Turm *La Constance* zu Aigues-Mortes (am Mittelmeer) gefangengehalten.«

Die Romane spielen in der Zeit vor den Pogromen der Bartholomäusnacht 1572 der eine und danach der andere. In »Coligny, der Schwertträger Gottes« zeichnet Lindenborn ein lebendiges Bild der Zeit von der Reformation bis zur Ermordung des Admirals am 24. August 1572. »Résister – Hugenottenschicksal« spielt in der Zeit der Auswanderung der Hugenotten um 1685. Beide Romane beschreiben Schicksale von Verfolgten in einer feindlichen Umwelt, können als verschlüsselte Zeitromane verstanden werden, die ein Abbild geben von der Verfolgung der Juden unter Hitler, von der Tragödie des deutschen Volkes von 1933 an bis zum bitteren Ende 1945.

Lindenborns Coligny läuft einher mit den Ereignissen des Zweiten Weltkrieges, er vollendet sich mit dem Verlauf des Krieges, die Darstellung der Verfolgungen der Andersgläubigen, von Folter und Mord, von Hinrichtungen auf den Scheiterhaufen der Inquisition wird zum Symbol der Gegenwart und findet ihren Höhepunkt in der Beschreibung der Massaker der Bartholomäusnacht, des Untergangs der französischen Protestanten.

Lindenborns »Résister«, veröffentlicht an der Schwelle des Zweiten Weltkrieges, endet mit den Worten: »Gedanken lassen sich nicht durch's Schwert, sondern nur durch Gedanken überwinden! Darum Schluß mit dem Kriege!«

Beide Romane handeln vom Protest gegen die Staatsgewalt, vom Widerstand, von der Verfolgung der Andersgläubigen und ihrer physischen Vernichtung. Aber sie handeln auch von der Überwindung des Hasses, vom

Überleben der Menschlichkeit, vom Sieg der Toleranz und dem Triumph der Liebe.

Außer seinen beiden Romanen hat Ernst Lindenborn Novellen und Erzählungen geschrieben, Freunden pflegte er aus einem Lederband mit schwungvoller Hand niedergeschriebene Gedichte vorzulesen. Dies ist alles verschollen. Verschollen sind auch die fünf dicken Diarien, in die Ernst Lindenborn von 1940 bis 1945 seine ökumenischen Predigten geschrieben hatte, die er jeden Sonntag in französischer Sprache in den Lagern der französischen Kriegsgefangenen und Zivilarbeiter gehalten hat.

Ernst Lindenborn stand der Bekennenden Kirche nahe, die in der nationalsozialistischen Zeit zum Widerstand gehörte. Sein Biograph Dietrich Braun schreibt: »Aus seiner Mißbilligung der nationalsozialistischen Ideologie und ihres Antisemitismus hat er auch in der Öffentlichkeit der Schule nie einen Hehl gemacht.«

Wir lesen in einer von Lindenborns Predigten, gehalten am 29. Oktober 1943, dem 258. Jahrestag des Edikts von Potsdam. Darin beschreibt er das Schicksal der Hugenotten, aber er tut es mit Worten, die dieses Schicksal als Metapher für das Leiden der Flüchtlinge, der Verfolgten im Zweiten Weltkrieg erscheinen lassen, der Juden, der Opfer des Vormarsches der deutschen Truppen in Polen, Frankreich, Rußland, Vordeutung deutschen Schicksals in den Jahren 1944 und 1945. Lindenborn sagt: »Welch eine Welt birgt der Name Caesar... Hören wir nicht den Schritt vieler Tausender, die von Süd nach Nord, von West nach Ost über die Erde stürmen... Und welch eine Kraft strömt uns entgegen aus dem Namen Alexander... Wo aber, so fragen wir, sind die Namen jener Tausende und Abertausende, die Namen jener Unbekannten, die... mitlitten... mitduldeten und mitstarben... Wohl, wir sprechen von Caesar und seinen Feldzügen! Sprechen wir aber von den Witwen und Waisen, die seine Soldaten zurückließen, sprechen wir auch von den Vertriebenen und Gequälten, die Hab und Gut verloren, von den Hungernden und Sterbenden ... von solchen Scharen sprechen wir heute! Die Geister solcher Männer und Frauen sollen heute uns umschweben... Wir grüßen euch, Heimatlose, tretet heran, nennt uns euch, wer seid ihr? Horcht, sie reden, in kurzen Worten, ohne Anklage verkünden sie ihr Schicksal! ›... Man zwang uns 2 Millionen in Gold zu zahlen, bis wir arm und am Bettelstab von hinnen zogen... Wir zogen zu Fuß über die verschneiten Berge des Jura, durch die dichten Wälder der Vogesen, durch die Schluchten der Ardennen, über die Wogen des Meeres – bei Nacht, stets bei Nacht... Und wir sind 11 000, die ... über die Grenzen der Schweiz zogen... Und wir sind 70 000, die nach London flüchteten ... Kennt ihr die Leiden der Menschen, die ihre Heimat verlassen müssen und Hab und Gut verloren haben?! Nur wer ein ähnliches Schicksal erlebte, weiß, was das Wort ›Ausweisung‹ bedeutet...‹ Genug des Elends, genug, genug! Nein, Freunde, nicht genug! Seht dort die Tausenden, die noch heranziehen. Eltern sind es, denen man die Kinder nahm ... und dort die Scharen der Kinder, denen man die Eltern aus dem Hause führte... Der Vater jenes Knaben ward zu Tode gemartert ... der

Mann jener Frau ward lebend in die Erde verscharrt... Seht ... den Zug der Vertriebenen und Märtyrer ... jeder von ihnen trägt eine Krone auf dem Haupt, die Krone des Sieges, die den Kämpfern verheißen ist, die den rechten Kampf gekämpft!«

Soweit die Worte Ernst Lindenborns. Dies war die Botschaft, die er verkündete.

* * *

Lindenborn blieb nicht unbehelligt. Mehrfach wurde er von der Gestapo verhört, aber er hat überlebt. Er blieb mit seiner Frau in Berlin, sah der Eroberung der Stadt durch die Rote Armee wie so viele Berliner mit einem Gefühl von Furcht und Hoffnung entgegen. Aber die Tragödie des deutschen Volkes machte nicht halt vor der Familie Lindenborn. Seine Frau wurde von russischen Soldaten am 1. Mai 1945 getötet.

Ernst Lindenborn wurde zum Pastor ordiniert und predigte in der Ruine des Französischen Doms. Dort sammelte er die Schüler des Französischen Gymnasiums um sich, die er mit zwei in Berlin zurückgebliebenen Kollegen im letzten Kriegsjahr im Zoobunker unterrichtet hatte, die Reste der Klassen der Oberstufe, die Max Roethig unter Lindenborns Leitung in Berlin zurückgelassen hatte, als er mit den jüngeren Schülern der Mittel- und Oberstufe und ihren Lehrern nach Züllichau und später nach Sulzbürg abgereist war.

In den letzten Kriegstagen war der Zoobunker zum Lazarett geworden, die meisten Flakhelfer kamen zum Volkssturm, dem letzten Aufgebot bei der Verteidigung Berlins.

Schon im Mai suchten einige von ihnen wieder Kontakt mit der Schule. Aber das Schulhaus war zerstört. Der Französische Dom war ausgebrannt, doch gab es noch ein paar Räume in der Turmruine, wo die weit verstreuten Gemeindemitglieder am Sonntag zusammenkamen und Gottesdienst hielten. Hier also trafen die Schüler, die in Berlin den Bombenkrieg überlebt hatten, und andere, die sich nach außerhalb geflüchtet hatten, wieder mit Lindenborn zusammen, hierher kamen auch diejenigen, die sich nach und nach aus Sulzbürg wieder nach Berlin durchschlugen.

Ernst Lindenborn und seine beiden in Berlin verbliebenen Kollegen Kurt Koch und Martin Heinrich, der 1936 pensioniert und 1940 reaktiviert worden war, hielten Schule in einem von den Bomben verschont gebliebenen Turmzimmer des Doms. Als Tafel dienten die Türen eines dunkel getönten Schrankes, Kalkbrocken mußten die Kreide ersetzen...

Lindenborn machte sich an die Arbeit. Am 26. Juni 1945 verfaßte er ein Gutachten über den Wert des Französischen Gymnasiums und die Notwendigkeit seiner Erhaltung. Am 28. Juni erschien Kurt Levinstein im Dom auf der Suche nach Spuren des Collège. Am 4. Juli besuchten Levinstein und Lindenborn mit Koch und Heinrich den von der Sowjetischen Militäradministration eingesetzten Bezirksschulrat von Berlin-Mitte, Dr. Steinberg. Das Ergebnis der Unterredung ist, daß Levinstein zum »Betreuer« der Reste des Französischen Gymnasiums ernannt und für Lindenborn, Koch und Heinrich ein »Gehalt« ausgehandelt wird, das Collège kann nun offiziell wieder mit der Arbeit beginnen.

Im Jahre 1948, rund 25 Jahre nach seinem Eintritt ins Kollegium der Schule, nahm Lindenborn seinen Abschied. Er ging zur Pädagogischen Hochschule über, deren Studenten er als Stellvertreter des Rektors Wilhelm Blume im Herbst des Jahres 1948, zu Beginn der Blockade Berlins, in den Westsektor der Stadt führte. Er wurde zum Gründungsrektor der PH in West-Berlin.

1949 gehörte er, abermals mit Kurt Levinstein, zu den Gründern der Gesellschaft für christlich-jüdische Zusammenarbeit, 1950 begründete er die Gesellschaft für Europäischen Kulturaustausch. Lindenborn war wie Jean Michel Palmié und Georg Minde-Pouet Freimaurer, und zwar Meister in der Loge zur Verschwiegenheit.

Bis 1963 – nun 72 Jahre alt – verband er sein Seelsorgeamt mit der Tätigkeit des Professors an der Pädagogischen Hochschule. Viele Berliner Französischlehrer haben bei ihm Didaktik und Methodik ihres Faches erlernt. Für seine Schüler hatte Ernst Lindenborn immer Zeit, und es gibt wenige, die er nicht beraten hat, die ihn nicht wieder und wieder besucht haben, weit über Schulzeit und Studium hinaus.

Nachdem Kurt Levinstein den Collegianerverein, Zusammenschluß ehemaliger Schüler des Collège, im Jahre 1947 wiederbegründet hatte, übernahm Lindenborn, als Levinstein 1951 in den Ruhestand trat, den Vorsitz des Vereins und sorgte weiter dafür, daß diese Brücke zwischen alt und jung erhalten blieb und ausgebaut wurde.

Ernst Lindenborn ist am 23. September 1964 gestorben. Für seinen Einsatz für Verfolgte des Naziregimes hat ihn die Bundesrepublik Deutschland mit dem Großen Bundesverdienstkreuz ausgezeichnet.

Wie Direktor Georg Schulze den Respekt, wie Kurt Levinstein die Verehrung, so besaß Ernst Lindenborn die Liebe seiner Schüler.

Die Überlebenden haben 1985 anläßlich des dreihundertjährigen Jubiläums des Edikts von Potsdam zur Ehrung Lindenborns seinen ungedruckt gebliebenen Coligny-Roman als »Einmalige numerierte Ausgabe in tausend Exemplaren für die ehemaligen und jetzigen Schüler des Französischen Gymnasiums und ihre Freunde« in einem bibliophil ausgestatteten Privatdruck publiziert. (Lit. Nr. 492–496)

Erich Auerbach
Romanist
(1892–1957)
Frankreich und seine Literatur in Secunda und Prima

La rancune, la haine moins encore, ne sont jamais entrées dans son cœur... Il était lui-même d'une politesse exquise... ›Que voulez-vous?‹ aimait-il à répéter, ›j'ai reçu l'éducation d'un Prussien‹, et le terme, pour lui, impliquait estime et éloge. Israélite de naissance, agnostique de formation... pénétré de culture greco-latine ... il semblait incarner... les plus précieuses qualités de l'humaniste européen... L'éducation d'Erich Auerbach avait fait de lui un esprit cosmopolite, ... fortement attiré par la littérature de la France.

Mit diesen Worten charakterisiert Henri Peyre einen der bedeutendsten Romanisten des 20. Jahrhunderts, einen Wissenschaftler mit weltweiter Wirkung.

Erich Auerbach, Sohn eines Kommerzienrates, wurde am 9. November 1892 in Berlin geboren. Er besuchte das Königliche Französische Gymnasium neuneinhalb Jahre und bestand das Abitur im Herbst 1910.

Im Lichte der Würdigung durch seinen Biographen Henri Peyre erscheint die Charakteristik Auerbachs durch seine Lehrer als kaum glaubhaft. Sie lautet: »Von Natur etwas bequem und andauernder geistiger Anstrengung abhold, hat dieser befähigte Schüler ... seine Pflicht meist nur oberflächlich und in unzureichender Weise erfüllt.«

Aus dem Jahresbericht von 1911 geht hervor, daß Auerbach Jura studieren wollte. Aber seine ganze Liebe gehörte, schon in der Schulzeit, der französischen Literatur. Hören wir, wie der Lehrplan der Mittelstufe, den wir im Kapitel Tucholsky kennengelernt haben, auf der Oberstufe fortgesetzt wurde.

In der Untersecunda war Auerbach in Französisch Schüler von Paul Voelkel, dem Verfasser der *Premières lectures*. Die drei Wochenstunden wurden aufgeteilt auf die klassische und die moderne Literatur. Die *Esther* von Jean Racine wurde gelesen, *Mlle. de la Seiglière* von Jules Sandeau, *Le Pêcheur d'Islande* von Pierre Loti. Auch die Obersecunda hatte klassische und moderne Autoren zum Gegenstand, und zwar teils als Haus- teils als Klassenlektüre. Der *Cid* von Pierre Corneille wurde gelesen, *Britannicus* von Racine, *Le malade imaginaire*, *Les précieuses ridicules* und *Les femmes savantes* von Molière, dazu von Emile Souvestre *Un philosophe sous les toits*, von Eugène Scribe *Bertrand et Raton* und von François Ponsard *L'honneur et l'argent*.

Die Unterprima beschäftigte sich in den nunmehr noch zwei Wochenstunden mit *Les grands écrivains du 18e siècle*, und zwar Voltaire, Rousseau, Diderot, auch Victor Hugo und Beaumarchais, dessen beide berühmten Dramen durchgearbeitet wurden. Die Oberprima war in Direktor Schulzes Hand, dessen Thema lautete: *Le Romantisme et le Réalisme en France*. Er ließ *Hernani* von Victor Hugo lesen, dann von François Coppée den *Luthier de Crémone* und von Edmond Rostand den *Cyrano de Bergerac*.

Auerbach hat sich als Literaturhistoriker später selbst zu verschiedenen der Schriftsteller geäußert, die er am Französischen Gymnasium im Unterricht kennengelernt hatte, nämlich zu Montaigne, Pascal, Racine, Rousseau, Voltaire. Auerbachs Hauptwerk, seine *Mimesis*, beginnt mit einer Analyse des 19. Gesanges der Odyssee von Homer, traditioneller Unterrichtsgegenstand der Obersecunda.

* * *

Auerbach studierte nach dem Abitur zunächst Jura, und bereits 1913 wurde er in Heidelberg zum Dr. jur. promoviert. Dann belegte er philologische Vorlesungen, angeregt vom berühmten Philologen Leo Spitzer, dessen Laufbahn er lebenslang folgen sollte, nach Marburg, Istanbul und den Vereinigten Staaten. Den philosophischen Doktorgrad erwarb Erich Auerbach in Greifswald (1921), wurde dann preußischer Staatsbibliothekar in Berlin (1923–29), bis er an die Universität Marburg berufen wurde (1929–35). Sein erstes Buch war die deutsche Übersetzung der *Scienza Nuova* des Giambattista Vico.

Als Jude gehörte Auerbach zu den von den Nationalsozialisten amtsenthobenen Professoren. Er wanderte in die Türkei aus, wo er die Professur für romanische Philologie an der Universität Istanbul übernahm (1936–45). Dort hat er sein berühmtes Buch *Mimesis* verfaßt (erste deutsche Ausgabe 1942) und zwar ohne Rückgriff auf Sekundärliteratur. In der Türkei gab es die entsprechenden Bibliotheken nicht. Von der durchdringenden Betrachtung des Textes ausgehend, hat er die Darstellung der Wirklichkeit untersucht, drang er vor bis zum Gemeingut europäischer Kultur. Unter anderen besprach er Gregor von Tours, Shakespeare, Cervantes, Schiller, Stendhal und Virginia Woolf. In viele Sprachen übersetzt, ist *Mimesis* ein Vorbild neuer Textkritik. In dem Nachwort der Ausgabe von 1951 lesen wir: »Möge meine Untersuchung ihre Leser erreichen; sowohl meine überlebenden Freunde von einst wie auch alle anderen, für die sie bestimmt ist; und dazu beitragen, diejenigen wieder zusammenzuführen, die die Liebe zu unserer abendländischen Geschichte ohne Trübung bewahrt haben.«

Um seinen Unterricht zu fördern, hat er damals auch eine »Einleitung zur romanischen Philologie« geschrieben, die er selbst ins Französische übersetzt hat. Er schrieb, wie er sprach, ein ausgezeichnetes klassisches Französisch, aber der Deutsche blieb unverkennbar. Er sagte selbst: *Je parle le français du roi de Prusse.* Nicht alle Schüler des Gymnasiums könnten Gleiches von sich sagen.

Auch die *Introduction aux études de la philologie romane* gehört zu den Standardwerken jeder sprachwissenschaftlichen Fachbibliothek. Im Vorwort schreibt Auerbach: *Ce petit livre fut écrit à Istamboul, en 1943 … c'était pendant la guerre; j'étais loin des bibliothèques européennes ou américaines; je n'avais presque aucun contact avec mes collègues à l'étranger, et depuis longtemps je n'avais vu ni livre ni revue récemment parus.*

Auch dieses Buch hat mehrere Auflagen erlebt, wurde in die türkische Spra-

Erich Auerbach
1949

Erich Auerbach
***(9. 11. 1892–13. 10. 1957)* Romaniste**
La France et sa littérature en Seconde et en Première.

Erich Auerbach fréquenta le Lycée Royal Français durant neuf ans et demi et obtint le baccalauréat en 1910. Tout son amour allait à la littérature française, dès l'époque de sa scolarité. L'enseignement du français en Seconde inférieure et en Seconde supérieure, comportant dans chacune de ces classes trois heures hebdomadaires, était partagé entre la littérature classique et moderne. Tandis qu'en Seconde inférieure on trouvait au programme Jean Racine, Jules Sandeau et Pierre Loti, on lisait en Seconde supérieure Corneille, Molière, Emile Souvestre, Eugène Scribe et François Ponsard. La Première traitait des «Grands Ecrivains du XVIIIeme siècle», Voltaire, Rousseau, Diderot et Beaumarchais. L'enseignement en Première supérieure était, après comme avant, le domaine réservé du Directeur Schulze. Il faisait lire «Hernani» de Victor Hugo, de François Coppée «Le Luthier de Crémone» et, d'Edmond Rostand, «Cyrano de Bergerac».

Après le baccalauréat, Erich Auerbach étudia d'abord le droit et obtint en 1913 le titre de Docteur en droit. Ensuite il suivit des cours de philologie à l'Université de Greifswald et y obtint en 1921 le titre de Docteur en philosophie. De 1923 à 1929 il fut bibliothécaire de l'Etat prussien à Berlin. Ensuite il fut appelé à l'Université de Marbourg.

En tant que juif, Auerbach fit partie des professeurs à qui les nationaux-socialistes retirèrent leur charge. Il émigra en Turquie et fut professeur de philologie des langues romanes à l'Université d'Istamboul. C'est là qu'il a écrit son célèbre livre «Mimesis», sans aucun recours aux critiques, car en Turquie il n'existait pas de bibliothèque adéquate. Traduit dans de nombreuses langues, «Mimesis» est un modèle pour la nouvelle critique de textes. L'«Introduction aux études de la philologie romane», publiée également à Istanboul, en 1943, fait partie des œuvres de référence de toute bibliothèque spécialisée dans les études de langues. En 1948 Auerbach poursuivit ses études aux Etats-Unis. Il fut Professeur à la Pennsylvania State University (de 1948 à 1949), à l'«Institute for Advanced Study» de Princeton (de 1949 à 1950) et ensuite à l'Université de Yale (de 1950 à 1957).

che übersetzt und erschien 1948 in Pennsylvania in den USA, wohin Erich Auerbach nach dem Kriege weitergezogen ist. Er führte seine Laufbahn in den Vereinigten Staaten fort, an der *Pennsylvania State University* (1948–49), dem *Princeton Institute for Advanced Study* (1949–50) und dann an der Universität Yale (1950–57), zuletzt als *Sterling Professor of French*, in dem ehrenvollsten akademischen Rang, den Yale zu vergeben hat. In diesen Jahren brachte er ältere und neue Studien heraus, einen bemerkenswerten Dantekommentar und eine Auswahl von Aufsätzen, die postum 1959 auf englisch und 1967 in Bern auf deutsch erschienen sind.

In seinem amerikanischen Lebensabschnitt ist Auerbach viele Male mit anderen Emigranten zusammengetroffen, die wie er Collegianer waren und die sich alle dessen bewußt waren, was die gründliche literarische Schulung in ihrer Frühzeit für sie bedeutete. Erich Auerbach soll die Absicht geäußert haben, berichtet Henri Peyre, nach Deutschland zurückzukehren, »sobald die Deutschen sich von ihrem Schuldkomplex befreit haben werden«. Er wollte am Wiederaufbau von Universitäten wie Marburg, Heidelberg oder Bonn mitarbeiten.

Es kam nicht dazu. Am 13. Oktober 1957 ist Auerbach gestorben, er ist nur knapp 65 Jahre alt geworden. Die New York Times weist in ihrem Nachruf auf Auerbachs Bildungsjahre am *French Gymnasium* in Berlin und der *Heidelberg University* hin und stellt sein Werk *Mimesis* als Ergebnis tiefgreifender literarischer Bildung heraus, *the work which established his reputation and on which scholars of all countries have bestowed the accolade of greatness.* (Lit. Nr. 19, 405, 497–504)

Werner Feilchenfeld
Jurist
(1895–1985)
Hebräisch-Unterricht

Werner Feilchenfeld wurde am 29. April 1895 in Berlin geboren. Schon sein Vater Hugo Hirsch Feilchenfeld war Schüler des Französischen Gymnasiums gewesen, und so sorgte er dafür, daß auch seine vier Söhne das Collège besuchten. Der älteste war Rudolf Feilchenfeld, geboren 1893, 1938 nach Palästina ausgewandert, es folgten Werner, dann Emil, geboren 1899 und 1918 in Flandern gefallen, schließlich Hermann, geboren 1908, nach Amerika emigriert und 1980 gestorben.

Werner Feilchenfeld gab – wie sein älterer Bruder Rudolf – beim Abitur Ostern 1914 als *destination* die Medizin an. Aber zum Studium kam er zunächst nicht, wie seine Brüder wurde er eingezogen. Er erlebte den Krieg an der Westfront. 1918 entlassen, ging er nach Würzburg. Er studierte aber nicht Medizin, sondern Jura und erlangte den Doktorgrad bereits im Jahre 1920, also nach noch nicht einmal dreijährigen Studien.

Schon 1919 hatte Werner Feilchenfeld Verbindungen zur Internationalen Handelskammer in Berlin angeknüpft. Zunächst trat er als Assistent in die IHK ein, rückte aber schon bald zum Syndikus auf und vertrat die Kammer, wie er in seiner Autobiographie schreibt, als *Secretary General ... with lifetime contract.* Die Nationalsozialisten entließen ihn 1933. Er emigrierte zunächst in die Schweiz und von dort im Jahre darauf nach Palästina, wohin ihm sein Vater und sein Bruder Rudolf folgten.

Werner Feilchenfeld hatte sich schon früh auf dem Gebiet des Finanzrechts spezialisiert. Sein Erstling trug den Titel »Die Gewinnbeteiligung der Arbeiter und Angestellten in Deutschland« und erschien 1922. Dreißig Jahre war Feilchenfeld alt, als er sein »Steuerhandbuch« veröffentlichte. Es folgten mehrere steuerrechtliche Schriften. Feilchenfelds Publikationssprache war zunächst das Deutsche. Nach seiner Emigration ging er zum Hebräischen über. Er konnte dabei zurückgreifen auf »Schulkenntnisse« im klassischen Hebräisch.

Seit seiner Einführung unter Jean Pierre Erman, über die wir gesprochen haben, konnte sich das Fach Hebräisch im Stundenplan des Französischen Gymnasiums halten. In der ersten Hälfte des 19. Jahrhunderts rückte das Hebräische in der Hierarchie der Fächer ganz nach oben. In den Jahresberichten folgt es nun unmittelbar auf die Religion, die den ersten Platz hat, wird also noch vor den anderen Sprachen und den übrigen Fächern behandelt, dem Fach wird große Bedeutung beigemessen.

In den fünfziger Jahren des 19. Jahrhunderts erhält die Oberklasse drei Stunden, und zwar zwei in der Gesamtgruppe und eine in zwei Teilgruppen getrennt. Nach wie vor steht die Genesis, stehen die Psalmen im Mittelpunkt des Unterrichts. Ab 1860 muß das Hebräische seine Sonderstellung hinter der Re-

Werner Feilchenfeld
Zeichnung von Alf Trenk
nach einer zeitgenössischen Photographie

Werner Feilchenfeld
(29. 4. 1895–15. 5. 1985) Juriste
L'enseignement de l'hébreu.

Werner Feilchenfeld fréquenta, de même que son père et ses frères, le Lycée Français et passa le baccalauréat à Pâques 1914. Après la guerre il fit des études de droit qu'il termina par un doctorat. Ensuite il entra, en tant qu'assistant, à la Chambre Internationale de Commerce de Berlin, dont, finalement, il devint le Secrétaire général. Lorsqu'en 1933 les nationaux-socialistes le destituèrent de son poste, il émigra en Palestine.

Werner Feilchenfeld s'était, très tôt, spécialisé en droit financier. En 1925 il publia son «Manuel des impôts». Suivirent d'autres ouvrages traitant des questions fiscales. D'abord il publia en allemand, puis en hébreu. Pour cela il pouvait faire appel à ses connaissances d'hébreu classique, qui était enseigné au Lycée Français depuis très longtemps. Durant la scolarité de Feilchenfeld, l'hébreu était enseigné en cours facultatif sur deux années, en Seconde et en Première, par des professeurs de religion évangélique. Après comme avant, l'essentiel de l'étude portait sur la Genèse et les Psaumes. En Seconde on travaillait avec un livre d'exercices, réservant les textes originaux de la Bible à la Première.

Werner Feilchenfeld fut l'un de ces pionniers juifs, connaissant encore l'ancienne Palestine, qui, grâce à leurs expériences antérieures, aidèrent, dans cette région alors sous mandat britannique, à fonder et à construire l'Etat d'Israël. De 1936 à 1940, Feilchenfeld fut le Directeur général de la Haavara, organisation qui aida des dizaines de milliers de Juifs d'Allemagne et d'Europe du sud-est à émigrer en Palestine. De 1940 à 1945, Feilchenfeld travailla dans les affaires, en Israël. Les années suivantes, il fit de la publicité pour l'importation des produits palestiniens. En 1952 il créa l'organisation caritative «Service for Israel», qui chaque année expédiait en Israël pour une valeur de trois millions de dollars de marchandises destinées à aider le jeune Etat.

ligion an das Fach Deutsch abgeben und kommt in der Hierarchie der Fächer als nunmehr ausdrücklich fakultatives Fach auf den neunten Platz vor Englisch, Gesang und Zeichnen. In der Secunda wird nur noch mit einem Übungsbuch gearbeitet, originale Bibeltexte bleiben der Prima vorbehalten. In beiden Klassen ist die Grammatik von Wilhelm Gesenius eingeführt. Als die Prima 1885 in eine Ober- und eine Unterprima aufgeteilt wird, erfolgt der Unterricht für beide Gruppen gemeinsam, wird für die Teilnehmer zum Zweijahreskursus, Fortsetzung des Unterrichts in Ober- und Untersecunda, der ebenfalls die Interessenten in eine Gruppe zusammenfaßt, für die Schüler zum zweijährigen Lehrgang wird. Es bleibt bei der Stoffaufteilung der Vergangenheit, Lesebuch in Secunda und Bibeltexte in Prima, nur daß der Lehrgang jetzt auf vier Jahre ausgedehnt ist.

Wir haben die Schulzeit von Werner Feilchenfeld erreicht. Im Lehrplan ist das Hebräische als fakultativer Kurs nach wie vor ausgewiesen, zu erteilen durch den evangelischen Religionslehrer. In den Jahren vor dem Ersten Weltkrieg schrumpft die Zahl der Teilnehmer zusammen, nicht in jedem Schuljahr stehen auf beiden Stufen Interessenten zur Verfügung. Im Bericht von Werner Feilchenfelds Abiturjahr 1914 heißt es: *Dans les classes supérieures et moyennes les cours se font en français, excepté ceux d'instruction religieuse, d'allemand, de mathématiques et de sciences naturelles.* Der Religionsunterricht erfolgt auf deutsch, der Religionslehrer braucht nicht mehr französisch zu sprechen, zwangsläufig muß auch Hebräisch nunmehr auf deutsch unterrichtet werden.

* * *

In Palästina hat Werner Feilchenfeld nur noch hebräisch gesprochen, seine Muttersprache verwendete er vielleicht noch auf Reisen in Mitteleuropa, sonst sprach er im Ausland englisch und französisch, aber seine Hauptsprache war nun das Ivrit.

1935 trat Feilchenfeld als Berater in die Haavara Hilfsorganisation ein, deren Generaldirektor er schon 1936 wurde, ein Amt, das er bis 1940 bekleidete. Unter Werner Feilchenfelds Leitung baute die Haavara ihren Transferdienst auf, der rund 50000 deutschen Juden (von 499682 bei der Volkszählung im Juni 1933 in Deutschland ansässigen) zur Auswanderung nach Palästina verhalf. Der von Werner Feilchenfeld organisierte Transfer beruhte auf folgendem Gedanken: Deutschland hatte ein Interesse am Export seiner Industriegüter, an ihrem Verkauf ins Ausland, auch nach Palästina. Umgekehrt gab es im deutschen Bürgertum genügend jüdische Familien, die das bei der Einreise in Palästina erforderliche »Vorzeigegeld« von tausend Pfund, bei einem Kurs von 1:12,5 also 12500 Mark, aufbringen konnten. Der Haavara gelang es durch die Verhandlungsführung Werner Feilchenfelds, der bis 1939 dazu noch mehrfach nach Deutschland zurückkehrte, mit der Reichsregierung ein Abkommen zu schließen, wonach der Gegenwert der deutschen Exportgüter in Deutschland selbst aus dem Vermögen der Auswanderer in Mark bezahlt wurde und die Auswanderer bei ihrer Ankunft in Palästina mit der entsprechenden Summe in Pfund ausgestattet wurden, ihr »Vorzeigegeld« bei der Ankunft im Hafen also bereits vorfanden!

Bei Beginn des Zweiten Weltkrieges lief der Transfer noch auf vollen Touren, er hatte sich dank Werner Feilchenfelds persönlicher Intervention auf Südosteuropa ausgedehnt, und so konnten auch aus diesen Ländern weitere Menschen gerettet werden. Die Gesamteinwanderung seit 1933 belief sich auf 189 627 Personen, davon 52 463 aus dem Deutschen Reich, die meisten davon verdanken der Haavara und Werner Feilchenfeld ihr Leben.

Von 1940 bis 1945 arbeitete Werner Feilchenfeld in der freien Wirtschaft in Palästina. 1945 wurde er zum Präsidenten der *Export Union* Palästinas gewählt und nahm eine lebhafte Reisetätigkeit nach Europa und den Vereinigten Staaten auf, um bei den Handelspartnern für den Import von Produkten aus Palästina zu werben. 1951 ließ er sich in den USA nieder und eröffnete 1952 eine selbständige Wirtschaftsberatung, die eine Care-Organisation für Palästina, *Service for Israel*, ins Leben rief, die jährlich Hilfsgüter im Wert von drei Millionen Dollar nach Israel transferierte. Seit 1954 vertrat Werner Feilchenfeld jüdische Interessen in Wiedergutmachungsverhandlungen. Sein autobiographischer Bericht über den Haavara-Transfer erschien in Tübingen 1972, nach vierzig Jahren wieder ein Buch auf deutsch.

Werner Feilchenfeld war einer der jüdischen Pioniere, die noch das »alte« Palästina kannten und aus ihren frühen Erfahrungen im ehemaligen englischen Mandatsgebiet den Staat Israel gründen und aufbauen halfen.

Feilchenfeld starb am 15. Mai 1985, er ist neunzig Jahre alt geworden. (Lit. Nr. 405, 505–507)

Paul Hartig
Der achtzehnte Direktor
(geboren am 1. Juli 1898)
Vater der deutsch-französischen Fusion

Im Jahre 1925 war das Studienseminar am Collège neu eröffnet worden. Unter den sechs Referendaren, die damals in das Seminar aufgenommen wurden, war auch Paul Hartig, der rund ein Vierteljahrhundert später als Direktor ans Französische Gymnasium zurückkehren sollte.

Paul Hartig war am 1. Juli 1898 in Erfurt geboren worden, hatte dort die Vorschule besucht und wurde 1907 in die Oberrealschule aufgenommen. Sein Vater legte wegen seiner Auslandserfahrung Wert darauf, daß der Sohn Französisch als erste und Englisch als zweite Fremdsprache lernen sollte.

Im Jahre 1916 bestand Paul Hartig in Erfurt das Abitur und wurde 1917 eingezogen. Fast zwei Jahre lang nahm er am Ersten Weltkrieg teil, wurde 1918 verwundet und konnte 1919 sein Studium beginnen. Er studierte Neuphilologie und Geschichte an der Friedrich-Wilhelms-Universität in Berlin, stand Eduard Spranger nahe, wurde von den damals berühmten Professoren Alois Brandl in Anglistik und Eduard Wechssler in Romanistik ausgebildet und 1924 mit einer Untersuchung über schottische Dialekte bei Alois Brandl promoviert.

Das Staatsexamen bestand er 1925 und wurde unmittelbar darauf in das Studienseminar am Französischen Gymnasium aufgenommen. Dem Seminar stand Bernhard Gaster vor, der die Schule seit 1921 leitete. Das Fachseminar für Englisch unterstand Ernst Gerstenberg, der 1932 Gasters Nachfolger als Direktor des Französischen Gymnasiums werden sollte und 1933 ausscheiden mußte. Für die allgemeine pädagogische Ausbildung war Kurt Levinstein verantwortlich, der gerade zum Oberstudienrat befördert worden war. Paul Hartig wurde von drei Persönlichkeiten ausgebildet, die Direktoren des Collège entweder waren oder später werden sollten. Für die Kontinuität der Schule bemerkenswert ist, daß Paul Hartig und Kurt Levinstein 1952 auf dem Neuphilologentag in Göttingen mit Gerstenbergs Nachfolger Max Roethig zusammentrafen und sich über das Französische Gymnasium aussprachen.

Die Aufnahme ins Studienseminar am Französischen Gymnasium war damals nur möglich, wenn der Bewerber sein Staatsexamen mit Auszeichnung bestanden hatte, eine Voraussetzung, die zum Nachteil der Schule leider später abgekommen ist. Denn besondere Schüler bedürfen besonderer Lehrer. Paul Hartig bestand bereits 1926 sein Assessorenexamen und fand sofort seine erste Anstellung an der Westendschule, wo er vom Assessor über den Studienrat schließlich nach dem Zweiten Weltkrieg 1945 zum Oberstudiendirektor aufstieg.

Er unterrichtete Französisch und Englisch, aber er verband diese neuphilologische Aufgabe mit den Fächern Geschichte und Erdkunde, und so wurde er zu einem Verfechter der Landeskunde, die in den zwanziger und dreißiger Jahren als Kulturkunde den fremdsprachlichen Unterricht in den Zusammenhang mit politischer Bildung rückte, dabei stark von dem bahnbrechenden Wirken Walter Hübners auf diesem pädagogischen Gebiet beeinflußt.

Den politischen Auftrag des Sprachunterrichts verstand Paul Hartig als den Auftrag der Erziehung zur Völkerverständigung, zur Zusammenarbeit zwischen den Völkern. Das war sein Beitrag zur Kulturkunde. In rascher Folge erschienen Paul Hartigs »Handbücher der Auslandskunde«: Anfang 1928 schon die Englandkunde, im gleichen Jahr die Frankreichkunde, 1931 die Amerikakunde und 1932 die Spanienkunde, Werke, die nach dem Kriege in Neubearbeitungen mehrmals neu aufgelegt worden sind. Es waren Sammelwerke, in denen sich unter seiner Herausgeberschaft führende Kenner der verschiedenen Kulturgebiete dieser Völker zu Gesamtdarstellungen zusammenfanden, um so den Zugang zu diesen Kulturen sachkundig zu erschließen. Zugleich hat er in jenen Jahren, vor 1933, in zahlreichen Aufsätzen und Vorträgen, durch seine Mitherausgeberschaft an der Monatszeitschrift »Schule und Wissenschaft«, durch zwei von ihm geleitete Lehrerstudienreisen nach England und Mitarbeit an mehreren Unterrichtswerken für die Durchsetzung seiner kulturkundlichen Konzeption gewirkt.

Im Jahre 1931 trat Paul Hartig der SPD bei, kam dadurch 1933 auf die Liste der zur Pensionierung vorgesehenen Gegner der Nationalsozialisten, wurde schließlich aber im Amt belassen, allerdings mit der Beschränkung auf seine neuphilologischen Lehrfächer; Unterricht in seinem dritten Hauptfach Geschichte zu erteilen wurde ihm untersagt.

Paul Hartig hat die Deutsch-Französische Gesellschaft 1926 mitbegründet, war im Neuphilologenverband tätig und arbeitete in der Herrig-Gesellschaft mit, der Berliner Vereinigung von Neuphilologen an Universität und Schule. Diese Aktivitäten ruhten von 1933 bis 1945, um dann aber um so lebendiger wieder hervorzutreten.

Unmittelbar nach dem Kriege war Paul Hartig zum Direktor der Westendschule ernannt worden, wurde dann in die Schulverwaltung versetzt, stieg in Charlottenburg zum Hauptschulrat und Stadtrat für Volksbildung auf, wurde aber von dem damaligen kommunistischen Stadtschulrat Ernst Wildangel schon 1946 abgesetzt. In den Jahren von 1946 bis 1952 arbeitete Paul Hartig in dem neu gegründeten Berliner Schulbuchverlag Berthold Schulz, der nach dem Kriege die ersten Schulbücher herausgab, jedes einzelne auf den Unterrichtsgebieten des Deutschen, der Geschichte, der Erdkunde und der Fremdsprachen von Paul Hartig redaktionell betreut.

* * *

54 Jahre war er alt, als er zum Direktor des Französischen Gymnasiums ernannt wurde. Hier ging er sofort an die Arbeit: Er hatte die Schule als altsprachliches Gymnasium übernommen, nun trat Englisch gleichberechtigt neben das Fach Griechisch, eine vorausschauende Maßnahme, welche die Schule

Paul Hartig
1963

Paul Hartig
(né le 1er juillet 1898) Le dix-huitième Directeur
Le Père de la fusion franco-allemande.

Après avoir étudié la philologie des langues modernes et l'histoire, Paul Hartig arriva en 1925 au Lycée Français où il fut l'un des premiers stagiaires à prendre part au séminaire d'études fondé après la Première Guerre mondiale. Après son examen de professeur-adjoint il enseigna, à l'Ecole de Westend, le français, l'anglais, l'histoire et également la géographie. De 1946 à 1952 il participa à l'élaboration des premiers livres scolaires d'après-guerre, auprès de la toute nouvelle maison d'édition de manuels scolaires Berthold Schulz. Paul Hartig comprit à ce moment-là la mission politique de l'enseignement des langues, mission d'éducation pour la compréhension des peuples.

En 1952 il fut nommé Directeur du Lycée Français. L'une de ses premières décisions administratives fut de donner à l'enseignement de l'anglais la même place qu'à celui du grec, ce en quoi il adaptait l'Ecole jusque-là classique aux données et aux exigences du monde moderne. Paul Hartig avait pris la direction du Lycée Français, devenu une école allemande, dont seule, une infime part des élèves était issue de familles étrangères. Encouragé par le développement positif des relations avec les forces d'occupation françaises depuis le transfert, en 1947, de l'Ecole en secteur français, Paul Hartig commença, aidé de Louis Fouilleron, le Directeur de l'Ecole française de Frohnau, à préparer une fusion des deux établissements. Le 24 avril 1953 l'Accord de fusion fut signé; c'est à lui que le Lycée Français doit sa structure actuelle. Durant onze années encore Paul Hartig participa, en tant que Directeur, à l'édification de la nouvelle Ecole franco-allemande.

Après avoir pris sa retraite, il continua, dans une série de publications intitulée «L'enseignement des langues vivantes», à apporter sa contribution au développement de l'enseignement moderne des langues vivantes en Allemagne. En même temps il occupait les fonctions de chargé de cours de français économique à l'Université Libre, activité qu'il n'abandonna qu'en 1981, à l'âge de 83 ans.

Paul Hartig est Chevalier de la Légion d'Honneur et titulaire de la Croix du Mérite de la République Fédérale.

den neuen Gegebenheiten und Erfordernissen anpaßte und es den Schülern ermöglichte, ihren persönlichen Neigungen in der Sprachenwahl zu folgen, die aber auch einen stetigen Rückgang der Schülerzahlen im Fach Griechisch nach sich zog. Zwar hat sich das Griechische bisher halten können, aber Englisch ist nun einmal »leichter« als Griechisch, und immer mehr Schüler gehen den Weg des geringeren Widerstandes, wenn er ihnen eröffnet wird – Schüler, die ohne weiteres das »schwerere« Griechisch hätten lernen können und Englisch dazu – wie es den Graezisten seit eh und je als *quasi* obligatorische Arbeitsgemeinschaft mit Erfolg angeboten wurde und wird.

Unter einem Aspekt ist Hartigs Entscheidung unbedingt und rückhaltlos zu unterstützen: Für die französischen Schüler ist Englisch die zweite, für die deutschen wäre es nach Griechisch vierte Fremdsprache, der Unterricht hätte nicht »fusioniert« werden können. Nur wenn die Sprachenfolge für beide Gruppen harmonisiert werden konnte und Englisch nach Latein zur dritten Fremdsprache wurde, war an eine Integration der Schülergruppen zu denken. Diese Lage ist durch die Reform der Stundentafel der französischen Schüler 1986 erreicht worden, die der Reform Hartigs von 1952 entsprach. Nun ist Englisch für beide dritte Fremdsprache. Hartigs Maßnahme findet auf diese Weise nachträglich ihre volle Rechtfertigung!

Hartig hatte im Französischen Gymnasium eine deutsche Schule vorgefunden. Kinder aus ausländischen Familien, die noch in den Jahren von 1933 bis 1945 einen Teil der Schülerschaft ausgemacht hatten, waren nur in einer geringen Zahl vorhanden. Aber die Beziehungen zu den französischen Alliierten hatten sich seit dem Umzug der Schule in den französischen Sektor 1947 so vorteilhaft entwickelt, daß der Gedanke einer Fusion der Schule der französischen Besatzungsmacht mit dem Collège immer mehr Gestalt gewann. In dem Leiter der Frohnauer Französischen Schule, Louis Fouilleron, war Paul Hartig auf einen Mann getroffen, der wie er selbst von der Idee der deutsch-französischen Freundschaft besessen war, kurz: Die beiden Direktoren überzeugten ihre jeweiligen Regierungen von ihrer Idee, und so konnten der französische Stadtkommandant, General Pierre Manceau-Demiau, und der Regierende Bürgermeister Ernst Reuter am 24. April 1953 ihre Unterschrift unter den Verschmelzungsvertrag setzen, dem das Französischen Gymnasium seine heutige Struktur verdankt.

Elf Jahre arbeitete Paul Hartig gemeinsam mit seinen französischen Mitdirektoren Louis Fouilleron, André Meyer und Jean Tandé an der Verwirklichung seiner Idee, an der Verbindung der deutschen mit den französischen Lehrplänen, an der Integration der deutschen und französischen Schülergruppen in einzelnen Schulfächern, an der Schaffung einer neuen, einer deutsch-französischen, einer europäischen Schule. Dabei erfreute er sich verständnisvoller Unterstützung durch die Berliner Schulverwaltung, insbesondere durch Senator Dr. Joachim Tiburtius, wie auch seitens der französischen Militärregierung. Vor allem gelang es ihm durch seinen Elan, das Kollegium, die Schülerschaft und die Eltern für aufgeschlossene Zusammenarbeit zu gewinnen.

Dann hatte er 1963 die Pensionsgrenze erreicht und hinterließ ein Werk, das zwar unvollendet geblieben war, aber bei einer konsequenten Fortsetzung und zielstrebigen Weiterarbeit alle Anlagen zur Verwirklichung der Vision einer echten Verschmelzung in sich barg.

* * *

Hartig war 1953 zum geschäftsführenden Vorsitzenden der Deutsch-Französischen Gesellschaft und 1957 zum Vorsitzenden des Berliner Neuphilologenverbandes geworden. Jetzt wurde er zum Vorsitzenden des deutschen Gesamtverbandes gewählt, eine Funktion, die er von 1962 bis 1972 bekleidete und von der aus er 1971 zum Präsidenten der *Fédération Internationale,* des Internationalen Fremdsprachenlehrer-Verbandes, aufstieg, inzwischen 73 Jahre alt geworden.

Anerkennung fand dieses Wirken mit seiner Wahl zum Ehrenvorsitzenden des deutschen Verbandes, zum Ehrenpräsidenten des internationalen Verbandes und zum Ehrenmitglied der Deutsch-Französischen Gesellschaft Berlin.

Durch die von ihm 1967 gegründete Schriftenreihe »Der Fremdsprachliche Unterricht« im Ernst-Klett-Verlag, in der jährlich in vier Heften grundlegende Themen des fremdsprachlichen Unterrichts behandelt wurden, trug er zur Weiterentwicklung des modernen Fremdsprachenunterrichts bei. Nachdem sich unter seiner Herausgeberschaft diese Reihe mit 52 Heften erfolgreich durchgesetzt hatte, übergab er sie 1980 zwei jüngeren Nachfolgern. Mit vier von ihm herausgegebenen Quellenheften zur Französischen Revolution und zur französischen Geschichte des 19. und 20. Jahrhunderts hat er noch in den achtziger Jahren bessere Voraussetzungen für die Behandlung Frankreichs im Geschichtsunterricht zu schaffen versucht. Gleichzeitig fuhr Hartig fort, an der Freien Universität Berlin als Lehrbeauftragter für Wirtschaftsfranzösisch zu wirken, eine Tätigkeit, die er seit 1960 ausübte und erst 1981, mit 83 Jahren, aufgab.

Paul Hartig wurde für seine Verdienste um die deutsch-französische Verständigung von Frankreich in die Ehrenlegion aufgenommen und von der Bundesrepublik Deutschland mit dem Bundesverdienstkreuz ausgezeichnet. (Lit. Nr. 508–510)

Schluß
Das Französische Gymnasium in der zweiten Hälfte des 19. Jahrhunderts

In der zweiten Hälfte des 19. Jahrhunderts begann die Entfremdung zwischen Frankreich und Preußen-Deutschland, eine Entfremdung, die erst in der Mitte des 20. Jahrhunderts überwunden werden konnte.

Der Krieg 1870/71 hatte Deutschland und Frankreich einander als Feinde gegenübergestellt, und die Friedenszeit, die folgte, war bestimmt von Mißtrauen.

Für das Französische Gymnasium war das eine schwierige Zeit. Wollte es festhalten an seiner frankophonen Erziehung und den nach Frankreich gerichteten kulturellen Bildungszielen, so mußte es nach außen um so stärker eine nationale und monarchische Gesinnung zur Schau stellen.

Dieser Balanceakt ist den Direktoren von Kramer über Schnatter bis zu Schulze erstaunlich gut gelungen. Einbrüche in die Phalanx der frankophonen Unterrichtsfächer waren bis zum Ende des 19. Jahrhunderts nicht zu beklagen. Mit Diplomatie, Fingerspitzengefühl und taktisch geschicktem Vorgehen konnten Schnatter und Schulze die Gegner des frankophonen Unterrichts im Lehrerkollegium und in der Berliner Öffentlichkeit beschwichtigen, neutralisieren und schließlich zum Schweigen bringen.

In der ganzen Periode der deutsch-französischen Entfremdung blieb es bei den an Frankreich orientierten Bildungsgütern. Wo Lehrwerke aus dem französischsprachigen Ausland fehlten, haben die Lehrer eigene französische Lehrbücher verwendet. Im französischen Literaturunterricht wurden nicht nur die klassischen Schriftsteller von Corneille bis Beaumarchais gelesen, sondern auch moderne Autoren einschließlich der Schriftsteller der Gegenwart. Ohne großes Aufheben wurden den Schülern auch in dieser Zeit die Tatsachen aus der französischen Sicht dargestellt, z.B. der Krieg von 1870/71 in der Optik von Arthur Chuguet und Maurice d'Hérisson.

Der Lebensweg der Schüler, die in der zweiten Hälfte des 19. Jahrhunderts geboren wurden, unterschied sich in nichts von demjenigen der Schüler früherer Epochen. Paris übte nach wie vor erhebliche Anziehungskraft auf Schüler des Französischen Gymnasiums aus. Thilo von Wilmowsky und Gerhardt Katsch verbrachten ihre Lehrjahre in Frankreich. Victor Auburtin, Curt Sachs und Leonard Nelson übten zeitweilig ihren Beruf in Frankreich aus, und Jean Furstenberg fand in Frankreich nicht anders als Bitaubé, Ploetz und Woepcke eine neue Heimat, er wurde wie sie zum Franzosen. Das Reisestipendium für Lehrer des Französischen Gymnasiums erfreute sich großer Nachfrage, aber viele gingen auch auf eigene Kosten zu Studienzwecken nach Frankreich, wie Ploetz z.B. oder die Direktoren Schnatter und Schulze, die regelmäßig ihre Sommerferien in Frankreich verbrachten.

Die Mobilmachung 1870 überraschte Auburtin und Ploetz in Paris, der eine blieb, der andere reiste ab, um gleich nach dem Ende der Kampfhandlungen zurückzukehren.

Frankreich und seine Literatur, seine Sprache, Kultur und Zivilisation waren Themen der Romanisten Strohmeyer und Auerbach, der Schriftsteller Harden, Auburtin und Tucholsky, des Wirtschaftswissenschaftlers Kuczynski und des Juristen Martin Wolff, Nachfolger des »Gallizisten« Berner.

Maximilian Harden und Kurt Tucholsky fanden im republikanischen Frankreich das Vorbild für ein demokratisches Deutschland. Sie haben die Botschaft des Französischen Gymnasiums am konsequentesten umgesetzt in politisches Handeln – so wie zu Beginn des Jahrhunderts Ancillon und Lombard.

Das intensive Nachdenken über die deutsch-französischen kulturellen und politischen Beziehungen, wie es von der Schule angeregt worden ist, führte viele ehemalige Schüler darüber hinaus zu Gedanken einer europäischen Vereinigung, eines geistigen Weltbürgertums. René Kuczynski arbeitete für die Liga für Menschenrechte, Leonard Nelson warb für die Idee eines Staatenbundes, Harden für die Einigung Europas, Auerbach erkannte im Kosmopolitismus das politische Ideal der Zeit.

Schüler des Französischen Gymnasiums waren eher im Lager der Progressiven, das sahen wir schon bei Michelet, George Adolphe Erman und Graefe, als bei den Konservativen zu finden. Henri Erman kämpfte für die Bodenreform, Harden für die Abschaffung von Privilegien, Kuczynski für die Enteignung der Fürsten und einen Lastenausgleich.

Aus dem Französischen Gymnasium konnten keine Nationalisten hervorgehen, vielmehr Vorkämpfer einer geistigen Internationale.

Mit der »Machtergreifung« der Nationalsozialisten trat das Französische Gymnasium in seine bisher schwerste Bewährungsprobe ein. Seine Schüler wurden in viele Länder verstreut. Sachs und Fürstenberg gingen nach Frankreich, Kaufmann nach Holland, Tucholsky nach Schweden, Auerbach in die Türkei, Feilchenfeld nach Israel, Wolff und Kuczynski nach England und Heimann und Sachs schließlich nach Amerika. Der erzwungene Exodus brachte die praktische Verwirklichung der nicht-nationalen Lehre des Collège, brachte die Umkehrung des Hugenottenschicksals: Schüler des Französischen Gymnasiums trugen die Lehre ihrer Schule in die Länder, die ihnen Gastrecht gewährten – doch damit sind wir schon mitten im 20. Jahrhundert.

20. Jahrhundert

Einleitung
Frankreich und Deutschland im 20. Jahrhundert

Die deutsch-französischen Beziehungen im 19. Jahrhundert hatten im Zeichen einer wechselnden Anziehung und Abstoßung gestanden. Die Kriege Napoleons hatten in Deutschland eine nationalistische Reaktion erzeugt. Der Sieg Preußens über Österreich 1866 hatte umgekehrt eine nationalistische Renaissance in Frankreich zur Folge. Die Politik Napoleons III. und Bismarcks führte zur Konfrontation. Der deutsche Sieg leitete eine Periode des Mißtrauens zwischen den Völkern ein. Zu Beginn des 20. Jahrhunderts war dieses Mißtrauen in den deutsch-französischen Beziehungen zwar neutralisiert, aber es fehlten vertrauenbildende Maßnahmen hüben und drüben; ein gutnachbarliches Verhältnis wollte sich unter diesen Umständen nicht einstellen. Die Staatsführungen unterließen es, den Anbruch des neuen Jahrhunderts zu nutzen und durch den Abschluß von Freundschaftsverträgen das Zeichen zum Neubeginn zu setzen.

Eine Chance war vertan. Deutschland wendete sich der »Weltpolitik« zu, Frankreich fand sein Ziel in einer neuen Kolonialpolitik, die nachbarschaftlichen Beziehungen schrumpften auf ein Minimum. Etappen im Vorfeld der sich anbahnenden neuerlichen Konfrontationen waren der Abschluß der *Entente cordiale* zwischen Frankreich und England 1904 und der *Triple entente* 1907 mit Rußland. Das Deutsche Reich war isoliert und mußte sich auf sich selbst beschränken. Die »Alldeutsche Bewegung« brachte nach der deutsch-österreichischen Verständigung einen neuen Pangermanismus hervor, alles was deutsch sprach, sollte in einem großen deutschen Staat vereinigt sein, von Norditalien bis Süd-Dänemark und von den Vogesen und den Ardennen bis nach Litauen hinein. Als Deutschland nun auch noch als Kolonialmacht auftreten wollte und in Frankreichs Interessensphäre in Nordafrika einzugreifen versuchte, war das Maß voll. Frankreich wendete sich von Deutschland ganz und gar ab, und Deutschland tat nichts, aber auch gar nichts, um eine neue Annäherung herbeizuführen. Der Weg zum Krieg war vorgezeichnet. Wieder wurde Elsaß-Lothringen zum Pulverfaß. Die von vielen besonnenen Politikern links und rechts des Rheins befürwortete Autonomie der beiden Provinzen, die sie zur Brücke zwischen Frankreich und Deutschland gemacht hätte, mußte scheitern. Deutschland machte durch eine unerbittliche Germanisierungspolitik aus Elsaß-Lothringen ein Reichsland, was Frankreich den Verlust um so schmerzlicher ins Bewußtsein rief.

Der pangermanische Nationalismus entzündete in Frankreich einen neuen und kräftigen Patriotismus, und beide fanden ihr Ziel beim Nachbarn jenseits der gemeinsamen Grenze. Die konservativen Kräfte in Deutschland und Frankreich steuerten auf Kollisionskurs. Die sozialistische Internationale konnte diesen Kurs kaum noch bremsen. Zwar wurden unter Jean Jaurès und August Bebel Gedanken wie der eines Generalstreiks zur Lähmung einer möglichen Mobilmachung diskutiert, aber Jean Jaurès fiel am 31. Juli 1914 einem Attentat zum Opfer, und die deutsche Sozialdemokratie lauschte der Schalmei des »Burgfriedens« und blieb untätig. Auf beiden Seiten flüchtete sich die Linke in den Glauben an einen Verteidigungskrieg. Sie stimmte für die von der Rechten geforderten Kriegskredite, der Weltkrieg war da. Die Jugend beider Völker trat ihren Opfergang an.

Das Ende war die vollständige Auszehrung aller Kräfte auf beiden Seiten. Aus der schmerzvollen Erfahrung ging jedoch keine neue und partnerschaftliche Gesinnung hervor. Die Mahnung aus Romain Rollands *Jean Christophe* verhallte. Die Sieger wollten einen neuen Krieg unmöglich machen, aber die von ihnen dazu ergriffenen Mittel wurden auf deutscher Seite verstanden als Maßnahmen der Rache. Der Friedensvertrag von Versailles, von der deutschen Reaktion als »Versailler Diktat« diffamiert, erzeugte nachhaltige Ressentiments im deutschen Volk. Die konservative Propaganda versuchte, die Schuld am Kriege abzuwälzen und erfand das Schlagwort von der »Kriegsschuldlüge«. Das deutsche Heer sei im Kriege unbesiegt geblieben, aus der Revolution vom November 1918 wurde die »Dolchstoßlegende« geschaffen, die Revolutionäre als »Novemberverbrecher« verleumdet.

Frankreich und Deutschland standen 1918 vor dem Scherbenhaufen ihrer Beziehungen, aber es kam zu keinem echten Neubeginn, zu keinem Aufbau einer Partnerschaft, kam nicht zu neuem Vertrauen. In Frankreich überwog der Wunsch nach harten Friedensbedingungen für Deutschland, sie aber versperrten den Weg zur Aussöhnung.

Ein neuer Anfang schien unmöglich, aber in Aristide Briand und in Gustav Stresemann hatten beide Völker Politiker gefunden, die sich von dem Gedanken von Versöhnung und Freundschaft leiten ließen. In Frankreich verblaßte das Schreckgespenst des *boche*, und in Deutschland griff allmählich die Ahnung Platz, daß es Frieden nur geben könne mit und nicht gegen Frankreich.

Briand hatte sich von einem streng nationalfranzösischen Politiker in den Kriegs- und ersten Nachkriegsjahren zu einem Politiker der Verständigung entwickelt. Als er 1925 Außenminister wurde, hatte in Deutschland Stresemann, der im Jahre der Ruhrbesetzung 1923 Reichskanzler geworden war, bereits das Terrain bereitet. Der Weg nach Locarno war frei. Die Völker waren der Gegnerschaft müde, ihre Sehnsucht nach Entspannung ließ Hoffnung auf Freundschaft keimen. Deutschlands Beitritt zum Völkerbund war die Folge und wurde zum sichtbaren Zeichen, daß ein neues Miteinander das jahrzehntelange Gegeneinander abgelöst hatte.

Aber Stresemann starb schon 1929, Briand 1932; sie hatten das Fundament für eine neue Freundschaft der beiden Nachbarvölker gelegt – aber das Fundament blieb ungenutzt. 1929 machten sich die Nationalsozialisten bereits bemerkbar, und 1932 traten sie ihren Siegeszug an. Zwar bekundete Hitler bei jeder Gelegenheit seinen Willen, mit Frankreich zu einem gutnachbarlichen *modus vivendi* zu kommen, aber gleichzeitig bereitete er den Krieg vor. Das deutsche Volk wünschte nach wie vor nichts sehnlicher als den Frieden, aber es war auch nicht unempfänglich für die nationalistische Propaganda. Der Einmarsch im Rheinland, die »Heimkehr« der Saar, der »Anschluß« Österreichs und die »Befreiung« des Sudetenlandes, ohne Zweifel trugen sie bei zu einer Euphorie, die schließlich sogar die Einverleibung des »Protektorats« und die Eroberung des »Generalgouvernements« guthieß und den Einmarsch in Frankreich als eine Maßnahme rechtfertigte, die unvermeidlich war, wenn die deutschsprachigen Gebiete jenseits des Rheins dem Großdeutschen Reich angegliedert werden sollten.

Politiker wie Edouard Daladier und Pierre Laval erschwerten Hitler nicht die Verwirklichung seiner Idee von der Weltmachtrolle Großdeutschlands. Aber es gab auch das »andere Frankreich«, das Frankreich von Charles de Gaulle, das Frankreich der *Résistance* – so wie es das »andere« Deutschland gab, das die Verständigung mit Frankreich suchte und in der Besatzungszeit eher für als gegen französische Interessen wirkte. Karl Heinrich von Stülpnagel, der Retter von Paris, sei hier als Beispiel genannt.

Mit dem Ende des Zweiten Weltkrieges war das Traumbild des deutschen Volkes von nationaler Größe zerstoben. Wohl selten ist ein Volk nachhaltiger ernüchtert worden. Das Bekanntwerden des unvorstellbaren Ausmaßes der Vernichtung der Juden in Europa, der himmelschreienden Greuel, von Deutschen im Namen Deutschlands verübt, bewirkte eine radikale Umkehr, einen vollständigen Bruch mit der nationalsozialistischen Vergangenheit, wenigstens bei der großen Mehrheit der Deutschen. Deutschland lag am Boden, und so schwer auch die materiellen Schäden und Verluste bei den Überlebenden zählen mochten, die schlimmste Bürde war die Last des Gewissens. Wer den Deutschen in dieser Lage die Hand reichen würde, der konnte auf ihre Dankbarkeit, auf Treue und Freundschaft zählen.

Die weltpolitische Konstellation brachte es um die Mitte des 20. Jahrhunderts mit sich, daß sich der östliche Teil Deutschlands dem Osten, der westliche dem Westen anschloß. Amerika ging mit dem Marshall-Plan voran, der materielle Notstand war schnell beendet, der Wiederaufbau begann, es ging wieder bergauf. Als Robert Schuman im Juli 1948 das französische Außenministerium übernahm und Konrad Adenauer 1949 Kanzler der Bundesrepublik Deutschland wurde, begegneten sich zwei Politiker, die überzeugte West-Europäer waren und eine europäische Lösung für den deutsch-französischen Konflikt des vergangenen Jahrhunderts suchen konnten. Die von Schuman mit Adenauer in Gang gesetzte Bewegung wurde auf beiden Seiten des Rheins mit Erleichterung, in Deutschland mit Begeisterung, in Frankreich mit freudiger Zustimmung aufgenommen. Das Ende dieser Entwicklung war der am 22. Januar 1963 von Charles de Gaulle und Konrad Adenauer unterzeichnete Freundschaftsvertrag, der seither die deutsch-französischen Beziehungen bestimmt.

Wo stehen wir heute, rund ein Vierteljahrhundert nach Abschluß des Vertrages?

Die Wirtschaftsbeziehungen haben den jeweiligen Nachbarn zum stärksten Handelspartner gemacht. Die Städtepartnerschaften zwischen Gemeinden in der Bundesrepublik Deutschland und Frankreich überziehen die beiden Länder mit einem flächendeckenden Netz von Kontakten. In allen größeren Städten der Bundesrepublik gibt es französische, in vielen Städten Frankreichs deutsche Kulturinstitute; keine Universität, kaum ein Gymnasium, wo nicht Lehrer des Partnerlandes unterrichten. Philosophen und Schriftsteller wie Jean Paul Sartre und Albert Camus, wie Marcel Proust, wie Jean Giraudoux und André Gide haben große Lesergemeinden in Deutschland – wie Karl Jaspers und Martin Heidegger, wie Bert Brecht, Heinrich Böll und Günter Grass in Frankreich breite Leserschichten gewinnen konnten. Das Deutsch-Französische Jugendwerk sorgt dafür, daß jedes Jahr unzählige junge Leute das Nachbarland kennenlernen, und wenn jeweils knapp eine halbe Million Schüler die Sprache des Nachbarvolkes in der Schule erlernen, dürften die Verständigungsprobleme in der Jugend als gelöst gelten können. Frankreich ist zum Hauptziel deutscher Touristen geworden, und jedes Jahr kommt rund eine halbe Million Franzosen nach Deutschland.

Träume von einer deutsch-französischen Union, einem vereinigten Zentralland Westeuropas, haben sich nicht verwirklichen lassen. Aber die deutsch-französischen Beziehungen haben sich auch in Belastungsproben bewährt und sind jedesmal gestärkt daraus hervorgegangen. Sie dürften am Ende des 20. Jahrhunderts als fest und dauerhaft bezeichnet werden können. Die deutsch-französische Zusammenarbeit berechtigt Europa an der Schwelle zum 21. Jahrhundert zu großen Hoffnungen.

Wolfgang Friedmann
Jurist
(1907–1972)
Freiheitliche Gestaltung der Schule nach dem Ersten Weltkrieg

Mit dem Ende des Ersten Weltkrieges begann für Europa eine neue Zeit. Deutschland, seit Jahrhunderten monarchistisch-feudalistisch verfaßt, mußte Erfahrung mit demokratischen Umgangsformen sammeln. Für die deutschen Schulen war dieser Umschwung nicht einfach. Bisher waren die Schüler zu Untertanen des Herrschers und der staatlichen Obrigkeit erzogen worden. Jetzt sollte Selbstverantwortung an die Stelle der Fremdbestimmung treten.

Am Französischen Gymnasium waren die Schüler rund zweihundert Jahre lang von vielen ihrer Lehrer in konservativer Gesinnung erzogen worden. Die Dankbarkeit gegenüber den brandenburgischen Kurfürsten und preußischen Königen war zur Gefolgschaftstreue gegen den deutschen Kaiser geworden. Fast fünfzig Jahre lang war am 2. September der deutsche Sieg über Napoleon III. bei Sedan gefeiert worden, Jahr für Jahr wurde der Geburtstag des Kaisers in der Aula mit Ansprachen und Festreden feierlich begangen. Nun war der Krieg verloren, der Kaiser hatte Deutschland verlassen. Auch für das Französische Gymnasium hatte die neue, die republikanische Epoche begonnen, aber die Lehrer waren die gleichen geblieben, das Kollegium nach 1918 unterschied sich nur unwesentlich von dem vor 1914. In diese Schule wuchs die Nachkriegsgeneration hinein, in dieser Schule sollte sie auf ihre Aufgabe in der demokratischen Gesellschaft vorbereitet werden. Ob und in welchem Maße das möglich war, werden wir erkennen, wenn wir dem Lebensweg einzelner Schüler dieser Nachkriegsgeneration folgen.

* * *

Am 25. Januar 1907 wurde Wolfgang Gaston Friedmann geboren. Er stammte vom Vater her, einem Collegianer, aus einer jüdischen Juristenfamilie, war aber evangelisch getauft und konfirmiert worden. Seine Mutter war in Paris aufgewachsen, und so war das Französische Gymnasium die natürliche Wahl für die Söhne der Familie Friedmann.

Zu Beginn des Ersten Weltkrieges wurde Wolfgang Gaston am Collège eingeschult. Er besuchte die Schule neun Jahre und bestand die Reifeprüfung zu Ostern 1924 als einer von fünf Abiturienten. Im Jahr zuvor war er zum Vorsitzenden der Schülerselbstverwaltung gewählt worden, ein Amt, das er an Heinrich Ehrmann abgab, von dem noch die Rede sein wird.

Wolfgang Friedmann hatte als Obersecundaner den *Prix Monod* erhalten, im Jahre der Wiederbegründung des Preises. Im Ersten Weltkrieg hatte das Kapital der Stiftung seinen Wert verloren.

Wir entnehmen dem Jahresbericht von 1921, daß einer der Preisträger von 1866, nämlich Georg Minden, es gewesen ist, der durch eine Spende von tausend Mark den Preis wieder hat aufleben lassen, der dadurch bei der Abiturienten-Entlassung 1921 zum ersten Mal wieder verliehen werden konnte. Ein bei der Feier anwesender Schülervater zahlte spontan fünfhundert Mark in die Monod-Kasse ein, ein anderer stellte »eine andere grössere Stiftung« in Aussicht.

Aber der Preis mußte sich zunächst erst wieder durchsetzen. Im Folgejahr fand das Kollegium nur eine der eingereichten Arbeiten preiswürdig und 1923 gar keine. Dann kam die Inflation, und abermals war die Kapitalbasis des Preises zerstört. Zwei Jahre konnte der Preis nicht mehr vergeben werden, dann war er wieder da. Im Jahresbericht von 1926 lesen wir, daß der ehemalige Schüler Alfred Friedmann, Vater von Wolfgang – einst ebenso wie Minden selbst Preisträger – in einem *acte généreux* eine beträchtliche Summe gestiftet habe, *dont les intérêts suffiront pour toujours à la distribution des prix Monod.* Der Preis der Oberprima betrug nun wieder 60 Mark, 45 Mark wurden in der Unterprima und 30 Mark in der Obersecunda vergeben.

Der Preis wurde von nun an regelmäßig beim »Wilhelmstag« verliehen; er trug jetzt die Bezeichnung *Prix Monod-Friedmann.* Neben den drei Hauptpreisen wurden mehrere *mentions honorables* vergeben, der Preis stand nun wieder auf sicheren Füßen.

Friedmann hat 1924 die Abiturrede gehalten, in deutscher Sprache, worauf dann Direktor Bernhard Gaster in französischer Sprache geantwortet hat, wie der Jahresbericht vermerkt.

Im Zuge der Umgestaltung des Berliner Schulwesens waren die Hochburgen des Adels geschlossen worden. Die Schüler des Wilhelms-Gymnasiums zum Beispiel wurden ins Collège übernommen und mit den »eigenen« Schülern unterrichtet, was nach anfänglichen Reibereien der Collegianer mit den »Lackstiefeln« sich auch recht gut bewährte. Das Französische Gymnasium, von dem es vor dem Kriege hieß, seine Schließung sei nur eine Frage der Zeit, hatte sich als lebensfähig erwiesen, ja es entwickelte sich zum Aushängeschild Berlins. Im Jahresbericht von 1924 liest sich das so: »Wiederholt hatte die Anstalt den Besuch ausländischer Schulmänner, die die Eigenart der Anstalt mit Interesse kennen lernten; es kamen solche aus Spanien, Estland, Lettland, Finnland, Schweden, Mexiko und Japan.« Im Jahre zuvor wurden u. a. Gäste aus Norwegen und Chile an der Schule willkommen geheißen und 1922 auch aus Rumänien.

Seit die Jahresberichte ab 1922 wieder erscheinen, können wir die »neue« Schule nach dem Ersten Weltkrieg vergleichen mit der »alten« der wilhelminischen Epoche. Dem *Conseil académique*, der seit 1913 geruht hat, kommt jetzt wieder mehr Bedeutung zu, er wird zum Beirat der Schule. Neue schulische Gremien sind der Elternrat und die Schülerselbstverwaltung.

Geändert hat sich die »Lehrverfassung« der Schule durch ein breiteres Mitspracherecht der Lehrerkonferenz. Wir lesen 1922: »In einer ganzen Reihe von Konferenzen wurde im Lehrerkollegium die Lehrverfassung der Schule besprochen und eine gesunde Reform als notwendig erklärt. Leider ist das Mini-

Wolfgang Friedmann
Zeichnung von Paul Labowsky
nach einer zeitgenössischen Photographie

Wolfgang Friedmann
(25. 1. 1907–20. 9. 1972) Juriste
L'«organisation libérale» du Collège après la Première Guerre.

Wolfgang Friedmann entra au début de la Première Guerre mondiale au Lycée Français. Sa mère avait été élevée à Paris, de sorte que le Collège était le choix normal pour les fils de la famille Friedmann. Wolfgang obtint son baccalauréat à Pâques 1924, un des cinq bacheliers de cette promotion.

Avec la fin de la Première Guerre mondiale commença pour le Lycée une nouvelle époque, l'époque républicaine. Les efforts pour donner au système éducatif une organisation libérale, portèrent d'abord uniquement sur le cadre extérieur de l'Ecole, tandis que le contenu des différents enseignements était à peine modifié. En 1921 on engagea comme Directeur, en la personne de Bernhard Gaster, un «non humaniste»: il n'avait pas fréquenté de lycée où l'on étudie les langues anciennes. Et l'on ouvrit, pour la première fois, l'Ecole aux filles, dans la mesure où elles étaient d'origine huguenote. Après que, suite à la réforme du système scolaire berlinois, le Wilhelms-Gymnasium eut été fermé en tant que fief de la monarchie et que ses élèves eurent été accueillis au Collège, le Lycée Français devint l'emblème prestigieux de Berlin.

Après son baccalauréat, Wolfgang Friedmann commença des études de droit qu'il termina, en partie, en Angleterre. Il y retourna après son stage à Berlin. Il entama alors une carrière universitaire. Après la fin de la Deuxième Guerre mondiale il reçut des offres des Universités de Melbourne et de Toronto, et enfin en 1955 de la Columbia University. Des contrats de Professeur associé le conduisirent à Calcutta et Dehli, à Dar-es-Salaam, mais aussi de nouveau en Europe, par exemple à Paris, à la Sorbonne.

La bibliographie de Friedmann divise son œuvre en dix domaines juridiques. Elle comporte trente-quatre monographies, plus de cent articles de journaux en anglais, français et allemand, et plusieurs centaines de critiques de livres. Ses ouvrages ont été traduits en sept langues et sans cesse réédités.

sterium trotz der Befürwortung durch das Provinzialschulkollegium nicht darauf eingegangen, dessenungeachtet wird das Ziel, die Anstalt unter Wahrung ihrer Eigenart freiheitlicher zu gestalten und besonders nicht dem Zwang der Schablone zu unterwerfen, nicht aus dem Auge gelassen.«

»Freiheitliche Gestaltung« des Schullebens? Hier ein paar Beispiele:

»Sofern das Wetter es nicht verhinderte, wurde jeden Monat ein Wandertag veranstaltet.« Ein Dampferausflug mit der ganzen Schule, Klassenfahrten, z. B. in den Harz oder nach Weimar, brachten Abwechslung in den Schulalltag, vor allem aber das Rudern mit wöchentlichen Ausflügen und mehrtägigen Fahrten. Überhaupt erhielt der Sport weiten Raum in der Freizeitgestaltung der Schüler. Es wurden »Bismarckspiele« veranstaltet, ein Ballspiel-Verein »Valeamus« machte von sich reden, jedes Jahr im Herbst fand ein Sportfest statt. Schüler nahmen »dank der Vermittlung des Provinzialschulkollegiums« an Theateraufführungen und Konzerten teil.

Alle diese Neuerungen betrafen jedoch nur den äußeren Rahmen des Schullebens. Im Unterricht dürfte sich, jedenfalls soweit der Stoff betroffen war, kaum sehr viel geändert haben.

* * *

Drei der fünf Abiturienten von 1924 gaben als Studienwunsch Jura an, Friedmann war einer von ihnen. Er studierte in Berlin bis zur Promotion 1930 über ein Thema des Rechtsvergleichs zwischen dem deutschen und dem angloamerikanischen Recht.

Im Jahr darauf sehen wir Friedmann in England, wo er Deutschunterricht erteilte und nebenher juristische Vorlesungen besuchte. Sein Referendariat absolvierte er dann aber wieder in Berlin. Im Frühjahr 1933 hatte er als Arbeitsrichter einen Zusammenstoß mit nationalsozialistischen Randalierern im Gerichtssaal, bei dem er sich zwar behauptete, der ihn aber vermutlich in seiner Absicht bestärkt hat, nach England zurückzukehren.

Er arbeitet zunächst in *Welwyn Garden City* in der Landwirtschaft, nimmt dann sein juristisches Studium in London wieder auf und erlangt 1936 den Magistergrad in Englischem Recht, Voraussetzung einer Juristenlaufbahn in England. 1938 wird er eingebürgert. Er ist jetzt *lecturer* an der Londoner Universität, aber der Zweite Weltkrieg unterbricht seine Laufbahn als Universitätslehrer.

Friedmann wird eingezogen und stellt sich dem Britischen *Intelligence Service* zur Verfügung. Er wird juristischer Berater der britischen Militärverwaltung, später der britischen Kontrollkommission für Deutschland. Seine Erfahrungen im Alliierten Kontrollrat in Berlin legt er nieder in seinem Buch *The Allied Military Government of Germany*, erschienen in London 1947.

Als er im gleichen Jahr nach England zurückkehrt, erreicht ihn ein Ruf an die Universität Melbourne/Australien. Von dort geht er drei Jahre später weiter an die Juristische Fakultät in Toronto/Kanada. In diesen Jahren profiliert

Friedmann sich durch Publikationen hauptsächlich auf dem Gebiet des Internationalen Rechts, und so erhält er 1955 einen Ruf an die Columbia University, die nun seine *alma mater* wird. Lehraufträge als Gastprofessor führen ihn nach Calcutta und Delhi, nach Dar-es-Salaam, aber auch wieder zurück nach Europa, z. B. nach Paris an die *Sorbonne*.

Auf dem Gebiet der Rechtsvergleichung hat Friedmann begonnen, aber sehr bald treten andere Rechtsaspekte in sein Blickfeld, etwa Verwaltungsrecht, Vertragsrecht, Rechtspolitik, auch Entwicklungspolitik. Seine Bibliographie unterteilt sein Werk in zehn Rechtsbereiche, sie umfaßt 34 Monographien, über hundert Zeitschriftenartikel in englischer, französischer, deutscher Sprache und mehrere hundert Buchbesprechungen. Seine Bücher wurden in sieben Sprachen übersetzt und immer wieder neu aufgelegt.

Die von ihm und seinen Studenten 1961 gegründete Zeitschrift *Columbia Journal of Transnational Law* widmete ihm 1971 einen Jubiläumsband. Friedmann war damals 64 Jahre alt.

Als das Buch erschien, hatte Wolfgang Friedmann nur noch ein Jahr: Am 20. September 1972 wurde er in New York auf dem Heimweg von seiner Universität am hellichten Tag von drei jugendlichen Farbigen beraubt und ermordet. Dekan Michael Sovern hält die Trauerrede und schließt mit den Worten: *His death was a senseless waste, but his life was like his piano-playing – rich in accomplishment, full of meaning, exquisitely beautiful.*

Seine Studenten hielten seit 1972 noch bis in die achtziger Jahre jeden Sommer eine *Friedmann Conference* ab, die sich mit wechselnden Themen aus dem Lebenswerk ihres Lehrers befaßte und den Bezug zur gegenwärtigen Forschung herstellte.

Wolfgang Friedmann sollte 1972 das Bundesverdienstkreuz erhalten, sein Tod kam der Ehrung zuvor.

Kurt Levinstein hat gesagt, in seinen vierzig Jahren am Französischen Gymnasium habe er nur vier Schüler gehabt, denen er in den letzten Jahren nichts mehr habe beibringen können. Einer von ihnen war Wolfgang Friedmann.

Im Jahre 1984 schreibt Friedmanns Gattin Leah May: *It is quite clear that the education he received at the Französisches Gymnasium was a wonderful foundation for such a scholar ... he must have benefited enormously from his work at your school and acknowledged it.* (Lit. Nr. 19, 405, 511–518)

Jens Hoffmann
Verleger
(geboren am 6. Mai 1907)
Das Collège als »Reformgymnasium«

Jens Hoffmann ist nur wenige Monate jünger als Wolfgang Friedmann. Mit sechs Jahren kam er zum Französischen Gymnasium, und zwar in die Vorschule. Der Durchgang durch die Vorschule dauerte drei Jahre. Jens Hoffmann wurde 1916 in die Sexta versetzt und bestand nach den üblichen neun Gymnasialjahren zu Ostern 1925 das Abitur.

Der Jahresbericht von 1925, der erste, der nach dem Kriege wieder in französischer Sprache erschien, nennt die Abituraufgaben. In Latein mußte eine Übersetzung aus Cicero vom Französischen ins Lateinische gefertigt werden, zum letzten Mal: ab 1926 wurde auch in Latein, wie schon immer in Griechisch, nur noch ins Französische übersetzt.

Hoffmann studierte Jura, promovierte 1928 mit 21 Jahren und übernahm drei Jahre später den väterlichen Verlag, ein Familienunternehmen, dessen Leitung er selbst ca. 50 Jahre später seinem Sohn anvertrauen sollte.

Nach dem Kriege trat Jens Hoffmann der Freien Demokratischen Partei bei, in der er wichtige Ämter bekleidete. 1963 ehrte ihn die Stadt Darmstadt für seine kulturellen Verdienste als Verleger, 1969 wurde ihm das Bundesverdienstkreuz Erster Klasse verliehen, 1972 folgte die Silberne Verdienstplakette, Darmstadts höchste Auszeichnung, und schließlich erhielt er 1983, inzwischen 75 Jahre alt, den Ehrenbrief des Landes Hessen. Er schreibt: »...daß ich diesen Erfolgsweg nie hätte gehen können, wenn ich nicht das umfangreiche Wissen und die solide Grundlage gehabt hätte, die mir das Französische Gymnasium vermittelt hat. Insbesondere habe ich den Geist der Toleranz und des Ausgleichs ... dem Klima zu verdanken, das ... im Französischen Gymnasium geherrscht hat.«

Am 18. Juni 1985 äußerte sich Jens Hoffmann zum Thema »Meine Schule und ihr Einfluß auf mein Leben«. Er spricht von dem liberalen Geist am Collège und stellt ihn radikalen Strömungen von links sowie dem »damals noch keineswegs gänzlich überwundenen Nationalismus und Militarismus« gegenüber. Er schreibt, »daß viele Schüler aus politisch, geistig und moralisch hervorragenden, nicht zuletzt auch jüdischen Familien stammten, denen liberales, kosmopolitisches Denken seit Generationen immanent war«, weist auf den humanistischen Geist hin und auf die französische Erziehung am Collège, die damals durchaus nicht unumstritten war: »Französisch als Umgangs- und Unterrichtssprache unserer Schule sollte ... während des ersten Weltkrieges – ich war damals gerade Sextaner – abgeschafft werden. Es war wohl in erster Linie ein Verdienst unseres damaligen Direktors, Prof. Esternaux, diesem Ansinnen nationalistischer Kreise entgegengetreten zu sein und diesen Schwabenstreich schließlich verhindert zu haben.«

Auch Paul Esternaux hatte sich mit dem Problem der sinkenden Schülerzahlen auseinanderzusetzen und suchte nach Lösungen wie vor ihm Georg Schulze. Er fand sie an anderer Stelle.

Am 24. Dezember 1899 hatte Oskar Weissenfels, der Stellvertreter Georg Schulzes, im Berliner Lokal-Anzeiger einen Artikel veröffentlicht, in dem er den Schulreformern des anbrechenden Jahrhunderts empfahl, sich an der Struktur der Sprachenfolge am Französischen Gymnasium ein Beispiel zu nehmen. Denn die Befürworter des »Reform-Gymnasiums« traten ebenfalls für eine »Lebende Fremdsprache« als erste, dann für Latein als zweite und für Griechisch als dritte Sprache ein, nur mit dem Unterschied, daß Latein erst nach drei (und nicht wie am Collège nach zwei) und Griechisch nach fünf Jahren (und nicht nach vier) eingeführt wurde.

Die Zukunft der Schule lag nicht mehr in der Isolierung des Collège gegenüber der Organsisationsform aller übrigen altsprachlichen, neusprachlichen und mathematisch-naturwissenschaftlichen Gymnasien Berlins, sondern in der Anpassung! Dabei sollte das Kind nicht mit dem Bade ausgeschüttet werden, das Französische Gymnasium nicht durch Zurücktreten der Alten Sprachen und Betonung der »Lebenden Sprachen« und der mathematisch-naturwissenschaftlichen Fächer zu einem Realgymnasium werden, sondern unter behutsamer Angleichung an die Ziele der Reform-Gymnasien auf die Linie der Schulreformer einschwenken, als klar war, daß diese dem Beispiel des Collège nicht zu folgen vermochten. Schulze hatte diese Chance nicht mehr erkannt. 1910 stellte ihm die Schulbehörde ein erpresserisches Ultimatum, entweder solle er sich den Reform-Gymnasien anschließen und Latein in Untertertia sowie Griechisch in Untersecunda beginnen lassen, oder auf die staatlichen Zuschüsse verzichten. Das Protokoll der betreffenden Sitzung im Provinzial-Schulkollegium ist erhalten. Wir lesen darin: »Für den Fall, daß die Anstalt den bisherigen Lehrplan erhält, hat nach Meinung des Stadtschulrats Dr. Michaelis die Stadt Berlin an der Anstalt kein Interesse…«.

Schulze zögerte. Das Ende seiner Amtsperiode war gekommen, er wollte eine Entscheidung so weitreichender Bedeutung nicht mehr fällen. Aber kaum hatte sein Nachfolger Paul Esternaux Mitte 1912 sein Amt angetreten, machte er der Behörde Vorschläge für die Umgestaltung des Lehrplans. Er führte aus, die Schule sei durch den um ein Jahr vorzeitigen Beginn von Latein und Griechisch den sogenannten »Frankfurter Reform-Gymnasien« gegenüber derart isoliert, daß schon allein aus diesem Grunde viele Eltern Bedenken hätten, ihre Kinder dem Collège anzuvertrauen. Esternaux stellte den Antrag, das System der Sprachenfolge des Französischen Gymnasiums dem der Reform-Gymnasien anzupassen, um »einen möglichst ungehinderten Übergang von und zu anderen Anstalten … zu schaffen«.

Schon zu Beginn des Jahres 1913 erhält er grünes Licht für die Anpassung. Im März 1913 schreibt er in seinem ersten Rundschreiben an die Eltern: »Wiederholt ist unser … Collège sich wandelnden Formen der Organisation der höheren Schulen angepasst worden, ohne seine Eigenart zu verlieren. Wenn nun die jetzige Umwandlung diese Eigenart nicht nur erhält, sondern stärkt, so

Jens Hoffmann

Jens Hoffmann
(né le 6 mai 1907) Editeur
Le Collège devient un «Lycée pilote».

Jens Hoffmann entra à l'école primaire du Lycée Français en 1913, à l'âge de six ans. C'est au cours des trois années qu'il y passa que Paul Esternaux, Directeur du Lycée depuis le milieu de l'année 1912, aligna l'organisation de l'étude des langues au Collège sur celle des «lycées pilotes» de Francfort. C'était parfaitement compréhensible car, les langues étant étudiées dans le même ordre, il n'y avait qu'une seule différence: tandis qu'au Lycée Français on introduisait l'étude du latin dès la troisième année de scolarité, les lycées pilotes, eux, ne commençaient l'étude du latin qu'en quatrième année. Contrairement à son prédécesseur, Schulze, qui avait redouté dans cet alignement sur les autres lycées que le Collège perdît son originalité, Esternaux reconnut que l'avenir du Lycée Français ne consistait pas à se démarquer de la structure de tous les autres lycées de Berlin, mais bien au contraire à y adhérer. A partir de 1913 donc, l'étude du latin fut repoussée à la classe de Troisième, jusqu'à ce qu'on l'avance à nouveau à la classe de Quatrième, en 1937.

Jens Hoffmann fut reçu au baccalauréat à Pâques 1925 et étudia ensuite le droit. Il obtint son doctorat en 1928, à vingt-et-un ans, et reprit trois ans plus tard l'affaire paternelle, une entreprise familiale, dont il devait lui-même, environ cinquante ans plus tard, céder la direction à son fils.

Après la guerre, Hoffmann entra au Parti Démocrate Libéral (FDP), où il exerça des fonctions importantes. En 1963 la ville de Darmstadt le décora pour son action culturelle en tant qu'éditeur, en 1969 on lui décerna la Croix du Mérite fédéral de première classe. Jetant un regard en arrière, en 1985, Hoffmann déclare: «Je dois dire, tout à l'honneur de mon Ecole, qu'au cours des années que j'y passai, de 1913 à 1925, … aucun de mes professeurs n'a jamais tenté de nous faire maudire la France.»

dass unsere Schüler auch fernerhin ... sowohl in den Gebrauch einer der wichtigsten modernen Kultursprachen eingeführt werden, wie auch einen tieferen Einblick in die geistige Kultur unserer westlichen Nachbarn gewinnen..., so darf man hoffen, dass der Anstalt auch ein ihrem innneren Werte entsprechendes äusseres Wachstum beschieden werde.«

So schrieb Esternaux im Jahre von Jens Hoffmanns Einschulung an die Eltern, in diese Schule also wuchs Hoffmann hinein, und sie stand dank der Initiative und Umsicht von Esternaux nun nicht mehr im Abseits.

Oder etwa doch? – Ein Jahr vor Ausbruch des Ersten Weltkrieges lesen wir in dem Rundbrief des Direktors von der »geistigen Kultur unserer westlichen Nachbarn«, zu einer Zeit, als das Säbelrasseln immer lauter wurde. Hören wir dazu Jens Hoffmann: »Zur Ehre meiner Schule muß ich sagen, daß während der ganzen Jahre von 1913 bis 1925, auch in den Jahren des Krieges von 1914 bis 1918 keiner meiner Lehrer jemals versucht hat, Frankreich uns gegenüber zu verteufeln und ... als unseren ›Erzfeind‹ hinzustellen.« Im weiteren unterstreicht Hoffmann den kameradschaftlichen Geist im Französischen Gymnasium, der »trotz des damals bereits heraufziehenden Antisemitismus sowohl zwischen uns Schülern wie auch zwischen uns und den damaligen Lehrern« herrschte.

Jens Hoffmann schließt seinen Rückblick mit Bemerkungen zum deutsch-französischen Verhältnis: »Es ist schon ein Erfolg und eine Leistung, aus zwei ... Staaten, die sich in zwei verheerenden Weltkriegen gegenübergestanden haben, Freunde zu machen ... kein Zweifel..., daß die große Mehrzahl der Franzosen keine Animositäten gegen die Deutschen mehr hat und daß auch ein sehr großer Prozentsatz der Deutschen den Franzosen mit Sympathie gegenübersteht.« Dem schulischen Zusammenleben zwischen Deutschen und Franzosen, wie es am Französischen Gymnasium heute gepflegt wird, spricht Jens Hoffmann auf dem Wege von einem »Europa der Vaterländer« zu einem wahren »Vereinigten Europa« eine Schlüsselrolle für die kommenden Jahrzehnte zu. (Lit Nr. 519–523)

Karl Voß
Pädagoge
(geboren am 16. Mai 1907)
Politiker als Gäste am Französischen Gymnasium

Nach Kurt Levinstein, Walter Hübner, Ernst Lindenborn und Paul Hartig ist Karl Voß der fünfte bedeutende Lehrer des Französischen Gymnasiums im 20. Jahrhundert. In ihm begegnen wir der ersten Persönlichkeit, die auch bereits ein Kind dieses Jahrhunderts ist.

Karl Voß ist Berliner und ging in Berlin-Nordost zur Schule. Nach dem Abitur 1926 am Königstädtischen Realgymnasium studierte er neuere Sprachen und Geographie an der Berliner Friedrich-Wilhelms-Universität. Wie Paul Hartig ist er überzeugter Neuphilologe, und wie dieser kam er als Referendar ans Collège, wo er von 1933 bis 1934 sein zweites Referendarjahr absolvierte.

Voß schildert Beginn und Ende seiner Ausbildungszeit am Französischen Gymnasium mit folgenden Worten: »Im Jahre 1933 betrat der Studienreferendar ... mit Herzklopfen, aber auch nicht ohne Stolz, zu denen zu gehören, die an dieser prominenten Schule ausgebildet wurden, den dreistöckigen, kasernenähnlichen Ziegelbau ... und hier bestand er das Assessorexamen mit besonders kniffl ichen Lehrproben – eine »Hamlet«-Szene in Oberprima im zweiwochenstündigen fakultativen englischen Unterricht.« Nach dem Examen, wie damals üblich, wurde Karl Voß zunächst in der »Provinz«, nämlich in Potsdam, Luckau und Frankfurt/Oder beschäftigt, bevor er schließlich in den Berliner Schuldienst übergehen konnte.

Am 26. August 1939 wurde er eingezogen, machte den gesamten Zweiten Weltkrieg mit und geriet bei Kriegsende in amerikanische Gefangenschaft. Er wurde bald entlassen und ließ sich in dem von den Amerikanern besetzten Teil Thüringens nieder, wo er der SPD beitrat und in kürzester Zeit vom Studienrat zum Direktor aufrückte. Als die Amerikaner in Thüringen von den Russen abgelöst wurden, behielt Karl Voß seine Stellung bei, aber die Zwangsvereinigung der SPD mit der KPD zur SED fand nicht seine Zustimmung, und so ist er 1950 nach West-Berlin gekommen.

Kurt Levinstein, der Karl Voß während dessen Referendariats kennnengelernt hatte, holte den arbeitsuchenden Direktor-Kollegen auf Empfehlung des damaligen Hauptschulrats und späteren Stadtältesten von Berlin, Friedrich Krüger, ans Collège und betraute ihn mit dem in der Wiederaufbauphase der Schule wichtigsten Unterricht, nämlich dem Anfangsunterricht in Französisch.

45 Schüler hatte Karl Voß in seiner Sexta, 45 Minuten dauerte die Unterrichtsstunde, jeder einzelne Schüler ließ sich von dem temperamentvollen Unterrichtsstil des Lehrers mitreißen, jeder kam einmal, zweimal »dran«, jeder arbeitete mit, Einzelantworten wechselten sich ab mit Leseübungen im Chor, Grammatik mit Liedersingen, es wurde sogar übersetzt, Vokabeln wurden einsprachig erklärt und zweisprachig abgefragt, das Tempo war rasant, beim

Karl Voß
Pastell von Conrad Felixmüller 1948

Karl Voß
(né le 16 mai 1907) Pédagogue
Hommes politiques et invités de marque au Collège Français.

Après son baccalauréat, passé en 1926 au lycée moderne de Königsstadt, Karl Voß étudia les langues vivantes et la géographie à l'Université Friedrich-Wilhelm de Berlin. Comme Paul Hartig, il était un adepte convaincu de l'étude des langues vivantes et, comme lui, il fit sa deuxième année de stage (de 1933 à 1934) au séminaire d'études du Collège. Sa carrière de professeur commença, comme il était d'usage à l'époque, en province. De 1939 à 1945 Voß fut soldat. Après sa libération des camps de prisonniers américains, il s'établit dans la partie de la Thuringe occupée par les Américains, entra au SPD et, très vite, de professeur fut promu directeur.

Après la fusion imposée du SPD et du KPD qui donna naissance au SED, Voß revint à Berlin et au Lycée Français. Là, Kurt Levinstein lui confia l'organisation de l'enseignement du français pour les débutants. C'est en donnant le spectacle de l'enseignement du français en Sixième, sur la scène de la mairie, que Karl Voß attira en masse les parents et les élèves et qu'il contribua ainsi à redorer le blason du Lycée Français, après son transfert en secteur français. Le Président de la République Fédérale, Theodor Heuss, le Président du Conseil Georges Bidault, et bien d'autres hommes politiques rendirent visite, à cette époque, au Collège.

Au milieu des années soixante Voß fut promu professeur agrégé et devint Directeur du séminaire d'études de langues vivantes du Collège, récemment réinstauré et qu'il avait lui-même fréquenté autrefois. En 1960 on lui confia pour dix ans la direction de l'Ecole européenne du Luxembourg. En 1971, finalement, il mit en place l'Institut Goethe de Luxembourg, qu'il dirigea jusqu'en 1975. Ensuite il se fit remarquer en tant qu'écrivain de guides touristiques littéraires pour l'Allemagne, la France et l'Angleterre.

Karl Voß fut décoré, pour sa contribution aux relations germano-luxembourgeoises et franco-allemandes, de l'Ordre du Commandeur luxembourgeois, des Palmes académiques et de la Grand-Croix du Mérite fédéral.

Klingeln waren Schüler und Lehrer nicht etwa erschöpft, nein, abgeschlafft nur der Zuhörer, der als Hospitant dem Unterricht hatte beiwohnen dürfen.

Im Rückblick von 1984 sagt Voß über diesen Anfang: »Besonders beglückt haben mich damals die kleinen begabten Weddinger ›Schlüsselkinder‹ – Vater vermißt oder gefallen, Mutter geht arbeiten –, die dankbar waren, eine Schule besuchen zu dürfen, ›wo man so viel lernt‹.« In seiner Festansprache zur Eröffnung des neuen Schulgebäudes 1974 erinnert er sich an diese Jahre und sagt: »Schulbildung ist eine soziale Aufgabe, und das FG erfüllt diese Aufgabe. Die Schülerschaft des FG ist elitär, das ist kein Zweifel, aber elitär in ihrem selbstgewählten Bildungsanspruch. Der Erfolg einer Gesellschaftsordnung hängt davon ab, ob die Basis zur Bildung einer Spitze breit genug ist – breit im Sinne einer sozialen Schichtung. Wo Wissen ist, gibt es Gewissen und Verantwortungsgefühl den Mitmenschen und dem Staat gegenüber.«

Karl Voß war ein Glücksgriff für die Schule, er begründete ihren Ruf im Französischen Sektor neu, wohin die Schule 1947 übergesiedelt war, er zog die Schüler und Eltern in Scharen an, denn er gab auf der Rathausbühne Schauunterricht mit seiner Sexta, Schauunterricht für Interessenten aus allen Bevölkerungsschichten, und wenn schnell wieder doppelt und dreimal soviele Bewerber für die vorhandenen Schülerplätze zur Verfügung standen, so war das in erster Linie das Verdienst von Karl Voß.

Mitte der fünfziger Jahre rückte er zum Oberstudienrat auf und wurde Leiter des wieder neu eingerichteten neusprachlichen Studienseminars am Collège, das er selbst einst besucht hatte. Als Pädagoge blieb er aber in erster Linie den Schülern zugewandt. Er erreichte sie jetzt auch durch Artikel in der Schülerzeitung, etwa seinen Appell, »mit kühlem Herzen und klarem Verstand … durch Eure Einstellung zu unserer dunklen Vergangenheit moralisch wieder gut (zu) machen, was die ältere Generation dem deutschen Namen an Schaden zugefügt hat.«

1960 wurde er für ein Dezennium mit der Leitung der Europäischen Schule in Luxemburg betraut. Im Jahre 1971 richtete Voß schließlich das Luxemburger Goethe-Institut ein, das er bis 1975 leitete.

* * *

In dem Jahrzehnt der Tätigkeit von Voß am Französischen Gymnasium wurde die Schule von vielen bedeutenden Persönlichkeiten des öffentlichen Lebens besucht. Das Goldene Buch weist illustre Namen auf. 1955 kamen Bundespräsident Theodor Heuss und Paul-Henri Spaak, Präsident des Europarates; im Jahr zuvor hatte der französische Premierminister Georges Bidault die Schule besucht und im Lehrerkollegium eine Ansprache gehalten, in der er sagte:

»Je suis sûr que vous vous rendez compte … de ce qu'un éducateur peut faire quand il a devant lui, mélangés sur les bancs de sa classe, des Français et des Allemands: il peut faire comprendre les uns aux autres, expliquant l'Allemagne aux Français, la France aux Allemands… Ces deux peuples qui se sont souvent

méconnus ... qui sont l'un pour l'autre une sorte de mystère, nous devons faire en sorte qu'ils trouvent un chemin où ils s'engageront en commun vers la liberté, la paix, le travail, unissant leurs efforts pour un meilleur avenir.«

Kurz nach der Unterzeichnung des Verschmelzungsabkommens zwischen der Schule der französischen Besatzung und dem Französischen Gymnasium war Bidault gekommen und hatte das Ziel umrissen, das der neuen Schule gesetzt war.

Am dreißigsten Jahrestag der Verschmelzung, im Juni 1983, hielt Richard von Weizsäcker die Festrede und sagte darin, was sich wie eine Antwort auf die Worte Georges Bidaults ausnimmt:

»Dans l'histoire même du Collège Français, cette intensification de l'amitié franco-allemande a laissé ses traces: en avril 1953, le Général Demiau ... et Monsieur Ernst Reuter ... conclurent l'accord définissant jusqu'à nos jours la structure du Collège Français. L'objectif explicite de l'accord est une communauté de travail franco-allemande et un exemple de coopération féconde dans le domaine culturel. Trente ans plus tard, je nous félicite tous à Berlin de la réussite de ce projet. Le Collège Français est et reste un joyau de la vie pédagogique de Berlin et une démonstration de la communauté des valeurs culturelles qui unissent la France et l'Allemagne.«

Diesen Gedanken faßte der französische Staatspräsident François Mitterrand bei seinem Besuch des Französischen Gymnasiums am 11. Mai 1987 in einem Wort zusammen: *Ce lycée est unique au monde.*

Die gemeinsame deutsch-französische Schule ist auch das Thema von Karl Voß in seiner Festrede von 1974, wenn er sagt: »Um ein ideales deutsch-französisches Gymnasium zu schaffen, müssen alle Bemühungen unternommen werden, zwei Schulen mit Schülern aus zwei Ländern nebeneinander unter einem Dach durch eine Fusion zu einer einzigen Schule zu ersetzen. Das sollte das Hauptanliegen der kommenden Arbeit sein.« Damit hat Voß dem Collège das Ziel gewiesen, die Zeit der zwei Schulen unter einem Dach war vorbei, jetzt sollte die Zeit der »einzigen Schule« anbrechen.

Die fünfzehn Jahre zwischen der Eröffnung des neuen Schulgebäudes und dem dreihundertjährigen Schuljubiläum können betrachtet werden als die Jahre der schrittweisen praktischen Verwirklichung des Verschmelzungsabkommens. In pädagogischer Hinsicht ist die »einzige Schule«, von der Karl Voß 1974 sprach, heute jedenfalls so gut wie erreicht. –

1975 trat Voß in den Ruhestand. Nachdem er schon seit 1959 eine ganze Anzahl von Büchern aus dem Bereich der französischen und englischen Sprache und Kultur publiziert hatte, veröffentlichte er nun Reiseführer für Literaturfreunde, zunächst 1971 Frankreich, 1975 Paris, 1977 London, 1980 Berlin und 1984 England, 1986 Schottland...

Für seine Verdienste um die deutsch-luxemburgischen und deutsch-französischen Beziehungen wurde Voß mit dem luxemburgischen Kommandeursorden, mit den *Palmes Académiques* und dem Großen Bundesverdienstkreuz ausgezeichnet. (Lit. Nr. 524–530)

Henry Ehrmann
Politologe
(geboren am 10. März 1908)
Die Schülerselbstverwaltung

Heinrich Walter Ehrmann kam im Alter von vierzehn Jahren 1922 vom Bismarck- zum Französischen Gymnasium. 1986 kommentiert er diesen Schulwechsel und sagt, daß er die Umschulung als Vierzehnjähriger aus eigener Entscheidung vorgenommen habe, weil ihm die Atmosphäre des Bismarck-Gymnasiums unerträglich geworden und das Französische Gymnasium »mehr kosmopolitisch bekannt« gewesen sei. Wir begegnen seinem Namen zum ersten Mal im Jahresbericht von 1924, dort im Abschnitt über die Schülerselbstverwaltung. Lesen wir die Ausführungen von Bernhard Gaster!

»Mehr als vorher wurde es den Schülern überlassen, nach eigenem Ermessen die Schülerselbstverwaltung auszubauen, damit diese, losgelöst von der Leitung durch die Lehrerschaft, des Wortes eigene Bedeutung erfülle.« Wir erfahren, daß der Sexta, Quinta und Quarta je zwei Primaner als »Führer« zugeordnet wurden. Und dann heißt es weiter: »Die Schüler-Selbstverwaltung wurde bis zum Jahre 1923 von dem Abiturienten Friedmann und von dem Obersekundaner Ehrmann geleitet. Beide leiteten mit Eifer und Umsicht ein, daß zum Besten eines Hortes für arme Kinder täglich Frühstücksbrötchen gesammelt wurden, und zwar so, daß jeder Schüler soviel, wie er selbst zum Frühstück verzehrte, auch für den Kinderhort abgeben sollte. Auch eine Sammlung von alten Kleidungsstücken, Stiefeln, Wäsche wurde mit gutem Erfolg wiederholt durchgeführt.« Es ist deutlich, daß hier die soziale Verantwortung der Schüler angeregt wurde, offenbar aber auf Initiative weder des Kollegiums noch des Direktors, sondern einzelner Schüler.

Noch im Jahr 1923 hatte es im Jahresbericht geheißen: »Die Schülerselbstverwaltung trat wenig in Erscheinung. Doch nahmen sich die Schüler der Oberklassen der Aufrechterhaltung der Ordnung auf dem Schulhofe an. Die Selbstzucht der Schüler verdient im allgemeinen Lob.«

Als Ehrmann Präsident wurde, bekam die Schülerselbstverwaltung neue Aufgaben. Nun suchte sie sich offenkundig einen sozialen Auftrag. Die von Ehrmann initiierten Sammlungen für Kinder aus sozial benachteiligten Familien sprechen eine beredte Sprache. Ein Leitmotiv im Leben des Sozialdemokraten Ehrmann klingt zum ersten Male an. In den beiden Jahren bis zu seinem Abitur wurde er jedesmal wiedergewählt. Die Jahresberichte bringen jetzt keine Angaben zu den einzelnen Aktivitäten der Schüler mehr, aber sicher ist, daß Ehrmann sein »Sozialwerk« fortsetzte. In der Rückschau sagt er 1985: »In meiner Erinnerung waren diese Sammlungen nicht partei-weltanschaulich ausgerichtet ... (sondern bestimmt) für Notstände in den Berliner Arbeitervierteln etc.« Mit Wolfgang Friedmann, seinem Vorgänger, blieb Ehrmann sein Leben lang befreundet. »Ich habe ihm«, schreibt er 1984, »nach seinem tragischen Tod, eines meiner Bücher gewidmet.«

Ehrmann hat als *Primus* seiner Klasse 1926 die Abschiedsrede der Abiturienten gehalten. Der Wortlaut ist verloren, aber an das Thema erinnert sich Ehrmann noch sechzig Jahre danach. Er schreibt: »Thema (das weiss ich noch): Platos Lehre von den Philosophen als Staatsmännern – als Ideal unserer Erziehung und Zukunft.« Ehrmann hat in seiner Rede Kurt Levinstein und zwei weitere Lehrer als wichtige Erzieher seiner Klasse herausgestellt – und wurde deshalb nachher gerügt, weil darin eine Kritik an den übrigen erblickt werden konnte!

Ehrmann legte sein Abitur zu Ostern 1926 ab und studierte dann Jura in Berlin. Sein rechtswissenschaftliches Studium schloß er bereits nach der Mindestzeit von sechs Semestern mit dem Staatsexamen ab. Danach ging er nach Freiburg, wo er 1932 promoviert wurde. Aber 1930 kam er in den Weihnachtsferien nach Berlin zurück und führte am Collège einen Märchenabend für Schüler der Unterklassen durch.

* * *

Gleich nach dem Abitur war Ehrmann der Sozialistischen Arbeiterjugend beigetreten; mit 19 Jahren ist er Mitglied der Sozialdemokratischen Partei, mit 24 sucht er Anschluß an eine Gruppe enttäuschter Sozialdemokraten und aus ihrer Partei ausgeschlossener Kommunisten. Dies geschah bereits unter dem Eindruck des Emporkommens der Nationalsozialisten, nach deren »Machtergreifung« Ehrmann am Widerstand teilnimmt. Im November 1933 wird er in »Schutzhaft« genommen.

Während seines Aufenthalts im Konzentrationslager Oranienburg wurde er geschlagen, er sollte der Gestapo die Namen seiner Mitarbeiter verraten. In einem Interview sagt er 1985: *But I remembered reading an old book about Russian underground. It said that it's better to tell nothing. If you give them a little, then they put harder pressure on you to give them a little more, and a little more.* Nach einem Vierteljahr wurde Ehrmann unter der Bedingung entlassen, kein Sterbenswörtchen von der Behandlung zu sagen, die er erfahren hatte. Seine Verletzungen sprachen ohnehin eine deutliche Sprache. In der Straßenbahn nahm er jedesmal seinen Hut ab, die Mitfahrenden sahen seinen kahlgeschorenen Kopf – und wendeten sich schnell ab. *People saw*, sagt Ehrmann, *and they arranged not to have seen.*

Ehrmann setzt sich bald nach seiner Entlassung über die tiefverschneiten Sudeten auf Skiern in die Tschechoslowakei ab und geht von dort nach Frankreich, wo er eine führende Rolle in der Auslandsleitung der Gruppe »Neu Beginnen« übernimmt. Er wird Journalist, arbeitet an der »Zeitschrift für Sozialismus« mit und publiziert in sozialistischen Zeitschriften in der Schweiz, in Österreich, Holland und Norwegen. Nach dem Einmarsch der deutschen Truppen in Frankreich wird Henri Ehrmann interniert, kann sich aber auslösen und flieht über Spanien nach Portugal und von dort im Herbst 1940 in die Vereinigten Staaten. Hier baut er sich eine Universitätskarriere auf dem Gebiet

Henry Ehrmann

Henry Ehrmann
(né le 10 mars 1908) Politologue
La gestion autonome des élèves.

Heinrich Walter Ehrmann entra à 14 ans, en 1922, au Lycée Français; il venait du Lycée Bismarck. A partir de 1923 il dirigea l'organisme de gestion autonome des élèves, qui jusqu'à ce jour, était chargé de problèmes de discipline. Lorsque Ehrmann prit celui-ci en mains, il se donna de nouveaux buts. Le bureau des représentants des élèves se chercha désormais une mission sociale, comme le prouvent, par exemple, les collectes au bénéfice des enfants provenant de milieux défavorisés, faites à l'instigation de Ehrmann.

A Pâques 1926, Henry Ehrmann obtint son baccalauréat, puis il étudia le droit à Berlin. En 1932 il passa son doctorat à Fribourg. En novembre 1933, en tant qu'ancien membre du SPD, il fut mis en «détention préventive». Lorsque, trois mois plus tard, il fut libéré du camp de concentration d'Oranienburg, il rejoignit la France en passant par la Tchéchoslovaquie; il y joua un rôle important dans la section étrangère du groupe «Re-Commencer». Il devient journaliste, travaille au «Journal pour le Socialisme» et écrit des articles pour des journaux socialistes de Suisse, d'Autriche, de Hollande et de Norvège. Après l'entrée des troupes allemandes en France, Henry Ehrmann est interné, arrive cependant à s'évader et s'enfuit, par l'Espagne et le Portugal, aux Etats-Unis.

En 1947 Henry Ehrmann devint Professeur à l'Université du Colorado, puis au Dartmouth College. Il occupa des postes de Professeur associé dans plusieurs Universités de l'ouest des Etats-Unis, au Canada, en Allemagne et en France. Il enseigna à la Sorbonne, aussi bien qu'à l'Université Libre de Berlin. L'Université de Mannheim lui décerna le titre de Docteur honoris causa, la France le décora des Palmes académiques.

En 1985 Ehrmann fit partie des anciens Elèves du Collège invités par le Maire-Gouverneur de Berlin dans leur ville natale, à l'occasion du trois-centième anniversaire de l'Edit de Potsdam.

der Politischen Wissenschaften auf. Während des Krieges wirkt er als Berater der amerikanischen Regierung in deutschen Kriegsgefangenenlagern.

1947 wurde Ehrmann Professor an der Universität von Colorado, später am *Dartmouth College*, einem der berühmten *Ivy League Colleges* in Amerika. Er übernimmt Gastprofessuren, die ihn nach Kanada führen und immer wieder nach Deutschland und Frankreich. Er lehrt an der *Sorbonne* ebenso wie an der Freien Universität Berlin; die Universität Mannheim macht ihn zum Ehrendoktor, und Frankreich nimmt ihn in den Orden der *Palmes Académiques* auf. 1962 hat er das Eröffnungsreferat am Berliner Otto-Suhr-Institut gehalten und 1964 im Auftrag des damaligen Regierenden Bürgermeisters Willy Brandt in Berlin eine umfangreiche Untersuchung über den Unterricht in Politischer Weltkunde an den Berliner Schulen durchgeführt.

Im Rückblick schreibt Henry Ehrmann am 15. November 1983: »Daß für mich das FG beruflich und persönlich ›bestimmend‹ gewesen ist, darüber gibt es gar keinen Zweifel... Als ich 1934 nach einem schlimmen Konzentrationslager-Aufenthalt das ›Weite‹ suchte, ging ich natürlich nach Frankreich und baute mir dort mit ›Frankreichberichten‹ eine journalistische Existenz auf, die dann prompt wieder zerstört wurde, als die Nazis in Paris einzogen. Aber in den USA wurde ich schnell zum ›Frankreichspezialisten‹ und bin es geblieben... Was sonst für mich vom FG geblieben ist? Eine harte, d.h. schwere Schule, wo man arbeiten lernte. Eine humanistische Schulung, wo man früh, in den Geschichts- und Altsprachenklassen, den philosophischen Arbeitsgemeinschaften etwas von Werten hörte und sich mit ihnen auseinandersetzen mußte... Ohne romantisch vergoldete Jugendsentimentalität: Wir hatten es gut in jenen Jahren, die zu den trübsten in der deutschen Geschichte gehörten und die noch katastrophaleren Ereignissen den Weg bahnten. Aber für diejenigen, die die Katastrophen überlebten, waren und sind jene »Bildungsjahre« am Berliner Reichstagsufer eine Quelle der Ermutigung zum immer-wieder-Neuanfangen, das meiner Generation auferlegt war, denen in Deutschland ebenso wie denen in der Emigration.«

Der Senat von Berlin hat die Emigranten anläßlich des dreihundertsten Jahrestages des Edikts von Potsdam im Herbst 1985 für ein Woche nach Berlin eingeladen. Hier haben sie ihre überlebenden Klassenkameraden wiedergesehen, die in Deutschland geblieben waren. Ehrmann war dabei.

Die Reihe von Ehrmanns Publikationen ist lang. Besonders am Herzen liegt ihm sein Buch *Politics in France*, das auch ins Deutsche übersetzt wurde, und bis 1982 vier Auflagen erreicht hatte. Hervorgegangen ist das Buch aus einer einjährigen Gastvorlesung an der *Sorbonne* über das Thema: *Le système politique français*. Es ist eine Gesamtanalyse der politischen Ordnung in Frankreich bis zu Giscard d'Estaing und François Mitterrand. Als Ehrmann 1975 von seiner Gastvorlesung an der *Sorbonne* berichtet, fügt er hinzu: »Ein Kuriosum, ein solches Thema von einem Ausländer behandeln zu lassen. Aber ist ein Kollegianer, selbst wenn er die amerikanische Staatsangehörigkeit hat, wirklich ein ›Ausländer‹ in Frankreich?« (Lit. Nr. 405, 531–535)

Sigismund von Braun
Diplomat
(geboren am 15. April 1911)
Das Wilhelms-Gymnasium geht im Collège auf

Sigismund von Braun war von seinem Vater, dem späteren Reichsminister Magnus Freiherr von Braun, zunächst am Wilhelms-Gymnasium angemeldet worden. Diese Schule, 1861 gegründet, war bald nach dem Ende des Ersten Weltkrieges wegen der dort gepflegten royalistischen Gesinnung ins Kreuzfeuer der republikanischen Kritik geraten. Kurz nach von Brauns Aufnahme in die Sexta war die Auflösung der Schule beschlossene Sache. Das Schulgebäude mußte geräumt werden, die Klassen wurden zum Französischen Gymnasium überführt, das, wie wir sahen, durch schwindende Schülerzahlen ein genügend großes Raumangebot machen konnte.

Nicht alle »Wilhelmiten« allerdings nahmen am Umzug teil. Wem die Schule nicht deutschnational genug, wem sie zu frankophil erschien, der wählte andere Gymnasien. Die Eltern von Braun hatten gegen den Übergang nichts einzuwenden, im Gegenteil. Die Parallelklassen der beiden Schulen wurden ab 1922, als Sigismund von Braun Quintaner war, allmählich und von Fach zu Fach und von Klasse zu Klasse zu unterschiedlichen Terminen fusioniert. Dies geschah zunächst in den in deutscher Sprache unterrichteten Fächern. Bevor die Fusion auch die übrigen erreichte, mußten die »Wilhelmiten« ihre Lücken in Französisch aufgefüllt haben – oder abgehen. Die sprachlich und wohl auch intellektuell Leistungsfähigsten aber blieben da. Von Brauns Klasse bestand aus 13 Schülern. Sie ging 1923 in der Parallelklasse des Französischen Gymnasiums auf, und so datiert Sigismund von Braun den Beginn seines Schulbesuchs am Französischen Gymnasium auf das Jahr 1923, ab Quarta.

Magnus von Braun meldete auch seinen zweiten Sohn Wernher, am 23. März 1912 geboren, am Französichen Gymnasium an, diesen bereits ab Sexta. Vier Jahre später hatte Wernher allerdings die Schule schon wieder verlassen, wie es in seiner Biographie heißt, wegen schlechter Leistungen in Mathematik!

Dem Namen Sigismund von Braun begegnen wir in den Jahresberichten aus der Zeit seines Schulbesuchs auf der Oberstufe mehrmals. In der Schülerselbstverwaltung wurde er der Nachfolger von Heinrich Ehrmann. In dieser Funktion organisierte er das Winterfest von 1929, bei dem die Hochzeit des Figaro von Beaumarchais zur Aufführung kam.

Schon im Jahre davor, von Braun besuchte die Unterprima, hatte er Theater gespielt. Er wirkte an der Schulaufführung des *Georges Dandin* von Molière mit, Höhepunkt des Winterfestes von 1928.

Im gleichen Jahr gehörte Sigismund von Braun zu den 25 von 43 Schülern der Oberklassen, die Preisarbeiten zum *Prix Monod* vorlegten, er erhielt eine der fünf *mentions honorables.*

Im Jahre seines Abiturs wurde Sigismund von Braun ein Buchpreis verlie-

Sigismund und Wernher von Braun
1925 als Schüler des Französischen Gymnasiums

Sigismund von Braun
(né le 15 avril 1911) Diplomate
Le Wilhelms-Gymnasium est fusionné avec le Collège Français.

Sigismund von Braun fréquenta, ainsi que son frère Wernher, le Lycée Français. Mais tandis que ce dernier quittait l'Ecole au bout de quatre ans, à cause de mauvais résultats en mathématiques, – c'est ce que dit sa biographie –, Sigismund y effectua sa scolarité complète sans problèmes et obtint en 1929 le baccalauréat. Von Braun avait été d'abord inscrit au Wilhelmsgymnasium qui, peu de temps après, fut dissous à cause des tendances monarchistes qui y régnaient et intégré au Lycée Français. Les classes parallèles des deux établissements furent, à l'époque de la scolarité de von Braun, fusionnées d'abord dans les matières enseignées en allemand, puis dans les autres matières. En 1925 la fusion totale était réalisée. Sigismund von Braun était donc devenu, au plus tard en Quatrième, élève du Lycée Français. Lors de la remise des diplômes du baccalauréat, il reçut une des «mentions honorables» du Prix Monod.

Après le baccalauréat, Sigismund von Braun étudia le droit et l'économie politique à Berlin et à Hambourg et, en même temps, effectua un stage de formation dans une banque. En 1933 il fit un échange d'un an, comme étudiant, à Cincinnati dans l'Ohio (USA). Son voyage de retour le ramena en Europe en passant par le Japon et la Chine, la Mandchourie, la Corée, l'Indochine et l'Inde. Durant la guerre, Sigismund von Braun fut diplomate allemand à l'étranger. Il fut d'abord Consul à Addis-Abeba, en 1943 il travailla à l'Ambassade auprès du Saint-Siège. Après avoir occupé quelques emplois dans le monde de l'économie, il revint, en 1953, au Ministère des Affaires étrangères. En 1968 Sigismund von Braun fut nommé Ambassadeur de la République Fédérale à Paris. Il dira: «...ce fut pour moi l'accomplissement d'un rêve jamais exprimé, mais toujours carressé en silence. Ce que j'avais appris à l'école pouvait enfin être pleinement exploité et valorisé. A Paris, je me sentais chez moi, les problèmes quotidiens s'inséraient facilement dans l'Histoire et/ou ramenaient à elle, on avait sur eux un point de vue qui permettait des relations plus exactes et plus proches.»

Sigismund von Braun fut décoré, pour son activité, couronnée de succès, au service du rapprochement des deux pays, de la Croix du Mérite avec étoile par la République Fédérale, et fut nommé par la France Grand Officier de la Légion d'Honneur.

hen, den die Eltern des im Vorjahr verstorbenen Schülers Ludwig Illch gestiftet hatten.

Bei seinem Abitur zu Ostern 1929 hielt er die deutschsprachige Abiturientenrede. Seit der Aufnahme der »Wilhelmiten« war es üblich geworden, daß bei der Entlassung der Abiturienten ein ehemaliger Sextaner des Collège seine Rede auf französisch und ein ehemaliger Schüler des Wilhelms-Gymnasiums die seine auf deutsch hielt.

Der Wortlaut der Rede hat sich erhalten. Hier ein Auszug:

»Wir sind unserer Schule umso dankbarer, als wir in einer Zeit geboren worden sind, in der das ganze Leben sehr stark auf praktische Dinge eingestellt ist.... Es war für uns doppelt wertvoll, die wichtigsten Jahre unseres Lebens in einer Umgebung verlebt zu haben, in der nicht das Materielle, sondern das Geistige an erster Stelle steht ... Auf dem humanistischen Gymnasium haben wir gelernt, die Ideale des Griechen- und Römertums zu verstehen und zu würdigen. Das römische Ideal der Unterordnung des Einzelnen unter die Gesamtheit und das griechische der Entfaltung der Persönlichkeit ... Aus dieser großen Vergangenheit heraus wollen wir den Gedanken in unser Leben mit hinübernehmen, daß in dem geordneten Staatswesen der Einzelne sich dem Ganzen unterzuordnen hat, sein Leben ganz in den Dienst der Allgemeinheit stellen muß. Wir wollen aus dem hellenischen Ideal den Glauben entnehmen, daß nur ein solches Staatswesen gedeihen wird, unter dessen Schutz die Persönlichkeit sich entfalten kann.«

Damit ist der Rahmen für den Lebensweg eines Politikers und Diplomaten, des liberalen Demokraten Sigismund von Braun abgesteckt.

* * *

In von Brauns Biographie heißt es: »Anschließend studierte er in Berlin und Hamburg Rechtswissenschaften und Nationalökonomie und absolvierte gleichzeitig in Hamburg eine Banklehre. 1932 bestand er das Referendarexamen und ging ... 1933 als Austauschstudent ein Jahr nach Cincinnatti/Ohio. Die Heimreise führte ihn – mit zweihundert Dollar in der Tasche – über Japan und China, die Mandschurei, Korea, Indochina und Indien wieder nach Europa zurück.«

Sigismund von Braun verbrachte den Krieg als deutscher Diplomat im Ausland. Zunächst war er deutscher Konsul in Addis Abeba, dann wurde er in Kenia interniert. 1943 ausgetauscht, kam er zur Botschaft am Heiligen Stuhl, die damals von Ernst von Weizsäcker geleitet wurde. Sigismund von Braun wurde bei den Nürnberger Prozessen als Verteidiger für seinen ehemaligen Chef zugelassen. Nach Zwischenstationen in der Wirtschaft fand von Braun 1953 in den Auswärtigen Dienst zurück.

In einer Retrospektive schreibt er am 2. Februar 1984: »Ich kam in das FG 1923, meine Eltern wohnten damals in Berlin, und habe dort 1929 das Abitur gemacht. Wir spielten Molière etc. im Schultheater, ich war Clitandre oder

Georges Dandin, die französische Literatur war mir vertraut. Ins Auswärtige Amt bin ich nach dem Referendar und einem Jahr Austauschstudent in den USA und einer Weltreise 1936 eingetreten, wohl deswegen, weil ich auf dieser Reise mit Vertretern dieses Berufs – auch aus anderen Ländern – zusammengetroffen war und dabei bemerkt hatte, wie wichtig es für uns Deutsche war und ist, sich mit der Geschichte, den Problemen, der Politik, der inneren Entwicklung anderer Länder vertraut zu machen, auch zu sehen, wie unser eigenes Volk dort angesehen wird. Wegen meiner Schulzeit im FG wurde ich als ersten Auslandsposten als Attaché nach Paris versetzt, zu einer Zeit, als die Welt vor Hitler den Atem anhielt, und ich habe die Zeit genutzt, mich mit den inneren Verhältnissen Frankreichs unter der damaligen Regierung des Front Populaire (Léon Blum) vertraut zu machen. Nichts hat mir dabei besser geholfen als die Schule im FG, in dem wir uns ja nicht nur mit Literatur, sondern auch mit der Geschichte Frankreichs intensiv beschäftigt hatten. Während des Krieges und in den ersten Nachkriegsjahren war ich dann an anderen Posten, ohne je zu vergessen, was Frankreich für mich bedeutet hatte und noch bedeutete. Als dann 1968 – nach Jahren in London, Bonn (als Protokollchef) und als Botschafter bei den Vereinten Nationen – meine Ernennung zum Botschafter in Paris erfolgte, war das für mich die Erfüllung eines nie ausgesprochenen, und doch in der Stille gehegten Traumwunsches. Was ich in der Schule gelernt hatte, konnte vollauf ausgenutzt und verwertet werden. In Paris fühlte ich mich wohl am Orte, die Tagesprobleme ließen sich leichter in die Geschichte einordnen und/oder auf sie zurückführen, man sah sie in vielleicht nicht immer richtigen, aber doch annähernd zutreffenden Relationen. Frankreich ist für uns ein wichtiger, vielleicht der wichtigste Partner, zum mindesten der wichtigste auf dem europäischen Kontinent. Wir haben einen Konsultationsvertrag von weitausreichender Bedeutung, aber wir haben auch Schwierigkeiten. Sie rühren daher, daß unsere beiden Völker ihre Kulturen, beide christlich und traditionell von Rom abstammend, nicht miteinander, sondern über lange Zeiträume hinweg gegeneinander entwickelt haben, jeder bestrebt, wie de Gaulle es einmal formulierte, ›Europa auf Kosten des anderen zu machen‹. Unsere Staaten sind nach völlig verschiedenen Grundsätzen errichtet worden, hie Freiheit und Föderalismus, dort Staatszentralismus. Die Kenntnisse des anderen sind auf beiden Seiten vollkommen unzureichend, die Sprache des anderen wird nur unvollkommen gelehrt und verstanden, beide Völker leiden unter diesen Mängeln. Und doch sind wir aufeinander angewiesen, keiner von uns, weder die Deutschen noch die Franzosen, können ihre Geltung in der Welt allein behaupten, wir müssen einander gute Partner sein. Unsere Probleme sind die gleichen – Arbeitslosigkeit, rückständige Technologien, Zurückfallen im Vergleich zu Neuankömmlingen in der Welt; wir können all diesen Dingen und Entwicklungen viel besser gemeinsam als allein entgegenwirken. Frankreich und Deutschland sind heute eine europäische Gemeinschaft. All dieses – und mehr – zu sehen und daran mitzuarbeiten, hat mir das Französische Gymnasium entscheidend geholfen, und ich denke noch heute voll Dankbarkeit an meine Schuljahre dort zurück.«

Am 15. November 1986 hielt Sigismund von Braun in der Aula des Französischen Gymnasiums anläßlich des hundertjährigen Jubiläums des Collegianervereins den Festvortrag. Er wählte das Thema: »Deutschland – Frankreich, Rückblick, Gegenwart, Ausblick«. Der Vortrag liegt in anderer Fassung gedruckt vor. Vor der Stresemann-Gesellschaft in Bonn verwies von Braun in der Einleitung 1985 auf das Edikt von Potsdam und sagte: »Diesem Edikt verdanke ich die Entstehung meiner Schule, des Französischen Gymnasiums in Berlin, das mein ganzes Leben bestimmt hat und dem ich mein Interesse an den französischen Umständen und eine gewisse Kenntnis davon verdanke.«

In der Aula des Französischen Gymnasiums schloß Sigismund von Braun seinen Vortrag mit folgenden Worten: »Auf Sie, *chers collégiens,* kommt ... eine große Aufgabe zu. Sie gehören zu den wenigen privilegierten Deutschen, die die französische Denkweise kennen. Nutzen sie das! Und bedenken Sie dabei, daß das, was die beiden Völker eint, viel stärker ist, als was sie trennt.«

Sigismund von Braun ist Träger des Bundesverdienstkreuzes mit Stern, des Großkreuzes des französischen *Ordre du mérite,* er ist *Grand Officier de la Légion d'honneur.* (Lit. Nr. 536–542)

Eduardo Florsheim
Kaufmann
(geboren am 25. Dezember 1911)
Wanderfahrten als Ergänzung des Unterrichts

Eduard Flörsheim kam 1920 ans Französische Gymnasium. Er sagt in einem seiner Briefe: »Meinem ›Zeugnis der Reife‹ zufolge bestand ich das Abitur am 16. März 1931, ›war 10 Jahre auf dem Gymnasium und zwar zwei Jahre in der Prima‹. Die Secunda hat mich festgehalten, ich verbrachte widerwillig 2 Jahre in der U II. Aber von diesen 10 Jahren Gymnasium war ich auch noch auf der Vorschule gewesen, etwas weniger als ein Jahr. Die Vorschule wurde dann aufgelöst. Zur gleichen Zeit wurde das Wilhelms-Gymnasium geschlossen und den Schülern nahegelegt, sich dem Französischen Gymnasium einzufügen.

Ich erinnere mich, als ich in der Sexta war, wie es täglich zu Keilereien kam während der großen Pause zwischen den »Lackstiefeln« und den »Franzosen« ... Irgendwie haben diese Fehden sich eingerenkt, und die Lackstiefel gingen zu anderen Gymnasien oder lebten sich in das Französische Gymnasium ein ... nach einigen Monaten wußte niemand mehr, wer ein ehemaliger Lackstiefel war.«

In den Jahren von Eduard Flörsheims Schulbesuch wurden zur Ergänzung des Unterrichts in den Oster-, den Pfingst- und den Sommerferien ausgedehnte Wanderfahrten unternommen, zu Fuß, per Rad und im Ruderboot. Flörsheim hat an allen teilgenommen. Er erinnert sich: »So sahen wir im April 1928 auf einer Fahrrad-Tour, unter anderem, Nördlingen, Rothenburg, Schwäbisch Hall und viele andere malerische Städtchen. Im selben Jahr nahm ich teil an einer Rudertour. Wir verfrachteten die Boote in Wannsee und fanden sie wieder vor in Dattelbach, von wo wir langsam den Main hinunter ruderten, durch Würzburg bis nach Frankfurt. 1929 wurde wieder eine Radtour organisiert, ebenfalls durch Süddeutschland, und ich erinnere mich an das Fichtelgebirge und an München. Ich nahm auch teil an anderen, kürzeren Ausflügen an die märkischen und Mecklenburger Seen, nach Schloß Rheinsberg, nach Weimar.«

Nur eine Wanderfahrt hat er versäumt. Die Sommerferien sollten dazu benutzt werden, um an die masurischen Seen zu reisen, mit Ruderbooten und Zelten. Aber statt dessen ging er nach Paris, um an der *Sorbonne* einen Sommerkurs für Ausländer zu belegen. »Leider« – sagt er 1984 –, denn nach Paris »kann man heute leicht kommen, aber die masurischen Seen sind so gut wie verschwunden.« Und er fährt fort: »Bei allen diesen Reisen haben wir Kinder der Großstadt Herrliches zu sehen bekommen: Kathedralen und Schlösser, Gebirge und Parks, Klöster und Wälder. Vieles lernten wir damals ohne es zu spüren: Geschichte, Geographie, Architektur und so vieles anderes ... Auf den Wanderungen wurde uns von den Lehrern, die uns begleiteten, viel politische und Kunstgeschichte beigebracht, aber das beschränkte sich auf Altertum und Mittelalter, von Renaissance war selten die Rede ... meine Interessen sind bis

Eduardo Florsheim
Zeichnung von Winfried Krüger
nach einer Photographie

Eduardo Florsheim
(né le 25 décembre 1911) Homme d'affaires
Des excursions complètent l'enseignement.

Eduard Flörsheim arriva au Lycée Français en 1920. Durant sa scolarité furent instaurées, en complément de l'enseignement, des excursions d'assez longue durée, à pied, en vélo et en bateau à rames, pendant les vacances de Pâques, de Pentecôte et les grandes vacances. Flörsheim y a participé régulièrement et se souvient dans ses lettres: «Au cours de tous ces voyages, nous, enfants de la grande ville, avons pu voir des choses merveilleuses: des cathédrales et des châteaux, des montagnes et des parcs, des cloîtres et des forêts. Nous apprenions beaucoup à l'époque, sans nous en douter: l'histoire, la géographie, l'architecture et bien d'autres choses encore… Tout ce que nous avons vu lors de ces voyages, nous a donné, pour le reste de notre vie, motivations et idées.» En ce qui concerne l'enseignement lui-même, Flörsheim s'exprime de la façon suivante: «… nous reçûmes une formation complète, on nous convainquait, d'une quelconque façon, que l'on devait étudier sa vie durant. En cela les professeurs naturellement nous aidaient; ils étaient nos amis et nous avions toute confiance en eux.»

Ayant passé son baccalauréat, en 1931, Flörsheim déclara qu'il voulait être homme d'affaires. Il s'inscrivit au Parti Démocratique, qui comptait parmi les ennemis du parti de Hitler. Ce n'est qu'en s'enfuyant précipitamment, en 1933, qu'il put éviter d'être arrêté. Jusqu'en 1935 il vécut à Paris. Lorsque son permis de séjour provisoire ne fut pas prorogé, il partit pour le Brésil, en passant par Naples. Là il entra dans une entreprise d'exportation de coton, en devint cinq ans plus tard le Directeur adjoint et, cinq ans après encore, Directeur. En 1955 il devint Président d'une entreprise américaine de coton et en 1970 se mit à son compte.

Le 27 décembre 1980 il résuma l'impression qu'il avait conservée du Lycée Français en une phrase: «Toute ma vie j'ai puisé dans les trésors que j'avais accumulés au Lycée Français.»

heute abgegrenzt. Oft bin ich in Rom gewesen ... sollten Sie einen Führer brauchen, um Ihnen das Forum Romanum zu erklären, so stehe ich Ihnen gerne zur Verfügung ...«

Flörsheim faßt zusammen: »Was wir dort auf diesen Reisen alles gesehen und gelernt haben, hat uns ... für den Rest des Lebens mit Anregungen und Gedanken versorgt. Mit den Fahrrädern waren wir meist in Süddeutschland, mit den Booten in der Mark Brandenburg und Mecklenburg, aber auch einmal auf dem Main. Wir schliefen in Jugendherbergen und, bei Ruderfahrten, meist in Zelten. Alles wurde uns auf interessante Art erklärt, Limes, Romantik, Gothik, Kirchen, Burgen, Landschaften. Wir hatten eine herrliche Zeit.«

Diese lebhafte Reisetätigkeit zieht sich wie ein roter Faden auch durch die Jahresberichte. Jedes Jahr ist ein besonderer Abschnitt dem Ruderverein gewidmet. Im Winter gab es Kastenrudern, im Sommer war der Samstagnachmittag dem Rudertraining vorbehalten, fast alle Sonn- und Feiertage wurden für Tagesausflüge genutzt, und in den Oster-, Sommer- und Herbstferien gab es manchmal wochenlange Ruderfahrten. Nach dem Kriege hatte die Ruderriege zunächst nur drei, dann vier, schließlich sechs Boote zur Verfügung. Jeweils im Herbst traten der Ruderriege neue Mitglieder aus der Obertertia bei, die dann im folgenden Jahr als Secundaner zum erstenmal auf Fahrt gingen. »Vorsitzender« war immer ein Schüler der Oberprima, im Jahre 1931 war es Eduard Flörsheim, der aber auch an den Radtouren und Fußwanderungen teilnahm und 1929 sogar während der großen Ferien mit anderen Kameraden in Warnemünde einen Fluglehrgang absolvierte.

Vom eigentlichen Unterricht ist in Flörsheims Briefen relativ wenig die Rede. Aber er schreibt, daß er noch als alter Mann Tacitus und Plinius liest, erinnert sich an die erste Französischstunde, in der Ernst Gerstenberg eine Spielzeug-Lokomotive aus der Schublade holte und sie den Schülern – ohne ein deutsches Wort – Stück für Stück erklärte. In seinem Brief faßt er zusammen:

»Der Unterricht, soweit ich mich erinnere, hatte den Akzent auf dem Griechischen und Lateinischen ... aber ... nicht nur Französisch, Griechisch und Latein, sondern auch Mathematik wurde gründlich unterrichtet, und wir bekamen eine abgerundete Bildung. Uns wurde eingebleut – wie, weiß ich nicht, – daß wir nichts wußten, und man überzeugte uns irgendwie, daß man sein ganzes Leben lang studieren muß. Und dabei halfen natürlich die Lehrer, welche unsere Freunde waren und unser Vertrauen genossen.« –

Aber noch viel mehr wert waren in seinen Augen »die Interessen, die durch den Unterricht erweckt wurden ... Meine Interessen sind die Geschichte, Mathematik und Architektur, und für diese und verwandte Gebiete hat mir das FG die Basis gegeben ... Soetwas haben die Kinder hier nicht, und ich bedauere sie sehr darum.« Flörsheim kommt dann auf das Französische zu sprechen und sagt: »Ich lese etwas, spreche fast nie, aber sowie ich nach Frankreich komme, kommt alles, was ich im FG gelernt habe, zum Vorschein.«

* * *

Beim Abitur gab Flörsheim an, daß er Kaufmann werden wollte. Aber es waren ihm nur noch zwei Jahre für seine Ausbildung in Deutschland vergönnt. Er war Mitglied der Deutschen Demokratischen Partei und gehörte zu den Gegnern der Hitler-Partei. Wegen anti-nationalsozialistischer Tätigkeit denunziert, kam er seiner Verhaftung durch schnelle Flucht zuvor. Er schreibt: »Am 31. März 1933 traf ich einen Freund meines Vaters auf dem Bahnhof Hirschberg im Riesengebirge, mit einem einzigen Paar Ski für uns beide. Es war alles tief verschneit, und niemand kümmerte sich darum, ob wir ein ganzes oder ein halbes Paar Ski trugen. Wir wurden einmal angehalten, Paß- und Devisenkontrolle, aber die Polizisten interessierten sich nicht für uns. Ich ... ging ... nach Prag und am folgenden Tag nach Paris, wo ich leicht eine Stellung fand. Nach drei Monaten wurde mir die Arbeitserlaubnis entzogen, aber ich fand wieder schnell eine andere Stellung, wo ich »schwarz« arbeitete. Eines Tages wurde mir mitgeteilt, daß meine provisorische Aufenthalts-Genehmigung nicht verlängert werden würde, und so mußte ich Frankreich verlassen. Wohin? Es war 1935 keine leichte Zeit für stellungslose Emigranten ... Ich ... fuhr nach Neapel, begleitet von Warnungen, ich würde verhungern. Ich kam, sah – und hatte eine Stellung am nächsten Tag ... Aber das Paradies Neapel begann, sich mit Truppen zu füllen, und plötzlich sah es wie eine große Kaserne aus ...«

Eduard Flörsheim ging nach Brasilien, das damals bereit war, Einwanderer aufzunehmen. Er trat in eine Baumwoll-Exportfirma ein, wurde schon fünf Jahre später stellvertretender Geschäftsführer, dann nach weiteren fünf Jahren Direktor. Schließlich wurde er 1955 Präsident einer US-Baumwoll-Exportfirma und machte sich 1970 selbständig. In einem Brief von 1980 faßt er seinen Eindruck vom Französischen Gymnasium in einem Satz zusammen: »Ich ... habe den ganzen Rest meines Lebens von den Schätzen gezehrt, die ich im F.G. gesammelt hatte.« (Lit. Nr. 405, 543, 544)

Gottfried Reinhardt
Filmregisseur
(geboren am 20. März 1913)
Die Renaissance des Schülertheaters am Collège

Im Jahre 1931 bestand Gottfried Reinhardt das Abitur. Die Jahresberichte von 1930 und 1931 heben seine Theaterarbeit – er war der Sohn des berühmten Regisseurs Max Reinhardt – am Collège hervor. Sigismund von Braun, der die Theateraufführungen von 1928 und 1929 organisiert hatte, sollte in Gottfried Reinhardt einen genialen Nachfolger finden.

Vom Winterfest am 25. und 26. Januar 1930 lesen wir: *La partie principale de la soirée consistait en une représentation en langue française de ›Knock ou le Triomphe de la Médecine‹, comédie par Jules Romains. Nos collégiens y prouvèrent qu'ils ont mis tout leur zèle à se familiariser avec la langue française; les jeunes acteurs furent récompensés de leur peine par des applaudissements unanimes. La presse de Berlin a fait des comptes-rendus favorables de cette représentation.*

Auch beim Winterfest vom 13. bis 21. Dezember 1930 gab es eine Reinhardt-Inszenierung, nämlich Molières *Les Fourberies de Scapin. Cette représentation*, heißt es im Jahresbericht, *a très bien réussi, et les collégiens furent récompensés de leur zèle et leur intérêt par un succès retentissant. Non seulement la presse de Berlin, mais aussi les journaux d'autres villes, même de l'étranger – aussi de la France – ont fait des comptes-rendus très favorables de cette représentation...*

Schon die Aufführungen von 1928 und 1929 hatten ein positives Presseecho gefunden. Der »Täglichen Rundschau« zufolge konnten die Primaner in Molières *Georges Dandin* »nicht nur ihr durchweg vorzügliches Französisch, sondern auch ihr darstellerisches Temperament enthüllen«. Ein Jahr später, am 29. Januar 1929, meldete der »Börsenkurier«: »Eine Aufführung von Beaumarchais' ›Barbier von Sevilla‹ zeigte, daß die französischen Kenntnisse der *Collégiens* noch immer ausgezeichnet sind. Die Darstellung war eine Liebhaberaufführung im besten Sinne des Wortes.«

Seit 1866 das Komödienspielen in den Schulen untersagt worden war, hatte sich das Schülertheater über Zwischenstationen um die Jahrhundertwende kräftig erholt. Für einen Komödianten wie Reinhardt ein willkommenes Betätigungsfeld!

Gottfried Reinhardt war im übrigen als Primaner Vorsitzender der Schülerselbstverwaltung und arbeitete an der Schülerzeitung »Sammellinse« mit, aus deren Sonderbeilagen zum Winterfest das Zitat von 1930 stammt. Andere Ausgaben dieser Schülerzeitung haben sich nicht erhalten.

1976 hat Gottfried Reinhardt in einem zwölf Seiten langen autobiographischen Dokument seine Erinnerungen an die Schulzeit zu Papier gebracht. Bernhard Gaster spielt darin eine besondere Rolle. Reinhardt war sechzehn Jahre alt, als er es zum ersten Mal auf einen Konflikt mit dem Direktor ankommen ließ. »Wir waren«, schreibt Reinhardt, »aneinandergeraten, als es in gewissen Schüler- und Lehrerkreisen Mode wurde, schwarz-weiß-rote Fähnchen an die Revers zu stecken, und ich unter meinen Gesinnungsfreunden anregte, mit schwarz-rot-goldenen zu kontern. Wortgefechte und Prügeleien waren die unvermeidliche Konsequenz.« Das Tragen von Fähnchen wurde verboten. Reinhardt unterwarf sich diesem Verbot »erst nach längerem Widerstand und lautem Protest, daß es in der Deutschen Republik gestattet sein müsse, die Nationalfarben zu tragen und ein Verbot höchstens Embleme einer überwundenen Ära treffen könne.«

Der Konflikt mit dem monarchistischen und deutschnationalen Direktor war programmiert. Wenige Monate später folgte der nächste Zwischenfall. Gaster sprach vor der »Schulgemeinde« in der Aula. »Die Rede, wie jede seiner Äußerungen, war gespickt mit den Ortsnamen Eupen und Malmedy, dem Elsaß und den Landesteilen Schlesiens und Südtirols, die durch einen natürlich keineswegs verlorenen Krieg, sondern einen, in dem man ›sich zu Tode gesiegt‹ habe, dem Deutschen Reich verloren gegangen waren, sowie des polnischen Korridors, der mitten durch sein vaterländisches Herz zu gehen schien.« Reinhardt hatte diese Rede mit seinem »Lästermaul« kommentiert, worauf er die Aula verlassen mußte und drei Stunden Arrest »aufgebrummt« bekam. »Des Direktors Milde«, sagt Reinhardt, »hatte einen simplen Grund: Er wollte die politischen Obertöne unserer Disharmonie nicht weiter hochspielen und den Charakter des Vorfalles beim Dummen-Jungen-Streich bewenden lassen. Schließlich lehrte er und lernte ich wenigstens dem Namen nach in einer Republik, wenn er und seinesgleichen auch alles taten, sie auszuhöhlen.«

Der letzte Affront kam am Tage der Abiturientenentlassung 1931. Gottfried Reinhardt hatte als Vorsitzender der Schülerselbstverwaltung die Abschiedsrede zu halten. Nachdem 1929 Sigismund von Braun namens der ehemaligen Schüler des Wilhelms-Gymnasiums ihre Rede auf deutsch gehalten hatte, war es seit 1930 wieder üblich geworden, daß die Abschiedsrede auf französisch gehalten wurde.

Im Rückblick über fast ein halbes Jahrhundert sagt Reinhardt: »In der Tat hätte das … Götz-Zitat Dr. Gaster nicht mehr schockieren können als der Schluß meiner Rede, die die völkerverbrüdernde Sendung des Französischen Gymnasiums zum Inhalt hatte: ›Vive notre chère patrie – – l'Europe!‹ Nach einer Atempause der Sammlung bestieg er das Katheder und dankte mir für mein rhetorisches Feuer, mit der zornigen Einschränkung, daß für die meisten Anwesenden wohl doch Deutschland noch das Vaterland sei.«

Gaster blieb noch ein Jahr, bis er die Altersgrenze erreicht hatte und ausscheiden mußte. Vermutlich hätten ihn die Nationalsozialisten nicht im Amt belassen, denn er stand dem Regime ablehnend gegenüber, war zwar Nationalist, aber nicht Nazi!

* * *

Gottfried Reinhardt
mit Sonja Sutter, Jedermann, Salzburg 1961

Gottfried Reinhardt
(né le 20 mars 1913) Metteur en scène de cinéma
La renaissance du théâtre d'élèves au Collège.

Gottfried Reinhardt, fils du célèbre metteur en scène Max Reinhardt, passa son baccalauréat en 1931 au Lycée Français. De suite après, il commença à faire des mises en scène de théâtre et de cinéma. Il donna des repésentations d'Erich Kästner, de Hugo von Hofmannsthal et de Gerhart Hauptmann, travailla un certain temps au début en Allemagne, mais partit assez vite en Amérique et ne revint que plusieurs années après la guerre en Europe, très exactement à Salzbourg.

Durant les deux dernières années de sa scolarité au Lycée Français, Gottfried Reinhardt dirigea avec grand succès les représentations du Théâtre des élèves. La mise en scène que fit Reinhardt de la comédie de Molière «Les Fourberies de Scapin», à l'occasion de la Fête d'hiver des 13 et 21 décembre 1930, trouva un écho non seulement dans la presse berlinoise, mais aussi dans les journaux d'Allemagne et même de France. Gottfried Reinhardt entra à plusieurs occasions en conflit avec le Directeur, conservateur, Bernhard Gaster: la première fois, âgé de seize ans, pour avoir accroché au revers de sa veste un petit drapeau noir-rouge-or, en signe de protestation contre les élèves et les professeurs nationalistes, puis pour avoir osé critiquer un discours patriotique du Directeur, ce qui lui valut trois heures de punition, enfermé. Il trouva une dernière occasion d'affrontement, lors de la Fête de remise des diplômes de baccalauréat en 1931, en concluant son discours d'adieux par les mots: «Vive notre chère patrie: l'Europe!»

Le souvenir que Reinhardt a conservé du Collège est pourtant excellent. Il écrit en 1976: «...je serai éternellement redevable au Lycée Français d'un tiers de ma joie de vivre ... (des deux autres tiers je crédite mes parents et mon métier) ... En jetant un regard en arrière, je ne regrette pas une seule heure de cours sur le boulevard du Reichstag.»

Gleich nach dem Abitur fing Reinhardt an, Filme und Theaterstücke zu inszenieren: Er führte Erich Kästner, Hugo von Hofmannsthal und Gerhart Hauptmann auf, arbeitete zunächst noch in Deutschland, ging aber schon früh nach Amerika und kehrte erst Jahre nach dem Krieg nach Europa, und zwar nach Salzburg, zurück.

»Obwohl die deutsche Sprache zwanzig Jahre lang nichts als eine ertraglose Liebhaberei von mir war, die Kenntnis der französischen für mich ... belanglos blieb, ich dafür die für mich lebenswichtige englische – ein Fakultativfach, über das man die Nase rümpfte – nicht gelernt hatte ... bin ich dem Französischen Gymnasium ewig dankbar für ein Drittel meiner Lebensfreude ... (mit den zwei anderen Dritteln kreditiere ich mein Elternhaus und meinen Beruf). Tacitus und Thukydides ins Französische zu übersetzen, ist sicher für einen Durchschnittsdeutschen oder Durchschnittsamerikaner des zwanzigsten Jahrhunderts ein intellektueller Luxus, ohne den sie existieren können. Richtig: Es ist ein Luxus. Einer, den man mit Geld nicht erschwingen kann. Rückblickend bereue ich nicht eine einzige Unterrichtsstunde am Reichstagsufer ...«

Gottfried Reinhardts Bericht schließt mit den Worten: »Mein *Baccalauréat* wurde mit einem *magna cum laude* versehen. Es gebührt in jeder Beziehung dem Collège Français, dem ich mich für immer verbunden fühle. *Vive notre chère patrie, l'Europe démocratique et les Etats Unis!*« (Lit. Nr. 405, 545, 546)

Eberhard von Medem
Jurist
(geboren am 29. Dezember 1913)
Unterstützung der Auslandsdeutschen

Eberhard von Medem gehörte der Klasse von Eduard Flörsheim und Gottfried Reinhardt an. Er hat sie allerdings erst von Obersecunda an besucht. Bis zur Mittelstufe war von Medem in Hannover zur Schule gegangen. »Bei dem Übergang«, schreibt er, »bekam ich für 2 Monate Zensurenfreiheit, weil ich mich ja erst auf den Unterricht in der Französischen Sprache einstellen mußte. Aber dann ging es recht gut, und es ist vielleicht auch für die pädagogische Qualität des Collège bemerkenswert, dass eine solche Umstellung bewältigt werden konnte.«

1929 kam von Medem ans Französische Gymnasium. Er gewöhnte sich schnell an den frankophonen Unterricht und beteiligte sich dann auch an den »außerunterrichtlichen« Aktivitäten. Unter Gottfried Reinhardts Regie spielte er Theater, noch fünfzig Jahre danach ist er von Reinhardt fasziniert und noch mehr von dessen Freundin Kadidja Wedekind, die in den *Fourberies de Scapin* seine Partnerin war. »Sie war jedenfalls eine bezaubernde Hyacinthe.«

In Eberhard von Medems Schulzeit fallen die Wallfahrten Bernhard Gasters mit seinen Schülern nach Weimar, fallen die Goethe- und Schillerfeiern in der Aula, wurden in der Oberprima von acht Aufsätzen vier über Goethe geschrieben.

Gaster kam von der deutschen Schule Antwerpen, und so wundert es uns nicht, daß er bei seinen Schülern für den »Verein für das Deutschtum im Ausland« warb, ja sogar eine Schulgruppe dieses Vereins gründete. Diese Schülergruppe bestand seit 1924, die Mitglieder sammelten für den VDA und verbrachten ihre Freizeit miteinander, die Jahresberichte vermerken jedesmal besondere Unternehmungen des VDA. 1927 gab es ein Faustball-Turnier in Potsdam, 1928 wurde zum Geburtstag Paul von Hindenburgs eine VDA-Schulfahne geweiht, 1929 veranstaltete der VDA im Schöneberger Rathaus ein Schülerkonzert mit Rezitationen und Tanzvorführungen. Fünf Schüler vertraten das Französische Gymnasium beim VDA-Treffen in Brandenburg. Zeitweilig zählte die Schülergruppe hundert Mitglieder. Als Eberhard von Medem 1930, ein Jahr nach seinem Eintritt in die Schule, den Vorsitz übernahm, waren 62 Mitglieder eingetragen. Im Jahresbericht lesen wir: *Au mois de novembre on a fait, dans la grande salle, une audition musicale … Le VDA a ouvert dans notre école une souscription en faveur des Allemands en détresse à l'étranger.* Im Jahre von Eberhard von Medems Abitur hatte die Schulgruppe 86 Mitglieder, der Jahreskongreß fand in Guben statt, aber jetzt war von Medem schon nicht mehr dabei.

Nicht mehr miterlebt hat er, wie aus dem VDA alle jüdischen Mitglieder ausgeschlossen wurden. Wir lesen dazu im Jahresbericht von 1934: *Le nombre des élèves qui appartenaient au groupe scolaire du VDA diminua d'abord consi-*

Eberhard von Medem
1979

Eberhard von Medem
(né le 29 décembre 1913) Juriste
L'aide aux Allemands de l'étranger.

Eberhard von Medem arriva au Lycée Français en 1929, élève de Seconde supérieure. Il s'habitua rapidement à l'enseignement en langue française et de même participa très vite aux activités extra-scolaires. Avec Gottfried Reinhardt comme metteur en scène, il fit du théâtre, et en 1930 devint président d'un groupe d'élèves, l'«Association d'aide à la nation allemande à l'étranger». Les membres de ce groupe, fondé en 1924 par Bernhard Gaster, organisaient durant leurs loisirs, entre autres, des concerts donnés par les élèves, des représentations chorégraphiques et des tournois sportifs. Les recettes en étaient destinées aux Allemands de l'étranger, l'internationalisme de tradition au Collège trouvant là l'une de ses expressions, propre à cette époque. Le groupe d'élèves de cette Association d'entraide, qui compta jusqu'à cent membres, continua d'exister pendant la Seconde Guerre mondiale. Chaque mois paraissait un journal destiné aux jeunes et tout élève, de Sixième comme de Première, mettait un point d'honneur à l'acheter et à le lire.

Après son baccalauréat, Eberhard von Medem étudia le droit et les sciences politiques. La Seconde Guerre lui coûta dix années de sa vie: il ne fut en effet libéré de sa captivité en Russie que le jour de la Saint-Sylvestre en 1949. Il travailla alors jusqu'en 1954 comme chargé de mission auprès de l'Institut allemand de la Recherche. Puis il se vit confier la direction de la section des universités et établissements d'enseignement supérieur du Ministère de l'Education de Rhénanie du nord et Westphalie. De 1962 à 1969, au beau milieu des difficiles années de la réforme universitaire et de l'«opposition extra-parlementaire» des étudiants, il fut Chancelier de l'Université de Bonn. Au cours de ces années, où les effectifs pléthoriques des établissements d'enseignement supérieur ne cessaient de croître, il eut la charge de gérer les «vieilles» Universités surpeuplées, mais aussi de participer à l'édification des «nouveaux» Instituts d'enseignement supérieur de Bielefeld, Bochum, Dortmund et Düsseldorf.

Pour les services rendus dans le domaine du développement de l'enseignement supérieur, Eberhard von Medem fut décoré par la République Fédérale d'Allemagne de la Grand-Croix de l'Ordre du Mérite et par la France nommé Officier dans l'Ordre des Palmes académiques.

dérablement parce que les élèves non ariens ne devaient plus être admis. Vier Jahre später wurden auch alle anderen Schüler aus dem Verein entfernt, Mitglieder durften ab 1938 nur noch Erwachsene sein, Schüler durften weiterhin lediglich für den VDA Geld sammeln. Der VDA sammelte noch bis in den Zweiten Weltkrieg hinein, jeden Monat gab es eine Jugendzeitschrift, es war »Ehrensache«, daß sie jeder, ob Sextaner oder Primaner, kaufte und las.

Eberhard von Medem war bei seinem Abitur 17 Jahre alt. Als *Carrière future* gab er *Droit* an. Er studierte Rechts- und Staatswissenschaften und schloß seine Studien 1939 durch das »Große Staatsexamen« ab. Dann begann der Krieg, der von Medem zehn Jahre kostete und für ihn erst am Sylvestertag 1949 beendet war: An diesem Tage wurde er aus russischer Gefangenschaft entlassen.

Er ging nach Bonn und arbeitete zunächst als Referent bei der Deutschen Forschungsgemeinschaft. 1954 ging er an das Kultusministerium von Nordrhein-Westfalen über, wo ihm die Leitung der Hochschulabteilung übertragen wurde. Von 1962 bis 1969, also in den schwierigen Jahren der Hochschulreform und der studentischen »außerparlamentarischen Opposition«, war er als Kanzler der Universität Bonn ihr Verwaltungsleiter. Anschließend kehrte von Medem an das neuerrichtete Ministerium für Wissenschaft und Forschung nach Düsseldorf zurück. In den Jahren der zunehmenden Überfüllung der Hochschulen hatte er die überlasteten »alten« Universitäten zu betreuen und Aufbau und Entwicklung der »neuen« Hochschulen in Bielefeld, Bochum, Dortmund und Düsseldorf mitzugestalten.

Eberhard von Medem wurde für seine Verdienste um die Hochschulentwicklung von der Bundesrepublik mit dem Großen Verdienstorden und von Frankreich mit dem Offizierskreuz der *Palmes Académiques* ausgezeichnet. Er ist Ehrendorktor der Universität Bochum, Ehrensenator der Universität Bielefeld und Ehrenbürger der Universität Bonn. Die Universitäten Köln und Münster haben ihm ihre Medaille verliehen.

In seinem Lebensrückblick sagt der Siebzigjährige 1984, daß er die am Französischen Gymnasium erfahrene Bildung als die entscheidende Basis dessen ansehe, was er später in seinem beruflichen Leben erreichen konnte. »Ich rechne mich ... zu denen, die auf Grund ihres späteren Lebensweges Zeugnis für die geistigen Werte ablegen können, die unser Gymnasium bestimmen und gerade heute in der Wiederbesinnung auf die europäische Geschichte und Kultur von besonderer Bedeutung sind.«

Ebenfalls 1984 heißt es in einem autobiographischen Bericht: »Ohne die durch das Collège vermittelten Bildungswerte hätte ich weder die intellektuellen Fähigkeiten noch die moralische Kraft gehabt, die kritischen Jahre nach 1933, Kriegseinsatz und langjährige Gefangenschaft in der Sowjetunion zu überstehen. In der folgenden Tätigkeit bei der Förderung von Staat und Hochschule konnte ich immer wieder erfahren, wie sehr die Fügung, daß ich Collegianer war, das Vertrauen förderte, das die entscheidende Voraussetzung zur Lösung von sachlichen und persönlichen Problemen bildet.« (Lit. Nr. 547–551)

Wolfgang Rosenberg
Wirtschaftswissenschaftler
(geboren am 4. Januar 1915)
Das Collège in den letzten Jahren der Republik

Vom Einzug in das Schulgebäude am Reichstagsufer 1873 bis zum Jahre 1920 war dem Französischen Gymnasium eine Vorschule angegliedert, in der die Schüler bereits auf die erhöhten Anforderungen des Collège vorbereitet werden konnten. Aber Vorschulen entsprachen nach dem Ersten Weltkrieg in ihrer Exklusivität nicht mehr den gewandelten gesellschaftspolitischen Vorstellungen. Das dreijährige Vorschulsystem sollte von einer vierjährigen Gemeindeschule abgelöst werden.

Wolfgang Rosenberg schreibt dazu: »Meine Mutter sandte mich daher ein Jahr zu früh auf die Schule, so dass ich ein Jahr sparen sollte. Ich erinnere mich noch, in der Aula zu sitzen, mit den Hohenzollern-Bildern an der Wand, die alle kleine Kugellöcher hatten. Die Aula war während der Revolution als ein Soldaten-Quartier benutzt worden, und die Soldaten hatten diese Bilder als Ziele benutzt. Dr. Esternaux machte patriotische Kommentare darüber.«

Als Paul Esternaux, der greise ehemalige Prinzenerzieher, von Bernhard Gaster als Direktor abgelöst worden war, kam Wolfgang Rosenberg von der Vorschule in die Sexta. In seiner Biographie ist zu lesen, daß er um diese Zeit von Freunden der Familie eine Postkarte aus Neuseeland bekam, die den Wunsch in ihm geweckt hat, einmal dieses ferne und geheimnisvolle Land kennenzulernen.

Rosenberg hat Vorschule und Gymnasium von 1920 an besucht, in einer Zeit, in der das deutsche Erziehungswesen allmählich von konservativen zu demokratischen Bildungszielen überging. Konzessionen gegenüber den Forderungen der neuen Zeit sehen wir am Französischen Gymnasium in erster Linie in der Öffnung der Schule für Mitgestaltung und Mitverantwortung der Schüler, kaum in der Aufgeschlossenheit für progressives Gedankengut. Das in seiner Mehrzahl konservativ eingestellte Lehrerkollegium konnte hier nicht die Führung übernehmen, aber immerhin ließ es zu, daß Schüler wie Ehrmann und Rosenberg politische Initiative entwickelten. Die neuen Lehrpläne der demokratisch verfaßten Schule, die sogenannten Richertschen Richtlinien von 1925, begannen sich auszuwirken, als Rosenberg die Klassen der Mittel- und Oberstufe durchlief.

Aber der staatliche Einfluß war am Französischen Gymnasium von jeher gering geblieben, und so entwickelte es sich seinen eigenen Traditionen gemäß unabhängig von den Vorschriften und Verordnungen der Tagespolitik. Von Zeit zu Zeit mußte sich die Schule gegen die Ansprüche von Reformen zur Wehr setzen, die sie mit den übrigen deutschen Schulen gleichschalten wollten. Dem Jahresbericht von 1929 – Rosenberg war Secundaner – wurde eine entsprechende kurze Notiz vorgeschaltet. Sie lautete: *Les branches d'enseignement caractéristiques du Collège Français sont les langues anciennes. Le Collège*

Wolfgang Rosenberg (links)
mit Helmut Mühsam, Albert Hirschmann und Peter Franck
auf einer Ruderfahrt 1931

Wolfgang Rosenberg
(né le 4 janvier 1915) Economiste
Le Collège dans les dernières années de la République.

Wolfgang Rosenberg fut inscrit par ses parents au Lycée Français dès l'âge de cinq ans: il entra d'abord, pour trois ans, à l'école préparatoire et passa donc, dès l'âge de huit ans, en Sixième. Il fit partie, dans les années qui suivirent, des élèves du Collège à qui les programmes de l'Ecole ne suffisaient pas. Il participa au séminaire d'étude de «Faust» de Kurt Levinstein et à un groupe de travail sur Hegel. A l'époque de sa scolarité, les objectifs assignés à l'éducation en Allemagne, de conservateurs devenaient progressivement démocratiques: à partier de 1925 les nouveaux programmes, basés sur une conception d'éducation à la démocratie, produisaient leurs premiers effets dans les écoles.

Après son baccalauréat en 1932, Rosenberg entra dans la banque mais, en tant que fils de parents juifs, ses chances de faire carrière en Allemagne étaient des plus réduites. A l'instar de son frère qui, dès 1933 était parti pour l'Angleterre, il émigra en 1936 aux Etats-Unis puis en Nouvelle-Zélande. Inscrit en 1938 à l'Université de Wellington, il y étudia l'économie politique. Ses professeurs étaient ébahis par sa formation classique qui lui donnait un avantage certain sur les autres étudiants, par la clarté de sa pensée et la finesse de ses raisonnements.

Après ses études et son service militaire, Wolfgang Rosenberg devint lecteur en 1946, puis Maître de conférences et enfin Professeur de sciences économiques à l'Université de Christchurch. Du haut de sa chaire il prit souvent position sur les grands phénomènes économiques qui agitaient alors le monde divisé en deux blocs, est et ouest. Le jeune hégélien était devenu un socialiste, qui participa secrètement à l'élaboration de la politique économique du Labour Party néo-zélandais.

Pour son soixante-cinquième anniversaire il publia un volume exceptionnel, dont la partie biographique se termine sur ces mots: «New Zealand and New Zealanders have been very fortunate in that many years ago a small boy had decided to come to this country.»

tient à conserver son plan d'études humanistes; mais en cultivant la langue et la littérature françaises il a, parmi les écoles allemandes, un caractère spécial, qui date des temps des Huguenots. La base solide du Collège Français est sa tradition; il est de notre devoir de la maintenir avec fidélité.

1930 reichte diese Erklärung nicht mehr aus. Bernhard Gaster und Ernst Gerstenberg, die Verfasser des Jahresberichts, schickten ihm eine Einleitung voraus, die den zitierten Absatz wie folgt ergänzt:

En même temps on cherche à donner justice aux exigences du temps actuel; mais les innovations admises sont imprégnées du caractère spécial du collège et assimilées à son organisme. Die humanistische Bildung und die Erziehung im Geiste französischer Kultur hätten beide die Aufgabe, die Jugend zum Verständnis und zur Liebe der deutschen Kultur zu führen.

Im Jahresbericht von 1932, Wolfgang Rosenbergs Abiturjahr, wird diese Erklärung noch einmal abgedruckt. Jetzt folgt ein Hinweis auf die Übernahme der preußischen Reform von 1931, die im wesentlichen aus einer Kürzung bestimmter Stundenkontingente bestand. Die Reduktion betraf am Französischen Gymnasium die Fächer Deutsch (eine Stunde in Sexta), Latein (eine Stunde in Tertia), Griechisch (eine Stunde in Obersecunda), Geschichte (je eine Stunde in Quarta und Unterprima), Mathematik (eine Stunde in den Primen) sowie Sport, wo auf der Mittelstufe nur noch zwei Wochenstunden übrigblieben.

Nur die Kürzung in Mathematik hat Rosenberg noch erreicht, aber dieses Fach interessierte ihn ohnehin wenig. Mit seinem Mathematiklehrer stand er auf Kriegsfuß, einmal handelte er sich sogar »eine mächtige Backpfeife« ein. »Mit einem mehr sympathischen Lehrer würde ich wahrscheinlich ein verständiger Mathematiker geworden sein. Aber das sollte nicht sein.«

Wolfgang Rosenberg gehörte zu denjenigen Schülern des Collège, denen der Lehrstoff der Schule nicht ausreichte. Er trat mehreren Arbeitsgemeinschaften bei, machte in der Ruderriege der Schule mit, besuchte die in der Villa Kurt Levinsteins einmal wöchentlich *privatim* gehaltenen Faustseminare für Primaner und gehörte schon als Secundaner zu den Mitarbeitern einer Diskussionsgruppe über marxistisch-hegelianische Philosophie. Fünfzehn Jahre war Rosenberg alt, als er zum Hegel-Schüler wurde, und Hegel hat ihn durch sein Leben begleitet, noch im Alter liest er Hegel, und zwar mit einem in der Schulzeit angelegten Vokabular, in dem die Begriffe des Philosophen in allgemeinverständlichen Worten erklärt werden.

* * *

Nach dem Abitur ging Rosenberg ins Bankfach, aber als Jude hatte er in Deutschland keine Chance. Er folgte dem älteren Bruder Gerhard, der schon 1933 nach England gegangen war, und wanderte 1936 in das Land seines Kindheitstraumes, nach Neuseeland, aus. Er schreibt: »Als ich mich entschlossen hatte, hier nach Neuseeland zu fahren, ging ich zu meiner Kousine … und bat sie, mir 20 Pfund zu leihen. Ich hatte genug, um die – ich glaube 56 Pfund für die Reise zu bezahlen, aber dann brauchte ich ja auch etwas Taschengeld … In Neuseeland kam ich dann mit den 20 Pfunden in meiner Tasche an. Die konnte ich in die Bank legen, denn … Freunde … fanden eine Stellung für mich. Und … ich fühlte mich immer fähig, jederlei Stellung anzunehmen, denn unsere Erziehung – mit guter Sprachkenntnis von Englisch und Französisch, mit dem klassischen Fundament, mit der philosophischen Einstellung – verbürgte mir, daß ich alles machen könnte, was von mir verlangt werden konnte.«

Wolfgang Rosenberg immatrikulierte sich 1938 an der Universität in Wellington und studierte Wirtschaftswissenschaften. Er beeindruckte seine Professoren durch die klassische Bildung, die sie von den neuseeländischen Studenten nicht gewohnt waren. Er schreibt: »Da war das systemvolle Denken, das Professor Levinstein mit seiner Betonung der ›Disposition‹ uns gelehrt hatte, von größter Hilfe. Ich kann wohl sagen, daß mein Neu-Seeländischer Universitätsprofessor … niemals solche klaren ›Dispositionen‹ gesehen hatte. Alle meine Aufsätze wurden mit einer 10 bewertet … So hat das Französische Gymnasium geholfen – das beste Instrument ist eine gute Erziehung – und die haben wir dort bekommen … Ich bin meinem Geschick dankbar, auf diese ausgezeichnete Schule in diesen ungewöhnlichen Jahren geschickt worden zu sein.«

Nach Studium und Wehrdienst wurde Wolfgang Rosenberg 1946 Lektor, dann *senior lecturer*, später *reader*, Dozent und schließlich Professor für Wirtschaftskunde an der Universität Canterbury in Christchurch. Von seinem Katheder aus nahm er Stellung zu den wirtschaftspolitischen Phänomenen der in Ost und West gespaltenen Welt. Aus dem jugendlichen Hegelianer war ein Sozialist geworden, der an der wissenschaftlichen Grundlegung der Politik in der heimischen *Labour Party* mitarbeitete. Als er mit 65 Jahren emeritiert wurde, widmeten ihm seine Schüler, die jetzt an die Schaltstellen der neuseeländischen Wirtschaft gelangt waren, eine Festschrift, deren biographischer Teil mit folgenden Worten schließt:

New Zealand and New Zealanders have been very fortunate in that many years ago a small boy had decided to come to this country, and even more fortunate that he became an economist. (Lit. Nr. 405, 552–554)

Albert Otto Hirschman
Soziologe
(geboren am 7. April 1915)
Arbeitsgemeinschaften mit Studenten

Achtzehn Abiturienten hatten 1932, im letzten Jahr vor der nationalsozialistischen »Machtergreifung«, am Französischen Gymnasium die Reifeprüfung bestanden. Mehr als die Hälfte von ihnen haben in den Jahren vor dem Zweiten Weltkrieg Deutschland verlassen. Die meisten gingen über England nach Amerika. Einige versuchten zuvor, in Frankreich Fuß zu fassen, in der Schweiz, in Holland oder in Italien. Andere wanderten nach Palästina, in die Türkei, nach Venezuela oder nach Neuseeland aus.

Albert Hirschmann war beim Abitur 1932 erst 16 Jahre alt. Er kam 1923 mit acht Jahren in die Sexta des Französischen Gymnasiums und traf dort auf einen anderen Achtjährigen, nämlich Wolfgang Rosenberg, der noch aus der Vorschule hervorgegangen war.

Albert Hirschmanns Name kommt in den Jahresberichten von 1930 und 1931 unter den Empfängern eines der in den Nachkriegsjahren neu geschaffenen Buchpreise vor, er war Mitglied der Ruderriege und Teilnehmer an mehreren Wanderfahrten. Er sagt in einem Rückblick am Ende seines siebenten Lebensjahrzehnts: *I was lucky in having had some good teachers. I recall with particular affection Professor Lindenborn who taught a class in religion and ethics that touched me deeply; and Professor Levinstein whose intellectual enthusiasm was contagious ... I enjoyed the intensive study of Latin and Greek ... I believe that the close acquaintance with Latin was of considerable use to me later in life in mastering rapidly the Italien, Spanish and Portugese languages.*

In seinen Erinnerungen spielen die Arbeitsgemeinschaften eine große Rolle. Er erwähnt das Faustseminar bei Kurt Levinstein und eine Einführung in Albert Einsteins Relativitätstheorie bei Otto Nix. Dem Jahresbericht von 1931 zufolge gab es außerdem eine altphilologische Arbeitsgruppe bei Ernst Gerstenberg und eine Kunstgruppe bei Karl Nessler. Den größten Einfluß auf Albert Hirschmann aber hatten Arbeitsgemeinschaften, wie sie in den Jahren vor 1933 von ehemaligen Schülern mit den jüngeren Kameraden der Oberklassen abgehalten wurden. Um das Zurücktreten »deutscher« Bildungsgüter am Collège wettzumachen, waren diese Arbeitsgemeinschaften ins Leben gerufen worden. Der Jahresbericht von 1929 spricht es aus: *Des »Arbeitsgemeinschaften« sont crées sous des formes différentes, les élèves prennent l'initiative eux-mêmes dans les domaines les plus divers.*

Schon seit einiger Zeit hatte Heinrich Ehrmann begonnen, sich um die jüngeren Schüler zu kümmern, die Gespräche und Diskussionen mit ihm nehmen in den Erinnerungen der Schüler dieser Jahre einen breiten Raum ein. Albert Hirschman schreibt: *One often learns more from fellow students than from teachers. As a result of common outings organized by the school's rowing club, we met some older or former F. G. students. For me the contacts with Bernd Knoop and Heinrich Ehrmann became particularly important. Both were six classes ahead of me, but we became good friends … Heinrich Ehrmann initiated me into thinking about social justice. Still in the F. G., I started reading profusely in Marx, Engels, Lenin, Kautsky, the Austro-Marxists (Otto Bauer, Max Adler), etc.* Daß Hirschmann der Sozialistischen Arbeiterjugend beitrat, mag auf Heinrich Ehrmanns Einfluß zurückzuführen sein.

Der andere Mentor dieser frühen Jahre war Ehrmanns Klassenkamerad Bernhard Knoop, der Hegels Phänomenologie des Geistes mit interessierten Secundanern und Primanern analysierte. Hirschmann sagt: *…we read virtually all of Hegel's Phänomenologie des Geistes. Without any prior background in philosophy this was of course a rather foolhardy undertaking, but it somehow provided stimulation because of the sheer challenge.* In den Sommerferien, sechzehn Jahre alt, schrieb Hirschmann eine Arbeit über Hegel, das Thema hatte Bernhard Knoop gestellt. Diese Arbeit hat sich erhalten. Hirschmann sagt, wenn er jetzt darin lese, verstehe er nichts mehr von alledem, was er damals geschrieben habe. Und er fährt fort: *Perhaps the torment of having to make sense of Hegel had an unintended side effect later, in France: to make me fall in love with French moralists of the 17th century, such as Pascal and La Rochefoucault; they seemed to me just as deep, but in a marvelously easy going manner.* Auch Wolfgang Rosenberg hatte an Knoops Hegel-Arbeitsgemeinschaft teilgenommen. Er sagt 1984: »Diese Hegel-Studien sind bis heute fundamental für all mein Denken.«

Die dritte Arbeitsgemeinschaft in diesen Jahren, die von ehemaligen Schülern geleitet wurde, war die von Johannes Strelitz. Rosenberg schreibt: »Eines der größten erzieherischen Erlebnisse unserer Schulzeit war eine ›Arbeitsgemeinschaft‹, die von einem jungen Manne… über den Marxismus gegeben wurde. Strelitz, das war sein Name, war ein glänzender Student, der die Hegelianische und die daraus entwickelte Marxistische Dialektik völlig beherrschte. Seine Gedanken ölten unser Denken.«

Alle drei Arbeitsgemeinschaften standen im Zeichen der sozialistischen Ideologie, und es ist bemerkenswert, daß sowohl Rosenberg als auch Hirschmann – wie auch Ehrmann und Strelitz – ihr Leben lang Sozialisten bzw. Sozialdemokraten geblieben sind.

* * *

Albert Hirschmann ging nach dem Abitur an die Berliner Universität und studierte wie Wolfgang Rosenberg Wirtschaftswissenschaften. Aber er mußte Deutschland Hals über Kopf im April 1933 verlassen, er hatte für die Sozialistische Arbeiterjugend antifaschistische Flugblätter verteilt. *With the excellent French learnt at FG,* sagt er, *and with the liking of French literature and culture I had acquired there, I could not conceive of going anywhere but to Paris. For many reasons … I do not regret that decision.*

Albert Hirschmann setzte sein Studium der Wirtschaftswissenschaften an

Albert Hirschman
1979

Albert Otto Hirschman
(né le 7 avril 1915) Sociologue
Activités péri-scolaires, avec des étudiants, anciens élèves du Collège.

Albert Hirschman arriva lui aussi à l'âge de huit ans, en Sixième, au Lycée Français et y resta de 1923 à 1932. Revenant sur cette époque, à près de 70 ans, il se souvient encore de différents groupes de travail animés, dans les années qui précédaient 1933, par d'anciens élèves du Collège, à l'intention des élèves des classes supérieures. Heinrich Ehrmann proposait par exemple, dans un groupe de travail qui s'adressait aux élèves volontaires de Seconde et de Première, de découvrir Marx, Engels, Lénine et Kautsky, avec Bernhard Knoop les mêmes élèves pouvaient analyser la phénoménologie de Hegel, et Johannes Strelitz les initiait à la dialectique marxiste. Les trois séminaires proposés étaient placés sous le signe de l'idéologie socialiste et il est étonnant de remarquer qu'aussi bien Rosenberg que Hirschman sont restés, leur vie durant, socialistes ou socio-démocrates.

Après son baccalauréat, Albert Hirschman commença des études de sciences économiques à l'Université de Berlin. Mais dès 1933, il dut quitter l'Allemagne, après avoir distribué, pour le compte des Jeunes Travailleurs Socialistes, des tracts anti-fascistes. Il poursuivit ses études à la Sorbonne et à l'Ecole des Hautes Etudes Commerciales (H. E. C.). Hirschman a combattu le fascisme, aux côtés des forces républicaines, en Espagne et en Italie. En 1940, membre du «Emergency Rescue Committee» américain, il aida des centaines de compatriotes allemands à émigrer, au départ de Marseille, et parmi eux son ancien mentor, Heinrich Ehrmann.

En 1941 Hirschman partit pour les Etats-Unis. En 1943 il s'engagea dans l'armée américaine du débarquement et combattit en Afrique du nord, puis en Italie. Il entama, au milieu des années cinquante, une carrière universitaire en Amérique. Professeur, il enseigna aux Universités de Yale, Columbia, Stanford, à l'Université de Harvard et finalement à l'Institute for Advanced Study de Princeton.

der *Sorbonne* und an der *Ecole des Hautes Etudes Commerciales* fort. Zwanzig Jahre war er alt, als er das Abschlußdiplom in Händen hielt. Nun ging er an die *London School of Economics*, sagt er, *which was then the undisputed leader in this discipline.*

Die Ausbreitung des Faschismus in Europa veranlaßte Albert Hirschmann, sich als Freiwilliger für die Republikanischen Streitkräfte in Spanien zu melden. Dort bleibt er drei Monate und geht dann nach Italien, wird in Triest promoviert, stößt zu einer illegalen antifaschistischen Gruppe, muß aber schon nach relativ kurzer Zeit das Land wieder verlassen: Mussolini hatte die ersten antisemitischen Gesetze verfügt. Erneut war Frankreich das Ziel. Im September 1939 meldete Hirschmann sich als Freiwilliger und nahm am Krieg vom Einmarsch der deutschen Truppen bis zur Kapitulation der französischen Armee teil. Nach der Demobilisierung ging er – unter dem Decknamen Albert Hermant – nach Marseille und bekam dort Kontakt zum amerikanischen *Emergency Rescue Committee.*

Varian Fry, der Leiter des Komitees, legt in seinem 1945 veröffentlichten Bericht, der den bezeichnenden Titel *Surrender on demand* trägt, Rechenschaft über die dramatische Rettung deutscher Emigranten 1940/41 in Marseille ab. Das Buch erschien 1986 in deutscher Sprache. Darin ist das gefährliche Leben im Untergrund beschrieben, das seine deutschen Mitarbeiter geführt haben, um möglichst vielen ihrer Landsleute zur Flucht nach Lissabon und Casablanca zu verhelfen. Albert Hirschmann war Frys rechte Hand bei der Beschaffung falscher Pässe und gefälschter Visa, mit Intelligenz und Glück schaffte er es immer wieder, den Spitzeln der Gestapo zu entgehen, in dem halben Jahr seiner Arbeit für das Komitee hat Hirschmann Hunderten von Verfolgten zur Flucht verholfen, einer von ihnen war Heinrich Ehrmann! Das Buch von Fry erschien in deutscher Fassung mit einem Zitat Hirschmanns als Motto: »Ich habe das, was wir für die Flüchtlinge in Frankreich getan haben, immer mit der Pflicht des Soldaten verglichen, der seine verwundeten Kameraden nicht auf dem Schlachtfeld zurücklassen darf.«

Schließlich mußte sich Hirschmann selbst in Sicherheit bringen, über Spanien und Portugal kam er 1941 nach Amerika. Er setzte mit einer *Rockefeller fellowship* seine Studien in Berkeley fort, aber schon 1943 meldete er sich zur amerikanischen Invasionsarmee und wird zunächst nach Nordafrika geschickt, dann nach Italien. Nach Amerika zurückgekehrt, arbeitet er für staatliche Stellen als Sachverständiger für europäische Wirtschaftsfragen, spezialisiert sich auf dem Gebiet der Entwicklungspolitik und geht für vier Jahre nach Bogotá in Kolumbien.

Im Jahre 1956 sehen wir Albert Hirschman wieder in den USA. Jetzt baut sich der Vierzigjährige eine neue Karriere auf. Wen wundert es, daß Hirschmans Weg als Universitätslehrer von Yale nach Columbia führte, gefolgt von einem Ruf an die *Harvard Universitiy* und schließlich an das *Institute for Advanced Study* in Princeton?

Aufgrund seiner südamerikanischen Erfahrungen schreibt er *The Strategy of Economic Development*, und dieses Buch wird zum Bestseller auf dem Gebiet der Entwicklungspolitik. In den folgenden zehn Jahren wurde es in elf Sprachen übersetzt, und schließlich fand es als Paperback weltweite Verbreitung. Andere Bücher traten diesem erfolgreich zur Seite, rund ein Dutzend Titel, meist auf Englisch, aber auch in französischer, italienischer oder deutscher Sprache.

Mehrere Bücher, darunter sein Werk »Abwanderung und Widerspruch« hat Albert Hirschman der Bibliothek des Französischen Gymnasiums »zum Gedächtnis an meine Lehrer Lindenborn und Levinstein« gestiftet. Wir lesen im Vorwort:

»Ein großer Teil des Buches kreist um die Besorgnis, daß durch die Abwanderung jener, deren Widerspruch unüberhörbar wäre, ein besonders wirksames Mittel gegen den Niedergang verloren gehen könnte.

Es gibt wohl eine Verwandtschaft zwischen dieser Situation und dem Schicksal der Juden, die noch nach 1939 in Deutschland waren. Die meisten Jungen und Tatkräftigen wanderten, wie ich, in den ersten Jahren nach Hitlers Machtergreifung ab und hinterließen eine ernstlich geschwächte Gemeinschaft. Sicher gab es damals praktisch keine Möglichkeit für einen wirksamen Widerspruch, wer immer auch ging oder blieb. Dennoch, der eigentliche Ursprung des Buches mag wohl ein sorgfältig unterdrücktes Schuldgefühl sein, das einfach da ist, wenn es auch verstandesmäßig absurd erscheint.«

Die Freie Universität Berlin hat Hirschman an ihrem 40. Gründungstag 1988 die Ehrendoktorwürde verliehen. (Lit. Nr. 19, 405, 555–560)

Henry Remak
Romanist und Germanist
(geboren am 27. Juli 1916)
Das Judentum im Übergang zum »Dritten Reich«

Der erste von drei zukünftigen Universitätslehrern des Abiturjahrgangs 1934 ist Heinrich Heymann Hermann Remak. Während der Abiturjahrgang 1933 die schriftliche Prüfung noch vor dem 30. Januar 1933 begonnen hatte, durchlief die Klasse von Heinrich Remak die gesamte Oberprima bereits in der nationalsozialistischen Zeit. In diesem Jahr war die erste der antisemitischen Maßnahmen der Nazis durchgeführt worden.

Das »Gesetz zur Wiederherstellung des Berufsbeamtentums«, erlassen am 7. April 1933, bewirkte die Beseitigung von »Nichtariern« aus führenden Stellungen. Am Französischen Gymnasium war der Direktor Ernst Gerstenberg davon betroffen.

Jüdische Lehrer blieben zunächst noch unbehelligt, und Schüler mosaischer Religion ebenfalls. Die Klasse von Heinrich Remak blieb daher als letzte auch bis zum Abitur Ostern 1934 intakt, sie brachte zwanzig Schüler zum Abitur, von denen zwölf ausgewandert sind, sechs davon nach den Vereinigten Staaten. Von den acht übrigen haben vier den Krieg überlebt, einer ist gefallen, einer wurde verfolgt und ist umgekommen, nur von zweien ließ sich der Verbleib nicht aufklären.

Mit zwanzig Abiturienten war Remaks Jahrgang der letzte der großen Nachkriegsjahrgänge des Französischen Gymnasiums. Erst 1955, beim zweiten nach dem »Zusammenbruch« eingeschulten Jahrgang, wurde diese Zahl wieder erreicht. Rund die Hälfte der Abiturienten der dreißiger Jahre waren – wie Heinrich Remak – jüdischer Religion. Vermutlich ist das der Grund, weshalb die Abiturientenlisten in den Jahren von 1933 bis 1938 – dem Jahr des Ausschlusses der jüdischen Schüler – fehlen: niemand sollte erkennen, daß nach wie vor viele jüdische Schüler an der Schule unterrichtet wurden, viele Abiturienten Juden waren. Der Jahrgang von Heinrich Remak war der letzte, der von den Maßnahmen der Nationalsozialisten unberührt geblieben war, 1935 kamen nur noch zwölf, 1936 nur fünf Schüler zum Abitur, und auch 1939 waren es erst wieder sieben, mit allmählich steigender Tendenz.

Der nationalsozialistische Einfluß zeigte sich im Ausschluß der jüdischen Schüler aus dem »Volksbund für das Deutschtum im Ausland«, im Ausschluß vom neu eingeführten »Wehrsport«. Nur die *élèves ariens* durften in ihrer Freizeit am *sport de terrain* teilnehmen.

Der jüdische Religionsunterricht und der hebräische Sprachunterricht der Secunda und Prima bei Rabbiner Dr. Israel Nobel wurde nur noch bis zum Jahre 1934 fortgesetzt, danach gab es »philosophische Schach-Abende« in seiner Wohnung, wie sich ein Teilnehmer erinnert. Das Fach Hebräisch war nach dem Ersten Weltkrieg unter einem Ministerialrat namens Jahnke wieder eingeführt worden, bis 1925 Dr. Nobel den Unterricht übernahm.

Im Jahresbericht von 1934 ist das letzte Mal von Nobels Unterricht die Rede mit dem Satz: *Des élèves de la première inférieure prirent part au cours d'hébreu destiné aux élèves juifs et dirigé par M. Nobel pour se préparer aux études de théologie protestante.* Max Roethig hat als Verfasser des Jahresberichts hier das Kunststück vollbracht, seine jüdischen Schüler als evangelische Theologiestudenten hinzustellen!

Im Jahresbericht von 1935 wird das Fach Hebräisch offiziell zum letzten Mal erwähnt. Weder Rabbiner Dr. Nobel noch sein Kollege Engel, der jüdische Religionslehrer der Unterklassen, sind noch an der Schule tätig, dafür hat Ernst Lindenborn den Hebräisch-Unterricht in Gestalt einer Arbeitsgemeinschaft übernommen, die er fast durch den ganzen Zweiten Weltkrieg fortführt. Dr. Nobel soll nach dem Krieg noch in Israel gelebt haben.

In Heinrich Remaks autobiographischem Rückblick von 1983 erscheint die Schule so, wie sie immer war und geblieben ist, nämlich *cosmopolitan* und *elitist*, vom nationalpolitischen Beiwerk der »Bewegung« ist nichts, aber auch gar nichts zu spüren. Hören wir ihn selbst: *My admittance to the Collège, 'Franz', or 'FG', as it was colloquially called, was the greatest stroke of educational and personal fortune combined I have ever encountered. Geography, history, Latin, Greek, and, of course, French were taught in French. I had nine years of French, seven years of history, geography, six of Latin, four of Greek, all taught in French and through French textbooks ... Best of all, the clientele was cosmopolitan and its social mix unique.... Call it elitist or whatever you want, but don't let any egalitarian theoretician talk you into believing that being special is not one of the deepest-rooted yearnings and satisfactions of mankind! ... Former German schoolboys who aspire to any kind of artistic distinction are supposed to have hated their school (viz. Der Grüne Heinrich, Buddenbrooks, Unterm Rad), but I must confess, to my shame, that I loved my highschool, all nine years of it.*

In einem Brief von 1984 drückt Remak diese Gedanken so aus: »Das Collège war eben wie keine andere Schule. Es war ... etwas für sich. Da war die französische Hugenottentradition, im Unterricht, in den Ferien, in den verliehenen Preisen, in dem alljährlichen Gedenken an die Aufnahme der Hugenotten ... und die Gründung unserer Schule. Da war der Lehrkörper, der ... französisch sprach, in Frankreich gelebt hatte, viel gereist war, nicht sture Pauker, sondern Humanisten ... Bürger Europas ... Individualisten ... Auch die Schülerschaft war etwas ›Besonderes‹. Sie stellte eine höchst aparte und geglückte Mischung dar ... bestand aus Altadligen und Neuadligen, aus getauften und ungetauften Kindern ... israelischer Häuser, aus Diplomatenkindern und Söhnen von internationalen Geschäftsleuten und Ingenieuren ... und sogar aus ein paar ganz ›einwandfreien‹ normalen Söhnen normaler Häuser.«

* * *

Heinrich Remak wollte in Berlin Jura studieren, seine Eltern schickten ihn aber nach Frankreich. Er studierte Romanistik, auch Germanistik und Angli-

Henry Remak
1978

Henry Remak
(né le 27 juillet 1916) Romaniste et germaniste
Etre Juif à l'avènement du «Troisième Reich».

Henry Remak, issu d'une famille juive, fit partie de la promotion de bacheliers de 1934. C'est cette année-là qu'entra en vigueur la première des mesures antisémites des nationaux-socialistes. La «Loi sur la restructuration de la profession de fonctionnaire» du 7 avril 1933 signifiait l'exclusion des Juifs des postes importants. Cette loi frappa immédiatement au Lycée Français le Directeur Ernst Gerstenberg, qui fut remplacé au cours de l'année 1933 par Max Roethig. Professeurs et élèves juifs ne furent, dans un premier temps, pas encore inquiétés, on ne commença à les persécuter qu'après le baccalauréat de Remak: ce fut en 1935 la «mise à l'écart» des professeurs juifs, puis en 1938 l'exclusion des élèves juifs.

Heinrich Remak voulait étudier le droit à Berlin, ses parents l'envoyèrent en France. Il étudia les langues romanes, l'anglais et l'allemand à Bordeaux et à Montpellier. Après avoir obtenu sa licence, il se vit offrir une bourse à l'Université d'Indiana et partit ainsi en 1936 pour l'Amérique. En 1937 il obtint le Master's Degree d'études germaniques et, la même année, commença une carrière universitaire à Bloomington. Titulaire de la chaire de langues et littératures comparées, il était on ne peut mieux armé dans cette spécialité, par sa formation scolaire au Collège et ses études universitaires en France.

Remak a par la suite renoué le contact avec le Lycée Français. Il s'y est rendu pratiquement à chacun de ses voyages en Europe, aimant à chaque fois assister à des cours et discuter avec les élèves. On peut lire dans un essai qu'il rédigea en guise d'autobiographie: «My admittance to the Collège ... was the greatest stroke of educational and personal fortune combined I have ever encountred ... I must confess, to my shame, that I loved my highschool, all nine years of it.»

stik in Bordeaux, später in Montpellier, erwarb die *Licence*, fand aber keine Anstellung ... *I wrote letters to all corners of the world, from Canada to South Africa, hoping to land a job teaching French in a college. I got nothing but rejections.* Schließlich erhielt er ein Stipendium der Universität von Indiana und wanderte im September 1936 nach Amerika aus. Er erwarb den *Masters degree* in Germanistik 1937, und im gleichen Jahr begann seine Laufbahn als Universitätslehrer in Bloomington. Sein Lehrauftrag lautete auf Vergleichende Sprach- und Literaturwissenschaft, und dafür war er bestens gerüstet, hatte er doch schon am Collège fünf Sprachen gelernt und damit das Fundament gelegt, weitere zu erlernen, *exotic wallflowers like Hawaiian, Papiamento, Pitcairn Island English, or Rhaetoromantsch.*

Die Liste der Publikationen von Henry Remak ist lang, es finden sich Bücher über Goethe, Keller, mehrere über Fontane, sein Lieblingsgegenstand aber sind die deutsch-französischen literarischen Beziehungen, ein Thema, das er in Gastvorlesungen auf der ganzen Welt immer wieder unter anderen Aspekten behandelt hat.

Zu seinem siebzigsten Geburtstag hat der Lehrstuhl für Romanische Literaturwissenschaft und Komparatistik der Universität Bayreuth Heinrich Remak eine Festschrift gewidmet, von der Remak dem Collège ein Widmungsexemplar geschenkt hat. 1988 erhielt er das Bundesverdienstkreuz. Die Verbindung zum Französischen Gymnasium hat Remak 1954 wieder aufgenommen. Danach hat er die Schule bei fast jeder Europareise besucht und jedesmal am Unterricht teilgenommen, mit den Schülern diskutiert.

Fünfzig Jahre nach Remaks Abitur hat das Französische Gymnasium eine Schuld eingelöst. Hören wir Remak in einem Brief von 1954! »Der traurigste Tag meiner Gymnasialzeit war die Entlassungsfeier von 1934. Als Sextaner, Quintaner, Quartaner usw. hatte ich jedes Jahr in der Aula gesessen, wenn die Abiturienten entlassen wurden, und jedesmal, wenn das ›Nun zu guter Letzt ...‹ gesungen wurde, hatte sich mir die Kehle zugeschnürt. Aber als die Reihe an uns kam, ein Jahr nach Hitler, wurde das Lied nicht mehr gesungen.«

Beim Collegianertreffen der Emigranten 1985 war Remak dabei. Nach dem Festvortrag zum Edikt von Potsdam am 29. Oktober 1985 erklang in der Aula, vom Schulchor gesungen, das Abschiedslied von Hoffmann von Fallersleben in der Vertonung von Felix Mendelssohn-Bartholdy. (Lit. Nr. 405, 561–567)

»Nun zu guter Letzt geben wir dir jetzt
auf die Wandrung das Geleite;
wandre mutig fort, und an jedem Ort
sei dir Glück und Heil zur Seite!
Wandern müssen wir auf Erden,
unter Freuden und Beschwerden
geht hinab, hinauf unser Lebenslauf,
das ist unser Los auf Erden – das ist unser Los auf Erden.«

Hans-Lukas Teuber
Psychologe und Neurologe
(1916–1977)
Lehrplan und Themenwahl 1933

Mit Heinrich Remak seit der Schulzeit befreundet war Hans-Lukas Teuber, geboren am 7. August 1916. Schon sein Vater war Schüler des Collège gewesen. Hans-Lukas Teuber kam 1925 in die Sexta. 1932 wurde ihm der *Prix Monod* verliehen, er war damals in der Obersecunda. Sein Thema war die poetische Übertragung der Ballade Friedrich Schillers »Die Bürgschaft« ins Französische. Der Preis der Obersecunda war damals mit 35 Mark dotiert. Auch Heinrich Remak hatte sich an der Ausschreibung beteiligt und eine *mention honorable* erhalten.

In den letzten Jahren vor der »Machtergreifung« der Nationalsozialisten standen in Teubers Klasse auf dem Lektüreplan in Französisch Racine, *Britannicus*; Molière, *Le Tartuffe*; Jules Romains, *Le Dictateur*; in Deutsch Dramen von Goethe (Egmont, Iphigenie, Tasso), Schiller (Don Carlos, Wallensteintrilogie), Hebbel (Nibelungentrilogie), Grillparzer (Sappho), Kleist (Der zerbrochene Krug), in Latein Sallust *(Bellum Catilinae)*, Cicero *(Catilina)*, Vergil *(Aeneis* Buch I, II und VI) und in Griechisch schließlich Xenophon, Homers Odyssee und Platos Apologie, ein beeindruckendes Programm, dargeboten von Ernst Gerstenberg (Französisch und Latein), Bernhard Gaster (Deutsch) und Gustav Herda (Griechisch).

Das Lehrprogramm war auch nach dem »Umbruch« von 1933 das gleiche geblieben. Der radikale Umsturz des politischen Lebens in Deutschland von der Demokratie zur Diktatur schlug sich im Lehrstoff höchstens in der Auswahl des *Dictateur* von Jules Romains nieder. Die Stoffwahl blieb eben der pädagogischen Verantwortung des einzelnen Lehrers überlassen. Am Französischen Gymnasium haben sich politische Wendungen, das konnten wir durch die Jahrhunderte verfolgen, stets erst langsam und dann gebremst und gefiltert bemerkbar gemacht.

Hans-Lukas Teuber hat seiner Familie davon berichtet. Seine Frau erzählt: »Als die Nazis ans Regime kamen, soll das Französische Gymnasium die schwarz-weiße preußische Fahne geflogen haben, da es eine preußische Stiftung war. Ein guter Grund, die Nazi-Flagge zu verweigern.«

Hans-Lukas Teuber war in Oberprima 1934 in Deutsch und in Französisch Schüler von Kurt Levinstein, gehörte zu dessen letzter Abiturklasse vor der Zwangspause. Der Lektüreplan bei Levinstein sah vor: »Auswahl aus Schriftwerken der deutschen Romantik. Lyrik des 19. und 20. Jahrhunderts, Auswahl. Goethes Faust, 2. Teil. Richard Wagners ›Rheingold‹. Rostand, *Cyrano de Bergerac. L'évolution du roman français aux 19e et 20e siècle (lecture de morceaux choisis).*«

Die Aufsätze von Kurt Levinstein in seiner Abiturientenklasse umfaßten Themen wie *Rira bien qui rira le dernier. Est-ce vrai?*, *Est-ce qu'on peut toujours*

Hans-Lukas Teuber
1978

Hans-Lukas Teuber
(7. 8. 1916–4. 1. 1977) Psychologue et neurologue
Programme d'enseignement et choix des sujets en 1933.

Hans-Lukas Teuber est arrivé au Lycée Français à l'âge de neuf ans. Lorsqu'il le quitta en 1934, à l'âge de 18 ans, titulaire du baccalauréat, les nationaux-socialistes étaient au pouvoir et le bouleversement de la vie politique qui avait accompagné le passage de la démocratie à la dictature en Allemagne avait changé bien des choses dans les écoles. Toutefois il n'eut que peu d'impact sur le contenu des programmes d'enseignement. Au Lycée Français, tout resta comme par le passé. Les sujets de composition proposés aux élèves n'eurent à payer, en 1933/34 encore, aucun tribut aux «temps nouveaux». On en resta aux bons vieux sujets littéraires, proposés au choix, parallèlement aux traditionnels «sujets libres».

Teuber fit partie d'une promotion de dix-neuf bacheliers, dont douze ont émigré dans les années qui ont suivi leur baccalauréat, parmi eux six aux Etats-Unis. Des sept autres, quatre seulement ont survécu à la guerre, l'un est mort au champ d'honneur, le second, victime de persécutions, y succomba, le troisième a été porté disparu. Il faut ajouter six autres anciens camarades de classe de Hans-Lukas Teuber qui ne sont pas restés jusqu'à leur baccalauréat en Allemagne, car leurs parents, ayant compris très vite ce qui les attendait, les avaient envoyés, au lendemain du 30 janvier 1933, à l'étranger.

Après son baccalauréat, Teuber partit étudier la psychologie à Bâle, en Suisse, puis en 1941 aux Etats-Unis. Il devint assistant à l'Université de Harvard, puis fut affecté à l'Hôpital de la Marine américaine à San Diego, où il commença à se spécialiser dans l'étude des séquelles des blessures au cerveau, domaine dans lequel il publia, au cours des décennies suivantes, une série de travaux scientifiques qui ouvraient des perspectives nouvelles.

Promu Docteur en philosophie en 1947, Teuber entama une carrière et une ascension rapides, en tant que Professeur d'Université, dans un domaine à la limite de la médicine et de la psychologie, celui de la recherche sur le cerveau, la neurologie et la science des comportements.

Passionné de natation, Hans-Lukas disparut, noyé, le 4 janvier 1977, sur la Côte pacifique. Il avait 60 ans. Son Université, le Massachusetts Institute of Technology à Cambridge, lui rend hommage, tous les trois ou quatre ans, en organisant un «Symposium Hans-Lukas Teuber», qui fait le point des progrès dans le domaine de la recherche sur le cerveau.

dire la vérité?, *Tout comprendre c'est tout pardonner?* und »Bedeuten Sitte und Überlieferung eine Stütze oder eine Hemmung des Lebens?«, »Umsonst bist du von edler Glut entbrannt – hast du nicht sonnenklar dein Ziel erkannt« und als Abiturthema: »Ist der Mann der Tat oder der Mann des Gedankens der wertvollere?«

Auch Teuber kümmerte sich um die jüngeren Schüler in einer Arbeitsgemeinschaft, die unter seiner »stimulierenden Führung« stand, wie sich einer seiner Schutzbefohlenen erinnert. Mit Reinhardt und Remak gehörte er zur Redaktion der »Sammellinse«.

* * *

Bald nach dem Abitur ging Teuber – er war von der Mutter her jüdischer Abstammung – zum Studium der Philosophie und Zoologie nach Basel in die Schweiz und 1941 weiter nach Amerika, wo er sein Studium an der *Harvard University* mit dem Doktorat in Psychologie 1947 abschloß. Während des Zweiten Weltkrieges diente er in der *U.S. Navy* (1944–46); in dieser Zeit machte er am *U.S. Naval Hospital* in San Diego seine ersten Untersuchungen über die Folgen von Hirnverletzungen, ein Gebiet, auf dem er in den folgenden Jahrzehnten bahnbrechende wissenschaftliche Arbeiten publizierte.

Nach dem Krieg begann für Lukas Teuber eine schnelle und steile Karriere als Universitätslehrer auf dem Grenzgebiet zwischen Medizin und Psychologie, eben der Hirnforschung, der Neurologie und der Verhaltenslehre. Er gründete ein inzwischen weltbekanntes Institut am *Bellevue Medical Center* der *New York University*. 1960 wurde er an das *Massachusetts Institute of Technology (MIT)* in Cambridge berufen, um eine neue Abteilung für Psychologie und Hirnforschung aufzubauen, die bald internationalen Ruf gewann. Er lehrte in Oxford und erhielt die Ehrendoktorwürde der Universitäten Lyon und Genf. In einer *laudatio* heißt es: *A gifted linguist, he could read fluently in Latin, Ancient Greek, English, French and German, and was well known for his comprehensive and inspiring lectures in the latter three languages.*

Marianne Teuber schreibt: »Auf das Französische Gymnasium war Lukas stets sehr stolz, und er sprach gern Französisch ... Seine wissenschaftliche Tätigkeit war vor allem in Frankreich gut bekannt, wie natürlich auch in England, West-Deutschland usw. Unsere Kinder und engeren Kollegen haben alle vom Französischen Gymnasium gehört – vom Großen Kurfürsten angefangen über Chamisso zu Bismarck (*who had a questionable record*).«

Am 4. Januar 1977 ist Lukas Teuber gestorben, *while swimming off the British Virgin Islands. It is thought likely that he died of heart disease; he was 60 years old*, so lesen wir in seinem Nachruf.

Zu seinem Gedenken wurde am *Massachusetts Institute of Technology* ein »Hans-Lukas-Teuber-Symposium« gegründet, das im Abstand von drei bis vier Jahren stattfindet und sich mit Fortschritten auf dem Gebiet der Hirnforschung befaßt. (Lit. Nr. 405, 568–573)

Klemens von Klemperer
Historiker
(geboren am 2. November 1916)
Auswirkungen des »Umbruchs«

Klemens von Klemperer ist nach Henry Remak und Hans-Lukas Teuber der dritte der Abiturienten von 1934, die in Amerika als Universitätsprofessoren Karriere gemacht haben. Seit 1925 war er Schüler des Französischen Gymnasiums. Als die Nationalsozialisten an die Macht kamen, war er gerade zur Oberstufe übergegangen.

Während die »Machtergreifung« der Nationalsozialisten an anderen Schulen zu einem radikalen Umbruch geführt hatte, war dies am Französischen Gymnasium nicht der Fall. Aber: Die Themen der Schulveranstaltungen wurden jetzt so gewählt, daß sie mit dem Regime nicht in Konflikt geraten konnten, etwa die Wagnerfeier vom 13. Februar 1933, die Lutherfeier vom 1. November oder am 14. Februar 1934 die Feierstunde zu Ehren des Dichters Hermann Stehr mit einem Festvortrag von Ernst Lindenborn.

Hinzu traten allerdings jetzt verstärkt auch Feiern mit nationalpolitischem Akzent, z.B. das Gedenken an die Gefallenen am 10. März 1933, die Feier der Eröffnung des »neuen« Reichstags am 21. März, die Gedenkstunde für Leo Schlageter am 27.Mai, am 28. Juni die *Heure commémorative du traité de Versailles*, am 11. September die Feier zum Gedenken des Sieges über die Türken 1683 vor Wien, der Geburtstag des Reichspräsidenten Paul von Hindenburg am 16. Oktober und das Erntedankfest mit einer Ansprache zum Thema: »Die Erneuerung des Volkstums aus Blut und Boden...« Im November hörten die Schüler eine Radiorede Adolf Hitlers zum Völkerbund, am 18. Januar 1934 eine Rede über das Thema: *Bismarck, Fondateur du Reich*, und das Schuljahr schloß, wie es begonnen hatte, am 24. Februar mit einer Gedenkstunde für die Gefallenen.

Die Auswirkungen des »Umbruchs« zeigten sich auch in der Werbung für den Sportbund Tuisko, der vom Wilhelms-Gymnasium gegründet und ans Collège verpflanzt worden war, an der Teilnahme der Schule am *Jour de la Jeunesse Nationale*. Der Jahresbericht versäumt nicht den Hinweis, daß *nombre de nos élèves*, zu Deutsch: »eine Anzahl unserer Schüler« der Hitlerjugend angehören – deutlich werden Zahlenangaben vermieden, die Schülerstatistik ist kein Thema mehr; nicht einmal die Namen der Preisträger des *Prix Monod* wurden von jetzt an erwähnt – es gab die jüdischen und – wie Klemens von Klemperer – die »halbjüdischen« Schüler am Französischen Gymnasium nach wie vor, nur ihre Namen, und folglich auch die Namen aller anderen, wurden verschwiegen.

Der Übergang vom durch Wahl legitimierten Präsidialsystem zum hierarchisch von oben nach unten durch Ernennung organisierten Führerprinzip erfaßte im Jahr des Abiturs von Klemperers auch die Schülerselbstverwaltung. *Elle donna sa démission pour faire cesser cette institution qui n'était pas en har-*

Klemens von Klemperer
Zeichnung von Alf Trenk
nach einer Photographie

Klemens von Klemperer (né le 2 novembre 1916) Historien Les effets du «bouleversement» de 1933.

C'est en 1925 que Klemens von Klemperer arriva au Lycée Français. Dans le second cycle il fut élève de Kurt Levinstein, appartenant à sa dernière classe de Terminale avant son interruption de carrière forcée. Tandis que la «prise du pouvoir» par les nationaux-socialistes avait conduit à un bouleversement radical dans les établissements scolaires allemands, ce ne fut pas tout à fait le cas au Lycée Français. Les manifestations «non-politiques» de la communauté scolaire du Collège furent maintenues, par exemple la fête en l'honneur de Wagner le 13 février 1933, la traditionnelle fête du sport le 23 juin, ou encore le 22 août la fête annuelle des compétitions d'aviron à Gatow, le 29 octobre le service religieux en l'Eglise Française pour célébrer l'anniversaire de l'Edit de Potsdam de 1685, le 10 novembre la fête en l'honneur de Luther, enfin le 14 février 1934 une cérémonie en l'honneur du poète Hermann Stehr que souligna un discours solennel de Ernst Lindenborn. Toutefois, les fêtes à caractère politique et nationaliste commencèrent à la même époque à se multiplier. Elles ne laissèrent, semble-t-il, aucun souvenir durable dans l'esprit des élèves. Bien au contraire, revenant sur cette époque cinquante ans après son baccalauréat, Klemens von Klemperer écrit: «Ce que j'ai appris à l'Ecole? Le respect du travail intellectuel et la tolérance. C'est beaucoup. Certes on aurait aimé une plus grande place pour les sciences expérimentales, ou pour la discussion en général, ou encore pour la formation politique – mais il faut bien qu'il reste quelque chose à apprendre par soi-même, plus tard.»

En 1938 Klemperer entreprit des études d'histoire à l'Université de Harvard aux Etats-Unis. En tant que «demi-juif» il n'avait aucune perspective d'avenir en Allemagne. Klemperer redécouvrit Berlin, détruite, avec l'armée américaine.

Après avoir quitté l'uniforme, Klemperer devint Professeur de sciences historiques. Invité à Bonn pour y donner un cycle de conférences en 1963/64, il y retrouvera son camarade de classe Eberhard von Medem, Chancelier de l'Université. Klemens von Klemperer a revu Berlin à plusieurs occasions: en 1984 il y a participé à une session organisée pour commémorer l'anniversaire du 20 juillet 1944, et en 1986 il a travaillé sur un projet de recherche au «Collège scientifique» (Wissenschaftskolleg).

monie avec les nouveaux principes de la vie publique en Allemagne. Aber es folgt die Feststellung, daß der bisherige Präsident der Schülerselbstverwaltung zum *chef des élèves* ernannt wurde, im Klartext: der Gewählte wurde nachträglich »ernannt« – es blieb alles beim alten.

In seinem Rückblick auf die Schulzeit fünfzig Jahre danach, sagt von Klemperer: »Was ich von der Schule mitbekommen habe: Respekt für Geistesarbeit und Toleranz; und das ist viel. Sicher, mehr Naturwissenschaft hätte geholfen, mehr Debattieren, mehr politische Bildung – aber man muß sich ja später sowieso immer weiter selbst bilden.« Zum Lehrplan bemerkt er: »... allzu einseitig humanistisch; ich erinnere mich gar nicht an ein Laboratorium, aber das ist vielleicht meinem einseitigen Gedächtnis zuzuschreiben. Der französische Unterricht war großartig, wenn auch die Schüler oft besser als die Lehrer sprachen. Im Deutschunterricht gab es immer wieder Goethe und Schiller ... Religion mit Herrn Lindenborn war herrlich ... Die jüdischen Schüler wurden von Rabbi Nobel zusammengezogen, der ein ganz gelehrter Kopf ... war. Die (wenigen) Katholiken gingen während der Religionsstunde in eine benachbarte Schule, wo ein Priester sie lehrte. Alles à la ›Nathan der Weise‹.« Klemens von Klemperer äußert sich auch zu den Stichwörtern »Lehrer« und »Schüler«. Er führt aus: »Lehrer: Einige waren verschrobene Käuze, andere Autokraten (wie Professor Unrat im ›Blauen Engel‹); andere wiederum waren Gelehrte, viel zu gelehrt und weltabgewandt, um gute Lehrer zu sein; andere waren wirklich gute Lehrer ... Schüler: Juden und Junker mit wenig Mittelgrund; aber alle kamen letztenendes gut miteinander aus.«

Klemens von Klemperer kommt auch auf den politischen Umbruch zu sprechen. Er sagt: »Seit dem Januar 1933 änderte sich alles so langsam. Die Abiturreise nach Weimar war noch ein letztes harmonisches Erlebnis. Aber der Ton in der Schule blieb anständig bis zum Schluß. Auf meinem Abgangszeugnis das schöne alte Motto: *Que Dieu le tienne dans sa sainte garde.*«

Wie es ihm weiter erging? Er schreibt: »Ich kann nur dankbar sein. 1938 Amerika. Studium in Harvard (Geschichte), wo ich wieder auf meinen Freund Hans-Lukas Teuber stieß ... Die U.S. Army brachte mich am Ende auch wieder in das zerstörte Berlin: Die Schule am Reichstagsufer war nicht mehr da ... Seitdem bin ich Geschichtsprofessor, lehre und schreibe ... Geschichte ist mir eine Art *philosophy teaching by example* ... Im Jahre 1963–64, als ich in Bonn lehrte, stieß ich dort auf den Universitätskanzler ... von Medem, der ein oder zwei Klassen über mir im Französischen Gymnasium war. Meine jetzige Arbeit ist über den deutschen Widerstand gegen Hitler.«

Klemens von Klemperer hat Berlin noch mehrfach wiedergesehen: 1984 bei einer Tagung anläßlich des Jahrestages des 20. Juli 1944, 1986 zu einem Forschungsprojekt des Wissenschaftskollegs. Die Verbindung zu seinen Klassenkameraden Teuber und Remak hat von Klemperer ebenso wenig abreißen lassen wie die zu seiner Schule. (Lit. Nr. 405, 574, 575)

Winrich Behr
Unternehmer
(geboren am 22. Januar 1918)
Werbung für Arbeitsdienst und Wehrmacht

Wir haben gesehen, daß die Einflußnahme der nationalsozialistischen Regierung auf die Schulen schon bald nach ihrer »Machtergreifung« 1933 begonnen hatte. Von 1934 an machte sich zunächst unmerklich, dann immer offenkundiger eine Werbung für Arbeitsdienst und Wehrmacht an den Schulen bemerkbar. Die Förderung sportlicher Veranstaltungen und die Unterstützung der Hitlerjugend bildeten 1934 den Auftakt. Im Jahresbericht von 1935 lesen wir ganz in diesem Sinne: *Le cercle de gymnastique et de sport nommé Tuisko continue ses exercices hebdomadaires.* Aber es tritt ein weiteres Element hinzu, wenn es heißt: *Plusieurs excursions d'un jour et demi permirent aux élèves ariens des classes moyennes et supérieures de cultiver les exercices du »Geländesport«. Au commencement de l'hiver nous passâmes au tir à petit calibre.* Schießen mit Kleinkaliber-Gewehren im Rahmen der Schule? Jawohl, und zwar ab 1935 auch am Französischen Gymnasium!

Neben diese vormilitärischen Aktivitäten trat die Werbung für die Offizierslaufbahn. Wer Offizier werden wollte, brauchte sein Abitur nicht erst am Ende des neunten Gymnasialschuljahres abzulegen, er durfte sich schon ein halbes Jahr früher zum Abitur melden, ja, er mußte das sogar tun, denn ein halbjähriger Arbeitsdienst war für Offiziersanwärter Pflicht, und dieser Arbeitsdienst wurde in die eigentliche Schulzeit gelegt.

Die ersten Offiziersanwärter des Collège absolvierten ihre Reifeprüfung statt Ostern 1936 bereits im Herbst 1935. Im Jahre 1937 schließlich war der Aufbau der Wehrmacht bereits soweit gediehen, daß im Februar das Abitur der Oberprima und im März das der Unterprima durchgeführt wurde – Hitler brauchte Soldaten.

Zu den Offiziersanwärtern des Französischen Gymnasiums aus dem Abiturjahrgang 1936 gehörte Winrich Behr, Geburtsjahrgang 1918. Er bestand das Abitur am 16. Dezember 1935, und mit ihm zwei weitere Schüler, wir kommen auf sie zurück.

Behr schreibt am 24. Oktober 1984: »Ich stamme aus einer preussischen Familie von Offizieren ... Mein Vater war aktiver Offizier ... Für ihn war es völlig selbstverständlich, daß auch ich Offizier werden würde und darüber ist bei mir auch während meiner ganzen Schulzeit nie ein Zweifel entstanden.« – An anderer Stelle lesen wir: »Ich war wohl einer der wenigen, die in meinen Jahrgängen beim FG nach dem Abitur aktiver Offizier wurden ... bis zum bitteren Ende ...« Behr erhielt 1941 als Oberleutnant einer Aufklärungsabteilung in Nordafrika aus der Hand des später zum Selbstmord gezwungenen Feldmarschalls Erwin Rommel das Ritterkreuz.

Im Dezember/Januar 1942/43 befand sich Behr im Kessel von Stalingrad. Als Ordonnanzoffizier der 6. Armee hatte er im Auftrag von Generalfeldmar-

Winrich Behr
1978

Winrich Behr
(né le 22 janvier 1918) Entrepreneur
Publicité pour le Service du Travail Obligatoire et l'Armée allemande.

L'emprise grandissante du gouvernement national-socialiste sur les écoles eut pour conséquence que le Lycée Français ne put échapper, à partir de 1935, aux activités de préparation militaire, comme par exemple l'apprentissage du tir avec des fusils de petit calibre. Celui qui voulait devenir officier avait la possibilité de passer le baccalauréat avec un semestre d'avance puis, pendant la période de scolarité toujours, de faire six mois de «Service du Travail Obligatoire», condition nécessaire pour prétendre aspirer au grade d'officier. C'est ainsi qu'à l'automne 1935 les trois premiers aspirants de la promotion normale de bacheliers de 1936 passèrent le baccalauréat au Lycée Français. Parmi eux se trouvait Winrich Behr, fils d'une famille d'officiers prussiens.

Après la guerre, Behr étudia le droit. De 1948 à 1951 il fut membre de la délégation allemande à l'Administration internationale de la Ruhr à Düsseldorf. En 1952 il fut appelé par Jean Monnet au Secrétariat de la Haute Autorité de la Communauté Européenne du Charbon et de l'Acier, puis, partant de là, il devint Chef de cabinet du Vice-Président allemand Etzel et finalement le deuxième Secrétaire Général de la Commission des Communautés Européennes. Winrich Behr prétend lui-même avoir dû les différents postes de sa carrière à ses bonnes connaissances de la langue française et donc à sa scolarité au Lycée Français.

En 1966 Behr devint Gérant commandité et Directeur Général de l'entreprise de télécommunications «Telefonbau und Normalzeit». Il conserva ce poste jusqu'à sa retraite, fin 1983.

schall Friedrich Paulus am 13. und 14. Januar 1943 im Führerhauptquartier Bericht zu erstatten. Es gibt eine französische Schilderung davon: *En pleine conférence, un capitaine ose interrompre Hitler: Oui ou non allez-vous sauver Stalingrad?* Behr erhielt keine Antwort. Das Ende ist bekannt. Das Deutsche Kreuz in Gold, das Behr verliehen wurde, hat er nie angelegt.

Der Collegianer Harold Bruce, fünf Jahre jünger als Behr, 1938 mit seinem Geburtsnamen Harald Schilling aus der Obersecunda abgegangen und nach England emigriert, gehörte zu einer englischen Einheit unter Feldmarschall Bernard Law Montgomery, die im Laufe des Afrikafeldzuges eine deutsche Stellung eingenommen hat, in der – noch druckfrisch – ein Stapel Truppenzeitungen mit dem Photo von Behr und Rommel lag... Bruce und Behr haben beide 1985 an dem Collegianertreffen der in Deutschland verbliebenen mit den emigrierten ehemaligen Schülern des Französischen Gymnasiums teilgenommen. Bruce schrieb nach dem Treffen: »Der Besuch hat sich für uns ... viel interessanter, lehrreicher, ja, und freundschaftlicher gestaltet, als erwartet. Man kann ihn wirklich einen eindrucksreichen Erfolg nennen ... Wir sind alle Europäer und koennen nur als solche überleben.« Auch von Behr gab es im Anschluß an das Treffen ein Statement: »... sowohl der *Round table* Abend, wie der Hugenottengottesdienst hinterliessen starke und beschwingte Eindrücke, wohl auch mit unvermeidbarer, beschwerender Nachdenklichkeit.«

* * *

Nach dem Kriege studierte Winrich Behr Jura. Er schreibt: »Meine Schulzeit am Französischen Gymnasium hat meine Neigung für die französische Kultur und die lateinische Wesensart positiv beeinflußt und gestärkt. Das sind zunächst einmal für mich sehr glückliche ›Mitbringsel‹ aus meiner Schule, die mein Leben, meinen Geschmack und meine geistige Haltung – unabhängig von allen beruflichen Dingen – stark und für mich beglückend beeinflußt haben. Bei meinem Studium und bei den beiden juristischen Examen hat mir das Bekanntwerden mit der ›cartesianischen Denkungsart‹ sicherlich geholfen. Meine recht guten französischen und meine durch längeren Englandaufenthalt während der Schulzeit auch erworbenen englischen Kenntnisse haben mir entscheidend geholfen, 1948 bis 1951 als offiziöses Mitglied in die deutsche Delegation der Internationalen Ruhrbehörde in Düsseldorf aufgenommen zu werden. Die Tatsache, daß mich Herr Jean Monnet 1952 in sein Sekretariat bei der Hohen Behörde der Europäischen Gemeinschaften für Kohle und Stahl aufnahm, geht sicherlich auch auf meine Schulzeit am Französischen Gymnasium zurück. Der Weg von dort als Kabinettschef des deutschen Vizepräsidenten Etzel und dann als 2. Generalsekretär der Kommission der Europäischen Wirtschaftsgemeinschaften durch Prof. Hallstein liegt in dieser Linie. Auch mein späterer Werdegang von Brüssel ... geht auf diese *racines* zurück. Mein großer internationaler Freundeskreis gerade auch in der französischen Welt, meine Tätigkeit in der Deutschen Gesellschaft für Auswärtige Politik und nicht zuletzt meine Mitgliedschaft im Jean-Monnet-Institut der Universität Lausanne runden dieses Bild ab.«

1957 gehörte Behr als Mitglied des »Elternrates« zu den Gründern der Europäischen Schule in Luxemburg, die ab 1960 von Karl Voß geleitet wurde.

Behr war seit 1966 Komplementär und Leiter der Geschäftsführung der Fernmeldefirma Telefonbau und Normalzeit, ein Amt, das er bis zu seiner Pensionierung Ende 1983 innehatte. In der Mitarbeiterzeitung heißt es unter dem Titel »Mut und Besonnenheit – 18 Jahre Winrich Behr – Kurshalten im Umbruch«: »Wir alle kennen ihn: seinen geraden Blick, seinen herzhaften Handschlag, seine anschauliche, bildhafte Sprache, mit der er selbst die ›heißesten Eisen‹ ohne Umschweife anpackt. Seine Offenheit schafft ihm Vertrauen, sein Mut zu Entscheidungen Respekt.«

Zu seinem sechzigsten Geburtstag wünschte Winrich Behr sich von seinen Mitarbeitern einen Abguß der Büste des Großen Kurfürsten nach Andreas Schlüter, die als einziger Gegenstand die Zerstörung des Schulhauses 1945 überdauert hat und, noch von Rauch geschwärzt, in der Eingangshalle des Französischen Gymnasiums steht: Ernst Lindenborn hatte sie im Sommer 1945 mit Schülern aus dem Schutt im Keller unterhalb der Stelle ausgegraben, an der sie in der Aula aufgestellt war. (Lit. Nr. 576–579)

Peter Plesch
Chemiker
(geboren am 14. Februar 1918)
Das Collège im Vergleich zur Public School

Das »Gesetz zur Wiederherstellung des Berufsbeamtentums« vom 7. April 1933 hatte zum Ausschluß des Direktors Ernst Gerstenberg geführt, die »Nürnberger Gesetze« vom 15. September 1935 gaben die Handhabe zur Entlassung von Kurt Levinstein. Während 1933 viele jüdische Familien noch hofften, die antisemitischen Bekundungen der Nationalsozialisten würden allmählich verstummen, brachten die Jahre 1934 bis 1938 den Auszug der jüdischen Schüler aus den deutschen Schulen, auch aus dem Französischen Gymnasium.

Zu den wenigen, die Hitlers Drohungen von Anfang an für bare Münze nahmen, gehört die Familie von Peter Plesch, die bereits im Sommer 1933 nach England emigrierte.

Peter Plesch gehörte zum Abiturjahrgang 1936. Im Jahr der Olympiade legten nur fünf Schüler die Reifeprüfung am Collège ab, vier zu Ostern, einer im Herbst. Drei von ihnen, Ben Fainberg, Ernst Schiff und Werner Schilling, sind emigriert, einer kam auf dem Rücktransport vom Konzentrationslager Auschwitz im Winter 1944/45 um, Klaus Fröhlich. Der einzige, der einen »normalen« Lebenslauf in Deutschland hatte, war Peter Claessens, er hat den ganzen Krieg als Soldat mitgemacht.

Drei Mitschüler der Klasse hatten das Abitur schon im Herbst 1935 abgelegt, weil sie Offiziere werden wollten: Gunther Bartel, Winrich Behr und Eberhard Mücke; alle drei schon in der Schulzeit Mitglieder der Hitlerjugend. Eberhard Mücke ist gefallen und Gunther Bartel hat sich das Leben genommen, als er zum »Nicht-Arier«, zum »Mischling Ersten Grades« erklärt wurde: seine Mutter stammte aus der ehemaligen deutschen Kolonie Samoa in Polynesien.

Der Jahrgang von Peter Plesch ist durch das antisemitische Klima in Deutschland, die schikanösen Verordnungen dezimiert worden, noch bevor die entsprechenden Gesetze erlassen wurden.

Plesch stammte aus einer Arztfamilie, sein Vater eröffnete in London eine Praxis, ließ in Berlin alles stehen und liegen, seine – im Krieg zerstörte – Stadtwohnung in der Budapester Straße, sein Sommerhaus in Gatow, heute Residenz des Britischen Stadtkommandanten. In einem Bericht seines Mitschülers Peter Claessens lesen wir unter dem 14. September 1933: »Im Haus war alles so wie früher, in der Ecke an der Treppe stand die große Vase mit Blumen. Im Eßzimmer stand eine große Schale Obst. Es war alles, als wohntet ihr noch da...«

Peter Plesch hat die Briefe seiner Klassenkameraden aufgehoben und 1985 dem Archiv des Französischen Gymnasiums geschenkt. Hören wir Klaus Fröhlich! Unter dem 4. September 1933 schreibt er: »Übrigens sehe ich oft den leeren Platz neben mir an, mit seinen herrlichen Inschriften. Irgend jemand hat eingeritzt: ›Lieber Gott, mach mich fromm, dass ich nicht nach Dachau komm.‹ –« In seinem Brief vom 25. Januar 1934 berichtet Klaus Fröhlich weiter: »Viele wandern aus, so z.B. Tom (Rehfisch) nach Cent, Walter (Lessing) auch nach England, Ben (Fainberg) will nach Palästina. Die O II (Obersecunda) besteht nur noch aus 11en. Statt 80 Sextaneranmeldungen nur 30 (wovon 10% arisch!).« Als Randzeichung sehen wir die Silhouette des Schulhauses und viele kleine Strichmännchen, die sich schnellen Laufes entfernen. Aber Klaus Fröhlich fährt fort: »Trotzdem (oder deshalb?) herrscht in unserer Klasse eine fast ideale Einigkeit und Kameradschaftlichkeit.«

Peter Plesch kam zum neuen Schuljahr in das Internat Harrow, eine der typischen englischen *Public Schools*. In einem autobiographischen Bericht vom April 1986 vergleicht er das Französische Gymnasium mit Harrow. Er sagt: »Der Kontrast ... hätte kaum grösser sein können«, und führt dann im einzelnen aus: »Die Fächer, an denen ich besonderes Vergnügen gehabt hätte, nämlich die Chemie und die Physik, waren in dem Schulpensum des humanistischen FG nur sehr kärglich vertreten, und praktischen Unterricht in einem Laboratorium gab es überhaupt nicht... Der Lehrplan in Harrow war so, daß ich mich entschließen musste entweder Naturwissenschaften oder Griechisch zu studieren, und so gab ich nicht ohne Bedauern mein Griechisch auf ... Eine grosse Überraschung war für mich die Handhabung des Mathematikunterrichts. Aus dem FG war ich an die rigorose, französisch-philosophische Entwicklung von Ideen und Prinzipien gewöhnt: immer zuerst die allgemeine Ableitung, dann die Anwendung auf das konkrete Beispiel. In England war es umgekehrt – man ging von einem praktisch-heuristischen Standpunkt aus, und hat dann verallgemeinert ... in dieser Beziehung (habe ich) die ›europäische‹ Einstellung bevorzugt, denn sie war für mich ästhetisch viel befriedigender. Bei den mathematischen Vorlesungen in Cambridge fühlte ich mich dann wieder wohler. Bis heute bin ich unzufrieden wenn eine aus einem chemischen Problem entstehende Gleichung nicht analytisch gelöst werden kann, denn numerische und approximative Lösungen stören eben mein Schönheitsempfinden.«

Im weiteren Verlauf seines Berichts vergleicht Plesch auch die Lehrer untereinander. Da kommen Begriffe vor wie »gebildet«, »für wissenschaftliche Themen interessiert« auf der einen, der deutschen Seite, und »Sportbesessen«, »anti-intellektuell« auf der anderen.

Auch auf seine Mitschüler kommt Peter Plesch zu sprechen: »Es dauerte ... nicht lange bevor meine Hausgenossen herausfanden, daß ich den meisten von ihnen mit ihren ... Hausarbeiten helfen konnte... Der Grund für diese meine Stellung auf der ›intellektuellen Leiter‹ war, dass die im F.G gestellten Ansprüche denen in Harrow ca. ein Jahr voraus waren, mit Ausnahme der Naturwissenschaften und der Mathematik. Die Folge davon war, daß ich den Großteil der Schularbeiten ganz leicht bewältigen konnte und nach dem zweiten Trimester immer unter den ersten Drei in der Klasse war... Vom F.G her war ich gewöhnt, dass fast jeder Schüler einer politischen Partei angehörte und

Peter Plesch
1986

Peter Plesch
(né le 14 février 1918) Chimiste
Le Collège Français comparé à la «Public School».

Comme Winrich Behr, Peter Plesch appartenait à la génération de bacheliers de 1936, déjà fortement décimée par le climat d'antisémitisme régnant en Allemagne. Sa famille émigra dès 1933 en Angleterre. Là, il fut interne à Harrow, une «Public School» typiquement britannique. Dans une notice biographique rédigée en 1986, Peter Plesch risque une comparaison entre le Collège Français et Harrow. Avec sa section «sciences expérimentales», l'école anglaise répondait bien plus à ses goûts personnels que le Collège Français, où ces matières n'étaient enseignées à l'époque qu'avec un rôle mineur. Plesch décrit les relations entre professeurs et élèves à Harrow comme empreintes d'une confiance réciproque, alors qu'une méfiance certaine, selon lui, empoisonnait l'atmosphère du Lycée Français. Peter Plesch se souvient également que presque tous ses camarades à Berlin étaient politiquement engagés, alors qu'il avait été saisi de stupéfaction devant l'indifférence politique totale de ses camarades anglais, presque exclusivement préoccupés par le sport.

Après avoir passé l'examen de fin d'études secondaires («A-level») en 1935 à Harrow, Plesch étudia la chimie. Il obtint le titre de Docteur ès-lettres en 1944 à Manchester et celui de Docteur ès-sciences en 1970 à Cambridge. Entre temps il accomplit une carrière unversitaire. En 1946 il est «Assistent Lecturer» à Manchester, en 1951 «Lecturer» à Keele, où il devient «Senior Lecturer» en 1962 puis «Reader» en 1968, fonction comparable à celle d'un Professeur titulaire de chaire en Allemagne.

Jusqu'en 1979 Plesch a publié une centaine d'articles scientifiques, a donné des conférences, comme Professeur invité, dans une trentaine d'Universités, en allemand, en français et en italien, et a été consulté comme conseiller scientifique par une cinquantaine d'entreprises industrielles.

zwar fast immer der des Vaters... Man kann sich nun unschwer mein Erstaunen und Entsetzen vorstellen wie ich der absoluten politischen Unwissenheit und Indifferenz des damaligen englischen Schuljungen begegnete. Sein fast ausschließliches Interesse galt dem Cricket und Fussball, sich mit intellektuellen Fragen irgendwelcher Art zu beschäftigen war eher verächtlich... Warum ich in einer deutschen Schule den Unterricht auf Französisch erteilt bekam war ihnen unverständlich; dass es auch ausserhalb Englands eine aus dem siebzehnten Jahrhundert stammende Schule gab erschien ihnen kaum glaubwürdig.«

Nach Ablegung des *higher certificate* 1935 in Harrow bestand Plesch bereits 1939 das *Bachelor-Exam*, erhielt er den *Master's degree* 1944, beide in Cambridge, den Doktor der Philosophie 1946 in Manchester und schließlich den *Doctor of Science* 1970 wieder in Cambridge.

Inzwischen hatte Peter Plesch die Laufbahn des Universitätslehrers der Chemie eingeschlagen. 1946 sehen wir ihn als *Assistent Lecturer* in Manchester, als *Lecturer* 1951 in Keele, wo er 1962 zum *Senior Lecturer* und 1968 zum *Reader* wurde, ein besonderer Rang für die wissenschaftliche Führungselite unter den Professoren.

Längst hatte eine ausgedehnte Forschertätigkeit begonnen. Bis 1979 hatte Plesch rund hundert wissenschaftliche Beiträge publiziert, als Gastdozent an dreißig Universitäten – auf deutsch, französisch und italienisch – gelehrt und rund fünfzig Industriefirmen als Berater gedient. Die Japan Times widmete ihm 1979 einen ausführlichen biographischen Artikel, worin wir lesen. *In Japan in 1964 Plesch addressed 10000 people, ›the biggest audience I have ever addressed‹.* Aus dem gleichen Artikel erfahren wir auch etwas über die Hobbys von Peter Plesch: Seine Sammlung von Ostasiatica soll einem Privatmuseum gleichkommen, Spezialgebiet: Keramik und Glas von der ägyptischen Antike bis zum 19. Jahrhundert, mit Schwerpunkt China und Japan. (Lit. Nr. 580–587)

Hans Schwab-Felisch
Publizist
(geboren am 2. November 1918)
Die Abschaffung der Oberprima

Das Abiturjahr von Hans Schwab-Felisch, 1937, war an den deutschen Schulen ein Wendepunkt. Die für den traditionellen Ostertermin vorgesehene Reifeprüfung wurde auf Ende Januar/Anfang Februar vorgezogen, um Platz zu machen für eine zusätzliche Abiturprüfung, nämlich die der Unterprima. Von nun an gab es nur noch zwölf Schuljahre in Deutschland, die »Oberprima« und die »Unterprima« fielen in der »Prima« zusammen. Es war das achte Gymnasialschuljahr, die »Prima« wurde zur »achten Klasse«, eingeschult wurde man jetzt nicht mehr in die »Sexta«, sondern in die »erste Klasse«, die zehn Jahre später zur »fünften« wurde, weil sie in der Gesamtzählung das fünfte Schuljahr ist. Ein volles Schuljahr war gestrichen worden: die großdeutsche Militärmaschine brauchte Soldaten, langsam setzte sie sich in Bewegung. Am Ende dieser Entwicklung stand die Einberufung der sechzehnjährigen Luftwaffenhelfer im Jahre 1944 und die der Fünfzehnjährigen zum »Volkssturm« 1945, wir werden darauf zurückkommen müssen.

Am Französischen Gymnasium wurde zwar das Abitur dem Ministerialerlaß gemäß vorzeitig abgelegt, aber zwischen Dezember und März erhielten die Unterprimaner zusätzlichen Unterricht. Im Jahresbericht 1937 heißt es: *A cause du baccalauréat prématuré de la première inférieure, qui devait avoir lieu en mars 1937, il fallut ajouter quelques leçons scientifiques dans cette classe pendant le dernier trimestre.* Die schriftliche Abiturprüfung der Unterprima reduzierte sich auf einen Klassenaufsatz.

Im Gegensatz zu den Unterprimanern hatte Hans Schwab-Felisch wenige Wochen zuvor noch in fünf Fächern eine schriftliche Prüfung abzulegen, nämlich außer in Deutsch in den drei Sprachen Französisch, Latein und Griechisch sowie in Mathematik, eine Praxis, die erst in der Reform der Oberstufe 1978 durch das seither übliche System von Wahlfächern abgelöst wurde.

Neun Schüler legten im Februar, neun im März ihre Prüfung ab. Von diesen achtzehn Abiturienten sind sieben emigriert. Fünf sind gefallen, einer auf englischer, vier auf deutscher Seite. Auch diese vier sind Opfer Hitlers geworden. Ihr Glaube an die gute Sache Deutschlands macht ihr Opfer um so tragischer. Das Schicksal des einzigen Ausländers, Paul von Gawronski, Sohn des polnischen Militärattachés, bleibt ungewiß. Die Überlebenden zwölf haben alle nach dem Kriege wieder Verbindung mit ihrer alten Schule gesucht und zehn stehen nach wie vor mit dem Collège in Briefkontakt. Zwanzig Schüler ließen sich ermitteln, die aus den beiden Klassen vor dem Abitur wegen des Antisemitismus in Deutschland von ihren Eltern abgemeldet worden sind. Die meisten konnten noch vor Kriegsausbruch emigrieren und haben im Ausland, meist in England, ihre Schulbildung abgeschlossen. Das Schicksal von dreien ließ sich nicht aufklären, sie dürften in den Konzentrationslagern umgekommen sein.

Hans Schwab-Felisch
1981

Hans Schwab-Felisch
(né le 2 novembre 1918) Editorialiste
La suppression de la «Première supérieure».

L'année où Hans Schwab-Felisch obtint le baccalauréat coïncida avec une réforme dans les établissements scolaires allemands. Désormais il n'y eut plus que douze années de scolarité en Allemagne, la «Première supérieure» et la «Première inférieure» furent fusionnées pour donner naissance à une nouvelle «Première». C'est ainsi que les élèves de «Première supérieure» passèrent leur baccalauréat le 3 février 1937 et ceux de «Première inférieure» le 16 mars de la même année. La partie écrite de l'examen pour la «Première inférieure» se réduisit à une composition faite en classe, alors que Hans Schwab-Felisch et ses camarades, quelques semaines plus tôt, avaient dû encore subir des épreuves écrites dans cinq matières, à savoir, outre l'allemand, les trois langues: français, latin et grec, ainsi qu'en mathématiques, pratique qui ne fut abolie qu'avec la réforme du second cycle en 1978, grâce au système, en vigueur depuis, du choix des disciplines par le candidat bachelier.

Hans Schwab-Felisch étudia à Berlin et à Tübingen la philosophie, la sociologie et l'histoire. Après la guerre il fut rédacteur au «Nouveau Journal» à Berlin, où il était responsable de la page littéraire. Après la disparition du journal, il fut lecteur aux Editions Suhrkamp, puis directeur de la rubrique culturelle du «Frankfurter Allgemeine Zeitung». Après de longues années passées à la Radio «Westdeutscher Rundfunk», il termina sa carrière de journaliste comme Directeur de publication du célèbre «Merkur, périodique allemand pour la pensée européenne». Schwab-Felisch est connu, au-delà des livres qu'il a publiés et du fait qu'il dirigea l'édition d'une anthologie de trente-cinq volumes, intitulée «Poésie et Réalité», dont il a rédigé le premier volume: «Les Tisserands». Il a appartenu au «Groupe 47» et fut l'ami de nombreux écrivains allemands, de Böll à Holthusen, de Koeppen à Grass.

A l'âge de 50 ans, Hans Schwab-Felisch fut décoré, en hommage à son œuvre journalistique, de la Croix du Mérite fédéral de première classe, en 1981 il reçut le titre de Professeur.

Hans Schwab-Felisch war Ostern 1928 am Französischen Gymnasium eingeschult worden. Er schreibt: »Meine Mutter hatte das F.G nach einem erkundigenden Rundgang durch mehrere Gymnasien ausgesucht, weil ihr die Atmosphäre dort am besten gefiel. Sie hatte gut gewählt. Ich mußte eine Aufnahmeprüfung machen, die mir nicht besonders schwerfiel. Ich erinnere mich noch gut daran. Juden und Halbjuden – um mal die Terminologie zu verwenden – waren bei uns in der Mehrzahl, noch beim Abitur. Wir scherten uns nicht darum und ließen die Problematik nur sehr schwach an uns heran. Und wenn, dann, indem wir sie ausdrücklich negierten: Als wir 1936 den Main runter ruderten, campierten wir selbstverständlich in Zelten, weil wir mit den jüdischen Freunden nicht in die Jugendherbergen gekommen wären. Wir lernten unterm Hindenburg-Bild, dem Wanderpreis für die beste sportliche Klasse... Im Sommer 1936 war mein Vater, Dr. Alexander Schwab, verhaftet worden. Er starb 1943 im Zuchthaus. In der Schule verhörten mich zwei Gestapo-Beamte. Max Roethig, der Direktor in der NS-Zeit, sorgte dafür, obwohl er PG war, daß ich eine Freistelle erhielt. Das war seine Antwort. Zu meinen Lehrern, die mich zum Abitur führten, gehörte nach wie vor Professor Levinstein. Er unterrichtete uns in Latein. Klassenlehrer freilich, der er gewesen war, durfte er nicht mehr sein, ebensowenig, wie er den Deutsch-Unterricht erteilen durfte... Die Verbindung zu Professor Levinstein erhielten wir auch außerhalb des Unterrichts aufrecht. Wir waren oft bei ihm in seinem Haus am Wannsee. Als dritten Lehrer möchte ich an dieser Stelle ausdrücklich Lindenborn nennen – wobei dies keine Rangfolge bedeuten soll. Lindenborn hat mich in meiner Zeit am FG von der Sexta an begleitet, mit Unterbrechungen und in wechselnden Fächern. Überwiegend erteilte er den Deutsch-Unterricht. Unvergessen auch er. Die Rolle des FG in meiner Entwicklung? Ich kann diese ernsthafte Frage nicht ernsthaft beantworten. Ich weiß nur, daß diese Schule heute noch ein festes Fundament ist. Ich glaube, daß sich in mir die beiden Prinzipien, denen sie ihr Entstehen verdankt, als Selbstverständlichkeiten eingesenkt haben, über die man nicht mehr reflektiert: die Toleranz und das *Quand-même* der Hugenotten. Die Schule hat mir eine Idee von Weltläufigkeit gegeben...«

Schwab-Felisch kommt dann auf die Qualität der Schule zu sprechen. Er sagt: »Erst die Idee von der Qualität, die die Schule mir durch ihr So-Sein vermittelte, hat mir die Möglichkeit eröffnet, zu unterscheiden – ›krinein‹. Aber das wären schon Bewußtseins-Vorgänge. Sie werden, das ist wahr, auf dem Umweg von Wissensvermittlung, Wissen und Wissensanwendung in der Schule strukturiert. Aber sie wären nichts oder doch nicht sehr viel, leistete die Schule nicht etwas, das darüber hinaus geht – brächte sie es nicht fertig, mit dem, was sie als lebendige Instruktion vermittelt, ins Unterbewußte einzudringen. Tief in meinem Unterbewußtsein ist das Französische Gymnasium stets präsent. Seine Rolle dauert an...«

* * *

Hans Schwab-Felisch studierte in Berlin und Tübingen Philosophie, Soziologie und Geschichte. Bei Kriegsbeginn wurde er zur Wehrmacht eingezogen. Nach dem Kriegsende war er Redakteur der »Neuen Zeitung« in Berlin, wo er das Literaturblatt redigierte. Nach ihrer Einstellung war er Lektor im Suhrkamp Verlag, danach Feuilleton-Leiter der Frankfurter Allgemeinen Zeitung. Nach langen Jahren beim Westdeutschen Rundfunk beendete er seine Redakteurs-Karriere als Herausgeber des renommierten »Merkur, Deutsche Zeitschrift für europäisches Denken«. Neben Buchveröffentlichungen ist Schwab-Felisch als Herausgeber einer rund 35 Bände umfassenden Sammlung »Dichtung und Wirklichkeit« hervorgetreten, für die er den Musterband »Die Weber« erarbeitet hat, der auch am Collège benutzt wird. Er gehörte zur »Gruppe 47« und war mit vielen deutschen Schriftstellern befreundet, von Böll bis Holthusen, von Koeppen bis Grass. Mit 50 Jahren erhielt er in Würdigung seiner publizistischen Arbeit das Bundesverdienstkreuz Erster Klasse, 1981 den Professorentitel. Er ist Träger des Joseph-E.-Drexel-Preises, eines vom Verlag der »Nürnberger Nachrichten« gestifteten Preises »für couragierten Journalismus«. (Lit. Nr. 588–590)

Udo Derbolowsky
Arzt
(geboren am 10. März 1920)
Das Collège wird »Oberschule« und bleibt doch »Gymnasium«

Die Schulpolitik des Französischen Gymnasiums war von Anbeginn darauf gerichtet, Reformen nur unter dem Gesichtspunkt zuzulassen, wie sie die Schule den pädagogischen Zielen der Zeit könnten anpassen helfen, ohne die Tradition der frankophonen deutschen Schule zu schmälern.

Die Reformen des nationalsozialistischen Staates machten vor dem Collège nicht halt, aber sie wurden nur mit erheblichen Abstrichen eingeführt. Noch im Jahresbericht von 1937 ist zu lesen: *La langue Française tient encore une grande place. L'étude approfondie de cette langue permet aux jeunes gens sortant de notre école de servir leur patrie en devenant diplomates, officiers, industriels ou commerçants. Par une étude importante des langues mortes nous cherchons à faire comprendre à nos élèves les bases de la civilisation européenne tout en les préparant le mieux possible aux travaux scientifiques.*

Eine Analyse dieses Textes zeigt, daß die beiden tragenden Säulen der Schule, das Französische und die Alten Sprachen wieder einmal in die Diskussion geraten waren – und daß die Gegner der Schule als frankophones altsprachliches Gymnasium das Fehlen einer intensiven Einführung in die Naturwissenschaften ins Feld führten. Der Jahresbericht von 1938 beweist, wie es der Schule gelungen ist, die widerstreitenden Ansprüche miteinander zu vereinbaren.

Dort heißt es: *Au commencement de l'année scolaire, les lycées d'Allemagne devaient se résoudre à adopter une des deux formes admises, l'»Oberschule« forme principale, ou le »Gymnasium«. A la proposition du proviseur le Stadtpräsident de Berlin permit par un décret du 5 février 1937 que notre lycée gardât le plan d'études qui lui était propre depuis longtemps. Le 13 mai 1937 le Ministre de l'Instruction Publique consentit à ce que chacune de nos deux secondes fût divisée en deux branches, dont l'une cultiverait le grec, tandis que l'autre s'occuperait de préférence des mathématiques et des sciences naturelles.*

Die Zweiteilung der Schule betraf die Abiturienten von 1938, unter ihnen Udo Derbolowsky, nicht mehr. Für ihn und seine Mitschüler blieb alles beim alten, das Schulleben lief in den gewohnten Bahnen ab. Das Sommerhalbjahr hatte seine üblichen sportlichen Höhepunkte. Der Jahresbericht von 1938 erwähnt, daß Udo Derbolowsky dem Ruderklub der Schule vorstand, daß der Klub 35 Schüler umfaßte und jeden Montag nachmittag am Wannsee trainierte. In der traditionellen Wannsee-Regatta errang der Vierer des Französischen Gymnasiums mit Derbolowsky und seinen Kameraden den zweiten Platz. Vergleicht man die Kilometerleistung von 276 km mit heutigen Ergebnissen, so liegen diese kaum niedriger, das inzwischen vergangene halbe Jahrhundert ist an der Ruderriege ziemlich spurlos vorübergegangen.

Im Winterhalbjahr wurden die traditionellen Wettbewerbe um die Preise der Schule durchgeführt: Udo Derbolowsky erhielt am 1. November 1937 die seit Mitte des 19. Jahrhunderts alljährlich zum Reformationsfest verliehene Luthermedaille. In dieser Zeit hatte er sich an der Schule bereits durch sein christliches Engagement profiliert.

Derbolowsky hatte sich mit christlicher Mystik beschäftigt, insbesondere mit dem Österreicher Jakob Lorber. Seine Zugehörigkeit zur Berliner Stadtmission bedeutete Bindung an die Bekennende Kirche, die in zunehmender Opposition zum Nationalsozialismus stand. Im Französischen Dom vertrat Derbolowsky den Organisten.

Er legte als Siebzehnjähriger das große Hebraicum ab, um nach dem Abitur mit dem Theologiestudium beginnen zu können. Es kam anders.

* * *

Nach dem Abitur wurde Derbolowsky zum Reichsarbeitsdienst eingezogen und mit seiner Einheit ins Saarland geschickt, um am Westwall zu bauen. In den zwei Wochen zwischen Arbeitsdienst und Wehrmacht übergab er eine an Hitler gerichtete »Denkschrift«, in der er eine Präzisierung des im Parteiprogramm enthaltenen Begriffs des »positiven Christentums« forderte. Seine Verhaftung durch die Geheime Staatspolizei »Leitstelle für Religionswissenschaft und Protestantismus« wurde wieder aufgehoben, weil seine Einberufung zur Luftwaffe bereits vorlag.

Die nationalsozialistische Kriegsmaschine lief nun auf vollen Touren. Derbolowsky nahm 1939 am Einfall in die Tschechoslowakei teil und gehörte zu den Einheiten, die mit Kriegsbeginn in der Frühe des 1. September 1939 nach Polen einmarschierten. Nachdem seine Kompanie völlig aufgerieben worden war, wurde er seinen Eltern als gefallen gemeldet. Aber er lebte. Zu seiner großen Überraschung wurde er zum »nebendienstlichen Medizinstudium« nach Leipzig, später nach Berlin kommandiert.

Als Angehöriger der Studentenkompagnie der Luftwaffe war er unter anderem in Berlin als »Bergungsarzt« eingesetzt. In jener Zeit erlebte er besonders intensiv den Konflikt, einerseits Tradition, Heimat und Vaterland bewahren, andererseits unmenschliche Praktiken des Regimes abwenden zu wollen. 1984 erhielt er aus der Hand des Bundespräsidenten das Verdienstkreuz 1. Klasse des Verdienstordens der Bundesrepublik Deutschland. In der Verleihungsformel wird hingewiesen auf Derbolowskys »Besondere Verdienste durch seine Hilfeleistungen für verfolgte jüdische Mitbürger während des Krieges«.

Udo Derbolowsky ist Arzt für Neurologie und Psychiatrie geworden mit den Zusatzqualifikationen »Chirotherapie«, »Psychotherapie« und »Psychoanalyse«. Er hat auf allen diesen Gebieten Pionierarbeit geleistet und gediegenes Können erworben. Dies gilt auch für die Atemtherapie und Akupunktur sowie für die Medizinische Dokumentation, Statistik und Informatik. Seine Bücher sind auch in der Lindenborn-Memorial Library des Französischen

Udo Derbolowsky
1985

Udo Derbolowsky
(né le 10 mars 1920) Médecin
Le Collège Français devient «Ecole supérieure», mais reste «Lycée classique».

Dans le cadre de la réforme scolaire introduite par les autorités du Troisième Reich, les lycées allemands devaient se ranger soit dans la catégorie générale des «Ecoles supérieures», soit dans celle des «Lycées». Le Lycée Français réussit malgré tout à conserver les structures pédagogiques qu'il avait jusque là. Le 13 mai 1937, le Ministère prussien de l'Education accorda au Collège Français l'autorisation de diviser sa classe de Seconde en sections, dont l'une conservait l'étude du grec, tandis que l'autre était axée essentiellement sur l'étude des mathématiques et des sciences expérimentales.

Udo Derbolowsky, à cette époque-là, était en Terminale et ne fut donc pas concerné par cette partition de l'Ecole. Pendant la Deuxième Guerre mondiale, membre de la Compagnie des étudiants de l'Armée de l'Air, il fut engagé, entre autres, comme «Médecin-sauveteur» dans les ruines de Berlin. En 1984 il fut décoré de la Croix du Mérite de première classe de la République Fédérale d'Allemagne pour ses «mérites particuliers dans l'aide qu'il apporta à ses concitoyens juifs persécutés pendant la Guerre».

Udo Derbolowsky est devenu médecin, neurologue et psychiatre, plus particulièrement spécialisé en «chirothérapie» et «psychanalyse». Dans tous ces domaines il a fait figure de pionnier et a acquis un remarquable savoir-faire. C'est aussi le cas pour les thérapeutiques par maîtrise de la respiration et par l'acupuncture. Après avoir exercé, en cabinet privé, pendant plus de vingt-cinq ans à Hambourg, il a pris en 1979 la direction médicale d'un Centre d'accueil et de formation de jeunes à Homburg sur la Sarre, dans lequel environ trois cents adolescents, handicapés physiques ou mentaux, reçoivent une formation professionnelle. A côté de cette activité, et dans le cadre de la chaire de réinsertion psychosociale des handicapés qu'il occupe à l'Université de la Sarre, Udo Derbolowsky transmet son expérience à ses étudiants.

Gymnasiums zu finden. Er hat über hundert wissenschaftliche Arbeiten veröffentlicht, die zum Teil in andere Sprachen übersetzt worden sind. Nach über 25jähriger Praxistätigkeit in Hamburg hat er 1979 in Homburg/Saar die Geschäftsführung und die ärztliche Leitung eines Jugenddorf-Berufsbildungswerkes übernommen, in dem jeweils ca. 300 teils körperlich, teils seelisch behinderte junge Menschen ihre Erstausbildung in einem anerkannten Beruf erhalten.

Einer seiner Mitschüler, Jürgen Reiß, beschreibt in der Festschrift für Udo Derbolowsky, wie dieser schon als junger Mann auf Jugendliche in Not eingewirkt hat: »Es war jedenfalls für den damals verfemten jüngeren Mitschüler deutlich zu spüren, daß Udo Derbolowsky ihm seine Hand hinhielt, ihm Zuwendung und Hilfe gab. Er lebte Brüderlichkeit und Toleranz und sah den Menschen neben sich, nicht biologische Produkte, die man nach Rassenmerkmalen in mehr oder weniger lebenswerte Kategorien einteilen konnte.«

In einem Rückblick auf seine Schulzeit schreibt Derbolowsky 1986: »Nun gebe ich auf diesem Wege meiner Dankbarkeit Ausdruck, habe ich doch einen entscheidenden Abschnitt meines Lebens im Collège Français zugebracht und dort den Grundstock gelegt für die humanistischen Weisen meines Denkens und Wertens... Möge die ehrwürdige Institution sich auch für die folgenden Generationen segensreich auswirken. Daß die Herausgeber der mir zugedachten Festschrift den Titel ›Spielräume‹ gegeben haben, ist typisch für den Geist, der uns im Collège Français vermittelt worden ist. Es ist der Geist der Toleranz und der Freiheit, die es jedem erlaubt, ›nach seiner Façon‹ das Leben zu meistern.« (Lit. Nr. 591–594)

Ulrich Eyck
Historiker
(geboren am 13. Juli 1921)
Die »Mittlere Reife« am Französischen Gymnasium

Von der Mittelstufe aus hatten Maximilian Harden und Kurt Tucholsky das Collège verlassen, ihre Gründe waren persönlicher Art. Bei den Schülern, die von 1933 bis 1938 vor der Oberstufe abgingen, gab es fast immer nur einen Grund: den sich in Deutschland zunehmend verschlimmernden Antisemitismus.

Auch Ulrich Eyck gehörte zu den Schülern, die von ihren Eltern abgemeldet und im Ausland zur Schule geschickt wurden. Bei den Überlegungen der Familie Eyck spielten die »Nürnberger Gesetze« vom 15. September 1935 eine wichtige Rolle, aber ebenso die ganze ungesetzliche Handhabung der Ab- und Ausgrenzungspolitik, die vielen großen und kleinen Schikanen den jüdischen Deutschen gegenüber, die nun nicht mehr Deutsche sein sollten.

Ulrich Eyck war von seinen Eltern zu Ostern 1931 in die Quinta des Französischen Gymnasiums eingeschult worden. Die Sexta hat er dank intensiven Privatunterrichts in Französisch und einer besonders schnellen Auffassungsfähigkeit übersprungen. In seinen »Erinnerungen an das Französische Gymnasium« von 1984 sagt Eyck: »Mit meiner Einschulung im FG ... veränderte sich mein Leben vollständig. Die Schule war ungeheuer anregend, die Lehrer (wie Professor Levinstein und Studienrat Lindenborn) vorzüglich, die Mitschüler angenehm und gesellig. Mein Leben in Berlin vor 1933 erscheint mir jetzt einfach idyllisch.«

Aber Eyck kann sich auch an den »Umbruch« erinnern. Er stellt fest: »Mit der Ernennung der neuen Reichsregierung im Januar 1933 hörte meine Kindheit schlagartig auf... Zumindest äußerlich bemerkte man einige Veränderungen in der Schule, z.B. dass gewisse Lehrer Parteiuniformen und Parteiabzeichen trugen, daß Schüler manchmal in HJ- oder BDM-Uniform erschienen. Etwa die Hälfte meiner Klasse bestand aus Schülern, die jüdisch bzw. (teilweise) jüdischer Abstammung waren... Im Unterricht in der Schule bemerkte man ab 1933 eine stärkere Betonung der nationalistischen Ideen, der Bedeutung der Frontkämpfe des ersten Weltkrieges und der deutschen Ansprüche auf verlorene Gebiete... Es wurde auch ein vorsichtiger Versuch unternommen, Rassenlehre zu unterrichten, aber nicht auf NS-Art. Gleichzeitig gewann man aber das klare Verständnis, dass zumindest einige Lehrer weiter dem Humanitätsideal huldigten und dem Nationalsozialismus kritisch gegenüberstanden... Das FG blieb selbst nach 1933 bis zu einem gewissen Grade eine Insel der Toleranz. Dies verdankte es neben z.B. Herrn Lindenborn u.a. Max Roethig.«

Direktor Roethig gab in Ulrich Eycks Klasse Französisch, während Deutsch, Geschichte und Erdkunde von Ernst Lindenborn betreut wurden – zwanzig von dreißig Wochenstunden wurden in französischer Sprache erteilt, nämlich

Ulrich Eyck
1985

Ulrich Eyck
(né le 13 juillet 1921) Historien
Le «Brevet de fin d'études du premier cycle» au Collège Français.

Ulrich Eyck, issu d'une famille juive, est entré au Lycée Français à Pâques de l'année 1931, en Cinquième. Dans ses «Souvenirs du Lycée Français», il écrit en 1984: «L'enseignement de l'Ecole a été plus profondément marqué, à partir de 1933, par les idées nationalistes ... Il y eut d'ailleurs une timide tentative d'enseignement de la théorie des races, mais pas à la manière nazie. En même temps, il apparaissait très clairement qu'au moins quelques professeurs restaient fidèles à l'idéal d'humanité et adoptaient une attitude critique à l'égard du national-socialisme ... Ainsi le Lycée Français demeura, même après 1933, et jusqu'à un certain point, un ilôt de tolérance.»

Au printemps 1936 Ulrich Eyck obtint le «Brevet de fin d'études du premier cycle» au Lycée Français. Dans la dernière classe du premier cycle, les élèves avaient encore sept heures hebdomadaires de latin et huit de grec, qui s'ajoutaient à l'éventail normal des autres disciplines d'enseignement. Eyck quitta alors l'Ecole et émigra avec ses parents en Angleterre. De 1937 à 1939 il fréquenta la St. Paul's School à Londres. Une fois passé l'examen de fin d'études secondaires, il s'engagea dans l'Armée. Après la capitulation de l'armée allemande, il fut chargé de contrôler les émissions radiophoniques et de mettre en place des journaux anglais en langue allemande dans l'Allemagne du nord. A l'été 1946, Eyck préféra retourner en Angleterre et étudia à Oxford les sciences politiques, la philosophie et l'économie, avant de se consacrer aux sciences historiques.

Ses études terminées, il travailla dans un premier temps pendant sept ans pour la BBC à Londres, puis il retourna à Oxford comme «Research Fellow». La carrière de Professeur d'Université était sa vocation. Elle le conduisit en 1968, après quelques pérégrinations, à l'Université de Calgary au Canada, où il s'installa et travaille toujours comme historien, spécialisé dans l'histoire allemande et anglaise.

neben Latein (sieben Stunden) und Griechisch (acht Stunden) Geschichte (zwei Stunden) und Erdkunde (eine Stunde) sowie natürlich Französisch (zwei Stunden).

Vom Beginn seines letzten Schuljahres am Collège bis zum 18. Oktober 1935 hatte Ulrich Eyck noch Lateinunterricht bei Kurt Levinstein. Levinstein war Eycks Klassenlehrer gewesen; die Klasse erlebte, daß er infolge der »Nürnberger Gesetze« von einem auf den anderen Tag nicht mehr zur Schule kommen durfte, Signal für viele jüdische Schüler, die Schule ebenfalls zu verlassen und die Ausbildung wenn möglich im Ausland fortzusetzen.

Max Roethig beriet Ulrich Eycks Eltern in der Frage, ob er an der Schule bleiben oder auswandern sollte. Eyck schreibt: »Zuerst hielt er es für absolut richtig, dass ich in der Schule bliebe. Später, wohl 1935, äusserte er die Meinung, je schneller die Auswanderung stattfände, desto besser... Seiner Vorsorge verdanke ich es u. a., daß ich rechtzeitig nach England kam, wo ich wieder eine erstklassige Schule besuchen durfte.«

Der Übergang vom Französischen Gymnasium zur *St. Paul's School* in London verlief relativ reibungslos. Eyck hatte zu Ostern 1936 noch die »Mittlere Reife« erworben, er ging mit dem Versetzungszeugnis nach Obersecunda ab. Die Lehrgegenstände der Untersecunda von 1935/36 sind überliefert, sie lassen erkennen, daß das hohe intellektuelle Niveau des Collège bisher keine Einbuße erlitten hatte. Der Jahresbericht von 1936 nennt den Lektüreplan: Schiller (Maria Stuart), Kleist (Michael Kohlhaas), Reuter (Ut mine Stromtid), Grillparzer (Das goldene Vlies), Molière *(L'avare)*, Maupassant *(La parure, La mère sauvage)*, Cicero (Catilina I + II), Ovid (Metamorphosen).

Auch die Aufsatzthemen sind überliefert. Es waren nach wie vor literarische und »freie« Themen. Hier eine Auswahl: Ein Menschenschicksal, das mich besonders ergriffen hat; Reisegedanken – Gedankenreisen; Daß ein Baum groß werde, dazu will er um harte Felsen harte Wurzeln schlagen (Nietzsche); Mein Verhältnis zur Natur: ein Beitrag zur Geschichte meiner Seelenentwicklung; Denn wenn das Unglück dem Verbrechen folgt, folgt öfter noch dem Unglück das Verbrechen (Grillparzer); Wer mit dem Leben spielt, kommt nie zurecht; wer sich nicht selbst befiehlt, bleibt immer Knecht (Fontane).

Dies waren also die Themen, die von den vierzehn- und fünfzehnjährigen Untersecundanern bearbeitet wurden und mit denen sich Ulrich Eyck im Jahre vor seiner Emigration auseinanderzusetzen hatte. Hören wir Eyck noch einmal selbst: »Als mein Vater mich an meinem letzten Schultag im FG kurz vor Ostern 1936 am Reichstagsufer abholte, dachte ich nur an die Zukunft in England. Mein Vater ... war nachdenklich und wehmütig auf dem Heimweg ... *St. Paul's School* in London nahm mich gerne auf, da die Schule gute Erfahrung mit Collegianern gemacht hatte.«

* * *

Ulrich Eyck ging 1940 von *St. Paul's* ab und meldete sich zur Armee. In seiner Autobiographie sagt er mit unüberhörbarer Ironie von dieser Zeit: *I... was first of all subjected to a fitness course consisting of two years in the Pioneer Corps loading and unloading railway trucks.* Nach einem Zwischenspiel *Lecturing on the ›British Way and Purpose‹ ... I was ... subjected once more to the delights of the parade ground* – bis schließlich *army authorities wisely decided to earmark me for specialist employment.* Diese Sonderaufgaben bestanden in der Rundfunküberwachung zunächst französischer, dann deutscher Sender, in der Durchführung von Verhören deutscher Kriegsgefangener und schließlich, nach der Kapitulation der deutschen Wehrmacht, im Aufbau englischer Zeitungen in deutscher Sprache in Westfalen, Hamburg und Schleswig-Holstein, später deutscher Lizenz-Zeitungen zunächst in Flensburg, dann in Hamburg.

In seinem *Personal Account* unter dem Titel *Intelligence – Psychological Warfare and Newspaper Control in British-Occupied Germany* lernt der Leser die differenzierte Denkweise und die Gewissenskonflikte des knapp fünfundzwanzigjährigen Emigranten gegenüber Deutschen kennen, in deren Mitte er geboren und aufgewachsen war, denen er als Jude wenige Jahre zuvor hatte den Rücken kehren müssen und zu denen er nun als Besatzungsoffizier zurückkehrte.

Nach einigem Schwanken war im Sommer 1946 die Entscheidung gefallen: Eyck entschied sich gegen eine Rückkehr nach Deutschland und für eine endgültige Emigration. Er kehrte nach England zurück und immatrikulierte sich am *Worcester College* in Oxford. Eyck studierte Politik, Philosophie und Wirtschaft, bevor er zur Geschichtswissenschaft überging.

Nach seinem Studium war er zunächst sieben Jahre für die BBC London tätig, dann aber kehrte er nach Oxford als *Research Fellow* zurück. Die Laufbahn des Universitätslehrers wurde Ulrich Eycks Beruf. Sie führte ihn nach Zwischenstationen 1968 an die Universität von Calgary nach Kanada, wo er ansässig wurde und als Historiker auf dem Gebiet der deutschen und der britischen Geschichte arbeitete.

Seine Bücher erschienen jeweils zunächst auf englisch, dann auf deutsch, und viele seiner wissenschaftlichen Beiträge sind ebenfalls in beiden Sprachen erschienen: Ulrich Eyck schrieb über Kurt Schumacher, Konrad Adenauer, Theodor Heuss, er hielt Gastvorlesungen in London und Oxford, aber auch in Coburg, Frankfurt, Düsseldorf oder Würzburg, meist über Themen aus der europäischen und vorzugsweise deutschen Geschichte des 19. und 20. Jahrhunderts.

Die Verbindung zum Französischen Gymnasium hat er nicht abreißen lassen, bei seinen Europareisen hat er die Schule seiner Kindheit mehrmals wieder besucht. (Lit. Nr. 405, 595–597)

Nikolaus Fasolt
Unternehmer
(geboren am 21. Juli 1921)
Was nicht im Jahresbericht stand

Nikolaus Fasolt stammte aus alter großbürgerlicher Familie, seine Kindheit verlief zwischen Berlin, Rußland, München und Nizza. Sein Vater war bayerischer Kavallerieoffizier und Industrieller, seine Mutter russische Emigrantin, sie stammte aus der Familie Nabokov. Fasolt schreibt, aufgewachsen sei er »in einer Mischung von Französischem und Russischem ... das Deutsche kam hinzu, und etwas später das Englische.«

Nikolaus Fasolt kam 1932 zum Collège. Er erinnert sich: »Es blieb mir ... im Grunde fremd – andere Schulen wären mir noch fremder gewesen. Die Aussprache der Lehrer war manchmal furchterregend komisch ... Respekt – höchstens – gab es vor den encyclopädischen Kenntnissen aller Lehrer, aber keinerlei Respekt – mit ganz wenigen Ausnahmen – vor ihrer Person; die Manieren, die *présentation* – ich wäre nie auf die Idee gekommen, mich mit ihnen in ein wirklich persönliches Verhältnis zu begeben ... Spaß aber machte die Umsetzung in das Französische – und durchaus unbewußt lebte in mir eine Mischung aus dem Französischen mit den mir sichtbaren Facetten zwischen Villon und Valéry mit viel *Ancien Régime* und sehr viel weniger Hugo, Daudet, dafür erdrückend viel Verlaine, Rimbaud – und Preußisch-brandenburgischem, allen mathematisch-naturwissenschaftlichen Torturen zum Trotz. Die so brillanten jüdischen Mitschüler waren in diesen Fächern erbarmungslos glänzend, daß es wenig Sinn hatte, sich anzustrengen.«

* * *

Das Protokollbuch der Lehrerkonferenzen aus der Schulzeit von Nikolaus Fasolt hat sich erhalten. Vom 29. Juni 1931 bis zum 15. Mai 1941 sind wir über jeden einzelnen Verhandlungsgegenstand unterrichtet. Bei genauerem Hinsehen läßt sich erkennen, wie zögernd das Französische Gymnasium der offiziellen Politik folgte, in welchem Ausmaß es sich sein Eigenleben wahren konnte. Ein paar Beispiele:

»21. 9. 1934. Kollege Ansorge reicht folgenden Antrag ein: Ich beantrage, daß fortan am Französischen Gymnasium der Geschichtsunterricht in deutscher Sprache gegeben wird. Und ich stelle diesen Antrag, weil ich die Beibehaltung der französischen Sprache im deutschen Geschichtsunterricht unter den gegebenen politischen Verhältnissen und ihrer Auswirkung auf Elternhaus und Schule mit meinem Gewissen als deutscher Lehrer nicht verantworten kann.« Zu diesem Zeitpunkt war Dr. Ansorge ein Jahr am Collège. Er gab Deutsch und Geschichte, auch Erdkunde auf der oberen Mittelstufe und auf der Oberstufe, in Deutsch war er 1934 Fasolts Lehrer.

Der revolutionäre Antrag Dr. Ansorges scheint überhaupt nicht diskutiert worden zu sein, jedenfalls enthält das Protokollbuch keinerlei weitere Angaben, auch von einer Abstimmung ist nichts festzustellen. Aber in der Konferenz vom 16. Oktober 1934, drei Wochen später, gibt Max Roethig bekannt: »Der Zeitpunkt des Ausscheidens von Koll. Ansorge aus der Schulgemeinschaft steht noch nicht fest.« Außer diesem lapidaren Satz – nichts mehr von Dr. Ansorge. Er blieb indessen bis zum 1. November 1938 an der Schule, allerdings gab er später Geschichte und Erdkunde nur noch auf der Unterstufe, auch Religion und Deutsch – Roethig hat ihn so eingesetzt, daß er nicht mehr auf französisch zu unterrichten brauchte. Problemlösung mit Intelligenz!

Während der Schulzeit von Nikolaus Fasolt hat es einmal ein ziemlich dramatisches Ereignis gegeben. Folgen wir wieder dem Protokollbuch!

»8. 1. 1935: Der Direktor verliest die Beschwerdeschrift eines gewissen Mahlow an den O.Präs. (Oberpräsidenten). Mahlow führt Klage über 4 Mitglieder des Kollegiums, die während einer Flaggenehrung beim deutschen Gruß den Hut nicht abgenommen haben. Der Direktor macht einige Feststellungen für die vom OPräs. verlangte Stellungnahme.« Sonst nichts! Nichts? Oh doch! Lesen wir drei Wochen später!

»25. 1. 1935: Der Direktor beklagt die mangelhaften Textkenntnisse der Schüler beim Singen von Chorälen und anderen Liedern; er ordnet an, daß die Texte der 10 bis 12 gebräuchlichsten geistlichen Lieder von den Schülern erlernt werden sollen. Die Einübung übernehmen die Deutschlehrer. In jedem Monat wird ein Lied gelernt; die Auswahl der Lieder wird der Direktor im Umlaufbuch bekanntgeben.«

Ein Vierteljahr später, am 2. Mai 1935, Nikolaus Fasolt besucht nun die Untersecunda, wird ein Erlaß zur »Reichsreform« verlesen. Dann folgen im Protokollbuch die Worte: »Im Anschluß an diesen Erlaß verbietet der Direktor ... den Schülern persönliche Eigendeutungen in dogmatischer Form vorzusetzen oder einen anderen möglichen Standpunkt in anmaßender Weise zurückzuweisen.« Roethig hat das Protokoll, wie alle übrigen, gegengezeichnet, dabei aber drei Wörter gestrichen. Welche? Die Wörter »in anmaßender Weise«. Andere mögliche Standpunkte durften am Französischen Gymnasium also generell nicht zurückgewiesen werden!

Bevor wir das Protokollbuch wieder schließen, noch ein Beispiel aus der gleichen Konferenz. Interpretiert wird der Erlaß »Schülerauslese an den höheren Schulen«. Wir lesen: »Der Satz ›Arische Schüler dürfen hinter nichtarischen nicht zurückgesetzt werden‹ wird folgendermaßen aufgefaßt: Wenn ein weniger fähiger arischer Schüler die Aussicht besitzt (das ist allerdings notwendige Voraussetzung), die auf ihn verwandten Staatsmittel bei sich fruchtbar zu machen, dann soll er gegenüber einem nichtarischen Schüler, der noch mehr leistet, nicht benachteiligt werden.« Dennoch: den immer restriktiveren Gesetzen konnte sich auch das Französische Gymnasium nicht entziehen. Der 9. November 1938 leerte nun auch die Prima von Nikolaus Fasolt, und dies etwa ein Vierteljahr vor dem Abitur. Das Ergebnis kennen wir: außer Fasolt legten nur noch vier andere Abiturienten die Reifeprüfung ab.

Nikolaus Fasolt
1978

Nikolaus Fasolt
(né le 21 juillet 1921) Chef d'entreprise
Ce qui ne figurait pas dans le Rapport annuel.

Nikolaus Fasolt arriva à l'âge de douze ans au Lycée Français et y fit sa scolarité jusqu'en Terminale. La lecture du recueil des procès-verbaux des Assemblées plénières des professeurs pendant la période de sa scolarité nous apprend comment le Lycée Français a su longtemps se soustraire aux lois de plus en plus restrictives de l'Etat national-socialiste et dans quelle mesure il a su conserver son caractère propre. Ainsi, l'Assemblée plénière décidait, en avril 1935, en ce qui concerne la théorie des races, de mettre l'accent sur la préhistoire, ce qui devait permettre d'aborder ensuite «également le développement des races à des époques ultérieures, par exemple à l'ère des grandes glaciations.» Suit cette phrase: «Il faut combattre l'idée de la supériorité de l'Européen.» De même, un procès-verbal de séance du 21 janvier 1939 définit en ces termes le projet éducatif destiné aux trente élèves nouvellement inscrits: «Le comportement que nous voulons développer chez les jeunes garçons, doit les conduire, intérieurement et extérieurement, à une stricte maîtrise d'eux-mêmes. Mais ils doivent pouvoir, lorsque cela est justifié, exprimer sans retenue leur opinion et faire preuve de courage moral.»

En tant qu'ancien élève, Nikolaus Fasolt dit encore: «Quand on imagine qu'à la fin de la dernière guerre de jeunes garçons allemands apprenaient encore, jusqu'aux derniers jours, l'histoire allemande en français, voilà qui est vraiment unique et revêt une importance qui dépasse l'Ecole.»

Nikolaus Fasolt passa le baccalauréat au printemps 1939 au Lycée Français. Il voulait devenir officier, comme son père, et s'engagea, de suite après son baccalauréat, dans les chasseurs alpins, comme aspirant. Il resta sous les drapeaux jusqu'en 1945. Il étudia ensuite les langues romanes, les langues slaves et l'anglais. Il s'inscrivit, parallèlement, à des cours d'économie politique. Il termina ses études en présentant son doctorat. Puis il fit carrière dans l'économie privée et devint chef d'entreprise. A l'âge de 56 ans, il a été élu Président de la Chambre de Commerce et d'Industrie de Bonn.

Wenige Wochen vor dem Abitur, am 21. Januar 1939, steht im Protokollbuch eine Erklärung, die sich wie ein Manifest der Schulzeit Fasolts ausnimmt. Wir lesen: »Die Haltung der Jungen, die wir erziehen wollen, soll innerlich und äußerlich ... zu straffer Selbstbeherrschung führen. Sie sollen aber, wo es angebracht ist, ihre Meinung rückhaltlos äußern können und moralischen Mut zeigen ... Das Leistungsniveau unserer Schule soll unter keinen Umständen nachlassen.«

* * *

Die Schulpolitik des Französischen Gymnasiums in diesen Jahren sehen wir gespiegelt in der Bilanz, die Nikolaus Fasolt gezogen hat. Hier ist er selbst:

»Diese sechs oder fünf Jahre, in denen das FG das beherrschende ... Element in meiner Entwicklung war ... hatten dauernd eine kaum gewollte Auseinandersetzung im Gefolge ... ohne den roten Backsteinbau ... was wäre ich? Sicher jemand anderes. Und deswegen bin ich dem FG so dankbar. Die genannte Mischung aus preußisch-brandenburgischem und naiv-hugenottischem, aus dem überall die Sehnsucht nach dem *grand siècle* und Ludwig XIV. herausschaut ... das bleibt eben.«

Als Sprecher der Klasse hielt Fasolt die Abiturientenrede. Ihr Text hat sich erhalten. Sie schließt mit den Worten: *Nous souhaitons donc à notre vénérable Collège Français un futur heureux et un travail couronné de succès, à notre Collège qui en formant un lien entre la France et l'Allemagne et en approfondissant la compréhension mutuelle des deux pays leur rend de si grands services.* Dieses Bekenntnis zur deutsch-französischen Verständigung hat Fasolt namens seiner Klasse und seiner Schule abgelegt wenige Monate vor Ausbruch des Zweiten Weltkrieges!

Nikolaus Fasolt wollte wie sein Vater Offizier werden. Nach dem Abitur, mit siebzehn Jahren, ging er als Fahnenjunker zu den Gebirgsjägern und war bis 1945 Soldat. Es folgte ein Studium der Romanistik, Slavistik und Anglistik. Fasolt belegte auch Vorlesungen der Nationalökonomie. Das Studium schloß er mit der Promotion ab.

Dann ging er in die Wirtschaft, wurde Unternehmer. 56 Jahre war er alt, als er zum Präsidenten der Industrie- und Handelskammer Bonn gewählt wurde. Seine offizielle Biographie, veröffentlicht anläßlich seiner Wahl zum Präsidenten des Bundesverbandes der Deutschen Industrie, hebt seine Verdienste als Unternehmer hervor.

Weihnachten 1984, inzwischen Pensionär, kommt er noch einmal auf das Französische Gymnasium zu sprechen. Er sagt: »Wenn man sich vorstellt, dass Ende des letzten Krieges deutsche Jungen kurz vor Schluß noch deutsche Geschichte auf französisch lernten – das ist wirklich einzig, und von einer Bedeutung, die über die Schule hinaus geht. Dies ist nur eine kleine Glosse ... Für das Erscheinungsbild Deutschlands ... aber doch eine bedeutende und eben kaum bekannte Facette.« (Lit. Nr. 598–600)

Dieter Claessens
Soziologe
(geboren am 2. August 1921)
»Gesinnungsunterricht« am Französischen Gymnasium

Ungefähr gleichaltrig mit Ulrich Eyck und Nikolaus Fasolt ist Dieter Claessens, Abiturient des Kriegsjahrgangs 1940. Er kam 1931 zum Französischen Gymnasium. Wie Nikolaus Fasolt stammte er aus einer Offiziersfamilie, sein Berufswunsch beim Abitur war aber Architekt.

Im Jahre seines Abiturs wurde der letzte Jahresbericht vor der Pause veröffentlicht, die bis 1975 dauerte. Dort heißt es auf Seite 1: *Bien que beaucoup de difficultés se soient présentées par suite de la guerre, il a été possible de donner toute l'instruction prescrite de sorte qu'aucune leçon n'a été perdue.* Unterricht ist nicht ausgefallen, aber während der Schulzeit von Dieter Claessens sind in zunehmendem Maße Unterrichtsstunden »umgewidmet« worden. Diese Entwicklung nahm schon im Sommersemester 1933 ihren Anfang.

Bereits am 7. September 1933 hatte sich die Lehrerkonferenz mit der Aufstellung eines fächerübergreifenden Lehrplans zur »Behandlung des Auslandsdeutschtums im Unterricht« beschäftigt. Ab 23. Oktober 1933 tritt die Behandlung von »Rassenkunde, Vererbungslehre usw.« hinzu, auch hier wird ein Lehrprogramm entwickelt, ebenfalls fächerübergeifend. Am 7. Mai 1934 tritt im Protokollbuch zum ersten Mal der Begriff »Nat.-soz. Gedankengut« auf. »Über einzelne Gebiete werden Vorträge im Lehrerkollegium geplant.« Für Rassenkunde wurden in Untersecunda und in Oberprima je zwei Stunden vorgesehen.

Kürzungen erlitten Griechisch und in der Untersecunda Latein, in Oberprima Mathematik. Vom August 1934 an wurde am Samstag der wissenschaftliche Unterricht von Sexta bis Untertertia gestrichen. Statt dessen erhielten die Mitglieder des »Jungvolkes« schulfrei für ihren »Dienst«, die übrigen bekamen einen gesonderten Unterricht, und zwar zwei Stunden *instruction nationale socialiste.* Am 17. August 1934 beschließt das Kollegium, »bei der Behörde anzufragen, ob Halb- oder Viertelarier auf Wunsch am Unterricht im Nat.-soz. Gedankengut teilnehmen dürfen«. Es folgt im Protokoll der Satz: »Außer dem vorgeschriebenen nationalsoz. Gesinnungsunterricht und den Leibesübungen wird noch Werkunterricht und Volksliedsingen angesetzt.«

Die Behörde beantwortet die Anfrage des Kollegiums sofort. Am 21. September 1934 wird die Antwort verlesen. Es bestehen »hiergegen keine Bedenken«. Beurlaubt waren also nur jüdische Schüler und »Pimpfe« des »Jungvolks«, Gleichbehandlung von »Nichtariern« und Hitlerjungen!

Für den Gesinnungsunterricht wurden geopfert *quelques leçons scientifiques, surtout des leçons de français et de latin.* Dieser Samstagsunterricht wurde 1935 und 1936 beibehalten. Zum 1. Januar 1937 wurde er dann wieder abgeschafft. Der Jahresbericht stellt fest: *Le samedi matin, jusqu'alors consacré aux exercices du »Jungvolk«, fut de nouveau utilisé pour l'enseignement scientifique.*

Dieter Claessens
Zeichnung von Lorenz Gerster 1981

Dieter Claessens
(né le 2 août 1921) Sociologue
Enseignement «de circonstance» au Collège Français.

Dieter Claessens est arrivé en 1931 au Lycée Français et y a passé le baccalauréat en 1940. A l'époque de sa scolarité, et dans le cadre des lois nationales-socialistes, de nombreuses heures d'enseignement furent consacrées, en nombre croissant, à d'autres activités que leur finalité première. Cette évolution commença dès l'été 1933 avec l'introduction de la théorie des races et de l'hérédité, à raison de deux heures hebdomadaires en Seconde inférieure et Terminale. Ce sont le grec d'une part, ainsi que le latin pour la Seconde et les mathématiques pour la Terminale, qui en firent les frais. A partir de 1934, l'enseignement des sciences fut rayé de l'emploi du temps du samedi, de la Sixième à la Troisième inférieure. A la place, les membres du «Jungvolk», libérés, pouvaient faire leur service dans cette organisation. Les autres recevaient un enseignement spécial qui consistait en deux heures d'«instruction nationale-socialiste», auxquelles s'ajoutaient de la gymnastique ou des jeux de ballon, l'apprentissage de chansons populaires allemandes et la réalisation de travaux manuels. Le 1er janvier 1937, cet enseignement fut d'ailleurs de nouveau supprimé, après que l'Assemblée plénière des professeurs eut mis au point un programme d'enseignement pluridisciplinaire qui permettait de traiter les sujets nationaux-socialistes, rendus obligatoires par le règlement d'alors.

Cet enseignement ne fit pas le moindre effet sur Claessens qui, revenant sur cette époque, insiste sur le fait que, au Collège Français, la culture humaniste a toujours su affirmer sa supériorité dans le combat incessant qu'elle menait contre les directives totalitaires.

Dès qu'il eut son baccalauréat, Dieter Claessens fut incorporé dans la Wehrmacht. Il y passa toute la période de la guerre et se retrouva, à la fin de celle-ci, en captivité chez les Russes. Après la guerre, il étudia la sociologie. Il passa son doctorat à Berlin puis, en 1960, son habilitation. De 1962 à 1966 il enseigna à l'Université de Münster, de 1966 à 1983 à l'Université Libre de Berlin et il fut en même temps, de 1974 à 1978, Directeur de l'Institut national de formation des travailleurs et éducateurs sociaux.

L'abolition de l'instruction civique permit d'ajouter une leçon d'allemand en sixième, d'histoire en quatrième, de dessin en troisième inférieure.

Der Gesinnungsunterricht mündete ab 1939 in einen »Gesinnungsaufsatz« beim Abitur. Er folgt in der Hierarchie der Themen hinter dem literarischen und steht vor dem Thema »aus dem Gebiete der Kunst« und dem freien Thema.

Beim Abitur von Dieter Claessens und seinen Mitschülern 1940 lautet das Thema »aus dem Gebiete der Weltanschauung« wie folgt: »Mein Urteil über das Wort Montesquieus: *Il n'y a de vaincus que ceux qui croient l'être!*« Was mögen die Schüler angesichts des Überfalls auf die Tschechoslowakei und des siegreichen Polenfeldzuges, angesichts des sich abzeichnenden Angriffs auf Frankreich zu diesem Wort Montesquieus zu sagen gehabt haben?

Vorgänger des »Gesinnungsaufsatzes« war der politische Aufsatz, den es schon in der Weimarer Zeit gegeben hatte. Wir blättern zurück: 1938 lautete das politische Thema so: »Welche Forderung stellt die deutsche Gegenwart an mich? – 1937: »Der Satz Hermann Görings in ›Aufbau einer Nation‹ ist zu begründen: Deutschland aber ist und bleibt das Herz Europas, und nur dann wird Europa gesund und in Frieden leben können, wenn das Herz gesund und intakt ist.« – 1936: »Hat Möller van den Bruck recht, wenn er sagt: Ein Revolutionär ist kein Rebell?« – 1934: »Besprechung eines Films oder einer Dichtung, in denen sich die nationale Erhebung unserer Tage widerspiegelt.« Die beiden Themen zu Aussprüchen von Göring und Möller wurden von Ernst Lindenborn gestellt, das Thema von 1934 von Kurt Levinstein.

* * *

Dieter Claessens wurde unmittelbar nach dem Abitur zur Wehrmacht eingezogen. Er machte den ganzen Krieg mit und erlebte das Kriegsende in russischer Gefangenschaft.

Nach dem Kriege studierte Dieter Claessens Soziologie, der Promotion in Berlin folgte 1960 die Habilitation. Von 1962 bis 1966 lehrte Claessens an der Universität Münster, von 1966 bis 1983 an der Freien Universität Berlin, und von 1974 bis 1978 war er gleichzeitig Rektor der staatlichen Fachhochschule für Sozialarbeit und Sozialpädagogik.

Dieter Claessens gehört zu den Berliner Gründungsmitgliedern der Internationalen Jugendgemeinschaftsdienste, einer Organisation, die sich zum Ziel gesetzt hat, mit Jugendlichen in deren Schul- oder Semesterferien zum Wiederaufbau beizutragen. In einer seiner Veröffentlichungen stellt Claessens 1952 unter dem Titel »Berlin – Paris, Beiträge zum werdenden Europa« Überlegungen über »Das Französische Gymnasium zu Berlin« an. Er hatte die Ruine der Schule am Reichstagsufer besucht und sagt: »Ein seltsames Gefühl: kahle rote Mauern, das Philosophengärtchen unter Schutt verschwunden, Stille. Und seltsame Gedanken: Das ist doch so etwas wie ein Mahnmal und ein Gleichnis! Eine der Toleranz gewidmete Stätte muß in ihrer Eigen-Art fallen, wenn die Intoleranz übermächtig wird... Die deutsche Schule hat sicher, wie alles Deutsche, ein zwielichtiges Gesicht gehabt, damals. Aber hier, wo der Geist zweier Sprachen herrschte und die *Humanitas* sich im steten Kampf gegen totalitäre Ansprüche ... erhielt, gingen ... der HJ-Bannführer und die jüdischen Klassenkameraden zusammen, sie machten, in echter Kameradschaft verbunden, gemeinsam das Abitur ... Romain Rollands Bild vom Adler, der nur fliegen kann, wenn beide Schwingen, Frankreich und Deutschland, intakt sind, trifft auch auf das Collège Français zu. Es stand und steht im Dienst der Hoffnung und der Idee, die Weite durch Gemeinsamkeit zu bezwingen... Wo zur Feier des staatlichen ›Muttertags‹ in der unglücklichen Zeit vierzehn Schüler in vierzehn Zungen von der Mutter sprachen, wo die Söhne eines François Poncet ... und anderer Diplomaten oder ausländischer Kaufleute zur Schule gingen, da hatte jeder Chauvinismus es wirklich schwer. So ist das Französische Gymnasium gewachsen, immer gehütet und, seit seiner Gründung im Jahre 1689 ... durch mancherlei Fährnisse geleitet, oft auch vor Angleichung oder Auflösung ... gerettet... Im Jahre 1937 waren zum letzten Mal vor dem Kriege die oberen Klassen des FG nach Paris gefahren, zum Besuch der Weltausstellung. Vielleicht ist es kein Zufall, daß ... kürzlich von französischer Seite angeregt wurde, die Kinder der französischen Kolonie mit den Collegianern in Berlin zusammen lernen und arbeiten zu lassen. Ein weiterer Schritt auf einem langen gradlinigen Wege...«

So beschließt Dieter Claessens 1952 seinen Artikel über das Collège – wir erinnern uns: 1952 war das Jahr, in dem Paul Hartig und Louis Fouilleron sich an die Arbeit machten, eine Arbeit, an deren Ende heute die Synthese des deutschen mit dem französischen Schulsystem steht, im gemeinsam durchgeführten Unterricht Deutsche und Franzosen das Abitur, Franzosen und Deutsche das *baccalauréat* vorbereiten und fast alle Deutschen, viele Franzosen durch Ablegung beider Examen die Studienberechtigung für alle frankophonen und alle germanophonen Universitäten in Europa erwerben! (Lit. Nr. 601–605)

Jürgen Reiß
Publizist
(geboren am 20. Februar 1924)
Der Collegianerverein in der Nachkriegszeit

Jürgen Reiß legte sein Abitur zu Ostern 1942 ab. Zur Wehrmacht einberufen wurde Reiß nicht, er war nach den Begriffen Hitler-Deutschlands nicht »wehrwürdig«, denn er entstammte, selbst evangelisch erzogen, einer christlich-jüdischen Familie. In der Sprache der »Nürnberger Gesetze« war er »Mischling ersten Grades«. Immerhin konnte er trotz vieler Diskriminierungen, Kränkungen und Einschüchterungen – schon wissend, daß etliche seiner Familienangehörigen von den Nazis umgebracht worden waren – bis zur Reifeprüfung am Gymnasium bleiben. Als er in der Obertertia war – 1938 – waren die »volljüdischen« Mitschüler, in seiner Klasse mehr als zehn, von der Schule verwiesen worden. Reiß erinnert sich: »... für einen Jungen, der zur Zeit der Progromnacht 1938 ... 14 Jahre alt war, verlief die Zeit nicht ›unbehelligt‹, auch wenn es anständige Lehrer wie Lindenborn, Koch, Nessler und andere gab. Und viele Mitschüler, die trotz Dienstgrades in der Hitler-Jugend nie bereit waren, einen Kameraden aus rassischen Gründen zum Untermenschen zu erklären. Etliche dieser unvergessenen Mitschüler sind in Hitlers Krieg gefallen.«

Nach dem Abitur begann für Reiß – im wörtlichen Sinne – der Ernst des Lebens. Er schreibt: »Da ich weder studieren, noch sonst eine Weiterbildung betreiben durfte, begann ich in einer Druckerei zu arbeiten, die einer befreundeten Familie gehörte. Dann sollte ich – wie fast alle ›Mischlinge‹ – zur ›Organisation Todt‹ eingezogen werden – das war eine paramilitärische Bautruppe ... bei der ›rassisch Versippte‹ meist unter KZ-ähnlichen Bedingungen schikaniert wurden. Dem entzog ich mich 1944, indem ich in eine ›Halb-Illegalität‹ abtauchte, zuletzt in einem Keller in Wilmersdorf lebend, übrigens in Kontakt mit einer Widerstandsgruppe namens ›Ernst‹.«

Nach dem Krieg kam für Reiß zunächst ein Studium gar nicht in Betracht. Er arbeitete wieder in der Druckerei, dann ab September 1946 als freier Journalist für die von der französischen Militärregierung gegründete Morgenzeitung »Der Kurier«, von 1947 bis 1949 als innenpolitischer Redakteur beim »Tagesspiegel«, von 1949 bis 1959 beim »Abend«, zuletzt als Leiter des politischen Ressorts.

Sein Studium absolvierte Reiß in diesen Jahren neben voller Berufstätigkeit. 1953 legte er die Diplomprüfung ab, als erster Absolvent der Deutschen Hochschule für Politik mit dem Prädikat *summa cum laude*. Dann studierte er weiter an der Freien Universität Politologie, Geschichte und Staatsrecht und promovierte 1956 mit der Dissertation »George Kennans Politik der Eindämmung«. 1959 wurde Reiß Chefredakteur des »Kurier«, bis dieser Ende 1966 sein Erscheinen einstellen mußte. Eine Zeitlang arbeitete Reiß als freier Rundfunkkommentator und Fernseh-Autor, bis er 1968 als Direktor und Chefredakteur des Europa-Programms zum Deutschlandfunk nach Köln ging.

Reiß gehört zu den Journalisten »der ersten Stunde«, jenen Männern, die als Publizisten dazu beitrugen, daß die Deutschen nach dem Zusammenbruch in die demokratische europäische Staatengemeinschaft wieder hineinwachsen konnten. Die Bundesrepublik hat ihn dafür mit dem Bundesverdienstkreuz ausgezeichnet.

* * *

Schon bald nach dem Kriege hat Jürgen Reiß wieder Verbindung zum Französischen Gymnasium gesucht. Er trat dem am 26. Juli 1946 wiederbegründeten Collegianer-Verein bei und gehörte mit Levinstein und Lindenborn zu den fünf »Gründungsmitgliedern«, die am 16. Dezember 1947 den Beschluß fassen, den Verein bei den alliierten Behörden anzumelden.

Da sich das Protokollbuch mit den Eintragungen seit der Gründungsversammlung vom 3. Mai 1886 erhalten hat, sind wir über die Entwicklung des Vereins gut unterrichtet. Seit dem 28. Januar 1931 stammen die Eintragungen von Kurt Levinsteins Hand. Sie haben chronikalischen Charakter. Levinstein berichtet sowohl von den Sitzungen als auch von den Schulfesten und Veranstaltungen des Französischen Gymnasiums. Am 21. Januar 1933 notiert er, daß die »Ehemaligen« zu einer Aufführung in lateinischer Sprache von Plautus »Mostellaria« eingeladen waren. Dann folgt der lapidare Satz: »Wegen der durch die ›nationale Revolution‹ geschaffenen Lage fällt die Sommersitzung 1933 aus.« Der Verein traf sich weiter je einmal im Sommer und im Winter bis 1938. Wir lesen: »Auf die für den 30. November 1938 geplante Winterversammlung wird, im Einvernehmen mit Herrn Dir. Roethig, verzichtet. Zusammenkünfte sollen bis auf weiteres nicht stattfinden.«

Die Lücke im Protokollbuch umfaßt acht Jahre. Dann folgt: »Erste Versammlung nach dem Zusammenbruch am 26. Juli 1946«.

Auf Initiative von Reiß wurde in der 12. Sitzung am 27. Februar 1951 Kurt Levinstein zum Ehrenpräsidenten und Ernst Lindenborn zum Vorsitzenden gewählt, er selbst kandidierte für das Amt des Stellvertretenden Vorsitzenden. Am 2. Juni 1953 begründete Reiß mit Lindenborn zusammen das Mitteilungsblatt des Collegianer-Vereins »Der Collegianer«, das seither in fast ununterbrochener Folge erschienen ist und das Bindeglied zwischen den Collegianern in aller Welt darstellt. Als Ernst Lindenborn am 5. Dezember 1961 aus Gesundheitsgründen sein Amt aufgab, wurde Reiß sein natürlicher Nachfolger. Er organisierte die Jubiläumsfeier zum achtzigjährigen Bestehen des Vereins am 18. Mai 1966, an der u.a. der französische Stadtkommandant, General François Binoche, und sein Stellvertreter, Gesandter Jean-Claude Winckler, teilnahmen. Wegen seiner Berufung nach Köln mußte Reiß am 17. Mai 1968 vom Vorstand zurücktreten und wurde zum Ehrenvorsitzenden gewählt. In dieser Funktion hat er bei den Jubiläumsfeierlichkeiten des Vereins am 15. November 1986 die Begrüßungsansprache gehalten und den Festredner Sigismund von Braun eingeführt sowie am Vormittag danach die Gedenktafel ent-

Jürgen Reiß
1985

Jürgen Reiß
(né le 20 février 1924) Editorialiste
L'Association des Anciens Elèves.

Jürgen Reiß passa son baccalauréat au printemps 1942 au Lycée Français. Elevé dans la religion évangélique, il était issu d'une famille mi-juive, mi-chrétienne et était ainsi, dans la terminologie des lois de Nuremberg, un «demi-juif au premier degré». Quoiqu'il en fût, il put, malgré la discrimination, les nombreuses vexations et intimidations dont il faisait l'objet, rester au Lycée jusqu'au baccalauréat; par contre, ses camarades «juifs entiers» furent expulsés dès 1938 de l'Ecole, alors qu'ils étaient en Troisième supérieure.

Après son baccalauréat, Jürgen Reiß travailla dans une imprimerie, car il ne pouvait, vu ses origines, prétendre entrer à l'Université. De 1949 à 1959 il travailla comme reporter ou rédacteur pour de nombreux quotidiens berlinois. C'est pendant ces années qu'à côté de son activité professionnelle à plein temps, il entreprit des études de sciences politiques, d'histoire et de droit public, qu'il termina par un doctorat en 1956. En 1968 Reiß partit pour Cologne où il se vit confier le poste de Directeur et Rédacteur en chef du programme européen de Radio-Allemagne (Deutschlandfunk).

Jürgen Reiß fut, avec Levinstein et Lindenborn, l'un des cinq membres fondateurs de l'Association des Anciens Elèves, qui revit le jour le 20 juillet 1946. Depuis qu'il est installé à Cologne, il dirige la section locale de l'Association à Bonn, qui se réunit chaque année le jour de la Saint-Nicolas et regroupe un grand nombre d'anciens élèves du Collège qui travaillent aujourd'hui au Gouvernement ou au Parlement fédéral. La section locale de Berlin, dont le Président fut longtemps Reiß, jusqu'à son départ pour Cologne, l'a élu Président d'honneur.

Jürgen Reiß fait partie des «journalistes de la première heure», de ces hommes qui, en tant que publicistes, ont permis aux Allemands, après l'effondrement du Troisième Reich, de retrouver leur place dans la communauté des Etats démocratiques. La République Fédérale, reconnaissante, l'a décoré de la Croix du Mérite fédéral.

hüllt, die der Verein der Schule gestiftet hat: »Den Opfern von Intoleranz, Terror und Krieg, *pour la tolérance, l'humanité et la paix* – Der Collegianerverein 1886–1986«.

Reiß hat in den sechziger Jahren seine Töchter am Collège eingeschrieben und arbeitete im Elternausschuß mit, mehrere Jahre lang als sein Vorsitzender. Der Umzug des Französischen Gymnasiums von der Peripherie Berlins in Reinickendorf ins Zentrum nach Tiergarten ist von Reiß in seiner Doppelfunktion als Vorsitzender des Collegianer-Vereins und des Elternausschusses bereits propagiert worden, als durchaus noch nicht alle Entscheidungsträger die Vorteile dieses Ortswechsels zu sehen vermochten.

In der Jubiläumsschrift von 1965 umreißt er die Arbeit von Elternausschuß und Collegianerverein unter seinem Vorsitz. Er druckt die Resolution ab, die er anläßlich des Gedenktages zum 275jährigen Bestehens des Collège der Presse übergeben hat. Reiß fordert die zuständigen Behörden auf, »die seit langem erforderlichen Maßnahmen zur weiteren Verbindung der deutschen und französischen Lehrpläne beschleunigt in Angriff zu nehmen.« Wir stehen heute, also rund zwanzig Jahre danach, vor der Vollendung dieses Angleichungsprozesses, der die Voraussetzung für die völlige Integration des Unterrichts bildet, die jetzt im wesentlichen abgeschlossen ist.

Seit seiner Übersiedlung nach Köln leitet Reiß die Bonner »Ortsgruppe« des Collegianervereins, die sich regelmäßig jedes Jahr zum Nikolaustag zu ihrer Sitzung trifft und der viele Collegianer aus dem Umfeld von Regierung und Parlament angehören.

Über dreißig Jahre lang hat Reiß sich bei vielen Gelegenheiten auch publizistisch mit der Rolle des Französischen Gymnasiums in unserer Gesellschaft beschäftigt, zuletzt 1985 in der Festschrift für Udo Derbolowsky. Reiß schreibt, er könne bezeugen, »daß es auch im Zentrum der braunen Diktatur in Berlin Inseln der Toleranz, der Weltoffenheit, der Bildung im Geiste unselektiver Humanität gab«. Er sagt: »Vor allem aber wurden die Prinzipien der Toleranz, der Weltoffenheit, des Respekts vor anderen Kulturen die Wesensmerkmale des Collège Français. Dieser Geist ist weder im Hurra-Patriotismus der Wilhelminischen Ära noch in dem chauvinistischen Banausentum der Nationalsozialisten unterzukriegen gewesen... Für uns Schüler hat es ... viel bedeutet, daß wir so intensiv in die Sprache und Literatur, also in die ›Seele‹ unserer französischen Nachbarn eindringen konnten ... Das Beisammensein mit Schülern aus vielen Ländern – natürlich bevorzugten viele ausländische Diplomaten das Collège für ihre Kinder – trug nicht weniger zu solcher Weltoffenheit bei als die Kameradschaft mit vielen jüdischen oder ›halbjüdischen‹ Schülern, die wenigstens solange Zuflucht am Collège hatten, wie das Regime es zuließ.«

Jürgen Reiß schließt seine Bemerkungen zum Französischen Gymnasium ab mit dem Satz: »Wer gelernt hat, was unter Menschen Toleranz bedeutet, was es ist, den anderen Einzelnen ebenso zu dulden, zu akzeptieren wie das andere Volk, die andere Kultur, der ist ... ein Fels, aus dem Kraft quillt. Und der anderen immer neue Hoffnung gibt.« (Lit. Nr. 606–611)

Hartmut von Hentig
Pädagoge
(geboren am 23. September 1925)
Der letzte »reguläre« Abiturientenjahrgang vor Kriegsende

Zu den Abiturienten der Kriegsgeneration zählt auch Hartmut von Hentig, in Posen geboren, wo sein Vater Generalkonsul war. Von 1927 bis 1932 lebte die Familie in den USA, wohin das Auswärtige Amt Hentigs Vater versetzt hatte. Einer biographischen Würdigung der Frankfurter Allgemeinen Zeitung zufolge sorgte das »großbürgerliche Elternhaus ... für den kosmopolitischen Grundzug in der Erfahrung des Kindes und des Jugendlichen«. Die Wahl des Französischen Gymnasiums erscheint damit programmiert.

Als sein Vater nach Berlin zurückkehrte, war Hartmut von Hentig zwölf Jahre alt. Er sagt in seiner »Politischen Autobiographie«: »Als wir nach Berlin zogen, ... wurde ich Schüler des Französischen Gymnasiums, an dem es eine große Zahl jüdischer Mitschüler gab: Sie hatten in der Internationalität dieses Instituts und der Moralität seines durch Parteiabzeichen gedeckten Direktors Schutz gefunden. Man konnte an diesem Französischen Gymnasium alltäglich dreierlei lernen: die verächtliche Dummheit und Rohheit der nationalsozialistischen Lehre, denn natürlich gab es auch am Französischen Gymnasium Lehrer, die sie vortrugen; die Erkenntnis, die Kraft und die Tröstung, die die abendländische Tradition angesichts ihrer Verneinung bereithält; und die Klugheit, derer es bedarf, sich dieser zu bedienen. Es ist in meiner hierfür empfindlichen Erinnerung kein Schüler jüdischer Herkunft je auch nur Jude genannt worden, geschweige denn beleidigt und gequält. Bis zum Jahre 1938 ... war solche Ritterlichkeit möglich. Danach verschwanden die Juden auch aus dem Französischen Gymnasium ... Die neuen schärferen Verordnungen wollten nicht nur die Juden demütigen, sondern die ›Arier‹ hindern, ihnen zu helfen.«

In der »Pädagogischen Autobiographie« Hartmut von Hentigs lesen wir über seine Schulzeit dies:

»Aus der Anstalt ›Schule‹, die man besuchen muß, wurde 1937 in Berlin ein geistiges Asyl, eine politische Fluchtburg: das Staatliche Französische Gymnasium am Reichstagsufer ... Direktor Roethigs Radfahrten und Geländespiele, im Sommer der Ruderclub, im Winter das Theaterspiel unter der Protektion von Professor Lindenborn ... das alles schränkte die Zeiten für Veranstaltungen der Hitlerjugend einigermaßen ein. Vor allem hatten wir das Gefühl, an einer Gegenwelt zu arbeiten, ja, aus der Unterrichtsgemeinschaft wurde eine bewußte Gesinnungsgemeinschaft, eine Verschwörung. Was die Lehrer und Mitschüler (unter ihnen viele ausländische und jüdische) nicht aussprachen, stand in den Texten, die wir lasen. Ein humanistisches Gymnasium kann eine Zeitlang dem Ungeist dienen, aber irgendwann, meist sehr bald, entlarven die Texte selber den Mißbrauch, den man mit ihnen treibt ...«

Hartmut von Hentigs Klasse, im Jahre der »Kristallnacht« 1938 eine

Hartmut von Hentig
1986

Hartmut von Hentig
(né le 23 septembre 1925) Pédagogue
La dernière promotion «normale» de bacheliers avant la fin de la guerre.

Hartmut von Hentig est arrivé à l'âge de douze ans, en 1937, au Lycée Français. Il a fait partie de la dernière promotion «normale» de bacheliers avant la fin de la guerre, pour qui l'Abitur comprenait encore un examen écrit et des épreuves orales. Il évoque sa scolarité en ces termes: «Le bâtiment de ‹l'Ecole›, qu'il faut visiter, devint en 1937 à Berlin un refuge de l'esprit, une forteresse de repli politique: le Lycée Français d'Etat sur le Reichstagsufer… Ce que les professeurs et les camarades de classe n'osaient dire, nous le trouvions dans les livres que nous lisions. Un lycée de formation humaniste peut, un certain temps, servir l'esprit de l'époque, mais à un moment ou à un autre, et souvent très vite, les textes eux-mêmes trahissent le mauvais usage que l'on fait d'eux.»

Après la guerre, Hartmut von Hentig étudie la philologie des langues anciennes à Heidelberg et Chicago, où il obtient en 1953 le grade de Docteur ès-lettres (Philosophiae Doctor). Il enseigne plusieurs années comme professeur de lycée à Tübingen, avant de prendre en 1963 la chaire de pédagogie à l'Université de Göttingen. En 1968 il entreprend de mettre sur pied l'Institut pédagogique de Bielefeld, auquel il annexe une école-pilote et un collège de second cycle qui devinrent des modèles pour la réforme scolaire des années soixante-dix en Allemagne.

Cette réforme des études secondaires, Hartmut von Hentig l'a d'ailleurs fortement marquée de sa personnalité grâce à ses nombreuses publications pédagogiques. Il n'a toutefois pas réussi à imposer son idéal d'une petite école avec au maximum trente professeurs et pas plus de trois cents élèves, qu'il opposait aux «usines de formation scolaire» du dernier tiers du XXeme siècle. Le Lycée Français, à l'époque de sa scolarité, avec environ deux cents élèves et quinze professeurs, était en tout cas nettement plus proche de la conception idéale qu'il se fait de l'école, que le Collège d'aujourd'hui avec ses quelque huit cents élèves et environ quatre-vingts professeurs, énorme macrocosme que seul l'engagement personnel d'éducateurs motivés peut transformer en une série de microcosmes qui ne soient pas absurdes au niveau pédagogique.

Quarta, hatte 27 Schüler, darunter sieben Juden und sechs Ausländer. Als er fünf Jahre später das Abitur ablegte, waren nur noch zwölf Schüler übriggeblieben, darunter zwei Söhne ausländischer Diplomaten, zwei »Halbjuden«, auch ein Mädchen.

Die Klasse Hartmut von Hentigs verließ die Schule in drei Gruppen, im Herbst 1942 der Geburtsjahrgang 1924, noch vor Ostern 1943 vier weitere Schüler, denen der Einberufungsbefehl zum Reichsarbeitsdienst vorzeitig zugestellt worden war, unter ihnen von Hentig, und zum regulären Ostertermin die übrigen acht. Alle hatten die übliche schriftliche und mündliche Prüfung abgelegt. Hentig hielt in der Aula die Abschiedsrede für seinen Jahrgang. Das Manuskript hat sich erhalten. Darin heißt es: »Unerwartet plötzlich ist der große und wirklich schwere Augenblick des Abschieds gekommen. Manchesmal haben wir ihn uns vorzustellen versucht. Wir hatten sogar – ich darf es ja jetzt verraten – allerlei Pläne für eine besondere Entlassungsfeier gemacht. Noch einmal wollten wir zeigen, was wir können, d.h. was wir hier gelernt haben ... Hölderlin hatte uns lange beschäftigt, und durch seinen ›Empedokles‹ wollten wir zum Ausdruck bringen, mit welchen Gefühlen wir den ersten großen Abschnitt unseres Lebens abschlossen ...«

Es kam anders. Hentig spricht von seinem und seiner Kameraden »Entsetzen ... als wir die alarmierend roten Scheine in Händen hielten«, den Einberufungsbefehl, von dem »Schrecken, der uns am vergangenen Sonnabend in der fünften Stunde befiel und unsere Feierabendstimmung so jäh unterbrach.« Immerhin, es bleibt noch die Zeit zu einem kurzen Rückblick. Hentig sagt: »Der gemeinsamen Fahrten, des Ruderns, des Schullebens in der Gemeinschaft ist schon so oft gedacht worden. Man vergißt sie nicht. Aber sie bilden vielleicht doch nur den Hintergrund für eigene Erlebnisse ... sei es bei gemeinsamem Kartoffelbuddeln, einer Zigeunerkomödie, einer Luftschutzgroteske, Theaterproben, Nachtwachen, tollen und traurigen Streichen oder einer fröhlichen Gesangsstunde ...« Und er schließt mit dem Satz: »*Das* wird unser Treffpunkt sein: Die Freiheit, die uns unsere Lehrer ließen, die gemeinsame Arbeit auch an Dingen, die außerhalb des eigentlichen Schulbetriebes lagen, und das gemeinsame Schicksal, dem wir jetzt entgegengehen.«

* * *

Kurze Zeit später kamen die Abiturienten des Jahrgangs von Hentig, die wie er zunächst zum Arbeitsdienst eingezogen worden waren, zur Wehrmacht und wurden noch vor Jahresende an die Front gebracht. Zwei sind gefallen, ein weiterer wurde kurz nach der Kapitulation in einem Lager als »Defaitist« in Selbstjustiz von deutschen Kriegsgefangenen getötet. – Das »gemeinsame Schicksal«, von dem Hentig gesprochen hatte, hat neun von den zwölf Abiturienten verschont.

Wir sehen Hartmut von Hentig 1945 in amerikanischer Gefangenschaft, anschließend an der Universität Heidelberg als Student der Altphilologie, dann mit einem Stipendium an der *University of Chicago*, wo er 1953 den Grad des *Philosophiae Doctor* mit einer Dissertation über Thukydides erwirbt.

Er kehrt nach Deutschland zurück, lernt bei Georg Picht und Hermann Nohl, wird am Landerziehungsheim Birklehof Lehrer, später in Tübingen Studienrat. Dort führt er 1957 mit seiner Unterprima den Philoklet von Sophokles in der Ursprache auf, er schreibt am 15. April 1957 an Ernst Lindenborn:»...es ist nicht das erstemal seit dem Luftschutzkeller, der Zigeunergeschichte, dem Apostelspiel dass ich Kulissen male und ueber Rampenlichter stolpere: aber es wird nie wieder so schoen sein wie am Reichstagsufer und mit Ihnen.« Im gleichen Brief finden wir den Satz: »Das F. G. wuerde mich sehr locken, wenn mein Franzoesisch besser waere; aber schliesslich koennte man ja dazu eine Zeit nach Frankreich gehen. – Zukunftsmusik!«

Hentig kehrte nicht ans Collège zurück. Zwar war er im Laufe der Jahre immer wieder einmal in Berlin, gelegentlich gab es eine Verabredung zu einem Besuch der Schule, Hospitationen, Vorträgen – jedoch: »In Berlin ... ist allzuviel mich an-gehende und beanspruchende Vergangenheit – und – Gegenwart« ... zu einem Besuch kam es vor dem Jubiläum nicht, jener »seit langem erhofften Gelegenheit, etwas für die Schule zu tun, der ich soviel verdanke.«

Hentig übernimmt 1963 an der Universität Göttingen den Lehrstuhl für Pädagogik. 43 Jahre ist er alt, als er 1968 die Pädagogische Fakultät in Bielefeld aufbaut, der er eine Laborschule und ein Oberstufen-Kolleg angliedert, Modelle für die deutsche Schulreform der siebziger Jahre.

Diese Reform hat Hartmut von Hentig auch durch seine zahlreichen pädagogischen Veröffentlichungen, durch eine stattliche Anzahl von Büchern beeinflußt. Mit einem Gedanken allerdings ist er nicht durchgedrungen, mit seinem Ideal der kleinen Schule nämlich, das er den Bildungsfabriken des letzten Drittels des Zwanzigsten Jahrhunderts gegenüberstellte: »...höchstens 30 Lehrer (d.i. soviel ihrer um einen Tisch passen und ohne Moderateur miteinander reden können) und nicht mehr als 300 Schüler (d.i. nicht mehr, als man mit Namen kennen kann, wenn jährlich etwa 30 neue dazukommen).«

Das Französische Gymnasium in Hartmut von Hentigs Schulzeit hatte rund zweihundert Schüler und fünfzehn Lehrer und stand seiner Idealvorstellung damit wesentlich näher als das Collège von heute, das rund 800 Schüler und etwa 80 Lehrer umfaßt, ein Makrokosmos, der nur durch das Engagement von Erzieherpersönlichkeiten in pädagogisch sinnvolle Mikrokosmen gegliedert zu werden vermag.

Von 1981 stammt ein Statement folgenden Wortlauts: »Liebes FG. Die Parole *Résistez!* und ihre Geschichte hast Du uns in der Schmachzeit selbstverständlich, fast gleichmütig weitergegeben. Diese Zumutung war Deine wirksamste Lebenshilfe. Es bleibt Dir für sie dankbar Dein Hartmut Hentig.« (Lit. Nr. 19, 612–619)

Detlef Noack
Kunstwissenschaftler
(geboren am 15. November 1925)
Der »Zusammenbruch« am Französischen Gymnasium

Detlef Noack besuchte das Französische Gymnasium von 1935 bis 1943, die Abiturklasse nur ein halbes Jahr, denn die Angehörigen des Geburtsjahrganges 1925 wurden im Oktober 1943 zur Wehrmacht eingezogen, Detlef Noack war zu diesem Zeitpunkt noch nicht einmal achtzehn Jahre alt.

Das Abitur dieser Schüler erfolgte noch mit einer schriftlichen und einer mündlichen Überprüfung, aber ein Nichtbestehen war durch Ministererlaß ausgeschlossen.

Detlef Noack zählte zu denjenigen Schülern, denen ein Prädikat verliehen worden war, und so fand sein Abitur nach dem Kriege Anerkennung für den Hochschulzugang. Er brauchte nicht mehr die Schulbank zu drücken wie viele andere Kriegsteilnehmer mit dem sogenannten »Reifevermerk«.

Detlef Noacks Klasse umfaßte zu Anfang 1943 noch rund zwanzig Schüler, darunter eine Anzahl sogenannter »Halbarier«. Diese Gruppe wurde nicht mehr zum Abitur zugelassen, sie mußte gemäß Erlaß vom 9. September 1942 die Schule verlassen, nur in Ausnahmefällen gelang es, den Abgang bis zum Sommer 1943 hinzuziehen. Etwa um diese Zeit waren auch die letzten Ausländer jüdischer Abstammung abgegangen, von denen einige auch nach dem 15. November 1938 noch an der Schule verblieben waren. Die Schüler der Klasse Detlef Noacks, die 1926 geboren waren, legten das Abitur Ostern 1944 ab, die Angehörigen des Geburtsjahrganges 1926 in der darauffolgenden Klasse erhielten ohne Prüfung im Herbst 1944 den »Reifevermerk«, beide gehörten zu dem ersten Jahrgang der sogenannten Luftwaffenhelfer, die ab Sommer 1944 im Zoobunker, dem sogenannten Flakturm, Dienst taten, nachts hellwach an den Geschützen, tagsüber im Halbschlaf ... vormittags erhielten sie Unterricht von den in Berlin zurückgebliebenen Lehrern Ernst Lindenborn, Kurt Koch und Martin Heinrich.

Die jüngeren Klassen, ab Geburtsjahrgang 1927, waren mit Max Roethig, Otto Nix, Karl Nessler und Gustav Herda nach Schlesien in die »Kinderlandverschickung« gegangen und erlebten das Kriegsende in Sulzbürg in Bayern. Die Schulakte vom 8. Januar 1944 bis zum 18. März 1945 ist im Staatsarchiv Potsdam zugänglich. Sie dokumentiert jede Phase im letzten Kriegsjahr. Da ist die Rede von der Aufnahmeprüfung vom 28. Januar 1944 in Züllichau. Wir lesen Roethigs Antrag vom 4. März 1944, für seine Schüler »Skilauf als Wehrertüchtigung« zuzulassen, was unter dem 13. März genehmigt wurde. Wir finden die gesamte Korrespondenz im Zusammenhang mit dem vorgesehenen Besuch eines französischen Journalisten: »Sie werden ... gebeten, sich für eine derartige Besichtigung der Unterkunft des Gymnasiums, aber auch des Unterrichts und des ganzen Lebens und Treibens entsprechend vorzubereiten, ohne daß das Ganze natürlich ›gestellt‹ wirken darf. Heil Hitler.« Die Akte enthält auch die Unterlagen für die Beschwerde eines Vaters gegenüber der Ministerialverwaltung wegen der Nichtversetzung des Sohnes, ein alltäglicher Vorgang in der Praxis jedes Schulleiters. Am 22. Januar 1945 wurde die Räumung des Lagers Züllichau eingeleitet, das letzte Schriftstück stammt schon aus Sulzbürg in Bayern und versucht, den Verbleib von Dokumenten der Schule aus der Zeit »vor unserer Verdrängung aus Züllichau« – vergeblich – aufzuklären. Im Nachlaß von Max Roethig befand sich eine Liste vom 8. Mai 1945. Danach waren an diesem Tage noch genau dreißig Schüler in Sulzbürg vorhanden. Sie schlugen sich im Laufe des Sommers nach Berlin durch und bildeten zusammen mit den aus der Zwangsarbeit zurückgekehrten »Halbjuden« und entlassenen Kriegsgefangenen, die den »Reifevermerk« durch ein reguläres Abitur ersetzen wollten, den Grundstock der Klassen. Keine war stärker als zehn Schüler. Aber es waren immerhin von Klasse 2 bis 8 im Herbst 1945 bereits wieder rund sechzig, bis dann am 15. Oktober die neue Sexta aufgenommen wurde und die Schülerzahl mit einem Schlag auf hundert hinaufschnellte. »Das Ziel ist erreicht, das Collège ... gerettet«, bemerkt Kurt Levinstein dazu lakonisch in seinem Tagebuch.

In Detlef Noacks Schulzeit liegt ein Ereignis, das ein bezeichnendes Licht auf die politischen Verhältnisse am Französischen Gymnasium im Kriege fallen läßt. Wir blättern im Protokollbuch der Lehrerkonferenzen und finden unter dem 27. September 1939 folgende Eintragung: »Der Direktor bespricht ausführlich einen Vorgang aus einer Unterrichtsstunde des Studienrates Hartmann ... Herr Hartmann hat einen aus einer vorangegangenen Religionsstunde her an der Wandtafel stehenden Hinweis auf das Kirchenlied: Was Gott tut, das ist wohl getan ... zum Anlaß genommen, zu den Kindern in christentumsfeindlichem Sinne zu sprechen. Ein Deutscher müsse sein Deutschbewußtsein über die Religion stellen und es zeigten z.B. die von Polen an Deutschen verübten Morde, wie christlich Gläubige doch charakterlich schlechte Menschen sein können. – Es sind aus Anlaß dieser Äußerungen des Herrn Hartmann zwei elterliche Beschwerden eingegangen, von einem Handwerksmeister und einem Professor an der technischen Hochschule. Zur Erledigung dieser Beschwerden wünscht der Direktor im Einvernehmen mit Studienrat Hartmann nicht an die vorgesetzten Behörden heranzutreten, weil der Vorfall bei seiner grundsätzlichen Bedeutung für die praktische Arbeit an der Schule eine unmittelbare Klärung und Regelung gerade im Lehrerkollegium selbst zu erfordern scheint. –

Aus verschiedenen Gesichtspunkten heraus erklärt der Direktor es für unzulässig, persönliche religiöse Überzeugungen als Lehrer im amtlichen Unterricht gegen Schüler zu äußern. Zunächst schon kann es – trotz Fehlens böser Absicht, aber doch im Tatsächlichen – als unkollegial erscheinen, wenn etwas von einem Amtsgenossen an die Tafel Geschriebenes zum Gegenstand einer Polemik gemacht wird. Weiter entspricht ein Vorgehen wie das zur Erörterung stehende nicht der offenkundigen und weitgehenden Toleranz des nationalsozialistischen Staates in religiösen Dingen, die auch in den neuen Lehrplänen

Detlef Noack
1984

Detlef Noack
(né le 15 novembre 1925) Historien de l'Art
Le Collège Français et l'effondrement du Reich.

Detlef Noack a fréquenté le Lycée Français de 1935 à 1943, mais la Terminale durant seulement six mois, car les jeunes gens nés en 1925 furent incorporés dans la Wehrmacht en octobre 1943. Les élèves de sa classe nés en 1926 passèrent le baccalauréat au printemps 1944, à Pâques, ceux qui restaient de la génération 1926, dans la classe suivante, obtinrent, sans examen, le diplôme de fin d'études secondaires à l'automne 1944. Ces deux derniers groupes constituèrent la première classe d'âge de ce que l'on appela les auxiliaires de la Luftwaffe, qui accomplirent leur service militaire à partir de l'été 1944 dans le Bunker du Zoo, la célèbre tour de défense anti-aérienne, postés la nuit, en pleine lucidité, à leurs canons, à moitié endormis la journée…; des cours leur étaient dispensés dans la matinée par les professeurs restés à Berlin, Ernst Lindenborn, Kurt Koch et Martin Heinrich. Les classes plus jeunes, à partir de la génération de 1927, étaient parties, avec Max Roethig, Otto Nix, Karl Nessler, Werner Pohlmeyer et Gustav Herda, en Silésie, dans le cadre des mesures d'évacuation des enfants à la campagne, et vécurent la fin de la guerre à Sulzbürg, en Bavière. Une liste établie le 8 mai 1945 nous indique qu'il restait à ce jour exactement trente élèves.

La guerre finie, Detlef Noack étudia d'abord la peinture à l'Académie des Beaux-Arts de Berlin, puis l'histoire de l'art à l'Université Libre de Berlin et à la Sorbonne à Paris. En 1967 il prit la chaire d'histoire de l'art et de la culture à l'Académie des Beaux-Arts de Kassel, qui l'élut peu de temps après Directeur, et de là il revint en 1975 à l'Académie des Beaux-Arts de Berlin. La même année il fut le Président-fondateur de la toute nouvelle Académie des Arts de Berlin. Son activité de Professeur le conduisit, de Berlin, à travers la plupart des pays européens, ainsi qu'au Maghreb, aux Etats-Unis, en Australie – et surtout, à de nombreuses reprises, en Amérique latine, à laquelle il a consacré par ailleurs ses publications les plus récentes. Il s'est spécialisé dans l'étude du «Bauhaus», des «Documenta», mais aussi de l'architecture coloniale religieuse en Amérique du sud.

klar zum Ausdruck kommt, da für den Religionsunterricht keinerlei Richtlinien vorgesehen sind. Endlich kann es nicht das Recht der Schule sein, der Familie, d.h. den Eltern, die Religionsbestimmung zu entziehen, um sie in die Hand des Lehrers zu legen. Vielmehr ist es in heutiger Zeit selbstverständliche Pflicht, insbesondere auch für uns, religiöse Streitigkeiten und Zweifel von der Jugend fernzuhalten und im Gegenteil alles zu tun, was im Sinne der Überbrückung und des Zusammenhanges aller Deutschen wirken kann. Dazu gehört aber auch, daß wir als elementares Recht der Eltern, namentlich unmündigen Kindern gegenüber, die sozusagen naturgegebene Autorität anerkennen und unangetastet lassen. – Der Direktor will den betreffenden Vätern, die sich beschwert haben, schriftlich mitteilen, daß Vorsorge getroffen ist, um ähnliche Vorkommnisse für die Folge grundsätzlich zu vermeiden. Herr Hartmann hat in diesem Sinne erklärt, im Unterricht keinesfalls mehr über religiöse Dinge sprechen zu wollen. Auch alle übrigen Mitglieder des Kollegiums werden sich unbedingt an diesen Grundsatz halten.«

Auch diesem Dokument ist zu entnehmen, daß der *esprit de corps* des Collège stärker war als die politischen Richtlinien des Staates. Bemerkenswert ist, daß sich auch die überzeugten Nationalsozialisten unter den Lehrern diesem Korpsgeist untergeordnet haben, unvorstellbar, was geschehen wäre, wenn sich die GESTAPO in die Sache eingeschaltet, wenn es unter den Lehrern auch nur einen einzigen Denunzianten gegeben hätte.

* * *

Nach dem »Zusammenbruch« studierte Detlef Noack zuerst Malerei an der Hochschule für bildende Künste in Berlin und dann Kunstgeschichte an der Freien Universität und an der *Sorbonne* in Paris. 1956 wurde er *summa cum laude* mit einer Dissertation über »Die farbige Reproduktion von Kunstwerken« promoviert und ging anschließend – nach kurzer Tätigkeit am Kunsthistorischen Institut der FU – für vier Jahre an das Deutsche Archäologische Institut in Madrid – und von dort für weitere vier Jahre zum Goethe-Institut, wo er als Leiter der Zweigstelle in São Paulo in Brasilien eingesetzt war. 1967 erhielt er einen Ruf an den Lehrstuhl für Kunst- und Kulturgeschichte an der Hochschule für bildende Künste in Kassel, die ihn kurze Zeit später zum Direktor wählte, und von dort kam er 1975 an die HfbK Berlin zurück. Im gleichen Jahr wurde er Gründungspräsident der neu konstituierten Berliner Hochschule der Künste.

Seine Lehrtätigkeit führte Noack von Berlin aus durch die meisten Länder Europas, in den Maghreb, die USA und nach Australien – vor allem aber immer wieder nach Lateinamerika, dem er auch seine neueren Forschungen widmet. In den fünfziger und frühen sechziger Jahren trat Detlef Noack mit einer Reihe von Kunstbüchern an die Öffentlichkeit: 1957 »Griechenland«, 1960 »Farbfenster französischer Kathedralen«, 1961 »Spanien«, 1962 »Griechische Vasen«. In der zweiten Hälfte der sechziger und in den siebziger Jahren erarbeitete Noack neue Unterrichtsmedien: audiovisuelle Informationseinheiten, programmierte Vorträge, Multimedia-Projektionen u. ä.; zunächst Programme mit Doppelprojektion, später unter Verwendung elektronischer Steuerung Multivisionen mit einer Vielzahl von Bildwerfern.

Seine Publikationen erschienen in Deutsch und in Französisch, seit den siebziger Jahren zunehmend in portugiesischer und spanischer Sprache. An den Universitäten von Casablanca, Tunis und Algier unterrichtete Detlef Noack auf französisch, in Perth auf englisch, in vielen Städten Brasiliens auf portugiesisch und von Mexico City bis Caracas, Lima und Santiago de Chile auf spanisch. Wie bei Nikolaus Fasolt heben die offiziellen Biographien auch bei Detlef Noack diese besondere Sprachfähigkeit hervor.

1974 hat Noack von Kassel aus die Verbindung zum Französischen Gymnasium wieder angeknüpft. Er schreibt von seiner »mit Nostalgie verknüpften Rückerinnerung an die als *exceptional* empfundene Heranbildung im alten Backsteinbau am Reichstagsufer« und gratuliert zum Umzug von Reinickendorf nach Tiergarten: »... die zentrale Lage dürfte Rang und Bedeutung dieser Institution entsprechen.«

Noack gehört dem Vorbereitungskomitee des Schuljubiläums 1989 an und hat seine Erfahrung in die Planung der schulhistorischen Ausstellung »300 Jahre Französisches Gymnasium« eingebracht. (Lit. Nr. 620–623)

Jan Kohlmeyer
Biologe
(geboren am 15. März 1928)
Der erste Abiturientenjahrgang nach dem Kriege

»Als ich beim alten Herda unter den alten Römern litt, ahnte ich nicht, daß mir Latein und Griechisch in meinem Beruf von großem Nutzen sein würden.« So beginnt eine autobiographische Schilderung von Jan Kohlmeyer, der als Botaniker Pflanzenbeschreibungen in lateinischer Sprache zu verfassen pflegt. Doch hören wir Jan Kohlmeyer weiter:

»Zunächst brachte ich sechs Schuljahre am Reichstagsufer hinter mich, bis ich 1944 mit den meisten meiner männlichen Mitschüler als Luftwaffenhelfer auf den Bunker am Zoo ›versetzt‹ wurde. Mitschüler mit jüdischen Vätern oder Müttern mußten in den letzten Schuljahren die Schulen verlassen und wurden in Waffenfabriken eingsetzt... Ich hatte das Glück, noch mit einem der letzten Züge vor der Besetzung Berlins im April 1945 nach Schleswig-Holstein zu kommen. Nach einigen Irrfahrten ... kam ich 1946 wieder nach Berlin zurück und machte 1947 mein Abitur. Unter den Lehrern sind mir besonders Lindenborn und Levinstein in Erinnerung geblieben, die durch ihre Menschlichkeit einen besonderen Einfluß auf mich hatten... Ich bin überzeugt, daß meine besondere Empfindlichkeit gegenüber Intoleranz, Diskriminierung und Ungerechtigkeit jeder Art ihre Wurzeln im positiven Einfluß des Französischen Gymnasiums und in den Erlebnissen der Nazizeit hat. Wenn ich auf den direkten Einfluß des Französischen Gymnasiums zurückkomme, muß ich natürlich die gründliche Ausbildung in Fremdsprachen erwähnen. Gegenüber den meisten meiner amerikanischen Kollegen habe ich den Vorteil, außer Englisch auch noch Deutsch und Französisch zu beherrschen... Latein ist so etwas wie das Esperanto der Botaniker, darum veröffentlichten Erika (die 1979 gestorben ist) und ich ein Buch *Icones Fungorum Maris,* das neben den Abbildungen auch Beschreibungen der Meerespilze in Latein, Deutsch und Englisch hat... Als Wissenschaftler hat man Freunde in aller Welt ... und ich bin sicher, daß mich die Erziehung am Französischen Gymnasium zur Weltoffenheit angeleitet hat. Meine Generation träumte nach 1945 von einem Vereinigten Europa nach dem Vorbild der USA. Etwas vom Idealisten (und Utopisten) steckt immer noch in mir...«

In seinem »Lebenslauf«, den Kohlmeyer zum Abitur wie alle Schüler vorzulegen hatte, lesen wir über seine Einschulung: *A Pâques, en 1938, je fus admis au Collège Français. Mes parents avaient choisi cette école après avoir appris qu'elle avait conservé son plan spécial et que les professeurs n'étaient pas infectés par l'idéologie du national-socialisme. Les élèves allemands furent enseignés avec les étrangers et liés entre eux par la langue française.*

Interessant ist, daß schon in diesem frühen »Lebenslauf« der spätere Weg Jan Kohlmeyers vorgezeichnet scheint: *Après avoir terminé la classe de philosophie et l'examen du baccalauréat je vais étudier d'abord les langues, parce que j'ai la conviction intime que la connaissance des langues étrangères est d'importance pour chaque métier surtout de nos temps.*

Jan Kohlmeyer hätte normalerweise 1946 die Abiturprüfung ablegen müssen. Geschafft haben das aber nur zwei von den 1938 mit ihm aufgenommenen rund 30 Schülern, die anderen waren durch den Krieg verstreut worden, zwei sind als knapp Siebzehnjährige beim Kampf um Berlin gefallen, zwei haben das Abitur im März 1947 abgelegt und zwei, darunter Kohlmeyer, im Mai 1947, im Nachkriegs-Notquartier des Französischen Gymnasiums in einer Schulruine in der Niederwallstraße 6 zwischen Spittelmarkt und Hausvogteiplatz.

Die Prüfungsthemen des Abituraufsatzes, von Kurt Levinstein gestellt, lauteten 1946: *Tout comprendre, c'est tout pardonner. Est-ce vrai?*, im März 1947: *Pourquoi notre collège s'efforce-t-il à conserver son caractère spécial encore de nos jours?* und im Mai 1947: *Pourquoi est-ce, de nos jours, presque indispensable de savoir des langues étrangères?* In den Abiturientenakten, die seit 1945 wieder lückenlos gesammelt sind, findet sich Kohlmeyers Lektüreliste. Lessing ist zweimal, Goethe viermal, Schiller und Hesse je einmal vertreten, dazu Bernhard Shaw und William Shakespeare, letzterer viermal wie Goethe. Das Aufsatzthema, das Kohlmeyer gewählt hat, lautet dann auch: »Die Bedeutung der Dichtkunst im Leben der Völker«.

Die von Ernst Lindenborn verfaßte und von Kurt Levinstein unterzeichnete Charakteristik lautet: »Ein ernster, gewissenhafter und strebsamer Mensch, der seine Pflichten mit gleichbleibender Energie erfüllt«. So besteht er die Reifeprüfung mit dem Prädikat »gut«, auf dem Zeugnis der Reife finden wir die Note »gut« siebenmal.

Nach dem Abitur studierte Jan Kohlmeyer Biologie an der Freien Universität Berlin, wurde 1955 promoviert und arbeitete von 1960–1963 als Kurator am Herbarium des Botanischen Museums, wie rund 120 Jahre vor ihm der Collegianer Adelbert von Chamisso.

Über den folgenden Lebensabschnitt schreibt Jan Kohlmeyer: »Als ich 1963 mit meiner Frau in die USA ging, um hier ein Forschungsjahr an der *Duke University* in North Carolina zu verbringen, hatten wir nicht die Absicht, Deutschland für immer zu verlassen. Ein Stellenangebot der *University of North Carolina*, die Hilfsbereitschaft, Gastlichkeit und Freundschaft der Menschen und die Weite des Landes bewirkten, daß wir hier eine neue Heimat fanden.« Jan Kohlmeyer wurde 1964 *Assistant Professor*, 1969 *Associate Professor* und schließlich 1974 Professor für Botanik an der *University of North Carolina.*

Von 1956 bis 1984 hat er rund hundert wissenschaftliche Arbeiten publiziert, meist über Meerespilze, denen auch seine Buchveröffentlichungen galten. Er beschrieb über achtzig für die Wissenschaft neue Arten. Jan Kohlmeyer publiziert auf englisch, deutsch, lateinisch und französisch; er gehört allen führenden Botanischen Gesellschaften der Welt an und hat in vielen Ländern Gastvorlesungen gehalten, darunter auch an der *Sorbonne*. Zwei Pilzarten und eine Alge tragen seinen Namen, auch in dieser Beziehung ist er zum Kollegen Adelbert von Chamissos geworden. (Lit. Nr. 624–629)

Jan Kohlmeyer
1985

Jan Kohlmeyer
(né le 15 mars 1928) Biologiste
La première promotion de bacheliers d'après-guerre.

Jan Kohlmeyer est entré au Lycée Français en 1938. Il aurait dû normalement passer son baccalauréat en 1946, mais l'effondrement de l'Allemagne interrompit, au début de 1945, sa carrière scolaire. Il réussit à gagner le Schleswig-Holstein par un des derniers trains qui quittèrent la capitale avant qu'elle ne fût assiégée. En 1946 il revint à Berlin et, en mai 1947, il passa le baccalauréat dans les locaux de fortune qui abritaient le Lycée Français après la guerre, une école en ruines au numéro 6 de la Niederwallstraße, entre le Spittelmarkt et la Hausvogteiplatz. La liste des ouvrages que devait lire cette génération de bacheliers comprenait aussi bien Bernhard Shaw et William Shakespeare que Lessing, Schiller, Goethe et Hesse. Le sujet de dissertation choisi par Jan Kohlmeyer s'intitulait: «L'importance de la poésie dans la vie des peuples».

Après son baccalauréat, Jan Kohlmeyer étudia la biologie à l'Université Libre de Berlin. En 1955 il passa son doctorat et, de 1960 à 1963, il travailla comme Intendant à l'Herbarium du Musée Botanique, comme, cent vingt ans plus tôt, cet autre ancien élève du Collège, Adelbert von Chamisso. En 1963 il partit avec sa femme pour les Etats-Unis, à l'Université Duke en Caroline du nord, où il occupa finalement à partir de 1974 la chaire de botanique.

De 1956 à 1984 Jan Kohlmeyer a publié une bonne centaine d'articles scientifiques, la plupart sur les champignons marins, auxquels il a par ailleurs consacré plusieurs livres. Il a décrit plus de quatre-vingts espèces nouvelles. Jan Kohlmeyer fait partie de toutes les Sociétés de Botanique de notoriété mondiale et a donné de nombreuses conférences dans les pays les plus variés, entre autres à la Sorbonne. Deux espèces de champignons et une algue portent son nom, en ce sens-là aussi il est le digne successeur d'Adelbert von Chamisso.

Michael Erbe
Historiker
(geboren am 6. September 1940)
Allmählicher Strukturwandel in der Nachkriegszeit

Als Michael Erbe 1950 als Zehnjähriger zum Französischen Gymnasium kam, ging die bewegte Periode der Wiedergründung der Schule, zunächst in Ost-Berlin, dann im Französischen Sektor, zu Ende. Kurt Levinstein wurde pensioniert, aber ein neuer Direktor konnte erst 1952 eingesetzt werden, das Interregnum unter Oberstudienrat Gerhard Radke und dann dem Senior Ernst Mäuser dauerte knapp zwei Jahre. Den längeren Teil seiner Schulzeit hat Michael Erbe unter dem Direktorat von Paul Hartig zurückgelegt.

1950 führte Kurt Levinstein zum letzten Mal mit den Bewerbern und den Eltern das Aufnahmegespräch, wie seit dem Wiederbeginn üblich. Rund 80 Schüler nahm er auf, vierzig pro Klasse wie jedes Jahr seit seinem Amtsantritt 1945, jetzt fast so viele Mädchen wie Jungen. Als Paul Hartig am 6. März 1952 die folgenschwere Abstimmung über die Zulassung von Englisch neben Griechisch als Wahlfächern auf der oberen Mittelstufe im Kollegium durchführte, war Michael Erbe zwölf Jahre alt und hatte gerade damit begonnen, Latein zu lernen. Zwei Jahre später stand die Wahl von Griechisch an, und mit Michael Erbe meldeten sich noch etwas mehr als die Hälfte der Schüler des Jahrganges für dieses Fach, eine Zahl, die sich seither leider von Jahr zu Jahr verringert hat.

Die Elemente des alten Französischen Gymnasiums der Vorkriegszeit waren in Erbes Schuljahren noch alle vorhanden. Der Übergang in die neue Zeit vollzog sich sehr allmählich. Zunächst war noch eine Anzahl der alten Lehrer im Amt, sie wurden nur zögernd und im Laufe eines halben Jahrzehnts durch neue ersetzt. Levinstein achtete darauf, daß die neuen alle Französisch sprachen und auf französisch unterrichten konnten, so daß in allen Fächern wieder – wie bis zum Ende des 19. Jahrhunderts – das Französische zur Unterrichtssprache wurde. Damit war die sprachliche Tradition wiederhergestellt und die 1898 geschlagene Bresche geschlossen.

Auch die Verbindung zu Frankreich wurde schnell wieder angeknüpft. Schon zwei Tage nach Aufnahme der neuen Sextaner am 15. Oktober 1945 hatte Levinstin die für Kultur zuständige Beamtin der französischen Militärverwaltung, Mademoiselle Duval, in die Schule eingeladen – die Wiedereinführung französischer Lehrbücher in Mathematik und den Naturwissenschaften war die unmittelbare Folge. Eine weitere Folge der neuen Verbindung war der Übergang der Schule aus dem sowjetischen in den französischen Sektor Berlins im Dezember 1947. Von da an entwickelten sich die Beziehungen zur französischen Besatzungsmacht schnell und festigten sich zusehends. Dank dieser Beziehungen konnte das Französische Gymnasium bei Einführung der »Einheitsschule« durch die Reform von 1948 seine »Grundständigkeit« wahren, die Voraussetzung für den schnellen Lernfortschritt der Schüler in Französisch. Und daraus ergab sich folgerichtig im Herbst 1952 die Verschmelzung mit der französischen Besatzungsschule in Berlin-Frohnau, eine Verschmelzung, die noch im Frühjahr 1952 von den deutschen Schulbehörden als »utopisch« bezeichnet worden war.

Michael Erbe befand sich auf der Mittelstufe, als französische Schüler in einzelnen Schulfächern wie Geschichte und Französisch in den deutschen Klassen auftauchten, um mit den deutschen Schülern zusammen unterrichtet zu werden. Dies war das neue Element, das Erbes Schule von der Schule der Vergangenheit unterschied: während in der Vorkriegszeit nur einzelne frankophone Schüler in den Klassen mitgearbeitet hatten und schnell assimiliert wurden, war nun ein frankophoner Block vorhanden, dem sich die deutschen Schüler im Laufe der Zeit anpassen sollten. Unmerklich hatte ein Strukturwandel eingesetzt, der allmählich die ganze Schule umgestalten mußte und an dessen Ende das deutsche Gymnasium, an dem Michael Erbe noch angemeldet worden war, zu dem französischen geworden ist, an dem er das Abitur ablegte.

In Michael Erbes zum Abitur verfaßten *curriculum vitae* lesen wir: *Je suis heureux surtout d'avoir eu l'occasion d'apprendre une langue étrangère de façon à la parler et l'écrire sans trop de fautes. – Mais aussi l'étude des langues anciennes: Latin et Grec a contribué énormément au développement de mon esprit et de mes idées... le fait d'avoir choisi le Grec comme troisième langue à l'école fut jusqu'alors ma décision la plus sage...* Nach dieser Stellungnahme für das Humanistische Gymnasium folgt Michael Erbes Bekenntnis zu Frankreich: *J'ai fait des voyages en Suède (1955), en France (1956 et 1957) et en Autriche (1958). Je fus surtout heureux de pouvoir aller une seconde fois en France ... la France est celui des pays étrangers où j'étais qui me plaît le plus. En quelque sorte la France me plaît même plus que l'Allemagne...* Der Lebenslauf Erbes schließt mit einer Darstellung seiner Interessen an Geschichte, Politik und Recht.

Interessant ist die Beurteilung Erbes durch seine Lehrer. Darin heißt es: »Michael Erbe ist auf vielen Gebieten sehr begabt... Mit klarem, kritischem Verstand und Einfallsreichtum der Gedanken gehört er zu den Schülern, die den Unterricht durch ihre Mitarbeit voranbringen. Seine besondere Neigung gehört der Geschichte, für die er auch private Studien betreibt. Für das Levinstein-Preisausschreiben 1957 legte er eine geschichtliche Arbeit vor... Als Fernziel schwebt ihm eine politische Laufbahn vor.«

Der Levinstein-Preis war 1955 im Beisein von Kurt Levinstein in New York von seinen nach Amerika emigrierten Schülern gestiftet worden und wird seither jedes Jahr für eine besondere Arbeit aus dem Interessensgebiet der Bewerber verliehen.

Neben dem Levinstein-Preis gab es in Erbes Schulzeit nur noch einen weiteren Preis, nämlich einen Buchpreis für Spitzenleistungen in Französisch, verliehen alljährlich durch den Stadtkommandanten bei der ansonsten den französischen Schülern vorbehaltenen *distribution des prix*.

In den Schulakten finden wir den Abituraufsatz von Michael Erbe. Er hatte das politische (und nicht das literarische) Thema gewählt: »Pro und contra: To-

Michael Erbe
1985

Michael Erbe
(né le 6 septembre 1940) Historien
Modification progressive des structures, après-guerre.

Lorsque Michael Erbe arriva en 1950, à l'âge de dix ans, au Lycée Français, la période agitée de la reconstruction de l'Ecole, d'abord à Berlin-est, puis dans le secteur français, prenait fin. Elle fut suivie d'une modification progressive de ses structures. Le 6 mars 1952, à l'époque du Directeur Paul Hartig, l'anglais fut admis comme matière à option dans le premier cycle, à côté du grec. Suite au transfert de l'Ecole du secteur soviétique en secteur français en décembre 1947, les relations avec la puissance occupante française s'étaient renforcées. La conséquence logique de ce rapprochement fut la décision, à l'automne 1952, de fusion avec la petite école des forces françaises. Alors qu'avant la guerre seuls quelques élèves francophones avaient pris part à l'enseignement du Collège, où ils étaient très rapidement assimilés, c'était maintenant un groupe francophone important qui y était présent, auquel les élèves allemands durent s'habituer au cours des années.

Après son baccalauréat, Michael Erbe étudia à l'Université Libre de Berlin l'histoire et la philologie des langues anciennes. En 1967 il présenta son doctorat avec une thèse sur l'histoire de l'Eglise au moyen-âge. Titulaire de l'habilitation en 1974, il fut nommé à l'Université Libre de Berlin à la chaire d'histoire européenne des débuts de l'époque moderne. En 1985 il a été élu Vice-président de cette Université.

Michael Erbe est membre des commissions franco-allemandes d'étude des livres de classe, il participe de même aux discussions germano-hollandaises sur les manuels scolaires et il est membre du Bureau de l'Association des Professeurs d'histoire en Allemagne. Il fait partie en outre de l'illustre Commission Historique de Berlin.

desstrafe«. In der Zusammenfassung heißt es: »Wenn ich mich gegen die Todesstrafe entschieden habe, dann deshalb, weil ich es mit der Menschenwürde für unvereinbar halte, für diese Höchststrafe einzutreten. Denn wir sollten vor allen Dingen versuchen, wahre Menschen zu werden. Es wird ein Versuch bleiben, aber wer es versucht, der hat schon viel erreicht.«

Das Thema des Reifeprüfungsaufsatzes in Französisch wurde von der langjährigen Französischlehrerin der Oberstufe, Madame Marie-Thérèse Dumontet, gestellt. Es handelte sich um die Interpretation einer Passage aus einem Brief von Mme de Staël aus dem Exil. 46 Abiturienten, darunter 16 Mädchen, bestanden das Examen.

Der Abiturjahrgang 1959 war der erste seit dem Kriege – und der letzte vor dem Aufschwung der siebziger Jahre –, bei dem mehr als die Hälfte der ursprünglich angemeldeten Schüler das Abitur bestanden haben, in dem Jahrzehnt davor und danach war die Abiturientenzahl wesentlich geringer.

* * *

Michael Erbe ging an die Freie Universität und studierte Geschichte und Altphilologie. Im Jahre 1967 wurde er promoviert. Seine Dissertation befaßte sich mit einem Thema der Kirchengeschichte des Mittelalters. Die Habilitation erfolgte 1974 mit einer Schrift über den Rechtsgelehrten und Humanisten François Baudouin aus Arras (1520–1573). Erbe übernahm anschließend an der Freien Universität die Professur für Europäische Geschichte der Frühen Neuzeit. Er schreibt: »Was die Bedeutung des Französischen Gymnasiums für mich betrifft, so ist es wegen der Vermittlung der entsprechenden Sprachkenntnisse sicherlich für meine vielfältige Beschäftigung mit Frankreich verantwortlich... Aber ... die Ausbildung in den beiden alten Sprachen auf dem Französischen Gymnasium (war) für mich mindestens ebenso wichtig...«

Und an anderer Stelle: »An Frankreich interessiert mich vor allem die sehr verhaltene Modernisierung nach 1789, wie ich sie in meinem Buch ›Frankreich von der Großen Revolution bis zur Dritten Republik‹ versucht habe darzustellen, außerdem ... die wechselvolle Verfassungsentwicklung bis heute.«

Daß er einen großen Teil seiner Veröffentlichungen über französische Themen vorgelegt hat, erklärt er mit der Tatsache, daß am Französischen Gymnasium die Beschäftigung mit Frankreich »stark im Vordergrund« steht. Darin sieht er die Bedeutung des Collège für seine geistige Entwicklung.

Michael Erbe arbeitet in den Selbstverwaltungsgremien der Freien Universität mit und ist 1985 zum Vizepräsidenten der Freien Universität gewählt worden. Er beteiligt sich an deutsch-französischen Schulbuchgesprächen und gehört dem Vorstand des Verbandes der Geschichtslehrer Deutschlands an. Erbe ist Mitglied der renommierten Berliner Historischen Kommission. Wie Noack hat sich Erbe bei der Vorbereitung des Schuljubiläums 1989 engagiert. (Lit. Nr. 630–633)

Reinhard Mey
Chansonnier
(geboren am 21. Dezember 1942)
Die »Fusion« und ihre ersten Ergebnisse

Vier Jahre nach Michael Erbe bestand Reinhard Mey das Abitur. Als er 1953 von seinen Eltern am Französischen Gymnasium angemeldet wurde, war Paul Hartig gerade Direktor geworden, und die Schule hatte am Tegeler Flughafen ihr neues und erstes eigenes Nachkriegsdomizil bezogen. Was für eine moderne, helle und offene Schule! Das Verwaltungsgebäude zweistöckig inmitten einer großen Rasenfläche, dazu in Pavillon-Bauweise die Unterrichtsstätten, durch überdachte Laubengänge miteinander verbunden, in einem großen Park mit vielen alten Bäumen! Als die Schule in Tegel einzog, waren aber die Düsentriebwerke bereits in der Erprobung für Verkehrsflugzeuge, und rund zehn Jahre später begannen die einzelnen Fluggesellschaften, ihre älteren Propellermaschinen gegen die neue Generation der Düsenflugzeuge auszuwechseln, der Flugplatz Tegel, an dessen Rand die Schule lag, wurde zum Düsenflugplatz ausgebaut, jeder Start und jede Landung unterbrach den Unterricht durch ohrenbetäubenden Lärm.

In der Schulzeit von Reinhard Mey allerdings wirkte sich die »Neuzeit« in der technischen Entwicklung der Verkehrsluftfahrt noch nicht aus, noch war das Französische Gymnasium eine idyllisch im Grünen gelegene Pavillonschule. Im gleichen Jahr, in dem Reinhard Mey eingeschult wurde, kamen auch die ersten 54 französischen Schüler mit ihren fünf Lehrern ins Haus. Die französische Schutzmacht hatte bis 1952 nur eine eigene Grundschule und ein rudimentäres *Collège* geführt. Die Schüler der Mittelstufe waren so wenig zahlreich, daß sich die Einrichtung einer weiterführenden Schule nicht lohnte – die Schüler mußten entweder in der französischen Besatzungszone bzw. in Frankreich in Internaten untergebracht werden oder in Berlin die von Frankreich angebotenen Korrespondenzlehrgänge zur Vorbereitung auf ihr *baccalauréat* absolvieren, beides wenig verlockende Angebote. Da war es verständlich, daß für die französische Militärverwaltung eine andere Alternative interessanter war, nämlich die Schüler der Mittelstufe und bald auch die der Oberstufe auf die einzelnen Klassen des Französischen Gymnasiums zu verteilen.

Der Staatsvertrag vom 24. April 1953 über die »Verschmelzung« hatte die gemeinsame Teilnahme der deutschen und französischen Schüler »an dem gleichen Unterricht« postuliert. Aber aus den Monatsberichten von Paul Hartig aus Reinhard Meys erstem Schuljahr ist zu entnehmen, daß sich diese Forderung vor der Hand nicht verwirklichen ließ. Zu unterschiedlich waren die Lehrpläne, zu verschieden auch Lernbeginn und Stundenzahlen in einzelnen Unterrichtsfächern. Nach der ersten radikalen Fusion in allen Klassen und allen Fächern entstanden immer mehr *cours spéciaux* für die französischen Schüler der einzelnen Altersstufen. Als Paul Hartig in Reinhard Meys Abitur-

Reinhard Mey
1985

Frédéric Mey
(né le 21 décembre 1942) Auteur-compositeur-interprète de chansons. La «fusion», ses premiers résultats tangibles.

Lorsque ses parents inscrivirent Reinhard Mey en 1953 au Lycée Français, l'Ecole venait juste de prendre possession de son premier domicile propre depuis la fin de la guerre, un bâtiment tout neuf près de l'aéoroport de Tegel. Cette même année entraient aussi dans l'établissement les cinquante-quatre premiers élèves français, avec leurs cinq professeurs. L'Accord conclu le 24 avril 1953 avait pour postulat de base la participation commune des élèves français et allemands au même enseignement. Mais ce principe allait s'avérer d'une difficile mise en œuvre. Lorsque Reinhard Mey arriva en classe terminale, la moitié seulement des matières était intégrée. Il s'agissait du français, de l'histoire, de la biologie, du sport et, en partie, de la géographie et du latin.

Cet ensemble de matières «fusionnées» suffit en tout cas à Reinhard Mey pour nouer à l'Ecole contacts, relations et amitiés durables. Tout au long de sa scolarité, il a fréquenté durant ses loisirs des camarades de classe français. A partir de 1955 il passait régulièrement les grandes vacances dans une famille française à Lyon. En juin 1962 il passa le baccalauréat à Strasbourg et en mars 1963 l'Abitur au Collège. Là-dessus, il entra en apprentissage pour être vendeur de produits industriels, puis s'inscrivit à l'Université Technique (TU) de Berlin pour y étudier la gestion des entreprises.

Entre temps ses chansons, allemandes et françaises, l'avaient fait connaître en Allemagne et, plus encore, en France. Il fut le premier étranger à recevoir le «Prix International de la Chanson française». Peu après il fut promu, en Allemagne également, au rang d'interprète de chansons numéro 1. En 1983 il fut décoré, pour la contribution que son œuvre d'auteur-interprète apportait au rapprochement des peuples, de la Croix du Mérite fédéral. Il déclare vouloir, à travers ses chansons, promouvoir la tolérance et renforcer l'esprit de paix.

jahr die Altersgrenze erreicht, ergibt eine vorläufige Bilanz, daß nur die wenigsten Fächer im Unterricht voll integriert werden konnten. Der Schulhistoriker Reinhold Michelly schreibt: »Kernstück des gemeinsamen Unterrichts sind die Fächer, in denen die französischen Lehrpläne entweder weitgehend mit den deutschen übereinstimmen oder am leichtesten übernommen werden können. Daneben stehen Fächer, in denen gemeinsamer Unterricht nur teilweise möglich ist, und wieder andere, in denen zu unserem Bedauern das Ziel der Verschmelzung nicht erreicht werden konnte.«

Zur ersten Fächergruppe zählt Michelly Französisch, Geschichte und Sport, zur zweiten Geographie und Latein, zusammen also etwa die Hälfte der Unterrichtsfächer. Die andere Hälfte rechnet er zur dritten Kategorie, nämlich Mathematik und die Naturwissenschaften, Englisch, Kunst und Musik, ein relativ bescheidenes Ergebnis gegenüber dem hochgesteckten Ziel des Staatsvertrages.

* * *

Für Reinhard Mey allerdings genügte das Angebot zur Knüpfung von Kontakten, Beziehungen, Freundschaften. Seine ganze Schulzeit hindurch hat er mit französischen Klassenkameraden seine Freizeit verbracht, bald auch musiziert, Theater gespielt, kurzum: im täglichen Umgang mit gleichaltrigen Französinnen und Franzosen ist er fast selbst zum Franzosen geworden. In seinem zum Abitur 1962 verfaßten Lebenslauf heißt es: *J'ai commencé, à l'âge de onze ans, à apprendre la langue française. Dès ce moment les cours de français ont été ma matière de prédilection que je suivais avec joie. Deux ans plus tard… j'ai fait pour la première fois connaissance avec des camerades français de mon âge… J'ai eu l'occasion de perfectionner mon français et de pénétrer plus profondément dans la vie des Français; j'ai eu l'occasion de me rendre familier aux habitudes et à l'esprit français…*

Mey hat in den künstlerischen Arbeitsgemeinschaften unter der Leitung von Rudi Müller mitgearbeitet, dem er viele Anregungen verdankt.

In seine Schulzeit fielen die ersten Besuche von Schriftstellern, am 5. Juni 1958 von Georges Duhamel, am 9. Februar 1959 von Dieter Meichsner. Die Reihe setzte sich fort nach seiner Schulzeit durch Besuche von Günter Grass (29. März 1966), Sarah Kirsch (11. April 1978), Peter Härtling (14. Juni 1982) und Heinz Knobloch (5. März 1985).

Fünfzehn Jahre war Reinhard Mey alt, als er seine erste Band gründete, achtzehn, als sein erstes Trio *Les trois affamés* von sich reden machte. Er hat in der Redaktion von *Notre Parole* mitgearbeitet und mehrere literarische Arbeiten für die Schülerzeitung geschrieben, z.B. »Genofefa, die Kellermaus« oder *Fantásticas y grandiosas corridas de toros.*

Seine französischen Lehrer führten Reinhard Mey an die moderne Lyrik heran, ließen ihre Schüler aber auch Balladen von François Villon interpretieren, führten Chansons der Romantiker ein und eröffneten ihren Schülern den Zugang zu der ganzen Vielfalt der französischen Poesie. Zu seinem Deutsch-

und Französischlehrer Karl Voß hat Mey noch Jahrzehnte Verbindung gehalten. Er sagt, bei Voß habe er gelernt, »die Liebe zur deutschen Sprache, die heute mein Handwerkzeug ist, die Begeisterung für die französische und die Fertigkeit, mich darin auszudrücken«.

Reinhard Mey blieben in seinem Schulleben ebensowenig Konflikte erspart wie seinen Schriftstellerkollegen von Franz von Gaudy über Ernst von Wildenbruch bis zu Kurt Tucholsky. In seinem Lied »Charlotte« hören wir von seinen Lehrern, »Mit den Nagelschuhen/Der Pädagogik haben sie/Auf meiner Kinderseele rumgetrampelt./Und die kleine Persönlichkeit/Hatten sie in kurzer Frist/So lebensfroh wie eine tote Motte.« Aber obgleich Mey »nie von der Eselsbank weggekommen« ist, blieb er trotz »Bosheiten und Erniedrigungen ... von den Steißtrommlerseelen unbezwungen.« Denn, sagt er, es gab sie, Charlotte, die eine verständnisvolle Lehrerin, die dafür gesorgt hat, »Daß das Bäumchen grad' zu stehen/Und Baum zu werden begann,/Daß ich heute aufrecht gehen/Und selbst zurücklächeln kann.«

Zurückgelächelt hat Reinhard Mey noch manches Mal – und nicht nur gegenüber der Historikerin Charlotte Wendorff, die 1947 von Levinstein an die Schule geholt worden war und als erste Dame ins Nachkriegskollegium eintrat. In Interviews z.B., wenn er auf seine Schulzeit angesprochen wird, macht er seinen *aimables professeurs* regelmäßig Komplimente.

Im Juni 1962 legte Reinhard Mey in Straßburg das *baccalauréat* ab. Damals mußten die Berliner Kandidaten noch nach Frankreich fahren, heute kommen die Prüfungskommissionen von Straßburg nach Berlin, bei jetzt jährlich rund 100 Prüfungskandidaten ein rationelleres Verfahren.

Die Lehrerkonferenz beurteilte Reinhard Mey bei der Zulassung zum Abitur so: »Seine Stärke liegt auf fremdsprachlichem Gebiet, aber wohl mehr im Mündlichen als in der schriftlichen Leistung... Alles Musische zieht ihn in den Bann: ob es sich um Theater, musikalische oder künstlerische Gestaltung handelt, er ist stets mit den eigenen Ideen dabei.«

Am 5. März 1963 legte Reinhard Mey das Abitur ab, absolvierte dann eine Industriekaufmannslehre und studierte Betriebswirtschaft. Durch seine deutschen und französischen Chansons, deren Texte und Melodien immer von ihm selbst stammen und die er zur Gitarre singt, war er inzwischen in Deutschland und in Frankreich so bekannt geworden, daß Engagements und Tourneen einander ablösten. Als erster Ausländer erhielt Frédéric Mey, wie er sich in Frankreich nennt, den *Prix International de la Chanson Française*, er verlegte seinen Wohnsitz nach Paris, heiratete das Pariser Mädchen Christine, das er in seinen Liedern besungen hatte. Als er auch in Deutschland zum Chanson-Sänger Nr. 1 aufgerückt war, pendelte er zwischen Frankreich und Deutschland hin und her, bis er sich wieder in Berlin niederließ.

Im Jahre 1983, gerade vierzig Jahre alt, erhielt Reinhard Mey für seine völkerverbindende Arbeit als Chansonnier das Bundesverdienstkreuz. Er sagt, mit seinen Liedern wolle er für Toleranz werben und eine friedliche Gesinnung bestärken. (Lit. Nr. 19, 634–638)

Gesine Schwan
Politologin
(geboren am 22. Mai 1943)
Mädchen am Französischen Gymnasium

Zum gleichen Jahrgang wie Reinhard Mey zählt Gesine Schneider, von Ostern 1953 bis zum Abitur am 2. März 1962 Schülerin des Französischen Gymnasiums. Gesine Schneider gehört zu den seit dem Kriege immer zahlreicher am Französischen Gymnasium angemeldeten Mädchen.

Bis zum Ersten Weltkrieg war die Schule den Jungen vorbehalten. Das entsprach der Tradition, denn humanistische Bildung wurde als ein Privileg für Jungen betrachtet. Mit der neuen demokratischen Staatsverfassung zog dann allmählich auch ein neuer liberaler Geist in das Schulwesen ein, und am Französischen Gymnasium wurden auch Mädchen aufgenommen, vorausgesetzt, daß sie aus Hugenottenfamilien stammten. Das erste Mädchen in den Schülerregistern ist Ellinor Uredat, Abiturientin im Jahre 1923. In den folgenden Jahren gab es immer wieder tapfere Mädchen, die sich an der Jungenschule durchzusetzen versuchten, aber bis zum Abitur hat es kaum eine ausgehalten; im Jahre 1935 Lisa Roloff und Maria Wiśniewski, 1938 Anne-Het Bouché und Trut-Maren Jaquemar, 1941 Brigitte Richard, 1943 Käthe Beuge, 1944 Irmgard Alte, Helga Derbolowsky, Uschi Duclos, Lotte-Lore Sindermann, Beate Stabenow und Irene Oulianova, 1944 – aus zwei Jahrgängen zusammen – sechs Mädchen bei 28 Jungen. In der ganzen Zeit von 1923 bis 1945 haben dreizehn Mädchen am Französischen Gymnasium das Abitur bestanden gegenüber 272 Jungen, ein bescheidener Anfang!

Nach dem Zweiten Weltkrieg änderte sich dieses Mißverhältnis schnell. Nun war die bildungspolitische Gleichberechtigung erreicht, Berlin nahm den Grundsatz der Koedukation in sein Schulgesetz auf. 1946 bestanden zwei Mädchen, 1948 drei, 1951 vier, 1954, 1955, 1956 je fünf Mädchen das Abitur, 1957 war dann das Eis gebrochen, von 34 Abiturienten waren 13 Mädchen, und ihre Zahl wuchs von Jahr zu Jahr.

Gesine Schneider legte das Abitur zusammen mit 34 weiteren Schülern ab, siebzehn davon Mädchen. In ihrem *curriculum vitae* schreibt sie über ihre Schulzeit und erwähnt als besondere Bildungsfaktoren ihre deutschen und französischen Lehrer, allen voran Karl Voß. Sie sagt: *Grâce aux études approfondies de l'histoire et surtout de la littérature françaises mon contact avec cette civilisation a été relativement intime. Ce contact élargi par d'assez nombreuses amitiés avec des Français a fait qu'en leur présence je n'ai plus du tout l'impression de me trouver avec des étrangers. Il a contribué à me faire respecter ce peuple, peut-être même à l'aimer. Il m'a aussi montré la nécessité de la tolérance pour tout ce qui est étranger.* Auf Gesine Schneiders zum Abitur vorgelegter Leseliste stehen Ronsard, Du Bellay, la Pléiade und Voltaire, als Spezialgebiet in Geschichte nennt sie *La France entre le Congrès de Vienne et la fin du 2ᵉ Empire.*

Auch Gesine Schneider hat an der Schülerzeitung mitgearbeitet.

Auf ihrem »Zeugnis der Reife« finden wir folgende Eintragungen: »Von der mündlichen Prüfung wurde sie befreit. – Sie hat durch ihre außergewöhnlichen künstlerischen Leistungen das musische Leben der Schule entscheidend bereichert. – In der Arbeitsgemeinschaft ›Deutsch‹ ist sie durch ihre beständige und wertvolle Mitarbeit hervorgetreten. – An den Rundgesprächen hat sie sich sehr aktiv und besonders fördernd beteiligt. – Bei der *Académie Dijon* hat sie im Juni 1959 die Prüfung zum *Brevet d'études du Premier Cycle* bestanden.«

Das *brevet*, Zeugnis der französischen Mittleren Reife, wurde am Collège zum ersten Mal 1955 erteilt, damals erhielten es zwei deutsche und acht französische Tertianer. Inzwischen sind auch hier die Zahlen gewachsen, der bisherige Rekord lag im Jahre 1982 mit 56 deutschen und 46 französischen Schülern, die alle ihre Prüfung bestanden haben.

Beim Abitur in den fünfziger und sechziger Jahren war es üblich, ein gegenwartspolitisches Rundgespräch mit den Abiturienten abzuhalten. Das Thema des Rundgesprächs von 1962 ist überliefert. Es war ein Zitat von Paul-Henri Spaak, dem Vorsitzenden des Europarates, und lautete: *Faut-il être anticommuniste?* An dieser Themenstellung wird deutlich, wie die Auseinandersetzung zwischen Ost und West ein Jahr nach dem Bau der Berliner Mauer auf das Französische Gymnasium übergriff.

Gesine Schneiders Abiturzeugnis trägt die Unterschrift von Paul Hartig, zum letzten Mal vor seiner Pensionierung als Direktor der Schule, und von seinem Nachfolger Horst Schneider als Vorsitzendem der Prüfungskommission, ein Dokument des Übergangs zu einem Dezennium, in dem die Rolle des Französischen Gymnasiums in der Gesellschaft eher unbemerkt blieb und sein politisch-pädagogischer Auftrag der Integration auch innerhalb des Hauses in Richtungskämpfen mehr und mehr verblaßte.

* * *

Nach dem Abitur studierte Gesine Schneider Geschichte, Romanistik, Philosophie und Politische Wissenschaft an der Freien Universität Berlin und in Freiburg. Nach der Promotion 1970 wurde sie 1971 Assistenzprofessorin am Fachbereich für Politische Wissenschaften und nach der 1974 erfolgten Habilitation 1977 Professorin für Politikwissenschaft in der Fachrichtung Politische Theorie und Politische Philosophie. Forschungsaufenthalte in Washington DC und Cambridge reihten sich an Studienaufenthalte, die sie schon früh nach Polen geführt hatten.

Mit 26 Jahren hat Gesine Schneider den Historiker Alexander Schwan geheiratet, und sie hat es verstanden, das Leben der berufstätigen Frau mit der Rolle der Mutter zweier Kinder zu verbinden.

Im Rückblick auf ihre Schulzeit schreibt Gesine Schwan rund zwanzig Jahre danach: »Das Thema Antikommunismus hat mich in der Zeit meines

Gesine Schwan
Zeichnung von Winfried Krüger
nach einer Photographie

Gesine Schwan
(née le 22 mai 1943) Politologue
Les jeunes filles au Collège Français.

Dès la fin de la Première Guerre mondiale, les jeunes filles ont été admises au Collège Français, à condition qu'elles fussent issues de familles huguenotes. Pourtant: de 1923 à 1945, douze jeunes filles seulement ont passé leur baccalauréat au Collège, face à deux cent soixante-douze garçons. Après la Seconde Guerre, ce rapport inégal se modifia rapidement. L'égalité de tous et de toutes face à l'éducation était désormais acquise, Berlin avait admis le principe de la mixité à l'école dans sa loi scolaire. Lorsqu'en 1962 Gesine Schneider passa le baccalauréat, avec trente-quatre autres élèves, dix-sept d'entre eux étaient des filles. Dans son livret scolaire est soulignée, entre autres, sa participation active et particulièrement fructueuse aux entretiens sur la politique contemporaine auxquels étaient soumis, dans les années cinquante et soixante, les candidats bacheliers du Lycée Français. Le sujet proposé à la réflexion de ce groupe en 1962 était une citation de Paul-Henri Spaak, Président du Conseil de l'Europe: «Faut-il être anticommuniste?»

Après son baccalauréat, Gesine Schneider étudia l'histoire, les langues romanes, la philosophie et les sciences politiques à l'Université Libre de Berlin et à Fribourg. Docteur en 1970, elle devint assistante en 1971 au Département des sciences politiques, puis titulaire en 1974 d'une habilitation, elle fut promue Professeur ès-sciences politiques en 1977, spécialisée en théorie de la politique et philosophie politique. A l'âge de vingt-six ans, Gesine Schneider a épousé l'historien Alexander Schwan.

Gesine Schwan est membre du Parti Social-Démocrate d'Allemagne (SPD). Elle prend une part active, souvent critique, à la politique quotidienne, en premier lieu à celle de son propre parti. Lors de la polémique qui agita celui-ci dans les années quatre-vingts, elle n'a cessé de mettre en garde ses camarades contre le fait que les ressentiments qu'ils nourrissaient à l'égard des Etats-Unis pouvaient obérer la menace que l'Union Soviétique continuait de faire peser sur la Liberté du monde occidental.

Abiturs sehr bewegt. In der Abitursrede 1962, die ich für meine Klasse hielt... lag mir sehr daran, darauf hinzuweisen, daß die in allen Zeremonien unserer Schule beschworene deutsch-französische Verständigung eine brüchige Unterlage hat, wenn sie nur auf einer Gegnerschaft, dem Antikommunismus, aufbaut... Ich habe in dieser Abitursrede dafür plädiert, die deutsch-französische Aussöhnung durch die Aussöhnung mit den östlichen Nachbarn, vor allem mit den Polen – trotz der dort herrschenden kommunistischen Regime – zu ergänzen und zu festigen. Persönlich habe ich nach dem Abitur die Konsequenz gezogen, polnisch zu lernen u. mich mit dem sozialistischen System in Polen und mit dem Marxismus zu befassen. Daraus erwuchs auch das Thema meiner Dissertation, die ich der Philosophie des polnischen Philosophen Leszek Kolakowski widmete. Zu meinen wichtigsten und ermutigendsten Erlebnissen meiner bisherigen wissenschaftlichen Arbeit gehört es, daß ich im Oktober 1977 in der Paulskirche die *Laudatio* auf Leszek Kolakowski halten konnte, als er dort den Friedenspreis des Deutschen Buchhandels erhielt.«

Gesine Schwan ist Sozialdemokratin. Sie nimmt kritischen Anteil an der Tagespolitik und zuallererst an der Politik ihrer Partei. In der Auseinandersetzung der achtziger Jahre hat sie ihre Parteifreunde davor gewarnt, wegen ihrer Ressentiments gegenüber den Vereinigten Staaten die Bedrohung der Freiheit durch die Sowjetunion nicht mehr wahrzunehmen. (Lit. Nr. 639–644)

Pierre Clément
Schauspieler und Regisseur
(geboren am 18. September 1949)
Das Collège – französisches Kulturzentrum

1974 erschien im »Collegianer« ein Artikel unter dem Titel *Nouvelles du bahut.* Darin war die Rede von einer neuen Theatergruppe, der *Compagnie du bahut*, gegründet im Vorjahr von dem jungen französischen Mathematiklehrer Pierre Clément. Wir lesen: »Diejenigen unter uns, die noch die Aufführungen vom ›Zerbrochenen Krug‹ unter Professor Lindenborn (1940), von ›Antigone‹ unter Dr. Radke (1948), die Bühnenaufführungen von Rudi Müller und Dr. Moslé erlebt haben, kamen endlich wieder auf ihre Kosten. Nur: diesmal waren es französische Lehrer, ... die jene gute alte Tradition des FG wieder aufgenommen haben.« Der Artikel schloß mit den Worten: »Nun, hier wurde Großes geboten, vom Schauspielerischen sowohl wie von der Regie... Mit solchen Lehrern zu lernen, solche Schüler zu lehren, das muß ein Vergnügen sein, das beide Seiten verbindet, am FG heute wieder Wirklichkeit... Die Staffette geht weiter. Den Stab tragen zur Zeit unsere französischen Freunde.«

Pierre Clément hatte an der Pariser Universität Mathematik und *Sciences physiques* studiert, bevor er unmittelbar nach seinem Examen nach Berlin kam, 23 Jahre alt. Im pädagogischen Wehrersatzdienst *(Service national actif)* arbeitete er am Französischen Gymnasium als Mathematiklehrer. Hören wir ihn selbst: *Après avoir été présenté aux autres enseignants français et au proviseur, j'étais certain de me trouver dans un lycée en tout point semblable à n'importe quel autre établissement de métropole, mais auquel on avait adjoint, m'avait-on dit, une section allemande.* In französischer Optik war das Collège also noch immer eine französische Auslandsschule mit einer deutschen »Abteilung«. Als Clément mit seiner Arbeit am Französischen Gymnasium begann, gab es 20 französische und 35 deutsche Lehrer an der Schule, zehn Jahre später waren es 30 Franzosen und 45 Deutsche, aber die Schülerzahlen haben sich kaum erhöht, bei gleichbleibend rund 500 Deutschen waren aus 300 Franzosen jetzt 350 geworden.

Vor 1975 hatten regelmäßig zwei deutsche zwei französischen Klassen gegenübergestanden. Wurden sie gemischt, ergaben sich daraus vier Parallelklassen. Die Klassenstärke war im integrierten Unterricht die gleiche wie im »nationalen« Verband. Aber die gemischten Verbände erforderten eine intensivere Arbeit, eine stärkere Zuwendung des Lehrers, eine geringere Frequenz war das Gebot der Stunde! Sie wurde erreicht durch »Teilung«. Aus einer deutschen und einer französischen Klasse wurden nun nicht mehr zwei, sondern drei gemischte Klassen, ein Anreiz mehr, das schwierige Werk der Integration zu versuchen, vielleicht der wichtigste Grund, weshalb in den folgenden Jahren die Fachkonferenzen der bisher nicht integrierten Fächer eine nach der anderen die Integration eingeführt haben.

Clément hatte während seines Studiums in Paris drei Jahre lang eine

Pierre Clément
1987

Pierre Clément
(né le 18 septembre 1949) Acteur et metteur en scène
Le Collège, centre de culture française.

En 1974 parut dans la «Revue des Anciens Elèves du Collège» un article intitulé: «Nouvelles du bahut». Il y était question d'une nouvelle troupe théâtrale, la «Compagnie du bahut», fondée l'année précédente par le jeune professeur de mathématiques français Pierre Clément.

Originaire de l'Ile-de-France, il avait étudié les mathématiques et la physique à Paris, avant de rejoindre Berlin, titulaire de son Certificat d'Aptitude au Professorat de l'Enseignement Secondaire, à 23 ans. Il travailla deux ans comme coopérant volontaire du service national, enseignant les mathématiques aux élèves français. Il n'eut rien à voir au départ avec les élèves allemands, les deux populations restant séparées à l'époque pour l'enseignement des mathématiques et de la physique. Le Collège Français apparut ainsi à Pierre Clément, pour ses débuts, comme une pure école française à l'étranger, à laquelle on aurait rattaché une «section allemande».

A l'époque de ses études universitaires, Clément avait fréquenté durant trois ans une école de formation d'acteurs, et c'est ainsi que tout naturellement, dès son arrivée à Berlin, il commença à se mettre en quête de «fous du théâtre» au Collège: il les trouva parmi ses collègues français, mais aussi chez les élèves allemands et français. C'est par ce biais qu'il fit donc connaissance avec la «fusion», qu'il ressentit sa mission comme une contribution au rapprochement des peuples par le théâtre et la langue de Molière.

Avec entêtement, Clément mit sur pied sa troupe théâtrale. Il créa en 1978 un cours de base (Grundkurs) d'expression dramatique, dans lequel les élèves du second cycle, année après année, portaient à la scène des pièces de théâtre françaises, mais aussi des productions personnelles. Ce cours était le troisième d'expression artistique, après ceux de «musique» et d'«art».

En 1980 Clément avait fondé son propre théâtre, le «Théâtre Français de Berlin». Par son travail de mise en scène théâtrale, il a contribué, s'ajoutant aux prestations de la Chorale du Lycée et de l'Orchestre des Lycéens, à faire du Lycée Français un Institut culturel français.

Schauspielschule besucht, und so begann er bald nach seinem Eintreffen in Berlin an der Schule nach »Theaternarren« Ausschau zu halten – er fand sie unter seinen französischen Kollegen sowie deutschen und französischen Schülern. *»C'est par cet aspect que j'ai abordé ›la Fusion‹ ... mission qui me semblait évidente: enseigner des élèves des deux nationalités et contribuer au rapprochement des peuples par le théâtre et la langue de Molière.«*

Nachdem Clément die beiden Ersatzdienst-Jahre hinter sich gebracht hatte, erhielt er einen Sechs-Jahre-Vertrag als *missionnaire*, also Lehrer im französischen Auslandsdienst. In diese Zeit fällt die Integration u. a. auch im Mathematikunterricht zunächst der Mittelstufe, dann der Oberstufe. Clément unterrichtet jetzt in gemischt deutsch-französischen Klassen.

Pierre Clément baute durch beharrliche Arbeit allmählich seine Theatertruppe aus, jetzt »Athena« genannt. Er beantragte bei der Senatsverwaltung für Schulwesen die Genehmigung, innerhalb des Kanons der Wahlfächer einen Grundkurs »Darstellendes Spiel« zu eröffnen. Diese Einrichtung bestand von 1978 bis 1983 und stellte Semester für Semester französische Theaterstücke auf die Bühne, auch Eigenproduktionen der Schüler, drittes musisches Angebot neben den Grundkursen »Musik« und »Kunst«.

Als Cléments Vertrag 1981 ausgelaufen war, blieb er als »Lokalkraft« am Französischen Gymnasium, denn inzwischen hatte er ein eigenes Theater gegründet, das *Théâtre Français de Berlin.* Wie hatte es in der Informationsschrift über das Französische Gymnasium 1976 gelautet? Hier ein Auszug aus der deutschen Fassung der Einleitung: »Das Französische Gymnasium ... tritt ... mehr und mehr als deutsch-französischer Mittelpunkt in Erscheinung. Die französisch-deutsche Theatergruppe ... hat sich in Berlin bereits einen Namen gemacht. Chor- und Orchestergruppe stellen regelmäßig Aufführungen vor. Die Sportler haben der Schule bei Wettkämpfen wertvolle Preise errungen. Ausstellungen aus dem künstlerischen Schaffen der Schüler runden das Bild einer Schule ab, die sich nicht im Lehren und Lernen erschöpft, sondern als deutsch-französisches Kulturzentrum in die Berliner internationale Öffentlichkeit hineinwirkt.«

Pierre Clément hat dazu beigetragen, daß sich das Französische Gymnasium in den Jahren seiner Tätigkeit zum Kristallisationspunkt der französischen Kulturarbeit in Berlin entwickelt hat, von einer französischen Schule zu einem französischen Kulturinstitut geworden ist.

Die Berliner Presse verfolgt Cléments Schaffen mit gleichbleibendem Interesse. Hören wir eine Auswahl aus den Schlagzeilen dreier Jahre: »Französisches Musenteam spielt für Berlin« (Lanoux, 1981), »Theater und Völkerverständigung« (Prévert, 1982), »Dramatische Entwicklungshilfe« (Vian, 1982), »Eine Bühne für Gebildete und Sprachbewanderte« (Beckett, 1982), »Deutsche und Franzosen dienen den Musen« (Cocteau, 1983), »Die Sprachgrenze überwinden« (Molière, 1984).

Berlin und Frankreich haben Pierre Clément in gleicher Weise zu danken. (Lit. Nr. 645 und 646)

Alexandra Sartori und Catarina Vierlich
Juristinnen
(Geburtsjahrgang 1965)
Integration – Ideal und Utopie

Am 4. April 1986 brachte das Volksblatt Berlin unter dem Titel »Ausgezeichnet« die folgende Nachricht: »Die Berliner Jura-Studentinnen Alexandra Sartori, Catarina Vierlich und Ulrike Witt an der Freien Universität haben den internationalen René-Cassin-Wettbewerb gewonnen. Cassin, nach dem der Preis benannt ist, war von 1965 bis 1968 zweiter Präsident des Europäischen Gerichtshofs für Menschenrechte. Bei dem Wettbewerb ist ein erdachter Fall in Form eines Verfahrens vor diesem Gericht zu behandeln. Zunächst sind umfangreiche, französisch abgefaßte Schriftsätze für den Beschwerdeführer und die beteiligte Regierung einzureichen, die danach in einer mündlichen Verhandlung, ebenfalls auf französisch, verteidigt werden.«

Tags darauf gab die Berliner Morgenpost unter dem Titel: »FU-Studentinnen gewinnen Völkerrecht-Wettbewerb« nähere Einzelheiten. Demnach waren zehn europäische Mannschaften in den Wettbewerb gegangen, bei dem es sich um eine fiktive Klage vor dem Europäischen Gerichtshof handelte. Die Mannschaft aus Berlin und die aus Paris-Nanterre qualifizierten sich für das Endspiel. Die Berlinerinnen hatten den Staat, die Pariser Gruppe den Kläger zu vertreten. Die Jury unter dem Vorsitz des französischen Senatspräsidenten René Pflimlin entschied zu Gunsten der Berliner Juristinnen. Sie holten den Preis, einen Silberpokal, an die Spree. Erster Berliner Gratulant war FU-Vizepräsident Michael Erbe. Die Morgenpost sagt: »Die Schriftsätze in Französisch abfassen? Da waren die jungen Damen souverän. Auch die mündliche Verhandlung vor der Straßburger Jury bereitete keine Probleme: Catarina Vierlich und Alexandra Sartori besuchten das Französische Gymnasium...«

Geboren wurde Alexandra Sartori am 22. August und Catarina Vierlich am 25. November 1965. Nach dem Umzug der Schule von Reinickendorf nach Tiergarten und dem Direktoratswechsel am Ende des Dezenniums von Horst Schneider wurden sie im Mai 1975 von ihren Eltern am Collège angemeldet. Sie waren zwei von rund zweihundert Kandidaten, die am Ende der viertelstündigen Aufnahmegespräche zwischen dem neuen Direktor und jedem einzelnen Bewerber und seinen Eltern mit 73 anderen in drei Klassen aufgenommen wurden, 38 Mädchen und 37 Jungen. Der Zensurendurchschnitt dieser Schüler in Deutsch, Mathematik und Sachkunde ergab den Wert 1,6 – und dabei ist es seither geblieben.

Als Alexandra und Catarina 1977 von der Unter- in die Mittelstufe versetzt wurden, hatten sich nach Jahren der Stagnation bereits die ersten Fortschritte bei der Integration des Unterrichts eingestellt: In Klasse 7 wurde nun – außer in Geographie, Biologie und Sport – auch in Kunst und Musik den deutschen und französischen Schülern gemeinsamer Unterricht erteilt. In Klasse 8 hatte sich 1978 zu Französisch und Geschichte bereits Mathematik als integriertes

Alexandra Sartori und Catarina Vierlich
1987

Alexandra Sartori et Catarina Vierlich (nées en 1965) Juristes L'intégration: idéal et utopie.

Alexandra Sartori et Catarina Vierlich ont fréquenté le Lycée Français de 1975 à 1983. En avril 1986 elles firent les gros titres des journaux en gagnant, avec leur condisciple Ulrike Witt, le concours international René-Cassin, qui consiste, pour des étudiants en droit, à instruire une plainte fictive déposée auprès de la Cour Européenne de Justice.

La scolarité d'Alexandra Sartori et de Catarina Vierlich a été marquée au Lycée Français par les premiers progrès dans l'intégration de l'enseignement, après de longues années de stagnation. Désormais, dans le premier comme dans le second cycles, le même enseignement était dispensé en commun aux élèves allemands et français, dans presque toutes les matières. Les élèves allemands ne restaient entre eux que pour les cours approfondis (Leistungskurse) d'allemand, de grec et d'anglais, de même que pour les cours de base (Grundkurse) de physique et, partiellement, de biologie. Dans le cours de base d'allemand, d'anglais et de mathématiques, en volley-ball et en gymnastique, la fusion se limitait aux élèves français qui, outre le baccalauréat, voulaient également se préparer à l'Abitur. Alexandra Sartori et Catarina Vierlich ont passé le baccalauréat avec la mention, relativement rare, «assez bien», et l'Abitur avec les notes moyennes, remarquables, de 1,6 et 1,8. Toutes deux avaient concourru, à partir de la Troisième (Klasse 9) et chaque année, pour le Prix Monod, rétabli en 1976, Alexandra l'a obtenu deux fois et Catarina trois fois.

Revenant sur leur scolarité au Lycée Français, les deux jeunes filles accordent une importance essentielle à la fréquentation intensive qu'elles y ont eue de la langue et de la culture françaises. Certes Catarina regrette que le contact qu'elle avait espéré avec les camarades français n'ait pu se concrétiser, par contre Alexandra a fait l'expérience que seuls les contacts personnels avec les camarades de classe et les professeurs français, le travail commun et quotidien avec eux, lui ont permis non seulement de prendre conscience de différences de culture en soi, mais aussi de les comprendre et d'en tirer, tout naturellement, des enseignements.

Fach hinzugesellt, 1980 in Klasse 10 wurden zum ersten Mal germanophone Franzosen zum Deutschunterricht der Muttersprachler zugelassen, und als Alexandra Sartori und Catarina Vierlich 1981 auf die Oberstufe übergingen, hatte die Integration des Unterrichts bereits fast alle Fächer erfaßt, nur in den Leistungskursen Deutsch, Griechisch, Englisch und in den Grundkursen Physik und teilweise in Biologie blieben die deutschen Schüler unter sich, in den Grundkursen Deutsch, Englisch und Mathematik, in Volleyball und Gymnastik war die »Fusion« vorgesehen für französische Schüler, die sich – neben dem *baccalauréat* – auf das Abitur vorbereiten wollten.

In Alexandras und Catarinas Schulzeit wurde die deutsch-französische Integration noch vielfach als Utopie bezeichnet. Bei der Abiturienten-Entlassung 1987 wurde die Antwort so formuliert: »Wir müssen nach Utopien streben, wenn wir das Ideal erreichen wollen!«

* * *

Alexandra Sartori und Catarina Vierlich haben beide das Leistungsfach Griechisch gewählt, Alexandra außerdem Deutsch, Catarina Wirtschaft. Alexandra fand in ihren Leistungskursen keine französischen Schüler vor und Catarina nur in Wirtschaft, wo die deutschen Schüler die Minderheit bildeten.

Das Abiturthema in Griechisch umfaßte eine Übersetzung aus dem *Areiopagitikos* des attischen Redners Isokrates und die Beantwortung von historischen und textkritischen Fragen. In Wirtschaft hatte Catarina Vierlich zu den Verstaatlichungen in Frankreich 1946 und 1982 Stellung zu beziehen, ein brandaktuelles Thema nach dem Regierungswechsel von Giscard d'Estaing zu François Mitterrand. In der Beurteilung der Arbeit lesen wir: *L'élève manipule la langue française avec beaucoup d'aisance... L'élève possède des connaissances très solides qu'elle utilise très judicieusement. Elle maîtrise parfaitement les mécanismes économiques.*

Alexandra Sartori wählte in Deutsch das Thema »Verfassen Sie eine Rede für Ihre Abiturientenfeier«. Vorgegeben war ein Text von Wilhelm von Humboldt, mit dem sich die Rede auseinandersetzen sollte. Ausgehend vom Text untersucht Alexandra zunächst das Gleichgewicht zwischen Körper und Geist am Französischen Gymnasium. Das offenkundige Übergewicht des Verstandestraining findet ihre Zustimmung. Sodann wendet sie sich der »Balance« zwischen Natur- und Geisteswissenschaften zu und verteidigt den »sprachlich-literarischen Akzent« der Schule, obgleich er dafür verantwortlich ist, daß die Naturwissenschaften als »Stiefkind unserer Schule« zu bezeichnen seien. Am Geschichts- und Erdkundeunterricht kritisiert Alexandra, daß die Diskussion der erlernten Fakten zu kurz komme, »allerdings kein schulinternes Problem«, und das Angebot in Kunst und Musik nennt sie »dürftig« – verweist aber auf schulische »Projekte« außerhalb des Unterrichts. Alles in allem sei die Allgemeinbildung durch das Lernangebot »einigermaßen gewährleistet«. Sie hält es für »sicher richtig«, daß »unser Gymnasium stark auf einen späteren Hochschulbesuch angelegt« ist und die Schüler zur »Selbständigkeit« erzieht, auch zur sittlichen Freiheit, der »Freiheit, das Gute zu tun«. »Der Deutsch-, der Griechisch-, der Latein- und natürlich der Philosophieunterricht, alle haben sie ... Fragestellungen aufgeworfen, die uns über unser Handeln und unsere Grundsätze nachdenken ließen«. Die Untersuchung schließt mit dem Dank der Verfasserin an Eltern, Lehrer und Direktor für Vertrauen und Engagement.

Alexandra Sartori und Catarina Vierlich haben das *baccalauréat* mit dem relativ seltenen Prädikat *assez bien* und das Abitur mit der hervorragenden Durchschnittsnote 1,6 bzw. 1,8 bestanden. Beide hatten sich im Laufe ihrer Schulzeit ab Klasse 9 jedesmal um den 1976 wiederbegründeten *Prix Monod* beworben, Alexandra hat ihn zweimal und Catarina dreimal erhalten.

Gleich nach dem Abitur begann für beide das Jurastudium. Als Werkstudentinnen arbeiteten sie nebenher zeitweilig in der Bibliothek der Jüdischen Gemeinde. Alexandra betätigte sich auch im Spastiker-Zentrum Berlin, Catarina arbeitet in der Hochschulpolitik mit und nimmt die Interessen der Studenten in Mitbestimmungsgremien wahr. Ihre Freizeit gehört u.a. dem Tanz, Jazzdance bei der einen, klassischer Tanz bei der anderen.

In einem Rückblick auf ihre Schulzeit setzen sich beide mit dem deutsch-französischen Verhältnis an der Schule auseinander. Catarina schreibt: »Der erhoffte Kontakt zu den französischen Mitschülern fand nicht statt, ein altes und anscheinend unlösbares Problem. *Mais, malgré tout, la connaissance profonde, que j'ai acquis d'une langue et d'une culture étrangère a encouragé mon intérêt toujours vivant à apprendre et comprendre des nationalités autres que la mienne, un intérêt, qui trouvera, à ce que j'espère son realisation dans une activité professionelle dans le domaine international.* Alexandra fügt hinzu: »Zunächst und vor allem hat der Besuch des Französischen Gymnasiums mein Interesse an internationalen Begegnungen geweckt und gefördert: Zum einen wurde mir durch das effektive Erlernen der französischen Sprache ein gründlicher Einstieg in eine erste ausländische Kultur möglich, zum anderen haben die persönlichen Kontakte zu französischen Mitschülern und Lehrern ... es schon allein durch die alltägliche Zusammenarbeit möglich gemacht, kulturell bedingte Unterschiede nicht nur als solche zu erkennen, sondern auch zu verstehen und unbewußt davon zu lernen. Es ist mein Wunsch ... später beruflich ebenfalls an der internationalen Zusammenarbeit mitzuwirken.«

Während Catarina zunächst in Berlin geblieben ist, ging Alexandra nach Abschluß ihres Jura-Studiums an die *Ecole des Hautes Etudes Commerciales*, wo einst auch Albert Hirschman das Fundament seiner beruflichen Karriere gelegt hatte. (Lit. Nr. 647–649)

Colin Stahlke
Mathematiker
(geboren am 8. September 1967)
Abschluß der Schullaufbahn: Abitur *und* baccalauréat

»Wie wird man Berlins Nachwuchsmathematiker Nummer eins? – Begabung, antwortete Colin Stahlke trocken. Ganz einfach. Mich hingesetzt und ein Mathebuch gelesen hab' ich noch nie. Der 17jährige Abiturient aus Steglitz errechnete sich eine Bronze-Medaille bei der diesjährigen Mathematik-Olympiade in Finnland, als einziger Preisträger aus Berlin. Schon im Jahr davor war er mit Bronze ausgezeichnet worden: Ein einziger Punkt fehlte noch zur Silber-Medaille. Aber das ist noch nicht alles, was der 17jährige an Titeln eingeheimst hat: Beim Wettbewerb ›Jugend forscht‹ belegte er dieses Jahr Platz vier und beim ›Bundeswettbewerb Mathematik‹ wurde er im vergangenen Jahr Bundessieger.«

Dies ist der Wortlaut einer Meldung im Volksblatt Berlin vom 13. Juli 1985. Colin Stahlke hatte soeben mit Abitur und *baccalauréat* die beiden Abschlußprüfungen des Französischen Gymnasiums abgelegt, die eine mit einem Notendurchschnitt von 1,3, die andere mit dem Prädikat *très bien*.

Hier ein Auszug aus Stahlkes Lebenslauf: »Ich habe mich schon als sehr kleines Kind für Zahlen interessiert und gern gerechnet. Mit vier Jahren lernte ich Schachspielen. Während meiner Grundschulzeit nahm ich schon mehrfach an Schülermeisterschaften teil. Außerdem beschäftigte ich mich mit Musik und spielte viel Klavier. Mit dem Übergang zum Französischen Gymnasium wandelten sich meine Interessen und konzentrierten sich mehr auf den mathematisch-naturwissenschaftlichen Bereich. Meine musischen Interessen wichen sportlichen Aktivitäten in der Freizeit, wobei ich besondere Freude an Windsurfen und Skilaufen hatte. Während meiner weiteren Schulzeit nahm ich an allen mathematisch-naturwissenschaftlichen Schülerwettbewerben teil, die angeboten wurden... Bei den Ausscheidungswettbewerben in Berlin errang ich immer erste Preise, so daß ich an weiteren Ausscheidungsrunden teilnehmen konnte. Damit waren Reisen in ständig andere Orte und das Kennenlernen neuer interessanter Menschen verbunden.«

Colin Stahlke hatte seine gesamte Schulzeit hindurch in Mathematik und Physik immer nur Einsen auf dem Zeugnis. Beim Übergang zur Oberstufe wählte er diese beiden Fächer als Leistungsfächer. Unterrichtet werden die deutschen Leistungskurs-Schüler mit den französischen Schülern der *Section C*. Zu dieser Abteilung werden nur Schüler zugelassen, die in Mathematik und Physik besonders leistungsfähig sind. In der *Terminale* haben sie elf Stunden Mathematik und, mit Chemie zusammen, acht Stunden *Sciences physiques*. Wer in dieser Abteilung das *baccalauréat* bestanden hat, kann sich aussuchen, welche Fächer er studieren möchte, einen *numerus clausus* gibt es für ihn nicht.

In Stahlkes Jahrgang gab es am Französischen Gymnasium 43 französische und 51 deutsche Schüler. Alle 94 haben sich zum *baccalauréat* gemeldet, aber nur 79 haben bestanden, das sind 85% gegenüber nur 67% als nationalem Prozentsatz in Frankreich. Mit dem Prädikat *très bien* haben außer Stahlke vier Schüler, mit *bien* drei und mit *assez bien* 22 bestanden, eine außerordentlich hohe Zahl von Prädikatsexamen. Insgesamt 52 Schüler haben das Abitur bestanden, 47 deutsche und 5 französische. Diese geringe Zahl kann nicht überraschen, denn Franzosen dürfen sich nur dann zum Abitur melden, wenn sie zuvor den Grundkurs in Deutsch absolviert haben, und dieser Kurs folgt den für Muttersprachler vorgesehenen deutschen Lehrplänen.

Die Anfänge waren äußerst bescheiden. Das *baccalauréat* wurde 1955 zum ersten Mal deutschen Schülern angeboten. Zwei haben sich am ersten Teil der Prüfung mit Erfolg beteiligt. 1975 waren es in beiden Teilen neun, gegenüber 34 Franzosen, 1979 schon 17 gegenüber 31. In diesem Jahr konnten zum ersten Mal auch Franzosen das Abitur ablegen, drei haben es versucht und waren erfolgreich. Seither haben sich die Teilnehmerzahlen von Jahr zu Jahr erhöht. Mit 40 deutschen und 56 französischen *bacheliers* war das Jahr 1984 das Rekordjahr. Damals haben 6 französische Kandidaten das Abitur bestanden und 44 deutsche, die Erfolgsquote lag damit im Abitur bei 100% und im *baccalauréat* bei 83%. Das beste Ergebnis im *baccalauréat* hat das Collège 1988 errungen, nämlich 95%. Das bedeutete den Gleichstand mit französischen Eliteschulen wie dem *Lycée Louis-le-Grand* in Paris, dem *Lycée Hoche* in Versailles und dem *Gymnase Jean Sturm* in Straßburg.

* * *

Stahlkes Mathematiklehrer bemerkt in seinem Korrekturbericht zum schriftlichen Abitur des Jahrgangs: *Le groupe qui m'a été confié compte sept élèves allemands (qui) suivent les cours de Mathématiques … en compagnie de six élèves français … et je les en félicite. Parmi ces élèves deux ont un excellent niveau.«* Der Korrektor von Stahlkes Physikarbeit schreibt darunter: *»Rien à ajouter. Presque parfait comme à l'accoutumé. 98%.«*

Nach dem Abitur hat Colin Stahlke Mathematik studiert. »Mein Ziel ist es«, sagt er, »mich an ausländischen und außereuropäischen Universitäten weiter zu qualifizieren und ein möglichst breites – nicht nur mathematisches Wissen zu erwerben.«

Auf die Frage nach der Rolle des FG in seinem Leben, »sowohl in positiver Hinsicht als auch kritisch in Bezug auf das, was die Schule nicht leisten konnte«, antwortete Stahlke aus dem Abstand von zwei Jahren u. a. das Folgende: »Besonders geprägt hat mich … die Erfahrung, daß ich in früheren Jahren … recht schnell die französische Sprache gelernt habe. Die gleiche Erfahrung habe ich in der Oberstufe in den Leistungsfächern Mathematik und Physik machen können. Durch diese positiven und prägenden Erfahrungen habe ich die Sicherheit gewonnen, daß ich … die Ziele, die ich erreichen will, erreichen kann. Sehr wichtig für mich war die Freundlichkeit, Hilfsbereitschaft und die Förderung, die mir einige Lehrer entgegenbrachten. Dies ließ mich die unpersönliche und kühle Atmosphäre, die im Französischen Gymnasium herrscht, weniger empfinden.« (Lit. Nr. 650 und 651)

Colin Stahlke
1987

Colin Stahlke
(né le 8 septembre 1967) Mathématicien
Examens de fin d'études au Collège: Abitur et Baccalauréat.

«Comment devient-on l'espoir numéro un des mathématiciens de Berlin?» C'est la question que posait le journal «Volksblatt» de Berlin le 13 juillet 1985 au bachelier Colin Stahlke, qui répondait sèchement: «Il faut être doué, tout simplement. M'asseoir à une table et lire un livre de mathématiques, cela ne m'est encore jamais arrivé».

Stahlke venait de gagner le «Concours fédéral de mathématiques», concours destiné à départager les jeunes mathématiciens les plus doués de la République Fédérale. Il avait passé brillamment les deux examens qui sanctionnent la fin des études secondaires au Lycée Français, l'Abitur avec une moyenne de 1,3 et le baccalauréat français, série C (mathématiques et sciences physiques), avec la mention «Très Bien».

Il écrit, dans son curriculum vitae: «Tout petit enfant, je m'intéressais déjà aux nombres et j'aimais calculer. A quatre ans, j'apprenais à jouer aux échecs. A l'école élémentaire, j'ai pris part à plusieurs reprises à des championnats scolaires». Au Lycée Français, l'intérêt de Stahlke se fixa sur les mathématiques et les sciences expérimentales. Il prit part à tous les championnats et y récolta toujours les premiers prix, représenta Berlin en République Fédérale et l'Allemagne à l'étranger.

Mathématiques et sciences physiques furent, dans le second cycle, les matières qu'il choisit comme «cours approfondis», mais il suivit également les cours de latin et d'autres disciplines de culture générale. Avec d'autres de ses camarades qui avaient choisi les mêmes cours approfondis, il suivit l'enseignement dispensé aux élèves français de la série C.

L'année où Stahlke se présenta au baccalauréat, il y avait au Lycée Français, en Terminale, 43 élèves français et 51 allemands. Les 94 se présentèrent au baccalauréat, 79 d'entre eux furent reçus, soit 85%, à comparer aux 67%, pourcentage de réussite moyen en France. Par ailleurs 52 élèves ont été reçus à l'Abitur, 47 Allemands et 5 Français, ces derniers parlant l'allemand aussi bien que leur langue maternelle.

Après le baccalauréat, Stahlke partit étudier les mathématiques à Bonn, avec pour objectif professionnel de devenir chercheur. Faisant un bilan de sa scolarité secondaire, il écrit: «Par ces expériences positives et marquantes, j'ai acquis la certitude que je peux atteindre les buts que je me suis fixés. La gentillesse, l'aide constante et les encouragements que m'ont toujours apportés certains professeurs, ont été très importants pour moi. Ceci m'a permis de moins ressentir l'atmosphère impersonnelle et froide qui règne au Lycée Français.»

Schluß
Das Französische Gymnasium im 20. Jahrhundert

Bei der Beobachtung der politischen Entwicklung des deutsch-französischen Verhältnisses konnten wir erkennen, wie in der ersten Hälfte des 20. Jahrhunderts zweimal die Gegensätze überhand nahmen und schließlich zum Krieg führten. Die anderthalb Jahrzehnte vor 1914 und die Jahre von 1933 bis 1939 waren bestimmt von deutschem Nationalismus und Imperialismus, deutscher Überheblichkeit, die schließlich die Existenz des Nachbarn kaum noch zur Kenntnis nahmen.

Aber beide Male lebten die Kräfte der Verständigung unter der Oberfläche weiter, sie lebten wieder auf, in Deutschland zuerst, sehr schnell auch in Frankreich. Der Sieger reichte dem Besiegten die Hand, und jeder der einstigen Gegner suchte im Gegenüber den Partner. Gustav Stresemann fand Vertrauen bei Aristide Briand, Konrad Adenauer bei Charles de Gaulle. Das Werk Briands und Stresemanns konnte von de Gaulle und Adenauer fortgesetzt werden und schließlich in der deutsch-französischen Freundschaft seinen Abschluß finden, wie sie die zweite Hälfte des Jahrhunderts geprägt hat.

Das Französische Gymnasium erwies sich auch im 20. Jahrhundert als Schule ihrer Zeit und als Schule in Deutschland. Patriotische Kundgebungen fanden vor und während des Ersten Weltkrieges auch am Collège statt. Die Politik des Kaisers und seiner Generäle hatte auch hier ihre Fürsprecher, die Aulafeiern gliederten das Französische Gymnasium ein in die konservative und nationale Grundstimmung.

Der verlorene Krieg führte zu einer Akzentverschiebung, aber einen Bruch mit der Vergangenheit brachte er nicht. Nach wie vor waren die Pädagogen in der Mehrheit Monarchisten, blieben viele autoritär und undemokratisch, wurden alle erdenklichen nationalen Anlässe ergriffen zu Bekundungen deutscher Gesinnung. Das Aufkommen der Nationalsozialisten verstärkte diese Tendenzen, einige Lehrer traten der NSDAP bei, unterstützten Jungvolk und Hitlerjugend, Reichsarbeitsdienst und Wehrmacht. Für die Volksdeutschen im Ausland, für das »Winterhilfswerk« wurde am Französischen Gymnasium ebenso gesammelt wie überall sonst an deutschen Schulen, der nationalsozialistische Gesinnungsunterricht, die Rassenkunde waren Schulfächer hier wie anderswo, und der Sportunterricht stand so wie die Freizeit im Zeichen der Wehrertüchtigung. Das Französische Gymnasium besaß alle Merkmale der deutschen Schule vor 1914, von 1914 bis 1918, zwischen den Weltkriegen, von 1933 bis 1939 und bis in den Krieg hinein, so wie es die Merkmale der preußischen Schule in der Bismarckzeit und im Kriege 1870/71 besessen hatte, im Zeitalter der napoleonischen Kriege und in den Jahren von 1815, 1813, 1806, auch 1796, 1793... die Merkmale der preußischen, der deutschen Schule – aber darüber hinaus ein Mehr, ein weiteres, ein anderes.

Am Französischen Gymnasium gab es seit dem 19. Jahrhundert ein Reisestipendium für Lehrer nach Frankreich, es wurde bis 1914 und bis 1939 Jahr für Jahr genutzt, jeder Lehrer, jeder Direktor kam mit diesem Stipendium einmal, manche mehrmals nach Paris oder in die französische Provinz. Seit dem 19. Jahrhundert gab es die Schülerreisen nach Frankreich, fast jede Klasse kannte Paris aus eigener Anschauung, zu den Weltausstellungen reisten jedesmal gleich mehrere Klassenstufen. Es gab die französischen Lehrer am Collège, einige Namen sind uns überliefert, Dubray 1914, Colson 1922, Latil und Espiau de la Maëstre 1938/39, von den beiden letztgenannten erteilte im Jahre vor Kriegsausbruch jeder elf Stunden »Konversation« in den Klassen der Ober- und Mittelstufe. Es gab französische Schüler fast in jeder Klasse, 1886 und 1933/34 beispielsweise die Söhne der französischen Botschafter Jules Herbette und André François-Poncet, des Botschaftsrats Comte de Bourqueney, dazu Frankophone aus vielen Ländern Europas und der Welt, Ausländer aller Art – und es gab das kosmopolitische Element der Schüler aus jüdischem Hause, das »internationale Judentum«, was nationalistische Kreise außerhalb des Collège der Schule zum Vorwurf machten. Und dazu kamen die deutschen Schüler – alle ohne Ausnahme aus frankophilen Familien.

Von diesen Lehrern und mit diesen Schülern wurde in französischer Sprache und meist mit französischen Lehrbüchern ein Stoff erarbeitet, wie er in Frankreich und in frankophonen Ländern nicht anders erarbeitet worden wäre, wurde die französische Geschichte gelehrt einschließlich der Geschichte der Großen Revolution, einschließlich Erckmann-Chatrian und Fustel de Coulanges, wurde die französische Literatur gelesen, von Descartes und Montaigne über Victor Hugo und Emile Zola bis zu Verlaine und Rimbaud. Da wurde auf französisch Theater gespielt, klassische Dramen, moderne Stücke, wurden französische Preisaufgaben gestellt und mit dem *Prix Monod* prämiert, wurde – auf französisch – die Hugenottenbotschaft des *Quand même* und des *Résister* diskutiert, wurde das Ideal der Toleranz immer wieder von anderen Gesichtspunkten her erläutert, das Ideal der Freiheit für jeden, sein Leben nach seiner Façon zu gestalten.

Wie an anderen Gymnasien wurden am Collège die alten Sprachen gelehrt, die lateinischen und griechischen Schriftsteller gelesen, aber sie wurden auch interpretiert, gedeutet, ihre Lehre wurde angewendet, wurde bezogen auf die Gegenwart, hier stand das *krinein* im Mittelpunkt, das Unterscheiden.

Noch bis weit ins 20. Jahrhundert hinein und nach der Jahrhundertmitte zunehmend wieder ist am Collège die französische Methode in den Wissenschaften befolgt worden, die deduktive Methode, bei der zunächst die Regel bewiesen wird und erst danach die konkrete Anwendung im Versuch folgt, das Collège war auch im 20. Jahrhundert eine deutsche Schule, ja, aber gleichzeitig war es ein französisches Gymnasium auf deutschem Boden geblieben.

Die Verständigungspolitik Stresemanns und Briands gab den völkerverbindenden Erziehungszielen des Französischen Gymnasiums in dem Jahrzehnt vor 1933 Auftrieb, gab ihm Impulse, die es durch die nationalsozialistischen Jahre hindurch trugen und in Bewegung hielten bis zu jenem 17. Oktober 1945, als – neun Wochen nach Ankunft der französischen Besatzung in Berlin –

die Beziehungen zwischen der französischen Militärverwaltung und dem Französischen Gymnasium neu geknüpft wurden. Mit dem 17. Oktober 1945 beginnt die neue Epoche der Schule, tritt die Schule in die zweite Hälfte des 20. Jahrhunderts ein, in die neue Zeit der deutsch-französischen Gemeinsamkeit. Jetzt kamen nach einer Unterbrechung von zehn Jahren wieder französische Lehrbücher an die Schule, wurde das Französische als Unterrichtssprache wiederhergestellt auch in jenen Fächern, in denen diese Tradition teils aus ideologischen Gründen, teils mangels frankophoner Lehrer hatte ruhen müssen. Die französische Militärverwaltung holte die Schule in ihren Sektor, siedelte sie alsbald an auf ihrem Gebiet am *Quartier Napoléon* beim Flughafen Tegel und verwirklichte zusammen mit den deutschen Partnern in der Schulverwaltung den kühnen Traum einer deutsch-französischen Gemeinschaftsschule. Der Staatsvertrag vom 24. April 1953 über die »Verschmelzung« wurde zum Modell für den deutsch-französischen Freundschaftsvertrag, den Adenauer und de Gaulle am 22. Januar 1963 unterzeichnet haben.

Möglich war die Verschmelzung, weil das Collège die frankophone Schule geblieben war, als die es einst gegründet wurde, weil das Collège die französischen Bildungsgüter weiter gepflegt hatte, trotz aller Versuche der »Eindeutschung«, weil das Collège nach wie vor das Bildungszentrum der frankophilen Berliner war, weil weder seine Schüler, noch seine Schülereltern, am allerwenigsten seine Lehrer dem Schreckgespenst eines fiktiven Erbfeindes erlegen waren...

Die nationalistischen Perioden vor dem Ersten und vor dem Zweiten Weltkrieg hatten trotz der zum Selbstschutz notwendigen Konzessionen an den Zeitgeist die grundsätzlich frankophile Einstellung der Schule nicht erschüttern können, sie war nur aus dem Rampenlicht der Öffentlichkeit in den Schatten einer fast privaten Existenz zurückgetreten und konnte so die zerstörerische Welle des Nationalismus und der Frankophobie zum vierten und fünften Male (nach 1806, 1813, 1870/71) überleben. Sie war da, war hellwach und präsent, um auf bildungspolitischem Gebiet in Berlin und darüber hinaus die Führung zu übernehmen, sobald die Kräfte des Ausgleichs, der Verständigung, der deutsch-französischen Freundschaft wieder in den Vordergrund traten. Mit der Politik des Staates im Einklang war das Französische Gymnasium jedesmal, wenn diese Politik sich eine deutsch-französische Union zum Ziele setzte, nicht im Einklang, wenn die Politik des Staates ihr Ziel in der Gegnerschaft, in der Feindschaft zwischen Deutschland und Frankreich suchte.

Die frankophone und die frankophile Schulpolitik des Französischen Gymnasiums blieben sich durch das ganze 20. Jahrhundert gleich. Was sich änderte, war die Politik des Staates, zu der das Französische Gymnasium in stillschweigende Opposition trat, wenn sie sich mit den Bildungszielen der Schule nicht vereinbaren ließ, die das Collège aber unterstützte, wenn sie die deutsch-französische Freundschaft propagierte.

Diese Schulpolitik fand jeweils ihre geschickten und energischen Verfechter in den führenden Lehrerpersönlichkeiten der Zeit: in Paul Esternaux, dem Direktor zu Beginn des Jahrhunderts, in Ernst Lindenborn zwischen den Kriegen, auch in Max Roethig, der das schwankende Schiff durch die Turbulenzen der Nazizeit steuerte, in Kurt Levinstein, dem Direktor der Jahre des Neubeginns von 1945 bis 1951 und in Paul Hartig, der zusammen mit Louis Fouilleron der Schule ihre neue, ihre dauerhafte deutsch-französische Struktur gab, an deren Vervollkommnung die Generationen von Lehrern, die Direktoren, die *Proviseurs* seither arbeiten.

Die Botschaft der Schule ist im 20. Jahrhundert in alle Welt hinausgetragen worden, von Werner Feilchenfeld nach Israel, von Eduard Flörsheim nach Brasilien, von Wolfgang Rosenberg nach Neuseeland, von Ulrich Eyck nach Kanada, von Peter Plesch nach England, und in die Vereinigten Staaten von Amerika in Ost und West und Nord und Süd von Heinrich Ehrmann, Wolfgang Friedmann, Albert Otto Hirschmann, Klemens von Klemperer, Jan Kohlmeyer, Gottfried Reinhardt, Heinrich Remak und Hans-Lukas Teuber.

Botschafter des Französischen Gymnasiums waren auch viele der Zurückgebliebenen, als internationale Publizisten Jens Hoffmann, Jürgen Reiß und Hans Schwab-Felisch, als Vortragsreisende die Professoren Dieter Claessens, Hartmut von Hentig, Detlef Noack, Michael Erbe und Gesine Schwan, als Botschafter auch der Diplomat Sigismund von Braun und der Chansonnier Reinhard Mey, der Schauspieler Pierre Clément: ihre Botschaft ist die der Toleranz gegenüber dem anderen, dem Andersartigen und damit die der Empfindlichkeit gegen Ungerechtigkeit und Arroganz, gegen Intoleranz, ihre Botschaft ist die der Freiheit zur Selbstverwirklichung in den Grenzen, die von der Freiheit des Partners gesetzt sind, ist aus den Erfahrungen des 20. Jahrhunderts in Mitteleuropa die Botschaft des Humanismus, der Menschlichkeit, die alle Menschen dieser Erde umgreift, über politische, weltanschauliche oder soziale Gegensätze hinweg, eine Botschaft dieses Jahrhunderts für das kommende.

Nachwort
Eine Schule für das 21. Jahrhundert

Unser Mosaik ist nun abgeschlossen. Es besteht aus knapp 120 einzelnen Steinen, etwa neunzig dieser Mosaiksteine gehören zu Schülern, fast dreißig zu Lehrern des Französischen Gymnasiums. Aus dem 17. Jahrhundert stammen zwölf, vierunzwanzig aus dem 18., knapp fünfzig aus dem 19. und etwa dreißig aus dem 20. Jahrhundert. Ungefähr siebzig Persönlichkeiten haben ihr Leben im wesentlichen in Deutschland verbracht, aber ca. fünfzig nicht: Rund zwanzig haben Deutschland verlassen, knapp zehn über Frankreich. Fünf sind in Frankreich ansässig geworden, sie stehen den acht in Frankreich geborenen Hugenotten und zwei Katholiken gegenüber, die nach Deutschland emigriert sind. Sieben Diplomaten haben ihr Leben teils im Ausland, teils in Deutschland verbracht, fünf weitere sind zwischen Deutschland und Frankreich hin und her gependelt, einige haben Frankreich zu ihrer Wahlheimat gemacht. Die Mosaiksteine der Hugenotten umfassen im 17. und 18. Jahrhundert rund vierzig, im 19. Jahrhundert nur noch zwölf »volle« und etwa ebensoviele »teilweise« Hugenotten-Nachkommen. Jetzt kommen die Mosaiksteine der jüdischen Schüler ins Spiel: im 19. Jahrhundert zwanzig, im zwanzigsten zehn und fünf weitere, die aus einst jüdischen Familien stammten. Die klassischen vier Fakultäten sind relativ zahlreich vertreten: die philosophische mit zehn Philologen (acht Romanisten), zehn Pädagogen, acht Historikern und acht Philosophen, die juristische mit fünfzehn Richtern und Anwälten, sieben Politikern und Diplomaten, die medizinische mit zehn Ärzten und die theologische mit vierzehn Pastoren. Von fünfzehn Schriftstellern haben zehn auf deutsch und fünf auf französisch geschrieben, es gab fünf Naturwissenschaftler und sechs Mathematiker, drei Künstler und drei Musiker, auch vier Publizisten, das ganze Spektrum der akademischen Berufe ist vertreten, dazu Kaufleute, Bankiers, Industrielle, Unternehmer in geringer Zahl, Militärs so gut wie überhaupt nicht. Im Personenregister der letzten Auflage von Meyers Enzyklopädischen Lexikon sind fast vierzig Persönlichkeiten erfaßt, also ein Drittel der Gesamtzahl, und zwar aus dem 17. und 18. Jahrhundert noch immer sieben, aus dem neunzehnten 24 und immerhin bereits sechs aus dem 20. Preußen und Deutschland haben ehemaligen Schülern und Lehrern hohe Auszeichnungen zuteil werden lassen: Die Schwarzen Adlerorden trugen Jean Pierre Frédéric Ancillon und Jean Louis Jordan, der rote Adlerorden wurde siebzehnmal verliehen, davon zehnmal an Träger hugenottischer Namen, das Bundesverdienstkreuz fünfzehnmal, davon fünfmal an ehemalige Schüler aus jüdischen Familien. Dem Orden *Pour le Mérite* haben fünf angehört, der *Légion d'honneur* ebenfalls fünf: Paul-Jérémie Bitaubé, Jean Louis Formey, Jean Furstenberg, Sigismund von Braun und Paul Hartig.

Das Mosaik empfängt seine vielfältigen Farbnuancen von den Lebenswegen jedes einzelnen, die durch ihre Farbigkeit das Gesamtbild so bunt erscheinen lassen. Aber der Grundton ist bei allen etwa der gleiche, ob sie nun im 17.,

18., 19. oder 20. Jahrhundert geboren wurden: jene gemeinsame Abtönung, die ihnen die Schule verliehen hat.

Schauen wir, worin sie bestanden hat und besteht, um auf diese Weise das Bild der Zukunft zu erkennen:

Das Französische Gymnasium hat sich durch drei Jahrhunderte bewährt als Lernschule. Es war zunächst humanistisches Gymnasium, die klassische Bildung in der römischen und griechischen Literatur, Philosophie und Geschichte war ihr Fundament. Diese Bildung wurde und wird in französischer Sprache vermittelt, die französische Literatur und Philosophie, die französische Geschichte und Gegenwart, die französische Kunst, die Frankreichkunde in allen ihren Aspekten, steht auf der humanistischen Basis und bildet bis heute die wichtigste Substanz des ganzen Gebäudes. Im Laufe der Zeit kamen weitere wissenschaftliche Fächer hinzu, die Mathematik und Physik zuerst, Chemie und Biologie alsdann, schließlich auch Deutsch und Englisch, Musik, Kunst und Sport. So konnte die Schule eine allseitige Bildung vermitteln, eine wissenschaftliche und kulturelle Allgemeinbildung, die breit angelegt war und – trotz aller Möglichkeiten zur Spezialisierung – heute noch so breit ist, daß sie die Wahl aller Berufswege gestattet. Das Lernen stand und steht an erster Stelle und bildet die Grundlage für das Diskutieren, und so sollte es bleiben: erst gründliches Lernen auf allen in einer Schule nur denkbaren Gebieten, dann aufgrund des Gelernten die Entwicklung eigener Anschauungen und zuletzt erst ihre Diskussion im Widerstreit der verschiedenen auf gediegenem Tatsachenfundament ruhenden Meinungen. Das dürfte die Antwort auf den Ruf nach ständig weiter differenzierender Spezialisierung sein: am Französischen Gymnasium wird an Beispielen aus den Lerngebieten der mitteleuropäischen Allgemeinbildung die Methode der geistigen Arbeit eingeübt, wird gelernt, wie man lernt! Diese Schule der Abstraktion, dieses exemplarische Lernen wird sich dann anwenden lassen auf alles, was die Berufsausbildung und die spätere Weiterbildung an Stoff an den Einzelnen heranträgt, auf alle neuen Bereiche menschlischen Wissens.

Ein zweiter Grundton verbindet alle die Mosaiksteinchen der Vergangenheit und der Gegenwart, wird wahrscheinlich in der Zukunft noch stärker als einigendes Element hervortreten als schon jetzt: die soziale, die politische Aufgabe der Schule. Von Anbeginn gab es in jeder Klasse Schüler unterschiedlicher Herkunft. Nur wenige Jahre blieben die Hugenotten unter sich, dann drängten die Söhne des Berliner Bildungsbürgertums herein, Kinder aus Familien, die das Französische für wichtiger hielten als deutsche Bildung, die sich für die Sprache Frankreichs als europäisches Verständigungsmittel entschieden hatten. Und dann kamen die Kinder aus frankophonen Familien Berlins, Kaufleute, Diplomaten, hinzu, für die das Französische die gemeinsame Grundlage der Kommunikation darstellte. Abgeschlossen wurde diese Entwicklung mit der Aufnahme der Kinder aus den weltbürgerlich eingestellten jüdischen Familien der Stadt. Diese vier Gruppen, Hugenotten, frankophile Deutsche, die Frankophonen verschiedener Herkunft und das kosmopolitische

Judentum lernten und arbeiteten an der Schule nebeneinander, lernten gemeinsam, was die Schule an Wissenswertem bot, aber was wichtiger war, sie erfuhren im täglichen Umgang, wie man sich auf Menschen anderer Mentalität einzustellen vermag, wie man mit ihnen auskommt. So wurde und wird Tag für Tag Verständnis dem Andersartigen gegenüber, wurde und wird Toleranz vor dem Fremden erprobt, Kooperation mit dem anderen trainiert. Gleichzeitig aber setzt unwillkürlich ein Assimilationsprozeß ein, der andere nimmt vom einen, der eine vom anderen dessen Eigenschaften an, die Angehörigen der Minorität passen sich an die Majorität an, aber auch die Mehrheit übernimmt Merkmale der Minderheit, es entsteht etwas Drittes, etwas Gemeinsames, ein Neues! Im täglichen Umgang wird Zusammenarbeit erprobt, gemeinsame Lösung von Problemen, entsteht ein Zusammenwirken aller mit allen, Voraussetzung des Zusammenlebens in internationaler, in europäischer, in deutsch-französischer Verflechtung, wie sie sich aus dem Zusammenrücken der Nationen schon jetzt ergibt und von Jahr zu Jahr und Jahrzehnt zu Jahrzehnt in der Zukunft immer stärker und schneller ergeben wird. Das soziale Lernziel der Schule, auf die Einübung des Zusammenlebens in einer multinationalen Gesellschaft gerichtet, wird von der Schule mehr noch als jetzt bilaterales Wirken fordern: Deutsche werden wie bisher am Französischen Gymnasium die französische Sprache bis zur Perfektion, zur Zweisprachigkeit erlernen, werden Frankreich und seine Kultur in allen Schattierungen gründlich erforschen. Mit diesen Kenntnissen werden sie der Herausforderung durch die sich intensivierenden wirtschaftlichen Beziehungen ohne weiteres begegnen können.

Aber bilaterales Wirken erfordert mehr: Franzosen und Frankophone sollten stärker als bisher auf ein Leben im Verband mit den Deutschen vorbereitet werden, das Angebot im deutschen Sprachunterricht sollte noch differenzierter erfolgen, um den individuellen Bedürfnissen aller möglichen Gruppen und Kleingruppen zu genügen, der Deutschunterricht sollte noch intensiver, noch gründlicher, und damit noch erfolgreicher werden. Denn wenn die Schule in Berlin nur als frankophones Institut ihre Besonderheit wahren, nur als frankophones Institut die französischsprachige Bevölkerung erreichen kann, dann muß sie für die frankophonen Partner, die für sie lebenswichtig sind, noch mehr tun als bisher. Im Idealfall würden die frankophonen Schüler am Französischen Gymnasium möglichst alle zum deutschen Abitur geführt, wie die ursprünglich germanophone Schülerschaft das baccalauréat ablegt, also beide Populationen beide Prüfungen oder, was gut bedacht werden müßte, vielleicht sogar eine gemeinsame Prüfung. Das französische Schulsystem mit seinen gymnasialen Zweigen und das deutsche mit den Wahlkombinationen sollten sich stärker noch verzahnen: mehr Wahlfreiheit für die Franzosen, stärkere Zügigkeit für Deutsche, für beide also ein verbindlicher Kanon der Allgemeinbildung und ein paar – wenige – Fächerkombinationen zur Spezialisierung, das wäre gut für die vier sich zunehmend gegenseitig durchdringenden und vermischenden Populationen, die deutschen Schüler, die französischen, die übrigen frankophonen und die deutsch-französischen, die aus binationalen Elternhäusern kommen und zweisprachig aufgewachsen sind.

Im gemeinsamen, voll integrierten Unterricht, in jedem Fach vom denkbar frühesten Zeitpunkt an, würden die Schüler zusammen lernen, was zur abendländischen Bildungsgrundlage gehört, das gemeinsame Fundament der Bildung in Europa, und zwar von Nord nach Süd und West nach Ost. Die westliche und südliche, die »französische« Deduktion würde sich abwechseln mit der nördlichen und östlichen, der »deutschen« Induktion, der lateinisch-romanische Geist würde sich durchdringen mit dem germanisch-slawischen, beide Elemente stünden gleichberechtigt nebeneinander – das Französische Gymnasium würde, ohne seine Traditionen zu verleugnen, ja auf dem Fundament dieser durch die Jahrhunderte erprobten und bewährten Traditionen zu einer Schule für das Europa der Zukunft, das die Vision Charles de Gaulles und Konrad Adenauers verwirklicht und aus der Konföderation der Deutschen mit den Franzosen geboren würde. – Ideal? Utopie? – Mögliche Realität in der Schule des 21. Jahrhunderts, dem Collège in seinem vierten Jahrhundert.

Ungedruckte Quellen

Zentrales Staatsarchiv der DDR, Dienststelle Merseburg, Acta betr. das Französische Gymnasium, Repositur 122 sowie die Rep. 9, 52, 76, 77, 89 (zitiert ZSTA Merseburg, usw.). Ich danke Frau Dr. Meta Kohnke für ihre unermüdliche Beratung.
Staatsarchiv Potsdam, Provinz Brandenburg, Repositur 34, Provinzialschulkollegium Nr. 1358ff. (zitiert STA Potsdam, Rep. 34, PSK usw.). Ich danke Hans-Joachim Lippert für Betreuung und Ratschläge.
Registres des Actes consistoriaux de l'Eglise françoise reformée de Berlin (gen. Série I), Bd. 1 ff. (zitiert Reg. Cons. I usw.)
Actes de l'Assemblée Générale de la Compagnie du Consistoire de Berlin (gen. Série II), Bd. 1 ff. (zitiert Reg. Cons. II usw.). Ich danke Pastor Friedrich Welge für fünfzehn Jahre freundschaftlicher Begleitung meiner Arbeit.

Gedruckte Quellen

Jahresberichte des Französischen Gymnasiums

Tableau des leçons du Collège Royal François (1779–1817)
Programme d'invitation à l'examen public du Collège Royal François (1818–1836)
Programme d'invitation à l'examen public du Collège Royal Français (1837–1890)
Programme du Collège Royal Français (1891)
Programme des Cours du Collège Royal Français (1892–1915)
Staatliches Französisches Gymnasium, Jahresbericht (1921–1924)
Programme des Cours du Collège Français (1915–1940)
Collège Français, Registre des bacheliers 1915–1945
Collège Français, Programme des cours 1945–1975
Collège Français, Programme des cours (1975 bis heute)

Schulhistorische Darstellungen

(Jean Pierre) Erman, Mémoire historique sur la fondation du Collège François de Berlin, Berlin 1789
(Auguste) Fournier, Notices historiques sur le Collège Français, in: Jahresbericht 1839, S. 15–22
(Charles) Chambeau, Notices historiques sur le Collège Français de Berlin, in: Jahresbericht 1864, S. 1–20
G(eorg) Schulze, Bericht über das Königliche Französische Gymnasium in den Jahren 1689–1889, in: Festschrift zur Feier des 200jährigen Bestehens, Berlin 1890, S. 1–126
(Werner) Pohlmeyer, Die Geschichte des Französischen Gymnasiums, in: 250 Jahre Staatliches Französisches Gymnasium 1689–1939, S. 7–20
Kurt Levinstein, Das Collège von der Gründung bis zum Ausgang des Zweiten Weltkrieges (1689–1945) in: Festschrift zur Feier des 260jährigen Bestehens des Französischen Gymnasiums, S. 11–37
Reinhold Michelly, Das Französische Gymnasium in Geschichte und Gegenwart, in: Festschrift zur Feier des 275jährigen Bestehens ..., S. 19–60

Allgemeine Darstellungen

1. Charles Ancillon, Histoire de l'Etablissement des François Réfugiez dans les Etats de son Altesse Electorale de Brandebourg, Berlin 1690
2. Jean Pierre Erman et Pierre Chrétien Frédéric Reclam, Mémoires pour servir à l'historie des Refugiés françois dans les états du roi, 9 Bde, Berlin 1782–1799
3. Eduard Muret, Geschichte der Französischen Kolonie in Brandenburg-Preußen ..., Berlin 1885
4. Karl Manoury, Die Geschichte der Französischen Kirche zu Berlin 1672–1955, Berlin 1955
5. Erich Haase, Einführung in die Literatur des Refuge, Berlin 1959
6. Pierre Paul Sagave, Berlin und Frankreich 1685–1871, Berlin 1980
7. Helmut Erbe, Die Hugenotten in Deutschland, Essen 1937
8. Rudolf von Thadden und Michelle Magdelaine (Hrsg.), Die Hugenotten 1685–1985, München 1985
9. Linda Frey, Friedrich I., Preußens erster König, Graz 1984
10. Eckart Birnstiel, Die Hugenotten in Berlin, eine Gemeinde auf der Suche nach ihrer Kirche, in: Lit. Nr. 8, S. 115–126; Die Hugenotten in Berlin oder die Schule der Untertanen, Berlin 1986 (Ms); Frankreich an der Spree, Ein Stadtführer durch das hugenottische Berlin, Berlin 1987 (Ms); Zwischen zwei Kulturen, Die Schule der Berliner Hugenotten, in: Ich bin kein Berliner, Berlin 1987, S. 99–135. Ich danke Eckart Birnstiel für eine Fülle von Hinweisen und eine mehrjährige kenntnisreiche Beratung.

Biographische Nachschlagewerke

deutsche

11. J. S. Ersch und J. G. Gruber, Allgemeine Enzyklopädie der Wissenschaften und Künste, Leipzig 1827
12. Johann Heinrich Zedler, Großes Vollständiges Universal-Lexikon, Leipzig 1740
13. Christoph Gottfried Jöcher, Allgemeines Gelehrten-Lexikon, Leipzig 1751
14. Allgemeine Deutsche Biographie, Leipzig 1875–1912
15. Neue Deutsche Biographie, Berlin 1953 ff.
16. Wer ist wer, Lübeck
17. Kürschners Deutscher Gelehrten-Kalender, Berlin
18. Munzinger-Archiv, Internationales biographisches Archiv, Ravensburg
19. Meyers Enzykolpädisches Lexikon, Mannheim 1981

französische

20. Jacques George de Chaffepié, Nouveau Dictionnaire Historique et Critique, Amsterdam/La Haye 1750
21. Firmin Didot frères, Nouvelle Biographie Générale, Paris 1857 ff., Neudruck Kopenhagen 1966
22. Eugène et Emile Haag, La France Protestante, Paris 1846 ff., Neudruck Genf 1966
23. Josef-François Michaud, Biographie Universelle, Paris 1854 ff.
24. Louis Moréri, Le grand dictionnaire historique, Paris 1759
25. M. Prévost u. a., Dictionnaire de Biographie Française, Paris 1936 ff.

amerikanische

26. Who's who in America, Chicago
27. Directory of American Scholars, New York
28. American Men of Science, Temple/Arizona

Spezielle Materialien zu den einzelnen Kapiteln

17. Jahrhundert

29. Ich danke dem Historiker Bernhard Frank für seine Ratschläge bei der Abfassung der Kapitel aus dem 17.–19. Jahrhundert.
30. ZSTA Merseburg, Rep. IX D 8, Fasc. 2, fol. 2 (Ritterakademie); Rep. 9 NN lit. d, fol. 483 (Edikt von 1686); Rep. 52, Nr. 159m, fol. 2–19 (Akademie La Fleur); Rep. 122–3a.5, fol. 23–27, 31, 44 (Übersiedlung Teissiers nach Berlin); 3a.6, fol. 72, 90 (Teissiers literarische Arbeiten); 6a.1, Bd. 3 fol. 80, (Schulprivileg Erlangen 1685)
31. Reg. Cons. I/1, fol. 34 v (Archimbaud), fol. 85 v (Hetler), I/2, fol. 288 v (Teissiers Vermittlerrolle)
32. Michel Nicolas, Historie littéraire de Nîmes, Paris 1854, S. 32–46
33. Léon Ménard, Historie civile ... de Nîmes, Paris 1755, Neudruck Marseille 1975, Bd. 6, S. 467–472
34. Pierre Bayle, Dictionnaire historique et critique, Amsterdam 1739, Bd. 1, S. 84f. (über Bayles Beziehungen zu Teissier)
35. Sieglinde Othmer, Berlin und die Verbreitung des Naturrechts in Europa, Berlin 1970
36. Lit. Nr. 2, Bd. 4, S. 201–203
37. ZSTA Merseburg, Rep. 122–7 a II Nr. 1, Bd. 1, fol. 81 (Bestallung); fol. 97–101 (Reglement vom 31. 8. 1698); fol. 106 (Beschwerde des Konsistoriums); fol. 113 (Mediziner Duncan); fol. 150 ff. (Musikunterricht); fol. 153 (Hebräisch bei Favin); fol. 202, 208, 211 256/7, 260/1 (Mediziner Pascal); Nr. 2, fol. 2–7 (Beschwerde des Konsistoriums)
38. Reg. Cons. I/2, fol. 251–255 (Entscheidung für die Philosophie); fol. 288 v (Vermittlung Teissiers); fol. 235–238, 266, 275/6, 283–285, 298, 304, 450 (Konflikte mit dem Konsistorium); fol. 453 (Molière-Aufführung)
39. Friedrich Paulsen, Geschichte des gelehrten Unterrichts, Leipzig 1919
40. Hartmut Kretzer, Calvinismus und französische Monarchie im 17. Jahrhundert. Die politische Lehre der Akademien von Sedan und Saumur, Berlin 1975; P. Mellon, L'Académie de Sedan, Paris 1913
41. Georges Snyders, La pédagogie en France au 17e et 18e siècle, Paris 1964
42. Daniel Bourchenin, Etudes sur les Académies Protestantes en France au 16e et au 17e siècle, Paris 1882, Neudruck Genf 1969
43. Lutz Geldsetzer, Einleitung zu Stephanus Chauvin, Lexikon Philosophicum, Leeuwarden 1713, Neudruck Düsseldorf 1967, S. XI–XIV
44. Jean Henri Samuel Formey, Souvenirs d'un citoyen, Berlin 1789, Bd. 2, S. 296–298
45. Charles Weiss, Histoire des Réfugiés Protestants de France, Paris 1853, S. 180 ff.
46. Christian Bartholmèss, Histoire Philosophique de l'Académie de Prusse, Paris 1850, S. 46–48
47. Frédéric Hartweg, Les Huguenots à Berlin: des artisans de l'Aufklärung, in: lendemains 38/39 (1985), S. 69–75
48. Lit. Nr. 35, S. 29 ff., 36 ff., 48 ff., 64 ff., 87
49. Lit. Nr. 32, S. 11–18
50. Lit. Nr. 33, Bd. 6, S. 365 ff.
51. ZSTA Merseburg, Rep. 122-7 a II, Nr. 1, Bd. 1, fol. 61–72 (Bestallung Naudé)
52. Archiv der Preussischen Akademie der Künste zu Berlin (Lebenslauf Naudé)
53. Jean Henri Samuel Formey, Eloge de M. Naudé, in: Eloges des Académiciens, Berlin 1757, S. 270–276 und Bibliothèque Germanique ou Histoire littéraire de l'Allemagne, de la Suisse et des Pays du Nord, Amsterdam 1720 ff., Tome 36, Année 1736, S. 175–181 (gleicher Text mit geringfügigen Änderungen)
54. Erich Wetzel, Die Geschichte des Königl. Joachimsthalschen Gymnasiums 1607–1907, Halle 1907, S. 237 ff.
55. Frédéric Hartweg, Influence culturelle et intégration linguistique du Refuge huguenot à Berlin au 18e siècle, in: Revue d'Allemagne, Bd. 14. (1982), S. 206–216
56. Victor Loewe, Ein Diplomat und Gelehrter, Ezechiel von Spanheim, Berlin 1927, Neudruck Vaduz 1965, S. 113 ff.; vgl. auch Lit. Nr. 88 S. 24
57. Hans Müller, Die königliche Akademie der Künste zu Berlin 1696–1896, Berlin 1896

58. Reg. Cons. I/2, fol. 235v, 242r, 247r, (Anstellung Beausobre)
59. Albert Hauck, Realenzyklopädie für protestantische Theologie und Kirche, Leipzig 1896, Neudruck Graz 1971, Bd. 2, S. 499f.
60. Jean Henri Samuel Formey, Mémoire abrégé sur la vie et les ouvrages de Mr. de Beausobre, in: Bibliothèque Germanique, Bd. 43 von 1738, fast textgleich mit: Eloge de M. de Beausobre in. Lit. Nr. 53
61. La Chapelle, Vie de M. de Beausobre, in: Remarques historiques, critiques et philologiques sur le Nouveau Testament, Den Haag 1742, Bd. 2, S. 253–320
62. Christian Bartholmèss, Le Grand Beausobre, in: Bulletin de la Société de l'Histoire du Protestantisme Français, Paris 1854
63. Max Ginolas, Issac de Beausobre, in: Kirchliche Nachrichten für die französisch-reformierte Gemeinde in Groß-Berlin, Nr. 21 (1938) S. 49–59
64. Frédéric le Grand, Œuvres, Berlin 1850, Bd. 16 (= Correspondance de Frédéric II, Bd. 1), S. 121-126
65. M. Hein, Briefe Friedrichs des Großen, Berlin 1914, Bd. 1, S. 90
66. Adolf Harnack, Das geistige und wissenschaftliche Leben in Brandenburg-Preußen um das Jahr 1700, in: Hohenzollern-Jahrbuch, Berlin 1900, S. 170ff.
67. Rudolf von Thadden, Die Brandenburg-preußischen Hofprediger, Berlin 1959, S. 196–197
68. Peter Brockmeier, Voltaire und Deutschland, Stuttgart 1979, darin: Bertram E. Schwarzbach, Voltaire et les Huguenots de Berlin: Formey et Issac de Beausobre
69. Lit. Nr. 47, S. 70 (Heterodoxie)
70. ZSTA Merseburg, Rep. 122–3a.5, fol. 50f. (Bestallung zum Historiographen); 3a.6, fol. 23ff., 44–47 (Reise in die Schweiz); 7aII, Nr. 1, Bd. 1, fol. 25ff. (Akademiedirektor); fol, 52ff. (Direktor des Französischen Gymnasiums)
71. Reg. Cons, I/2, fol. 239–257 (Bewahrung des Lehrstuhls für Philosophie), fol. 252f. (Gründungsurkunde und Schulordnung), fol. 306r (Direktorspatent)
72. Beschaffenheit der Churfürstlichen Brandenburg. Französischen Academie in Berlin 1686, Geheimes Preußisches Staatsarchiv Berlin-Dahlem, Sig. 19a, 1675
73. Pierre Des Maizeaux, Lettres choisies de Mr. Bayle avec des remarques, Rotterdam 1714, darin die Nummern 206, 241 und 248
74. Lit. Nr. 42, S. 200–208 (Lehrplan Sedan)
75. Lit. Nr. 42, S. 163ff. (Schulordnung Sedan)
76. Discipina seu leges Gymnasii Gallici, Staatsbibliothek Preußischer Kulturbesitz, Sig. Ay 14101
77. Frédéric Hartweg, Die Hugenotten in der Berliner Akademie, in: Humanismus und Naturecht in Berlin-Brandenburg-Preußen, Berlin 1979, S. 182–205; vgl. auch Conrad Grau, Hugenotten in der Wissenschaft Brandenburg-Preußens Ende des 17. und im 18. Jahrhundert, in: Zeitschrift für Geschichtswissenschaft, Berlin (Ost) 1986, S. 508–522
78. Reg. Cons. I/1, fol. 74 (Häresie-Vorwurf), fol. 99r (Überprüfung der Lehrer); ZSTA Merseburg, Rep. 76 VI-14z, Nr. 15, Bd. 7, fol. 177-182 (Règlement von 1840)
79. Bibliothèque Germanique (vgl. Lit. Nr. 53) Préface (1720) S. 3ff.
80. La discipline ecclésiastique des Églises reformées de France, Amsterdam 1710, S. 98–102
81. Des Maizeaux, (vgl. Lit. Nr. 73) druckt 19 Briefe von Bayle an Lenfant ab.
82. Isaac de Beausobre, Mémoire historique de la vie, de la mort et des ouvrages de feu Mr. Lenfant, in: Histoire de la Guerre des Hussites, Amsterdam 1731, textgleich mit Bibl. Germ. Bd. 16 (1729) S. 115ff.
83. ZSTA Merseburg, Rep. 122–7aII, Nr. 1, Bd. 1, fol. 208ff. (Anstellung); ferner: Reg. Cons. I/7, fol. 187 und 190 (Scholastikvorwurf); I/8, fol. 80 (Direktor)
84. Charles Etienne Jordan, Histoire de la vie et des ouvrages de Mr. la Croze, Amsterdam 1741, dazu: Journal de Berlin, Nr. 24 v. 10.12.1740 und Nr. 28 v. 7.1.1741
85. Johannes Ludovicus Uhlius, Thesauri epistolici Lacroziani ex bibliotheca Jordaniana, Leipzig 1742
86. Adolf von Harnack, Geschichte der königlich-preußischen Akademie der Wissenschaften zu Berlin, 1900, Bd. 1, S. 108–111 und S. 237 sowie Bd. 2, S. 129f.
87. Julius Friedlaender und Alfred Sallet, Das königliche Kunstkabinet, Geschichte und Übersicht, Berlin 1877, S. 10–20

88. Eugen Paunel, Die Staatsbibliothek in Berlin 1661–1871, Berlin 1965, S. 36–40 und S. 154, ferner: Werner Schochow, 325 Jahre Staatsbibliothek in Berlin, Wiesbaden 1986, S. 71
89. Lit. Nr. 64, Bd. 21 (Correspondance de Frédéric avec Voltaire)
90. Lit. Nr. 73 (5 Briefe von Bayle an La Croze)
91. Lit. Nr. 79, Bd. 46 (1739), S. 221 und Bd. 47 (1740), S. 164 ff.
92. ZSTA Merseburg, Rep. 122-7 a II, Nr. 1, Bd. 1, fol. 91 (Anstellung); 121 (Beförderung)
93. Reg. Cons. I/2, fol. 324 r, 428, 431 v–435 r, 439 v, 464 v, 466 r, 471 v, 476 v (Untersuchungen wegen Heterodoxie)
94. Phillippe Meylan, Jean Barbeyrac (1674–1744), Lausanne 1938 (darin Abdruck der Autobiographie Barbeyracs)
95. Alfred Dufour, Le mariage dans l'école romande du droit naturel du 18e siècle, Genf 1976, darin u. a. S. 39–64 La pensée de Jean Barbeyrac
96. Lit. Nr. 35, S. 60–155: Der Fall Barbeyrac im Kräftespiel von reformierter Orthodoxie und preußischer Religionspolitik
97. Lit. Nr. 44, S. 261–266
98. Bernhard Gaster, Aus den alten Matrikeln des Französischen Gymnasiums, in: Kirchliche Nachrichten für die französisch-reformierte Gemeinde in Großberlin, Nr. 34 v. 14. 9. 1924
99. Jean Henri Samuel Formey, Eloge de Monsieur Naudé, Histoire de l'Académie des Sciences, Berlin 1746, S. 465–468
100. Der Bär von Berlin, Jg. 13, S. 403: Rechenkunst Friedrichs II.
101. Reg. Cons. I/2, fol. 284 r (Duhans Lehrplan von 1695)
102. Ernest Lavisse, La Jeunesse du Grand Frédéric, Paris 1981, S. 8 ff., S. 40 ff., S. 178 ff.; zu Duhans Studienbibliothek vgl. auch Lit Nr. 88, S. 46
103. Giacomo Denina, La Prusse littéraire sous Frédéric II, Berlin 1790, Bd. 1, S. 194–195
104. Ferdinand Meyer, Berühmte Männer Berlins, Berlin 1876, Bd. 2, S. 31–35
105. Lit. Nr. 53, S. 35–41 (Eloge de M. Duhan)
106. Lit. Nr. 64, Bd. 6, S. 10 ff.; Bd. 17, S. 269–296; Bd. 25, S. 505
107. ZSTA Merseburg, Rep. 122-7 a II, Nr. 1 Bd. 1, fol. 214 f. (Bestallung)
108. Johann Georg Meusel, Lexicon der vom Jahr 1750 bis 1800 verstorbenen teutschen Schriftsteller, Leipzig 1802 ff., Bd. 10, S. 310 ff.
109. Lit. Nr. 99, Bd. von 1757, S. 439–447
110. Lit. Nr. 103, Bd. 3, S. 145–148
111. Jean Henri Samuel Formey, Eloge de M. Achard, in: Nouveaux Mémoires de l'Académie Royale des Sciences, Berlin 1772, S. 58–68
112. Walter Wendland, Die Beziehungen Friedrichs des Großen zu dem französischen Pfarrer Antoine Achard, in: Jahrbuch für brandenburgische Kirchengeschichte, 14. Jg., Berlin 1916, S. 158–168
113. Lit. Nr. 44, Bd. 1, S. 25–32
114. Lit. Nr. 64, Bd. 1, S. 113–117
115. Lit. Nr. 103, Bd. 1, S. 184 f.
116. Lit. Nr. 108, Bd. 1, S. 12

18. Jahrhundert

117. Ingrid Mittenzwei, Friedrich II. von Preußen, eine Biographie, Köln 1983
118. Pierre Gaxotte, Louis XIV, Paris 1974
119. Hajo Holborn, Deutsche Geschichte der Neuzeit, Bd. 1: Das Zeitalter der Reformation und des Absolutismus, Stuttgart 1960; Michael Erbe, Deutsche Geschichte 1713–1790, Stuttgart 1985
120. Gustav von Jordan, Chronik der Familie Jordan, Berlin 1902, S. 39–48
121. Ferdinand Meyer, Berühmte Männer Berlins und ihre Wohnstätten, Berlin 1875, Bd. 2, S. 25–30
122. Lit. Nr. 44, Bd. 1, S. 45–55
123. Lit. Nr. 46. S. 143 und 168–171
124. Lit. Nr. 53, S. 26–33
125. Lit. Nr. 64, Bd. 6, S. 3–9; Bd. 17, S. 51–265
126. Lit. Nr. 103, Bd. 2, S. 281–294, ferner: Reg. Cons. I/6, fol. 648–651 und I/7, fol. 21 (Examen Jordan)
127. ZSTA Merseburg, Rep. 122-7aII. Nr. 1,

Bd. 1, fol. 245–268 (Formeys Stellung 1737–1739); fol. 96 (Prämien); Bd. 2, fol. 124 (Schulbücher); Reg. Cons. I/8, fol. 18 und 37 (Formeys Pastorenexamen)

128. Autobiographisches Material befindet sich in fast allen Werken Formeys, längere Passagen in: Jean Henri Samuel Formey, Notice sur mes ouvrages, in: Conseils pour former une bibliothèque, Berlin 1755, S. 104–122
129. Formey, Le philosophe payen, Leyde 1759, dazu Préface, S. 5–20
130. Lit. Nr. 44
131. Jean Bernard Mérian, Eloge de M. Formey, Mémoires de l'Académie Royale des Sciences et Belles-Lettres, Berlin 1797
132. Vossische Zeitung, Berlin, 11.3.1797; Haude- und Spenersche Zeitung, Berlin, 11.3.1797
133. Werner Kraus, Studien zur deutschen und französischen Aufklärung, Berlin 1963, darin: Ein Akademiesekretär vor 200 Jahren: Samuel Formey
134. Bertram E. Schwarzbach, vgl. Lit. Nr. 68
135. Emile du Bois-Reymond, Die Berliner Französische Colonie in der Akademie der Wissenschaften, in: Deutsche Rundschau, Berlin 1886, Bd. 47, S. 353–363
136. Robert Falk, Johann Samuel Formey, in: Der Bär von Berlin, Jg. 13 (Berlin 1887), S. 224 f.
137. Dieudonné Thiébault, Mes souvenirs de 20 ans de séjour à Berlin, Paris 1804, Bd. 5, S. 67–71
138. W. Hauchecorne, Stammtafeln der Vorfahren und Nachkommen der Familie des Herrn Johann Heinrich Samuel Formey, Cöln 1870
139. Hans Lülfing und Horst Wolf, Gelehrten- und Schriftstellernachlässe in den Bibliotheken der DDR, Berlin 1971, Stichwort Formey
140. Lit. Nr. 46, Chap. 3, Formey, S. 361–396
141. Lit. Nr. 66, Bd. 1, S. 295–385
142. Jean Pierre Frédéric Ancillon, Eloge de Jean Bernard Mérian, Abhandlungen der Königlichen Akademie der Wissenschaften, Berlin 1815, S. 52–90
143. Lit. Nr. 137, S. 73 ff.
144. Jean Bernard Mérian, Éloge de Monsieur de Moulines, in: Histoire de l'Académie Royale des Sciences et des Belles-Lettres, Berlin 1804, S. 40–50
145. Antonie-Alexandre Barbier, Avertissement, in: Les Écrivains de l'Histoire Auguste, Paris 1806, S. 2–12
146. Heinrich von Sybel, Zwei Lehrer Friedrich Wilhelms II., in: Kleine Historische Schriften, Stuttgart 1880, Bd. 3, S. 201–222
147. Julius Friedrich Knueppeln, Büsten berlinischer Gelehrter, Leipzig 1787, S. 172 ff.
148. Lit. Nr. 6, S. 55–58, Moulines, Philosophielehrer Friedrich Wilhelms II.
149. Lit. Nr. 103, Bd. 3, S. 77–80
150. Myriam Yardeni, Feststellung am 20.9. 1985 in einer Sitzung der Historischen Kommission, Berlin-Wannsee, sowie Brief an den Vf. v. 11.1.1987, Hinweis auf Alexander Altmann, Moses Mendelssohn, A Biographical Study, Philadelphia 1973 und Dieudonné Thiébault, vgl. Lit. Nr. 137, Bd. 5, S. 116 ff.
151. Lit. Nr. 44, Bd. 1, S. 35 f.
152. Lit. Nr. 99 (1784), S. 52–56
153. Lit. Nr. 103, Bd. 1, S. 244 f.
154. Lit. Nr. 108, Bd. 1, S. 263 f.
155. ZSTA Merseburg, Rep. 122-7 a II, Nr. 1, Bd. 3, fol. 7-10 (Bitaubé wird Inspecteur)
156. Bon-Joseph Dacier, Notice historique sur la vie et les ouvrages de M. Bitaubé, in: Histoire et Mémoires de l'Institut Royal de France, Classe d'historie, Paris 1818, Bd. 4, S. 38–51, ferner Michel Berr, Essai sur la vie et les ouvrages de Paul-Jérémie Bitaubé, Nancy 1809
157. Lefour du Loiret, Notice historique sur la vie et les œuvres de Bitaubé, in: Bitaubé, Joseph, Paris 1826 (enthält die Schilderung seiner Gefangenschaft aus der Feder seiner Frau)
158. Discours prononcé dans l'Académie Royale des Sciences et Belles-Lettres de Berlin le 5 juin 1766, jour de la réception de Mr. Bitaubé, Berlin 1766 et Réponse du Secrétaire perpétuel (Samuel Formey)
159. J.S. Ersch, La France Littéraire contenant les auteurs français de 1771 à 1796, Hamburg 1797, Bd. 1, S. 136
160. Biographie Nouvelle des Contemporains, Paris 1821, Bd. 3. 39 ff.
161. Biographie moderne ou dictionnaire biographique, Leipzig 1807, Bd. 1, S. 246
162. Wilhelm Erman, Jean Pierre Erman, Berlin 1914, S. 33 (Privatunterricht)

163. Wilhelm Erman, Paul Erman, ein Berliner Gelehrtenleben, in: Blätter für die Geschichte Berlins, Bd. 53, Berlin 1927
164. Hermann Wagener, Staats- und Gesellschaftslexikon, Berlin 1860, Bd. 4, S. 78 f.
165. Lit. Nr. 103, Bd. 1, S. 261 ff.
166. Lit. Nr. 137, Bd. 5, S. 82 ff.
167. Lit. Nr. 147, S. 39 f.
168. ZSTA Merseburg, Rep. 122-7 a II, Nr. 1, Bd. 2, fol. 166 ff. (Amtsübernahme) und bis fol. 239, Bd. 3, fol. 1–301 (Ermans Amtsführung); Rep. 76–VI, Sekt. 14z, Nr. 15, Bd. 1, fol. 11–14 (Schenkung Bibliothek); Rep. 9k – Lit. F, fasc. 13, fol. 2 (Ernennung zum Historiographen), ferner: Reg. Cons. I/9, fol. 478 (Predigerweihe Ermans), fol. 487 (Erman und Achard), fol. 615 (Erman und Pelloutier); I/10, fol. 435 (Wiederherstellung der Disziplin)
169. Bildnisse jetztlebender Berliner Gelehrter in ihren Selbstbiographien, herausgegeben von S. M. Lowe, Berlin 1806
170. Discours prononcé dans l'assemblée ordinaire de l'académie royale, Berlin 1786, dazu: Samuel Formey, Réponses
171. Samuel Henri Catel, Johann Peter Erman, eine biographische Skizze, Berlin 1804
172. Philipp Buttmann, Denkschrift auf Herrn Erman Vater, in: Abhandlungen der königlichen Akademie der Wissenschaften zu Berlin aus den Jahren 1818–1819, Berlin 1820
173 K...r, Leben und Wandel des Jean Pierre Erman, Berlin 1804
174. Haude- und Spenmersche Zeitung, Nr. 148 v. 11.12.1804 und Nr. 133 v. 5.11.1814
175. Lit. Nr. 98, S. 134 (Matrikeln)
176. Lit. Nr. 103, Bd. 2, S. 25 f.
177. W. F. Paul, Les réfugiés français dans les états prussiens (d'après Erman et Réclam), Berlin 1866, Einleitung
178. Carl von Reclam, Geschichte der Familie Reclam, Leipzig 1912, S. 23 ff.
179. Myriam Yardeni, Erudition et engagement: l'historiographie huquenote dans la Prusse des Lumièrs, in: Francia Bd. 9 (1981), München 1982, S. 584–601
180. Lit. Nr. 103, Bd. 3, S. 207
181. Lit. Nr. 108, s. 80 f.
182. Ellen du Bois-Reymond, Jugenderinnerungen des Jean Henry, in: Der Deutsche Hugenott, Berlin 1939, Nr. 2, S. 50
183. Lit. Nr. 103, Bd. 1, S. 306 f., vgl. die Ausführungen von Erman in seiner Festschrift, S. 106, 113, 121, ferner ZSTA Merseburg, Rep. 122-7 a II, Nr. 1, Bd. 2, fol. 179 (Ernennung zum Régent); fol. 222 und 227 (Reisegenehmigung); Bd. 3, fol. 300 (Ernennung zum Inspecteur)
184. ZSTA Merseburg, Rep. 122-7 a II, Nr. 1, Bd. 3, fol. 11 (Anstellung am Collège)
185. Staatsbibliothek Preußischer Kulturbesitz, Manuskriptfundus, Dep. Runge-du Bois, Kasten 1 bis 6, darin zahlreiche Briefe von Jean Henry, seine Tagebücher, eine Autobiographie in französischer Sprache und in deutscher Übersetzung sowie eine handgeschriebene Vita über seine Kindheit und Jugend bis zu seiner Verlobung mit Suzette Chodowiecka (52 Seiten)
186. Lit. Nr. 87, dort insbes. S. 19 ff. mit der Schilderung von Henrys Flucht vor den Truppen Napoleons
187. Charlotte Steinbrucker, Jean Henry, in: Berliner Museen, Berichte aus den preussischen Kunstsammlungen, Jg. 43, Heft 11–12, Berlin 1922, S. 122 ff.
188. Neuer Nekrolog der Deutschen (1831), Ilmenau 1832, S. 362 ff.
189. Frédéric Hartweg, Die Hugenotten in Deutschland, eine Minderheit zwischen zwei Kulturen, in: Lit. Nr. 8, insbes. S. 179–182 (Sprachenstreit)
190. Lit. Nr. 88, S. 154 ff.
191. Mitteilungen des Vereins für die Geschichte Berlins, 2. Jg. (1885), Heft 9, S. 95–98: Guillaume Mila, Geschichtsschreiber von Berlin
192. ZSTA Merseburg, Rep. 122-7aII, Nr. 1, Bd. 3, fol. 24 (Anstellung); fol. 73 (Assistent für J. P. Erman); 68, 180 f. (Nachfolger für S. Formey); Rep. 76-VI, Sekt. 14g, Nr. 8, Bd. 1, fol. 165 (Besoldung); Sekt. 14z, Nr. 15, Bd. 2, fol. 59 (Nachfolge)
193. STA Potsdam, Pr. Br., Rep. 34, PSK, Nr 1358, fol. 122 ff. (Beurteilung Ermans)
194. Reg.Cons. I/20, S. 159–161, 163–165, 292, 299 und 302 (Aufgebot)
195. Staatsbibliothek Preußischer Kulturbesitz, Manuskriptfundus, Sammlung Darmstaedter, Nachlaß Erman, Kasten 1: »Kollektaneen und Notizen von Paul Erman 1801–1812« sowie eine Mappe

mit amtlichen Schreiben von und an Paul Erman, einschließlich sämtlicher Ernennungsurkunden
196. Emil du Bois-Reymond, Gedächtnisrede auf Paul Erman, in: Abhandlungen der Königlichen Akademie der Wissenschaften, Berlin 1854, S. 1–24
197. Adolf Erman, Mein Werden und mein Wirken; Leipzig 1929, S. 10–23
198. Lit. Nr. 162, S. 85ff.
199. Lit. Nr. 188 (1851) S. 1266
200. Friedrich Wilhelm Ferdinand Schultz, Dr. Johann Ludwig Formey's Krankheit und Tod, Berlin 1823
201. Staatsbibliothek Preußischer Kulturbesitz, Manuskriptfundus, Slg. Darmstaedter, Johann Ludwig Formey, 3p (1) 1817
202. August Hirsch, Biographisches Lexikon hervorragender Ärzte, München und Berlin 1962, Bd. 2, S.370
203. Lit. Nr. 188 (1824), S. 529f.
204. ZSTA Merseburg, Rep. 9K -lit.F, fasc. 13, fol. 8 (Bestallung zum Historiographen); Rep. 89A 30.3 = Hist. Abt. II 2.2.1 Nr. 23653, fol. 1–3 (Eingabe 1809); Rep. 76-VI, Sekt. 14g, Nr. 8. Bd. 1, fol. 9 (Finanzierung Collège); Rep. 122-7aII, Nr. 1, Bd. 3, fol. 50 (Anstellung)
205. Staatsbibliothek Preußischer Kulturbesitz, Dep. Runge-du Bois, Kasten 1, Korrespondenz Anncillons mit Jean Henry, Paul Erman und anderen Mitgliedern der Hugenottengemeinde, und Manuskriptfundus, Johann Friedrich Ancillon, 2 h 1816 (6), Korrespondenz Ancillons, hauptsächlich zwischen 1809 und 1835
206. Paul Haake, Ancillon und Kronprinz Friedrich Wilhelm IV. von Preußen, München und Berlin 1920
207. George Gropius, Chronik der Königlichen Haupt- und Residenzstadt Berlin für das Jahr 1837, Berlin 1840, S. 109ff.
208. Gunter Mann, Naturwissen und Erkenntnis im 19. Jahrhundert: Emil du Bois-Reymond, Hildesheim 1981, Anhang: Ahnentafel Ancillon
209. Friedrich Backschat, Das Grabdenkmal Ancillons, in: Mitteilungen des Vereins für die Geschichte Berlins, 52. Jg., S. 44–48
210. Joseph-François Michaud, Biographie des hommes vivants ou histoire par ordre alphabétique, Paris 1816, Bd. 1, S. 67
211. Lit. Nr. 188 (1837), S. 442–455
212. Jean Guillaume Lombard (anonym), Matériaux pour servir à l'histoire des années 1805, 1806 et 1807, dédiés aux prussiens par un ancien compatriote, Frankfurt am Main, 1808 (Autobiographie)
213. Hermann Hüffer, Die Kabinettsregierung in Preußen und Johann Wilhelm Lombard, ein Beitrag zur Geschichte des preußischen Staates vornehmlich in den Jahren 1797–1810, Leipzig 1891
214. Hermann Hüffer, Aus dem Nachlaß des Preußischen Geheimen Kabinettsraths Johann Wilhelm Lombard, in: Deutsche Revue, Jg. 8/3 von 1883, S. 234f.
215. Georg Müller-Frauenstein. Lombard und die Lucchesini, in: Der Bär, Illustrierte Berliner Wochenschrift, Berlin 1884, Jg. 10, S. 198–201
216. Vossische Zeitung v. 11. Dezember 1804 (Botschaft an Erman)
217. Lit. Nr. 66, Bd. 2, S. 332ff.
218. Lit. Nr. 103, Bd. 2, S. 420–423
219. ZSTA Merseburg, Rep. 89 A 30.3 = Hist. Abt. II 2.2.1 Nr. 23653, fol. 1–3, 12–14, 19, 25,26, 31, 42, 43, 49; Rep. 77–83, Bd. 1, fol. 40–42, 54, 59, 60, 82, 101 b und c; Rep. 76-VI, Sekt. 9g, fol. 53, 54, 62, 69 (alle zwischen November 1808 und November 1809 zur Aufhebung der Privilegien); Rep. 76-VI, Sekt. 14z, Nr. 15, Bd. 1, fol. 159–173 und 195–201 (Lehrplanreform); fol. 58–103 (Palmiés Ernennung); fol. 208ff. (Organisationsstruktur des Französischen Gymnasiums); Bd. 4, fol. 161 (Abschied Palmiés); Bd. 5, fol. 45–50 (Nachfolge); fol. 137–201 (Pensionierung); Bd. 6, fol. 37ff. (Nachfolgeprobleme); Nr. 20, fol. 13 (Schülerbilanz)
220. STA Potsdam, Pr. Br., Rep. 34, PSK, Nr. 1358, fol. 122ff. (Lehrerbeurteilung); Nr. 1359, fol. 20 (Gehaltsfragen); Nr. 1361, fol. 200 (Nachfolge); Nr. 1362, fol. 129–133 (Abschied); Nr. 1363, fol. 1–17 (Nachfolge); fol. 78v (Übergang in den Conseil acad.); Nr. 1377, fol. 21ff. (Stundenplan), Nr. 1378, fol. 16ff. (Palmiés Lehrplan)
221. Lit. Nr. 188 (1841), S. 553
222. STA Potsdam, Pr. Br., Rep. 34, PSK, Nr. 1358, fol. 62; 66; 122ff. (Anstellung und Beurteilung); Nr. 1361, fol. 86ff. Disziplinproblem), 172ff. (Unordnung),

207 ff. (Abschied)
223. ZSTA Merseburg, Rep. 76-VI, Sekt. 14z, Nr. 15, Bd. 1, fol. 282 (Bestallung)
224. Karl Rosenkranz, Philippe Gruson zur Feier seines fünfzigjährigen Dienstjubiläums am 14. Oktober 1837, Königsberg 1837; Ernst Gruson, Geschichte der Familie Gruson, Quedlinburg 1924, S. 41 ff
225. Gelehrtes Berlin im Jahre 1845, Berlin 1846, S. 115–119
226. ZSTA Merseburg, Rep. 122-7 a II, Nr. 6, fol. 14 ff. (Bestallung Heinsius'); Rep. 76-VI, Sekt. 14z, Nr. 15, Bd. 3, fol. 169 ff. (Entlassungsgesuch und Ablehnung mit Gehaltserhöhung); Bd. 9, fol. 166 (Pensionierung)
227. STA Potsdam, Pr. Br., Rep. 34, PSK, Nr. 1360, fol. 147 ff. (Zulage aus Anlaß des 25jährigen Dienstjubiläums)
228. Staatsbibliothek Preußischer Kulturbesitz, Manuskriptfundus, Nachlaß Dekker, Nr. 8, Buchstabe H (Heinsius)
229. Fr. Fr. Zelle, Das fünfzigjährige Amts-Jubiläum des königlichen Professors Dr. Theodor Heinsius, Berlin 1845, darin die Laudatio und die autobiographische Antwort von Heinsius
230. August Mullach, Ode auf Theodor Heinsius, Privatdruck, Berlin 1845
231. Haude- und Spenersche Zeitung (Berlinische Nachrichten), Nr. 120 v. 25. 5. 1849, Nachruf auf Theodor Heinsius
232. Lit. Nr. 188 (1849), S. 360–365
233. Lit. Nr. 225 (1845), S. 136–141
234. ZSTA Merseburg, Rep. 122-7 a II, Nr. 1, Bd. 3, fol. 256–299 (Stiftung Oelrichs)
235. Lit. Nr. 120, S. 79 f.
236. Lit. Nr. 188 (1848), S. 588–597
237. STA Potsdam, Pr. Br., Rep. 34, PSK, Nr. 1358, fol. 122 ff. (Conduiten-Liste); Nr. 1377, fol. 177 v (Unterrichtsverteilung)
238. ZSTA Merseburg, Rep. 76-VI, Sekt. 14z, Nr. 15, Bd. 2, fol. 38 (Gehaltszulage)
239. Lit. Nr. 178, S. 26–29
240. Lit. Nr. 188, (1834), S. 128 f.
241. ZSTA Merseburg, Rep. 76-VI, Sekt. 14z, Nr. 15, Bd. 10, fol. 117, 136–139 (Béranger im Unterricht)
242. Christian Velder, Das Verhältnis Adelbert von Chamissos zu Weltbürgertum und Weltliteratur (Phil. Diss.), Berlin 1953, darin insb.: S. 10–23 »Chamissos Unterricht am Französischen Gymnasium« und S. 24–45 »Chamissos Verhältnis zur Französischen Kolonie Berlins«
243. Dorothea von Chamisso, Chamissos Berliner Zeit, Berlin 1982 und Adelbert von Chamisso, Bild seines Lebens, Berlin 1981
244. Werner Feudel, Adelbert von Chamisso, Leipzig 1971
245. Werner Feudel, Chamisso als Mittler zwischen französischer und deutscher Literatur, in: Weimarer Beiträge 32 (1986) 5, S. 753–765
246. Friedrich Girardet, Zwei Predigten am dritten Jubelfeste des Augsburger Glaubensbekenntnisses, Dresden 1830
247. Lit. Nr. 188, (1841), S. 1345
248. Fritz Wegener, Die Bürgerfamilie Weymann/Couard/Fischer in Berlin, Berlin 1980, S. 129–181
249. Briefe im Nachlaß Hengstenberg in der Staatsbibliothek Preußischer Kulturbesitz
250. Lit. Nr. 225, (1845), S. 58
251. Vermischte Schriften im Anschlusse an die Berlinische Chronik und an das Urkundenbuch, hrsg. vom Verein für die Geschichte Berlins, Bd. 1, Teil B, namhafte Berliner Nr. 11, textgleich in »Die französische Colonie« Nr. 6–9 (1887) S. 65–68, 81–85, 102–104, 113–117

19. Jahrhundert, erste Hälfte

252. Raymond Poidevin/Jacques Bariéty, Frankreich und Deutschland, die Geschichte ihrer Beziehungen 1815–1975, München 1982
253. Friedrich Meinecke, Das Zeitalter der Deutschen Erhebung 1795–1815, Leipzig o.J.
254. Lit. Nr. 119, Bd. 2 (1770–1871)
255. Das vorliegende Kapitel ist eine Gemeinschaft mit Bernhard Frank. d. Verf.
256. Wilhelm Decken, Franz Freiherr Gaudy, o.O. 1910
257. Karl Siegen, Franz Freiherr Gaudy, Leipzig o.J. und Arthur Müller, Franz von Gaudy, Berlin 1844
258. STA Potsdam, Pr. Br., Rep. 34, PSK, Nr.

1359, fol. 159 (Prüfungszeugnis); fol. 169 (Michelets Dissertation und vita); Nr. 1361, fol. 73v (Gehaltsfragen); Nr. 1364, fol. 163v (Streichung des Gehalts); Nr. 1365, fol. 13v (Amtseid von 1840); fol. 163–175 (Ablehnung einer Beförderung); Nr. 1367, fol. 146–167 (Entlassung Michelets); Nr. 1381, fol. 53 (Ablösung Michelets)

259. ZSTA Merseburg, Rep. 76-VI, Sekt. 14z, Nr. 15, Bd. 3, fol. 126ff. und 181 (Reise nach Paris); Bd. 4, fol. 45f. (Gehaltsfragen); Bd. 6, fol. 5r/6v (Inspektionsbericht); Bd. 7, fol. 133f. (Zurücksetzung hinter jüngeren Lehren); Bd. 9, fol. 229 (Ablösung Michelets)
260. Karl Ludwig Michelet, Wahrheit aus meinem Leben, Berlin 1884
261. Charles Louis Michelet, Kurzer Abriß meines Lebens, in: Die Französische Colonie, Berlin 1891, Nr. 12, S. 197–205
262. Dr. F. Kirchner, Karl Ludwig Michelet, in: Illustrierte Zeitung, Jg. 97, Leipzig 1891, Nr. 2529, S. 678
263. Werner Ziegenfuß, Philosophen-Lexikon, Berlin 1949, Bd. 2, S. 159–160
264. Lit. Nr. 225 (1845), S. 233ff.
265. Außer den zu allen Artikeln herangezogenen Jahresberichten: Otto Fischer, Evangelisches Pfarrerbuch, Berlin 1941, Bd. 2, Teil 1: Verzeichnis der Geistlichen
266. Manuskriptfundus der Staatsbibliothek Preußischer Kulturbesitz, Sammlung Darmstaedter, Erman: Kasten 1 und Kasten 3
267. ZSTA Merseburg, Rep. 76-VI, Sekt. 14z, Nr. 15. Bd. 6, fol. 6–8 (Prüfbericht der Schulaufsicht); fol. 189 (Beschwerde wegen Gehaltes); fol. 234ff. (Mangelnde Eignung zum Lehrerberuf); Bd. 7, fol. 17–55 (Mangelnde »Disziplinarkraft«); Bd. 8, fol. 262 (Entlassungsgrund Englandreise); Bd. 9, fol. 16–92 (Streit um Gehalt vor Entlassung)
268. STA Potsdam, Pr. Br., Rep. 34, PSK, Nr. 1361, fol. 131 (Einstellung); Nr. 1363, fol. 223 (Beschwerde wegen Gehalts); Nr. 1364, fol. 54 (Günstige Beurteilung durch Palmié); Nr. 1366, fol. 62–67 (Entlassungsfrage), fol. 117 (Abschiedsgesuch an Kramer)
269. Dietmar Henze, Enzyklopädie der Entdecker und Erforscher der Erde, 1978, S. 176f.
270. Lit. Nr. 162, S. 169–172, 187–192, 199–209., 216–222, 232–235
271. Lit. Nr. 197, S. 18–20
272. Carl von Ledebur, Tonkünstler-Lexikon Berlin's, Berlin 1861
273. Die Musik in Geschichte und Gegenwart, Allgemeine Enzyklopädie der Musik, Kassel und Basel 1952ff.
274. ZSTA Merseburg, Rep. 122-7aII, Nr. 1, Bd. 1, fol. 150, 159 (Musiklehrer Voigny); fol. 229 (Klage wegen fehlenden Musikunterrichts), ferner: STA Potsdam, Pr. Br., Rep. 34, PSK, Nr. 1360, fol. 41f (Anstellung eines katholischen Lehrers)
275. Karl-Gustav Fellerer, Rheinische Musiker, Köln 1960, Bd. 1, S. 61–72
276. Harald Kümmerling, Franz Commers Abschriften älterer Musikwerke, Köln 1973, insbes. S. 3–7
277. Lit. Nr. 272, Autobiographie S. 89f.
278. Lit. Nr. 273, Bd. 2, Sp. 1583–1588
279. Staatsbibliothek Preußischer Kulturbesitz, Sammlung Darmstaedter, Nachlaß Runge-du Bois
280. Th.W. Engelmann, Gedächtnisrede auf Emile du Bois-Reymond, in: Abhandlungen der Königlichen Akademie der Wissenschaften, Berlin 1898, S. 3–24
281. Gunter Mann, Naturwissenschaften und Erkenntnis im 19. Jahrhundert: Emile du Bois-Reymond, Hildesheim 1981, darin insbes. Karl E. Rothschuh, E. du Bois-Reymond, Werden, Wesen, Wirken, S. 11–26; und Dietrich von Engelhardt, Der Begriff der Bildung und Kultur bei du Bois-Reymond, S. 173–186
282. Erich Metze, Emil du Bois-Reymond, sein Wirken und seine Weltanschauung, Bielefeld 1918
283. Heinrich Boruttau, Biographie vom Emil du Bois-Reymond, 1922, S. 13
284. Biographisches Jahrbuch, Berlin 1897ff., Bd. 1, S. 125–130
285. Illustrierte Zeitung v. 7. 9. 1872
286. Vossische Zeitung v. 27. 12. 1896, Sonntagsbeilage
287. James Goldschmidt, Albert Friedrich Berner, in: Deutsche Juristen-Zeitung 1907, Nr. 3, Sp. 170–172, und in: Illustrierte Zeitung, Leipzig, 24. 1. 1907, Nr. 3317, S. 131–132
288. Otto Liebmann, Die Juristische Fakultät der Universität Berlin, Berlin 1910, darin interessante Autographen von Berner

289. Lit. Nr. 284., Bd. 12, S. 232–236
290. STA Potsdam, Pr. Br., Rep. 34, PSK, Nr. 1367, fol. 234 (Reisekosten Lübeck–Berlin); Nr. 1368, fol. 6 (Anstellung), fol. 27 (Reiseabrechnung); Nr. 1369, fol. 188–191 (Gehaltsfragen); Nr. 1378, fol. 288 (Einführung Lehrbuch Ploetz)
291. ZSTA Merseburg, Rep. 76-VI, Sekt. 14z, Nr. 15, Bd. 4, fol. 189ff. (Studienreisen ins Ausland); Bd. 10., fol. 6f. (Anstellung), fol. 103 (Reisekosten), fol. 317ff. (Bevorzugung von Ploetz), fol. 362 u. 380 (Lehrbücher); Bd. 11, fol. 12–25 (Reise nach Paris), fol. 86–113 (Entlassung), fol. 138–151 (Druckschrift »Rechtfertigung meines Rücktritts vom Lehramte« – 27 Seiten)
292. G. von Loeper, Professor Karl Ploetz, ein Abriss seines Lebens, Berlin 1881
293. Helmut Niederländer, Französische Schulgrammatiken und schulgrammatisches Denken in Deutschland von 1850–1950, Frankfurt 1981
294. Karl Ploetz, Voyage à Paris, Berlin 1893, 13. Auflage
295. Materialien des Verlages Ploetz zum Jubiläum 1980
296. Leipziger Illustrierte Zeitung, Jg. 76, Nr. 1909 v. 26. 3. 1881
297. STA Potsdam, Pr. Br., Rep. 34, PSK, Nr. 1358, fol. 50–59 (frankophone Mathematiker); Nr. 1369, fol. 205 (Anstellung), fol. 237 (Eidesformel); Nr. 1369, fol. 205–215 (Lob Woepckes); Nr. 1370, fol. 21 (Abschiedsgesuch); Nr. 1378, fol. 10–14 (Lehrbücher aus Frankreich)
298. ZSTA Merseburg, Rep. 76-VI, Sekt. 14z, Nr. 15, Bd. 11, fol. 46 (Abgang)
299. Theodor Arendt, Franz Woepcke, in: Mitteldeutsche Lebensbilder, Magdeburg 1927, Bd. 2, S. 361–374
300. STA Potsdam, Pr. Br., Rep. 34, PSK, Nr. 1385, fol. 185–190 (Abitur Graefe)
301. Blida Heynold von Graefe, Albrecht von Graefe, ein Leben für das Licht, München 1969
302. Walter Hoffmann-Axthelm, Die Familie Graefe, in: Bericht der Deutschen Ophthalmologischen Gesellschaft 1968, und Albrecht von Graefe, in: Gedenkblatt zum 22. Mai 1978
303. Jochen von Bonin, Albrecht von Graefe, Selbstverlag 1910
304. Eduard Michaelis, Albrecht von Graefe, sein Leben und Wirken, Berlin 1877
305. René Dumesnil, Die berühmten Ärzte, Köln 1967, S. 287
306. Handbuch der gesamten Augenheilkunde, Bd. 15, Teil 1, Berlin 1918, darin: Julius Hirschberg, Die Reform der Augenheilkunde, insbes. S. 208–313: Albrecht von Graefe
307. Heinz Goerke, Selbstzeugnisse Berliner Ärzte, Berlin 1965
308. E. Warlomont, Eloge d'Albert de Graefe, in: Annales d'Oculistique, Gand 1872
309. Der Bär von Berlin, Jg. 8 (Berlin 1882), S. 170
310. Julius Hirschberg, Albrecht von Graefe, in: Vossische Zeitung v. 20. 7. 1870, S. 2f.
311. Lit. Nr. 202, Bd. 2, S. 818ff.
312. Richard R. Beringuier, Professor Dr. Muret, in: Mitteilungen des Vereins für die Geschichte Berlins, Bd. 21 (1904), S. 105
313. Langenscheidts Enzyklopädisches Wörterbuch der englischen und deutschen Sprache, Neubearbeitung, Berlin 1961, Vorwort
314. STA Potsdam, Pr. Br., Rep. 34, PSK, Nr. 1369, fol. 252 u. 253 (Anstellung am Französischen Gymnasium); Nr. 1370, fol. 3. u. 4 (Prüfungszeugnis); Nr. 1383, fol. 111ff. (Ausscheiden Diltheys)
315. Clara Misch-Dilthey, Der junge Dilthey, ein Lebensbild in Briefen und Tagebüchern 1852–1870, Leipzig 1933, insbes. S. 33–59 und 304
316. Die Großen Deutschen, Artikel Dilthey, Berlin 1937, Bd. 5, S. 439–449
317. Ernst von Wildenbruch, Gesammelte Werke, Berlin 1924, Bd. 16, S. 418–426
318. Paul Hartig, Der junge Dilthey, Vortrag in der Berliner Gesellschaft für das Studium der Neueren Sprachen, Berlin 9. 10. 1984. Ich verdanke Paul Hartig eine Fülle von Hinweisen.
319. Karl Helfferich, Georg von Siemens, ein Lebensbild aus Deutschlands großer Zeit, Berlin 1924 (3 Bde.); Neuausgabe 1956 (1 Bd.)
320. Erich Achterberg und Maximilian Müller-Jabusch, Lebensbilder deutscher Bankiers, Frankfurt 1964, S. 227–239
321. Erich Achterberg und Karl Lanz, Enzyklopädisches Lexikon für das Geld- Bank- und Börsenwesen, Frankfurt 1968, Bd. 2, S. 1499f.

322. Hermann Pachnicke, Führende Männer im alten und im neuen Reich, Berlin 1930, S. 48 ff.
323. Hans Fürstenberg, Carl Fürstenberg, Die Lebensgeschichte eines deutschen Bankiers, Wiesbaden 1961, S. 207–210
324. Theodor Barth, Politische Portraits, Berlin 1923, S. 61 ff.
325. Lit. Nr. 284, Bd. 6, S. 63–65
326. Lit. Nr. 296, Nr. 2952 v. 25. 1. 1900
327. Berthold Litzmann, Ernst von Wildenbruch, Berlin 1913, Bd. 1 (enthält Wildenbruchs Autobiographie), Bd. 2 (enthält Wilhelm Diltheys Grabrede)
328. Hans Martin Elster, Ernst von Wildenbruch, Leben, Werk, Persönlichkeit, Berlin 1934
329. Ernst von Wildenbruch, Blätter vom Lebensbaum, Berlin 1910 (Aufsätze aus Zeitungen und Zeitschriften)
330. Ernst von Wildenbruch, Gesammelte Werke, Bd. 15, Berlin 1924 (Die Hugenottenschule)
331. STA Potsdam, Pr. Br., Rep. 34, PSK, Nr. 1386, fol. 117 f. (Beurteilung Dohmes)
332. Paul Lindenberg, Unter fünf preußischen Königen, Berlin 1901, (Biographie des Vaters von Robert Dohme mit interessanten Passagen über Robert Dohme selbst)
333. Jahruch der Königlichen Preußischen Kunstsammlungen, XV (1894), S. 1–3
334. STA Potsdam, Pr. Br., Rep. 34, PSK, Nr. 1386, fol. 134 f. (Beurteilung Marchands)
335. L.R. Grote, Medizin der Gegenwart in Selbstdarstellungen, Leipzig 1923, Bd. 1, S. 59–104 (Autobiographie von Felix Marchand)
336. Lit. Nr. 202, Bd. 2, S. 987
337. Lit. Nr. 284, Bd. 10, S. 167–172 (Max Versé)
338. Reg.Cons. I/2, fol. 453 r (Chauvins Molière-Aufführung)
339. Manuskripte in der Sammlung Darmstaedter in der Staatsbibliothek Preußischer Kulturbesitz, Repositur Erman, Kasten 4
340. Fritz Milkau, Wilhelm Erman, in: Zentralblatt für Bibliothekswesen, Leipzig 1933, Bd. 50, S. 27–43
341. Wilhelm Erman, die Paulskirche, eine Schriftenfolge. Schwarzrotgold und Schwarzweißrot, Frankfurt 1925 (Nachweis der historischen Tradition der Farben der Republik seit dem 13. Jahrhundert.
342. STA Potsdam, Pr. Br., Rep. 34, PSK, Nr. 1386, fol. 172 f. (Beurteilung Mindens)
343. Felix Hirsch, Das Haus Minden, in: Gegenwart im Rückblick, Festgabe für die jüdische Gemeinde, hgg. v. Herbert A. Strauss und Kurt Grossmann, Heidelberg 1970, S. 257–264
344. Ernst G. Lowenthal, Juden in Preußen, Ein biographisches Verzeichnis, Berlin 1981. Ich danke Herrn Professor Lowenthal für seine unermüdliche Beratung bei der Abfassung der Biographien jüdischer Schüler des Französischen Gymnasiums aus der Zweiten Hälfte des 19. Jahrhunderts.
345. Berliner Tageblatt v. 28. 8. 1920 und v. 18. 1. 1928
346. Zeitschrift des Vereins für Volkskunde, 38. Jg. (1928), S. 300 f.
347. Zeitschrift für Ethnologie, Bd. 60 (1928), S. 147.

19. Jahrhundert, zweite Hälfte

348. STA Potsdam, Pr. Br., Rep. 34, PSK, Nr. 1386, fol. 193 f. (Beurteilung Weissteins)
349. Fedor von Zobeltitz, Bibliothek Weisstein, Katalog über die Bücher des verstorbenen Bibliophilen Gotthilf Weisstein, 2 Bde., Leipzig 1913, S. 7–13
350. Hans Lindau, Von Gotthilf Weisstein, seinen Büchern und einigen anderen Dingen, in: Zeitschrift für Bücherfreunde, Leipzig, 15. Jg. (1923), S. 32–41
351. Mitteilungen des Vereins für die Geschichte Berlins, Jg. 23 (1907), S. 121–122: Gotthilf Weisstein +
352. Fritz Homeyer, Deutsche Juden als Bibliophile und Antiquare, Tübingen 1966, S. 19–20
353. STA Potsdam, Pr. Br., Rep. 34, PSK, Nr. 1386, fol. 179 f. und 184 f. (Beurteilung Loefflers)
354. Archiv für experimentelle Veterinärmedizin, hgg. v. H. Röhrer, Leipzig,

Bd. 6 (1952), Beiheft, darin: Georg Tartler, Festrede, Gaston Ramon, Hommage à la mémoire de Friedrich Loeffler, – Hans Schwarz, Ansprache, – J. Parnas, Feier des 100jährigen Geburtstages von Geheimrat Friedrich Loeffler; vgl. auch Universität Greifswald 525 Jahre, Berlin 1982

355. Lit. Nr. 202, Bd. 2, S. 929 f.
356. Lit. Nr. 284, Bd. 1, S. 334
357. STA Potsdam, Pr. Br., Rep. 34, PSK, Nr. 1386, fol. 239 f. (Beurteilung)
358. Hans Kloft, Der Nachlaß Adolf Erman, Bremen 1982 (Biographie aufgrund von Ermans Korrespondenz)
359. Bildnisse berühmter Mitglieder der Deutschen Akademie der Wissenschaften zu Berlin, Berlin 1950, S. 74
360. Orden Pour le Mérite für Wissenschaften und Künste, Berlin 1978, S. 296
361. Lit. Nr. 197, ab S. 73 (Was ich auf der Schule lernte und nicht lernte)
362. Heinrich Erman, Erlebtes und Erstrebtes, Deutsche Warte Nr. 1–35 von 1916–17
363. Heinrich Erman, Was mir durchs Leben geholfen, Westfälisches Wohnungsblatt, Münster, 17. Jg., Heft 2 (1927), S. 64–66 und Bodenreform, Berlin, 38. Jg., Nr. 10 (1927), Sp. 75–77 (gekürzt)
364. Geheimrat Erman zum 70. Geburtstag, Westfälisches Wohnungsblatt, 17. Jg., Heft 1 (1927), S. 16 f. und 21 f.
365. Heinrich Erman, Der deutsche Hilfsverein in Lausanne, Lausanne 1931
366. Bodenreform, Heinrich Erman+, Berlin, 51. Jg., Nr. 11 v. 26. 5. 1940, Sp. 81–83
367. M. Kaser, In memoriam Heinrich Erman, Zeitschrift der Savigny-Stiftung, Weimar, Bd. 61 (1941) S. 407–503
368. Nachlaß Henri Erman, Privatbesitz Dr. Jürgen Erman, Hamburg, dem ich für seine engagierte Unterstützung danke.
369. ZSTA Merseburg, Rep. 76-VI. Sekt. 14 d, Nr. 8a. Bd. 1 (alle Unterlagen zum Schulumzug); Sekt. 14 z, Nr. 15, Bd. 15, fol. 46 ff. (Vertrag über die Beibehaltung der französischen Unterrichtssprache) und Bd. 13, fol. 293–298 (Kaufvertrag Dorotheenstraße)
370. Die Werke Hardens sind in der Bibliothek des Französischen Gymnasiums fast vollständig vorhanden. Für diesen Beitrag wurden außer Artikeln aus der »Zukunft« hauptsächlich die folgenden Schriften verwendet: Von Versailles nach Versailles, Dresden 1927; Deutschland, Frankreich, England, Berlin 1923; Krieg und Friede, Berlin 1918
371. Harry F. Young, Maximilian Harden, censor germaniae, Den Haag 1959 (dt. Fassung, gleicher Titel, Münster 1971)
372. Golo Mann, Geschichte und Geschichten, Frankfurt 1961, darin: Maximilian Harden
373. Kurt Tucholsky, Maximilian Harden, in: Gesammelte Werke, Bd. 3 (1925–1928), Hamburg 1961
374. Maximilian Harden zum 60. Geburtstage, Berlin 1921
375. STA Potsdam, Pr. Br., Rep. 34, PSK, Nr. 1387, fol. 49 f.(Beurteilung)
376. ZSTA Merseburg, Rep. 76-VI, Sekt. 14 z, Nr. 15, Bd. 12, fol. 238 f. (Gründung der Vorschule)
377. Salomon Wininger, Große Jüdische Nationalbiographie, Czernowitz 1925, Bd. 3, S. 25 f.
378. Reichshandbuch der Deutschen Gesellschaft, Berlin 1930, Bd. 1, S. 691
379. j. b. (Julius Bab), in memoriam Ernst Heilborn, in: Aufbau, New York 1942
380. Ich verdanke Herrn Gerhard Heilborn eine Reihe von Informationen
381. Jürgen Kämmerer, Rußland und die Hugenotten im 18. Jh. (1689–1789), Wiesbaden 1978, S. 65 und 101; vgl. Lit. Nr. 162, S. 21
382. Jutta Schmidt, Das philologische Werk Fritz Strohmeyers, Bonn 1979 (MS). Das Strohmeyer-Archiv von Frau Schmidt ist jetzt am Französischen Gymnasium zugänglich. Dafür ist ihr sehr zu danken.
383. Hans W. Klein, Prof. Dr. Fritz Strohmeyer +, in: Praxis des Neusprachlichen Unterrichts, 1958, S. 26
384. Vorworte der Publikationen von Fritz Strohmeyer
385. Briefliche Informationen von Paul Hartig, Hans W. Klein, Richard Braun, Ilse Buchholz und Jutta Schmidt, denen ich dafür zu danken habe.
386. STA Potsdam, Pr. Br., Rep. 34, PSK, Nr. 1387, fol. 127 f. (Beurteilung)
387. Victor Auburtin, Was ich in Frankreich erlebte, Berlin 1918
388. Victor Klages, Großer Meister der Kleinen Form, Funkmanuskript, RIAS Ber-

lin, 1964
389. Heinz Knobloch, Sündenfalle, München 1970, Nachwort
390. Walther Kiaulehn, Von der Seite gesehen, Hamburg 1957, Vorwort
391. Wilmont Haacke, Schalmei, Hamburg 1948, darin: Victor Auburtin jun., Die Auburtins und mein Onkel Julius
392. Theodor Wolff, Victor Auburtin, in: Berliner Tageblatt, Nr. 303 v. 26. 6. 1928 (Nekrolog)
393. Kurt Tucholsky, Auburtin, in: Die Weltbühne, 1918 (abgedr. in: Gesammelte Werke, Hamburg 1960 Bd. 1, S. 304ff.), vgl. ferner S. 14 Stirbt die Kunst?, S. 579 Die Straße meiner Jugend, S. 152 Der beleidigte Korrespondent (Polemik gegen Auburtins »Stille«)
394. ZSTA Merseburg, Rep. 76-VI, Sekt. 14z, Nr. 15, Bd. 14, fol. 218–386 (Schuljubiläum)
395. STA Potdam, Pr. Br., Rep. 34, PSK, Nr. 1374, fol. 181–348 (Schuljubiläum)
396. STA Potsdam, Pr. Br., Rep. 34, PSK, Nr. 1387, fol. 116f. (Beurteilung)
397. Eva Rothe, Schriften und Reden von Georg Minde-Pouet, Berlin 1941
398. Adolf Warschauer, Deutsche Kulturarbeit in der Ostmark, Berlin 1926 (Charakteristik Pouets)
399. Alere flammam, hgg. v.d. Gesellschaft der Freunde der Deutschen Bücherei, Leipzig 1921
400. Mündliche Auskünfte von Frau Liselotte Minde-Pouet, der ich zu Dank verpflichtet bin.
401. Eduard Mühsam, R. Mühsam 1872–1938, in: Société Internationale de Chirurgie, XIe Congrès 1939
402. Erich Marcuse, In Memoriam Richard Muehsam, in: Aufbau, New York, 18. 3. 1960
403. Ich danke Frau Gerda Breit geb. Mühsam für eine Reihe wichtiger Informationen.
404. ZSTA Merseburg, Rep. 76-VI, Sekt. 14z, Nr. 15, Bd. 14, fol. 111 (Antrag Jules Herbette)
405. International Biographical Dictionary of Central European Emigration 1933–1945, München 1983
406. Ernst von Caemmerer, Festschrift für Martin Wolff, Tübingen 1952
407. Ernst G. Lowenthal, Manuskript vom 11. 9. 1972 und Lit. Nr. 344, S. 245
408. ZSTA Merseburg, Rep. 76-VI, Sekt. 14z, Nr. 15, Bd. 13, fol. 305–319 (Entlassungsrede)
409. STA Potsdam, Pr. Br., Rep. 34, PSK, Nr. 1386, fol. 352–377 (Entlassungsrede); Nr. 1387, fol. 126f. (Beurteilung)
410. STA Potsdam, Pr. Br., Rep. 34, PSK, Nr. 1387, fol. 203f. (Beurteilung)
411. ZSTA Merseburg, Rep. 76-VI, Sekt. 14z, Nr. 15, Bd. 14, fol. 121–127 (Tagespolitik in Quarta)
412. Jürgen Kuczynski, René Kuczynski, ein fortschrittlicher Wissenschaftler in der ersten Hälfte des 20. Jahrhunderts, Berlin 1957
413. Jürgen Kuczynski, Memoiren, Berlin 1975. Ich verdanke Professor Kuczynski einige wichtige Informationen, z.B. über den René-Kuczynski-Preis.
414. STA Potsdam, Pr. Br., Rep. 34, PSK, Nr. 1387, fol. 218f. (Beurteilung); Nr. 1375, fol. 229 (Wechsel der Unterrichtssprachen in Mathematik und Physik); Nr. 1373, fol. 128 u.ö. (Schnatters Reisen nach Frankreich)
415. ZSTA Merseburg, Rep. 76-VI, Sekt. 14z, Nr. 15, Bd. 15, fol. 72 und 149 (Lehrplanreform)
416. Adolf Butenandt, Göttinger Universitätsreden, Bd. 27 (Göttingen 1960), S. 17ff. (Adolf Windaus zum Gedenken)
417. Armin Hermann, Deutsche Nobelpreisträger, München 1968, S. 143f.
418. The Nobel price Winners 1901–1937, Central European Times, Zürich 1938, S. 150
419. Karl Ritter von Klimesch, Köpfe der Politik, Wirtschaft, Kunst und Wissenschaft, Augsburg 1953, Bd. 2, S. 1206
420. Notre Parole, Schülerzeitung des Französischen Gymnasiums, Nr. 56 (1959), S. 16, Artikel von Winfried Krüger, heute Mathematiker am Collège
421. STA Potsdam, Pr. Br., Rep. 34, PSK, Nr. 1387, fol. 190f. (Beurteilung)
422. ZSTA Merseburg, Rep. 76-VI, Sekt. 14z, Nr. 15, Bd. 15, fol. 97–108 (Konferenzprotokoll vom 30. 10. 1891) und fol. 143 (Verfügung Wilhelms II.)
423. Constance Reid, Richard Courant 1880–1972, Der Mathematiker als Zeitgenosse, Berlin 1979
424. Max Born, James Franck, Physiker in ih-

rer Zeit, Der Luxus des Gewissens, Berlin 1982, S. 89–96
425. Jahresbericht der Deutschen Mathematiker-Vereinigung, Stuttgart 1971, Bd. 72 (1970), S. 165–189 (M. Pinl, Kollegen in einer dunklen Zeit); Informationen von Dr. Heinrich Wefelscheid, Duisburg
426. Schriften von Kurt Levinstein: Christian Weise und Molière, Berlin 1900; Schiller, Festrede zum 100. Todestag, 9. 5. 1905; Das Lied der Mommsenglocke, 21. 3. 1907; Georg Schulze, Festrede, 20. 4. 1912; Die Erziehungslehre Ernst Moritz Arndts, Berlin 1912; Detlef von Liliencron, Festrede, 27. 1. 1913; Heinrich Zimmermann, Bootstaufrede, 3. 6. 1916; Goethes Faust und die Erziehung des jugendlichen Menschen, Leipzig 1930; Georg Schulze, Nachruf, 30. 11. 1932; Das Lied der Goldschmidtglocke, 20. 11. 1937; Goethes Faust und die Vollendung des Menschen, Berlin 1948; Festschrift zur Feier des 260jährigen Bestehens des Französischen Gymnasiums, Berlin 1949, darin besonders: Die Ringparabel in Lessings »Nathan«, S. 51–60; Lessings Nathan der Weise und wir, Festansprache im Hebbel-Theater, 1953
427. Georg Schulze, M. Kurt Levinstein, in: Programme des Cours du Collège Royal Français, Berlin 1908, S. 22f.
428. Dr. Schäfer, Abschiedsworte der Schulgemeinde Prenzlauer Berg, 16. Oktober 1945 (Levinstein-Archiv des Französischen Gymnasiums)
429. Heinz Ullmann, Ansprache zum 70. Geburtstag, gehalten am 25. März 1947 (Archiv)
430. Thomas Dunskus, Discours tenu pour M. Levinstein, 29 avril 1950 (Archiv)
431. Jürgen Reiss, Zum Gedächtnis von Professor Dr. Kurt Levinstein, 27. Februar 1956 (Archiv)
432. Paul Hartig, Leben und Wirken Kurt Levinsteins, 27. Februar 1956; 73 Jahre für das Französische Gymnasium, März 1956 (Archiv)
433. Ernst Lindenborn, Die Liebe, die Hoffnung, der Glaube, Traueransprache, 1. März 1956 (Archiv)
434. Christian Velder, Erziehung zur Völkerverständigung und Toleranz, 29. Februar 1956; Ein Leben für Toleranz und Verständigung, 4. März 1956; Professor Kurt Levinstein, der Mensch und sein Werk, 10. März 1957 (Archiv)
435. STA Potsdam, Pr. Br., Rep. 34, PSK, Nr. 1387, fol. 228f. und Nr. 1384, fol. 111v–112r (Beurteilungen Levinsteins)
436. ZSTA Merseburg, Rep. 76-VI, Sekt. 14z, Nr. 15, Bd. 14, fol. 341 (Preußische Schulreform); Bd. 15, fol. 1–10, 37ff., 50–58, 72–108, 139–145 (Lehrplanreform am Französischen Gymnasium)
437. STA Potsdam, Pr. Br., Rep. 34, PSK, Nr. 1384, fol. 52 (Schulzes Taktik); Nr. 1387, fol. 240f. (Beurteilung Wilmowskys)
438. Thilo von Wilmowsky, Rückblickend möchte ich sagen..., Oldenburg 1961
439. Krupp-Mitteilungen, 50. Jahrgang, Nr. 1, Februar 1966
440. Erich Neuß, Die Geschichte des Geschlechts von Wilmowsky, Halle 1938, S. 352–359
441. STA Potsdam, Pr. Br., Rep. 34, PSK, Nr. 1383, fol. 327ff. (Schülerschaft)
442. Um Recht und Gerechtigkeit, Festgabe für Erich Kaufmann, Stuttgart 1950, darin: Rudolf Smend, Zu Erich Kaufmanns wissenschaftlichem Werk, S. 391–402
443. Karl-Josef Partsch, Der Rechtsberater des Auswärtigen Amtes 1950–1958, in: Zeitschrift für Öffentliches Recht und Völkerrecht, Bd. 30 (Stuttgart 1970), Nr. 2–3, S. 223–236
444. Hermann Mosler, Erich Kaufmann 21. 9. 1880–5. 11. 1972, in: Mitteilungen der Max-Planck-Gesellschaft zur Förderung der Wissenschaften, München 1972, Bd. 6, S. 413–418
445. Lit. Nr. 405, Bd. 2 (2), S. 605
446. STA Potsdam, Pr. Br., Rep. 34, PSK, Nr. 1388, fol. 7f. (Beurteilung)
447. Carlton Sprague Smith, Curt Sachs and the Library Museum of the Performing Arts, in: Musica Judaica, New York 1982
448. Lit. Nr. 273, Bd. 11, Sp. 1188–1231
449. STA Potsdam, Pr. Br., Rep. 34, PSK, Nr. 1188, fol. 14f. (Beurteilung)
450. Erna Blenke, Leonard Nelsons Leben und Wirken...Material für einen Biographen, in: Erziehung und Politik, Minna Specht zu ihrem 80. Geburtstag, Mannheim 1960
451. Ekkehard Hieronimus, Bedeutende Juden in Niedersachsen... Leonard Nelson, Hannover 1964

452. Jürgen Ziechmann, Theorie und Praxis der Erziehung bei Leonard Nelson und seinem Bund, Bad Heilbrunn 1970
453. L. H. Grunebaum, Führerschaft, Demokratie, Ethik, eine Kritik von Leonard Nelsons Demokratie und Führerschaft, in: Zeitschrift für die gesamte Staatswissenschaft, Tübingen, Bd. 107 (1951), S. 36–89
454. Constance Reid, Courant in Göttingen and New York, the Story of an Improbable Mathematician, New York 1976, S. 39
455. STA Potsdam, Pr. Br., Rep. 34, PSK, Nr. 1388, fol. 273f. (Alte Sprachen auf deutsch)
456. Dieter Riesner und Helmut Gneuss, Festschrift für Walter Hübner, Berlin 1964, darin S. 337ff. das Schriftenverzeichnis Walter Hübners
457. Paul Hartig, Walter Hübner: Dienst am Logos, in: Mitteilungsblatt des Allgemeinen Deutschen Neuphilologenverbandes, Bielefeld, 17. Jg. (1964), Heft 1 S. 1–10
458. Paul Hartig, Ehrenmitglied des ADNV Walter Hübner +, in: Neusprachliche Mitteilungen, Bielefeld 23. Jg. (1970), S. 65 und Walter Hübner + 1. März 1970, in: Die Neueren Sprachen, Heft 7, Frankfurt/Main 1970
459. Persönliche Mitteilungen von Walter Hübner selbst und von Paul Hartig
460. STA Potsdam, Pr. Br., Rep. 34, PSK, Nr. 1383, fol. 166–193 (Schnatter zum Frequenzverlust) und Nr. 1393, fol. 53ff. (Schulze zum Frequenzverlust); fol. 22f. (Verlegung der Schule); Nr. 1388, fol. 85f. (Beurteilung Katsch)
461. ZSTA Merseburg, Rep. 76-VI, Sekt. 14z, Nr. 15, Bd. 15, fol. 275–280 (Einrichtung eines deutschsprachigen Zuges)
462. Auszug aus der Personalakte Gerhardt Katsch im Archiv der Medizinischen Fakultät der Universität Greifswald. Ich habe der Universität für die Überlassung dieser Unterlagen sehr zu danken, insbes. auch für den Lebenslauf Gerhardt Katsch vom 23. 3. 1956
463. Festschrift zur 500-Jahrfeier der Universität Greifswald am 17. 10. 1956, Greifswald 1956, darin: Gerhardt Katsch, Begrüßungsworte; Universität Greifswald 525 Jahre, Berlin 1982 (Titel von Katsch)
464. H. Bartelsheimer, Zur Erinnerung an Gerhardt Katsch, in: Deutsche Medizinische Wochenschrift, Stuttgart, Jg. 68 (1961), Heft 29 S. 1404f.
465. Wissenschaftliche Zeitschrift der Universität Greifswald, Sonderheft zum 65. Geburtstag von Prof. Dr. G. Katsch, Greifswald 1951/52, S. 1–7
466. Rudolf Petershagen, Gewissen im Aufruhr, Berlin o. J., S. 50–67 (Beschreibung der Rolle von Katsch bei der Rettung Greifswalds)
467. STA Potsdam, Pr. Br., Rep. 34, PSK, Nr. 1388, fol. 129f. (Beurteilung)
468. Eduard Heimann, The Refugee speaks, in: The Annals of the American Association of Political and Social Science, May 1939
469. Heinz Dietrich Ortlieb; Eduard Heimann, Sozialökonom, Sozialist, Christ; Heinz Gollnick, Eduard Heimann in memoriam, beides in: Hamburger Jahrbuch für Wirtschafts- und Gesellschaftspolitik, Tübingen 1968, 13. Jg. 2. Teil
470. Adolph Lowe, In Memoriam: Eduard Heimann, 1887–1967, in: Social Research, New York, vol. 34, No 4 (1969), S. 609–612
471. Ulrich Heyder, Der sozialwissenschaftliche Systemvergleich Eduard Heimanns, in: Sammlung Beiträge zur Politikwissenschaft, Frankfurt/Main 1977
472. Helmut Fischer, Biographische Daten und Bibliographie Eduard Heimanns, in: Hamburger Jahrbuch für Wirtschafts- und Gesellschaftspolitik; Festausgabe für Eduard Heimann zum 70. Geburtstag, Tübingen 1959
473. Gerhard Stourzh, Bibliographie der deutschsprachigen Emigration in den Vereinigten Staaten, in: Jahrbuch für Amerikastudien X, Heidelberg 1965, S. 257ff.
474. Der Collegianer, Mitteilungsblatt des Collegianervereins, Info 105 (1975), darin S. 2–6: Brief von Hans Jüdell, nach der Emigration Henry Odell
475. Kurt Tucholsky, Gesammelte Werke, Hamburg 1961, darin: Die Schule, Bd. 2, S. 131 (1919); Ein Kind aus meiner Klasse, f. Bd. 4, S. 51–54 (1925); Der Primus, Bd. 4, S. 75f. (1927); Der Mann mit den zwei Einjährigen, Bd. 7, S. 164ff. (1929)

476. Winfried Löschburg, Kurt Tucholskys Jugend- und Studienjahre in Berlin (1890–1915), in: Berliner Heimat, Zeitschrift für die Geschichte Berlins, Heft 2, Berlin 1960
477. Heinz Knobloch, Tucholskys Zensuren, in: Stäubchen aufwirbeln, Feuilletons, Halle 1974, S. 72–75
478. Eva Philippoff, Kurt Tucholskys Frankreichbild, München 1978
479. Klaus-Peter Schulz, Kurt Tucholsky in Selbstzeugnissen und Bild-Dokumenten, Hamburg 1959 (Collegianer Schulz nimmt das Collège vor Tucholsky in Schutz!)
480. Karl Kleinschmidt, Kurt Tucholsky, sein Leben in Bildern, Leipzig 1961 (zitiert den Bericht aus Tucholskys Schulzeit am Collège)
481. Hans Prescher, Kurt Tucholsky, Berlin 1959
482. Gerhard Zwerenz, Kurt Tucholsky, Biographie eines guten Deutschen, Gütersloh 1979
483. Mary Tucholsky und Friedrich Lambart, Kurt Tucholsky und Deutschlands Marsch ins Dritte Reich, Berlin 1983
484. Briefliche Auskünfte von Mary Tucholsky
485. STA Potsdam, Pr. Br., Rep. 34, PSK, Nr. 1388, fol. 129f. (Beurteilung)
486. Catalogue de la Collection Furstenberg, Paris 1940
487. Rudolf Adolph, Hans Fürstenberg, Aschaffenburg 1960
488. Hans Fürstenberg, Erinnerungen, Wiesbaden 1965
489. Hans Fürtenberg, Nachruf in der Frankfurter Allgemeinen Zeitung v. 6. 4. 1982
490. Materialien (z.B. Vorworte, Einführungen, Nachworte) in den Veröffentlichungen von Hans Fürstenberg, soweit vorhanden in der Biblithek des Französischen Gymnasiums: Das französische Buch im 18. Jahrhundert und in der Empirezeit, Weimar 1929; Dialectique du 20e siècle, Paris 1956; 100 Fürstenberg-Anekdoten, Frankfurt 1956; Einführung in die Ästhetik, Düsseldorf o.J., Carl Fürstenberg, die Lebensgeschichte eines deutschen Bankiers, Wiesbaden 1961; Les sources de la création artistique, Monaco 1961; Das Buch als Kunstwerk, Französische illustrierte Bücher des 18. Jahrhunderts aus der Bibliothek Hans Fürstenberg, Ludwigsburg 1965; Die italienischen Renaissance-Einbände der Bibliothek Fürstenberg, Hamburg 1966; Architecture et Chronique du Château de Beaumesnil, 1970; Dialektik des 21. Jahrhunderts, Düsseldorf 1971; Le grand siècle en France et ses bibliophiles, Hamburg 1972
491. Aus den Federiciana Fürstenbergs wurden in vorliegender Arbeit benutzt Lit. Nr. 53 und 137, geschmückt mit seinem Exlibris.
492. Schriften von Ernst Lindenborn: Geschichte einer deutschen Auslandsschule, Wolfenbüttel 1929; Glaubenstreue, Festspiel, Berlin 1935; Dauer im Wechsel, Festspiel 1939, Manuskript; Praktische Pädagogik der Jesuiten, verschollen; Erziehung zur Phantasie, verschollen; Die indische Kaste und die christliche Mission, 390 S., verschollen; Calvinbrevier, verschollen; Résister – Hugenottenschicksal, Berlin 1939; 450 Predigten 1940–1945, verschollen; Grotesken (Kurzgeschichten), verschollen; Gedichte, verschollen; Rundfunkansprachen im RIAS Berlin und im Sender Freies Berlin; Coligny, der Schwertträger Gottes, ein Leben in Bildern, Berlin 1985
493. Artikel in »Der deutsche Hugenott«, Zeitschrift für die Mitglieder des Deutschen Hugenottenvereins, und zwar: Ansprache, 9. Jg. (1937), Nr. 4, S. 54ff.; Colignys Übertritt zum Calvinismus, 12. Jg. (1940), Nr. 3, S. 136–150; Agrippa d'Aubigné, 16. Jg. (1932), Nr. 2, S. 36–44 und La Cevenole von Ruben Saillens, Nr. 4, S. 126f.; Die Bedeutung der Hugenotten für die deutsche Kultur, 21. Jg. (1957), Nr. 4, S. 105–124; Unser Glaube ist der Sieg, 24. Jg. (1960), Nr. 4, S. 109–122; Der brennende Dornbusch, 25. Jg. (1961) Sonderheft, S. 2–20
494. Dietrich Braun, Ernst Lindenborn 1891–1964, in: Abhandlungen der Pädagogischen Hochschule Berlin, Bd. 6, Beiträge zur Geschichte der Pädagogischen Hochschule, Berlin 1980, S. 119f.
495. Christian Velder, Nachwort zu Ernst Lindenborn, Coligny, S. 293–299, (dort auch eine Auswahl aus Briefen ehemaliger Schüler über Ernst Lindenborn). Ich

danke Jürgen Lindenborn für die Übergabe der Reste des Nachlasses seines Vaters an das Archiv des FG.

496. Friedrich Krüger, Dem Hüter der Tradition des Collège Français, in: Lit. Nr. 420, Nr. 72 (1961) S. 1, dort auch: Jürgen Reiß, Ein Leben in Toleranz, S. 4f. und Nr. 104/5 (1964) S. 1f., Ein Großer ging von uns

497. STA Potsdam, Pr. Br., Rep. 34, PSK, Nr. 1388, fol. 166f. (Beurteilung)

498. Erich Auerbach, Introduction aux études de philologie romane, Frankfurt 1949, Préface; ferner Mimesis, Berlin 1959, Nachwort

499. Marburger Gelehrte in der ersten Hälfte des 20. Jh., hgg. v. Ingeborg Schnack, Marburg 1977, S. 10–21 (Biographie Erich Auerbach von Henri Peyre); Dante della Terza, Da Vienna a Baltimora, Rom 1987

500. Victor Klemperer, Vor 33 / nach 45, Berlin 1956, S. 224–229

501. Horst Widmann, Exil und Bildungshilfe, Bern 1973, S. 107ff. und 255

502. World Authors 1950–1970, New York 1975, S. 75ff. (Artikel Erich Auerbach)

503. New York Times, 14. Oktober 1957, S. 33, Sp. 1

504. Tagungsberichte der Erich-Auerbach-Meetings der amerikanischen Modern Language Association, eingereicht von Collegianer Oscar Haac, dem ich für manchen Ratschlag danke.

505. Werner Feilchenfeld, Haavara Transfer nach Palästina und Einwanderung deutscher Juden 1933–1939, Tübingen 1972

506. Biography Dr. Feilchenfeld, April 24, 1965 (Ms)

507. Mitteilungen von Werner Feilchenfelds Gattin Lilo und seinem Bruder Rudolf Feilchenfeld, denen ich für ihre Mitarbeit danke.

508. Paul Hartig, Lebenserinnerungen eines Neuphilologen, Augsburg 1981; darin S. 101–108 das Schriftenverzeichnis von Paul Hartig

509. Oskar Seeger, Dr. Paul Hartig, in: Mitteilungsblatt des Allgemeinen Deutschen Neuphilologenverbandes, Bielefeld 16. Jg. (1963), S. 73f.

510. Ich danke meinem verehrten Vorgänger Paul Hartig für unzählige Hinweise im Zusammenhang mit der Planung und Durchführung des vorliegenden Werkes.

20. Jahrhundert

511. STA Potsdam, Pr. Br., Rep. 34, PSK, Nr. 1382, fol. 568 (Fehlanzeige Jahresberichte vor 1922)

512. Columbia Journal of Transnational Law, Bd. 10 (Spring 1971), No 1, dort biographisches Material S. 1–31 und Bibliographie S. 32–45

513. Remarks made at the Memorial Service for Professor Wolfgang G. Friedmann, September 25, 1972 in St. Paul's Chapel, Columbia Unisersity

514. International Debt Crisis, The 12th Annual Friedmann Conference sponsored by the Columbia Society of International Law on Friday, March 30, 1984

515. New York Times v. 21. 9. 1972 (Professor slain in Mugging here) und v. 22. 9. 1972 (Sidewalk Jungle)

516. Ich danke Carl Eduard Friedmann und Leah May Friedmann für eine Reihe zusätzlicher Informationen. Aus Lit. Nr. 474, Nr. 8 (1956) S. 6 ist zu entnehmen, daß Friedmann am 15. 11. 1956 ebenfalls im Riverside Park überfallen wurde, die Rowdies aber abwehren konnte.

517. Lit. Nr. 26, (1968/69), S. 784

518. Lit. Nr. 27, (1969), Bd. 4, S. 121

519. ZSTA Merseburg, Rep. 76-VI, Sekt. 14z, Nr. 15, Bd. 15, fol. 261 (Das Französische Gymnasium als »Reformgymnasium«)

520. STA Potsdam, Pr. Br., Rep. 34, PSK, Nr. 1384, fol. 88ff. (Schulzes Kampf gegen »Realanstalten«); Nr. 1393, fol. 155 (Am FG kein Interesse), fol. 157f. (Protokoll vom 28. 6. 1910, Änderung des Lehrplans); Nr. 1375, fol. 243 (Anfrage vom 20. 12. 1912), fol. 273f. (Anschluß an die Reformgymnasien)

521. Darmstädter Echo, In Politik und Wirtschaft, 5. Mai 1977; Kein politisches Neutrum, 7. Juni 1972

522. Kurzbiographie vom 18. 6. 1985

523. Lit. Nr. 474, Nr. 110 (1978). S. 33f. Ich habe Jens Hoffmann für zusätzliche In-

formationen zu danken.
524. Autobiographischer Bericht (Ms), Stand 1984
525. Lit. Nr. 474, Nr. 104 (1975), S. 1–20, Ansprache Voß
526. Dr. Karl Voß zu seinem 75. Geburtstag, Die Warte, Luxemburg, Mai 1982
527. Auf mitreißende Weise »unruhig« – Karl Voß wird heute 80, Der Tagesspiegel, Berlin 16. 5. 1987
528. Ich danke Karl Voß für eine Fülle zusätzlicher Informationen und für seine nimmermüde Beratung bei der Abfassung des vorliegenden Werkes.
529. Lit. Nr. 420, Nr. 21, S. 1 f. (Ansprache Bidault), Nr. 49, S. 5f. (Mit kühlem Herzen und klarem Verstand), Nr. 71, S. 20f. (Aus der Europaschule Luxemburg)
530. Jahresbericht 1983 (Ansprache Richard von Weizsäcker)
531. Lit. Nr. 26 (1979), S. 942
532. Lit. Nr. 17 (1983), S. 807
533. Lit. Nr. 473
534. Kurt Kliem, Neu beginnen, Der sozialistische Widerstand, Diss., Marburg 1957
535. Ich danke Henry Ehrmann für die informative Korrespondenz seit 1975.
536. Magnus Freiherr von Braun, Weg durch vier Zeitepochen, Limburg 1965
537. Sigismund von Braun, Betrachtungen zu einigen Jahrzehnten deutsch-französischer Beziehungen, Sonderdruck der Stresemann-Gesellschaft, Bonn 1985, in anderer Form abgedruckt in: Deutsche Frage und europäisches Gleichgewicht, Festschrift für Andreas Hillgruber zum 60. Geburtstag, Köln 1985, und Lit. Nr. 474, Nr. 120 (1987), S. 4–10
538. Frankfurter Allgemeine Zeitung, 17. 4. 1958, Protokollchef Sigismund von Braun; dazu auch Lit. Nr. 474, Nr. 12 (1958), S. 2f.
539. Lit. Nr. 16 (1983), S. 142
540. Lit. Nr. 18 (1970), Nr. 43
541. Zur Schulzeit Wernher von Brauns vgl. Lit. Nr. 474, Nr. 12 (1958), S. 2 und Lit. Nr. 420; Nr. 89 (1963), S. 3. Ich danke Sigismund von Braun für zusätzliche Informationen.
542. STA Potsdam, Pr. Br., Rep. 34, PSK, Nr. 1375, fol. 265–288 (Eingliederung des Wilhelms-Gymnasiums)
543. Lit. Nr. 420, Nr. 49 (1958), S. 10f. und Lit. Nr. 474, Nr. 106 (1976), S. 24 u. Nr. 107, S. 10ff.
544. Ich danke Eduardo Florsheim für viele Informationen in der seit 1976 geführten Korrespondenz.
545. Lit. Nr. 16 (1977), S. 775
546. Lit. Nr. 474, Nr. 106 (1976), S. 1–12
547. Laudatio zur Verleihung der Ehrendoktorwürde (Ms), 30. 1. 1979
548. Pressemitteilung Nordrhein-Westfalen, 2.11.1978
549. Bonner Stadtanzeiger, 30. 9. 1969
550. Lit. Nr. 16 (1977), S. 620
551. Ich danke Eberhard von Medem für eine Reihe persönlicher Informationen.
552. New Zealand and the World, Essay in Honour of Wolfgang Rosenberg, Christchurch 1980, darin insbes.: Wolfgang Rosenberg, Forty Years of Joy and Sorrow
553. Lit. Nr. 26 (New Zealand) 1968, S. 287
554. Ich danke Wolfgang und Gerhard Rosenberg für viele wichtige Hinweise.
555. Varian Fry, Auslieferung auf Verlangen, München 1986 (Hirschmann trägt in diesem Buch den Decknamen Beamish)
556. Lit. Nr. 28 (1962), S. 484
557. Bulletin of the American Academy of Arts and Sciences, Vol. 37, Cambridge (Mass), October 1983 und March 1984, Nr. 6, S. 3–8
558. Personal Statement of Albert O. Hirschman (Ms), February 1980; Erinnerungen an das Französische Gymnasium (Ms), Februar 1984; Curriculum vitae mit Bibliographie (Ms), März 1984
559. Lit. Nr. 26 (1983), S. 1527
560. Ich danke dem Historiker Henri Hempel für eine Anzahl wichtiger Informationen aus Gesprächen mit den Angehörigen des Abiturientenjahrganges 1932
561. Henry H. H. Remak, How I became a Comparatist, in: Arcadia, Zeitschrift für Vergleichende Literaturwissenschaften, Berlin 1983, S. 81–91
562. Henry H. H. Remak, Vita (Ms), January 1983
563. Sensus communis, Festschrift für Henry Remak zum 70. Geburtstage, Tübingen 1986
564. Harrison J. Ullmann, University profile, Bloomington/Indiana 1978, S. 16–20
565. Lit. Nr. 474, Nr. 3 (1954), S. 4, ferner Lit. Nr. 420, Nr. 101 (1964), S. 17f.
566. Lit. Nr. 26 (1981), S. 2605 und Lit. Nr. 27 (1982), S. 432

567. Ich danke Henry Remak für eine lange und vertrauensvolle Korrespondenz.
568. Hans-Lukas Teuber 1916–1977, in: Psychological Research, Jg. 40 (1978), S. 1–3
569. Who was who 1977–1981, S. 566
570. Obituary Hans-Lukas Teuber, in: Nature v. 31. 3. 1977, Bd. 266, S. 485f.
571. Lit. Nr. 26 (1977), S. 3116
572. Lit. Nr. 28 (1968), S. 1596
573. Ich danke Frau Marianne Teuber für eine Reihe von Informationen.
574. Lit. Nr. 27 (1982) S. 795 und Lit. Nr. 17 (1983), S. 2096f.
575. Personal Statement (Ms), 1. 1. 1984. Ich danke Klemens von Klemperer für seine Informationen.
576. Kontakt, Mitarbeiterzeitung Telefonbau und Normalzeit, 10. Jg., Nr. 4/1983
577. Lit. Nr. 16 (1979), S. 72
578. Candide, 31. 1. 1963, S. 12f.: »Ordre à tout soldat de se suicider avant d'être pris«; dazu auch Luise Jodl, Jenseits des Endes, Verlag Fritz Molden; Alexander Stahlberg, Die verdammte Pflicht, Berlin 1987
579. Ich danke Winrich Behr für eine vertrauensvolle Korrespondenz
580. Schicksale von F. G.-Schülern: Ein Arztsohn in England (Ms von 1986)
581. Personality Profile, Dr. Peter H. Plesch, Japan Times, 3. 9. 1979
582. University of Keele, News Release, v. 5. 2. und 6. 11. 1979
583. Korrespondenz 1933–1938 mit den Klassenkameraden Peter Claessens, Klaus Fröhlich u.a.
585. Who is who of Britsh Scientists, 1969, S. 645
586. Directory of British Scientists, 1966, Bd. 2, S. 297
587. Ich danke Peter Plesch für eine Anzahl aufschlußreicher Informationen.
588. Marginalien, in: Merkur, Heft 8/1983 und 1/1984; vgl. auch 7/1988 über die »Symbiose« jüdischer und nicht-jüdischer Schüler am Collège.
589. Lit. Nr. 16 (1983), S. 1122
590. Ich danke Hans Schwab-Felisch für eine Reihe persönlicher Mitteilungen.
591. Spielräume, Festschrift für Udo Derbolowsky, hgg. v. G. Wagner u. H. J. Bochnik, Heidelberg 1985
592. Deutsches Ärzteblatt, Jg. 1980, Heft 3, S. 630
593. Lit. Nr. 17 (1983), S. 670
594. Ich danke Udo Derbolowsky für eine Reihe von zusätzlichen Informationen.
595. Frank Eyck, Intelligence – Psychological Warfare and Newspaper Control in British-Occupied Germany: A Personal Account, in: Men at War, Chicago 1982 (Ulrich Eyck schreibt unter dem Schriftstellernamen Frank Eyck)
596. Ulrich Franz Joseph (Frank) Eyck, Curriculum Vitae (Ms), 1983
597. Ich habe Ulrich Eyck dafür herzlich zu danken, daß er das Manuskript des vorliegenden Werkes kritisch durchgearbeitet und mich mit einer Vielzahl von Verbesserungsvorschlägen unterstützt hat.
598. Lit. Nr. 16 (1983), S. 289
599. Lit. Nr. 18 (1978), Lieferung 79
600. Ich danke Nikolaus Fasolt für zahlreiche Hinweise.
601. Albert Buesche (hgg), Berlin–Paris, Beiträge zum werdenden Europa, Berlin 1952, darin S. 91ff.: Dieter Claessens, Das Französische Gymnasium zu Berlin
602. Schau unter jeden Stein, Merkwürdiges aus Kultur und Gesellschaft, Dieter Claessens zum 60. Geburtstag, hgg. v. Biruta Schaller, Frankfurt 1981 (dort auch das Schriftenverzeichnis mit einer Auswahl von 44 Zeitschriftenartikeln und 21 Buchtiteln, von denen Claessens rund ein Dutzend der Bibliothek des FG zur Verfügung gestellt hat)
603. Albert Franck und Gesine Asmus, Heil Hitler, Herr Lehrer, Hamburg 1983, darin: Zeitzeugen berichten, Dieter C., geboren 1921, S. 89–92
604. Lit. Nr. 16 (1983), S. 185
605. Lit. Nr. 17 (1983), S. 588. Ich danke Dieter Claessens für mehrere informative Gespräche.
606. Protokollbuch des Vereins ehemaliger Schüler des Französischen Gymnasiums zu Berlin, S. 77 (16. 12. 1947) bis S. 116 (17. 5. 1968)
607. Engagement gehört der Außenpolitik, Bonner Generalanzeiger, 20. 2. 1984
608. Engagiert für Europa, Bonner Generalanzeiger, 29. 3. 1985
609. Lit. Nr. 591, S. 23ff. »Der Spielraum der Toleranz«
610. Lit. Nr. 16 (1983), S. 974
611. Ich danke Jürgen Reiß für zwei Jahr-

zehnte der freundschaftlichen Beratung und viele wichtige Informationen.
612. Hartmut von Hentig, Aufgeräumte Erfahrung, München 1983, darin die Pädagogische und die Politische Autobiographie
613. Rainer Winkel, Deutsche Pädagogen der Gegenwart, Düsseldorf 1984
614. Frankfurter Allgemeine Zeitung, 23. 9. 1985: »Ein liberaler Pädagoge – Hartmut von Hentig wird sechzig«
615. Lit. Nr. 16 (1983), S. 490
616. Lit. Nr. 17 (1983), S. 1597
617. Lit. Nr. 18 (1981), Lieferung 39
618. Lit. Nr. 474, Nr. 12 (1958), S. 3ff.
619. Informationen aus Briefen von 1957, 1974, 1981, für die ich Hartmut von Hentig zu danken habe.
620. STA Potsdam, Pr. Br., Rep. 34, PSK, Nr. 4043, Die Verwaltung des Französischen Gymnasiums z. Zt. in Züllichau 1944–1945, fol. 1–55
621. Lit. Nr. 16 (1983), S. 884
622. Lit. Nr. 17 (1983), S. 2984
623. Prof. Dr. Detlef Noack, Vita (Ms), 1983. Ich danke Detlef Noack für zusätzliche Informationen aus Zeitungsausschnitten und in Briefen
624. Curriculum vitae, Privatdruck 1984
625. American Men and Women of Science, New York 1977, Bd. Biology, S. 449
626. Lit. Nr. 17 (1983), S. 2193
627. Lit. Nr. 28 (1966), S. 2687
628. Lit. Nr. 474, Nr. 107 (1976), S. 20
629. Ich danke Jan Kohlmeyer für eine Reihe persönlicher Informationen.
630. Statement vom Mai 1985
631. Lit. Nr. 16 (1983), S. 274
632. Lit. Nr. 17 (1983), S. 364
633. Ich danke Michael Erbe für zusätzliche Informationen.
634. Reinhard Mey, ...alle meine Lieder, Berlin 1986
635. Welt am Sonntag, 2. 11. 1986, Reinhard Mey und seine leisen Lieder
636. Lit. Nr. 420, Nr. 74/75 (1961), S. 10f. und Nr. 79 (1962), S. 11
637. Lit. Nr. 16 (1984), S. 845f.
638. Lit. Nr. 18 (1979), Lieferung 33
639. Lit. Nr. 16 (1984), S. 1161
640. Lit. Nr. 17 (1983), S. 3896
641. Berliner Morgenpost v. 5. 5. 1985: »Antiamerikanismus führt Sozialdemokraten ins Abseits«
642. Der Tagesspiegel v. 29. 6. 1986: »Steht die Berliner SPD vor einem Bruch mit ihrer Geschichte?«
643. Lit. Nr. 420, Nr. 76 (1961), S. 3f. (Unsere Singspiele)
644. Lebenslauf (Ms), 1985 und briefliche Informationen, für die ich Gesine Schwan danke.
645. Curriculum vitae (Ms), Stand 1987
646. Zeitungsausschnitte von 1981 bis 1987 in den Tageszeitungen Der Tagesspiegel, Berliner Morgenpost und in den Wochenzeitungen tip, zitty, Gazette de Berlin
647. Lebenslauf (Ms), Stand Dezember 1986
648. Pressedienst der Freien Universität, Nr. 52/86 v. 3. 4. 1986
649. Zeitungsartikel vom April 1986 in Dernières Nouvelles–Strasbourg, La Croix – Monde, FU-Info, Magazin, Berliner Morgenpost, Der Tagesspiegel, Bild, Volksblatt Berlin
650. Lebenslauf (Ms), Stand 1987
651. Zeitungsausschnitte von 1984 bis 1986 in folgenden Tageszeitungen: Der Tagesspiegel, Berliner Morgenpost, Volksblatt Berlin und in der Wochenzeitung tip.

Portraitverzeichnis

17. Jahrhundert

1. Antoine Teissier, Kupferstich, anonym Untertitel: Geschichtsschreiber des Preußischen Königs, Plattengröße 9 x 14 cm
2. Etienne Chauvin, Kupferstich vermutl. von Martin Bernigeroth (1670–1733), 9 x 15 cm
3. Philippe Naudé d. Ä., Kupferstich von Meno Haas (1752–1833), 11, 5 x 18,5 cm
4. Isaac de Beausobre mit Kronprinz Friedrich, Holzstich von Adolf von Menzel (1815–1905), 11 x 12,5 cm
5. Charles Ancillon, Wachsrelief von Charles Claude Dubut (1657–1742), Ø 13,8, Umschrift: Carolus Ancillon . Met(ensis) . Reg(is) . Bor(russiae) . Cons(iliarius) . Aul(a) . Gall(icus) . Judex . Sup(remus) = Charles Ancillon aus Metz, des Preußischen Königs Hofrat, Französischer Oberster Richter
6. Jacques Lenfant, Kupferstich von Etienne Desrochers (1668–1741), 10,5 x 15 cm
7. Mathurin Veyssière La Croze, Kupferstich vermutl. von Martin Bernigeroth (1670–1733), Untertitel: Des mächtigsten Preußischen Königs Berater für Altertümer und Bibliotheken, 9,7 x 14,7 cm
8. Jean de Brbeyrac, Kupferstich von Gilles Petit (1694–1760), Untertitel: Beider Rechte Doktor für Öffentliches und Privates Recht, Vorsitzender der Akademie von Groningen-Omland, Mitglied der Königlichen Gesellschaft von Berlin, 15 x 22 cm
9. Philippe Naudé d.J., Kupferstich von Meno Haas (1752–1833), 11,5 x 18,5 cm
10. Charles Egide Duhan de Jandun, Kupferstich, anonym, 5 x 10,5 cm
11. Simon Pelloutier, Schabkunstblatt von Johann Jacob Haid (1704–1767), Untertitel: Des mächtigen Preußischen Königs Kirchenrat und Mitglied des Oberkonsistoriums der Französischen Kirche, Pastor der Franzosen von Berlin, 19 x 31 cm
12. Antoine Achard, Ölgemälde, anonym, 69 x 79 cm

18. Jahrhundert

1. Charles Etienne Jordan, Kupferstich, anonym 5,3 x 9,3 cm
2. Samuel Formey, Kupferstich, anonym, 7 x 11,5 cm
3. Jean Bernard Mérian, Bronzemedaille von Jacob Abraham (1723–1800), Ø 7,0 vgl. Thassilo Hoffmann, Jacob Abrahamsohn, Frankfurt 1927
4. Guillaume de Moulines (1775), Tuschezeichnung von Friedrich Wilhelm Senewaldt, Untertitel: Botschaftsrat seiner Hoheit des Grafen von Braunschweig, 10,5 x 16 cm
5. Louis de Beausobre, Kupferstich von Daniel Berger (1744–1824), 10,5 x 16 cm
6. Paul Jérémie Bitaubé (1786), Kupferstich von Augustin de Saint-Aubin (1736–1807), 9 x 13 cm
7. Jean Pierre Erman (13. 9. 1812), Zeichnung von Carl Christian Vogel von Vogelstein (1788–1868), 17 x 22 cm
8. Frédéric Reclam (1789), Kupferstich von Daniel Chodowiecki (1726–1801), 9 x 16 cm
9. Abel Burja, Kupferstich von Ernst Friedrich Bußler (1773–1840), 9 x 13,5 cm
10. Jean Henry, Ölgemälde von Suzanne Chodowiecka-Henry (1763–1819), 31,5 x 39 cm
11. Guillaume Mila, Holzstich, anonym; nach einem Gemälde von Paul Mila (1798–1848), 6 x 9 cm
12. Paul Erman, Zeichnung von Franz Krüger (1797–1857), 18 x 22 cm
13. Jean Louis Formey (1822), Kupferstich von Johann Friedrich Bolt (1769–1836), 15,3 x 21 cm
14. Jean Guillaume Lombard, Zeichnung, vermutl. von Daniel Chodowiecki (1726–1801), vgl. Hüffer, Kabinettsregierung, Leipzig 1891
15. Jean Pierre Frédéric Ancillon, Lithographie von Friedrich Jentzen (1804–1875), 30,5 x 36 cm

16. Jean Michel Palmié, Bronzemedaille von Christoph Carl Pfeuffer (1801–1861), Ø 5,05 cm
17. Jean Philippe Gruson, Lithographie, anonym, 8,3 x 11,3 cm
18. Theodor Heinsius (1844), Lithographie von F. Meyer nach Wilhelm Streckfuss (1817–1896), 25 x 30 cm
19. Jean Louis de Jordan, Lithographie von Alexander Friedrich Werner (1827–1908), 25 x 35 cm
20. Guillaume Reclam (1827), Lithographie von W. Papin, 23 x 28 cm
21. Adelbert von Chamisso (1815), Zeichnung von Eduard Mandel (1810–1882) nach E.T.A. Hoffmann
22. Frédéric Girardet, Kupferstich von Moritz Steinla (1791–1858), 13 x 18 cm
23. Christian Louis Couard, Lithographie von Ferdinand Berger (um 1840), 18,9 x 23,6 cm
24. Charles Deleuze de Lancizolle (1840), Lithographie von Brandt, 16 x 18 cm

19. Jahrhundert, erste Hälfte

1. Franz von Gaudy (Februar 1840), Radierung von Eduard Eichens (1804–1877), 8 x 10 cm
2. Charles Louis Michelet, Lithographie von Paul Rohrbach (1817–1862), 28,5 x 37 cm
3. Rodolphe Palmié (1851), Lithographie von Gustav Heinrich Gottlob Feckert (1820–1899), 28,5 x 38,5 cm
4. George Adolphe Erman (1852), Zeichnung von Johann Heinrich Schramm (1810–1865), 21 x 25,5 cm
5. Franz Commer, Zeichnung von Paul Labowsky nach einer zeitgenössischen Photographie
6. Emile du Bois-Reymond, Zeichnung von Louise Henry (1798–1839), vgl. Eugenie-Rosenberger, Felix du Bois-Reymond, Berlin 1912
7. Albert Friedrich Berner, Lithographie von Adolf Günther (1840/1860), 11,7 x 16,8 cm
8. Karl Ploetz, Holzstich, signiert K.H.v.O.R. aus Daheim 1881, 10 x 13 cm
9. François Woepcke, Zeichnung von Alf Trenk nach einer zeitgenössischen Photographie
10. Albrecht von Graefe, Zeichnung von Ottilie von Graefe (um 1838)
11. Edouard Muret, Zeichnung, anonym
12. Wilhelm Dithey, Heliogravure, vgl. Clara Misch, Der junge Dilthey, Leipzig 1933
13. Georg von Siemens, Holzstich, anonym, vgl. Leipziger Illustrirte Zeitung, 1900
14. Ernst von Wildenbruch, Heliogravure
15. Robert Dohme, Zeichnung von Max Liebermann (1847–1935), vgl. Jahrbuch der Preußischen Kunstsammlungen, Berlin 1894

19. Jahrhundert, zweite Hälfte

5. Maximilian Harden, Zeichnung von Ben Fred Dolbin 1920
8. Victor Auburtin, Zeichnung von Emil Orlik 1925
9. Georg Minde-Pouet, Zeichnung, anonym, vgl. Alere flamman, Leipzig 1929
11. Martin Wolff (1932), Zeichnung von Paul Labowsky nach einer zeitgenössischen Photographie
14. Edmund Landau, Zeichnung von Paul Labowsky nach einer zeitgenössischen Photographie
15. Kurt Levinstein, Zeichnung, signiert T.E. 1947, 29 x 39 cm
19. Leonard Nelson, Zeichnung von Elisabeth Nelson-Dirichlet 1911
25. Ernst Lindenborn, Bronzemedaille von S. Morin 1947, Ø 10,5 cm
27. Werner Feilchenfeld, Zeichnung von Alf Trenk nach einer zeitgenössischen Photographie

20. Jahrhundert

1. Wolfgang Friedmann, Zeichnung von Paul Labowsky nach einer zeitgenössischen Photographie
3. Karl Voß (1948), Pastell von Conrad Felixmüller (1897–1977), 80 x 35 cm
5. Sigismund (links) und Wernher von Braun 1925
6. Eduardo Florsheim, Zeichnung von Winfried Krüger
7. Gottfried Reinhardt mit Sonja Sutter, Jedermann, Salzburg 1961
9. Wolfgang Rosenberg (links) und Helmut Mühsam, Albert Hirschmann und Peter Franck bei einer Ruderfahrt 1931
13. Klemens von Klemperer, Zeichnung von Alf Trenk
20. Dieter Claessens, Zeichnung von Lorenz Gerster 1981, 30 x 40 cm
27. Gesine Schwan, Zeichnung von Winfried Krüger
29. Alexandra Sartori (links) und Catarina Vierlich 1987

Herkunft der Portraits

(Die Zahlen bezeichnen die Seiten vorliegenden Werkes)

Archiv des Französischen Gymnasiums: 249, 261, 267, 289, 353, 375, 389, 461, 467, 479, 485, 495, 505, 515, 519, 525, 531, 539, 549, 553, 559, 563, 579, 589, 595, 599, 603, 609, 613, 617, 623
Bibliothek des Französischen Gymnasiums: 39, 51, 101, 109, 253, 283, 293, 299, 325, 333, 343, 359, 365, 443, 457, 535
Sammlung Dr. Christian Velder: 17, 25, 33, 57, 75, 81, 119, 123, 137, 141, 167, 173, 195, 235
Levinstein-Archiv des Französischen Gymnasiums: 395
Lindenborn-Archiv des Französischen Gymnasiums: 449
Kupferstichkabinett SMPK Berlin (West): 63, 113, 189, 201, 231, 239. Ich verdanke dem Spürsinn von Dr. Hans Mielke die Auffindung mehrerer Portraits in diesem Werk.
Westfälisches Landesmuseum für Kunst und Kulturgeschichte, Münster, Portraitarchiv Diepenbroick: 161, 215, 257. Ich habe Professor Dr. Peter Berkhaus für eine Woche intensiver Nachforschungen zu danken.
Staatliche Museen zu Berlin (Ost): 145
Berlin-Museum: 205
Hugenottenmuseum Berlin (Ost): 85
Staatliche Kunstsammlungen Dresden: 71, 129, 211
Deutsche Staatsbibliothek Berlin (Ost), Handschriftenabteilung/Literaturarchiv/ Portraitsammlung Wadzek: 95, 185, 313
Österreichische Nationalbibliothek Wien: 349
Bildarchiv Preußischer Kulturbesitz Berlin (West): 303, 329, 437
Ullstein Bildarchiv Berlin (West): 371, 379, 401, 407, 411, 417, 421, 427, 543, 569. Ich danke Wolfgang Henrion für seine Hinweise.
Bilderdienst des Süddeutschen Verlages, München: 385, 583
Deutsche Ophthalmologische Gesellschaft, Heidelberg: 271
Verein für die Geschichte Berlins: 151, 221, 279
Max-Reinhardt-Stiftung, Salzburg: 511
Sammlung Dr. Ernst-Henri Balan, Berlin (West): 45, 179
Sammlung Dr. Jürgen Erman, Hamburg: 157, 243, 307, 337
Professor Dr. Heinz. D. Ortlieb, Hamburg: 433
Professor Dr. Dieter Claessens, Berlin (West): 573
Dr. Karl Voß, Luxemburg: 489
Dr. Sigismund von Braun, Bonn: 499

Personenregister